New Co

SHILO Pocket Dictionary

Hebrew-English, English-Hebrew

Contains over 30,000 Words and Phrases with a List of Abbreviations

**Compiled by
Zevi Scharfstein
in collaboration with
Rose Scharfstein and Ben-Ami Scharfstein**

Library of Congress Catalog Card No. 73-88418
Standard Book No. 088328-012-4

10th printing 1993

MANUFACTURED IN THE UNITED STATES OF AMERICA

CONTENTS:

PREFACE

The **Shilo English Hebrew Dictionary** is as up-to-date and accurate as it is portable. The choice of words is based on scientific word counts, modified in accord with the needs of the student and tourist. Its up-to-dateness is of especial importance in the case of so rapidly changing a language as contemporary Hebrew. This dictionary represents Hebrew not as it was spoken a generation ago, or even a decade ago, but as it is spoken **today.**

A particularly useful feature of the dictionary is the translation of a large number of English phrases and idioms, both literary and colloquial.

Abbreviations and Signs

(v) = verb

(n) = noun

(adj) = adjective

(adv) = adverb

(pron) = pronoun

(interj) = interjection

(ז"ר) = masculine plural

(ז"ז) = collective plural

(ד) = colloquial

*(star) = feminine

**(double star) = feminine plural

unstarred words are masculine

verbs are ordinarily in third person masculine singular

A

a אֶחָד, אַחַת (סְתָמִי)
abandon עָזַב, מָשַׁךְ יָדוֹ מִן
abate מָעַט, חָסַר, רָפָה
abbey מִנְזָר
abbreviate קִצֵּר
abbreviation קִצּוּר
ABC אָלֶף בֵּית; רֵאשִׁית *, יְסוֹד, עִקָּר
abdomen בֶּטֶן *
abhor תִּעֵב, בָּחַל
abide נִשְׁאַר; סָבַל
— by שָׁמַר
ability יְכֹלֶת *; כֹּשֶׁר; כִּשְׁרוֹן
able יָכוֹל; מְסֻגָּל, מֻכְשָׁר; כִּשְׁרוֹנִי
able-bodied חָזָק, בָּרִיא
abnormal בִּלְתִּי נוֹרְמָלִי, אֲנוֹרְמָלִי, מְשֻׁנֶּה
aboard עַל, בְּ־
abode דִּירָה *, מָעוֹן
abolish בִּטֵּל, חִסֵּל
abominable נִתְעָב, מָאוּס
abound שָׁפַע
about עַל דְּבַר, עַל אוֹדוֹת; אֵצֶל, עַל יַד; בְּעֵרֶךְ; סָבִיב
above מֵעַל לְ־; עוֹלֶה עַל; יוֹתֵר מִן
abroad בְּחוּץ לָאָרֶץ; בַּחוּץ
abruptly פִּתְאֹם, לְפֶתַע פִּתְאֹם
absence הֶעְדֵּר; חֹסֶר
absent (v) נֶעְדַּר; חָסַר
absent (adj) נֶעְדָּר; חָסֵר
absent-minded מְפֻזָּר, מְפֻזַּר־נֶפֶשׁ
absolute מֻחְלָט, שָׁלֵם, גָּמוּר, בִּלְתִּי תָלוּי
absolutely לְגַמְרֵי, בְּהֶחְלֵט
absorb קָלַט, סָפַג; שָׁקַע
absorption קְלִיטָה *, סְפִיגָה *, הִתְרַכְּזוּת *
abstract מֻפְשָׁט
absurd בִּלְתִּי הֶגְיוֹנִי; מְגֻחָךְ

abundance בְּשֶׁפַע
abundant שׁוֹפֵעַ
abuse (v) הִשְׁתַּמֵּשׁ לְרָעָה ; עִלֵּב, הֶעֱלִיב, חֵרֵף
abuse (n) שִׁמּוּשׁ לְרָעָה ; חֵרוּף
academic אֲקָדֶמִי ; עִיּוּנִי
academy אֲקָדֶמְיָה*, בֵּית מִדְרָשׁ, מִדְרָשָׁה*
accent (v) הִטְעִים, הִדְגִּישׁ
accent (n) מִבְטָא ; נְגִינָה* ; הַדְגָּשָׁה*
accept קִבֵּל ; הִסְכִּים
acceptable מְקֻבָּל, רָצוּי
acceptance קַבָּלָה* ; הַסְכָּמָה*
access דֶּרֶךְ גִּישָׁה*; כְּנִיסָה*
accessory אַבְזָר; נִסְפָּח; נִלְוֶה; שֻׁתָּף לְחֵטְא
accident תְּאֻנָה*, אָסוֹן; מִקְרֶה
accommodate עָשָׂה טוֹבָה עִם ; אִכְסֵן ; הִכְשִׁיר
accommodation טוֹבָה* ; מְקוֹם לִינָה ; הַכְשָׁרָה*
accompaniment לִוּוּי, לִוּוּי, לְוָיָה*
accompany לִוָּה
accomplish פָּעַל, עָשָׂה ; גָּמַר
accomplishment הֶשֵּׂג ; בִּצּוּעַ

accord (v) הִסְכִּים ; הִתְאִים
accord (n) הַסְכָּמָה*; הַתְאָמָה*
accordance, in בְּהֶסְכֵּם ; בְּהֶתְאֵם
according to בְּהֶסְכֵּם לְ- ; בְּהֶתְאֵם לְ- ; לְפִי
accordingly לָכֵן, לְפִיכָךְ ; בְּהֶתְאֵם לָזֶה
account (v) בֵּאֵר ; נָתַן דִּין וְחֶשְׁבּוֹן
account (n) בֵּאוּר ; חֶשְׁבּוֹן, דִּין וְחֶשְׁבּוֹן, הַרְצָאָה*
accountant רוֹאֵה חֶשְׁבּוֹן
accumulate אָסַף, צָבַר, קִבֵּץ
accuracy דִּיּוּק ; נְכוֹנוּת*
accurate מְדֻיָּק ; נָכוֹן
accurately בְּדִיּוּק ; נְכוֹנָה
accusation הַאֲשָׁמָה*
accuse הֶאֱשִׁים
accustom הִתְרַגֵּל ; הִרְגִּיל
ache (v) כָּאַב
ache (n) כְּאֵב, מַכְאוֹב
achieve הִשִּׂיג, רָכַשׁ ; הִסְפִּיק
achievement הֶשֵּׂג
acid (n) חֻמְצָה*
acid (adj) מַר, חָמוּץ
acknowledge הוֹדָה, אִשֵּׁר; הִכִּיר

acorn פְּרִי אַלּוֹנִים
acquaint הוֹדִיעַ, לִמֵּד לְהַכִּיר
— oneself with לָמַד לָדַעַת
acquaintance מַכָּר, מְיֻדָּע; יְדִיעָה *
acquire רָכַשׁ, הִשִּׂיג, קָנָה
acquit פָּטַר, זִכָּה
across מֵעֵבֶר, כְּנֶגֶד, לְמוּל
act (v) עָשָׂה, פָּעַל; שִׂחֵק; נָהַג; עָשָׂה עַצְמוֹ; מִלֵּא מָקוֹם
act (n) מַעֲשֶׂה, פְּעֻלָּה *; מִשְׂחָק; נֹהַג; הַעֲמָדַת פָּנִים *; חֹק
acting מְמַלֵּא מָקוֹם; מְשַׂחֵק
action פְּעֻלָּה *, מַעֲשֶׂה; עֲלִילָה *
active פָּעִיל; מָלֵא חַיִּים; פּוֹעֵל
activity פְּעֻלָּה *, מַעֲשֶׂה; פְּעִילוּת *
actor שַׂחְקָן, מְשַׂחֵק
actress שַׂחְקָנִית *
actual מַמָּשִׁי
actually בֶּאֱמֶת, בְּפֹעַל, מַמָּשׁ
acute חַד; עַז; חָרִיף; רָגִישׁ
adapt הִתְאִים, הִכְשִׁיר, סִגֵּל
add חִבֵּר, הוֹסִיף; הִמְשִׁיךְ
addition חִבּוּר; תּוֹסֶפֶת *
additional נוֹסָף
address (v) נָאַם; פָּנָה אֶל; כָּתַב כְּתֹבֶת
address (n) נְאוּם; כְּתֹבֶת *
adequate מַסְפִּיק, מַתְאִים
adhere דָּבַק; הֶחֱזִיק בְּ...
adjacent קָרוֹב לְ־, סָמוּךְ לְ־
adjective שֵׁם תֹּאַר
adjoin נָגַע בְּ־, הָיָה סָמוּךְ לְ־
adjourn נָעַל; דָּחָה
adjust תִּקֵּן, סִדֵּר, הִתְאִים; הִסְתַּגֵּל
adjustment תִּקּוּן, סִדּוּר, סִגּוּל
administer נִהֵל, הוֹצִיא לְפֹעַל; נָתַן
administration הַנְהָלָה *, מִנְהָלָה *; שִׁלְטוֹן, מֶמְשָׁלָה *
admirable מְצֻיָּן, מְעוֹרֵר הַעֲרָצָה
admiral אַדְמִירָל, רַב אַלּוּף הַצִּי
admiration הַעֲרָצָה *
admire הֶעֱרִיץ
admission כְּנִיסָה *; הוֹדָאָה *
admit הִכְנִיס; הִתִּיר; הוֹדָה עַל
adolescent בָּחוּר, בַּחוּרָה *; בּוֹגֵר
adopt בָּחַר; קִבֵּל, הִסְכִּים, סִגֵּל לְעַצְמוֹ; אִמֵּץ לוֹ
adoption סִגּוּל, קַבָּלָה *; אִמּוּץ

adore אָהַב, הֶעֱרִיץ; עָבַד אֶת
adorn קִשֵּׁט, פֵּאֵר, עִטֵּר
adult מְבֻגָּר
adultry נִאוּף
advance (v) הִתְקַדֵּם; עָלָה; הֶעֱלָה; עִלָּה; הִקְדִּים; מִקְדָּמָה
advance (n) הִתְקַדְּמוּת *; עֲלִיָּה*: הַעֲלָאָה *; הַקְדָּמָה *
advance (adj) מֻקְדָּם, בָּא לִפְנֵי זְמַנּוֹ
advanced (adj) מִתְקַדֵּם
advantage יִתְרוֹן, מַעֲלָה *; תּוֹעֶלֶת *
adventure הַרְפַּתְקָה *
adventurous פָּזִיז, מִסְתַּכֵּן, מָלֵא הַרְפַּתְקָאוֹת
adversary מִתְנַגֵּד, יָרִיב
adversity צָרָה *, רָעָה *
advertise הוֹדִיעַ, פִּרְסֵם
advertisement הוֹדָעָה *, מוֹדָעָה *
advertising (n) פִּרְסֹמֶת *
advice עֵצָה *; הוֹדָעָה *
advisable כְּדַאי, רָאוּי
advise יָעַץ; הוֹדִיעַ
adviser יוֹעֵץ
advocate (v) הִמְלִיץ עַל
advocate (n) עוֹרֵךְ דִּין, פְּרַקְלִיט, סַנֵּגוֹר
aerial (n) מְשׁוֹשָׁה
aerial (adj) אֲוִירִי
afar רָחוֹק, מֵרָחוֹק, הַרְחֵק
affair דָּבָר, עִנְיָן, עֵסֶק; מְאֹרָע; חֲגִיגָה *; דְּבַר אֲהָבִים
affect הִשְׁפִּיעַ; נָגַע בַּלֵּב; עָשָׂה עַצְמוֹ
affection חִבָּה*, אַהֲבָה*; מַחֲלָה*; הַשְׁפָּעָה *
affectionate מְחַבֵּב, אוֹהֵב
affirm עָנָה בְחִיּוּב; אִשֵּׁר
afflict הֵצִיק
afford יָכֹל, הָיָה בְכֹחוֹ; נָתַן
afloat צָף, שָׁט
afoot בָּרֶגֶל
afraid יָרֵא, מְפַחֵד
after אַחַר, אַחֲרֵי; אַחַר כָּךְ; לְאַחַר; בְּעִקְבוֹת; לְפִי
afternoon אַחַר הַצָּהֳרַיִם
afterward(s) אַחַר, אַחַר כָּךְ אַחֲרֵי כֵן
again עוֹד פַּעַם, שׁוּב, שֵׁנִית; מֵחָדָשׁ; יָתֵר עַל כֵּן; מִצַּד שֵׁנִי
— and — פַּעַם אַחַר פַּעַם
now and — לִפְעָמִים

against (כְּ)נֶגֶד, (לְ)מוּל; לִקְרַאת; בִּפְנֵי; בְּנִגּוּד
age (v) הִזְקִין, הִבְשִׁיל
age (n) גִּיל; תְּקוּפָה*, זְמַן, דּוֹר, יְמֵי —; זִקְנָה*
aged זָקֵן, בָּא בַּיָּמִים
agency אֶמְצָעוּת*; סוֹכְנוּת*
agent אֶמְצָעִי; סוֹכֵן, בָּא כֹּחַ
aggressive מַתְקִיף, תּוֹקְפָנִי, אַגְרֶסִיבִי
agitate זִעֲזַע; הִרְגִּיז
agitation זַעֲזוּעַ; הַרְגָּזָה*; הִתְרַגְּזוּת*, הִתְרַגְּשׁוּת*
ago קֹדֶם לָכֵן; בֶּעָבָר
agony יִסּוּרֵי נֶפֶשׁ
agree הִסְכִּים; הִתְאִים; הָיָה רָאוּי לְ—: נָעַם
agreeable נָעִים; מַתְאִים; נָאוֹת
agreement הֶסְכֵּם, הַסְכָּמָה*; הַתְאָמָה*; חוֹזֶה
agricultural חַקְלָאִי
agriculture חַקְלָאוּת*
ah אוֹי!; הֶאָח!
ahead לִפְנֵי, בְּרֹאשׁ; קָדִימָה
aid (v) עָזַר, סִיַּע, תָּמַךְ בְּ־
aid (n) עֶזְרָה*, סִיּוּעַ, תְּמִיכָה*; עוֹזֵר
ailment חֳלִי, מֵחוּשׁ
aim (v) כִּוֵּן; הִתְכַּוֵּן; קָלַע, בִּקֵּשׁ
aim (n) כִּוּוּן; מַטָּרָה*, תַּכְלִית*
air (v) אִוְרֵר; גִּלָּה
air (n) אֲוִיר; רוּחַ; נְגִינָה*, שִׁיר
in the — בִּלְתִּי מַמָּשִׁי; מְמַשְׁמֵשׁ וּבָא
up in the — תָּלוּי וְעוֹמֵד
airplane מָטוֹס, אֲוִירוֹן
airy אַוְרִירִי; דִּמְיוֹנִי; קַל; עָדִין
aisle מַעֲבָר (בֵּין כְּסָאוֹת)
alarm (v) הִפְחִיד, הֶחֱרִיד
alarm (n) פַּחַד, חֲרָדָה*; אַזְעָקָה*
alas אֲהָהּ! אוֹי!
alcohol כֹּהַל
alcoholic כֹּהֲלִי; שִׁכּוֹר וָתִיק
alder (עֵץ) אַלְנוּס
ale בִּירָה כְּבֵדָה
alert (v) הִזְעִיק, הִזְהִיר; הֵכִין
alertness עֵרָנוּת*, נְכוֹנוּת*, עַל הַמִּשְׁמָר

alert (adj) עֵרָנִי, נָכוֹן; זָרִיז

algebra אַלְגֶּבְּרָה *

alien גֵּר, נָכְרִי; זָר, שׁוֹנֶה

alight יָרַד מֵעַל־; צָנַח

alike (adj) דּוֹמֶה

alike (adv) בְּדֶרֶךְ אַחַת, בְּדוֹמֶה לְ־

alive חַי; פּוֹעֵל; עֵר

— with הוֹמֶה, מָלֵא

all כָּל, הַכֹּל, כָּל אֶחָד

after — סוֹף סוֹף

— right טוֹב, יָפֶה

— the same בְּכָל זֹאת

at — בִּכְלָל לֹא

in — בְּסַךְ הַכֹּל

once and for — אַחַת וּלְתָמִיד

allege טָעַן, הִגִּיד

allegiance נֶאֱמָנוּת *

alley סִמְטָה *

alliance בְּרִית *; קֶשֶׁר

allied מְאֻחָד; קָשׁוּר

allot הִקְצִיב, קָצַב, חִלֵּק

allow הִרְשָׁה, הִתִּיר

allowance קִצְבָּה *; הֶתֵּר

allusion רֶמֶז

ally בַּעַל בְּרִית; שֻׁתָּף; תּוֹמֵךְ

almighty כֹּל יָכֹל

the A — הָאֱלֹהִים

almond שָׁקֵד

almost כִּמְעַט

alms נְדָבָה *, צְדָקָה *

aloft בָּאֲוִיר; לְמַעְלָה

alone לְבַד; לְבַדּוֹ, יְחִידִי

along לְאֹרֶךְ; עִם

all — כָּל הָעֵת

alongside עַל יַד

aloof מְרֻחָק, מֻפְרָשׁ, לְמַעְלָה מִ־

aloud בְּקוֹל (רָם)

alphabet אָלֶפְבֵּית

already כְּבָר, מִכְּבָר

also גַּם, אַף

altar מִזְבֵּחַ; שֻׁלְחַן הַפָּנִים

alter שִׁנָּה, הֶחֱלִיף; הִשְׁתַּנָּה

alternate (v) הִתְחַלֵּף, בָּא בְּסֵרוּגִים

alternate (n) מְמַלֵּא מָקוֹם

alternate (adj) בָּא בְּסֵרוּגִים

alternative בְּרֵרָה *; אֶפְשָׁרוּת *

although אִם כִּי, אַף כִּי, אִם גַּם

altitude גֹּבַהּ; רָמָה *

altogether יַחַד, לַגְמְרֵי, בִּכְלָל

alumni מְסַיְּמִים

always תָּמִיד, בְּכָל פַּעַם, בְּלִי הֶרֶף

amateur חוֹבֵב
amaze הִפְלִיא, הִתְמִיהַּ
amazement תִּמָּהוֹן, הִשְׁתּוֹמְמוּת *
amazing מַפְלִיא, מַתְמִיהַּ
ambassador שַׁגְרִיר, שָׁלִיחַ
amber עִנְבָּר
ambition שְׁאִיפָה *, אַמְבִּיצְיָה *
ambitious בַּעַל שְׁאִיפוֹת, שְׁאַפְתָּן
ambulance אַמְבּוּלַנְס
amen אָמֵן
amend תִּקֵּן ; שִׁנָּה
amendment תִּקּוּן ; שִׁנּוּי
American אֲמֶרִיקָנִי, אֲמֶרִיקָאִי
amiable טוֹב לֵב, נָעִים, יְדִידוּתִי
amid, amidst בֵּין, בְּתוֹךְ
ammunition תַּחְמֹשֶׁת *, נֶשֶׁק
among, amongst בֵּין, בְּתוֹךְ
amount (v) עָלָה לְ־ ; נֶחֱשַׁב לְ־
amount (n) סְכוּם, סַךְ ; כַּמּוּת *
ample מְרֻוָּח, רְחַב יָדַיִם; מַסְפִּיק
amuse שִׁעֲשַׁע, הֵנָה ; בִּדַּח
amusement שַׁעֲשׁוּעַ, הֲנָאָה *, בִּדּוּר
amusing מְשַׁעֲשֵׁעַ, מְהַנֶּה, מְבַדֵּחַ, מְבַדֵּר

analogy דִּמְיוֹן, הַקְבָּלָה *
analysis נִתּוּחַ
analyze נִתַּח
anatomy אֲנָטוֹמְיָה *
ancestor אָב (רִאשׁוֹן)
anchor (v) עָגַן ; קָבַע
anchor (n) עֹגֶן ; מְיַצֵּב
ancient עַתִּיק, קָדוּם, יָשָׁן נוֹשָׁן, קַדְמוֹן
and וְ־ ; עִם ; גַּם, אַף
anecdote בְּדִיחָה *, סִפּוּר קַל
angel מַלְאָךְ
anger (v) הִכְעִיס, הִקְצִיף
anger (n) כַּעַס, קֶצֶף, חָרוֹן
angle זָוִית * ; נְקֻדַּת הַשְׁקָפָה * בְּחִינָה *
angrily בְּכַעַס
angry כּוֹעֵס, זוֹעֵף, קוֹצֵף, רוֹגֵז
anguish (v) הִכְאִיב מְאֹד, צִעֵר
anguish (n) כְּאֵב, יִסּוּרִים, צַעַר, סֵבֶל
animal חַיָּה *, בַּעַל חַיִּים
ankle קַרְסֹל
anniversary יוֹם הַשָּׁנָה
announce הוֹדִיעַ, הִכְרִיז, פִּרְסֵם
announcement הוֹדָעָה *, הַכְרָזָה *, הַצְהָרָה *

annoy הִטְרִיד, הִרְגִּיז, הִקְנִיט

annual (n) שְׁנָתוֹן

annual (adj) שְׁנָתִי

annually מִדֵּי שָׁנָה בְשָׁנָה

another עוֹד אֶחָד, נוֹסָף; אַחֵר, שׁוֹנֶה

one — אִישׁ אֶת רֵעֵהוּ, זֶה אֶת זֶה

answer (v) עָנָה, הֵשִׁיב; פָּתַר

answer (n) תְּשׁוּבָה *, מַעֲנֶה; פִּתְרוֹן

ant נְמָלָה *

antagonist מִתְנַגֵּד

anthology אַנְתָּלוֹגְיָה*, סֵפֶר לִקּוּטִים

anticipate צִפָּה, חָזָה מֵרֹאשׁ; קִדֵּם, הִקְדִּים

anticipation צִפִּיָּה *, תִּקְוָה *

antique עַתִּיק; דָּבָר עַתִּיק

antiquity יְמֵי קֶדֶם; דָּבָר עַתִּיק

anti-Semitism אַנְטִישֵׁמִיּוּת *, שִׂנְאַת יִשְׂרָאֵל *

anvil סַדָּן

anxiety דְּאָגָה *, חֲשָׁשׁ; תְּשׁוּקָה *

anxious מֻדְאָג, חוֹשֵׁשׁ; שׁוֹאֵף

anxiously בִּדְאָגָה; בִּתְשׁוּקָה

any כָּל אֶחָד; מִישֶׁהוּ, מַשֶּׁהוּ; כַּמָּה; כָּלְשֶׁהוּ

anybody מִישֶׁהוּ; כָּל אֶחָד

anyhow בְּכָל אֹפֶן; בְּכָל אֹפֶן שֶׁהוּא; עַל כָּל פָּנִים

anyone מִישֶׁהוּ, כָּל אֶחָד

anything מַשֶּׁהוּ, כָּל דָּבָר, אֵיזֶה דָּבָר

anyway בְּכָל אֹפֶן; בְּכָל אֹפֶן שֶׁהוּא; עַל כָּל פָּנִים

anywhere בְּכָל מָקוֹם שֶׁהוּא

apart בַּחֲלָקִים; מֵהַצַּד; בְּרָחוֹק מִן; לְבַד; מִלְּבַד, חוּץ

apartment דִּירָה *, מָעוֹן

ape (v) קוֹף

ape (n) חִקָּה

apiece כָּל אֶחָד, לְכָל אֶחָד

Apocrypha כְּתוּבִים אַחֲרוֹנִים, סְפָרִים חִיצוֹנִים

apologize הִצְטַדֵּק, הִתְנַצֵּל; בִּקֵּשׁ סְלִיחָה; הִצְדִּיק

apology הַצְדָּקָה *, הִתְנַצְּלוּת *; בַּקָּשַׁת סְלִיחָה *

apparatus מַכְשִׁיר, מַנְגָּנוֹן

apparel לְבוּשׁ

apparent בָּרוּר, נִרְאֶה, נִדְמֶה

apparently כַּנִּרְאֶה

appeal (v) קָרָא לְעֶזְרָה; עִרְעֵר; מָשַׁךְ עַיִן, מָשַׁךְ לֵב; פָּנָה אֶל

appeal (n) קְרִיאָה לְעֶזְרָה*; עִרְעוּר; מְשִׁיכַת עַיִן*, מְשִׁיכַת לֵב*; פְּנִיָּה אֶל*

appear הוֹפִיעַ, נִרְאָה, נִגְלָה; נִתְבָּרֵר; נִדְמָה; יָצָא לָאוֹר

appearance הוֹפָעָה*; מַרְאֶה, דְּמוּת*; תֹּאַר; רוּחַ*, תּוֹפָעָה*

appease פִּיֵּס; הִרְגִּיעַ; הִשְׁקִיט

appendix נִסְפָּח (לְסֵפֶר), תּוֹסֶפֶת*

appetite תֵּאָבוֹן; תְּשׁוּקָה*, תַּאֲוָה*

applaud מָחָא כַף; הִסְכִּים

applause מְחִיאַת כַּפַּיִם; קִלּוּס

apple תַּפּוּחַ

appliance מַכְשִׁיר, תַּכְשִׁיר, כְּלִי

application שִׁמּוּשׁ; שַׁיָּכוּת*; נְתִינָה*, שִׂימָה*; תַּבְקִישׁ; תְּשׂוּמֶת לֵב*; הַתְמָדָה*

apply הֵנִיחַ, נָתַן; הִשְׁתַּמֵּשׁ; הִתְמִיד; הָיָה שַׁיָּךְ לְ־; בִּקֵּשׁ, הִגִּישׁ תַּבְקִישׁ

appoint מִנָּה, הִפְקִיד; קָבַע; צִיֵּד

appointment מִנּוּי; מִשְׂרָה*; רֵאָיוֹן; צִיּוּד

appraisal הַעֲרָכָה*

appraise הֶעֱרִיךְ, אָמַד

appreciate הֶעֱרִיךְ, הֶחֱשִׁיב, הוֹקִיר; עָלָה בְּעֶרְכּוֹ

appreciation הַעֲרָכָה*, הוֹקָרָה*, עֲלִיָּה בְּעֵרֶךְ...*

apprehension חֲשָׁשׁ, דְּאָגָה*, פַּחַד

apprentice (n) שׁוּלְיָה, מִתְלַמֵּד

approach (v) נִגַּשׁ, קָרַב, הִתְקָרֵב

approach (n) גִּישָׁה*, הִתְקָרְבוּת*, מָבוֹא, כְּנִיסָה*

appropriate (v) הִקְצִיב; לָקַח

appropriate (adj) מַתְאִים, רָאוּי, נָאוֹת

appropriation הַקְצָבָה*

approval הַסְכָּמָה*; אִשּׁוּר

approve הִסְכִּים; אִשֵּׁר

approximately בְּעֵרֶךְ, בְּקֵרוּב

apricot מִשְׁמֵשׁ

apron סִנָּר

apt עָלוּל, נוֹטֶה; מֻכְשָׁר; מַתְאִים

aptitude כֹּשֶׁר, כִּשְׁרוֹן

Arab עֲרָבִי

Arabia עֲרָב

Aramaic אֲרָמִית *
arbitrary שְׁרִירוּתִי; עָרִיץ
arbitration בּוֹרְרוּת *
arc קֶשֶׁת *
arch (n) קִמְרוֹן; קֶשֶׁת *
arch (adj) רָאשִׁי
archeology אַרְכִיּוֹלוֹגְיָה *
archer קַשָּׁת
architect אַרְדִּיכָל, אַדְרִיכָל
architecture אַרְדִּיכָלוּת *, אַדְרִיכָלוּת *, בְּנִיָּה *
arctic צְפוֹנִי
ardent נִלְהָב, לָהוּט; חוֹשֵׁק; בּוֹעֵר
area שֶׁטַח; שָׂדֶה
arena זִירָה *, אִצְטַדְיוֹן
argue הִתְוַכַּח; טָעַן
argument וִכּוּחַ; טַעֲנָה *
arise קָם; הוֹפִיעַ; נוֹצַר; עָלָה
aristocrat אָצִיל
arithmetic (n) חֶשְׁבּוֹן
arithmetic (adj) חֶשְׁבּוֹנִי
ark תֵּבָה *; אָרוֹן
arm (v) זִיֵּן
arm (n) זְרוֹעַ *; כֹּחַ, שִׁלְטוֹן; נֶשֶׁק; אֲגַף צָבָא
armament נֶשֶׁק; זִיּוּן
armchair כֻּרְסָה
armistice שְׁבִיתַת נֶשֶׁק *
armor שִׁרְיוֹן
army צָבָא, חַיִל; הָמוֹן
around סָבִיב, מִסָּבִיב, מִכָּל עֵבֶר; סְחוֹר סְחוֹר; פֹּה וָשָׁם; קָרוֹב, סָמוּךְ; בְּקֵרוּב, בְּעֵרֶךְ
arouse עוֹרֵר, הִתְעוֹרֵר; הִקְנִיט, הִרְגִּיז; הִתְלַהֵב
arrange סִדֵּר, עָרַךְ; הִתְקִין; הִשְׁתַּוָּה
arrangement סֵדֶר; סִדּוּר; הֲכָנָה *
array (v) סִדֵּר, עָרַךְ; קִשֵּׁט
array (n) סֵדֶר; קִשּׁוּט
arrest (v) אָסַר, עָצַר, תָּפַס; עִכֵּב, הִפְסִיק
arrest (n) מַאֲסָר, תְּפִיסָה *; עִכּוּב
arrival בּוֹא, בִּיאָה *
arrive בָּא, הִגִּיעַ; הִשִּׂיג
arrow חֵץ
art אֳמָנוּת *; אֻמָּנוּת *; מְלֶאכֶת מַחֲשֶׁבֶת *; תּוּרָה *; עָרְמָה *
artery עוֹרֵק
article דָּבָר, חֵפֶץ; מַאֲמָר; סָעִיף; מִלַּת הַיְדִיעָה *

artificial מְלָאכוּתִי
artillery אַרְטִילֶרְיָה*
artisan חָרָשׁ, בַּעַל מְלָאכָה
artist אָמָּן; אָמָּן; צַיָּר
artistic אָמָּנוּתִי; צִיּוּרִי
as כְּ־, כְּמוֹ, כַּאֲשֶׁר, כְּפִי: בְּשָׁעָה שֶׁ־, כַּאֲשֶׁר; כִּי, מִפְּנֵי שֶׁ־; אֲשֶׁר
 — far — בְּמִדָּה שֶׁ־
 — for, — to אֲשֶׁר לְ־
 — if, — though כְּאִלּוּ
 — it were כִּבְיָכוֹל
 — long — כָּל זְמַן שֶׁ־
 — well כְּמוֹ כֵן
 — well — הֵיטֵב כְּ־
 — yet עַד כֹּה
 so — to בִּכְדֵי לְ־
ascend עָלָה, טִפֵּס; הִתְרוֹמֵם
ascent עֲלִיָּה*, טִפּוּס; הִתְעַלּוּת*
ascertain בָּדַק וּמָצָא, נוֹכַח
ascribe יִחֵס (לְ־)
ash אֵפֶר
 ashes (ruins) חֳרָבוֹת**
ashamed מְבֻיָּשׁ, נִכְלָם
ashore לַחוֹף, לַיַּבָּשָׁה; עַל הַחוֹף, עַל הַיַּבָּשָׁה
Asiatic אַסְיָתִי

aside בְּצַד; הַצִּדָּה
ask שָׁאַל, חָקַר, דָּרַשׁ; זָקַק
asleep נִרְדָּם, יָשֵׁן, נָם; נְטוּל הַרְגָּשָׁה
aspect מַרְאֶה, דְּמוּת*, צוּרָה*, פָּנִים; צַד, בְּחִינָה*
aspiration שְׁאִיפָה*; נְשִׁימָה*
aspire שָׁאַף לְ־
ass חֲמוֹר; שׁוֹטֶה
assail תָּקַף, הִתְנַפֵּל
assault (v) הִתְנַפֵּל, תָּקַף
assault (n) הִתְנַפְּלוּת*, הַתְקָפָה*
assemble כִּנֵּס, אָסַף; הִתְכַּנֵּס; הִרְכִּיב
assembly אֲסֵפָה*, וְעִידָה* כְּנֶסֶת*, חֶבֶר נִבְחָרִים; הַרְכָּבָה*
assent (v) הִסְכִּים, נֵאוֹת
assent (n) הַסְכָּמָה*
assert אָמַר בְּהֶחְלֵט, טָעַן
assertion הוֹדָעָה מְפֹרֶשֶׁת*, טַעֲנָה*
asset נֶכֶס, רְכוּשׁ
assign קָבַע, קָצַב; מִנָּה; הֶעֱבִיר
assimilation הִתְבּוֹלְלוּת*, טְמִיעָה*
assist עָזַר, סִיַּע

assistance עֵזֶר, עֶזְרָה *, סִיּוּעַ
assistant עוֹזֵר, סְגָן
associate (v) קָשַׁר, צֵרֵף; הִצְטָרֵף, הִתְחַבֵּר, הִשְׁתַּתֵּף
associate (n) חָבֵר; שֻׁתָּף; עוֹזֵר, מִשְׁנֶה
association אֲגֻדָּה *, חֶבְרָה *, שֻׁתָּפוּת *; הִשְׁתַּתְּפוּת *, חִבּוּר, אִגּוּד
assume הִנִּיחַ, שִׁעֵר; קִבֵּל עַל עַצְמוֹ
assumption הַנָּחָה *, הַשְׁעָרָה *
assurance בִּטָּחוֹן; הַבְטָחָה *; בִּטּוּחַ; עַזּוּת *
assure הִבְטִיחַ; בִּטַּח
Assyrian אַשּׁוּרִי
astonish הִתְמִיהַּ, הִפְתִּיעַ, הִפְלִיא
astonishing מַתְמִיהַּ, מַפְתִּיעַ, מַפְלִיא
astonishment תִּמָּהוֹן; הַפְתָּעָה *; פְּלִיאָה *
astound הִפְתִּיעַ, הֵמַם
astrology אַסְטְרוֹלוֹגְיָה *, אִצְטַגְנִינוּת *
astronomer תּוֹכֵן
astronomy תְּכוּנָה *
asylum מִקְלָט, בֵּית מַחֲסֶה, מַחֲסֶה
at בְּ־
— **all** בִּכְלָל
— **all events** בְּכָל אֹפֶן
— **best** לְכָל הַיּוֹתֵר, בָּאֹפֶן הַטּוֹב בְּיוֹתֵר
— **first** מֵרֵאשִׁית, בְּרֵאשִׁית
— **last** לְבַסּוֹף
— **least** לְכָל הַפָּחוֹת
— **once** מִיָּד
— **times** מִפַּעַם לְפַעַם, לִפְעָמִים
atheist כּוֹפֵר, כּוֹפֵר בָּעִקָּר
athlete אַתְלֵט; גִּבּוֹר
athletic אַתְלֵטִי, חָזָק
athletics הִתְעַמְּלוּת *, אַתְלֵטִיקָה *
atlas אַטְלַס
atmosphere אֲוִירָה *, סְבִיבָה *; רוּחַ *, מֶזֶג; אֲוִיר
atom אָטוֹם
atomic אָטוֹמִי
— **bomb** פְּצָצָה אֲטוֹמִית *
atonement כִּפּוּר
Day of A — יוֹם כִּפּוּר
attach חִבֵּר, הִדְבִּיק, הִצְמִיד, קָשַׁר; הִצְטָרֵף, דָּבַק; יִחֵס

attachment חִבּוּר; הִדַּבְּקוּת *; אַבְזָר

attack (v) הִתְנַפֵּל, הִתְקִיף

attack (n) הִתְנַפְּלוּת*, הַתְקָפָה*

attain הִשִּׂיג

attempt (v) נִסָּה, הִתְאַמֵּץ

attempt (n) נִסָּיוֹן, מַאֲמָץ

attend בִּקֵּר, הָיָה נוֹכֵחַ; לִוָּה; שֵׁרֵת; הִקְשִׁיב; הִתְמַסֵּר

attendance נוֹכְחוּת *; הַנּוֹכְחִים

attendant שַׁמָּשׁ, מְשָׁרֵת; פָּקִיד; נוֹכֵחַ; נִלְוֶה

attention תְּשׂוּמֶת לֵב *, הַקְשָׁבָה *; הַסְבָּרַת פָּנִים *

attentive מַקְשִׁיב, זָהִיר

attic עֲלִיַּת גַּג *

attire לְבוּשׁ, תִּלְבֹּשֶׁת *

attitude יַחַס, עֶמְדָּה*, גִּישָׁה*; מַצָּב

attorney עוֹרֵךְ דִּין; בָּא כֹּחַ

attract מָשַׁךְ, מָשַׁךְ עַיִן, מָשַׁךְ לֵב

attraction מְשִׁיכָה *, כֹּחַ מוֹשֵׁךְ

attractive מוֹשֵׁךְ לֵב, מַקְסִים; נָעִים, מְקָרֵב

attribute (v) יִחֵס (לְ־)

attribute (n) תְּכוּנָה *, טִיב

audible נִשְׁמָע

audience קָהָל, רֵאָיוֹן

auditorium אוּלָם

aught מַשֶּׁהוּ; אֶפֶס

August אַבְגּוּסְט

aunt דּוֹדָה *

authentic אֲמִתִּי; נָכוֹן; מְקוֹרִי

author מְחַבֵּר, סוֹפֵר; יוֹצֵר

authoritative רִשְׁמִי; מֻסְמָךְ

authority שִׁלְטוֹן, מֶמְשָׁלָה *; רְשׁוּת *; מָקוֹר, מֻסְמָךְ; סַמְכוּת *

authorize יִפָּה כֹּחַ; הִרְשָׁה

auto אוֹטוֹ, מְכוֹנִית *

autobiography אוֹטוֹבִּיּוֹ־גְרַפְיָה, תּוֹלְדוֹת עַצְמוֹ *

automatic אַבְטוֹמָטִי, פּוֹעֵל מֵעַצְמוֹ

automatically אַבְטוֹמָטִית, מֵעַצְמוֹ

automobile מְכוֹנִית *

autumn סְתָו

auxiliary עוֹזֵר

avail (v) עָזַר; הוֹעִיל

avail (n) עֵזֶר; תּוֹעֶלֶת *

available נִמְצָא; מוּכָן

avenge נָקַם

avenue שְׂדֵרָה *; דֶּרֶךְ *
average מְמֻצָּע, בֵּינוֹנִי; רָגִיל, שָׁכִיחַ
avert הֵסֵב, הִפְנָה הַצִּדָּה; מָנַע
aviation תְּעוּפָה *
aviator טַיָּס
avoid נִמְנַע מִן, הִשְׁתַּמֵּט
await צִפָּה לְ־; הִתְכּוֹנֵן לְ־
awake (v) הֵעִיר
awake (adj) עֵר, עֵרָנִי
award (v) הֶעֱנִיק, פָּסַק לְ־
award (n) פְּרָס
aware חָשׁ, מַרְגִּישׁ, יוֹדֵעַ, מַכִּיר
away הָלְאָה מִן; רָחוֹק; הַצִּדָּה; הָלְאָה; בְּהֶמְשֵׁךְ
do — with חִסֵּל, הָרַג
get — with נִמְלַט לְלֹא עֹנֶשׁ
give — נָתַן, נָדַב, פִּזֵּר; גִּלָּה
awe (v) הֵטִיל אֵימָה, הִפְחִיד
awe (n) אֵימָה *, יִרְאָה *; יִרְאַת הַכָּבוֹד *, הַעֲרָצָה *
awful נוֹרָא, מַפְחִיד; מְכֹעָר; גָּרוּעַ; בִּלְתִּי נָעִים
awfully בְּדֶרֶךְ גְּרוּעָה, בְּדֶרֶךְ בִּלְתִּי נְעִימָה; בְּרַע
awhile לִזְמַן מָה
awkward כְּבַד תְּנוּעָה, חֲסַר חֵן; קָשֶׁה, קָשֶׁה לְשִׁמּוּשׁ
ax, axe גַּרְזֶן, קַרְדֹּם
axis צִיר
axle סֶרֶן
ay, aye לְעוֹלָם, תָּמִיד; כֵּן, הֵן
azure תְּכֵלֶת הַשָּׁמַיִם; תָּכֹל

B

babble (v) פִּטְפֵּט; לָחַשׁ, מִלְמֵל
babble (n) פִּטְפּוּט; לַחַשׁ, מִלְמוּל
baby (v) פִּנֵּק
baby (n) תִּינוֹק; קָטָן, פָּעוּט
baby (adj) תִּינוֹקִי, יַלְדוּתִי; קָטָן
Babylonian בַּבְלִי, מִבָּבֶל
bachelor רַוָּק
back (v) תָּמַךְ; הֵנִיעַ לְאָחוֹר
— down נִכְנַע, וִתֵּר
— off נִרְתַּע, נָסוֹג אָחוֹר
— out הִשְׁתַּמֵּט, הִסְתַּלֵּק מִן
back (n) גַּב, אָחוֹר; גּוּף
behind one's — בִּגְנֵבָה, שֶׁלֹּא מִדַּעְתּוֹ
turn one's — עָזַב, בָּגַד
back (adj) אֲחוֹרִי; רָחוֹק, קָדוּם
— number מְיֻשָּׁן
back (adv) מֵאָחוֹר, לְאָחוֹר, אֲחוֹרַנִּית; בַּחֲזָרָה, בִּתְשׁוּבָה
backbone חוּט הַשִּׁדְרָה; אֹפִי; אֹמֶץ לֵב
background רֶקַע; יְסוֹד; מוֹצָא
backward (adj) מְהֻפָּךְ; מְפַגֵּר; בִּלְתִּי מְפֻתָּח; בַּיְשָׁן
backward (adv) אֲחוֹרַנִּית, אָחוֹר, לְאָחוֹר; בְּהִפּוּךְ
bacon רְצוּעוֹת שֻׁמַּן חֲזִיר**
bacteria בַּקְטֶרְיָה*, חַיְדַּק
bad רַע, גָּרוּעַ; פָּגוּם; חֲסַר תֹּקֶף; חֲסַר עֵרֶךְ; בִּלְתִּי מַסְפִּיק; מָטְעֶה; מַזִּיק לַבְּרִיאוּת, חוֹלֶה; רַע מַזָּל; בִּלְתִּי נָעִים; רָקוּב
— blood שִׂנְאָה
— tempered מְהִיר חֵמָה
badge סֵמֶל, אוֹת*, סִמָּן
badger (v) הִטְרִיד, הִרְגִּיז
badly בְּאֹפֶן גָּרוּעַ; מְאֹד
baffle הֵבִיא בִמְבוּכָה, בִּלְבֵּל
bag (v) נִפַּח, הִתְנַפֵּחַ; צָד צַיִד
bag (n) שַׂק; אַרְנָק; מִזְוָדָה*; צַיִד

baggage מִטְעָן
bail (n) עֲרָבוֹן, עָרֵב
bait (v) פִּתָּה ; טָמַן פַּח
bait (n) פִּתָּיוֹן, מוֹקֵשׁ ; מָזוֹן לְשֵׁם מוֹקֵשׁ
bake אָפָה; שָׂרַף; הִקְשָׁה; חִמֵּם
baker אוֹפֶה
bakery מַאֲפִיָּה *
baking (n) אֲפִיָּה *
balance (v) אִזֵּן
balance (n) מֹאזְנַיִם (ז"ז) ; יַצִּיבוּת * ; שִׁוּוּי מִשְׁקָל ; מְאַזֵּן
balcony מִרְפֶּסֶת * ; יָצִיעַ
bald קֵרֵחַ ; עָרֹם ; גָּלוּי
bale (v) צָרַר, אָרַז
bale (n) צְרוֹר, חֲבִילָה*
ball כַּדּוּר; קָלִיעַ; נֶשֶׁף מְחוֹלוֹת
ballad שִׁיר עָם, בַּלָּדָה *
balloon שַׁלְפּוּחִית*; כַּדּוּר מְעוֹפֵף
ballot (v) הִצְבִּיעַ
ballot (n) פֶּתֶק הַצְבָּעָה
bamboo בַּמְבּוּק
ban (v) חֵרֶם, נִדּוּי
ban (n) הֶחֱרִים, נִדָּה ; אָסַר
banana בַּנָּנָה *
band (v) הִתְחַבֵּר, הִתְאַגֵּד ; חִבֵּר, אָגַד
band (n) פַּס, רְצוּעָה*; כְּנוּפְיָה* חֲבוּרָה *, אֲגֻדָּה * ; תִּזְמֹרֶת *
bandage (v) חָבַשׁ (תַּחְבֹּשֶׁת)
bandage (n) תַּחְבֹּשֶׁת *
bandit שׁוֹדֵד, גַּזְלָן, לִסְטִים
bang (v) הִכָּה בְּרַעַשׁ, נִפֵּץ
bang (n) קוֹל נֶפֶץ
banish הִגְלָה, גֵּרֵשׁ
banishment גָּלוּת *, גֵּרוּשׁ
bank (v) הֵקִים סוֹלְלָה; עָרַם תִּלִּים תִּלִּים; הִטָּה; הִפְקִיד בְּבַנְק; סָמַךְ עַל ; כִּסָּה
bank (n) סוֹלְלָה * ; תֵּל ; נְטִיָּה הַצִּדָּה * ; בַּנְק ; מַחְסָן ; שׁוּרָה *
banker בַּנְקַאי
bankrupt (n) פְּשִׁיטַת רֶגֶל *
banner דֶּגֶל, נֵס
banquet בַּנְקֶט, מְסִבָּה*, מִשְׁתֶּה
bar (v) סָגַר בְּעַד; קִוְקֵו; מָנַע
bar (n) מוֹט ; פַּס ; מִכְשׁוֹל, מַעֲצוֹר ; עֲרִיכַת דִּין * ; בֵּית מִשְׁפָּט; בַּר, מִסְבָּאָה*; חֲפִיסָה*
barbarian פֶּרֶא אָדָם
barbarous בַּרְבָּרִי, פִּרְאִי ; אַכְזָרִי
barber (v) סִפֵּר (שֵׂעָר)
barber (n) סַפָּר

bard	מְשׁוֹרֵר; זַמָּר
bare (v)	גִּלָּה, חָשַׂף
bare (adj)	גָּלוּי, חָשׂוּף; עָרֹם; פָּשׁוּט
barefoot	יָחֵף
barely	כִּמְעַט; רַק; בְּקשִׁי
bargain (v)	נָשָׂא וְנָתַן, עָמַד עַל הַמִּקָּח
bargain (n)	הֶסְכֵּם; מְצִיאָה*
into the —	כְּתוֹסֶפֶת
barge (v)	פָּרַץ
barge (n)	אַרְבָּה*, בְּצִית*, סִירַת מַשָּׂא*
bark (v)	נָבַח
bark (n)	נְבִיחָה*; קְלִפַּת עֵץ*
barley	שְׂעוֹרָה*
barn	רֶפֶת*
baron	בָּרוֹן, רוֹזֵן
barracks	קְסַרְקְטִין
barrel	חָבִית*, קָנֶה
barren	עָקָר, בִּלְתִּי פּוֹרֶה; בּוּר; מְשַׁעֲמֵם
barrier	חַיִץ, מְחִצָּה*; מַעֲצוֹר; גְּבוּל
barter (v)	סָחַר בַּחֲלִיפִין
barter (n)	סְחַר חֲלִיפִין
base (v)	יִסֵּד, בִּסֵּס; קָבַע
base (n)	יְסוֹד, בָּסִיס; תַּחֲנָה*
base (adj)	שָׁפָל; גַּס; פָּחוּת
baseball	כַּדּוּר בָּסִיס
basement	מַרְתֵּף
bashful	בַּיְשָׁנִי
basic	יְסוֹדִי, עִקָּרִי
basin	קְעָרָה*; בְּרֵכָה*
basis	בָּסִיס, יְסוֹד; עִקָּר
basket	סַל, טֶנֶא
basketball	כַּדּוּרְסַל
bass	בַּס, בַּטְנוּן; בַּעַל קוֹל בַּס
bat (v)	חָבַט, הִכָּה
bat (n)	מַחְבֵּט; עֲטַלֵּף
bath	רַחְצָה*; טְבִילָה*; אַמְבַּטְיָה*
bathe	רָחַץ; טָבַל
bathroom	חֲדַר אַמְבַּטְיָה
bathtub	אַמְבַּט
battalion	גְּדוּד, בַּטַלְיוֹן
batter (v)	חָבַט וְחָבַט; נִפֵּץ, נָתַץ
batter (n)	תַּעֲרֹבֶת*
battery	סוֹלְלָה*; גֻּנְדָּה*; מַעֲרֶכֶת*
battle (v)	לָחַם, נִלְחַם
battle (n)	קְרָב, מִלְחָמָה*
battleship	אֳנִיַּת מִלְחָמָה*
bawl (v)	הֵרִים קוֹל, צָעַק

bay מִפְרָץ; לְשׁוֹן יָם
bayonet (v) דָּקַר בְּכִידוֹן
bayonet (n) כִּידוֹן
be הָיָה, הָיָה קַיָּם, הִתְקַיֵּם, קָרָה
let — הִנִּיחַ לְ־
to — הַמְיֻעָד
would — כְּבַיָכוֹל
beach (v) הֵבִיא לַחוֹף
beach (n) חוֹף, שְׂפַת יָם*
bead פְּנִינַת זְכוּכִית*
beak מַקּוֹר, חַרְטֹם
beam (v) הִקְרִין, קָרַן; חִיֵּךְ
beam (n) קוֹרָה*; קֶרֶן אוֹר*;
גַּל רַדְיוֹ; בַּת צְחוֹק*
bean פּוֹל, שְׁעוּעִית*
bear (v) נָשָׂא; סָבַל; אִמֵּת;
נָטָה לְ־; יָלְדָה; לָחַץ
— a grudge נָטַר
— down on לָחַץ
— in mind זָכַר, שָׁמַר בְּלִבּוֹ
bear (n) דֹּב; בּוּר
beard זָקָן
bearer נוֹשֵׂא; מוֹכ״ז; סַבָּל
bearing אֹרַח, דֶּרֶךְ*; יַחַס:
כִּוּוּן; מֵסַב
lose one's — אָבַד דַּרְכּוֹ; נִדְהַם
beast חַיָּה*, בְּהֵמָה*

beat (v) הִכָּה, הָלַם; דָּפַק;
קָצַב קֶצֶב; נִצַּח
beat (n) מַכָּה*; דְּפִיקָה*,
דֹּפֶק; קֶצֶב
beaten מְנֻצָּח; מֻכֶּה
beautiful יָפֶה, נָאֶה, מְהֻדָּר
beauty יֹפִי; יְפֵהפִיָּה*
beaver בֵּיבָר, בּוֹנֶה
because כִּי, מִשּׁוּם, מִפְּנֵי, מִכֵּיוָן
beckon סִמֵּן לְ־, רָמַז לְ־
become הָיָה, הָיָה לְ־, נַעֲשָׂה לְ־;
הָלַם
bed (v) הִשְׁכִּיב
bed (n) מִטָּה*, מִשְׁכָּב; יְסוֹד;
מָעוֹן; קַרְקַע, תַּחְתִּית*
bedroom חֲדַר שֵׁנָה, חֲדַר מִטּוֹת
bedtime זְמַן שֵׁנָה (בַּלַּיְלָה)
bee דְּבוֹרָה
beech (עֵץ) אָשׁוּר
beef בְּשַׂר בָּקָר; בָּקָר; גַּשְׁמִיּוּת*
beer בִּירָה, שֵׁכָר
beet סֶלֶק
beetle חִפּוּשִׁית*
befall קָרָה, אֵרַע
before לִפְנֵי כֵן; לִפְנֵי; בִּפְנֵי,
נֹכַח; בְּטֶרֶם, לִפְנֵי שֶׁ־
beforehand מִלְּכַתְּחִלָּה

befriend הִתְיַדֵּד, קָנָה יָדִיד
beg שָׁאַל, בִּקֵּשׁ, הִתְחַנֵּן; פָּשַׁט יָד, קִבֵּץ
beggar קַבְּצָן
begin הִתְחִיל, פָּתַח בְּ־; יָסַד
beginner מַתְחִיל, טִירוֹן
beginning הַתְחָלָה*, רֵאשִׁית*, מוֹצָא
beguile רִמָּה, פִּתָּה, הוֹלִיךְ שׁוֹלָל; שִׁעֲשַׁע
behalf, in בְּשֵׁם, בִּשְׁבִיל, לְמַעַן, לְטוֹבַת
behave הִתְנַהֵג
behavior הִתְנַהֲגוּת*, נֹהַג
behind מֵאֲחוֹרֵי; אַחֲרֵי; מְפַגֵּר; תּוֹמֵךְ; אִטִּי
behold רָאָה
being (n) מְצִיאוּת*, הֲוָיָה*; יְקוּם, טֶבַע
  human — אָדָם
belief אֱמוּנָה*; אֵמוּן
believe הֶאֱמִין; בָּטַח; סָבַר
  make — הֶעֱמִיד פָּנִים; דִּמָּה בְנַפְשׁוֹ
believer מַאֲמִין
bell פַּעֲמוֹן, מְצִלָּה*
belle יְפֵהפִיָּה

bellow (v) גָּעָה; צָעַק
bellow (n) גְּעִיָּה*; זְעָקָה*
belly כָּרֵס*, בֶּטֶן*
belong הָיָה לְ־; הָיָה שַׁיָּךְ לְ־
belongings חֲפָצִים ז״ר
beloved יָקָר, אָהוּב, חָבִיב
below לְמַטָּה; נָמוּךְ מִ־; מִתַּחַת לְ־; לְהַלָּן
belt (v) הִלְקָה
belt (n) חֲגוֹרָה*, רְצוּעָה*; חֶבֶל
bench סַפְסָל; כֵּס מִשְׁפָּט
bend (v) כָּפַף; הֵסֵב; הִכְנִיעַ, נִכְנַע
bend (n) כְּפִיפָה*; נְטִיָּה*
beneath תַּחַת, מִתַּחַת, לְמַטָּה
benediction בְּרָכָה*
beneficial מוֹעִיל
benefit (v) הוֹעִיל; הֵיטִיב; הֵפִיק תּוֹעֶלֶת
benefit (n) טוֹבָה*; תּוֹעֶלֶת*
bent נְטִיָּה*
bequeath הִנְחִיל, הוֹרִישׁ
berry גַּרְגֵּר, תּוּת
beseech הִפְצִיר, הִתְחַנֵּן
beset הִקִּיף, שָׂם מָצוֹר
beside עַל יַד, קָרוֹב, אֵצֶל
  — the point שֶׁלֹּא לָעִנְיָן

besides חוץ מִזֶּה, מִלְּבַד זֶה

besiege צָר עַל, כִּתֵּר

best הַטּוֹב בְּיוֹתֵר, הַמְּעֻלֶּה, בְּחִיר הַ־

at — עַל הַצַּד הַיּוֹתֵר טוֹב

get the — נִצַּח

make the — תָּפַס הָרַע בְּמִעוּטוֹ

bestow הֶעֱנִיק

bet (v) הִתְעָרֵב, הֵמֵר

bet (n) הִתְעָרְבוּת *, הִמּוּר

betray בָּגַד, מָעַל; גִּלָּה

betroth אֵרַשׂ, קִדֵּשׁ אִשָּׁה

better (v) הֵיטִיב, שִׁפֵּר; הִשְׁתַּפֵּר

better (adj) טוֹב מִן, עוֹלֶה עַל

better (adv) מוּטָב, כְּדַאי

between בֵּין... לְבֵין..., בְּתוֹךְ

beverage מַשְׁקֶה

beware נִשְׁמַר, נִזְהַר

bewilder בִּלְבֵּל, הֵבִיא בִּמְבוּכָה; נָבוֹךְ

bewitch הִקְסִים, לָקַח לֵב

beyond הָלְאָה מִן; הַרְחֵק מִן; לְמַעְלָה מִן

bias מִשְׁפָּט קָדוּם

Bible כִּתְבֵי הַקֹּדֶשׁ, תַּנַ״ךְ

Biblical מִקְרָאִי

bibliography בִּיבְּלִיוֹגְרַפְיָה *

bicycle אוֹפַנַּיִם (ז״ז)

bid (v) צִוָּה; הִזְמִין; הִצִּיעַ

bid (n) הַזְמָנָה *; הַצָּעָה *

big גָּדוֹל; גָּבֹהַּ; מְבֻגָּר; רָחָב; חָשׁוּב

bill (v) חִשֵּׁב חֶשְׁבּוֹן, שָׁלַח חֶשְׁבּוֹן

bill (n) חֶשְׁבּוֹן; תָּכְנִית *; מוֹדָעָה *; מַקּוֹר; שְׁטָר, שְׁטַר חוֹב; שְׁטַר כֶּסֶף

billow (v) הִכָּה גַּלִּים

billow (n) מִשְׁבָּר, גַּל

bin מַחְסָן, אוֹצָר, יֶקֶב

bind קָשַׁר; חָבַשׁ; כָּרַךְ; חִיֵּב

binding (n) כְּרִיכָה *

biography בִּיוֹגְרַפְיָה *, תּוֹלְדוֹת־

biology בִּיּוֹלוֹגְיָה *

birch (עֵץ) לִבְנֶה

bird צִפּוֹר *, עוֹף

— s of a feather בְּנֵי מִין אֶחָד

birth לֵדָה *; יִחוּס

birthday יוֹם הֻלֶּדֶת

biscuit רָקִיק, צְנִים

bishop בִּישׁוֹף
bit חֲתִיכָה*; מְעַט, מִקְצָת*, חֵלֶק; זְמַן קָצָר, שָׁעָה קַלָּה*; מֶתֶג; מַקְדֵּחַ
bite (v) נָשַׁךְ; עָקַץ; חָתַךְ
bite (n) טְעִימָה*, אֲרוּחָה קַלָּה*; נְשִׁיכָה*; עֲקִיצָה*
bitter מַר, חָרִיף; מְמָרֵר; מַכְאִיב
bitterly בִּמְרִירוּת
bitterness מְרִירוּת*
black שָׁחוֹר, אָפֵל, קוֹדֵר; רַע
— out (v) הִסְתִּיר, הֶאֱפִיל
blackboard לוּחַ (כְּתִיבָה)
blacksmith נַפָּח
bladder שַׁלְפּוּחִית*, כִּיס הַשֶּׁתֶן
blade לַהַב; עָלֶה
blame (v) הֶאֱשִׁים
blame (n) הַאֲשָׁמָה*; אַשְׁמָה*
blank רֵיק; חָלָק
blanket שְׂמִיכָה*
blaspheme גִּדֵּף, נִאֵץ
blast (v) הָדַף, פָּרַץ, נָשַׁב; תָּקַע; פּוֹצֵץ; הֶחֱרִיב
blast (n) הֶדֶף; תְּקִיעָה*; הִתְפּוֹצְצוּת*
blaze (v) לָהַט, בָּעַר
blaze (n) לֶהָבָה*, תַּבְעֵרָה*
bleach הִלְבִּין
bleak שׁוֹמֵם, עָגוּם
bleat פָּעָה, גָּעָה
bleed שָׁתַת דָּם; שָׁפַךְ דָּם, הִקִּיז דָּם
blend (v) עִרְבֵּב, מָזַג, מָהַל
blend (n) תַּעֲרֹבֶת*, מְזִיגָה*
bless בֵּרַךְ
blessed (adj) בָּרוּךְ, מְבֹרָךְ
blessing (n) בְּרָכָה*; הַצְלָחָה*
blind (n) תְּרִיס, וִילוֹן
blind (v) עִוֵּר, סִנְוֵר
blind (adj) עִוֵּר, מְסֻנְוָר; חֲסַר הִגָּיוֹן; שֶׁאֵינוֹ חָשׁ
blindly בְּעֵינַיִם עֲצוּמוֹת; בְּלִי בְּדִיקָה
blindness עִוָּרוֹן; סַנְוֵרִים
blink (v) עִפְעֵף בְּעֵינָיו, מִצְמֵץ
blink (n) עִפְעוּף; הֶרֶף עַיִן
bliss אשֶׁר, שִׂמְחָה*
blister (n) בּוּעָה*, מֻרְסָה*
block (v) סָתַם, חָסַם, עָצַר
block (n) גּוּשׁ; בּוּל (עֵץ); מַחְסוֹם רְחוֹב; קֻבִּיָּה*
blockade (v) סָגַר עַל
blockade (n) הֶסְגֵּר
blond צְהַבְהַב, צָהֹב
blood דָּם; יִחוּס

— vessel עוֹרֵק, וְרִיד
hot — ed חַם מֶזֶג
in cold — בְּכַוָּנָה תְּחִלָּה, בְּזָדוֹן
bloody שׁוֹתֵת דָּם; מְגֹאָל בְּדָם; מְכֻתָּם בְּדָם
bloom (v) פָּרַח, לִבְלֵב; הִצְלִיחַ
bloom (n) פֶּרַח, צִיץ
blossom (v) פָּרַח, הֵנֵץ, לִבְלֵב
blossom (n) נִצָּן
blot (v) הִכְתִּים; פָּגַם; סָפַג, יִבֵּשׁ
blot (n) כֶּתֶם; פְּגָם
blotter נְיָר סוֹפֵג, מַסְפֵּג
blouse חֻלְצָה*
blow (v) נָשַׁב, נָשַׁף; תָּקַע
—out כִּבָּה
— over נִרְגַּע, שָׁכַךְ
— up פּוֹצֵץ, הִתְפּוֹצֵץ
blow (n) מַכָּה*, מַהֲלֻמָּה*, זַעֲזוּעַ
blue כָּחֹל; עָצוּב
bluff (v) רִמָּה, שִׁטָּה, הוֹלִיךְ שׁוֹלָל, הִשְׁלָה
bluff (n) שֵׁן סֶלַע*; אִיּוּם רֵיק
bluff (adj) חֲסַר עֲדִינוּת, גַּס וְטוֹב לֵב; עַז
blunder (v) טָעָה, שָׁגָה
blunder (n) שְׁגִיאָה*, טָעוּת גַּסָּה*
blunt (v) הִקְהָה; הֶחֱלִישׁ
blunt (adj) קֵהֶה; עַז
blur (v) טִשְׁטֵשׁ, עִמְעֵם
blur (n) טִשְׁטוּשׁ
blush (v) הֶאְדִּים (מִבּוּשָׁה), הִסְמִיק
blush (n) הִתְאַדְּמוּת* (מִבּוּשָׁה)
boar חֲזִיר בָּר
board (v) עָלָה עַל (כְּלִי רֶכֶב, מָטוֹס, אֳנִיָּה); הִסְעִיד בִּקְבִיעוּת, סָעַד בִּקְבִיעוּת
board (n) קֶרֶשׁ, לוּחַ, דַּף; מְזוֹנוֹת ז"ר; וַעַד
boarder מִתְאַכְסֵן
boast (v) הִתְפָּאֵר, הִתְאַמֵּר, הִתְהַלֵּל
boast (n) הִתְפָּאֲרוּת*, הִתְאַמְּרוּת*, הִתְהַלְּלוּת*
boat סִירָה*, סְפִינָה*, אֳנִיָּה*
bob טִלְטֵל, נִטַּלְטֵל
bodily (adj) גּוּפָנִי; גַּשְׁמִי
bodily (adj) בִּשְׁלֵמוּתוֹ, בְּגוּפוֹ
body גּוּף; גְּוִיָּה*, פֶּגֶר; עִקָּר; קְבוּצָה*, חֲבוּרָה*; אָדָם
bog בִּצָּה*

boil רָתַח; רָגַז, נִרְגַּשׁ
— down קִצֵּר, צִמְצֵם
boiler מֵחַם, יוֹרָה *, דּוּד
bold עַז, נוֹעָז; חָצוּף; בּוֹלֵט
boldly בְּעַזּוּת; בְּחֻצְפָּה
boldness עַזּוּת *; חֻצְפָּה *
bolt (v) סָגַר, הִבְרִיחַ; בָּרַח; פָּרַשׁ מִן; בָּלַע בַּחֲטָף
bolt (n) בְּרִיחַ; בְּרִיחָה*; פְּרִישָׁה*
— of lightning (הַבְרָקַת) בָּרָק
bomb (v) הִפְצִיץ
bomb (n) פְּצָצָה *
bond (v) כָּבַל; קָשַׁר; חִבֵּר
bond (n) כֶּבֶל; חִבּוּר; אִגֶּרֶת חוֹב
bondage עַבְדוּת *
bone עֶצֶם *
bonnet מִצְנֶפֶת *
bonus הַעֲנָקָה*; תּוֹסֶפֶת*; הֲטָבָה*
book (v) הִזְמִין; רָשַׁם
book (n) סֵפֶר; כֶּרֶךְ; חִבּוּר
— jacket עֲטִיפָה*, מַעֲטָפָה*
— learning תּוֹרָה *, לִמּוּד מִתּוֹךְ סְפָרִים (וְלֹא מִן הַנִּסָּיוֹן)
— review בִּקֹּרֶת סְפָרִים *, רְשִׁימַת בִּקֹּרֶת *
bookcase אֲרוֹן סְפָרִים
bookkeeper פִּנְקְסָן, מְנַהֵל חֶשְׁבּוֹנוֹת
booklet חוֹבֶרֶת *, מַחְבֶּרֶת *
boom (v) נָהַם, גָּעַשׁ, שָׁאַן
boom (n) שָׁאוֹן פִּתְאֹמִי; עֲלִיַּת מְחִירִים *
boon טוֹבָה *, חֶסֶד
boot (v) בָּעַט
boot (n) מַגָּף, נַעַל *
booth סֻכָּה *; תָּא
booty שָׁלָל
border גְּבוּל, תְּחוּם; קָצֶה, צַד, שׁוּלַיִם (ז"ז)
border on גָּבַל בְּ־; דָּמָה לְ־
bore (v) קָדַח, נָקַב; שִׁעֲמֵם
bore (n) קֶדַח צִילִנְדֶּר; אָדָם מְשַׁעֲמֵם
born נוֹלַד
borough מָחוֹז
borrow שָׁאַל, לָוָה
borrower לֹוֶה
bosom חֵיק, חָזֶה; לֵב
boss (v) נִהֵל; מָשַׁל עַל
boss (n) בַּעַל; מְנַהֵל; רֹאשׁ
botany בּוֹטַנִיקָה *, תּוֹרַת הַצְּמָחִים *
both שְׁנֵי, שְׁתֵּי; יַחַד; גַּם... וְגַם...; הַשְּׁנַיִם, הַשְּׁתַּיִם

bother (n) הִטְרִיד, הִטְרִיחַ; הִרְגִּיז; הִדְאִיג

bother (v) טֹרַח; דְּאָגָה*

bottle בַּקְבּוּק

bottom תַּחְתִּית*, קַרְקַע; עִקָּר

bough עָנָף

bounce (v) קָפַץ

bounce (n) קְפִיצוּת*, גְּמִישׁוּת*

bound (v) גָּבַל, הִגְבִּיל; הָיָה נָכוֹן; הָיָה מְחֻיָּב; קָפַץ, דִּלֵּג; הָיָה בַּדֶּרֶךְ לְ-, הָיוּ פָּנָיו מוּעָדוֹת לְ-

bound (n) גְּבוּל, תְּחוּם

boundary (see bound, n)

boundless בְּלִי גְבוּל, לְאֵין סוֹף

bounty פְּרָס; נְדִיבוּת*

bouquet זֵר פְּרָחִים

bout מַחֲזוֹר, תְּקוּפָה*

bow (v) הִתְכּוֹפֵף, כָּרַע, הִשְׁתַּחֲוָה; נִכְנַע; כָּפַף

bow (n) קֶשֶׁת*; כְּרִיעָה*, הִשְׁתַּחֲוָיָה*; חַרְטֹם (אֳנִיָּה); קֶשֶׁר מְעֻנָּב

bowels מֵעַיִם (ז"ר), קְרָבַיִם (ז"ר); פְּנִים, תּוֹךְ

bowl (v) גִּלְגֵּל

— over הִפִּיל

bowl (n) קְעָרָה*

box (v) אָרַז (בְּקֻפְסָה); סָגַר; הִכָּה, הִתְאַגְרֵף

box (n) קֻפְסָה*, אַרְגָּז, תֵּבָה*; תָּא

boy יֶלֶד, נַעַר, בָּחוּר; מְשָׁרֵת, סַבָּל

boycott (v) הֶחֱרִים, הִכְרִיז חֵרֶם

boycott (n) חֵרֶם, הֶסְגֵּר

boyish יַלְדוּתִי, בִּלְתִּי מְבֻגָּר

brace (v) חִזֵּק, הִתְחַזֵּק

brace (n) אַרְכֻּבַּת קְדִיחָה*; מְחַזֵּק; זוּג, צֶמֶד

bracelet צָמִיד

braid (v) קָלַע (מִקְלַעַת)

braid (n) מִקְלַעַת*

brain מֹחַ; שֵׂכֶל, בִּינָה*

brake (v) בָּלַם, עָצַר

brake (n) בֶּלֶם, מַעְצוֹר

branch (v) הִסְתָּעֵף; חִלֵּק

branch (n) עָנָף; סָעִיף; דֶּרֶךְ צְדָדִית*; זְרוֹעַ*; שְׁלוּחָה*; חֵלֶק, סְנִיף

brand מִין, סוּג

brandy יֵין שָׂרָף

brass פְּלִיז

brave (v) עָמַד בִּפְנֵי; הִרְהִיב עֹז

brave (adj) אַמִּיץ, עַז, גִּבּוֹר

bravely בְּאֹמֶץ, בִּגְבוּרָה, בְּעֹז

bravery אֹמֶץ, גְּבוּרָה*, עֹז

breach (v) פָּרַץ, שָׁבַר; הֵפֵר
breach (n) פֶּרֶץ; הֲפָרָה *
bread אֹכֶל; לֶחֶם; פַּרְנָסָה *
earn one's — הִתְפַּרְנֵס
breadth רֹחַב, מֶרְחָב
break (v) שָׁבַר, שִׁבֵּר, נִפֵּץ, הָרַס; נִתֵּק, הִפְסִיק; הֶחֱלִיש; רִסֵּן
— bread סָעַד
— down הִכְנִיעַ; נִכְנַע
— into פָּרַץ
— out פָּרַץ
break (n) שֶׁבֶר, נֶפֶץ; נִתּוּק; הַפְסָקָה *; הִזְדַּמְּנוּת *
breakfast אֲרֻחַת בֹּקֶר *, סְעֻדַּת שַׁחֲרִית *
breast (v) עָמַד בִּפְנֵי
breast (n) חָזֶה; שַׁד
breath נְשִׁימָה *; לַחַשׁ, רֶמֶז
breathe נָשַׁם, נָשַׁף; הָיָה חַי; לָחַשׁ
breathless בְּלִי נְשִׁימָה; בְּעֹצֶר נְשִׁימָה
breed (v) הוֹלִיד; גִּדֵּל; גָּרַם לְ־
breed (n) גֶּזַע, תַּרְבּוּת *, סוּג, מִין
breeze רוּחַ קַלָּה *
brew (v) בִּשֵּׁל (שֵׁכָר); הֵכִין
brew (n) כַּמּוּת תַּבְשִׁיל *
bribe (v) שִׁחֵד, נָתַן שֹׁחַד
bribe (n) שֹׁחַד
brick לְבֵנָה *; מַלְבֵּן
bride כַּלָּה *
bridegroom אָרוּס, חָתָן
bridge (v) גִּשֵּׁר; חִבֵּר
bridge (n) גֶּשֶׁר, מַעֲבָר
bridle (v) רִסֵּן
bridle רֶסֶן, מֶתֶג
brief קָצָר, מְצֻמְצָם
in — בְּקִצּוּר
briefly בְּקִצּוּר
brier קוֹץ
brigade חֲטִיבָה *, בְּרִיגָדָה *
bright בָּהִיר, מַבְרִיק, מַזְהִיר; פִּקֵּחַ
brightly בִּבְהִירוּת; בְּפִקְחוּת
brighten הִבְהִיר
brightness בְּהִירוּת *, בָּרָק, זֹהַר; פִּקְחוּת *
brilliant בָּהִיר, מַבְרִיק, מַזְהִיר; מְפֹאָר; פִּקֵּחַ, חָרִיף
brim שָׂפָה *, גָּדָה *
bring הֵבִיא, הוֹבִיל; גָּרַם
— about הֵבִיא לְ־
— forth הוֹצִיא; גָּרַם
— out הִטְעִים, הִדְגִּישׁ
— to הֵשִׁיב רוּחוֹ, הֶחֱיָה

— to mind הִזְכִּיר

— up גִּדֵּל ; הֶעֱלָה

brink שָׂפָה*, גָּדָה*; קָצֶה, פֶּה, גְּבוּל

brisk זָרִיז, חַי, מָהִיר ; פָּעִיל ; מְעוֹרֵר

briskly בִּזְרִיזוּת, בִּפְעִילוּת

bristle v) סִמֵּר, הִסְתַּמֵּר

bristle (n) זִיף, שֵׂעָר קָשֶׁה

broad רָחָב, מַקִּיף, גָּדוֹל, פָּתוּחַ

— minded סוֹבְלָן בְּדֵעוֹתָיו

broadcast (v) שִׁדֵּר ; הֵפִיץ שְׁמוּעָה

broadcast (n) שִׁדּוּר

broil צָלָה

broken שָׁבוּר; מוּפָר; בִּלְתִּי יָשָׁר

broker סוֹכֵן, סַרְסוּר, מְתַוֵּךְ

bronze אָרָד, בְּרוֹנְזָה*

brood (v) דָּגַר; שָׁקַע בְּמַחֲשָׁבוֹת

brood (n) יְלָדִים, גּוֹזָלִים

brook (v) סָבַל, נָשָׂא

brook (n) פֶּלֶג

broom מַטְאֲטֵא

brother אָח

brotherhood אַחֲוָה* ; אֲגֻדָּה*

brow גַּבָּה*

— s מֵצַח

brown חוּם, שָׁחוּם ; שָׁזוּף

browse קָרָא בְּדֶרֶךְ אֲגַב; לָחַךְ (עֵשֶׂב הַשָּׂדֶה), כִּרְסֵם (עָלִים, עֲנָפִים)

bruise (v) פָּצַע ; שָׂרַט

bruise (n) פֶּצַע ; שְׂרִיטָה*

brush (v) מָחָה, נִקָּה, בֵּרַשׁ

brush (n) מִבְרֶשֶׁת*

brutal אַכְזָרִי, גַּס

brute חַיָּה*; פֶּרֶא אָדָם; אַכְזָר

bubble (v) בִּעְבֵּעַ, תָּסַס

bubble (n) שַׁלְפּוּחִית*, בּוּעָה̩*

buck צְבִי; תַּיִשׁ ; זָכָר; דּוֹלָר

bucket דְּלִי

buckle (v) רָכַס; כָּפַף, נִכְפַּף

buckle (n) רֶכֶס

bud (v) הֵנֵץ, פָּרַח

bud (n) נִצָּן, פֶּרַח, צִיץ

budget (v) עָרַךְ תַּקְצִיב

budget (n) תַּקְצִיב

buffalo תְּאוֹ

buffet (v) הִכָּה ; זִעֲזַע

buffet (n) מַכָּה*; זַעֲזוּעַ; מִזְנוֹן

bug פִּשְׁפֵּשׁ ; חֶרֶק

bugle חֲצוֹצְרָה*, קֶרֶן*

build (v) בָּנָה, יָסַד

build (n) מִבְנֶה

builder בַּנַּאי, בּוֹנֶה

building (n) בִּנְיָן; בְּנִיָּה *
bulb פֶּקַע; אֲגָס, נוּרָה *; בָּצָל
bulk גֹּדֶל, מִדָּה *, גֶּפַח; רֹב, חֵלֶק הָאֲרִי
bull פָּר; זָכָר (בַּבְּהֵמָה)
take the — by the horns
נִכְנַס לַעֲבִי הַקּוֹרָה, אָחַז הַשּׁוֹר בְּקַרְנָיו
bullet קָלִיעַ, כַּדּוּר
bulletin עָלוֹן; הוֹדָעָה *
bully (v) עִנָּה, אִיֵּם; חִרְחֵר רִיב
bully (n) מְחַרְחֵר רִיב; מְאַיֵּם
bulwark דָּיֵק; מָגֵן, חָסוּת *
bump (v) נִתְקַל, הִתְנַגֵּשׁ
bump (n) הִתְנַגְּשׁוּת *; חֲבָטָה *; חַבּוּרָה *
bunch (v) הִתְאַסֵּף, הִתְכַּנֵּס; נֶאֱגַד
bunch (n) אֶשְׁכּוֹל; צְרוֹר; חֲבוּרָה *
bundle (v) צָרַר, אָגַד, אָרַז; הִתְעַטֵּף
bundle (n) חֲבִילָה *, צְרוֹר
bungalow צְרִיף
buoyant צָף, עַלִּיז, מְעוֹדָד; עוֹלֶה לְמַעְלָה
burden (v) הֶעֱמִיס; הִכְבִּיד; הִטְרִיחַ
burden (n) מַעֲמָסָה *; מַשָּׂא; טֹרַח
bureau לִשְׁכָּה *, מִשְׂרָד, סוֹכְנוּת *; מִכְתָּבָה *; שִׁדָּה *
burglar גַּנָּב, בָּא בְּמַחְתֶּרֶת
burial קְבוּרָה *
burn (v) בָּעַר, דָּלַק; שָׂרַף, הִבְעִיר; צָרַב, הִלְהִיט
burn (n) כְּוִיָּה *; צְרִיבָה *
burner מַבְעֵר
burrow (v) חָפַר
burrow (n) מְאוּרָה *
bursar גִּזְבָּר
burst (v) בָּקַע, הִתְבַּקֵּעַ; נִפֵּץ, פּוֹצֵץ, הִתְפּוֹצֵץ; הִתְפָּרֵץ
burst (n) נֶפֶץ; הִתְפָּרְצוּת *; הִתְפּוֹצְצוּת *
bury קָבַר; טָמַן; שָׁקַע; הִשְׁכִּיחַ
bus אוֹטוֹבּוּס
bush שִׂיחַ
business עֵסֶק, מִסְחָר; מִקְצוֹעַ, מִשְׁלַח יָד; עִנְיָן, דָּבָר
go about one's —
הִתְעַסֵּק בְּשֶׁלּוֹ
businessman סוֹחֵר, אִישׁ מִסְחָר
bustle (v) הֶרְאָה מֶרֶץ
bustle (n) מְהוּמָה *

busy (v) עָסַק, הָיָה טָרוּד

busy (adj) עָסוּק, טָרוּד

but אֲבָל, אוּלָם; מִלְּבַד, חוּץ מִ־; רַק אִם; אֶלָּא; רַק

— for לוּלֵא

butcher קַצָּב

butler שַׁמָּשׁ, מְשָׁרֵת

butt (n) קַת *; מַטָּרָה * נְגִיחָה *; הַנִּלְעָג

butter חֶמְאָה *

butterfly פַּרְפַּר

button (v) כִּפְתֵּר, רָכַס, פָּרַף

button (n) כַּפְתּוֹר

—hole לוּלָאָה *

buy (v) קָנָה, רָכַשׁ; שִׁחֵד

buy (n) קְנִיָּה *; קְנִיָּה בְּזוֹל, מְצִיאָה *

buyer קוֹנֶה, לָקוֹחַ

buzz(v) זִמְזֵם

buzz (n) זִמְזוּם

by אֵצֶל, עַל יַד, קָרוֹב לְ־; (בְּ)דֶרֶךְ, בְּאֶמְצָעוּת; עַד, לִפְנֵי; בְּ־; לְפִי; מֵאֵת

— and — בְּקָרוֹב

— and large בְּדֶרֶךְ כְּלָל

— means of עַל יְדֵי

stand — עָמַד לִימִין, תָּמַךְ

C

cab מוֹנִית *; תָּא
cabbage כְּרוּב
cabin צְרִיף; תָּא
cabinet אָרוֹן; מוֹעֶצֶת שָׂרֵי הַמֶּמְשָׁלָה *; חֶדֶר פְּרָטִי
cable (v) הִבְרִיק, שָׁלַח מִבְרָק
cable (n) כֶּבֶל; מִבְרָק; חֶבֶל; תַּיִל
cactus צַבָּר
cafe בֵּית קָפֶה
cafeteria קָפֶטֶרְיָה *
cage (v) כָּלָא, סָגַר בִּכְלוּב
cage (n) כְּלוּב, סוּגַר
cake (v) הִתְגַּבֵּשׁ
cake (n) עוּגָה *; חֲתִיכָה *, גּוּשׁ
calamity אָסוֹן, פֶּגַע, פֻּרְעָנוּת *
calcium סִידָן
calculate חִשֵּׁב; הֶעֱרִיךְ, שִׁעֵר, אָמַד
calculation חִשּׁוּב; חֶשְׁבּוֹן; הַעֲרָכָה *, שִׁעוּר
calendar לוּחַ (זְמַן)
calf עֵגֶל
call (v) קָרָא, צָעַק; קָרָא לְ־; הִזְמִין; אָסַף, הִקְהִיל; קָרָא בַּטֶּלֶפוֹן, טִלְפֵּן; כִּנָּה, קָרָא בְּשֵׁם; בִּקֵּר
— **a halt** הִפְסִיק
— **attention** הֵעִיר תְּשׂוּמֶת לֵב
— **for** הִצְרִיךְ
— **off** בִּטֵּל, חִסֵּל
call (n) קְרִיאָה *, צְעָקָה *; הַזְמָנָה *; קְרִיאָה בַּטֶּלֶפוֹן *; תְּרוּעָה *; בִּקּוּר
calm (v) הִשְׁקִיט, שִׁכֵּךְ, הִרְגִּיעַ, שָׁקַט, שָׁכַךְ, נִרְגַּע
calm (n) שֶׁקֶט, שַׁלְוָה *
calm (adj) שָׁקֵט, שָׁלֵו, נִרְגָּע
calmly בְּשֶׁקֶט, בְּשַׁלְוָה
camel גָּמָל
camera מַצְלֵמָה *

camp (v) חָנָה

camp (n) מַחֲנֶה

campaign (v) עָרַךְ מַעֲרָכָה; עָרַךְ תַּעֲמוּלָה

campaign (n) מַעֲרָכָה*; תַּעֲמוּלָה*; מַגְבִּית*

can (v) יָכֹל; יָדַע אֵיךְ; שִׁמֵּר

can (n) פַּח, פַּחִית*

canal תְּעָלָה*

canary קַנָּרִית*

cancel מָחַק, בִּטֵּל, סִלֵּק, חִסֵּל

cancer סַרְטָן

candidate מֻעֲמָד

candle נֵר

candlestick מְנוֹרָה*, פָּמוֹט

candy מַמְתַּק, סֻכָּרִיָּה*

cane מַטֶּה, מַקֵּל, קָנֶה

cannon תּוֹתָח

canoe סִירָה*, סִירָה אִינְדִּיָּנִית*

canon חֹק דָּתִי; עִקָּרוֹן יְסוֹדִי; כִּתְבֵי הַקֹּדֶשׁ

canton גָּלִיל, מָחוֹז

canvas קַנְבּוּס; חֲזָרָה עַל הַפְּתָחִים* (לְשֵׁם מְכִירַת סְחוֹרוֹת אוֹ לְשֵׁם מַטָּרָה צִבּוּרִית)

cap (v) כִּסָּה; עָלָה עַל

cap (n) כִּפָּה*; כִּסּוּי, מִכְסֶה

capable מֻכְשָׁר, מְסֻגָּל; יָכוֹל, עָלוּל

capacity כֹּחַ קְלִיטָה, קִבּוּל, נֶפַח; יְכֹלֶת*, כֹּשֶׁר, תַּפְקִיד

cape כְּתֵפִיָּה*; כֵּף, לְשׁוֹן אֶרֶץ*

capital (עִיר) בִּירָה*; אוֹת גְּדוֹלָה*; הוֹן

— punishment עֹנֶשׁ מָוֶת

capitalist בַּעַל הוֹן, רְכוּשָׁן

captain רַב חוֹבֵל; קְבַרְנִיט; סֶרֶן (דַּרְגָּה צְבָאִית); מַנְהִיג

captive אָסִיר, שָׁבוּי

captivity שְׁבִי; גָּלוּת*

capture (v) אָסַר, לָכַד, תָּפַס, שָׁבָה

capture (n) שְׁבִי, שְׁבִיָּה*, תְּפִיסָה*, לְכִידָה*

car מְכוֹנִית*; קָרוֹן

caravan שַׁיָּרָה*

carbon פַּחְמָן

— copy הֶעְתֵּק פֶּחָם

— paper נְיַר פֶּחָם

carcass פֶּגֶר, נְבֵלָה*; שֶׁלֶד

card כַּרְטִיס; קְלָף

post — גְּלוּיָה*

cardboard קַרְטוֹן

cardinal עִקָּרִי, רָאשִׁי, יְסוֹדִי

care (v) שָׂם לֵב לְ־, הִשְׁגִּיחַ, טִפֵּל
— for אָהַב, חִבֵּב
don't — לֹא אִכְפַּת לְ־
don't — to לֹא רָצָה לְ־
care (n) דְּאָגָה*; טִפּוּל, חָסוּת*, הַשְׁגָּחָה*; צַעַר; זְהִירוּת*
(in) — of בְּבֵית, אֵצֶל
take — נִזְהַר
career קַרְיֶרָה*, מִקְצוֹעַ; מַהֲלַךְ חַיִּים
careful זָהִיר, מָתוּן; מְדַקְדֵּק
carefully בִּזְהִירוּת
careless חֲסַר זְהִירוּת; רַשְׁלָנִי; אָדִישׁ
carelessly בְּלִי זְהִירוּת; בְּרַשְׁלָנוּת; בַּאֲדִישׁוּת
caress (v) לִטֵּף; חִבֵּק, גִּפֵּף
caress (n) לְטִיפָה*; חִבּוּק, גִּפּוּף
cargo מִטְעָן, מַשָּׂא
carpenter נַגָּר
carpet (v) פָּרַשׂ שָׁטִיחַ, רִפֵּד
carpet (n) שָׁטִיחַ, מַרְבַד
carriage מֶרְכָּבָה*, עֲגָלָה*, קָרוֹן; קוֹמָה וְקוֹפָה*, הִלּוּךְ, דְּמֵי הוֹבָלָה
carrier נוֹשֵׂא; מַעֲבִיר־מַחֲלָה
carrot גֶּזֶר
carry נָשָׂא; הֶעֱבִיר, הֶעְתִּיק; הוֹבִיל; הֶאֱרִיךְ, הִמְשִׁיךְ; הֶחֱזִיק
— oneself הִתְנַהֵג
— out הוֹצִיא לְפֹעַל
— weight הִשְׁפִּיעַ
cart (v) הוֹבִיל
cart (n) עֲגָלָה קְטַנָּה*
cartoon (n) צִיּוּר הֲתוּלִים, קָרִיקָטוּרָה*
carve פִּסֵּל; גָּזַר, נִתַּח; חָקַק, חָרַט
case מִקְרֶה; מַצָּב; עִנְיָן; מִשְׁפָּט; עֶמְדָּה*; מִקְרֵה מַחֲלָה; חוֹלֶה; אַרְגָּז; נַרְתִּיק
in any — בְּכָל אֹפֶן
in — בְּמִקְרֶה שֶׁ־
cash (v) הֶחֱלִיף בִּמְזֻמָּנִים
cash (n) כֶּסֶף, מְזֻמָּנִים (ז"ר)
cast (v) זָרַק, הֵטִיל, הִשְׁלִיךְ; כִּוֵּן; הִפִּיל; יָצַק; צָר
— a vote הִצְבִּיעַ
— away הִשְׁלִיךְ, הִזְנִיחַ
cast (n) זְרִיקָה*; קְהַל שַׂחְקָנִים; יְצִיקָה*; מִין, צוּרָה*
castle טִירָה*, אַרְמוֹן, מִגְדָּל
casual רַשְׁלָנִי, שֶׁכִּלְאַחַר יָד, מִקְרִי, שֶׁבְּהֶסַּח הַדַּעַת, לֹא בָּרוּר
cat חָתוּל

catalogue (v) מִיֵּן; עָרַךְ קָטָלוֹג, קִטְלֵג; פֵּרֵט; סִדֵּר

catalogue (n) רְשִׁימָה *; מִיּוּן; קָטָלוֹג; פֵּרוּט; סִדּוּר

catastrophe אָסוֹן, פֻּרְעָנוּת *, חֻרְבָּן

catch (v) תָּפַשׂ; אָחַז; לָכַד; נִדְבַּק; הֵבִין

— a cold הִצְטַנֵּן

— fire נִדְלַק, נֶאֱחַז בָּאֵשׁ

catch (n) קֶרֶס, וָו, מְהַדֵּק; מַה שֶּׁנִּלְכַּד

caterpillar זַחַל

cathedral קָתֶדְרַלָה *, כְּנֵסִיָּה *

catholic כּוֹלֵל, אוּנִיבֶרְסָלִי

Catholic קָתוֹלִי

cattle בָּקָר, בְּהֵמוֹת (נ"ר), מִקְנֶה

cause (v) גָּרַם, הֵבִיא לִידֵי, חוֹלֵל

cause (n) סִבָּה *, נִמּוּק, טַעַם; גּוֹרֵם, מֵנִיעַ; מַטָּרָה *, מְגַמָּה *, תְּנוּעָה *

caution (v) הִזְהִיר, הִתְרָה

caution (n) הַזְהָרָה *, הַתְרָאָה *; זְהִירוּת *, הַשְׁגָּחָה *, מְתִינוּת *

cautious זָהִיר, מָתוּן

cautiously בִּזְהִירוּת, בִּמְתִינוּת

cavalry חֵיל פָּרָשִׁים

cave מְעָרָה *, מְאוּרָה *

cave in הִתְמוֹטֵט

cavern נִקְרָה *, מְעָרָה *

cavity חוֹר, נֶקֶב, חָלָל

cease פָּסַק, חָדַל, הִפְסִיק, נִפְסַק

cedar אֶרֶז

ceiling תִּקְרָה *, סִפּוּן; גְּבוּל עֶלְיוֹן

celebrate חָגַג

celebrated מְהֻלָּל

celebration חֲגִיגָה *

celery כַּרְפַּס

celestial שְׁמֵימִי

cell תָּא, חֶדֶר; חוּג

cellar מַרְתֵּף

cement (v) הִדְבִּיק; חִבֵּר

cement (n) מֶלֶט; דֶּבֶק

cemetary בֵּית קְבָרוֹת

censor (n) צֶנְזוֹר, מְבַקֵּר, בּוֹדֵק; מְבַקֵּשׁ מוּמִים

censure (v) נָזַף, גִּנָּה

censure (n) נְזִיפָה *, גִּנּוּי

census מִפְקָד

cent סֶנְט; מֵאִית *

center (v) רִכֵּז; הֶעֱמִיד בְּאֶמְצַע

center (n) אֶמְצַע; מֶרְכָּז; לֵב, טַבּוּר

central מֶרְכָּזִי; אֶמְצָעִי; עִקָּרִי
century מֵאָה • (שָׁנִים)
cereal דַּיְסָה*
ceremony טֶקֶס; רִשְׁמִיּוּת*
master of ceremonies שַׂר הַמַּשְׁקִים; מְנַצֵּחַ עַל...; יוֹשֵׁב רֹאשׁ
certain וַדַּאי, בָּטוּחַ, מֻחְלָט; בִּלְתִּי נִמְנָע; בּוֹטֵחַ; נֶאֱמָן; מְסֻיָּם; קָבוּעַ; כַּמָּה, אֲחָדִים
certainly בְּוַדַּאי, בְּהֶחְלֵט; בְּלִי מְנִיעָה
certainty וַדָּאִיּוּת*; דָּבָר וַדָּאִי
certificate תְּעוּדָה*, אֲשָׁרָה*
chaff מֹץ; פְּסֹלֶת*; לִגְלוּג
chain (v) כָּבַל, אָסַר בַּאֲזִקִּים
chain (n) כֶּבֶל, שַׁלְשֶׁלֶת*, שַׁרְשֶׁרֶת*
chair כִּסֵּא, מוֹשָׁב
easy — כֻּרְסָה*, כִּסֵּא נוֹחַ
chairman יוֹשֵׁב רֹאשׁ
chalk (v) כָּתַב בְּגִיר; הִכְתִּיב בְּגִיר
chalk (n) גִּיר
challenge (v) הוֹעִיד; תָּבַע הֶסְבֵּר; עִרְעֵר עַל; דָּרַשׁ זִהוּי
challenge (n) הוֹעָדָה*, הַזְמָנָה* (לְהִתְחָרוּת, לִקְרָב); תְּבִיעַת הֶסְבֵּר*; עִרְעוּר; דְּרִישַׁת זִהוּי*
chamber חֶדֶר; לִשְׁכָּה*; חֲדַר שֵׁנָה; אוּלָם; בֵּית מְחוֹקְקִים
champion (v) הֵגֵן עַל; לָחַם בְּעַד; תָּמַךְ, עָזַר
champion (n) אַלּוּף, מְנַצֵּחַ; לוֹחֵם, מָגֵן
championship אַלִּיפוּת*, רִאשׁוּת*
chance (v) סִכֵּן, הִסְתַּכֵּן
chance (n) מִקְרֶה, הִזְדַּמְּנוּת*; גּוֹרָל, מַזָּל; אֶפְשָׁרוּת*; סִכּוּן
chance (adj) מִקְרִי, בִּלְתִּי צָפוּי
chancellor רֹאשׁ (מֶמְשָׁלָה, מִכְלָלָה)
change (v) שִׁנָּה, הֵמִיר הֶחֱלִיף, נִשְׁתַּנָּה, נֶהְפַּךְ, הִתְחַלֵּף; פָּרַט
— hands עָבַר מִיָּד לְיָד
— one's mind הִתְחָרֵט, שִׁנָּה דַּעְתּוֹ
change (n) שִׁנּוּי, חִלּוּף, הֲמָרָה*; תַּחֲלִיף, חֲלִיפִין; שׁוֹנִי, חִדּוּשׁ; פְּרוּטְרוּט
channel אָפִיק, תְּעָלָה*; נָתִיב, דֶּרֶךְ*
chant (v) שָׁר, זִמֵּר, הִנְעִים,

chant (n) נְעִימָה*, זֶמֶר, שִׁיר
chaos תֹּהוּ (וָבֹהוּ), עִרְבּוּבְיָה*
chap (v) סָדַק, בָּקַע
chap (n) בָּחוּר
chapel בֵּית תְּפִלָּה קָטָן
chaplain רַב, כֹּמֶר, וְכוּ׳ (בַּעַל תַּפְקִיד רִשְׁמִי)
chapter פֶּרֶק, פָּרָשָׁה*, סָעִיף; סְנִיף
character טֶבַע; אֹפִי, תְּכוּנָה*; תֹּאַר; עֶמְדָּה*, מַעֲמָד; טִפּוּס, דְּמוּת*; נֶפֶשׁ*; טִפּוּס מְשֻׁנֶּה; סִמָּן, אוֹת
characteristic (n) תְּכוּנָה*, טִיב, קַו אֹפִי
characteristic (adj) טִפּוּסִי, אָפְיָנִי
characterize תֵּאֵר; אִפְיֵן
charcoal פַּחַם עֵץ
charge (v) עָמַס, הֶעְמִיס; טָעַן; הוֹרָה, פָּקַד; הֶאֱשִׁים; דָּרַשׁ (מְחִיר); הִשְׁתָּעֵר
charge (n) מַעֲמָסָה*, עֹמֶס; הוֹרָאָה*, פְּקֻדָּה*; הַאֲשָׁמָה*; מְחִיר; הִשְׁתָּעֲרוּת*; הַשְׁגָּחָה*, נִהוּל
  in — מְמֻנֶּה, מְנַהֵל
chariot מֶרְכָּבָה*
charity צְדָקָה*, חֶסֶד, נְדָבָה*, נְדִיבוּת*
charm (v) קָסַם; לָקַח לֵב, הִקְסִים; כִּשֵּׁף
charm (n) קֶסֶם; קָמֵעַ; חֵן; לַחַשׁ, כִּשּׁוּף; תַּכְשִׁיט
charming מַקְסִים, מְלֵא חֵן
chart (v) עָרַךְ טַבְלָה; שִׂרְטֵט מַפָּה; תִּכֵּן, תִּכְנֵן
chart (n) טַבְלָה*; מַפָּה*; תָּכְנִית*
charter תְּעוּדַת זְכֻיּוֹת
chase (v) רָדַף, דָּלַק אַחֲרֵי; יָצָא לָצוּד
chase (n) רְדִיפָה*; צַיִד
chasm פַּעַר, תְּהוֹם, גַּיְא עָמֹק
chat (v) שׂוֹחַח, פִּטְפֵּט
chat (n) שִׂיחָה, פִּטְפּוּט
chatter (v) רָעַד, נָקַשׁ; פִּטְפֵּט
chatter (n) רַעַד, נְקִישָׁה*; פִּטְפּוּט
chauffeur נֶהָג
cheap זוֹל; שֶׁבִּמְחִיר נָמוּךְ; קַל; קַל עֵרֶךְ; נִקְלֶה, דַּל
cheat (v) רִמָּה, הוֹנָה
cheat (n) רַמַּאי, נוֹכֵל

check (v) עָצַר, בָּלַם, הֵנִיא; הִפְקִיד; צִיֵּן; בָּדַק, חָקַר; אִשֵּׁר; הִתְאִים

check (n) עֹצֶר, עֲצִירָה*, בְּלִימָה*; צִיּוּן; בְּדִיקָה*, חֲקִירָה*; הַמְחָאָה*

checkers „דַּמְקָה", מִשְׂחַק הַמַּלְכָּה

cheek לֶחִי*; חֻצְפָּה*; מִשְׁבָּץ

cheer (v) קָרָא הֵידָד

— up עוֹדֵד, שִׂמַּח

cheer (n) עַלִּיזוּת*, שִׂמְחָה*; מֶזֶג רוּחַ

תְּשׁוּאוֹת חֵן* ר. תְּרוּעוֹת* ר.

cheerful עַלִּיז, שָׂמֵחַ, צוֹהֵל

cheese גְּבִינָה*

chemical (n) חֹמֶר כִּימִי

chemical (adj) כִּימִי

chemist כִּימַאי

chemistry כִּימִיָּה*

cherish חִבֵּב, הוֹקִיר, אָהַב, שָׁמַר בְּלִבּוֹ

cherry דֻּבְדְּבָן

cherub כְּרוּב; נֶחְמָד, תָּמִים

chess שַׁחְמָט

chest חָזֶה; אַרְגָּז

chestnut עַרְמוֹן

chew לָעַס

chick אֶפְרֹחַ

chicken תַּרְנְגֹלֶת*

chief (n) רֹאשׁ, מַנְהִיג

chief (adj) רָאשִׁי, עִקָּרִי, עֶלְיוֹן

chiefly בְּעִקָּר, בְּיִחוּד; עַל פִּי רֹב

child תִּינוֹק; יֶלֶד, יַלְדָּה*; בֵּן, בַּת*; צֶאֱצָא

childhood יַלְדוּת*

childish יַלְדוּתִי

chill (v) צִנֵּן, קֵרֵר; רִפָּה

chill (n) צִנָּה*, קֹר, קְרִירוּת*; רִפּוּי יָדַיִם

chime (v) צִלְצֵל (פַּעֲמוֹן)

— in הִסְכִּים, הִצְטָרֵף ל...

chime (n) צִלְצוּל פַּעֲמוֹן

chimney אֲרֻבָּה*, מַעֲשֵׁנָה*

chin סַנְטֵר

Chinese סִינִי

chip (v) בָּקַע; פָּגַם

chip (n) קֵיסָם; פְּגִימָה*

chirp צִפְצֵף

chisel (v) פָּסַל, פִּסֵּל

chisel (n) מַפְסֶלֶת*

chivalry נִמּוּסִיּוּת*, אֲדִיבוּת*

chocolate שׁוֹקוֹלָדָה*

choice (n) בְּחִירָה *, בְּרֵרָה *; מִבְחָר
choice (adj) מֻבְחָר, מְעֻלֶּה, מְצֻיָּן
choir מַקְהֵלָה *
choke חָנַק, הֶחֱנִיק, נֶחְנַק; סָתַם, אָטַם, עָצַר, עִכֵּב; דִּכֵּא
choose בָּחַר, בָּרַר; בִּקֵּשׁ, חָפֵץ
chop חָטַב, קָצַץ, גָּדַע; קִצֵּץ
chord אַקּוֹרְד, תַּצְלִיל; מֵיתָר
chorus מַקְהֵלָה *; חֲזָרָה * (בְּשִׁיר)
chosen נִבְחָר
Christian נוֹצְרִי
Christianity נַצְרוּת *
Christmas חַג הַמּוֹלָד
chronicle (v) רָשַׁם דִּבְרֵי הַיָּמִים
chronicle (n) דִּבְרֵי הַיָּמִים
chuck טָפַח
chuckle (v) צָחַק בְּקִרְבּוֹ
chuckle (n) צְחוֹק כָּבוּשׁ
church כְּנֵסִיָּה *; עֵדָה *; דָּת *
cigar סִיגָרָה *
cigarette סִיגַרְיָּה *
cinder אוּד, אֵפֶר
cinnamon קִנָּמוֹן
circle (v) סָבַב, הִקִּיף, עָטַר; נָע סָבִיב
circle (n) עִגּוּל, מַעְגָּל; חוּג; מַחֲזוֹר
vicious — מַעְגַּל קְסָמִים
circuit סִבּוּב; הֶקֵּף; מָחוֹז; נָתִיב; מַעְגָּל
short — קֶצֶר
circular (n) חוֹזֵר
circular (adj) עָגֹל, מְעֻגָּל
circulate סָבַב, נָע בְּמַעְגָּל; הֵפִיץ
circulation סִבּוּב; הֲפָצָה *; תְּפוּצָה *, מֵרוֹץ הַדָּם
circumcise מָל
circumcision מִילָה *
circumstance תְּנַאי, מְסִבָּה *; מִקְרֶה, מְאֹרָע
— s מַצָּב; מַצַּב כַּלְכָּלִי
circus קִרְקָס, זִירָהטְרוֹן
cite צִטֵּט; הֵבִיא מִדִּבְרֵי
citizen אֶזְרָח, נָתִין; תּוֹשָׁב
citizenship אֶזְרָחוּת *, נְתִינוּת *
city עִיר *, קִרְיָה *, כְּרַךְ
civic אֶזְרָחִי; עִירוֹנִי
civil אֶזְרָחִי; שֶׁל הַמְּדִינָה; מְתֻרְבָּת; אָדִיב
civilian אֶזְרָח, אֶזְרָחִי

civilization תַּרְבּוּת *, יִשּׁוּב דֶּרֶךְ אֶרֶץ *
civilized מְתֻרְבָּת ; אָדִיב
claim (v) דָּרַשׁ, תָּבַע ; טָעַן
claim (n) דְּרִישָׁה *, תְּבִיעָה * ; טַעֲנָה * ; חֲזָקָה *
clam צִדְפָּה *
clamor (v) צָעַק, הֵקִים שָׁאוֹן
clamor (n) צְעָקָה *, שָׁאוֹן, הֲמֻלָּה *
clan שֵׁבֶט, מִשְׁפָּחָה*, חֲבוּרָה*
clang קִשְׁקוּשׁ, שָׁאוֹן
clap (v) הִקִּישׁ; טָפַח; הִרְעִים; מָחָא (כַּפַּיִם)
clap (n) טְפִיחָה *; מְחִיאָה * ; הַקָּשָׁה *
clarify בֵּרַר, הִבְהִיר, טִהֵר, זִקֵּק
clash (v) הִתְנַגֵּשׁ ; הִסְתַּכְסֵךְ
clash (n) הִתְנַגְּשׁוּת *; סִכְסוּךְ
clasp (v) הִדֵּק, חִזֵּק ; רָכַס ; חִבֵּק
clasp (n) מְהַדֵּק, אֶטֶב ; חִבּוּק
class מַעֲמָד ; כִּתָּה *; סוּג, מִין
classic מוֹפְתִי, קְלַסִּי
classify מִיֵּן, סִדֵּר
clatter (v) הִקִּישׁ, קִשְׁקֵשׁ
clatter (n) קִשְׁקוּשׁ
clause מַאֲמָר מֻסְגָּר ; סָעִיף
claw (v) שָׂרַט בְּצִפָּרְנַיִם ; אָחַז בְּצִפָּרְנַיִם
claw (n) צִפֹּרֶן
clay חֹמֶר ; טִיט
clean (v) נִקָּה ; טִהֵר
clean (adj) נָקִי ; טָהוֹר ; תָּם ; כָּשֵׁר ; כָּלִיל
cleanliness נִקָּיוֹן
clear (v) הִבְהִיר ; זִכֵּךְ ; זִקֵּק ; פִּנָּה ; עָבַר
clear (adj) בָּהִיר, בָּרוּר ; שָׁקוּף ; פָּנוּי
clearing (n) פִּנּוּי; קָרַחַת יַעַר*
cleave בָּקַע; חָדַר; דָּבַק בְּ־
clench הִדֵּק ; קָפַץ
clergy כְּמוּרָה
clergyman כֹּהֵן, רַב, כֹּמֶר
clerk מַזְכִּיר, לַבְלָר; פָּקִיד, זַבָּן
clever חָכָם, נָבוֹן, פִּקֵּחַ ; חָרוּץ, כִּשְׁרוֹנִי
click (v) תִּקְתֵּק
click (n) תִּקְתּוּק
client לָקוֹחַ
cliff סֶלַע מְשֻׁפָּע, שׁוּנִית * (עַל שְׂפַת הַיָּם)
climate אַקְלִים

climax שִׂיא

climb (v) עָלָה; טִפֵּס

climb (n) עֲלִיָּה *; טִפּוּס

cling אָחַז בְּ־; דָּבַק בְּ־

clinic קְלִינִיקָה *, מִרְפָּאָה *

clip גָּזַר, גָּזַז, סִפֵּר

cloak (v) הִסְתִּיר, הִסְוָה

cloak (n) מַסְוֶה; אַדֶּרֶת *, מְעִיל, כְּסוּת *

clock שָׁעוֹן

close (v) סָגַר, סָתַם, אָטַם; גָּמַר, סִיֵּם; קֵרֵב

close (adj) סָמוּךְ, קָרוֹב; מְדֻקְדָּק; קַמְצָנִי

closely בְּדִקְדּוּק; כִּמְעַט; בְּדֹחַק

closet אָרוֹן, חֲדַר הַבְּגָדִים, מֶלְתָּחָה *, תָּא; בֵּית כִּסֵּא

cloth אָרִיג, אֶרֶג

clothe הִלְבִּישׁ; כִּסָּה, עָטַף

clothes בְּגָדִים (ז״ר), לְבוּשׁ, מַלְבּוּשִׁים (ז״ר)

clothing **(see clothes)**

cloud (v) כִּסָּה עָבִים, הִתְעַנֵּן; עִרְפֵּל, הִקְדִּיר, קָדַר, הֶאֱפִיל

cloud (n) עָנָן, עָב; עֲרָפֶל, אֹפֶל

cloudy מְעֻנָּן; מְעֻרְפָּל, מְאֻפָּל קוֹדֵר

clover תִּלְתָּן

clown (n) מוּקְיוֹן, לֵץ

club (v) הִכָּה (בְּמַקֵּל), חָבַט (בְּמַקֵּל)

club (n) מַקֵּל, אַלָּה *; קְלוּב, חוּג, אֲגֻדָּה *

cluck קִרְקֵר, קִשְׁקֵשׁ

clue עֲקֵבוֹת (לְגַלּוֹת דְּבַר סֵתֶר)

clump (v) נִתְקַבֵּץ; נִתְגַּבֵּשׁ; צָעַד בִּכְבֵדוּת

clump (n) קְבוּצָה *; גּוּשׁ; קוֹל צַעַד כָּבֵד

clumsy כְּבַד תְּנוּעָה, חֲסַר חֵן; גַּס, מְסֻרְבָּל; בִּלְתִּי חָרוּץ

cluster (v) נִתְקַבֵּץ

cluster (n) קְבוּצָה *, אֲגֻדָּה *; אֶשְׁכּוֹל

clutch (v) אָחַז, תָּפַשׂ

clutch (n) אֲחִיזָה *, תְּפִישָׂה *

in the — s בְּכַף, בְּצִפָּרְנֵי; תַּחַת שִׁלְטוֹן

coach (v) הִדְרִיךְ, אִמֵּן, חִנֵּךְ

coach (n) מַדְרִיךְ, מְאַמֵּן, מְחַנֵּךְ; קָרוֹן

coal פֶּחָם; גַּחֶלֶת *

coarse גַּס; מְחֻסְפָּס; עָבֶה; קָשֶׁה; צוֹרֵב; שְׁפַל עֵרֶךְ; שָׁפָל

coast (v) הֶחֱלִיק

coast (n) חוֹף, שְׂפַת הַיָּם *

— guard מִשְׁמַר הַחוֹף

coat (v) כִּסָּה, טָח

coat (n) מְעִיל, אַדֶּרֶת *; מִכְסֶה, כְּסוּת *

coax שִׁדֵּל, פִּתָּה

cobbler סַנְדְּלָר

cobweb קוּרֵי עַכָּבִישׁ (ז"ר)

cock תַּרְנְגֹל, גֶּבֶר; זָכָר (בָּעוֹף)

cocoa קָקָאוֹ

coconut עֵץ הַקּוֹקוֹ, אֱגוֹז הֹדּוּ

cod חֲמוֹר יָם, יוֹבְשָׁנִי (דָּג)

code סֵדֶר חֻקִּים, חֻקָּה

coffee קָפֶה

coffin אֲרוֹן מֵת

coil (v) גָּלַל, כָּרַךְ

coil (n) גָּלִיל, סְלִיל, פְּקַעַת

coin (v) טָבַע; חִדֵּשׁ

coin (n) מַטְבֵּעַ

coinage מַטְבְּעוֹת (ז"ר); טְבִיעָה *

coincidence הַתְאָמָה *, תֵּאוּם, תֵּאוּם מִקְרִים

cold (n) צִנָּה *, הִצְטַנְּנוּת *, נַזֶּלֶת

cold (adj) קַר, צוֹנֵן; קָרִיר, אָדִישׁ; מְדַכֵּא

— blooded אַכְזָרִי

collapse (v) הִתְמוֹטֵט; כָּשַׁל; נָפַל

collapse (n) הִתְמוֹטְטוּת *, תְּמוּטָה *, מַפָּלָה *

collar (v) תָּפַשׂ (בְּצַוָּארוֹנוֹ)

collar (n) צַוָּארוֹן; קוֹלָר

colleague חָבֵר (לַעֲבוֹדָה)

collect אָסַף, קִבֵּץ, לִקֵּט, צָבַר

collection אֹסֶף; קִבּוּץ, לִקּוּט, צְבִירָה *, מַגְבִּית *

collector גּוֹבֶה, אַסְפָן

college בֵּית מִדְרָשׁ, מִכְלָלָה *

collision הִתְנַגְּשׁוּת, סִכְסוּךְ

colonel אַלּוּף מִשְׁנֶה

colonial שֶׁלַּמּוֹשָׁבוֹת

colonist מִתְיַשֵּׁב, בֶּן מוֹשָׁבָה

colony מוֹשָׁבָה *; קְבוּצַת מִתְיַשְּׁבִים *; שְׁכוּנָה *

color (v) צָבַע, גִּוֵּן

color (n) צֶבַע, גַּוָּן; תֹּאַר; מַרְאֶה; סוּג, מִין

— s דֶּגֶל

lend — אִמֵּת, אִשֵּׁר

colored צָבוּעַ, מְגֻוָּן; כּוּשִׁי; מְשֻׁחָד; מַטְעֶה

colorful מְגֻוָּן, רַב צְבָעִים

colossal עֲנָקִי
colt סְיָח
column עַמּוּד; טוּר
comb (v) סָרַק; עָרַךְ סְרִיקָה
comb (n) מַסְרֵק; כַּרְבֹּלֶת *
combat (v) לָחַם, הִתְנַגֵּד
combat (n) קְרָב, מַאֲבָק, הֵאָבְקוּת *
combination צֵרוּף, תִּרְכֹּבֶת *, אִחוּד
combine אִחֵד, חִבֵּר, צֵרֵף; הִרְכִּיב; הִתְאַחֵד, הִתְחַבֵּר; הָרְכַּב
combustion אִכּוּל, שְׂרֵפָה *
come בָּא, הִגִּיעַ; קָרָה, הָיָה; הָיָה לְתוֹצָאָה מִ־
— about קָרָה, הָיָה
— back חָזַר
— out הוֹפִיעַ; נוֹדַע
— up עָלָה, צָמַח
comedy קוֹמֶדְיָה *
comet שָׁבִיט
comfort (v) הֵקֵל, הִשְׁקִיט, הֵנִיחַ; נִחֵם
comfort (n) נוֹחוּת *; נֶחָמָה *
comfortable נוֹחַ
comfortably בְּנוֹחוּת, בְּקַלּוּת

comic(al) קוֹמִי, מַצְחִיק, הִתּוּלִי
coming (n) בִּיאָה *; הַבָּא
comma פְּסִיק
command (v) צִוָּה, פָּקַד; שָׁלַט; הִשְׁקִיף עַל
command (n) פְּקֻדָּה *, צַו; פִּקּוּד; שִׁלְטוֹן
commander מְפַקֵּד
commandment מִצְוָה *, דִּבֵּר, דִּבְּרָה *
Ten Commandments עֲשֶׂרֶת הַדִּבְּרוֹת
commence הֵחֵל, הִתְחִיל, פָּתַח
commend הִלֵּל, שִׁבַּח; הִמְלִיץ עַל
comment (v) הֵעִיר
comment (n) הֶעָרָה
commentary פֵּרוּשׁ, בֵּאוּר
commerce מִסְחָר
commercial מִסְחָרִי
commission (v) מִנָּה; יִפָּה כֹּחַ
commission (n) וַעֲדָה *; שְׁלִיחוּת *; יִפּוּי כֹּחַ; עֲשִׂיָּה *; עֲמִילוּת *
out of — מְקֻלְקָל, לֹא בְּסֵדֶר
commissioner שַׂר; חֲבֵר וַעֲדָה; נְצִיב

commit הִפְקִיד; מָסַר לְ־; עָבַר (עֲבֵרָה); הִבְטִיחַ
committee וַעַד, וַעֲדָה *
commodity מִצְרָךְ
common כְּלָלִי, מְשֻׁתָּף, צִבּוּרִי; מָצוּי, שָׁכִיחַ; פָּשׁוּט, בֵּינוֹנִי; הֲמוֹנִי, גַּס
— sense הַשֵּׂכֶל הַיָּשָׁר
in — בִּמְשֻׁתָּף
commonly בְּרָגִיל, בְּנֹהַג
commonplace שָׁכִיחַ, רָגִיל; פָּשׁוּט; בֵּינוֹנִי
commonwealth עָם; מְדִינָה *
commotion מְבוּכָה *, שָׁאוֹן
communicate הוֹדִיעַ, בָּא בִּדְבָרִים עִם, הִתְקַשֵּׁר עִם
communication תַּחְבּוּרָה *, קֶשֶׁר; מַגָּע; מִכְתָּב; הוֹדָעָה *; יְדִיעָה *
communist קוֹמוּנִיסְט, שַׁתְּפָנִי
community צִבּוּר, קְהִלָּה *, כְּלָל
compact (n) הֶסְכֵּם, חוֹזֶה
compact (adj) דָּחוּס, צָפוּף; תַּמְצִיתִי
companion חָבֵר; בֶּן לְוָיָה; בֶּן זוּג
companionship חֲבֵרוּת *, חֶבְרָה *, לְוָיָה *
company חֶבְרָה *; חֲבֵרוּת *, לְוָיָה *; אוֹרְחִים (ז״ר); פְּלֻגָּה
comparative יַחֲסִי, מַשְׁוֶה
comparatively בְּיַחַס, בְּעֵרֶךְ
compare הִשְׁוָה, דִּמָּה
comparison הַשְׁוָאָה *, דִּמְיוֹן
compass מַצְפֵּן; גְּבוּל, תְּחוּם; מְחוּגָה *
compassion רַחֲמִים (ז״ר), חֶמְלָה *
compel הִכְרִיחַ, כָּפָה, הִמְרִיץ
compensation שָׂכָר, תַּשְׁלוּם, תַּגְמוּל, פִּצּוּי
compete הִתְחָרָה
competent מֻכְשָׁר, מֻמְחֶה
competition הִתְחָרוּת *, תַּחֲרוּת *
competitive מִתְחָרֶה, שֶׁבְּהִתְחָרוּת
competitor מִתְחָרֶה
complain הִתְאוֹנֵן, הִתְלוֹנֵן, קָבַל, בָּא בְּטַעֲנָה עַל
complaint טַעֲנָה *; הַאֲשָׁמָה *; קֻבְלָנָה *
complete (v) גָּמַר, הִשְׁלִים; שִׁכְלֵל

complete (adj) גָּמוּר, שָׁלֵם; מְשֻׁכְלָל
completely בִּשְׁלֵמוּת; לַחֲלוּטִין
completion הַשְׁלָמָה*, שִׁכְלוּל, גְּמָר
complex (n) צֵרוּף; תַּסְבִּיךְ
complex (adj) מֻרְכָּב, מְסֻבָּךְ
complexion מַרְאֶה, תֹּאַר; אֹפִי
complicated מְסֻבָּךְ
compliment (v) בֵּרַךְ, הִשְׁמִיעַ מַחֲמָאָה
compliment (n) מַחֲמָאָה*; בְּרָכָה*
comply נִשְׁמַע לְ־, מִלֵּא אַחַר
compose הִרְכִּיב; חִבֵּר; סִדֵּר; הִרְגִּיעַ; הִלְחִין
composed (adj) שָׁקֵט, שָׁלֵו, מְיֻשָּׁב
composer מַלְחִין, קוֹמְפּוֹזִיטוֹר
composition חִבּוּר; צֵרוּף; מִבְנֶה, לַחַן
compound (v) חִבֵּר, הִרְכִּיב
compound (n) תִּרְכֹּבֶת*
— interest רִבִּית דְּרִבִּית*
comprehend הֵבִין, תָּפַס, הִשִּׂיג
comprehensive כּוֹלֵל, מַקִּיף, רָחָב
compress (v) צִמְצֵם, קִצֵּר
comprise כָּלַל, הֵכִיל
compromise (v) הִתְפַּשֵּׁר; עוֹרֵר חֲשָׁד
compromise (n) פְּשָׁרָה*
compulsion (n) כְּפִיָּה*, אֹנֶס
compulsory שֶׁל חוֹבָה, הֶכְרֵחִי
compute חִשֵּׁב, מָנָה
comrade חָבֵר, רֵעַ, בֶּן לְוָיָה
conceal הִסְתִּיר, כִּסָּה מִן
concede הוֹדָה; וִתֵּר
conceit גָּאוֹן, יְהִירוּת*, הַחֲשָׁבַת עַצְמוֹ*
conceivable אֶפְשָׁרִי, נִתָּן לִתְפִיסָה
conceive חָשַׁב, תֵּאֵר; יָצַר
concentrate רִכֵּז, הִתְרַכֵּז
concentration רִכּוּז, הַקְשָׁבָה*, הִתְרַכְּזוּת*; צְפִיפוּת*
— camp מַחֲנֵה הֶסְגֵּר, מַחֲנֵה רִכּוּז
conception רַעְיוֹן; מֻשָּׂג; הַתְחָלָה*
concern (v) הָיָה קָשׁוּר בְּ־; הִשְׁפִּיעַ; נָגַע לְ־; הִתְעַנְיֵן בְּ־

be —ed דָּאַג

concern (n) קֶשֶׁר; הִתְעַנְיְנוּת *; דְּאָגָה *; עֵסֶק; עִנְיָן

concerning (prep.) עַל אוֹדוֹת, בְּיַחַס לְ־

concert קוֹנְצֶרְט

in — בְּיַחַד, בְּהַתְאָמָה

concession וִתּוּר; זִכָּיוֹן

conclude גָּמַר, סִיֵּם; הִסִּיק, הֶחְלִיט; סִדֵּר

conclusion סוֹף, גְּמָר, סִיּוּם; מַסְקָנָה *

concord שָׁלוֹם; הֶסְכֵּם

concrete (n) מֶלֶט, בֵּטוֹן

concrete (adj) מַמָּשִׁי, מוּחָשִׁי; מְצֻקָּק

condemn גִּנָּה; חִיֵּב בְּדִין, דָּן

condensation קִצּוּר, תַּמְצִית *

condense קִצֵּר; רִכֵּז

condition (n) מַצָּב; תְּנַאי

on — בִּתְנַאי שֶׁ־

conduct (v) נִהֵל, הִדְרִיךְ, הוֹבִיל, כִּוֵּן; הֶעֱבִיר; נִצַּח

conduct (n) הִתְנַהֲגוּת *

conductor מְנַהֵל, מַנְהִיג; מְנַצֵּחַ; מַעֲבִיר

confederate (n) שֻׁתָּף בַּעַל בְּרִית

confederation הִתְאַחֲדוּת *, אִגּוּד, חֶבֶר

confer הִתְיָעֵץ, נִדְבַּר; הֶעֱנִיק

conference וְעִידָה *, מוֹעָצָה *; הִתְיָעֲצוּת *; יְשִׁיבָה *

confess הוֹדָה, הִתְוַדָּה

confession הוֹדָאָה *; וִדּוּי

confide בָּטַח בְּ־; מָסַר סוֹד

confidence בִּטָּחוֹן, אֵמוּן

confident בָּטוּחַ, בּוֹטֵחַ

confidential בְּסוֹד, בַּסֵּתֶר, מִתּוֹךְ אֵמוּן

confine (v) הִגְבִּיל, צִמְצֵם; אָסַר

confirm אִמֵּת, אִשֵּׁר

confirmation אִשּׁוּר; טֶקֶס בְּקַבָּלַת חָבֵר לִקְהִלָּה דָּתִית

conflict (v) הִתְנַגֵּשׁ; נֶאֱבַק; רָב

conflict (n) הִתְנַגְּשׁוּת *; מַאֲבָק; רִיב

conform נִשְׁמַע לַחֹק, לַמִּנְהָג; קִבֵּל מִנְהֲגֵי הַסְּבִיבָה

confound בִּלְבֵּל; הֵבִיא בִּמְבוּכָה

confront הִתְיַצֵּב מוּל, עָמַד לִפְנֵי; הִפְגִּישׁ פָּנִים אֶל פָּנִים

confuse בִּלְבֵּל, עִרְבֵּב; הֵבִיא בִּמְבוּכָה

confusion בִּלְבּוּל, מְבוּכָה *, עִרְבּוּבְיָה *, אִי סֵדֶר

congratulate בֵּרֵךְ, אִחֵל

congratulation בְּרָכָה *, אִחוּלִים טוֹבִים

congregation קְהִלָּה *, עֵדָה *

congress קוֹנְגְרֶס, בֵּית מְחוֹקְקִים; וְעִידָה *, כְּנֶסֶת *

conjecture (v) שִׁעֵר, סָבַר, נִחֵשׁ

conjecture (n) הַשְׁעָרָה *, סְבָרָה *, נִחוּשׁ

conjugate נָטָה פֹּעַל (בְּדִקְדּוּק)

conjugation נְטִיַּת הַפֹּעַל *

connect חִבֵּר, קָשַׁר, אִחֵד

connection קֶשֶׁר, חִבּוּר; שַׁיָּכוּת *

conquer כָּבַשׁ, נִצַּח

conqueror כּוֹבֵשׁ, מְנַצֵּחַ

conquest כִּבּוּשׁ, נִצָּחוֹן

conscience מַצְפּוּן; הַכָּרָה *

conscientious בַּעַל מַצְפּוּן, נֶאֱמָן

conscious מַכִּיר, יוֹדֵעַ

consciously בְּכַוָּנָה

conscientiousness יְדִיעָה *, הַכָּרָה *

consecrate הִקְדִּישׁ; קִדֵּשׁ

consecutive רָצוּף

consent (v) הִסְכִּים, נֵאוֹת

consent (n) הַסְכָּמָה *

consequence תּוֹצָאָה *; עֵרֶךְ

consequently מִתּוֹךְ זֶה, כְּתוֹצָאָה, כְּתוֹלָדָה מִ־

conservative שַׁמְרָנִי

consider חָשַׁב, הִתְחַשֵּׁב בְּ־, הִרְהֵר בְּ־; רָאָה כְּ־, הֶחֱשִׁיב; שָׁקַל

considerable חָשׁוּב, נִכְבָּד; גָּדוֹל, נִכָּר

consideration שִׁקּוּל דַּעַת; הִתְחַשְּׁבוּת *; תַּגְמוּל, תַּשְׁלוּם

show — נָשָׂא פָּנָיו, כִּבְּדוֹ, הֶחֱשִׁיבוֹ

consist הָרְכַּב מִ־, הָיָה עָשׂוּי מִ־

consistent עֲקֵבִי, עָקִיב

console (v) נִחֵם

consonant עִצּוּר, הֶגֶה (אוֹת מְבַטֵּאת)

conspicuous בּוֹלֵט, נִכָּר

conspiracy קֶשֶׁר, קְנוּנְיָה *

conspire קָשַׁר קֶשֶׁר, עָשָׂה קְנוּנְיָה

constable שׁוֹטֵר

constant קָבוּעַ, יַצִּיב; רָצוּף, מַתְמִיד

constantly בְּהַתְמָדָה, בִּרְצִיפוּת, כָּל הָעֵת

constellation מַעֲרֶכֶת כּוֹכָבִים*, כּוֹכֶבֶת*
constituent (n) חֵלֶק, יְסוֹד; בּוֹחֵר, מְמַנֶּה
constitute הִרְכִּיב; הֵקִים
constitution טֶבַע; הֶרְכֵּב; חֻקָּה*, תְּחִקָּה*, מִבְנֶה; הִתְהַוּוּת*
constitutional יְסוֹדִי; חֻקִּי; טִיּוּל לְשֵׁם הַבְּרִיאוּת
construct בָּנָה, הִרְכִּיב
construction בְּנִיָּה*; מִבְנֶה
consul קוֹנְסוּל, צִיר
consulate קוֹנְסוּלְיָה*, צִירוּת*
consult שָׁאַל בַּעֲצַת, נוֹעַץ
consultation הִתְיָעֲצוּת*
consume אָכַל; אִכֵּל; הִשְׁמִיד, כִּלָּה; שָׂרַף, בָּעַר; הוֹצִיא, בִּזְבֵּז
consumer צַרְכָן
consumption אִכּוּל; כִּלּוּי; כַּמּוּת הַתִּצְרֹכֶת*; שַׁחֶפֶת*
contact (v) נָגַע, בָּא בְּמַגָּע, הֵבִיא בְּמַגָּע; הִתְקַשֵּׁר עִם
contact (n) מַגָּע; חִבּוּר
contagious disease מַחֲלָה מִדַּבֶּקֶת*
contain הֵכִיל, הֶחֱזִיק, כָּלַל
container מֵיכָל, בֵּית קִבּוּל, כְּלִי (פַּחִית, צְלֹחִית, קַנְקַן וְכוּ')
contemplate חָשַׁב עַל; הִתְכַּוֵּן לְ־; הִרְהֵר; הִתְבּוֹנֵן בְּ־
contemporary בֶּן דּוֹר, בֶּן זְמַן
contempt בּוּז, שְׁאָט נֶפֶשׁ
contend טָעַן; דָּן
content (v) שָׂבַע רָצוֹן, הִסְתַּפֵּק
content (n) תּוֹךְ, תֹּכֶן; כַּוָּנָה*; כַּמּוּת*
content (adj) שְׂבַע רָצוֹן, מְרֻצֶּה, מִסְתַּפֵּק
contention מַחֲלֹקֶת*; טַעֲנָה*
contentment שְׂבִיעַת רָצוֹן*
contest (v) הִתְחָרָה; עִרְעֵר, חָלַק עַל
contest (n) תַּחֲרוּת*; וִכּוּחַ
continent (n) יַבֶּשֶׁת*
continental יַבַּשְׁתִּי, אִישׁ הַיַּבֶּשֶׁת, אֵירוֹפִּי
continual מַתְמִיד, רָצוּף, נִמְשָׁךְ
continually בְּלִי הֶפְסֵק
continuation הֶמְשֵׁךְ
continue הִמְשִׁיךְ; אָרַךְ; נִשְׁאַר
continuous נִמְשָׁךְ, רָצוּף, בְּלִי הֶפְסֵק

contract (v) כָּוֵץ; קִצֵּר; עָרַךְ חוֹזֶה
contract (n) חוֹזֶה, הֶסְכֵּם
contraction קִצּוּר, צִמְצוּם, הִתְכַּוְּצוּת *
contractor קַבְּלָן
contradict סָתַר
contrary (adj) הָפוּךְ, מְנֻגָּד
contrary (n) הֶפֶךְ
on the — לְהֶפֶךְ
contrast (v) הֶעֱמִיד בְּנִגּוּד, הִקְבִּיל
contrast (n) הֶפֶךְ, נִגּוּד
contribute נָתַן; תָּרַם, נָדַב
contribution נְתִינָה*; נְדָבָה*, תְּרוּמָה *
contrive הִמְצִיא; תִּכֵּן, תִּכְנֵן
control (v) שָׁלַט; מָשַׁל; בִּקֵּר
control (n) שְׁלִיטָה *; שִׁלְטוֹן, הַשְׁגָּחָה *; בִּקֹּרֶת *
self — הִתְאַפְּקוּת *, כִּבּוּשׁ הַיֵּצֶר, שְׁלִיטָה עַצְמִית *
controversy מַחְלֹקֶת *; וִכּוּחַ
convenience נוֹחוּת *
convenient נוֹחַ; מַתְאִים
convent מִנְזָר
convention וְעִידָה *; הֶסְכֵּם; מִנְהָג
conventional מְקֻבָּל, שֶׁבְּנֹהַג
conversation שִׂיחָה *
converse (v) שׂוֹחַח, דִּבֵּר
converse (n) הֶפֶךְ, חִלּוּף
conversion תְּמוּרָה*; הֲמָרַת דָּת
convert (v) הָפַךְ, הֵמִיר, הֶחֱלִיף; נִשְׁתַּנָּה
convert (n) גֵּר; מוּמָר
convey הוֹבִיל, הוֹלִיךְ; מָסַר, הִבִּיעַ (רַעְיוֹן)
convict (v) חִיֵּב, הִרְשִׁיעַ
conviction חִיּוּב, הַרְשָׁעָה *; אֱמוּנָה *, דֵּעָה *
convince הוֹכִיחַ, שִׁכְנֵעַ
cook (v) בִּשֵּׁל, נִתְבַּשֵּׁל
cook (n) מְבַשֵּׁל, טַבָּח
cookie, cooky עוּגִיָּה *
cool (v) קֵרֵר, צִנֵּן; הִשְׁקִיט, שָׁקַט
cool (adj) קָרִיר, צוֹנֵן; שָׁקֵט, שְׁוֵה נֶפֶשׁ, אָדִישׁ
cooperate הִשְׁתַּתֵּף; עָזַר
cooperation הִשְׁתַּתְּפוּת *, שִׁתּוּף; עֶזְרָה הֲדָדִית *
cooperative מִפְעָל שִׁתּוּפִי

— store צַרְכָנִיָּה *
cooperative (adj) שִׁתּוּפִי ; עוֹזֵר
coordinate (v) הִתְאִים, הִשְׁוָה, שִׁתֵּף
cope יָכֹל לְ־
copper נְחֹשֶׁת *
copy (v) הֶעְתִּיק ; חִקָּה
copy (n) הֶעְתֵּק, הַעְתָּקָה * ; חִקּוּי ; טֹפֶס
coral אַלְמֹג
cord חוּט, חֶבֶל ; מֵיתָר
cordial יְדִידוּתִי, חָמִים, מְחַזֵּק
core תּוֹךְ, עִקָּר, יְסוֹד, לֵב
cork (v) פָּקַק, סָתַם
cork (n) פְּקָק; שַׁעַם (חֹמֶר הָעֵץ)
corn דָּגָן; תִּירָס ; יַבֶּלֶת *
corner (v) תָּפַס, לָחַץ אֶל קִיר
corner (n) זָוִית *, פִּנָּה *, קֶרֶן * ; רוּחַ *, פֵּאָה *
corporation חֶבְרָה מְאֻשֶּׁרֶת *, חֶבְרָה בְּעֵרָבוֹן מֻגְבָּל * חֶבֶר שֶׁהוּא גוּף מִשְׁפָּטִי
corps חַיִל, גְּדוּד
corpse גּוּפָה *, פֶּגֶר, נְבֵלָה *
correct (v) תִּקֵּן, הִגִּיהַּ ; הוֹכִיחַ
correct (adj) נָכוֹן ; מְתֻקָּן, מֻגָּה ; מַתְאִים
correctly נְכוֹנָה, לְפִי הַחֹק, לְפִי הַנִּמּוּס
correction תִּקּוּן, הַגָּהָה * ; מוּסָר, עֹנֶשׁ
correspond הִקְבִּיל, הִתְאִים ; כָּתַב, הֶחֱלִיף מִכְתָּבִים
correspondence הֶתְאֵם, הַתְאָמָה * ; חֲלִיפַת מִכְתָּבִים *
correspondent (n) עִתּוֹנַאי, כַּתָּב ; מַחֲלִיף מִכְתָּבִים
corridor מָבוֹא, מִסְדְּרוֹן
corrupt (v) שִׁחֵד ; קִלְקֵל, הִשְׁחִית
corrupt (adj) מְקֻלְקָל, מָשְׁחָת
corruption מַתַּן שֹׁחַד ; הַשְׁחָתָה *, שְׁחִיתוּת *
corset מָחוֹךְ
cosmetics תַּמְרוּקִים
cost (v) עָלָה בְּ־
cost (n) מְחִיר ; הֶפְסֵד
costly יָקָר, עוֹלֶה בְּיֹקֶר
costume (n) תִּלְבֹּשֶׁת *, חֲלִיפָה *
cot מִטָּה קַלָּה *
cottage צְרִיף, בַּיִת קָטָן
cotton כֻּתְנָה *, כֻּתָּן

absorbent — צֶמֶר גֶּפֶן, מוֹךְ
couch (v) שָׁכַב, הִשְׂתָּרַע; הִבִּיעַ
couch (n) סַפָּה *, מִטָּה *
cough (v) הִשְׁתַּעֵל
cough (n) שִׁעוּל
council מוֹעָצָה *, וַעַד
counsel (v) יָעַץ
counsel (n) יוֹעֵץ, עוֹרֵךְ דִּין; עֵצָה *
counselor (see counsel ,n)
count (v) סָפַר, מָנָה; הִתְחַשֵּׁב בְּ־; חָשַׁב לְ־
— on סָמַךְ עַל
count (n) מִסְפָּר, סְפִירָה *, חֶשְׁבּוֹן
countenance (v) הִסְבִּיר פָּנִים
countenance (n) סֵבֶר פָּנִים
counter (v) הִתְנַגֵּד לְ־; הֵשִׁיב
counter (n) שֻׁלְחָן, דוּכָן, שֻׁלְחַן מְכִירָה, אִצְטַבָּה
counter (adj) הָפוּךְ, נֶגְדִּי
counterfeit (adj) מְזֻיָּף
countless רַב מִסְפָּר, לְאֵין מִסְפָּר, לְאֵין שִׁעוּר
country (n) אֶרֶץ *, שֶׁטַח, מְדִינָה *; שֶׁטַח כְּפָרִי
country (adj) כְּפָרִי
countryman בֶּן אַרְצוֹ; כְּפָרִי
county מָחוֹז
couple (v) חִבֵּר, קָשַׁר; זִוֵּג
couple (n) זוּג, צֶמֶד
courage אֹמֶץ (לֵב), עֹז (רוּחַ), גְּבוּרָה *
courageous אַמִּיץ (לֵב), עַז (רוּחַ), גִּבּוֹר
course דֶּרֶךְ *, מְסִלָּה *; סֵדֶר, שִׁגְרָה *; מָנָה *; כִּוּוּן; נוֹשֵׂא לִמּוּדִים
as a matter of — מֵאֵלָיו, בְּדֶרֶךְ הַטֶּבַע
— of studies תָּכְנִית לִמּוּדִים *
in due — בְּעִתּוֹ
in the — of בְּמֶשֶׁךְ
of — כְּמוּבָן
court (v) נָשָׂא פָּנָיו, הֶחֱנִיף, בִּקֵּשׁ קִרְבָתוֹ, בִּקֵּשׁ אַהֲבָתוֹ, חִזֵּר אַחֲרֵי, עָגַב
court (n) חָצֵר *; בֵּית מִשְׁפָּט
courteous מְנֻמָּס
courtesy נִמּוּס, דֶּרֶךְ אֶרֶץ *
courtyard חָצֵר *
cousin שְׁאֵר בָּשָׂר, דּוֹדָן

covenant בְּרִית *, חוֹזֶה
cover (v) כִּסָּה, צִפָּה; הִסְתִּיר; הֵגֵן עַל; הִסְוָה; כָּלַל; חִפָּה
cover (n) מִכְסֶה, צִפּוּי; סֵתֶר, כִּסּוּי, מַחְסֶה; חִפּוּי
from — to — מֵא׳ וְעַד ת׳, מֵרֹאשׁ וְעַד סוֹף
covet חָמַד, אִוָּה
cow (v) הִפְחִיד
cow (n) פָּרָה *; נְקֵבַת הַבְּהֵמָה *
coward פַּחְדָן, מוּג לֵב
crab סַרְטָן
crack (v) בָּקַע, שָׁבַר, סָדַק; נִבְקַע, נִשְׁבַּר, נִסְדַּק; הִתְפּוֹצֵץ; הִשְׁמִיעַ קוֹל נֶפֶץ
— a joke הִתְלוֹצֵץ, הִתְבַּדֵּחַ
— up נֶהֱרַס, חָלָה בְּרוּחוֹ, הִתְמוֹטְטוּ עֲצַבָּיו
crack (n) בֶּקַע, סֶדֶק; קוֹל נֶפֶץ, קוֹל יְרִיָּה, קוֹל הַצְלָפָה
cracker צְנִים, תּוּפִין
crackle (v) הִשְׁמִיעַ קוֹל נֶפֶץ
cradle (n) עֲרִיסָה *
craft אָמָנוּת *, אֻמָּנוּת *, מְלָאכָה *, חָרִיצוּת *; עָרְמָה *; כְּלִי שַׁיִט, כְּלִי טַיִס
craftsman אֻמָּן מֻמְחֶה, אָמָּן
crag צוּק, סֶלַע
cramp (v) כִּוֵּץ; לָחַץ
cramp (n) כִּוּוּץ, עֲוִית שָׁבָץ *
crane (n) מָנוֹף; עָגוּר
crash (v) נִפֵּץ, שִׁבֵּר; הִתְנַגֵּשׁ; נֶהֱרַס; הִשְׁמִיעַ קוֹל נֶפֶץ
crash (n) נֶפֶץ, נִפּוּץ; הִתְנַגְּשׁוּת *; הֲרִיסָה *; קוֹל נֶפֶץ
crate (n) אַרְגָּז, מִסְגֶּרֶת * (לְאֶרֶז רָהִיטִים, זְכוּכִית, פֵּרוֹת וְכוּ׳, לְשֵׁם הַעֲבָרָה אוֹ הַחְסָנָה)
crave עָרַג, הִשְׁתּוֹקֵק, הִתְאַוָּה
crawl (v) זָחַל
crawl (n) זְחִילָה *
craze (n) שִׁגָּעוֹן, בֻּלְמוּס
crazy מְשֻׁגָּע, מְטֹרָף
creak (v) חָרַק
creak (n) חֲרִיקָה *
cream שַׁמֶּנֶת *; מִשְׁחָה *; הַטּוּב, הַשֶּׁמֶן וְהַסֹּלֶת
crease (v) קִמֵּט, נִקְמַט, קִפֵּל, הִתְקַפֵּל
crease (n) קֶמֶט, קִפּוּל
create בָּרָא, יָצַר; עָשָׂה
creation בְּרִיאָה *, יְצִירָה *; מַעֲשֵׂה בְרֵאשִׁית
creator יוֹצֵר, בּוֹרֵא

creature יְצוּר, יְצִיר; (נֶפֶשׁ) חַיָּה*
credit (v) הֶאֱמִין, בָּטַח; יִחֵס (לְ־); זִכָּה
credit (n) שֵׁם טוֹב; כָּבוֹד; חֶשְׁבּוֹן זְכוּת; אֱמוּנָה*, בִּטָּחוֹן, אַשְׁרַאי
creditor נוֹשֶׁה, בַּעַל חוֹב, מַלְוֶה
creed אֱמוּנָה*, דָּת
creek פֶּלֶג, נַחַל
creep זָחַל, הִזְדַּחֵל
crescent סַהַר; סַהֲרוֹן
crest שִׂיא, פִּסְגָּה*, רֹאשׁ
crevice סֶדֶק, בְּקִיעַ, תְּעָלָה*
crew צֶוֶת, חֶבֶר עוֹבְדִים, כְּנוּפְיָה*
crib עֲרִיסָה*, אֵבוּס
cricket צְרָצַר
crime פֶּשַׁע, חֵטְא, עֲבֵרָה*, עָוֹן
commit — פָּשַׁע, עָבַר, חָטָא
criminal (n) פּוֹשֵׁעַ, עֲבַרְיָן
criminal (adj) עֲבַרְיָנִי, פְּלִילִי
crimson שָׁנִי, זְהוֹרִית*, אָדֹם עַז
cripple (v) הִטִּיל מוּם בְּ־; הֶחֱלִישׁ; קִלְקֵל
cripple (n) נָכֶה, בַּעַל מוּם, חִגֵּר, קִטֵּעַ
crisis מַשְׁבֵּר, נְקֻדַּת הַכְרָעָה*
crisp רַעֲנָן; פָּרִיךְ; חַי
critic מְבַקֵּר
critical בִּקָּרְתִּי, נִתּוּחִי; מְבַקֵּר; מַכְרִיעַ, שֶׁל מַשְׁבֵּר
criticism בִּקֹּרֶת*; גִּנּוּי
criticize בִּקֵּר; גִּנָּה
croak (v) קִרְקֵר
crocodile תַּנִּין
crook (n) נוֹכֵל; וָו, קֶרֶס
crooked עָקֹב, כָּפוּף; נוֹכֵל
crop (v) קָצַץ, גָּזַז, קָצַר
— out; — up הוֹפִיעַ, צָמַח
crop (n) יְבוּל, קָצִיר
cross (v) עָבַר, הִצְלִיב
— out מָחַק, בִּטֵּל
cross (n) צְלָב, שְׁתִי וָעֵרֶב
— ing מַעֲבָר, הִצְטַלְּבוּת*
cross (adj) כּוֹעֵס, זָעֵף
crossroads פָּרָשַׁת דְּרָכִים*
crossword puzzle חִידַת תַּשְׁבֵּץ*
crouch (v) רָבַץ
crow (v) צָהַל, קָרָא
crow (n) עוֹרֵב; קְרִיאָה*
as the — flies בְּקַו יָשָׁר
crowd (v) דָּחַק, נִדְחַק, דָּחַף, לָחַץ, צִפֵּף; נִתְקַהֵל
crowd (n) קָהָל, הָמוֹן, דֹּחַק

crowded צָפוּף

crown (v) הִכְתִּיר; כִּבֵּד; שִׁכְלֵל

crown (n) כֶּתֶר, זֵר, עֲטָרָה*; כָּבוֹד; כֹּתֶרֶת*

crucify הִצְלִיב, עִנָּה

crude גָּלְמִי; גַּס

cruel אַכְזָרִי, קְשֵׁה לֵב

cruelty אַכְזְרִיּוּת*

cruise (v) שָׁט לְשֵׁם עֹנֶג, שׁוֹטֵט מִמָּקוֹם לְמָקוֹם, טָס בִּמְהִירוּת

crumb (n) פֵּרוּר, פִּתָּה*

crumble פֵּרֵר, פֵּרֵךְ

crusade (n) מַסַּע צְלָב; מִלְחֶמֶת מִצְוָה* (לְשֵׁם הַדָּת, לְמַטָּרָה חֶבְרָתִית), תַּעֲמוּלָה*

crush (v) לָחַץ, מִעֵךְ; נִדְחַק; שִׁבֵּר, נִפֵּץ; הָמַם, הִכְרִיעַ

crust (n) קְרוּם, קְלִפָּה*

crutch מִשְׁעֶנֶת*, קַב

cry (v) בָּכָה; קָרָא, צָעַק

cry (n) בְּכִי; קְרִיאָה*, צְעָקָה*; סִסְמָה*

crystal גָּבִישׁ

cub גּוּר

cube (n, adj) מְעֻקָּב

cuckoo קוּקִיָּאָה*

cucumber מְלָפְפוֹן, קִשּׁוּא

cuff (v) הִכָּה, סָטַר

cuff (n) חֲפָה*, שׁוּלַיִם (ז"ר)

cult (n) פֻּלְחָן, הַעֲרָצָה*; חֶבֶר מַעֲרִיצִים

cultivate עִבֵּד; פִּתַּח; טִפַּח

cultivation עִבּוּד; פִּתּוּחַ; טִפּוּחַ; תַּרְבּוּת*

culture תַּרְבּוּת*; פִּתּוּחַ; טִפּוּחַ

cunning (n) עַרְמוּמִיּוּת*; חָרִיצוּת*

cunning (adj) עָרוּם; חָרוּץ

cup (n) סֵפֶל, גָּבִיעַ

cupboard אָרוֹן, אֲרוֹן כְּלֵי אֹכֶל, מִזְנוֹן

curb (v) עָצַר, מָנַע, רִסֵּן

curb (n) רֶסֶן; מַעֲצוֹר, בֶּלֶם; גְּדֶרֶת*, קִיר מַבְדִּיל

cure (v) רָפָא, רִפֵּא

cure (n) רְפוּאָה*, תְּרוּפָה*, אֲרוּכָה*

curiosity סַקְרָנוּת*; דָּבָר מוּזָר

curious סַקְרָנִי; מוּזָר

curiously בְּסַקְרָנוּת; בְּזָרוּת

curl (v) תִּלְתֵּל, סִלְסֵל

curl (n) תַּלְתַּל

curly מְתֻלְתָּל, מְסֻלְסָל

currency כֶּסֶף עוֹבֵר לַסּוֹחֵר

current (n) זֶרֶם, תְּנוּעָה *
current (adj) מְקֻבָּל, נָפוֹץ, שָׁכִיחַ, מָצוּי; עוֹבֵר
curriculum תָּכְנִית לִמּוּדִים *, סֵדֶר לִמּוּדִים
curse (v) קִלֵּל; אֵרַר
curse (n) קְלָלָה *; מְאֵרָה *
curtain (n) מָסָךְ, וִילוֹן, פַּרְגּוֹד
curve (v) עִגֵּל, עִקֵּם, כָּפַף; הִתְעַגֵּל
curve (n) קַו מְעֻגָּל, קַו עָקֹם, עִקּוּל, עִקּוּם
cushion (n) כַּר, כֶּסֶת *

custom מִנְהָג, דֶּרֶךְ, נֹהַג; מֶכֶס
customary נָהוּג; רָגִיל, שָׁכִיחַ
customer קוֹנֶה, לָקוֹחַ
cut (v) גָּזַר, חָתַךְ, כָּרַת; פִּלַּח, נִתַּח; קָצַר; גָּזַז; הִצְלִיב; הִפְחִית
cut (n) גְּזִירָה *, חִתּוּךְ; גֶּזֶר, חֲתִיכָה *
cycle מַחֲזוֹר; גַּלְגַּל; תְּקוּפָה *
cylinder צִילִינְדֶר
cypress בְּרוֹשׁ

D

dad, daddy אַבָּא
dagger פִּגְיוֹן, דֶּקֶר
daily (n) עִתּוֹן יוֹמִי
daily (adj) יוֹם יוֹמִי
daily (adv) יוֹם יוֹם, מִדֵּי יוֹם
בְּיוֹמוֹ, בְּכָל יוֹם
dainty (adj) עֲדִין; עָנֹג; נָעִים
dairy (n) מַחְלָבָה *
dairy (adj) שֶׁל חָלָב
daisy מַרְגָּנִית *
dale בִּקְעָה *, גַּיְא, עֵמֶק
dam (v) סָכַר; חָסַם, עָצַר
dam (n) סֶכֶר
damage (v) הִזִּיק, קִלְקֵל,
חִבֵּל
damage (n) נֶזֶק, קִלְקוּל,
חַבָּלָה *
dame אִשָּׁה *, גְּבֶרֶת *, זְקֵנָה *
damn (v) דָּן לְחוֹבָה; שִׁלַּח
לַעֲזָאזֵל; קִלֵּל
damp (adj) רָטֹב, לַח, טָחוּב

dance (v) רָקַד, יָצָא בְּמָחוֹל;
דִּלֵּג, קִפֵּץ
dance (n) רִקּוּד, מָחוֹל
dancer (n) רַקְדָן, רַקְדָנִית *
danger סַכָּנָה *
dangerous מְסֻכָּן
dangle דִּלְדֵּל; נִדַּלְדֵּל
dare (v) הֵעֵז, מָצָא עֹז
dare (n) הֶעָזָה *
daring (adj) נוֹעָז
dark (n) אֹפֶל, חֲשֵׁכָה *
dark (adj) אָפֵל; כֵּהֶה; קוֹדֵר;
סוֹדִי
Dark Ages יְמֵי הַבֵּינַיִם
darken הֶחְשִׁיךְ, הֶאֱפִיל;
הִכְהָה; הִקְדִּיר
darkness אֹפֶל, אֲפֵלָה *, חֹשֶׁךְ,
חֲשֵׁכָה *; עִמְעוּם; קַדְרוּת *;
סַנְוֵרִים; בַּעֲרוּת *
darling חָבִיב, אָהוּב, יַקִּיר
darn אִחָה, תִּקֵּן

dart (v) עָט ; הִתְרוֹצֵץ

dash (v) הִשְׁלִיךְ בְּחָזְקָה, הֵטִיל; מִהֵר ; שִׁבֵּר, נִפֵּץ ; סִכֵּל

dash (n) קַו; כֹּחַ, מֶרֶץ; קֻרְטוֹב

data עֻבְדּוֹת (נ"ר), נְתוּנִים, פְּרָטִים (ז"ר)

date (n) תַּאֲרִיךְ, מוֹעֵד ; תָּמָר

daughter בַּת *

— in-law כַּלָּה *

dawn (v) הוֹפִיעַ, נִצְנֵץ ; הֵנֵץ הַשַּׁחַר

dawn (n) שַׁחַר

day יוֹם

— s יָמִים (ז"ר), תְּקוּפָה *, זְמָן

— break עֲלוֹת הַשַּׁחַר

— light אוֹר הַיּוֹם

— time מִבֹּקֶר עַד עֶרֶב

— dreamer חוֹלֵם בְּהָקִיץ, הוֹזֶה

daze (n) סַנְוֵרִים (ז"ר) ; תִּמָּהוֹן

dazzle (v) סִנְוֵר; הִכָּה בְתִמָּהוֹן

dead מֵת ; דּוֹמֵם ; חֲסַר רֶגֶשׁ ; כָּבוּי ; בָּטֵל

Dead Sea יָם הַמֶּלַח

deadly מֵמִית

deaf חֵרֵשׁ

deal (v) נָהַג ; הִתְעַסֵּק

— in סָחַר בְּ־

— with נָשָׂא וְנָתַן עִם

deal (n) הֶסְכֵּם ; חֲלֻקָּה *; כַּמּוּת *

dealer סוֹחֵר ; מְחַלֵּק

dealings מַשָּׂא וּמַתָּן ; יַחֲסֵי יְדִידוּת

dean זָקֵן ; רֹאשׁ חֶבֶר מוֹרִים, דֵּקָן

dear אָהוּב, חָבִיב, יָקָר ; עוֹלֶה בְּיוֹקֶר

death מָוֶת, מִיתָה*, הִסְתַּלְּקוּת*; הַשְׁמָדָה *

put to — הֵמִית, הָרַג

debate (v) הִתְוַכַּח, דָּן ; שָׁקַל

debate (n) וִכּוּחַ, דִּיּוּן

debater מִתְוַכֵּחַ

debt חוֹב

debtor בַּעַל חוֹב

decade עָשׂוֹר, עֶשֶׂר שָׁנִים

decay (v) בָּלָה, נָבַל ; רָקַב ; תָּשַׁשׁ ; הִתְנַוֵּן ; בָּאַשׁ

decay (n) רָקָב, עֹבֶשׁ ; רִקָּבוֹן ; הִתְנַוְּנוּת *

decease מֵת, גָּוַע

deceit מִרְמָה*, זִיּוּף, גְּנֵבַת דַּעַת*

deceive רִמָּה, גָּנַב דַּעַת ; הִטְעָה, הִתְעָה

decent הָגוּן, כָּשֵׁר ; נָאֶה ; טוֹב

decide הֶחְלִיט, גָּמַר ; פָּסַק

decided (adj) מֻחְלָט, בָּרוּר

decidedly בְּהֶחְלֵט

decision הַחְלָטָה * ; פְּסַק דִּין

decisive בָּרוּר ; מֻחְלָט ; גָּמוּר

deck (n) סִפּוּן, מִכְסֶה

declaration הַכְרָזָה *, הַצְהָרָה *, הוֹדָעָה *

declare אָמַר ; הוֹדִיעַ, הִכְרִיז, הִצְהִיר

declension (grammar) נְטִיַּת הַשֵּׁמוֹת *

decline (v) מֵאֵן, סֵרֵב ; יָרַד, נָטָה ; פָּחַת ; הִטָּה ; הִתְנַוֵּן

decline (n) יְרִידָה *; הִתְנַוְּנוּת *, הִתְמַעֲטוּת *

decorate קִשֵּׁט, יִפָּה, עִטֵּר

decoration קִשּׁוּט, עִטּוּר

decorative מְקַשֵּׁט, מְיַפֶּה, קִשּׁוּטִי

decrease (v) מָעַט, פָּחַת ; הִמְעִיט, הִפְחִית

decrease (n) הִתְמַעֲטוּת *, יְרִידָה *

decree (v) גָּזַר, פָּקַד, צִוָּה

decree (n) פְּקֻדָּה *, צַו, גְּזֵרָה *

dedicate הִקְדִּישׁ ; חָנַךְ

deed (n) מַעֲשֶׂה, פְּעֻלָּה * ; עֲלִילָה *. שְׁטַר מְכִירָה

deem חָשַׁב, הֶעֱרִיךְ

deep (adj) עָמֹק, מַעֲמִיק ; מְסֻבָּךְ ; עַז

deepen הֶעֱמִיק

deer צְבִי, אַיָּלָה *

defeat (v) נִצַּח, הִכָּה, גָּבַר עַל ; בִּטֵּל, שָׂם לְאַל

defeat (n) תְּבוּסָה *, מַפָּלָה *

defect (n) מוּם, לִקּוּי, פְּגָם, חֶסְרוֹן

defend הֵגֵן ; הִתְגּוֹנֵן

defendant נֶאֱשָׁם, נִטְעָן, נִתְבָּע לְדִין

defense הֲגַנָּה * ; הִתְגּוֹנְנוּת * ; סַנֵּגוֹרְיָה *

defensive (adj) לְשֵׁם הֲגַנָּה; מָגֵן

defer דָּחָה

defiance הִתְנַגְּדוּת * ; קַנְטוֹר ; מֶרֶד

deficiency מִגְרַעַת *, מַחְסוֹר

deficit גֵּרָעוֹן

define בֵּאֵר, פֵּרֵשׁ, הִגְדִּיר; סִמֵּן, תֵּאֵר

definite מְדֻיָּק, מְסֻיָּם, בָּרוּר, מְפֹרָשׁ, קָבוּעַ

definitely בְּהֶחְלֵט, בְּדִיּוּק

definition בֵּאוּר, פֵּרוּשׁ, הַגְדָּרָה*

defy הִתְנַגֵּד לְ־; הוֹעִיד

degenerate (v) הִתְנַוֵּן, יָרַד, תָּשַׁשׁ, הִשְׁחִית דַּרְכּוֹ

degrade הִשְׁפִּיל

degree מַעֲלָה*, מַדְרֵגָה*; דַּרְגָּה*; תֹּאַר

by —s בְּהַדְרָגָה, לְאַט, לְאַט

deity אֵל

dejected מְדֻכָּא, עָצֵב

delay (v) דָּחָה, הִשְׁהָה

delay (n) דִּחוּי, עִכּוּב

delegate (n) צִיר, שָׁלִיחַ, בָּא כֹּחַ

delegation מִשְׁלַחַת*

deliberate חָשַׁב; שָׁקַל בְּדַעְתּוֹ

deliberate (adj) מְחֻשָּׁב; שֶׁבְּמֵזִיד; מָתוּן

deliberately בִּמְתִינוּת; בְּיִשּׁוּב הַדַּעַת, בְּמֵזִיד, בְּכַוָּנָה תְּחִלָּה

delicacy מַעֲדָן; דַּקּוּת*; רְגִישׁוּת*; עֲדִינוּת*; חֻלְשָׁה*

delicate עָדִין; דַּק; רָגִישׁ; חַלָּשׁ; נָעִים

delicatessen מַעֲדַנִּיָּה*, חֲנוּת מַעֲדַנִּים*; מַעֲדַנִּים

delicious טָעִים, עָרֵב

delight (v) שָׂמַח, הִתְעַנֵּג; שִׂמַּח

delight (n) שִׂמְחָה*, תַּעֲנוּג

delightful מְשַׂמֵּחַ, מְהַנֶּה, מְעַנֵּג

deliver מָסַר, הִסְגִּיר; גָּאַל, הִצִּיל; אָמַר, נָאַם, קָרָא

deliverance גְּאֻלָּה*; פְּסַק, נְאוּם

delivery מְסִירָה*, נְתִינָה*; גְּאֻלָּה*; דֶּרֶךְ הַרְצָאָה*

deluge מַבּוּל; גֶּשֶׁם עַז

delusion דִּמְיוֹן שָׁוְא, אַשְׁלָיָה*

demand (v) תָּבַע, דָּרַשׁ; שָׁאַל

demand (n) תְּבִיעָה*, דְּרִישָׁה*

democracy דֵּמוֹקְרַטְיָה*, שִׁלְטוֹן הָעָם

demon שֵׁד, רוּחַ רָעָה*

demonstrate הוֹכִיחַ; הִצִּיג, הֶרְאָה; הִפְגִּין

demonstration הוֹכָחָה*; הַצָּגָה*; הַפְגָּנָה*

den מְעָרָה *, מְאוּרָה * ; חֶדֶר פְּרָטִי
denounce גִּנָּה ; הִלְשִׁין עַל
dense עָבֶה, דָּחוּס, צָפוּף
dentist רוֹפֵא שִׁנַּיִם
deny הִכְחִישׁ ; כָּפַר בְּ־ ; הִתְכַּחֵשׁ לְ־; הֵשִׁיב פְּנֵי, דָּחָה
depart עָזַב, יָצָא, נָסַע, הִפְלִיג
department מַחְלָקָה *, מָדוֹר, סְנִיף
departure יְצִיאָה *, עֲזִיבָה * ; שִׁנּוּי, כִּוּוּן חָדָשׁ
depend הָיָה תָּלוּי בְּ־ ; סָמַךְ עַל
dependent תָּלוּי, סָמוּךְ עַל
depict תֵּאֵר, צִיֵּר
deplore הִצְטַעֵר עַל, נִחַם
deposit (v) הִנִּיחַ, שָׂם ; הִפְקִיד
depress הֶעֱצִיב; הִשְׁפִּיל; לָחַץ
depression עַצְבוּת*; יְרִידָה* ; מַשְׁבֵּר
deprive שָׁלַל מִ־; מָנַע מִ־, קִפַּח
depth עֹמֶק ; תְּהוֹם
deputy בָּא כֹּחַ, סְגָן, מְמַלֵּא מָקוֹם
derision לִגְלוּג, לַעַג, קַלָּסָה *
derive הוֹצִיא, הֵפִיק, הִסִּיק

descend יָרַד, נָחַת, נָטָה, שָׁקַע ; יָצָא מִ־
descendant צֶאֱצָא, מִמּוֹצָא, מִמִּשְׁפַּחַת
descent מוֹרָד, יְרִידָה * ; שְׁקִיעָה * ; יִחוּס
describe תֵּאֵר, סִפֵּר, צִיֵּר, שִׂרְטֵט
description תֵּאוּר, צִיּוּר ; מִין
desert (v) עָזַב, נָטַשׁ ; עָרַק
desert (n) מִדְבָּר, עֲרָבָה *, שְׁמָמָה *
desert (adj) שׁוֹמֵם, בּוֹדֵד
deserve הָיָה רָאוּי לְ־, זָכָה לְ־
design (v) רָשַׁם, צִיֵּר, תִּכֵּן ; חִשֵּׁב ; כִּוֵּן ; חָרַשׁ, זָמַם
design (n) רְשִׁימָה *, תָּכְנִית *, רִשּׁוּם, צִיּוּר
designate סִמֵּן ; נָקַב ; מִנָּה, הוֹעִיד
desirability הֱיוֹת רָצוּי
desirable רָצוּי, טוֹב, נֶחְמָד
desire (v) חָפֵץ, רָצָה, חָמַד, חָשַׁק, אִוָּה, בִּקֵּשׁ
desire (n) חֵפֶץ, רָצוֹן, חֶמְדָּה*, חֵשֶׁק, תַּאֲוָה *, בַּקָּשָׁה *
desk מַכְתֵּבָה *

desolate (adj) שׁוֹמֵם, עָזוּב; בּוֹדֵד; אֻמְלָל; נוּגֶה
desolation שְׁמָמָה*, עֲזוּבָה*; עֶצֶב
despair (v) נוֹאַשׁ, הִתְיָאֵשׁ
despair (n) יֵאוּשׁ, מַפַּח נֶפֶשׁ
despatch, see dispatch
desperate נוֹאָשׁ, בְּאֶפֶס תִּקְוָה; מְסֻכָּן; קִיצוֹנִי
desperately בְּאֶפֶס תִּקְוָה, מִתּוֹךְ יֵאוּשׁ
despise מָאַס, בָּז, זִלְזֵל
despite לַמְרוֹת, עַל אַף, חֵרֶף
despot אַבִּיר לֵב, עָרִיץ, שַׁלִּיט עָרִיץ
dessert פַּרְפֶּרֶת*, קִנּוּחַ סְעֻדָּה
destination מַטָּרָה*, תַּכְלִית*, מְחוֹז חֵפֶץ
destine יִעֵד, נוֹעַד
destiny גּוֹרָל, מַזָּל
destitute עָנִי, חֲסַר כֹּל
destroy הָרַס, הִשְׁמִיד, הֶחֱרִיב; בִּטֵּל, הֵפֵר; הָרַג, הֵמִית
destruction הֶרֶס, חֻרְבָּן, הַשְׁמָדָה*, כְּלָיָה*, הֶרֶג
destructive הוֹרֵס, מַזִּיק, מְכַלֶּה
detach הִפְרִיד, פֵּרֵק, תָּלַשׁ
detachment הַפְרָדָה*; בְּלִי פְנִיָּה; הִתְבַּדְּלוּת*, חֵלֶק מִגְדּוּד, חֶבֶר חַיָּלִים
detail (n) פְּרָט
in — בִּפְרוֹטְרוֹט
detain עָצַר, עִכֵּב, הִשְׁהָה
detect מָצָא, גִּלָּה, בָּלַשׁ
detective בַּלָּשׁ
deteriorate הִתְנַוֵּן, יָרַד
determination הַחְלָטָה*; בְּלֹא הִסּוּס, אֹמֶץ, קְבִיעָה*; בֵּרוּר, פְּסַק
determine הֶחְלִיט; קָבַע; בֵּרֵר
develop פִּתַּח, הִתְפַּתֵּחַ; נִתְגַּלָּה
development פִּתּוּחַ; הִתְפַּתְּחוּת*, הִשְׁתַּלְשְׁלוּת*
device מַכְשִׁיר, הַמְצָאָה*; תַּחְבּוּלָה*, תָּכְנִית*; סֵמֶל
devil הַשָּׂטָן, שֵׁד, יֵצֶר הָרָע; רָשָׁע
devise הִמְצִיא, בָּדָה; חָרַשׁ, זָמַם
devote הִקְדִּישׁ; מָסַר
devotion נֶאֱמָנוּת*, מְסִירוּת*; אַהֲבָה*; תְּפִלָּה*, פֻּלְחָן
devour אָכַל, בָּלַע, טָרַף
devout חָרֵד, יְרֵא שָׁמַיִם, מִתְפַּלֵּל בִּדְבֵקוּת

dew טַל
dexterity חָכְמָה; כִּשְׁרוֹן, חָרִיצוּת*, זְרִיזוּת*
diagnosis דִּיאַגְנוֹזָה*, אַבְחָנָה*
dial (n) לוּחַ, מָחוֹג, חוּגָה
dialogue שִׂיחָה*, דּוּ־שִׂיחַ
diameter קֹטֶר
diamond יַהֲלֹם
diaper חִתּוּל
diary יוֹמָן
dice קֻבִּיּוֹת (נ"ר)
dictate (v) הִכְתִּיב; צִוָּה, פָּקַד
dictation הַכְתָּבָה*; פְּקֻדָּה*
dictator רוֹדָן, דִּיקְטָטוֹר
dictionary מִלּוֹן
die (v) מֵת; גָּוַע, נִפְטַר; כָּלָה, אָבַד; כָּבָה
— away שָׁכַךְ
diet (n) דִּיאֶטָה* תְּזוּנָה*, תְּזוּנָה מְיֻחֶדֶת*, סֵדֶר אֲכִילָה
differ נִבְדַּל מִ־; חָלַק עַל
difference הֶבְדֵּל, הֶפְרֵשׁ; מַחֲלֹקֶת*
different שׁוֹנֶה, נִבְדָּל
differently אַחֶרֶת
difficult קָשֶׁה
difficulty קֹשִׁי
diffuse הֵפִיץ, זָרָה; כִּסָּה; נִמְהַל, הִתְפַּשֵּׁט
dig חָפַר, כָּרָה, חָתַר; חִפֵּשׂ; הִתְעַמֵּק
digest (v) עִכֵּל; אִכֵּל; נָשָׂא, קָלַט; קִצֵּר, סִכֵּם
digest (n) קִצּוּר, תַּמְצִית*
digestion עִכּוּל
dignified מְכֻבָּד, נִכְבָּד
dignity אֲצִילוּת*; כָּבוֹד, עֵרֶךְ, גְּדֻלָּה*
diligence שְׁקִידָה*, הַתְמָדָה*, חָרִיצוּת*
dim (adj) כֵּהֶה, אָפֵל, מְעֻרְפָּל, עָמוּם
dimension מֵמַד
diminish הִפְחִית, הִקְטִין, גָּרַע
din (n) שָׁאוֹן, רַעַשׁ
dine אָכַל, סָעַד
dingy מְלֻכְלָךְ, דֵּהֶה
dinner סְעֻדָּה*, סְעֻדָּה עִקָּרִית*
dip (v) טָבַל, הִטְבִּיל; שָׁאַב; צָלַל
dip (n) טְבִילָה*
diplomatic דִּפְּלוֹמָטִי
diploma תְּעוּדָה*, תְּעוּדַת הַסְמָכָה*

dire נוֹרָא, אָיֹם
direct (v) כִּוֵּן, הִפְנָה; פָּקַד; הוֹרָה, הִדְרִיךְ; נִהֵל
direct (adj) יָשָׁר; גָּלוּי
direction כִּוּוּן; הוֹרָאָה*, הַדְרָכָה*; נִהוּל
directly מִיָּד; יָשָׁר
director מְנַהֵל, מַנְהִיג
dirt לִכְלוּךְ, רֶפֶשׁ; עָפָר, אֲדָמָה*
dirty מְלֻכְלָךְ, מְטֻנָּף; שְׁפַל רוּחַ, נִבְזֶה
disadvantage חִסָּרוֹן
disagree חָלַק עַל; רָב; לֹא הִסְכִּים; הִזִּיק
disagreeable בִּלְתִּי נוֹחַ, לֹא נָעִים
disappear נֶעְלַם, חָלַף, עָבַר; כָּלָה, אָפֵס
disappoint הִכְזִיב
disappointment אַכְזָבָה*
disapprove הִתְנַגֵּד; גִּנָּה
disarm פֵּרֵק נֶשֶׁק; הִרְגִּיעַ
disarmament פְּרִיקַת־נֶשֶׁק*, צִמְצוּם הַזִּיּוּן
disaster אָסוֹן; שׁוֹאָה*
disastrous נוֹרָא
discard (v) הִשְׁלִיךְ, הֵסִיר, שָׂם הַצִּדָּה; הֵסִיחַ דַּעְתּוֹ
discern רָאָה, הִכִּיר; הִבְחִין, הִבְדִּיל
discharge (v) פֵּרֵק; יָרָה; נָזַל; פִּטֵּר; מִלֵּא (חוֹבָה)
discharge (n) יְרִיָּה; פִּטּוּרִין (ז"ר), שִׁחְרוּר
discipline (v) חִנֵּךְ, עָנַשׁ, יִסֵּר
discipline (n) מִשְׁמַעַת*, מוּסָר, שִׁיטַת נֹהַג*
disclose גִּלָּה
discontent (n) אִי רָצוֹן, רֹגֶז,
discord חִלּוּקֵי דֵעוֹת (ז"ר), מַחֲלֹקֶת*, פְּלֻגְתָּה*, אִי הַתְאָמָה*
discount (n) הֲנָחָה*, נִכּוּי; אִי תְּשׂוּמֶת לֵב
discourage רִפָּה יָדוֹ, הֵנִיא
discourse (n) שִׂיחָה*, דְּבָרִים (ז"ר), הַרְצָאָה*
discover גִּלָּה, מָצָא, חִדֵּשׁ, הִמְצִיא
discoverer מַמְצִיא, מְגַלֶּה
discovery תַּגְלִית*, הַמְצָאָה*, חִדּוּשׁ
discredit (v) חָשַׁד בְּ־, לֹא הֶאֱמִין, לֹא בָּטַח בְּ־
discretion זְהִירוּת*, מְתִינוּת*

discrimination הַפְלָיָה *, הַבְחָנָה *, חֹפֶשׁ הַבְּחִירָה
discuss דָּן, נָשָׂא וְנָתַן
discussion דִּיּוּן, מַשָּׂא וּמַתָּן, וִכּוּחַ
disdain (v) בָּז, תִּעֵב
disease (n) מַחֲלָה *, חֳלִי
disgrace (v) בִּיֵּשׁ, הִכְלִים; הוֹרִיד מִכָּבוֹד
disgrace (n) בּוּשָׁה *, חֶרְפָּה *, קָלוֹן, גְּנַאי, אִי כָּבוֹד
disguise (v) שִׁנָּה פְּנֵי, הִסְוָה, הִתְנַכֵּר
disguise (n) סֵתֶר פָּנִים, הִתְחַפְּשׂוּת *, מַסֵּכָה *, מַסְוֶה
disgust (n) גֹּעַל, שִׂנְאָה *, בְּחִילָה *
dish צַלַּחַת *, קְעָרָה *; תַּבְשִׁיל
dishonest בִּלְתִּי נֶאֱמָן, כּוֹזֵב
dishonor (n) חֶרְפָּה *, גְּנַאי, אִי כָּבוֹד
disk דִּסְקוּס
dislike (v) שָׂנֵא, מָאַס, לֹא אָהַב
dislike (n) שִׂנְאָה *, מְאִיסָה *
dismal קוֹדֵר, עָגוּם
dismay (v) הִפְחִיד, הִבְהִיל; יָרֵא
dismay (n) אֵימָה *, בֶּהָלָה *
dismiss פִּטֵּר, שִׁלַּח; דָּחָה
dismissal פִּטּוּרִים, שִׁלּוּחִים; דְּחִיָּה *; הַסָּעַת דַּעַת
dismount יָרַד; הוֹרִיד
disobedient לֹא נִשְׁמָע, מוֹרֵד
disobey הִמְרָה
disorder (v) אִי סֵדֶר, עִרְבּוּבְיָה *; מַחֲלָה *
dispatch (v) שָׁלַח; גָּמַר מַהֵר
dispatch (n) מִשְׁלוֹחַ; מְהִירוּת *
dispense חִלֵּק; הוֹצִיא לְפֹעַל
— with וִתֵּר עַל־
disperse פִּזֵּר, הֵפִיץ; הִתְפַּזֵּר
dispersion of the Jews גָּלוּת *, פִּזּוּר
display (v) הֶרְאָה, הִצִּיג
display (n) הַצָּגָה *, רַאֲוָה *
displease הֶעֱלִיב, הִכְעִיס, גָּרַם מֹרַת רוּחַ
disposal סִדּוּר, הֶסְדֵּר; מְכִירָה *; פִּנּוּי
dispose סִדֵּר; מָכַר; פִּנָּה; נָטָה
disposition סִדּוּר; מְכִירָה *; מַצַּב רוּחַ
disprove הִכְחִישׁ, סָתַר

dispute (v) דָּן; חָלַק עַל, הִתְנַגֵּד
dispute (n) דִּיּוּן, וִכּוּחַ, מַחֲלֹקֶת *
disregard (v) הֶעֱלִים עַיִן מִ־; זִלְזֵל בְּ־
dissatisfaction אִי שְׂבִיעַת רָצוֹן*, אִי הַסְכָּמָה *
dissolve הֵמֵס; נָמַס; גָּמַר, שָׂם קֵץ לְ־, בִּטֵּל
distance מֶרְחָק, רִחוּק; קְרִירוּת*, אֲדִישׁוּת *
distant רָחוֹק, מְרֻחָק; קָרִיר, אָדִישׁ
distill זִקֵּק, הִטִּיף
distinct נִבְדָּל, שׁוֹנֶה, בָּרוּר
distinction הֶבְדֵּל; הִצְטַיְּנוּת *
distinctly בְּבֵרוּר
distinguish הִבְחִין, הִבְדִּיל
distinguished (adj) מְצֻיָּן
distort סֵרֵס, זִיֵּף, עִוֵּת, עִקֵּם
distract הִסִּיחַ דַּעַת; הִפְרִיעַ; בִּלְבֵּל
distress (v) צִעֵר; הִדְאִיג
distress (n) רָעָה*, צָרָה*; דְּאָגָה *
distribute חִלֵּק; הֵפִיץ
distribution חִלּוּק; הֲפָצָה *
district גָּלִיל, מָחוֹז; שְׁכוּנָה*, סְבִיבָה *
distrust (v) חָשַׁד, לֹא הֶאֱמִין
distrust (n) חֲשָׁד, אִי אֵמוּן
disturb הִפְרִיעַ; הִרְגִּיז
disturbance הַפְרָעָה*; מְהוּמָה*, רַעַשׁ
ditch תְּעָלָה*, חָרִיץ
dive (v) צָלַל
dive (n) צְלִילָה *
diverse שׁוֹנֶה
diversion הַפְנָיָה*; הַסָּחַת דַּעַת*, שַׁעֲשׁוּעַ
divert הִפְנָה, הִטָּה; הִסִּיחַ דַּעַת
divide חִלֵּק, חָצָה, הִפְרִיד; הִבְדִּיל
dividend דִּיבִידֶנְדָּה*, רֶוַח (שֶׁחֶבְרָה מְשַׁלֶּמֶת לְשֻׁתָּפֶיהָ)
divine קָדוֹשׁ; אֱלֹהִי
divinity אֱלֹהוּת *
division חִלּוּק; חֵלֶק; הִתְחַלְּקוּת *
divorce (v) גֵּרֵשׁ, נִתְגָּרֵשׁ
divorce (n) גֵּט, גֵּרוּשִׁין, סֵפֶר כְּרִיתוּת; הַפְרָדָה *
dizzy סְחַרְחַר, מְבֻלְבָּל

do עָשָׂה, פָּעַל; גָּמַר; עָבַר; הִסְפִּיק; טִפֵּל בְּ־
dock (v) הֵבִיא אֳנִיָּה לְנָמֵל
dock (n) נָמֵל, רְצִיף
doctor (v) רִפֵּא; תִּקֵּן; זִיֵּף, שִׁנָּה
doctor (n) רוֹפֵא; דוֹקְטוֹר
doctrine עִקָּר; תּוֹרָה*, מִשְׁנָה*
document (n) תְּעוּדָה*
dodge (v) נָטָה הַצִּדָּה; הִתְחַמֵּק
doe צְבִיָּה*, אַיָּלָה*
dog (n) כֶּלֶב
dogma דוֹגְמָה*, עִקַּר אֱמוּנָה; דֵּעָה קְבוּעָה*
dole (v) חִלֵּק, קָצַב
dole (n) מָנָה*, קִצְבָּה*
doll בֻּבָּה
dollar דוֹלָר
domain אֲחֻזָּה*; תְּחוּם; רְשׁוּת*, שֶׁטַח
dome כִּפָּה*
domestic (n) מְשָׁרֵת, עוֹזֶרֶת (בַּיִת)*, מְשָׁרֶתֶת*
domestic (adj) בֵּיתִי; מִשְׁפַּחְתִּי; בֶּן תַּרְבּוּת; תּוֹצֶרֶת הָאָרֶץ*
dominant שׁוֹלֵט; שׁוֹרֵר
dominate שָׁלַט; שָׂרַר
dominion מֶמְשָׁלָה*, שְׁלִיטָה*
don לָבַשׁ, חָבַשׁ
donation תְּרוּמָה*, נְדָבָה*
done גָּמוּר
donkey חֲמוֹר; עַקְשָׁן; טִפֵּשׁ
doom (v) גָּזַר כְּלָיָה עַל; פָּסַק
doom (n) מִשְׁפָּט, גְּזַר דִּין, גּוֹרָל; אֲבַדּוֹן
door דֶּלֶת, שַׁעַר; פֶּתַח, כְּנִיסָה*
doorpost מְזוּזוֹת (נ״ר)
doorstep סַף הַבַּיִת
doorway פֶּתַח
dormitory פְּנִימִיָּה*, חֲדַר שֵׁנָה כְּלָלִי
dose (n) מָנָה*, כַּמּוּת*; מְנַת רְפוּאָה*
dot (v) נִקֵּד
dot (n) נְקֻדָּה; דָּגֵשׁ; סִמָּן
double (v) הִכְפִּיל, נִכְפַּל; מִלֵּא מָקוֹם; קִפֵּל
double (n) כִּפְלַיִם (ז״ז); מְמַלֵּא מָקוֹם, בֶּן זוּג; צְבִיעוּת*
double (adj) צָבוּעַ, מְזֻיָּף
doubt (v) הֵטִיל סָפֵק בְּ־; הִסֵּס, פִּקְפֵּק

doubt (n) סָפֵק; הִסּוּס, פִּקְפּוּק
doubtful מְפֻקְפָּק
doubtless בְּוַדַּאי, בְּלִי סָפֵק
dough בָּצֵק, עִסָּה •
dove יוֹנָה •
down (adv) לְמַטָּה, מַטָּה, אַרְצָה, לָאָרֶץ
— stairs לְמַטָּה
— ward(s) מַטָּה
dowry נְדָן, נְדֻנְיָה •, מֹהַר; כִּשְׁרוֹן
dozen תְּרֵיסַר
draft (v) רָשַׁם, שִׂרְטֵט; תָּכַן; גִּיֵּס
draft (n) תַּרְשִׁים, שִׂרְטוּט; תָּכְנִית •; גִּיּוּס; רוּחַ פְּרָצִים •; שְׁטָר
drag (v) מָשַׁךְ, סָחַב, גָּרַר, נִגְרַר; נִמְשַׁךְ
dragon דְּרָקוֹן
drain (v) נִקֵּז, יִבֵּשׁ; מָצַץ, סָחַט
drain (n) צִנּוֹר נִקּוּז; שֶׁפֶךְ
drainage נִקּוּז, יִבּוּשׁ
drama דְּרָמָה •, מַחֲזֶה
dramatic דְּרָמָתִי; מְעוֹרֵר רְגָשׁוֹת
dramatist מְחַבֵּר מַחֲזוֹת, דְּרָמָטוּרְג

drapery מָסַכִּים (ז״ר)
drastic נִמְרָץ, חָזָק, קִיצוֹנִי
draught, see draft
draw מָשַׁךְ, סָחַב, גָּרַר; מָשַׁךְ לֵב; שָׁלַף, הוֹצִיא; הֶעֱלָה; צִיֵּר, תֵּאֵר; הֶאֱרִיךְ, מָתַח; קֵרַב; שָׁאַב
— lots הֵטִיל גּוֹרָל, הִפִּיל פּוּר
— water שָׁאַב מַיִם
drawer מְגֵרָה •, תֵּבָה •
drawing (art) צִיּוּר, תְּמוּנָה •
dread (v) חָרַד, פָּחַד, יָרֵא
dread (n) חֲרָדָה •, פַּחַד, מוֹרָא
dreadful נוֹרָא, מַפְחִיד
dream (v) חָלַם; הָזָה
dream חֲלוֹם; הֲזָיָה •
dreary נִדְכֶּה, קוֹדֵר
dress (v) לָבַשׁ, הִתְלַבֵּשׁ; קִשֵּׁט; עָשָׂה; חָבַשׁ
dress (n) לְבוּשׁ; שִׂמְלָה •
dresser (furniture) שִׁדָּה •
dressmaker תּוֹפֶרֶת •
drift (v) נִסְחַף
drift (n) סַחַף; הַשְׁפָּעָה •, נְטִיָּה •
drill (v) קָדַח; הִתְאַמֵּן
drill (n) מַקְדֵּחַ; אִמּוּן, תַּרְגִּיל
drink (v) שָׁתָה; סָפַג

drink (n) מַשְׁקֶה
drip (v) נָטַף, טִפְטֵף, נָזַל; הִטִּיף
drip (n) טִפְטוּף; טִפָּה *
drive (v) דָּחַף, הָדַף, גֵּרֵשׁ; נָהַג; הֵאִיץ; הִכְרִיחַ
drive (n) דְּחִיפָה *; מַאֲמָץ; מַגְבִּית *; הַתְקָפָה *; נְסִיעָה *; דֶּרֶךְ *
driver נֶהָג
droop (v) נִתְלָה, נִדַּלְדֵּל
droop (n) כְּפִיפָה *, יְרִידָה *
drop (v) נָפַל, הִפִּיל; נָטַף; שָׁקַע, יָרַד; הִשְׁמִיט; הִשְׁפִּיל
drop (n) נְפִילָה *; טִפָּה *; מִדְרוֹן מְשֻׁפָּע; עֹמֶק נְפִילָה
drought בַּצֹּרֶת *, שָׁרָב, יַבֶּשֶׁת *
drove הָמוֹן, קָהָל, עֵדֶר
drown טָבַע, טִבַּע
drowsy מִתְנַמְנֵם
drug (n) סַמְמָן; סַם מַרְפֵּא; סַם מַרְדִּים, סַם מַרְעִיל
— store בֵּית מִרְקַחַת
druggist רוֹקֵחַ
drum (v) תּוֹפֵף, הִכָּה בְּתֹף
drum (n) תֹּף; חָבִית *
drunk(en) שִׁכּוֹר, שָׁתוּי, מְבֻסָּם
dry (v) יִבֵּשׁ; נִגֵּב

dry (adj) יָבֵשׁ; צָמֵא; מְשַׁעֲמֵם
duck (v) טָבַל בִּמְהִירוּת; הִטְבִּיל; הִתְכּוֹפֵף; הִשְׁתַּמֵּט
duck (n) בַּרְוָז
due (adj) מַגִּיעַ; נָכוֹן; רָצוּי
his — הָרָאוּי לוֹ
— to בִּגְלַל
in — course בְּעִתּוֹ
duel (n) דּוּ־קְרָב, מִלְחֶמֶת שְׁנַיִם *
duet דּוּ־זֶמֶר, שִׁיר הַשְּׁנַיִם
dull (v) הִקְהָה
dull (adj) קֵהֶה; מְטֻמְטָם; מְשַׁעֲמֵם; כֵּהֶה
duly כָּרָאוּי, כַּהֹגֶן, לְמַדַּי
dumb אִלֵּם; שׁוֹתֵק; טִפֵּשׁ
dump (v) הִשְׁלִיךְ
dungeon בֵּית סֹהַר, בּוֹר
duplicate (v) הִכְפִּיל; הֶעְתִּיק
duplicate (n) הֶעְתֵּק מְדֻיָּק; מִשְׁנֶה
duplicate (adj) דּוֹמֶה בְּדִיּוּק
durable חָזָק, מִתְקַיֵּם
duration מֶשֶׁךְ הַזְּמַן, הֶמְשֵׁךְ
during בְּמֶשֶׁךְ; בִּימֵי
dusk אַפְלוּלִית *; עֵת בֵּין הַשְּׁמָשׁוֹת *, דִּמְדּוּמִים (ז״ר)
dusky כֵּהֶה, אַפְלוּלִי

dust (v) אִבֵּק, הֵסִיר הָאָבָק, נִקָּה
dust (n) אָבָק; עָפָר
dusty מָלֵא אָבָק, מְאֻבָּק
duty חוֹבָה*; תַּפְקִיד; מֶכֶס
off — חָפְשִׁי
on — בְּתַפְקִיד, עַל מִשְׁמַרְתּוֹ
dwarf (n) גַּמָּד, נַנָּס, קָטָן
dwell גָּר, דָּר, יָשַׁב, שָׁכַן; הִתְעַכֵּב עַל
dwelling (n) בַּיִת, מָעוֹן, מְגוּרִים (ז"ר), דִּירָה*
dwindle הִתְמָעֵט, הָלַךְ וּפָחַת
dye (v) צָבַע
dye (n) צֶבַע
dying (adj) נוֹטֶה לָמוּת; הוֹלֵךְ וְנִפְסָק
dynasty שׁוֹשֶׁלֶת*, בַּיִת (מִבֵּית...)

E

each (adj) כָּל, כָּל אֶחָד
— other אִישׁ אֶת אָחִיו, אִישׁ אֶת רֵעֵהוּ, אִשָּׁה אֶת אֲחוֹתָהּ, זֶה אֶת זֶה, זוֹ אֶת זוֹ
each (pron) כָּל אֶחָד, כָּל אַחַת
each (adv) לְכָל אֶחָד, לְכָל אַחַת
eager מִשְׁתּוֹקֵק, נִלְהָב
eagerly בְּהִשְׁתּוֹקְקוּת, בְּהִתְלַהֲבוּת
eagerness הִשְׁתּוֹקְקוּת *, הִתְלַהֲבוּת *
eagle נֶשֶׁר
ear אֹזֶן *; שִׁבֹּלֶת *
give — הֶאֱזִין, הִקְשִׁיב
eardrum עוֹר הַתֹּף (בָּאֹזֶן)
early (adj) מֻקְדָּם; קַדְמוֹן
early (adv) בְּהֶקְדֵּם, לִפְנֵי הַמּוֹעֵד
earn הִרְוִיחַ, הִשְׂתַּכֵּר; הִגִּיעַ לוֹ; זָכָה, קָנָה
earnest (adj) רְצִינִי, כְּבַד רֹאשׁ
earnestly בִּרְצִינוּת, בְּכֹבֶד רֹאשׁ
earnings שָׂכָר, רְוָחִים
earth אֶרֶץ *, אֲדָמָה *, עָפָר; יַבָּשָׁה *; כַּדּוּר הָאָרֶץ
earthly אַרְצִי, גַּשְׁמִי
earthquake רַעַשׁ, רְעִידַת אֲדָמָה *
earthworm תּוֹלַעַת עָפָר *
ease (v) הִשְׁקִיט; הֵקֵל עַל; הֵפִיג; הֵנִיחַ דַּעְתּוֹ
ease (n) רְוָחָה *, נַחַת *; מְנוּחָה *, שַׁלְוָה *; חֹפֶשׁ תְּנוּעָה; קַלּוּת *
easily בְּקַלּוּת, עַל נְקַלָּה; בְּלִי סָפֵק
East מִזְרָח
Easter פַּסְחָא *
eastern מִזְרָחִי
eastward מִזְרָחָה, קֵדְמָה
easy קַל; נוֹחַ; מָתוֹן; נָעִים
— chair כִּסֵּא נוֹחַ, כִּסֵּא מַרְגּוֹעַ
eat אָכַל סָעַד; בָּלַע; אִכֵּל, הֶחְלִיד
eaten (adj) אָכוּל; חָלוּד

ebb (n) שֶׁפֶל (מַיִם); יְרִידָה*
eccentric מְשֻׁנֶּה, מוּזָר
Ecclesiastes סֵפֶר קֹהֶלֶת
echo (v) הִדְהֵד; חָזַר עַל דִּבְרֵי; חִקָּה
echo (n) הֵד
eclipse (n) לִקּוּי (לִקּוּי חַמָּה, לִקּוּי לְבָנָה)
economic כַּלְכָּלִי, מִשְׁקִי
economical חֶסְכוֹנִי
economics (תּוֹרַת הַ)כַּלְכָּלָה*
economist כַּלְכְּלָן
economy חִסָּכוֹן, קִמּוּץ; כַּלְכָּלָה*, מֶשֶׁק
ecstasy הִתְלַהֲבוּת*
eddy (n) מְעַרְבֹּלֶת*
edge (v) הִשְׁחִיז, חִדֵּד; נִדְחַק אֶל
edge (n) שָׂפָה*, גָּדָה*; חֹד, לַהַב; חַדּוּת*
  on — עַצְבָּנִי, מֻדְאָג, חֲסַר סַבְלָנוּת
edible בֶּן אֲכִילָה, רָאוּי לַאֲכִילָה
edict חֹק, אִגֶּרֶת*
edifice בִּנְיָן, בַּיִת
edit עָרַךְ
edition מַהֲדוּרָה*, הוֹצָאָה*
editor עוֹרֵךְ

editorial (n) מַאֲמָר רָאשִׁי, מַאֲמַר מַעֲרֶכֶת
editorial (adj) מַעַרַכְתִּי
educate חִנֵּךְ, לִמֵּד, הוֹרָה; אִמֵּן
education חִנּוּךְ, לִמּוּד, הוֹרָאָה*
educational חִנּוּכִי
educator מְחַנֵּךְ, מוֹרֶה
eel צְלוֹפָח (דָּג בְּצוּרַת נָחָשׁ)
effect (v) הוֹצִיא לְפֹעַל, עָשָׂה
effect (n) תּוֹצָאָה* תּוֹלָדָה*; פְּעֻלָּה*; תֹּקֶף, כֹּחַ
  — s רְכוּשׁ, קִנְיָנִים
  in — בְּתֹקֶף; בֶּאֱמֶת
  take — נִכְנַס לְתֹקֶף
effective פּוֹעֵל, פָּעִיל
efficiency חָרִיצוּת*; יְעִילוּת*
efficient חָרוּץ; יָעִיל
effort מַאֲמָץ; נִסָּיוֹן
egg בֵּיצָה*
eggplant חָצִיל
Egyptian מִצְרִי
eight שְׁמוֹנָה, שְׁמֹנֶה
  — h שְׁמִינִי(ת)
eighteen שְׁמוֹנָה עָשָׂר, שְׁמֹנֶה עֶשְׂרֵה
  — th הַ —
eighty שְׁמוֹנִים

either (pron) אֶחָד מֵהַשְּׁנַיִם
either (adj) שְׁנֵיהֶם, זֶה וָזֶה
either (adv) אַף לֹא
either (conj) אוֹ... אוֹ...
elaborate (v) שִׁכְלֵל, עִבֵּד, פֵּרַט, הִרְצָה בִּפְרוֹטְרוֹט
elaborate (adj) מְשֻׁכְלָל, מְעֻבָּד, מְפֹרָט
elastic (adj) גָּמִישׁ; מִסְתַּגֵּל
elbow (v) דָּחָה הַצִּדָּה, הִרְפִּיק
elbow (n) מַרְפֵּק; בֶּרֶךְ *
at one's — לְיָדוֹ, סָמוּךְ
elder (n) רֹאשׁ, זָקֵן, סָבָא, בְּכוֹר
elder (adj) זָקֵן
eldest בְּכוֹר, הַזָּקֵן
elect (v) בָּחַר
elect (n) בֶּן סְגֻלָּה, בֶּן עֲלִיָּה, מְעֻלֶּה, נִבְחָר, בָּחִיר
election בְּחִירוֹת **
electric(al) חַשְׁמַלִּי
electrician חַשְׁמַלַּאי
electricity חַשְׁמַל
elegant מְפֹאָר, נָאֶה
element חֵלֶק; יְסוֹד; סְבִיבָה *; כֹּחוֹת הַטֶּבַע (ז"ר)
elementary רִאשׁוֹנִי; פָּשׁוּט; יְסוֹדִי

elephant פִּיל
elevate הֶעֱלָה, הֵרִים, הִגְבִּיהַּ; גִּדֵּל, רוֹמֵם; שִׂמַּח
elevation הַעֲלָאָה *, הֲרָמָה *, הַגְבָּהָה *; רוֹמְמוּת *; שִׂמְחָה *; גֹּבַהּ, שִׂיא
elevator מַעֲלִית *
eleven אַחַד עָשָׂר, אַחַת עֶשְׂרֵה
— th — הָ
eliminate הוֹצִיא, הִרְחִיק; הִשְׁמִיט
elm (עֵץ) בּוּקִיצָה *
eloquence צַחוּת דִּבּוּר *, יְפִי הַלָּשׁוֹן, שֶׁטֶף הַדִּבּוּר
eloquent יְפֵה לָשׁוֹן; מְעוֹרֵר
else (adj) אַחֵר, אַחֶרֶת, נוֹסָף, עוֹד
else (adv) אַחֵר, אַחֶרֶת, בְּדֶרֶךְ אַחֶרֶת
else (conj) אַחֶרֶת, וָלֹא...
elsewhere בְּמָקוֹם אַחֵר
embark עָלָה עַל; הִתְחִיל בְּ—; הִפְלִיג
embarrass הֵבִיא בִּמְבוּכָה; בִּלְבֵּל; הִכְלִים, בִּיֵּשׁ; עִכֵּב
embarrassment מְבוּכָה *; בִּלְבּוּל; כְּלִמָּה *, בּוּשָׁה *

embassy שַׁגְרִירוּת *
ember גַּחֶלֶת לוֹחֶשֶׁת *, רֶמֶץ
emblem סֵמֶל
embody הִגְשִׁים; הֵכִיל
embrace (v) חִבֵּק; כָּלַל; סִגֵּל לְעַצְמוֹ
embrace (n) חִבּוּק, גִּפּוּף
embroider רָקַם
embroidery רִקְמָה *; רְקִימָה *
emerald זְמָרַגְדְּ, בָּרֶקֶת *
emerge יָצָא, הוֹפִיעַ, נִגְלָה
emergency (שְׁעַת) דְּחָק * שְׁעַת חֵרוּם *
emigrant מְהַגֵּר
emigrate הִגֵּר
emigration הֲגִירָה *
eminent רָם, נִכְבָּד; בּוֹלֵט
emit (v) הוֹצִיא (רוּחַ); הִשְׁמִיעַ
emotion רֶגֶשׁ, הִתְרַגְּשׁוּת *, רִגּוּשׁ, אֶמוֹצְיָה *
emotional רִגְשִׁי, מְעוֹרֵר רֶגֶשׁ רַגְשָׁנִי
emperor קֵיסָר
emphasis הַדְגָּשָׁה * הַטְעָמָה *; חִזּוּק
emphasize הִדְגִּישׁ, הִטְעִים; חִזֵּק

empire קֵיסָרוּת *, אִמְפֶּרְיָה *
employ (v) הֶעֱסִיק, הֶעֱבִיד, שָׂכַר; הִפְעִיל, הִשְׁתַּמֵּשׁ
employe(e) פּוֹעֵל, שָׂכִיר, פָּקִיד
employer מַעֲבִיד, מַעֲסִיק, נוֹתֵן עֲבוֹדָה
employment עֲבוֹדָה *, מְלָאכָה *; הַעֲסָקָה *; תַּעֲסוּקָה *; שִׁמּוּשׁ
empty (v) הֵרִיק, רוֹקֵן, פִּנָּה
empty (adj) רֵיק, פָּנוּי
enable אִפְשֵׁר, הִרְשָׁה, נָתַן יְכֹלֶת
enact חָקַק, עָשָׂה לְחֹק; מִלֵּא תַּפְקִיד
enamel (n) לַכָּה *
enchant הִקְסִים, לִבֵּב
enchantment קֶסֶם, הַקְסָמָה *
enclose סָגַר עַל; הֶחֱזִיק
encounter (v) פָּגַשׁ, פָּגַע, הִתְרָאָה פָּנִים, הִתְנַגַּח עִמּוֹ
encounter (n) פְּגִישָׁה *, קְרָב, תִּגְרָה *
encourage עוֹדֵד, עוֹרֵר; חִזֵּק, חִזֵּק יְדֵי...
encouragement עִדּוּד; חִזּוּק
encyclopedia אֶנְצִיקְלוֹפֶּדְיָה *
end (v) גָּמַר, סִיֵּם, הִשְׁלִים; נִגְמַר בְּ־

end (n) קָצֶה; סוֹף; גְּמָר, סִיּוּם; תַּכְלִית *; תּוֹצָאָה *; מָוֶת

endeavor (v) הִשְׁתַּדֵּל, הִתְאַמֵּץ

endeavor (n) הִשְׁתַּדְּלוּת *, מַאֲמָץ

ending (n) סוֹף, גְּמָר

endless אֵין סוֹף, בְּלִי קֵץ

endow הֶעֱנִיק; חָנַן

endurance סַבְלָנוּת *, כֹּחַ הַסֵּבֶל, הַתְמָדָה *

endure נָשָׂא, סָבַל; הִתְקַיֵּם

enemy אוֹיֵב, שׂוֹנֵא, צַר

energetic בְּמֶרֶץ, בַּעַל מֶרֶץ; תַּקִּיף

energy מֶרֶץ; כֹּחַ, תַּקִּיפוּת *

enforce הִכְרִיחַ, כָּפָה; הוֹצִיא לְפֹעַל

enforcement הוֹצָאָה לְפֹעַל *

engage הֶעֱסִיק; שָׂכַר; מָשַׁךְ לֵב; עִנְיֵן; הִתְחַיֵּב; שִׁלֵּב; אֵרֵשׂ

engagement הִתְחַיְּבוּת *; רֵאָיוֹן; אֵרוּסִין (ז"ר); הִתְנַגְּשׁוּת *

engine מָנוֹעַ; מְכוֹנָה *

engineer (v) הִדְרִיךְ; פִּקַּח

engineer (n) מְהַנְדֵּס; נֶהָג

engineering (n) הַנְדָּסָה *

English הַלָּשׁוֹן הָאַנְגְּלִית *; אַנְגְּלִי, אַנְגְּלִית

engrave חָרַת, חָרַט, חָקַק, גִּלֵּף

enjoy הִתְעַנֵּג, נֶהֱנָה

enjoyment הֲנָאָה *, תַּעֲנוּג

enlarge הִגְדִּיל, הִרְחִיב; גִּדֵּל

enlighten הֵאִיר, הִסְבִּיר

enlist חִיֵּל, חִיֵּל; הִסְתַּפֵּחַ, הִתְנַדֵּב, צֵרֵף, הִשִּׂיג תְּמִיכַת...

enmity שִׂנְאָה *, אֵיבָה *

enormous גָּדוֹל, עָצוּם, עֲנָקִי; מְתֹעָב, שֶׁל נְבָלָה

enough (n) דַּי

enough (adj) מַסְפִּיק

enough (adv) לְמַדַּי

enough (interj) דַּי!

enquire, see inquire

enrage הִכְעִיס, הִרְגִּיז

enrich הֶעֱשִׁיר; הִשְׁבִּיחַ, הֵיטִיב

enroll רָשַׁם; נִרְשַׁם

enslave שִׁעְבֵּד, כָּבַשׁ

ensue בָּא אַחֲרֵי; יָצָא

ensure הִבְטִיחַ, הֵגֵן

enter נִכְנַס, בָּא; הִצְטָרֵף לְ־

— into הֵחֵל בְּ־

enterprise מְשִׂימָה *; הֶעָזָה *

entertain שִׁעֲשַׁע; אִכְסֵן

entertainment שַׁעֲשׁוּעַ,
שַׁעֲשׁוּעַ; הַכְנָסַת אוֹרְחִים*
enthusiasm הִתְלַהֲבוּת*,
דְּבֵקוּת*
enthusiastic מִתְלַהֵב, נִלְהָב
entice פִּתָּה, הִשִּׂיא, הֵסִית
entire שָׁלֵם, גָּמוּר; כָּל הַ־
entirely לְגַמְרֵי, כָּלִיל, לַחֲלוּטִין
entitle הִרְשָׁה; כִּנָּה
entrance (n) כְּנִיסָה*; הַתְחָלָה*
entreat בִּקֵּשׁ, הִפְצִיר, הִתְחַנֵּן
entrust הִפְקִיד, מָסַר לוֹ
entry כְּנִיסָה*, בִּיאָה*
enumerate פֵּרַט, מָנָה
envelope מַעֲטָפָה*; עֲטִיפָה*
envious מְקַנֵּא, צַר עַיִן
environment סְבִיבָה*
envy (v) קִנֵּא
envy (n) קִנְאָה*, צָרוּת עַיִן*
epidemic מַגֵּפָה*
episode מִקְרֶה, מְאֹרָע
epistle אִגֶּרֶת*
epitaph כְּתֹבֶת*, צִיּוּן (עַל מַצֵּבָה)
equal (v) הָיָה שָׁקוּל, הָיָה שָׁוֶה;
נִשְׁתַּוָּה
equal (n) בֶּן גִּיל, שָׁוֵה עֵרֶךְ
equal (adj) שָׁקוּל, שָׁוֶה; מְעֻיָּן;
דּוֹמֶה
equality שִׁוְיוֹן, שִׁוּוּי
equally בְּאֹפֶן שָׁוֶה; בְּמִדָּה שָׁוָה
equator קַו הַמַּשְׁוֶה
equip צִיֵּד, סִפֵּק, זִיֵּן
equipment סִפּוּק, צִיּוּד;
אַסְפָּקָה*; הַכְשָׁרָה*
equivalent (adj) שְׁוֵה עֵרֶךְ,
שָׁקוּל
era תְּקוּפָה*, סְפִירָה*
erase מָחַק, מָחָה
eraser מַחַק
erect (v) הֵקִים, כּוֹנֵן; בָּנָה; יָסַד
erect (adj) זָקוּף, יָשָׁר
err טָעָה, שָׁגָה; חָטָא
errand שְׁלִיחוּת*
error טָעוּת*, שְׁגִיאָה*
eruption פֶּרֶץ (מַיִם); צָרַעַת*
escape (v) בָּרַח, נָס, נִמְלַט,
יָצָא, הִשְׁתַּמֵּט
escape (n) מָנוֹס, מוֹצָא, מִפְלָט
escort (v) לִוָּה
escort (n) בְּנֵי לְוַי (ז״ר); מִשְׁמָר
especially בִּמְיֻחָד; בְּעִקָּר
espionage רִגּוּל
essay (n) מַסָּה*, מַאֲמָר
essayist מַסַּאי

essence מַהוּת*, עֶצֶם*; תַּמְצִית*; בֹּשֶׂם
essential (n) יְסוֹד עִקָּרִי, עִקָּר
essential (adj) הֶכְרֵחִי, עִקָּרִי, מַהוּתִי
essentially בְּעִקָּר, בְּעֶצֶם
establish יָסַד, הֵקִים, קָבַע, הִצִּיב; הוֹכִיחַ, אִשֵּׁר
establishment יְסוֹד; בַּיִת; מוֹסָד
estate אֲחֻזָּה*, נַחֲלָה*; רְכוּשׁ; מַעֲמָד
esteem (v) כִּבֵּד, הוֹקִיר, הֶעֱרִיךְ
esteem (n) כָּבוֹד, הוֹקָרָה*, הַעֲרָכָה*
estimate (v) הֶעֱרִיךְ, אָמַד, חִשֵּׁב
estimate (n) הַעֲרָכָה*, אֻמְדָּנָה*
etc (et cetera) וְכוּ(לְּהוּ), וְגוֹ(מֵר)
eternal נִצְחִי
eternity נֶצַח, עוֹלָמִים (ז״ר)
ethics תּוֹרַת הַמִּדּוֹת*, תּוֹרַת הַמּוּסָר*
evade הִתְחַמֵּק, הִשְׁתַּמֵּט
evaporate הִתְנַדֵּף, הִתְאַדָּה
eve עֶרֶב, אוֹר לְיוֹם
even (v) הֶחֱלִיק; שָׁטַח
even (adj) חָלָק; שָׁטוּחַ; שָׁוֶה; אָחִיד; מְיֻשָּׁב; יָשָׁר; זוּגִי; מְדֻיָּק
even (adv) גַּם, אַף, כְּמוֹ, יוֹתֵר
— if אַף אִם
evening עֶרֶב, לַיְלָה; עֵת עֶרֶב*
evenly בְּמִדָּה שָׁוָה, יָשָׁר
event מִקְרֶה, מְאֹרָע, מַעֲשֶׂה
in any — בְּכָל אֹפֶן
eventually לְבָסוֹף, סוֹף סוֹף
ever תָּמִיד, בְּכָל עֵת; בְּלִי הֶפְסֵק
as good as — כִּתְמוֹל שִׁלְשׁוֹם
— ready עוֹמֵד וְנָכוֹן, מוּכָן
— since מֵאָז וָהָלְאָה, תָּמִיד
— so כֹּה רַב
everlasting נִצְחִי
every כָּל, כֹּל
— now and then מִפַּעַם לְפַעַם
— other כָּל הָאֲחֵרִים; כָּל שֵׁנִי
everybody הַכֹּל, כָּל אֶחָד, כָּל אִישׁ
everyday יוֹמְיוֹמִי; פָּשׁוּט, שָׁכִיחַ
everyone כָּל אֶחָד
everything הַכֹּל, כָּל דָּבָר
everywhere בְּכָל מָקוֹם, בְּכָל אֲתַר

evidence (v) הֶרְאָה, הֵעִיד

evidence (n) עֵדוּת *, רְאָיָה * הוֹכָחָה *

evident נִכָּר, נִרְאֶה; בָּרוּר

evidently כַּנִּרְאֶה; בְּלִי סָפֵק

evil (n) רַע, רֶשַׁע, רֹעַ; צָרָה *

evil (adj) רַע, רָשָׁע; מַשְׁחִית

evolution הִשְׁתַּלְשְׁלוּת *, הִתְפַּתְּחוּת *, אֶבוֹלוּצְיָה *

evolve פִּתַּח, עִבֵּד

ewe כִּבְשָׂה *, רָחֵל *

exact (v) דָּרַשׁ הוֹצִיא

exact (adj) מְדֻיָּק, מְדַקְדֵּק

exactly בְּדִיּוּק

exaggerate הִגְזִים, הִפְרִיז

exaggeration גֻּזְמָה *, הַגְזָמָה *, הַפְלָגָה *

exalt רוֹמֵם, הִגְבִּיהַּ; כִּבֵּד

examination בְּחִינָה *; חֲקִירָה * בְּדִיקָה *; נִתּוּחַ

examine בָּחַן; חָקַר, בָּדַק; נִתַּח

example דֻּגְמָה *, מָשָׁל; תַּבְנִית *; תַּקְדִּים; מוֹפֵת

exasperate הִרְגִּיז, הִקְנִיט, הֵמַר לוֹ

excavation חֲפִירָה *, גִּלּוּי עַל יְדֵי חֲפִירָה

exceed עָבַר עַל; הִפְרִיז

exceedingly מְאֹד, הַרְבֵּה

excel הִצְטַיֵּן; עָלָה עַל

excellence הִצְטַיְּנוּת *, יִתְרוֹן, שֶׁבַח

excellent מְצֻיָּן, מְשֻׁבָּח, טוֹב מְאֹד

except זוּלַת, חוּץ מִ־; אֶלָּא שֶׁ־; בִּלְתִּי אִם, אֶלָּא אִם

exception(al) יוֹצֵא מִן הַכְּלָל

excerpt (n) קֶטַע, הֲבָאָה *

excess עֹדֶף, שֶׁפַע; הַפְרָזָה *, קִיצוֹנִיּוּת *

excessive רַב מִדַּי, נִפְרָז

exchange (v) הֶחֱלִיף; עָשָׂה חֲלִיפִין

exchange (n) הַחֲלָפָה *; חֲלִיפִין (ז"ר), מְקוֹם חֲלִיפִין, בּוּרְסָה *

excite הֵעִיר, גֵּרָה, הִלְהִיב; הֵסִית; הִתְרַגֵּשׁ, הִתְפָּעֵל

excitement הִתְרַגְּשׁוּת *, הִתְלַהֲבוּת *; גֵּרוּי

exciting (adj) מַלְהִיב; מְגָרֶה

exclaim קָרָא, צָעַק

exclamation קְרִיאָה *, צְעָקָה *

exclude הוֹצִיא; הוֹצִיא מִן הַכְּלָל; מָנַע כְּנִיסָה

exclusive מוֹצִיא מִן הַכְּלָל; מְיֻחָד; מְגֻבָּל לְ־; בִּלְתִּי מִשְׁתַּוֶּה

exclusively בִּמְיֻחָד

excommunicate הֶחֱרִים, נִדָּה, הִכְרִיז חֵרֶם

excursion נְסִיעָה*; טִיּוּל

excuse (v) סָלַח; הִצְטַדֵּק, הִתְנַצֵּל; פָּטַר

excuse (n) סְלִיחָה*; הִצְטַדְּקוּת*, הִתְנַצְּלוּת*; אֲמַתְלָה*

execute הוֹצִיא לַפֹּעַל, בִּצַּע; עָשָׂה, פָּעַל; בִּצַּע דִּין מָוֶת

execution הוֹצָאָה לַפֹּעַל*, בִּצּוּעַ; פְּעֻלָּה*, עֲשִׂיָּה*; מִיתַת בֵּית דִּין

exempt (v) שִׁחְרֵר, פָּטַר

exempt (adj) חָפְשִׁי, מְשֻׁחְרָר, פָּטוּר

executive (n) מְנַהֵל; וַעַד הַפּוֹעֵל

executive (adj) פּוֹעֵל הַנְהָלָתִי, מִנְהַלְתִּי

exercise (v) עָמַל; הִתְאַמֵּן; הִפְעִיל; הִתְעַמֵּל; בִּלְבֵּל

exercise (n) עָמָל; אִמּוּן; הַפְעָלָה*; הִתְעַמְּלוּת*; טֶקֶס

exert הִשְׁתַּמֵּשׁ בְּ־; הִתְאַמֵּץ

exhale (v) נָשַׁף, נִדֵּף (רוּחוֹת, קִיטוֹר), הוֹצִיא

exhaust (v) הֵרִיק, רוֹקֵן; מִצָּה; הוֹגִיעַ, יָגַע

exhaustion עֲיֵפוּת*; הֲרָקָה*; מִצּוּי

exhibit (v) הִצִּיג, הֶרְאָה

exhibit (n) תַּעֲרוּכָה*; מֻצָּג

exhibition הַצָּגָה*, תַּעֲרוּכָה*; גִּלּוּי

exile (v) הִגְלָה

exile (n) גּוֹלָה*, גָּלוּת*

exist הָיָה, נִמְצָא, הִתְקַיֵּם; חָיָה

existence הֲוָיָה*, מְצִיאוּת*; קִיּוּם, חַיִּים

exit (n) מוֹצָא, יְצִיאָה*, דֶּלֶת*

Exodus יְצִיאַת מִצְרַיִם*

expand פָּרַשׂ, שָׁטַח; מָתַח; פִּתַּח; גָּדַל, הִתְפַּתֵּחַ

expansion הַגְדָּלָה*; מִתּוּחַ; פִּתּוּחַ

expect חִכָּה לְ־, צִפָּה לְ־; יִחֵל

expectation תִּקְוָה*; צִפִּיָּה*; סִכּוּיִים (ז"ר)

expedient רָצוּי לוֹ, נוֹחַ לוֹ, מוֹעִיל לוֹ

expedition מִשְׁלַחַת*, מַסָּע; מְהִירוּת*, זְרִיזוּת*

expel גֵּרֵשׁ, הוֹצִיא

expend הוֹצִיא, שִׁלֵּם; בִּלָּה

expenditure הוֹצָאָה*

expense הוֹצָאָה*, מְחִיר; הֶפְסֵד

expensive יָקָר, רַב מְחִיר

experience (v) הִרְגִּישׁ, מָצָא; הִתְנַסָּה

experience (n) נִסָּיוֹן; מַעֲשֶׂה; חֲוָיָה*

experienced (adj) מְנֻסֶּה

experiment (v) נִסָּה, בָּחַן

experiment (n) נִסָּיוֹן, בְּחִינָה*, נִסּוּי

experimental שֶׁל נִסּוּי; בָּדוּק וּמְנֻסֶּה

expert מֻמְחֶה, בָּקִי

expire נִגְמַר, כָּבָה; גָּוַע

explain בֵּאֵר, הִסְבִּיר, פֵּרֵשׁ

explanation בֵּאוּר, הַסְבָּרָה*, פֵּרוּשׁ

explode הִפְצִיץ, הִתְפּוֹצֵץ

exploit (v) נִצֵּל, הֵפִיק תּוֹעֶלֶת

exploit (n) עֲלִילָה*; מַעֲשֵׂה גְּבוּרָה

exploration סִיּוּר, תִּיּוּר; בְּדִיקָה*, בְּחִינָה*

explore סִיֵּר, תִּיֵּר; בָּדַק, בָּחַן

explorer סַיָּר, תַּיָּר

explosion הִתְפּוֹצְצוּת*; פִּצּוּץ

explosive (n) חֹמֶר נֶפֶץ

explosive (adj) מְפוֹצֵץ; עָלוּל לְהִתְפּוֹצֵץ

export (v) יִצֵּא, עָסַק בְּיִצּוּא

export (n) יְצוּא

expose (v) חָשַׂף; עָזַב; גִּלָּה; הִצִּיג; הוֹקִיעַ

exposition תַּעֲרוּכָה*, הַצָּגָה*; בֵּאוּר, הֶסְבֵּר

exposure גִּלּוּי; הוֹקָעָה*; נְטִישָׁה*

express (v) הִבִּיעַ, בִּטֵּא, סִמֵּל; סָחַט, הֵפִיק

express (ȧdj) מְיֻחָד; מָהִיר; מְפֹרָשׁ, בָּרוּר

expression בִּטּוּי, הַבָּעָה*; סִגְנוֹן; נִיב; אֲרֶשֶׁת*; סְחִיטָה*

exquisite יָפֶה, עָדִין; מְצֻיָּן

extend מָתַח, פָּרַשׂ; הֶאֱרִיךְ, הִמְשִׁיךְ, הִגְדִּיל, הִרְחִיב; הוֹשִׁיט; נָתַן

extension מְתִיחָה*; הַרְחָבָה*; הֶקֵּף; הַאֲרָכָה*

extensive רָחָב, נִרְחָב; כּוֹלֵל, מַקִּיף

extent שֶׁטַח: אֹרֶךְ, גֹּדֶל, שִׁעוּר מִדָּה*

exterior (n) הַמַּרְאֶה הַחִיצוֹנִי, חִיצוֹנִיּוּת*

exterminate הִשְׁמִיד, הֶאֱבִיד, כִּלָּה

external חִיצוֹנִי

extinct אֵינוֹ נִמְצָא, נֶעֱלָם; אֵינוֹ פּוֹעֵל עוֹד, כָּבוּי

extinguish כִּבָּה; הִשְׁמִיד

extra נוֹסָף, נִסְפָּח; מְיֻחָד; מְצֻיָּן

extract (v) הוֹצִיא, הֵפִיק; לִקֵּט צִטֵּט; לָחַץ, מָצָה

extract (n) קֶטַע, צִיטָטָה*, לֶקֶט; תַּמְצִית*; תְּמִסָּה*

extraordinary מְיֻחָד, יוֹצֵא מִן הַכְּלָל, שֶׁלֹּא כָּרָגִיל, בִּלְתִּי רָגִיל

extravagant מְבַזְבֵּז; מֻפְרָז

extreme (adj) קִיצוֹנִי, אַחֲרוֹן

extremist קִיצוֹנִי, קַנַּאי

extremely מְאֹד מְאֹד

extremity קָצֶה, גְּבוּל; עֲנִיּוּת*; אֶמְצָעִים נִמְרָצִים; יָד אוֹ רֶגֶל; קִיצוֹנִיּוּת*

exultation שִׂמְחָה, שָׂשׂוֹן, צָהֳלָה

eye (v) הִבִּיט, הִתְבּוֹנֵן הִסְתַּכֵּל

eye (n) עַיִן*; קוּף (שֶׁל מַחַט)

in the — s of לְפִי רְאוּת, מִבְּחִינַת

see — to — הִסְכִּים

eyebrow גַּבַּת עַיִן*

eyelid עַפְעַף

F

fable מָשָׁל, אַגָּדָה *; מַעֲשִׂיָּה *, סִפּוּר; בְּדָיָה *

fabric אָרִיג, אֶרֶג; בִּנְיָן

face (v) פָּנָה אֶל; הִתְיַצֵּב לִפְנֵי; פָּנָה, הִפְנָה

face (n) פָּנִים (ז"ר); הַבָּעָה *, אֲרֶשֶׁת *; פַּרְצוּף, צוּרָה *; פְּנֵי הַשֶּׁטַח (ז"ר); חָזִית *

— to — פָּנִים אֶל פָּנִים, בְּמַעֲמַד

facilitate הֵקֵל

facility אֶמְצָעִי; קַלּוּת *, נוֹחוּת *; זְרִיזוּת *

fact עֻבְדָּה * מַעֲשֶׂה

as a matter of — לְמַעֲשֶׂה, בֶּאֱמֶת

in — לְמַעֲשֶׂה, בֶּאֱמֶת, לַאֲמִתּוֹ שֶׁל דָּבָר

faction מִפְלָגָה *, סִיעָה *

factor (n) גּוֹרֵם; סוֹכֵן, עָמִיל

factory בֵּית חֲרֹשֶׁת, סַדְנָה *

faculty יְכֹלֶת *; כִּשְׁרוֹן; בִּינָה *; כֹּחַ; מַחְלָקָה *, חֶבֶר מוֹרִים

fade כָּהָה, דָּהָה; נָבַל, בָּלָה; שָׁקַע, חָלַף

fail כָּשַׁל, נִכְשַׁל; חָסַר; כָּלָה, מָעַט; הִתְרַשֵּׁל; פָּשַׁט רֶגֶל; הִכְשִׁיל

failure כִּשָּׁלוֹן, אִי הַצְלָחָה *; הַזְנָחָה *; חֶסְרוֹן; חֻלְשָׁה *; פְּשִׁיטַת רֶגֶל *; לֹא יִצְלַח

faint (v) הִתְעַלֵּף, חָלַשׁ

faint (n) הִתְעַלְּפוּת *, עִלָּפוֹן

faint (adj) חַלָּשׁ, רָפֶה; חִוֵּר; לֹא בָּרוּר

faintly בְּחֻלְשָׁה; בְּחִוָּרוֹן; בְּרַכּוּת

fair (n) יוֹם הַשּׁוּק, יָרִיד; תַּעֲרוּכָה *

fair (adj) יָשָׁר, צוֹדֵק; נָכוֹן; בֵּינוֹנִי; נָאֶה, בָּהִיר, צַח; חָלָק; יָפֶה; עָדִין; צְהַבְהַב

— play יֹשֶׁר, בְּלִי מַשּׂוֹא פָּנִים

fairly בְּיֹשֶׁר, בְּלִי מַשּׂוֹא פָּנִים; בְּעֵרֶךְ; לְמַעֲשֶׂה, בֶּאֱמֶת

fairy פֵּיָה*

— tale אַגָּדָה*, בְּדָיָה*

faith בִּטָּחוֹן; אֱמוּנָה*; דָּת*; נֶאֱמָנוּת*

bad — בּוֹגְדָנוּת*, שֶׁקֶר

good — נֶאֱמָנוּת*, אֱמֶת*, תֹּם לֵבָב

faithful נֶאֱמָן, מָסוּר

faithfully בֶּאֱמֶת, בְּנֶאֱמָנוּת, בִּמְסִירוּת

fall (v) נָפַל; יָרַד, שָׁקַע; חָטָא; קָרָה, הָיָה, חָל; הִתְנַפֵּל; נֶהֱרַג

— asleep נִרְדַּם

— back נָסוֹג אָחוֹר

— behind פִּגֵּר, נֶחֱשַׁל

— in love הִתְאַהֵב

— under נִכְלַל בֵּין

fall (n) נְפִילָה*, יְרִידָה*, שְׁקִיעָה*; חֵטְא; נְסִיגָה*; מַפָּל; סְתָו; מַפָּלָה*

fallacy טָעוּת*, שְׁגִיאָה*

fallen מֻפָּל; מֻטָּל אַרְצָה; יָרוּד; הָרוּס

fallow שְׂדֵה בּוּר

false כּוֹזֵב, מְרַמֶּה; בּוֹגְדָנִי, בִּלְתִּי נֶאֱמָן; מְדֻמֶּה, מְזֻיָּף

falsehood שֶׁקֶר; שָׁוְא

falter הִסֵּס, פִּקְפֵּק; חָרַד, רָעַד; נִכְשַׁל

fame (n) שֵׁמַע, שֵׁם גָּדוֹל, פִּרְסוּם

good — שֵׁם טוֹב, שֶׁבַח

ill — שֵׁם רָע, קָלוֹן

familiar מֻכָּר, יָדוּעַ, רָגִיל; יְדִידוּתִי

family מִשְׁפָּחָה* בַּיִת; יִחוּס; מִין, סוּג, גֶּזַע

famine רָעָב, בַּצֹּרֶת*

famish רָעֵב מְאֹד

famous יָדוּעַ, נוֹדָע, מְפֻרְסָם

fan (v) הִשִּׁיב רוּחַ

fan (n) מֵנִיף, מְנִיפָה*; מְאַוְרֵר

fanatic קַנַּאי

fancy (v) דִּמָּה, שִׁוָּה בְּנַפְשׁוֹ; תֵּאֵר לְעַצְמוֹ, שִׁעֵר; בִּכֵּר, אָהַב

fancy (n) דִּמְיוֹן; רַעְיוֹן; חִבָּה*

fancy (adj) מְקֻשָּׁט, מְעֻטָּר, מְיֻפֶּה, מְיֻחָד

fantastic מוּזָר, נִפְלָא; מְשֻׁנֶּה; דִּמְיוֹנִי, בִּלְתִּי מַמָּשִׁי

far רָחוֹק, מְרֻחָק, נִדָּח; הַרְבֵּה

as — עַד, עַד כַּמָּה

by — בְּמִדָּה רַבָּה
— and away בְּמִדָּה רַבָּה
—fetched מֻפְרָז, רָחוֹק מִן הַמְּצִיאוּת
—sighted בַּעַל מָעוֹף, מַרְחִיק רְאוֹת
farce מַעֲשֵׂה צְחוֹק, מַחֲזֶה בְּדִיחוּת, פַּרְסָה*
fare (v) עָבַר, נָסַע; הָיָה בְּמַצַּב־
fare (n) דְּמֵי נְסִיעָה (ז"ר); נוֹסֵעַ; מָזוֹן
farewell בִּרְכַּת פְּרֵדָה*, לֵךְ לְשָׁלוֹם
farm (v) עָבַד אֲדָמָה; הֶחְכִּיר
farm (n) חַוָּה*, מֶשֶׁק
farmer אִכָּר, חַקְלַאי
farmhouse בֵּית אִכָּר
farther רָחוֹק יוֹתֵר; יוֹתֵר; נוֹסָף
farthest הָרָחוֹק בְּיוֹתֵר; הַיּוֹתֵר רָחוֹק
fascinating מַקְסִים, שׁוֹבֵה לֵב
fashion (v) עָשָׂה, יָצַר; הִתְאִים, סִגֵּל
fashion (n) אָפְנָה*; נֹהַג; דֶּרֶךְ*, צוּרָה*
after a — בְּעֵרֶךְ

in — לְפִי הָאָפְנָה
fast (v) צָם, הִתְעַנָּה
fast (n) צוֹם, תַּעֲנִית
fast (adj) מָהִיר, מְמַהֵר; חָזָק קָבוּעַ, חָגוּר בְּחָזְקָה, אֵיתָן
fast (adv) בִּמְהִירוּת
fasten חִבֵּר, הִדֵּק; תָּקַע קָבַע
fastening (n) חִבּוּר, קֶשֶׁר, מְהַדֵּק, וָו, קֶרֶס, מַנְעוּל
fat (n) שֻׁמָּן, שֹׁמֶן
fat (adj) שָׁמֵן, גַּס, רַב
fatal מֵמִית, מֵבִיא כְּלָיָה; גּוֹרָלִי
fate (v) הָיָה מְיֻעָד לְ־
fate (n) גּוֹרָל, מַזָּל
father (v) הוֹלִיד, בָּרָא; הָיָה אָב לְ־
father (n) אָב, אַבָּא
—in-law חוֹתֵן (אֲבִי הַכַּלָּה), חָם (אֲבִי הֶחָתָן)
fatherland מוֹלֶדֶת*, מְכוֹרָה*
fathom (v) חָקַר עָמְקוֹ שֶׁל; הֶעֱמִיק לְהָבִין
fatigue (v) עִיֵּף, יִגַּע
fatigue (n) עֲיֵפוּת*, יְגִיעוּת*
faucet בֶּרֶז
fault טָעוּת*; מוּם, מִגְרַעַת*; אַשְׁמָה*

find — מָצָא חֶסְרוֹן בְּ־, חִפֵּשׂ מוּמִים
to a — בְּדַקְדְּקָנוּת
faultless בְּלִי פְּגָם, נָקִי, טָהוֹר
favor (v) עָשָׂה טוֹבָה, גָּמַל חֶסֶד; בִּכֵּר, נָשָׂא פָּנִים לְ־; תָּמַךְ
favor (n) טוֹבָה*, חֶסֶד; מַשּׂוֹא פָּנִים; מַתָּנָה*
favorable חִיּוּבִי; רָצוּי; טוֹב, מוֹעִיל
favorably בְּחִיּוּב, בְּרָצוֹן, בְּחִבָּה
favorite חָבִיב; רָצוּי, מְקֹרָב; מְקֻבָּל עָלָיו
fawn (v) הִתְרַפֵּס, הֶחֱנִיף
fawn (n) עֹפֶר
fear (v) פָּחַד, יָרֵא; חָשַׁשׁ, דָּאַג
fear (n) פַּחַד, מוֹרָא; חֲשָׁשׁ, דְּאָגָה*
for — that גְּזֵרָה שֶׁמָּא, מִפַּחַד פֶּן
fearful נוֹרָא, מַפְחִיד; יָרֵא, מְפַחֵד, מֻדְאָג
fearless עַז, אַמִּיץ לֵב, עָשׂוּי לִבְלִי חָת
feast (v) אָכַל לָשֹׂבַע, הֶאֱכִיל לָשֹׂבַע; הִתְעַנֵּג; שִׁעֲשַׁע
feast (n) סְעֻדָּה*; חֲגִיגָה*; חַג; הֲנָאָה*
feat מַעֲשֶׂה (רָב)
feather (v) קִשֵּׁט בְּנוֹצוֹת
feather (n) נוֹצָה*
birds of a — מִסּוּג אֶחָד, מִין בְּמִינוֹ
feature (v) הִטְעִים, הִדְגִּישׁ
feature (n) שִׂרְטוּט פָּנִים; פַּרְצוּף; אֹפִי, תְּכוּנָה*; דָּבָר הַמּוֹשֵׁךְ לֵב
federation הִתְאַחֲדוּת*, אִחוּד, אִגּוּד, הִסְתַּדְּרוּת*, פֶדֶרַצְיָה*
fee שָׂכָר, תַּשְׁלוּם
feeble חַלָּשׁ, רָפֶה, תָּשׁוּשׁ
feed (v) הֶאֱכִיל, כִּלְכֵּל; אָכַל; סִפֵּק
feed (n) אֹכֶל, מָזוֹן, מִסְפּוֹא (לַבְּהֵמוֹת)
feel (v) הִרְגִּישׁ, מִשֵּׁשׁ, חָשׁ; יָדַע, טָעַם
feel (n) הַרְגָּשָׁה*, מִשּׁוּשׁ; הֲבָנָה*
feeling (n) הַרְגָּשָׁה*, מִשּׁוּשׁ; הֲבָנָה*, תְּפִיסָה*; דְּבֵקוּת*, אֱמוּנָה*, דֵּעָה*
—s רְגָשׁוֹת (ז״ר)
feeling (adj) מַרְגִּישׁ, רָגִישׁ, מֵבִין לְרוּחַ

feign הֶעֱמִיד פָּנִים, עָשָׂה עַצְמוֹ, הִתְנַכֵּר

fellow אִישׁ, בָּחוּר; חָבֵר

— man חָבֵר לְחֶבְרַת אַנְשֵׁי מַדָּע

fellowship שֻׁתָּפוּת לְדֵעוֹת*, חֶבְרָה*; אֲגֻדָּה*; יְדִידוּתִיּוּת*

female (n) נְקֵבָה*, אִשָּׁה*

feminine נָשִׁי, נְקֵבִי; עָדִין, עָנֹג

fence (v) גָּדַר

fence (n) גָּדֵר*

ferment (v) תָּסַס; הֵבִיא לִידֵי תְּסִיסָה

ferment (n) תֶּסֶס, שְׂאוֹר, חָמֵץ; הִתְרַגְּשׁוּת*

fern שְׁרַכְיָה*, שָׁרָךְ

ferocious אַכְזָרִי, פֶּרֶא

ferry (v) הֶעֱבִיר (בְּמַעְבָּרָה)

ferry (n) דּוֹבְרָה*, מַעְבָּרָה* רַפְסוֹדָה*

fertile פּוֹרֶה, עֹשֶׂה פְּרִי

fertilize זִבֵּל הֵיטִיב, הִפְרָה

fertilizer זֶבֶל

festival חַג, יוֹם טוֹב; חֲגִיגָה*

fetch הֵבִיא, הִגִּישׁ

fetters (n) אֲזִקִּים (ז"ר), כְּבָלִים (ז"ר)

feudal פֵּיאוֹדָלִי

fever חֹם, קַדַּחַת*; הִתְרַגְּשׁוּת* קַדַּחְתָּנוּת*

feverish קַדַּחְתָּנִי, מִתּוֹךְ קַדַּחַת; נִרְגָּשׁ

few מְעַט, אֲחָדִים, מְעַטִּים

the — (הַ)מִּעוּט

fiancé אָרוּס

fiancée אֲרוּסָה*

fiber סִיב; נִימָה*

fickle קַל דַּעַת, קַל רֹאשׁ. קַל, הֲפַכְפַּךְ

fiction סִפּוּר, מַעֲשִׂיָּה*; סִפֹּרֶת*

fidelity נֶאֱמָנוּת*; דִּיּוּק

field שָׂדֶה, שֶׁטַח; מִגְרָשׁ, כִּכָּר*: סְבִיבָה*

fiend שָׂטָן, שֵׁד, מַזִּיק

fierce פִּרְאִי, עַז, מָהִיר, חָזָק

fiercely בְּפִרְאוּת, בְּעֹז בְּחֹזֶק, בִּמְהִירוּת

fiery בּוֹעֵר, לוֹהֵט, יוֹקֵד; נִלְהָב, רִגְשָׁנִי

fifteen חֲמִשָּׁה עָשָׂר, חֲמֵשׁ עֶשְׂרֵה

—th הַ־

fifty חֲמִשִּׁי(ת)

fifth חֲמִשִּׁים

fig תְּאֵנָה*

fight (v) לָחַם, נִלְחַם; הִתְאַגְרֵף; נֶאֱבַק

fight (n) קְרָב, מַאֲבָק, מִלְחָמָה*

fighter לוֹחֵם; אֶגְרוֹפָן; מִתְאַבֵּק

figure (v) חָשַׁב, חִשֵּׁב, שִׁעֵר; תָּפַס מָקוֹם, הִתְבַּלֵּט

figure (n) סִפְרָה*, סֵמֶל; כַּמּוּת*, מְחִיר; צוּרָה*, דְּמוּת*, תַּבְנִית*; אִישִׁיּוּת*; תַּרְשִׁים, צִיּוּר

file (v) תִּיֵּק (כְּתָבִים); שָׁף, שִׁפָּה

file (n) תִּיק; פְּצִירָה*, שׁוֹפִין

fill (v) מִלֵּא; סִפֵּק; פָּשַׁט; סָתַם

fill (n) שֹׂבַע

filling (n) מִלּוּי; סְתִימָה*

film (v) הִסְרִיט, צִלֵּם; הִקְרִים

film (n) קְרוּם, שִׁכְבָה דַקָּה*; סֶרֶט, פִילְם

filter (v) סִנֵּן

filter (n) מִסְנֶנֶת*, מְסַנֶּנֶת*

filthy מְלֻכְלָךְ, מְגֹאָל, מְטֻנָּף

final אַחֲרוֹן, סוֹפִי; מֻחְלָט

finally לְסוֹף, לְבַסּוֹף; בְּהֶחְלֵט, לְגַמְרֵי

finance (v) מִמֵּן, סִפֵּק הוֹן

finance (n) הוֹן, מָמוֹן, כְּסָפִים (ז"ר); נִהוּל אוֹצָר

financial כַּסְפִּי, מָמוֹנִי

find (v) מָצָא; גִּלָּה, חִדֵּשׁ; לָמַד; הִשִּׂיג; קָבַע, פָּסַק

— fault בִּקֵּר לְרָעָה, חִפֵּשׂ מוּמִים

— favor מָצָא חֵן בְּעֵינֵי

find (n) מְצִיאָה*; תַּגְלִית*, חִדּוּשׁ

finding (n) תַּגְלִית*; הַחְלָטָה*, פְּסָק (בַּמִּשְׁפָּט)

—s עֻבְדּוֹת**

fine (v) קָנַס, עָנַשׁ

fine (n) קְנָס, עֹנֶשׁ

fine (adj) מְצֻיָּן; טָהוֹר; דַּק; עָדִין; נָאֶה

finely הֵיטֵב; בַּעֲדִינוּת

finger (v) נָגַע; נִגֵּן, פָּרַט

finger (n) אֶצְבַּע*

fingernail צִפֹּרֶן*

finish (v) גָּמַר, סִיֵּם, הִשְׁלִים; נִגְמַר, נִשְׁלַם; כִּלָּה; לִטֵּשׁ

finish (n) גְּמַר, סוֹף; לִטּוּשׁ; נִמּוּסִים (ז"ר)

fir (עֵץ) אַשּׁוּחַ

fire (v) הִבְעִיר, הִצִּית אֵשׁ; הִלְהִיב, עוֹרֵר; יָרָה, נָתַן אֵשׁ; פִּטֵּר (מִמִּשְׂרָה)

fire (n) אֵשׁ *, לֶהָבָה *, דְּלֵקָה *, שְׂרֵפָה *; הִתְלַהֲבוּת *; יְרִיָּה *
— **engine** מְכוֹנַת * כִּבּוּי
fireman כַּבַּאי
fireplace מוֹקֵד, אָח *
firm (n) בֵּית מִסְחָר, פִירְמָה *
firm (adj) מוּצָק, יַצִּיב, קָבוּעַ, תַּקִּיף
firmly בְּיַצִּיבוּת, בְּתַקִּיפוּת, בְּחָזְקָה
first (adj) רִאשׁוֹן
at — hand מִמָּקוֹר רִאשׁוֹן
— and foremost בָּרֹאשׁ וּבָרִאשׁוֹנָה
— and last בְּסַךְ הַכֹּל; תָּמִיד
— born בְּכוֹר
— class מֻבְחָר
— rate מֻבְחָר
first (adv) רִאשׁוֹנָה, בְּרֵאשִׁית
fish (v) דִּיֵּג, צָד דָּגִים, דָּג
fish (n) דָּג
fisher(man) דַּיָּג
fist אֶגְרוֹף
fit (v) הִתְאִים; הִכְשִׁיר; הִתְקִין; סִפֵּק
fit (n) הַתְאָמָה *, הֶלֶם; הַתְקָפָה *; בְּרִיאוּת *
fit (adj) מַתְאִים; מֻכְשָׁר; רָאוּי, כְּדַאי
fitness הַתְאָמָה *, כְּדָאִיּוּת *
five חֲמִשָּׁה, חָמֵשׁ
fix (v) חִזֵּק, קָבַע; הֶחְלִיט; כִּוֵּן; תָּלָה בְּ־; תִּקֵּן; הִקְשָׁה
fixed (adj) קָבוּעַ, מֻחְלָט; מְסֻדָּר
flag (n) דֶּגֶל, נֵס
flail (n) מַחְבֵּט
flake (n) פָּתִית, רְסִיס
flame (v) הִתְלַהֵב; הִתְלַקַּח, נִדְלַק
flame (n) לֶהָבָה *, שַׁלְהֶבֶת *, בְּעֵרָה *; הִתְלַהֲבוּת *, אַהֲבָה *
flank (n) מֹתֶן צַד; אֲגַף
flannel פְלָנֶל, אֲרִיג צֶמֶר רַךְ
flap (v) הִתְנַפְנֵף; שִׁרְבֵּב; הִכָּה, נִפְנֵף
flap (n) נִפְנוּף; מַכָּה *; דַּשׁ, כָּנָף *; אִוְשָׁה *, רִשְׁרוּשׁ (שֶׁל אָרִיג בְּנוּעוֹ בָּרוּחַ)
flare (v) הִבְהִיק, נִצְנֵץ; הִתְלַקַּח
flare (n) הַבְהָקָה *, נִצְנוּץ; הִתְלַקְּחוּת *
flash (v) הִבְרִיק, נִצְנֵץ

flash (n) הַבְרָקָה*, נִצְנוּץ; הֶרֶף עַיִן, רֶגַע קָט; מִבְרָק, יְדִיעָה דְחוּפָה*

flashlight פַּנַּס־יָד חַשְׁמַלִּי

flat (adj) שָׁטוּחַ; מְאֻזָּן; יָשָׁר; הֶחְלֵטִי; קָבוּעַ; קֵהֶה, חֲסַר טַעַם

flatter הֶחֱנִיף

flattering (adj) מְיַפֶּה; לְשִׁבְחוֹ

flattery חֲנֻפָּה*, חֹנֶף

flavor (v) תִּבֵּל, בִּסֵּם

flavor (n) טַעַם, רֵיחַ; אֹפִי

flaw פְּגָם, פְּגִימָה*, חִסָּרוֹן

flax פִּשְׁתָּה*, פִּשְׁתָּן, פִּשְׁתִּים*

flea פַּרְעֹשׁ

flee בָּרַח, נָס; עָרַק

fleece (v) עָשַׁק, בָּזַז, גָּזַל

fleet (n) צִי; לַהֲקָה*

fleet (adj) מָהִיר, קַל רַגְלַיִם

flesh בָּשָׂר, גּוּף; הָאָדָם, כָּל בָּשָׂר; שְׁאֵרִי בָּשָׂר (ז"ר)

in the — נוֹכֵחַ

own — and blood עַצְמוֹ וּבְשָׂרוֹ

way of all — דֶּרֶךְ כָּל בָּשָׂר*

flexible גָּמִישׁ, נוֹחַ לְשִׁנּוּי, נוֹחַ לְוַתֵּר

flicker (v) הִבְהֵב

flicker (n) הִבְהוּב

flight תְּעוּפָה*; מְנוּסָה*; טִיסָה*

fling (v) זָרַק, הִשְׁלִיךְ

flint חַלָּמִישׁ, צוּר

flirt (v) הִשְׁתַּעֲשֵׁעַ בְּאַהֲבָה, בְּרַעְיוֹן; רִחֵף

flirt (n) מְזִמּוּט, שַׁעֲשׁוּעַ, שַׁעֲשׁוּעַ אַהֲבָה, פְלִירְט

flit (v) טָס; רִפְרֵף

float (v) צָף, הֵצִיף; שָׁט

float (n) רַפְסוֹדָה*; מָצוֹף

flock (n) עֵדֶר; עֵדָה*; קָהָל

flood (v) הֵצִיף, שָׁטַף

flood (n) מַבּוּל, שִׁטָּפוֹן

floor (n) רִצְפָּה*; קַרְקַע; קוֹמָה*; רְשׁוּת הַדִּבּוּר*

flounder (v) פִּרְפֵּר, פִּרְכֵּס; נָבוֹךְ; תָּעָה

flour קֶמַח

flourish (v) פָּרַח, שִׂגְשֵׂג, עָלָה; הֵנִיף; עִטֵּר (הַכְּתָב בְּעִטּוּרִים); הִתְרָאָה*

flourish (n) עִטּוּר (בִּכְתִיבָה); סִלְסוּל (בְּשִׁירָה); תְּנוּפָה* (בָּאֲוִיר)

flow (v) זָרַם, שָׁטַף, נָזַל; שָׁפַע

flow (n) זֶרֶם, שֶׁטֶף, נְזִילָה*; שֶׁפַע; גֵּאוּת (הַיָּם)*
flower (v) פָּרַח, הֵנֵץ
flower (n) פֶּרַח, צִיץ; אָבִיב, פְּרִיחָה*; בָּחִיר
flowery עֲדוּי פְּרָחִים; מְסֻלְסָל; נִמְלָץ
fluctuate עָלָה וְיָרַד, הִשְׁתַּנָּה לְעִתִּים; הִתְנַדְנֵד
fluid (n, adj) נוֹזֵל
flush (v) הֶאְדִּים, נִכְלַם; עוֹרֵר, הִלְהִיב; שָׁטַף, הֵדִיחַ
flush (n) הִתְאַדְּמוּת*; הִתְעוֹרְרוּת*; פְּרִיחָה*
flute (n) אַבּוּב, חָלִיל; חָרִיץ
flutter (v) נִפְנֵף, רִפְרֵף; רָעַד
flutter (n) נִפְנוּף, רִפְרוּף; רַעַד
fly (v) עָף, טָס, הֵעִיף; הִתְנוֹסֵס; בָּרַח, נָס
fly (n) זְבוּב
flyer טַיָּס
foam (n) קֶצֶף
focus (v) כִּוֵּן, רִכֵּז
focus (n) מוֹקֵד, נְקֻדַּת הַמּוֹקֵד*
fodder מִסְפּוֹא
foe אוֹיֵב, שׂוֹנֵא
fog (n) עֲרָפֶל, אֵד

in a — נָבוֹךְ
fold (v) קִפֵּל; עָטַף
fold (n) קֶפֶל, קִפּוּל; דִּיר
foliage עֲלֵי עֵץ (ז״ר), עָלִים (ז״ר), עֲלְוָה* (כְּלַל הֶעָלִים)
folk עָם, אֻמָּה*, גּוֹי
follow בָּא אַחֲרֵי; הָלַךְ בְּעִקְּבוֹת, עָקַב; שָׁמַע בְּקוֹל; רָדַף; יָצָא; הִתְעַסֵּק בְּ־; הִסְתַּכֵּל; תָּפַס, הֵבִין
follower עוֹקֵב; חָסִיד, תַּלְמִיד
following (n) בְּנֵי לְוָיָה (ז״ר); תַּלְמִידִים, תּוֹמְכִים, נִשְׁמָעִים לוֹ; לָקוֹחוֹת (ז״ר)
following (adj) הַבָּא
folly שְׁטוּת*, טִפְּשׁוּת*
fond אוֹהֵב, מְחַבֵּב
fondness חִבָּה*, הוֹקָרָה*
food אֹכֶל, מָזוֹן, מַאֲכָל
fool (v) שִׁטָּה; רִמָּה; הֵתֵל בְּ־; שִׂחֵק
fool (n) טִפֵּשׁ, שׁוֹטֶה, כְּסִיל
foolish טִפְּשִׁי, שְׁטוּתִי, אֱוִילִי
foot (n) רֶגֶל*
football כַּדּוּרֶגֶל
footstep צַעַד, פְּסִיעָה*
for לְמַעַן, לְשֵׁם, כְּדֵי, בְּעַד; כִּי, מִפְּנֵי שֶׁ־; לְמֶשֶׁךְ; מִכֵּיוָן שֶׁ־

forbear נִמְנַע מִ־; הִתְאַפֵּק
forbid אָסַר, גָּזַר עַל
force (v) הִכְרִיחַ, כָּפָה; פָּרַץ
force (n) כֹּחַ, עֹז, מֶרֶץ; עָצְמָה*, תֹּקֶף
forcibly בְּכֹחַ, בְּיָד חֲזָקָה
ford (v) עָבַר בְּמַעְבָּרֶת
ford (n) מַעֲבָר, מַעְבֹּרֶת*
forecast (v) הִגִּיד מֵרֹאשׁ, חָזָה, נִחֵשׁ
forecast (n) תַּחֲזִית*, תַּשְׁקִיף
forefinger אֶצְבַּע*
forehead מֵצַח
foreign זָר, נָכְרִי; שֶׁל חוּץ; בִּלְתִּי שַׁיָּךְ
foreigner זָר, נָכְרִי
foreman מַשְׁגִּיחַ, מְפַקֵּחַ, פַּקָּח, מְנַהֵל עֲבוֹדָה
foremost רֹאשׁ וְרִאשׁוֹן
forenoon בֹּקֶר
foresee צָפָה מֵרֹאשׁ, רָאָה אֶת הַנּוֹלָד
forest יַעַר, חֻרְשָׁה*
foretell אָמַר מֵרֹאשׁ, הִגִּיד מֵרֹאשׁ, נִבָּא
forever לְעוֹלָם; תָּמִיד
forfeit (v) אִבֵּד, הִפְסִיד
forfeit (n) אִבּוּד, הֶפְסֵד; קְנָס
forge (v) הִתְקַדֵּם בִּכְבֵדוּת; עָשָׂה, יָצַר, חִשֵּׁל; זִיֵּף
forge (n) מַפָּחָה*
forget שָׁכַח
forgive סָלַח, מָחַל
forgiveness סְלִיחָה*, מְחִילָה*
  ask — בִּקֵּשׁ סְלִיחָה
forgotten (adj) עָזוּב, נִשְׁכָּח
fork (n) מַזְלֵג
forlorn עָזוּב, מֻזְנָח, אוֹבֵד
form (v) צָר, עָשָׂה; פִּתַּח
form (n) צוּרָה*, דְּמוּת*; טֹפֶס; סֵדֶר; טֶקֶס
  take the — of לָבַשׁ צוּרַת
formal טִקְסִי, חֲגִיגִי; רִשְׁמִי, פוֹרְמָלִי
formation יְצִירָה*; סִדּוּר, צוּרָה*, מִבְנֶה
former קוֹדֵם
formerly לְפָנִים; לִפְנֵי כֵן
formidable נוֹרָא; קָשֶׁה מְאֹד
formula נֻסְחָה*
formulate נִסַּח
forsake עָזַב, נָטַשׁ
fort מִבְצָר
forth הָלְאָה, קָדִימָה; הַחוּצָה

and so — וְכֵן הָלְאָה, וְכוּלְהוּ
back and — הָלֹךְ וָשׁוֹב
forthwith מִיָּד
fortify בִּצֵּר, חִזֵּק, אִשֵּׁר
fortnight שְׁבוּעַיִם (ז"ז)
fortress מִבְצָר
fortunate בַּר מַזָּל, מְאֻשָּׁר
fortunately לְמַזָּלוֹ הַטּוֹב, לְאָשְׁרוֹ
fortune עֹשֶׁר, הוֹן; מַזָּל, גּוֹרָל
forty אַרְבָּעִים
forward (adj) מִתְקַדֵּם; חָצוּף
forward (adv) קָדִימָה, הָלְאָה
fossil (n) מְאֻבָּן; זָקֵן מַחֲזִיק בְּנוֹשָׁנוֹת
foster (v) קִדֵּם, סִיֵּעַ; גִּדֵּל, אָמַן; טִפֵּל
foster (adj) מְאַמֵּץ; מְאֻמָּץ
foul (v) סִבֵּךְ, הִסְתַּבֵּךְ
foul (adj) מְגֻנֶּה, נִתְעָב; מַסְרִיחַ; מְלֻכְלָךְ
found יָסַד, בִּסֵּס
foundation יְסוֹד, בָּסִיס; יִסּוּד, בִּסּוּס; קֶרֶן*; מוֹסָד, מָכוֹן
founder (v) שָׁבַר; טָבַע
founder (n) מְיַסֵּד
fountain מַבּוּעַ מַיִם, מִזְרָקָה*; בֶּרֶז שְׁתִיָּה; מַעְיָן
— pen עֵט נוֹבֵעַ
four אַרְבָּעָה, אַרְבַּע
—th רֶבַע; רְבִיעִי(ת)
fourteen אַרְבָּעָה עָשָׂר, אַרְבַּע עֶשְׂרֵה
—th הַ־
fowl עוֹף
fox (v) רִמָּה, הוֹנָה, הֶעֱרִים*, בָּא בַּעֲקַמּוּמִיּוֹת
fox (n) שׁוּעָל; נוֹכֵל, אִישׁ מְזִמּוֹת
fraction שֶׁבֶר; חֵלֶק
fracture (v) שִׁבֵּר, פּוֹצֵץ
fracture (n) שֶׁבֶר
fragile שָׁבִיר, קַל לְהִשָּׁבֵר, פָּרִיךְ
fragment קֶטַע; רְסִיס; חֵלֶק
fragrance רֵיחַ עָרֵב, רֵיחָנִיּוּת*
fragrant רֵיחָנִי, נְעִים רֵיחַ
frail חַלָּשׁ, רָפֶה, שָׁבִיר, נִפְסָד; אֵינוֹ שׁוֹלֵט בְּיִצְרוֹ
frame (v) קָבַע בְּמִסְגֶּרֶת; עִצֵּב, יָצַר, עָשָׂה; הִתְקִין
frame (n) מִסְגֶּרֶת*; שֶׁלֶד, מִבְנֶה
frank (adj) אֲמִתִּי, גְּלוּי לֵב; יָשָׁר

frankly בֶּאֱמֶת; בְּתֹם לֵב; בְּגִלּוּי לֵב, בְּפַשְׁטוּת
frantic נִרְעָשׁ, מְטֹרָף
fraternity אַחֲוָה*; אֲגֻדָּה*; מִסְדָּר
fraud מִרְמָה*, שֶׁקֶר
freak דָּבָר מוּזָר, בְּרִיָּה מְשֻׁנָּה*
freckle (n) נֶמֶשׁ
free (v) שִׁחְרֵר
free (adj) חָפְשִׁי, בֶּן חוֹרִין; עַצְמָאִי; פָּנוּי; פָּטוּר; שֶׁבְּחִנָּם
freedom חֹפֶשׁ, חֵרוּת*, דְּרוֹר; עַצְמָאוּת*
freely בְּחֹפֶשׁ; בְּשֶׁפַע
freeman בֶּן חוֹרִין
freeze קָפָא, קָרַשׁ; הִקְפִּיא; קָבַע, יִצֵּב
freezer מְכוֹנַת קִפָּאוֹן*, אַרְגַּז הַקְפָּאָה, פְרִיזֶר
freight (n) מִטְעָן, מַשָּׂא
freighter אֳנִיַּת מַשָּׂא*
frequent (v) בִּקֵּר תְּכוּפוֹת
frequent (adj) תָּכוּף; שָׁכִיחַ, רָגִיל
frequently לְעִתִּים קְרוֹבוֹת
fresh חָדָשׁ, רַעֲנָן, טָרִי, חַי; מְרַצֶּה, עַז; טָהוֹר; גַּס, חָצוּף
fret (v) דָּאַג; נִרְגַּז
friar נָזִיר, חָבֵר לְמִסְדָּר קָתוֹלִי
friction שִׁפְשׁוּף, חִכּוּךְ; סִכְסוּךְ
Friday יוֹם הַשִּׁשִּׁי
friend חָבֵר, רֵעַ, יָדִיד, מַכָּר
friendly יְדִידוּתִי
friendship יְדִידוּת*, רֵעוּת*
fright פַּחַד, בֶּהָלָה*, אֵימָה*, יִרְאָה*
frighten הִפְחִיד, הִבְהִיל, הֶחֱרִיד
frightful נוֹרָא, מַחֲרִיד; נִמְאָס
fringe (n) שָׂפָה*, פֵּאָה*; צִיצִית*
frivolous פּוֹחֵז, נִמְהָר, קַל רֹאשׁ, טִפְּשִׁי; קַל עֵרֶךְ
frock (n) שִׂמְלָה*
frog צְפַרְדֵּעַ*
frolic (v) הִשְׁתּוֹבֵב, שִׂחֵק
frolic (n) מִשְׂחָק, מְשׁוּבָה*
from מִן, מִ־, מֵאֵת
front (v) פָּנָה, נִשְׁקַף עַל
front (n) פָּנִים (ז״ר), חָזִית*; הִתְיַצְּבוּת*
frontier גְּבוּל, סְפָר, תְּחוּם
frost (n) כְּפוֹר; קֹר
frosty קָפוּא, מְכֻסֶּה כְּפוֹר
frown (v) קִמֵּט מִצְחוֹ; קָדַר, זָעַף; גִּנָּה, שָׁלַל

frown (n) קְמוּט הַמֵּצַח; כַּעַס
frozen (adj) קָפוּא; אָדִישׁ, קָרִיר
fruit (n) פְּרִי
fruitful עֹשֶׂה פְּרִי, פּוֹרֶה
fruitless סְרָק (אִילַן סְרָק), אֵינוֹ עוֹשֶׂה פְּרִי; לְחִנָּם
frustrate הֵפִיר, הִשְׁבִּית, סִכֵּל
fry (v) טִגֵּן
fuel דֶּלֶק
fugitive (n) בּוֹרֵחַ; פָּרִיץ; פָּלִיט
fugitive (adj) בּוֹרֵחַ; בֶּן חֲלוֹף
fulfill מִלֵּא, קִיֵּם; הוֹצִיא לְפֹעַל; הִשְׁלִים
full מָלֵא, שׁוֹפֵעַ; שָׁלֵם; שָׁמֵן
in — כֻּלּוֹ, לְגַמְרֵי, בִּשְׁלֵמוּת
fully בִּמְלוֹאוֹ; בְּשֶׁפַע; לְגַמְרֵי, כָּלִיל, בִּשְׁלֵמוּת; בְּדִיּוּק
fumble (v) גִּשֵּׁשׁ, עָשָׂה כְּגֹלֶם
fume (n) עָשָׁן, אֵד
fun צְחוֹק, שַׁעֲשׁוּעִים (ז״ר); עֹנֶג
make — הִתְלוֹצֵץ עַל חֶשְׁבּוֹן
function (v) פָּעַל, עָשָׂה, שִׁמֵּשׁ; מִלֵּא תַפְקִיד
function (n) תַּפְקִיד, פְּעֻלָּה*, שִׁמּוּשׁ
fund קֶרֶן*; הוֹן, רְכוּשׁ; מְלַאי
fundamental (n) יְסוֹד, עִקָּר
fundamental (adj) יְסוֹדִי, עִקָּרִי
funeral לְוָיָה*, הַלְוָיָה*
fungus פִּטְרִיָּה*; גִּדּוּל בָּעוֹר
funnel מַשְׁפֵּךְ; אֲרֻבָּה*
funny הִתּוּלִי, מַצְחִיק; מְשֻׁנֶּה
fur פַּרְוָה*
furious כּוֹעֵס, קוֹצֵף; סוֹעֵר, עַז
furiously בְּכַעַס; בִּסְעָרָה, בְּעֹז
furnace כִּבְשָׁן, תַּנּוּר
furnish סִפֵּק, הִמְצִיא; רִהֵט
furniture רָהִיטִים (ז״ר)
furrow (n) תֶּלֶם; קֶמֶט
further (v) עָזַר, נָתַן דְּחִיפָה לְ־
further (adv) הָלְאָה; רָחוֹק יוֹתֵר; נוֹסָף; יוֹתֵר, יָתֵר עַל כֵּן
furthermore וְעוֹד, יָתֵר עַל כֵּן
fury כַּעַס, חָרוֹן; עֹז
fuse (n) פְּקָק (חַשְׁמַלִּי)
fuss (n) הֲמֻלָּה*, מְבוּכָה*
futile רֵיק, אֵין בּוֹ מוֹעִיל
future (n) עָתִיד, אַחֲרִית*
future (adj) עָתִיד

G

gaiety עֲלִיצוּת *

gaily בְּגִיל, בְּשִׂמְחָה, בַּעֲלִיצוּת; בְּצִבְעוֹנִיּוּת

gain (v) הִשִּׂיג; זָכָה; הִתְקַדֵּם, גָּדַל; הִרְוִיחַ; הִשְׁתַּפֵּר

gain (n) הוֹסָפָה *; רֶוַח, שָׂכָר; הִתְקַדְּמוּת *; שִׁפּוּר

gait מַהֲלָךְ, הִלּוּךְ

gale סוּפָה *, סְעָרָה *, רוּחַ חֲזָקָה *

gallant (adj) גִּבּוֹר; נִמּוּסִי; הָדוּר

gallery מִסְדְּרוֹן; מִרְפֶּסֶת *; אוּלָם

galley סְפִינַת מְשׁוֹטִים *; מִטְבָּח

gallop (v) דָּהַר

gallop (n) דְּהָרָה *

gallows עַמּוּד תְּלִיָּה

gamble (v) שִׂחֵק לְשֵׁם רֶוַח; סִכֵּן (כַּסְפּוֹ, בְּרִיאוּתוֹ); הִתְעָרֵב; בִּזְבֵּז

gamble (n) מִשְׂחָק לְשֵׁם רֶוַח; סִכּוּן, הִמּוּר, בִּזְבּוּז

game (n) מִשְׂחָק; תַּחֲרוּת *; צַיִד

game (adj) אַמִּיץ לֵב, בַּעַל שְׂאָר רוּחַ; נִפְגָּע

gang כְּנוּפְיָה *, חֲבוּרָה *

gangplank דֶּרֶךְ מַעֲבָר *, גֶּשֶׁר (לַסְּפִינָה)

gangster בִּרְיוֹן

gap פִּרְצָה *; פַּעַר, הַפְסָקָה *; מֶרְחָק

gape פָּעַר פֶּה, פִּהֵק

garage (n) מוּסָךְ

garbage אַשְׁפָּה *, פְּסֹלֶת מָזוֹן *

garden (n) גִּנָּה *, גַּן

garden (adj) שֶׁל גִּנָּה

gardener גַּנָּן

garland זֵר

garment בֶּגֶד, מַלְבּוּשׁ; כְּסוּת *

garnish (v) קִשֵּׁט, יִפָּה, עִטֵּר

garrison (n) חֵיל מַצָּב

garter בִּירִית *

gas (v) הִרְעִיל בְּגַז; הִתְקִיף בְּגַז

gas (n) גַּז, אֵד

gasoline דֶּלֶק
gasp (v) נָשַׁם בִּכְבֵדוּת
gasp (n) נְשִׁימָה כְבֵדָה *
gate שַׁעַר, פֶּתַח
gateway שַׁעַר, כְּנִיסָה *
gather אָסַף, קִבֵּץ; נֶאֱסַף, נִתְקַהֵל; לָקַט, לִקֵּט; לָמַד, הִסִּיק
gathering כִּנּוּס; אֲסֵפָה *; קָהָל
gauge (v) מָדַד, הֶעֱרִיךְ, שִׁעֵר
gauge (n) מִדָּה *; הַעֲרָכָה *
gaunt רָזֶה, כָּחוּשׁ; זוֹעֵם, קְדֹרַנִּי
gauze דֹּק, בַּד דַּק, שָׁקוּף
gay עַלִּיז; מַזְהִיר
gaze (v) הִבִּיט, הִסְתַּכֵּל, צָפָה
gaze (n) מַבָּט, הִסְתַּכְּלוּת *, צְפִיָּה *
gear (v) שִׁלֵּב, הִתְאִים, הִכְשִׁיר, צִיֵּד
gear (n) גַּלְגַּל שִׁנַּיִם; מִמְסֶרֶת *; צִיּוּד; מַהֲלָךְ
gem אֶבֶן טוֹבָה *; תַּכְשִׁיט
gender (gram) מִין
general (n) גֶּנֶרָל, רַב אַלּוּף
general (adj) כְּלָלִי; רָגִיל; שֶׁל הַכְּלָל
generalize הִכְלִיל, כָּלַל
generally בִּכְלָל, בְּדֶרֶךְ כְּלָל; כָּרָגִיל; עַל פִּי רֹב
generate הוֹלִיד, יָצַר (כֹּחַ חַשְׁמַל)
generation דּוֹר; יְצִירָה *
generosity נְדִיבוּת לֵב *; מַעֲשֵׂה חֶסֶד
generous נְדִיב לֵב; גּוֹמֵל חֶסֶד; רַב, שׁוֹפֵעַ
generously בִּנְדִיבוּת; בְּחֶסֶד; בְּשֶׁפַע
genesis יְצִירָה *, הִתְהַוּוּת *, מַעֲשֵׂה בְּרֵאשִׁית, סֵפֶר בְּרֵאשִׁית (בַּתּוֹרָה)
genial יְדִידוּתִי; נָעִים, לְבָבִי, נִלְבָּב
genius כִּשְׁרוֹן, גְּאוֹנִיּוּת *; גָּאוֹן; תְּכוּנָה *, טֶבַע, אֹפִי
gentile נָכְרִי, גּוֹי, לֹא יְהוּדִי
gentle עָדִין, נוֹחַ; מָתוּן
gentleman גֶ'נְטֶלְמֶן, בַּעַל תַּרְבּוּת, אִישׁ נִמּוּסִים, אִישׁ מִדּוֹת, בֶּן אָבוֹת, מְיֻחָס
gently בַּעֲדִינוּת; בִּמְתִינוּת
genuine מְקוֹרִי, אֲמִתִּי
geography גֵּאוֹגְרַפְיָה
geology גֵּיאוֹלוֹגְיָה

geometry הַנְדָּסָה
germ חַיְדַּק; זֶרַע; רֵאשִׁית*, מָקוֹר
German גֶּרְמָנִי, אַשְׁכְּנַזִּי
gesture (v) רָמַז; עָשָׂה תְּנוּעוֹת
gesture (n) רֶמֶז; תְּנוּעָה*; מַעֲשֶׂה לְמוֹפֵת
get הִשִּׂיג, רָכַשׁ; זָכָה, הִשְׂתַּכֵּר; לָמַד; תָּפַס; חָלָה בְּ־; הָיָה לְ־; הִגִּיעַ
— along הָלַךְ; הִתְקַדֵּם; הִסְכִּים
— away נִמְלַט
— back הִתְנַקֵּם, שִׁלֵּם כִּגְמוּלוֹ
— off יָרַד
— ready הִתְכּוֹנֵן
— up נֵעוֹר, קָם
ghastly נוֹרָא
ghost רוּחַ*, שֵׁד
giant (n) עֲנָק
giant (adj) עֲנָקִי, גָּדוֹל מְאֹד
gift מַתָּנָה*, שַׁי; כִּשָּׁרוֹן
gigantic עֲנָקִי, עָצוּם
gild הִזְהִיב
gill אָגִיד, זִים
gin ג׳ין, שָׂרִיף; מְכוֹנַת נִפּוּי*
ginger זַנְגְּבִיל

gipsy צוֹעֲנִי
giraffe ג׳ירָף; גָּמָל נְמֵרִי
girdle (v) הִקִּיף, עִטֵּר, כִּתֵּר; חָגַר
girdle (n) חֲגוֹרָה*, אֵזוֹר; מָחוֹךְ
girl יַלְדָּה*, נַעֲרָה*, בַּחוּרָה*
give נָתַן, מָסַר, הֶעֱבִיר; סִפֵּק; שִׁלֵּם; הִרְשָׁה; הִצִּיג
— and take מַשָּׂא וּמַתָּן, שִׂיחַת וִכּוּחַ*; וִתּוּר מִשְּׁנֵי הַצְּדָדִים
— birth יָלְדָה
— in נִכְנַע, וִתֵּר
— out חִלֵּק
— up נִכְנַע; נָטַשׁ
— up hope נוֹאַשׁ, הִתְיָאֵשׁ
given (adj) נָתוּן, מְפֹרָט
— to נוֹטֶה לְ־; רָגִיל בְּ־
glacier קַרְחוֹן
glad שָׂמֵחַ; שְׂבַע רָצוֹן
gladly בְּשִׂמְחָה
gladness שִׂמְחָה*, חֶדְוָה*, גִּיל, שָׂשׂוֹן
glance (v) נָתַן עַיִן; נִתַּז
— over סָקַר
glance (n) מַבָּט קַל
gland שָׁקֵד; בַּלּוּטָה*

glare (v) הִזְהִיר; הִבִּיט בְּכַעַס, לָטַשׁ עַיִן

glare (n) זֹהַר, בָּרָק; מַבָּט כַּעַס

glass זְכוּכִית *; זְגוּגִית *, שִׁמְשָׁה *; כּוֹס *

—es מִשְׁקָפַיִם (ז"ז)

looking — רְאִי

glaze (v) זִגֵּג; צִפָּה אֵימָל

gleam (v) הִזְהִיר, הֵאִיר, נִצְנֵץ

gleam (n) קֶרֶן אוֹר *, נִצְנוּץ

glean לִקֵּט עוֹלֵלוֹת

glen גַּיְא מְבֻדָּד

glide (v) הֶחֱלִיק; חָלַף; גָּלַשׁ

glimmer (n) נִצְנוּץ קַל, דִּמְדּוּם

glimpse (v) רָאָה בְּיַעַף, רִפְרֵף בְּעֵינוֹ

glimpse (n) סְקִירָה קַלָּה *, מְעוּף עַיִן

glisten (v) הִבְרִיק, נָצַץ

glitter (v) נָצַץ

glitter (n) צִחְצוּחַ, נֹגַהּ, זְרִיחָה *

globe כַּדּוּר; כַּדּוּר הָאָרֶץ

gloom עֶצֶב, תּוּגָה *; חֹשֶׁךְ, אֹפֶל, אֲפֵלָה *; קַדְרוּת *

gloomy עָצוּב; מַעֲצִיב; אָפֵל; קוֹדֵר

glorify הִלֵּל, הִדֵּר, כִּבֵּד, רוֹמֵם

glorious נֶהְדָּר, מְפֹאָר, נַעֲלֶה

glory הָדָר; כָּבוֹד; שֶׁבַח; יֹפִי

glossy חָלָק, מַבְהִיק, נוֹצֵץ

glove כְּפָפָה *

glow (v) הִתְאַדֵּם; הִתְלַהֵט, הִתְלַהֵב

glow (n) לַהַט; אֹדֶם; הִתְלַהֲבוּת *

glue (v) הִדְבִּיק

glue (n) דֶּבֶק

glutton זוֹלֵל

gnaw כִּרְסֵם; הֵצִיק

go הָלַךְ, עָזַב, נָסַע; הִמְשִׁיךְ, הִתְקַדֵּם; הָלַם, הִתְאִים; נִמְשַׁךְ, הִגִּיעַ; נִמְכַּר; הָיָה לְ־; נִגְמַר, אָזַל; מֵת; הִתְכּוֹנֵן

— around הִסְתּוֹבֵב; הִסְפִּיק

— back חָזַר

— by עָבַר

— for a walk יָצָא לְטַיֵּל

— into חָקַר, בָּדַק

— out כָּבָה

— over בָּדַק, עָבַר עַל

— under נָפַל, שָׁקַע; נִכְשַׁל

— up עָלָה, הִתְרוֹמֵם

— well הִצְלִיחַ

— without וִתֵּר עַל

goal מַטָּרָה *, תַּכְלִית *

goat עֵז *, תַּיִשׁ

god אֵל, אֱלֹהַּ

God אֱלֹהִים, הַשֵּׁם

for —'s sake לְמַעַן הַשֵּׁם!

— forsaken עָזוּב, נָטוּשׁ

goddess אֵלָה *

going (n) עֲזִיבָה *, לֶכֶת *

going (adj) מַצְלִיחַ

gold זָהָב; עֹשֶׁר, כֶּסֶף

golden זָהֹב, צָהֹב; זְהָבִי; יָקָר; מְצֻיָּן

good (n) טוֹב, צֶדֶק; ישֶׁר, הֲגִינוּת *; חֶסֶד

—s רְכוּשׁ; סְחוֹרָה *

good (adj) טוֹב, יָפֶה; יָשָׁר, הָגוּן; מַשְׂבִּיעַ; מַתְאִים; נֶאֱמָן; קַיָּם, בַּעַל תֹּקֶף; נָעִים; פִּקֵּחַ

be — at הִצְטַיֵּן בְּ־

for — לְעוֹלָם

— by(e) שָׁלוֹם

— natured טוֹב לֵב, בַּעַל מֶזֶג טוֹב

— will יַחַס טוֹב

goodly טוֹב, יָפֶה; רַב

goodness טוֹב, טוּב; נְדִיבוּת *

goose אַוָּז; שׁוֹטֶה, תָּם

gorge (v) זָלַל

gorgeous נֶהְדָּר, מְפֹאָר

gospel הַבְּשׂוֹרָה * (שֶׁל יֵשׁוּ הַנָּצְרִי), תּוֹרַת הַנַּצְרוּת

gossip (v) פִּטְפֵּט; הָלַךְ רָכִיל

gossip (n) פִּטְפּוּט; רְכִילוּת *

govern מָשַׁל, שָׁלַט; נִהֵל

government מֶמְשָׁלָה *, שִׁלְטוֹן

governor מוֹשֵׁל, שַׁלִּיט; מְנַהֵל

gown שִׂמְלָה *

grab (v) חָטַף, תָּפַס

grace (v) קִשֵּׁט, יִפָּה; עָשָׂה חֶסֶד עִם

grace (n) חֵן, יֹפִי, נֹעַם; חֶסֶד; אַרְכָּה *; בְּרָכָה *

graceful מָלֵא חֵן, חִנָּנִי, נָאֶה

gracious נוֹחַ, רַךְ; טוֹב לֵב; נִמּוּסִי

graciously בְּנוֹחוּת; בְּנִמּוּס, בְּחֵן

grade (v) מִיֵּן, הִדְרִיג

grade (n) דַּרְגָּה *, מַעֲלָה *; צִיּוּן; אֵיכוּת *; מַחְלָקָה *, כִּתָּה *; שִׁפּוּעַ

gradual אִטִּי; מְדֹרָג

gradually מְעַט מְעַט, לְאַט לְאַט; בְּהַדְרָגָה

graduate (v) סִיֵּם, גָּמַר; סִדֵּר בְּהַדְרָגָה, הִדְרִיג

graduate (n) מְסַיֵּם

graduation סִיּוּם
graft (v) הִרְכִּיב; לָקַח שֹׁחַד
graft (n) הַרְכָּבָה*; שֹׁחַד
grain גַּרְעִין; זֵרָעוֹן; דָּגָן; רִקְמָה*
go against the — שָׂחָה נֶגֶד הַזֶּרֶם; הָיָה מְנֻגָּד לְרוּחוֹ
grammar דִּקְדּוּק
— school בֵּית סֵפֶר יְסוֹדִי (בְּאַהַ"בְּ), בֵּית סֵפֶר תִּיכוֹן (בְּאַנְגְּלִיָּה)
granary אָסָם, אוֹצַר תְּבוּאָה, אַמְבָּר
grand נֶהְדָּר; גָּדוֹל; נַעֲלֶה; רָאשִׁי, עִקָּרִי
grandeur יֹפִי, הוֹד, פְּאֵר; גְּדֻלָּה
grandfather סָב, סָבָא, זָקֵן
grandmother סָבָה*, סַבְתָּא*, זְקֵנָה*
grandson נֶכֶד
granite (n) גְּרָנִיט, שַׁחַם
granite (adj) קָשֶׁה
granny סַבְתָּא*, זְקֵנָה*
grant (v) נָתַן; הִסְכִּים, הוֹדָה
take for —ed הִנִּיחַ כִּי
grant (n) מַתָּנָה*; קִצְבָּה*, תְּמִיכָה*
grape עֵנָב

grapefruit אֶשְׁכּוֹלִית
graph (n) טַבְלָה*, לוּחַ־תַּרְשִׁים
graphic צִיּוּרִי, חַי, גְּרָפִי*
— art גְּרָפִיקָה*
grasp (v) אָחַז, תָּפַס; הֵבִין
grasp (n) אֲחִיזָה*, תְּפִיסָה*; הֲבָנָה*
grass עֵשֶׂב, דֶּשֶׁא
grasshopper חַרְגּוֹל
grassy מַדְשִׁיא; כַּדֶּשֶׁא
grate (v) שִׁפְשֵׁף, גֵּרֵד; הִרְגִּיז; צָרַם, חָרַק
grate (n) שְׂבָכָה*
grateful אֲסִיר תּוֹדָה
gratify שִׂמַּח, הִנָּה, הִשְׂבִּיעַ רָצוֹן
gratitude הַכָּרַת טוֹבָה*, רֶגֶשׁ תּוֹדָה
grave (n) קֶבֶר
grave (adj) רְצִינִי; מָתוּן
gravel (n) חָצָץ
gravely בִּרְצִינוּת; בְּכֹבֶד רֹאשׁ; בְּמְתִינוּת
graveyard בֵּית קְבָרוֹת
gravity רְצִינוּת*; כֹּבֶד; כֹּחַ הַמְּשִׁיכָה
gravy רֹטֶב

gray אָפֹר; עָגוּם
graze רָעָה; גֵּרֵד
grease (v) מָשַׁח
grease (n) מִשְׁחָה *, חֵלֶב
great גָּדוֹל, רַב, כַּבִּיר; נַעֲלֶה, חָשׁוּב; גָּבֹהַּ; עִקָּרִי
greatly הַרְבֵּה, מְאֹד, בְּמִדָּה מְרֻבָּה
greatness גֹּדֶל; גְּדֻלָּה*; חֹזֶק; עָצְמָה *
greedy חוֹמֵד, לָהוּט, אוֹהֵב בֶּצַע
Greek (adj) יְוָנִי
green יָרֹק; טִירוֹן; טָרִי; חָדָשׁ; בֹּסֶר
greet קִבֵּל בְּסֵבֶר פָּנִים יָפוֹת; קִבֵּל פְּנֵי, בֵּרַךְ
greeting (n) בְּרָכָה*, פְּרִיסַת שָׁלוֹם *
grey אָפֹר; לָבָן (שֵׂעָר)
grief צַעַר, עֶצֶב, כְּאֵב
  come to — נִכְשַׁל
  — stricken אָבֵל
grievance תְּלוּנָה *, קֻבְלָנָה *
grieve הִצְטַעֵר, הִתְאַבֵּל
grim זוֹעֵף, קָשֶׁה; נוֹרָא; פִּרְאִי, עַז
grimly בְּזַעַף; בְּעַזּוּת
grin (v) חִיֵּךְ
grin (n) חִיּוּךְ
grind (v) טָחַן, שָׁחַק; הִשְׁחִיז, חִדֵּד; הֶחֱלִיק; חָרַק
grindstone אֶבֶן מַשְׁחֶזֶת*
grip (v) אָחַז, הֶחֱזִיק; לָקַח לֵב שׁוֹמְעָיו; לָחַץ
grip (n) אֲחִיזָה *; יָדִית *; לְחִיצָה *
grizzly אַפְרוּרִי, מַלְבִּין
groan (v) נֶאֱנַח, נֶאֱנַק, גָּנַח
groan (n) אֲנָחָה *, גְּנִיחָה *
grocer בַּעַל מַכֹּלֶת
grocery (חֲנוּת) מַכֹּלֶת*; צָרְכֵי מַכֹּלֶת (ז"ר)
groom (v) הֵכִין, טִפֵּחַ
groom (n) חָתָן
groove (n) חָרִיץ
  get into a — נִכְנַס לְמַסְלוּל
grope גִּשֵּׁשׁ
gross (n) תְּרֵיסַר תְּרֵיסָרִים
gross (adj) מֵבִישׁ; גַּס; מְגֻנֶּה; גָּדוֹל, עָבֶה; גָּלְמִי
grotesque מוּזָר, מְשֻׁנֶּה
ground (v) יִסַּד, בִּסֵּס; לִמֵּד יְסוֹדוֹת; עָלָה עַל שִׂרְטוֹן
ground (n) קַרְקַע, אֶרֶץ *, אֲדָמָה*, עָפָר; שֶׁטַח; בָּסִיס, יְסוֹד, טַעַם; מַצָּע

gain — הִתְקַדֵּם
— floor קוֹמָה תַּחְתּוֹנָה*, קוֹמַת קַרְקַע*
hold — עָמַד עַל דַּעְתּוֹ, הֶחֱזִיק בְּשֶׁלּוֹ
lose — נִרְתַּע לְאָחוֹר, נָסוֹג אָחוֹר, נִכְנַע
group (v) קִבֵּץ, אִגֵּד; נִתְקַבֵּץ
group (n) קְבוּצָה*, אֲגֻדָּה*
grouse (n) תַּרְנְגֹל בָּר
grove חֻרְשָׁה*
grow גָּדַל, רָבָה; גִּדֵּל; צָמַח; הִתְפַּתַּח; נַעֲשָׂה לְ־, הָיָה לְ־
— up הִתְפַּתַּח, בָּגַר, גָּדַל
growl (v) נָהַם; הִתְלוֹנֵן
growl (n) נְהִימָה*; הִתְלוֹנְנוּת*
growth גִּדּוּל; הִתְפַּתְּחוּת*
grub (v) עָמַל, יָגַע; חָפַר
grub (n) זַחַל
grudge (v) קִנֵּא בְ־; נָתַן בְּעַיִן צָרָה
grudge (n) טִינָה*, תַּרְעֹמֶת*, קִנְאָה*
gruff גַּס, עַז, זוֹעֵף
grumble (v) הִתְאוֹנֵן; רָטַן
grunt (v) חָרַק, אָנַק
grunt (n) אֲנָקָה*
guarantee (v) עָרַב, הִבְטִיחַ
guarantee (n) עֲרֻבָּה*; מַשְׁכּוֹן
guard (v) שָׁמַר, נָטַר; הִשְׁגִּיחַ עַל; הִתְגּוֹנֵן
guard (n) שׁוֹמֵר, נוֹטֵר; מָגֵן; הֲגַנָּה
guardian שׁוֹמֵר, מָגֵן; אֶפִּטְרוֹפּוֹס
guess (v) שִׁעֵר, נִחֵשׁ, דִּמָּה; נִחֵשׁ נְכוֹנָה
guess (n) הַשְׁעָרָה*, נִחוּשׁ
guest אוֹרֵחַ
guide (v) הִדְרִיךְ, הוֹלִיךְ; נִהֵל; הוֹרָה
guide (n) מַדְרִיךְ, מַנְהִיג; מְנַהֵל; מְכַוֵּן
guidebook מַדְרִיךְ, סֵפֶר הַדְרָכָה
guild חֶבְרָה*, אֲגֻדָּה*
guilt אָשָׁם, אַשְׁמָה*, רִשְׁעָה*
guiltless חַף מִפֶּשַׁע
guilty אָשֵׁם, חַיָּב
— conscience מוּסַר כְּלָיוֹת
guitar קַתְרוֹס
gulf מִפְרָץ, לְשׁוֹן יָם*; תְּהוֹם; הֶבְדֵּל רַב, מֶרְחָק רַב

gulp (v) בָּלַע (אֹכֶל), לָגַם (מַשְׁקֶה)

gulp (n) בְּלִיעָה *, לְגִימָה *

gum (n) גֻּמִּי

—s חֲנִיכַיִם (ז"ר)

gun גֶּשֶׁק חַם ; רוֹבֶה, אֶקְדָּח ; תּוֹתָח

gush (v) שָׁטַף, זָרַם, הִשְׁתַּפֵּךְ

gust פֶּרֶץ, הִתְפָּרְצוּת *

gutter בִּיב, תְּעָלָה * ; מַרְזֵב ; סְבִיבָה גַּסָּה *

guttural גְּרוֹנִי, מִן הַגָּרוֹן

guy בָּחוּר, בַּרְנַשׁ

gym(nasium) אוּלָם הִתְעַמְּלוּת

gymnastics הִתְעַמְּלוּת *

H

ha הוֹ, הֶאָח

habit הֶרְגֵּל, מִנְהָג; תִּלְבֹּשֶׁת *

habitual רָגִיל, נָהוּג

hack (v) הִכָּה, הָלַם; הִשְׁתַּעֵל שִׁעוּל יָבֵשׁ

haggard מְיֻגָּע; דַּל

hail (v) קָרָא; הִמְטִיר, בָּרַד

hail (n) בָּרָד, מָטָר

hail (interj) שָׁלוֹם! בָּרוּךְ!

hair שֵׂעָר, שַׂעֲרָה *, נִימָה *

by a —'s breadth כְּחוּט הַשַּׂעֲרָה

— raising מַפְחִיד, מַבְעִית, מְסַמֵּר הַשְּׂעָרוֹת

split —s הִתְפַּלְפֵּל

hairdresser סַפָּר(ית), גַּדֶּלֶת *

hairpin סִכַּת שֵׂעָר *

half חֵצִי, מֶחֱצָה; חֲצִי

— and — מֶחֱצָה עַל מֶחֱצָה

— baked בֹּסֶר

— hearted לֹא בְּלֵב שָׁלֵם

— way חֲצִי הַדֶּרֶךְ, בְּהַסְכָּמָה; חֶלְקִי

hall מָבוֹא, פְּרוֹזְדוֹר; אוּלָם; בִּנְיָן; בַּיִת

hallow קִדֵּשׁ, הִקְדִּישׁ

halt (v) עָצַר, הִפְסִיק; הִסֵּס

halt (n) הֶפְסֵק, הַפְסָקָה *

halt (adj) פִּסֵּחַ, צוֹלֵעַ, חִגֵּר

ham כָּתְלֵי חֲזִיר (ז״ר); שַׂחְקָן מַפְרִיז

hamlet כְּפָר קָטָן

hammer (v) הָלַם, הִכָּה

hammer (n) פַּטִּישׁ

hammock עַרְסָל

hamper (v) הִפְרִיעַ, עָצַר

hand (v) נָתַן, הִגִּישׁ

— down הוֹרִישׁ

hand (n) יָד *, כַּף (יָד) *; מָחוֹג; פּוֹעֵל, שָׂכִיר; כְּתָב; כִּשְׁרוֹן, זְרִיזוּת *; מְחִיאַת כַּפַּיִם *

at first — מִמָּקוֹר רִאשׁוֹן

at — קָרוֹב
at the — (s) of עַל יְדֵי, בִּידֵי
lend a — עָזַר
out of — בִּלְתִּי מְרֻסָּן; נִגְמַר
handbag אַרְנָק
handbook סֵפֶר עֵזֶר, מַדְרִיךְ
handful מְלֹא הַיָּד; מְעַט
handicap (n) מִכְשׁוֹל, מַעֲצוֹר; קֹשִׁי
handkerchief מִטְפַּחַת *, מִמְחָטָה *
handle (v) הִשְׁתַּמֵּשׁ; טִפֵּל; נָגַע, מִשְׁמֵשׁ; סָחַר בְּ־
handle (n) יָדִית *, אֹזֶן *, נִצָּב
handsome נָאֶה, יָפֶה; הָגוּן
handshake לְחִיצַת יָד *
handwriting כְּתַב יָד, כְּתִיבָה *
handy מָצוּי, קַל וְנוֹחַ לְשִׁמּוּשׁ; חָרוּץ
hang תָּלָה, נִתְלָה; נִדַּלְדֵּל, נָטָה; הָיָה תָּלוּי וְעוֹמֵד; לֹא נִשְׁלַם
hanger קֹלֶב
hanging (n) תְּלִיָּה *; מָסָךְ
happen אֵרַע, הָיָה, קָרָה; קָרָה לוֹ שֶׁ־
happening (n) מִקְרֶה, מְאֹרָע
happily בְּשִׂמְחָה; כְּהֹגֶן; בְּמַזָּל
happiness שִׂמְחָה *, אֹשֶׁר; שְׂבִיעַת רָצוֹן *
happy שָׂמֵחַ, מְאֻשָּׁר; בַּר מַזָּל; מַתְאִים
—-go-lucky מִקְרִי; בּוֹטֵחַ בְּנִסִּים, חֲסַר דְּאָגָה, חַי בְּלִי חֶשְׁבּוֹן
harass הֵצִיק, הֶלְאָה, הִתְקִיף בְּלִי הֶרֶף
harbor (v) נָתַן מַחְסֶה; הִסְתִּיר; הִרְגִּישׁ, צָפַן בְּלִבּוֹ
harbor (n) נָמָל
hard קָשֶׁה; כָּבֵד; עַז, חָזָק; רַע לֵב; גַּס; תַּקִּיף; סָמוּךְ
— and fast קָבוּעַ
— headed פִּכֵּחַ, פִּקֵּחַ; עַקְשָׁן, עוֹמֵד עַל דַּעְתּוֹ
— hearted קְשֵׁה לֵב
— pressed, — put נֶאֱלָץ
— up סוֹבֵל מַחְסוֹר
harden הִקְשָׁה, הִתְקַשָּׁה; אִמֵּץ, הִתְחַזֵּק; הִקְשִׁיחַ, הִתְאַכְזֵר
hardly כִּמְעַט שֶׁלֹּא; בְּקֹשִׁי; קָשׁוֹת
hardness קֹשִׁי, קַשְׁיוּת *

hardship קֹשִׁי; סֵבֶל, צָרָה *
hardware כְּלֵי מַתֶּכֶת (ז"ר)
— store חֲנוּת כֵּלִים
hardy חָזָק, קָשֶׁה, אֵיתָן; אַמִּיץ; עַז
hare אַרְנֶבֶת *
hark שָׁמַע, הִקְשִׁיב, הֶאֱזִין
harm (v) הִזִּיק; הֵרַע
harm (n) נֶזֶק; רַע; רֶשַׁע
harmful מַזִּיק; רָע
harmless תָּמִים, בִּלְתִּי מַזִּיק
harmonica מַפּוּחִית פֶּה *
harmony הַתְאָמָה *; הַרְמוֹנְיָה *
harness (v) רָתַם; נִצֵּל
רִתְמָה *; עֹל עֲבוֹדָה
harp (n) נֵבֶל, כִּנּוֹר
harsh אַכְזָרִי; קָשֶׁה, גַּס; צוֹרֵם
harvest (v) קָצַר, בָּצַר, אָסַף
harvest (n) קָצִיר, בָּצִיר, אָסִיף
haste חִפָּזוֹן, מְהִירוּת *, בֶּהָלָה *
make — מִהֵר
hasten מִהֵר, חָפַז; הֵאִיץ, הִבְהִיל
hasty מָהִיר, נֶחְפָּז, מְבֹהָל; נִמְהָר, פָּזִיז
hat כּוֹבַע, מִגְבַּעַת *
hatch (v) דָּגַר; יָצָא מִקְּלִפָּתוֹ; זָמַם
hatchet (n) גַּרְזֶן, קַרְדֹּם

hate (v) שָׂנֵא, תִּעֵב, מָאַס, אָיַב
hate (n) שִׂנְאָה *, אֵיבָה *, מַשְׂטֵמָה *
hateful נִמְאָס, שָׂנוּא
hatred (see hate, n)
haughty גַּאַוְתָן, שַׁחֲצָן, יָהִיר
haul (v) מָשַׁךְ, סָחַב; נָשָׂא, הוֹבִיל
haul (n) מְשִׁיכָה *, סְחִיבָה *; מַשָּׂא; מֶרְחַק הַהוֹבָלָה; שָׁלָל, זְכִיָּה *
haunt (v) נִדְבַּק; הִטְרִיד בִּתְדִירוּת; בִּקֵּר קְרוֹבוֹת
have הָיָה לוֹ; הָיָה בוֹ; הֻכְרַח; הִפְעִיל; הִתְנַסָּה בְּ־; הִתִּיר
hawk (v) רָכַל, סָחַר, חָזַר עַל הַבָּתִּים לְמֶכֶר
hawk (n) נֵץ
hay שַׁחַת, מִסְפּוֹא
make — נִצֵּל הִזְדַּמְּנוּת
hazard (v) סִכֵּן, הִסְתַּכֵּן; נִחֵשׁ
hazard (n) סַכָּנָה *; מִקְרֶה
haze אֵד, עֲרָפֶל
he הוּא
head (v) עָמַד בְּרֹאשׁ, נִהֵל; קָדַם לְ־, הָלַךְ בְּרֹאשׁ; כִּוֵּן כְּלַפֵּי, הוֹלִיךְ אֶל; עָשָׂה דַרְכּוֹ אֶל

— off הִטָּה; מָנַע
head (n) רֹאשׁ, קָדְקֹד, גֻּלְגֹּלֶת*; מַנְהִיג; פָּנִים; שֵׂכֶל, מֹחַ, בִּינָה*; יְכֹלֶת*; נֶפֶשׁ* (בְּהֵמָה)
come to a — הִגִּיעַ לִנְקֻדַּת מַשְׁבֵּר
go to one's — בִּלְבֵּל; הֵמֵם; הֵבִיא לִידֵי יְהִירוּת
keep one's — מָשַׁל בְּרוּחוֹ
out of one's — מְטֹרָף
over one's — נִשְׂגָּב מִבִּינָתוֹ; פָּנָה אֶל גָּבֹהַּ מִמֶּנּוּ
head (adj) רָאשִׁי, עִקָּרִי, רִאשׁוֹן
headache כְּאֵב רֹאשׁ
headline כּוֹתֶרֶת
headlong בְּנִמְהָרוּת
headquarters מִפְקָדָה*, מִשְׂרָד רָאשִׁי; מַטֶּה כְּלָלִי (מַטְכָּ"ל)
heal רִפֵּא, הִתְרַפֵּא
health בְּרִיאוּת*, שְׁלֵמוּת*
healthy בָּרִיא, בְּקַו הַבְּרִיאוּת
heap (v) עָרַם; נִצְבַּר
heap (n) עֲרֵמָה*, תֵּל
hear שָׁמַע, הִקְשִׁיב, הֶאֱזִין
hearing (n) שְׁמִיעָה*; חֲקִירָה*
hearken (see hear)
heart לֵב; נֶפֶשׁ*, נְשָׁמָה*
at — בְּעֶצֶם
learn by — לָמַד בְּעַל פֶּה
take to — שָׂם אֶל לִבּוֹ, נָגַע אֶל לִבּוֹ; הִצְטַעֵר עַל, הִתְאַבֵּל עַל
hearth אָח*, כִּירָה*; בַּיִת
heartily בְּכָל לֵב, בְּכָל כֹּחַ; בִּידִידוּת; בְּתֵאָבוֹן
heartless אַכְזָרִי, בְּלֹא רַחֲמִים
hearty חָזָק; לְבָבִי; מַשְׂבִּיעַ
heat (v) חִמֵּם
heat (n) חֹם; הִתְלַהֲבוּת*; חֲרוֹן אַף; עוֹנָה*
heathen עוֹבֵד אֱלִילִים
heave (v) הֵרִים, הֵנִיף; הִשְׁלִיךְ; גָּעַשׁ; נָשַׁם בִּכְבֵדוּת; הֵקִיא
heave (n) הֲרָמָה*, הֲנָפָה*; הַשְׁלָכָה*; גַּעַשׁ
heaven שָׁמַיִם (ז"ר), רָקִיעַ; אֱלֹהִים
heavenly שְׁמֵימִי, עֶלְיוֹן; יָפֶה; אֱלֹהִי
heavily בְּכֹבֶד; בְּלַחַץ; בִּכְבֵדוּת; בִּצְפִיפוּת
heavy כָּבֵד; מַכְבִּיד; רַב; חָמוּר; גַּס; מְסֻרְבָּל; קֵהֶה; מְשַׁעֲמֵם; מְטֻמְטָם
— handed תַּקִּיף

— hearted עָצוּב
Hebrew עִבְרִי, עִבְרִיָּה *, הַלָּשׁוֹן הָעִבְרִית *, עִבְרִית *
hedge (v) גָּדַר; נִמְנַע מֵהַחְלָטָה
hedge (n) גָּדֵר *; גְּדֵר חַיָּה; סְיָג
heed (v) הִקְשִׁיב, שָׁמַע; שָׂם לֵב
heed (n) תְּשׂוּמֶת לֵב *
heel (n) עָקֵב
heifer עֶגְלָה *
height גֹּבַהּ, קוֹמָה *; רָמָה *; שִׂיא
heir יוֹרֵשׁ
hell שְׁאוֹל, אֲבַדּוֹן, גֵּיהִנֹּם
Hellenism יַוְנוּת *
hello שָׁלוֹם!
helm הֶגֶה; שִׁלְטוֹן
take the — תָּפַס הַהֶגֶה
helmet קַסְדָּה *
help (v) עָזַר, סִיַּע, תָּמַךְ; הוֹעִיל
— oneself לָקַח לוֹ
help (n) עֵזֶר, סִיּוּעַ, תְּמִיכָה *; תּוֹעֶלֶת *
helper עוֹזֵר
helpful עוֹזֵר, מוֹעִיל
helpless אֵין אוֹנִים, רָפֶה
hem (v) תָּפַר שָׂפָה
— in הִקִּיף, סָבַב
— and haw הִסֵּס
hem (n) שָׂפָה *
hemisphere חֲצִי כַּדּוּר
hen תַּרְנְגֹלֶת *; נְקֵבַת הָעוֹף *
hence לְפִיכָךְ, לָכֵן; מֵעַתָּה; הָלְאָה
henceforth מֵעַתָּה; הָלְאָה
her שֶׁלָּהּ; אוֹתָהּ; לָהּ
herald (v) בִּשֵּׂר; הִכְרִיז; הִכְנִיס
herald (n) שָׁלִיחַ; מְבַשֵּׂר; כָּרוֹז
herb עֵשֶׂב, דֶּשֶׁא, יֶרֶק; עֵשֶׂב מַרְפֵּא
herd (v) כִּנֵּס, הִתְכַּנֵּס; רָעָה
herd (n) עֵדֶר
herdsman רוֹעֵה בָּקָר, בּוֹקֵר
here פֹּה, כָּאן; הֵנָּה
— and there פֹּה וָשָׁם; אָנֶה וָאָנָה; כֹּה וָכֹה
neither — nor there אֵין זֶה לֹא מַעֲלֶה וְלֹא מוֹרִיד, אֵינוֹ עִנְיָן לְכָאן
hereafter (adv) אַחֲרֵי זֶה; מֵעַתָּה וָהָלְאָה
the — בָּעוֹלָם הַבָּא
hereby בָּזֶה, עַל יְדֵי זֶה
hereditary עוֹבֵר בִּירֻשָּׁה
heredity תּוֹרָשָׁה *, יְרֻשָּׁה טִבְעִית *

heresy כְּפִירָה *, אֶפִּיקוֹרְסוּת *
heretic כּוֹפֵר, אֶפִּיקוֹרוֹס
heretofore עַד עַתָּה, עַד הֵנָּה; לְפָנִים
herewith בָּזֶה; בְּיַחַד עִם זֶה
heritage יְרֻשָּׁה *, מוֹרָשָׁה *
hermit פָּרוּשׁ, מִתְבּוֹדֵד, נָזִיר
hero גִּבּוֹר
heroic גִּבּוֹרִי, עַז; מְנֻפָּח
heroics מְלִיצוֹת נְפוּחוֹת **; גְּבוֹהָה גְּבוֹהָה
heroine גִּבּוֹרָה
herring מָלִיחַ, דָּג מָלוּחַ
hers שֶׁלָּהּ
herself הִיא עַצְמָהּ; לְעַצְמָהּ
hesitate פִּקְפֵּק, הִסֵּס; גִּמְגֵּם
hesitation פִּקְפּוּק, הִסּוּס; גִּמְגּוּם
hew חָטַב, כָּרַת
hey הוֹי!
hidden חָבוּי, נִסְתָּר; סוֹדִי; סָתוּם
hide (v) הֶחְבִּיא, הִסְתִּיר, הִצְפִּין, טָמַן, הִצְנִיעַ
hide (n) עוֹר
— out מַחֲבוֹא
hideous מְכֹעָר, מַבְחִיל
hieroglyphics כְּתָב הַחַרְטֻמִּים, כְּתָב סוֹדִי

high גָּבוֹהַּ, רָם, גָּדוֹל, נִשָּׂא; מְרוֹמָם, נַעֲלֶה; חָזָק, עַז; יָקָר; חַד; עִקָּרִי; חָשׁוּב; רְצִינִי
— handed לוֹחֵץ, דוֹחֵק בְּיָד חֲזָקָה
— minded אֲצִיל רוּחַ
— school בֵּית סֵפֶר תִּיכוֹן
—spirited חַי, פָּעִיל, מַרְצִי
leave — and dry נָטַשׁ
on — בַּמָּרוֹם, בַּשָּׁמַיִם
highland (n) הָרִים, רָמָה *
highly מְאֹד
highness גֹּבַהּ, רָמָה *; הוֹד, תִּפְאֶרֶת *
highway כְּבִישׁ רָאשִׁי, דֶּרֶךְ רָאשִׁית *
hike (v) טִיֵּל
hike (n) טִיּוּל
hill גִּבְעָה *, תֵּל
hillside צֶלַע גִּבְעָה *
hilt נִצָּב, קַת (שֶׁל חֶרֶב, דֶּקֶר)
him אוֹתוֹ, לוֹ, אֵלָיו
himself הוּא עַצְמוֹ; אוֹתוֹ בְּעַצְמוֹ
hind (adj) אֲחוֹרִי
hinder מָנַע, עָצַר; הִפְרִיעַ
hinge (v) הָיָה תָּלוּי; תָּלָה
hinge (n) צִיר

hint (v) רָמַז
hint (n) רֶמֶז
hip יָרֵךְ *
hire שָׂכַר, הִשְׂכִּיר
his שֶׁלּוֹ
hiss (v) שָׁרַק, צִפְצֵף
hiss (n) שְׁרִיקָה *, צִפְצוּף, אִוְשָׁה *
historian הִסְטוֹרְיוֹן, חוֹקֵר הִסְטוֹרְיָה
historic(al) הִסְטוֹרִי
history הִסְטוֹרְיָה *, דִּבְרֵי הַיָּמִים (ז"ר)
hit (v) הִכָּה, פָּגַע
— on מָצָא, גִּלָּה
—-or-miss בְּדֶרֶךְ מִקְרֶה
hit (n) מַכָּה *, מַהֲלֻמָּה *; פְּגִיעָה *; הַצְלָחָה *, רֹשֶׁם גָּדוֹל
hitch (v) קָשַׁר, חִבֵּר
hitch (n) מִכְשׁוֹל, עִכּוּב; קֶשֶׁר
hither הֵנָּה
hitherto עַד עַתָּה, עַד כֹּה
hive כַּוֶּרֶת *
ho הוֹ! אָח!
hoard (v) אָגַר, צָבַר
hoard (n) אוֹצָר

hoarse צָרוּד
hobby עֵסֶק שַׁעֲשׁוּעִים, עֵסֶק מִתּוֹךְ חִבָּה, חֶבֶב, תַּחְבִּיב
hoe (n) מַעְדֵּר, מַכּוֹשׁ
hog (n) חֲזִיר
hoist (v) הֵרִים, הֵנִיף
hoist (n) מָנוֹף; מַעֲלִית *
hold (v) הֶחֱזִיק, שָׁמַר; הֵכִיל; הֶאֱמִין; דָּבַק; עָמַד בְּ־; הָיָה נָכוֹן; עָרַךְ
— back מָנַע; נִמְנַע
— forth דָּרַשׁ, נָאַם
— off בָּלַם, עָצַר
— office נָשָׂא מִשְׂרָה, מִלֵּא תַּפְקִיד
— one's tongue נָצַר לְשׁוֹנוֹ
— out עָמַד בִּפְנֵי; הִצִּיעַ; עָמַד בְּ־
— over דָּחָה לֶעָתִיד
— up שָׁדַד; עִכֵּב; תָּמַךְ; עָמַד בְּ־
hold (n) אֲחִיזָה *, תְּפִיסָה *; מַאֲסָר; תַּחְתִּית אֳנִיָּה *
holder בַּעַל־; יָדִית *, מַאֲחָז
hole (n) חוֹר, נֶקֶב, גֻּמָּה *; חָלָל; בּוֹר

holiday (n) חַג, מוֹעֵד, יוֹם טוֹב; חֹפֶשׁ; יוֹם חֹפֶשׁ

holiness קְדֻשָּׁה, קֹדֶשׁ

hollow (v) הֵרִיק, קִעֵר; חָלַל

hollow (n) חָלָל, שְׁקַעֲרוּרִית *

hollow (adj) חָלוּל, נָבוּב, רֵיק; שָׁפָל, עָמֹק

— **compliment** מַחְמָאַת שָׁוְא

— **victory** נִצָּחוֹן שָׁוְא

holy קָדוֹשׁ; חָסִיד; טָהוֹר

homage כָּבוֹד, הַעֲרָצָה *

pay — כִּבֵּד

home (n) בַּיִת, דִּירָה *, מָעוֹן; מִקְלָט, מוֹסָד; מְאוּרָה*; אֶרֶץ*

at — with רָגִיל בְּ־

come—to בָּא לִידֵי הַכָּרָה

strike — פָּגַע בְּלִבּוֹ, קָלַע לַמַּטָּרָה

home (adj) בֵּיתִי, מְקוֹמִי, שֶׁל פְּנִים

homeless חֲסַר מוֹלֶדֶת, חֲסַר בַּיִת

homely מְכֹעָר; פָּשׁוּט

homeward(s) הַבַּיְתָה

homework שִׁעוּרִים (ז״ר); עֲבוֹדַת בַּיִת *

honest יָשָׁר, נֶאֱמָן, אֲמִתִּי, כֵּן; טָהוֹר

honestly בֶּאֱמֶת, בְּיֹשֶׁר, בְּנֶאֱמָנוּת

honesty יֹשֶׁר, יַשְׁרוּת *, נֶאֱמָנוּת *, תֹּם לֵבָב

honey דְּבַשׁ

honeycomb יַעֲרַת דְּבַשׁ

honeymoon יֶרַח הַדְּבַשׁ (רִאשׁוֹן לְאַחַר הַחֲתֻנָּה)

honor (v) כִּבֵּד, הוֹקִיר

honor (n) כָּבוֹד, יְקָר; שֵׁם

honorable נִכְבָּד, הָגוּן

hood (v) כִּסָּה, צִפָּה

hood (n) מִכְסֶה, בַּרְדָּס; שָׁבִיס

hoof פַּרְסָה *, טֶלֶף

hook (v) תָּפַס, לָכַד, צָד; הֶעֱלָה בְּחַכָּה

— **up** הִרְכִּיב, חִבֵּר

hook (n) וָו, קֶרֶס; חַכָּה *

by — or by crook בְּכָל הָאֶמְצָעִים

hooked (adj) כָּפוּף

hoop חִשּׁוּק, טַבַּעַת *

hop (v) דִּלֵּג, קָפַץ, נִתֵּר

hop (n) דִּלּוּג, קְפִיצָה *, נִתּוּר

hope (v) קִוָּה; צִפָּה, חִכָּה

hope (n) תִּקְוָה *; צִפִּיָּה *
hopeful מָלֵא תִּקְוָה, מְקַוֶּה
hopeless חֲסַר תִּקְוָה, מְיֹאָשׁ
horizon אֹפֶק
on the — בָּאֹפֶק
horizontal אָפְקִי מְאֻזָּן
horn קֶרֶן *; שׁוֹפָר, חֲצוֹצְרָה *; צְפִירָה *
hornet צִרְעָה *
horrible מַחֲרִיד, מַבְהִיל; אָיֹם
horrid (see horrible)
horrify הִפְחִיד, הִבְעִית, הִפִּיל אֵימָה
horror פַּחַד, בֶּהָלָה *, אֵימָה *; בְּחִילָה *
horse סוּס
horseback, on רָכוּב
horseman רוֹכֵב, פָּרָשׁ
horseradish חֲזֶרֶת *
hose (n) גַּרְבַּיִם (ז"ז); צִנּוֹר גָּמִישׁ
hospitable מַכְנִיס אוֹרְחִים
hospital בֵּית חוֹלִים
hospitality הַכְנָסַת אוֹרְחִים *
host בַּעַל הַבַּיִת; אַכְסְנַאי; קָהָל; רֹב
hostage עֵרָבוֹן, בֶּן־תַּעֲרֹבֶת
hostess בַּעֲלַת הַבַּיִת *
hostile אוֹיֵב, עוֹיֵן, שׂוֹנֵא; מִתְנַגֵּד
hostility אֵיבָה *, שִׂנְאָה *, הִתְנַגְּדוּת *; קְרָב
hot חַם, בּוֹעֵר, לוֹהֵט, רוֹתֵחַ; חָרִיף, חַד; עַז; חָדִישׁ
— tempered נוֹחַ לִכְעוֹס, מְהִיר חֵמָה
hotel מָלוֹן
hound (v) הֵצִיק, רָדַף
hound (n) כֶּלֶב
hour שָׁעָה; מוֹעֵד, זְמָן
eleventh — הָרֶגַע הָאַחֲרוֹן
man of the — גִּבּוֹר הַיּוֹם
house (v) הוֹשִׁיב, שִׁכֵּן; הֶחֱסָה, צָפַן
house (n) בַּיִת, דִּירָה *, מָעוֹן; מִשְׁפָּחָה *, שׁוֹשֶׁלֶת *; בֵּית מְחוֹקְקִים; בֵּית מִסְחָר
household בַּיִת, מִשְׁפָּחָה *, מֶשֶׁק בַּיִת
housekeeper מְנַהֶלֶת מֶשֶׁק בַּיִת *
housewife עֲקֶרֶת הַבַּיִת, בַּעֲלַת הַבַּיִת *
hover רִחֵף, רִפְרֵף; פִּקְפֵּק
how אֵיךְ? כֵּיצַד?; מַה?

— are you מַה שְׁלוֹמְךָ?
— many, — much כַּמָּה?
however בְּכָל אֹפֶן; אַף עַל פִּי כֵן
howl (v) יִלֵּל, צָעַק, צָרַח, צָוַח
howl (n) יְלָלָה* צְעָקָה* צְוָחָה*
huddle (v) נִלְחַץ, הִצְטַפֵּף, הִתְכַּנֵּס בְּעִרְבּוּבְיָה; הִתְכַּוֵּץ
huddle (n) קָהָל מִצְטוֹפֵף, קָהָל נְבוֹכִים; עִרְבּוּבְיָה*
hue צֶבַע, גָּוֶן
hug (v) חִבֵּק, גִּפֵּף
hug (n) חִבּוּק, גִּפּוּף
huge גָּדוֹל, עֲנָקִי, עָצוּם
hull (n) קְלִפָּה*, מִכְסֶה; גּוּף אֳנִיָּה
hum (v) זִמְזֵם, הָמָה
hum (n) זִמְזוּם, הֶמְיָה*
human אֱנוֹשִׁי
— being בֶּן אָדָם, בְּרִיָּה*
— nature טֶבַע הָאָדָם
humane אֱנוֹשִׁי, בַּעַל רַחֲמִים
humanity אֱנוֹשִׁיּוּת*, הוּמָנִיּוּת*; בְּנֵי אָדָם (ז"ר); רַחֲמִים (ז"ר)
humble (v) הִשְׁפִּיל, בִּזָּה
humble (adj) צָנוּעַ, עָנָו; שָׁפָל, נָמוֹךְ, עָלוּב
humidity רְטִיבוּת*, לַחוּת*
humility עֲנָוָה*; כְּנִיעָה*
humor (n) הוּמוֹר, הִתּוּל; מַצַּב רוּחַ
humorous בַּדְחָנִי, הִתּוּלִי
hump חֲטוֹטֶרֶת*, גַּבְנוּן
hundred מֵאָה*
—th מֵאִית*; הַמֵּאָה
hunger (v) תָּאַב, חָשַׁק; רָעַב
hunger (n) תֵּאָבוֹן, חֵשֶׁק; רָעָב
hungry רָעֵב; תָּאֵב
hunt (v) צָד; רָדַף אַחֲרֵי; בִּקֵּשׁ, חִפֵּשׂ
hunt (n) צַיִד; רְדִיפָה; חִפּוּשׂ
hunter צַיָּד
hurl (v) הֵטִיל, זָרַק, הִשְׁלִיךְ
hurl (n) הֲטָלָה*, זְרִיקָה*, הַשְׁלָכָה*
hurrah הֵידָד!
hurried (adj) נִמְהָר; נִדְחָף, מְבֹהָל
hurriedly בְּחִפָּזוֹן, בְּבֶהָלָה
hurry (v) מִהֵר, חָשׁ; הֵאִיץ, דָּפַק
hurry (n) מְהִירוּת*, חִפָּזוֹן
hurt (v) פָּצַע, חָבַל, הֵרַע; הִכְאִיב; הִזִּיק
— feelings פָּגַע בִּכְבוֹד

hurt (n) פֶּצַע; כְּאֵב; עֶצֶב
husband (n) בַּעַל, אִישׁ
hush (v) שָׁתַק, שָׁקַט; הִשְׁתִּיק, הִשְׁקִיט; הִרְגִּיעַ
hush (n) שֶׁקֶט, דְּמָמָה *
hush (interj) הַס!
husky צָרוּד; חָזָק
hustle (v) מִהֵר, דָּחַק, עָבַד קָשֶׁה
hut צְרִיף, סֻכָּה

hydrogen מֵימָן
— bomb פִּצְצַת מֵימָן *
hygiene הִיגְיֵנָה *
hymn שִׁיר מִזְמוֹר, הִמְנוֹן
hypocrisy צְבִיעוּת *
hypothesis הַשְׁעָרָה, הַנָּחָה, הִיפּוֹתֵיזָה
hysterical הִיסְטֵרִי, מִתְרַגֵּשׁ, חוֹלֵה הִיסְטֶרְיָה

I

I אֲנִי, אָנֹכִי

ice (v) הִקְפִּיא; כִּסָּה קֶרַח; קֵרֵר; צִפָּה עֻגָּה בְּקַרְחוֹנִית, קִפָּא

ice (n) קֶרַח, כְּפוֹר

break the — הִתְחִיל, פָּתַח בְּשִׂיחָה, הִתְגַּבֵּר עַל הַקֹּשִׁי שֶׁל תְּחִלַּת הַשִּׂיחָה עִם אָדָם אָדִישׁ לָזֶה

— cream גְּלִידָה

icebox תֵּבַת קֶרַח*, מְקָרֵר

icy קַרְחִי; קַר, קָפוּא; דּוֹחֶה

idea מַחֲשָׁבָה*, רַעְיוֹן; מֻשָּׂג, צִיּוּר; דֵּעָה*, סְבָרָה*; אֱמוּנָה* כַּוָּנָה*, אִידֵאָה*

ideal (n) אִידֵאָל; שְׁאִיפָה נַעֲלָה*

ideal (adj) אִידֵאָלִי, מוֹפְתִי; דִּמְיוֹנִי, בִּלְתִּי מַמָּשִׁי

idealism אִידֵאָלִיּוּת*; הַעֲרָצַת שְׁאִיפוֹת נַעֲלוֹת*, הִתְנַהֲגוּת לְפִי הַשְּׁאִיפוֹת הַנַּעֲלוֹת*

identical זֶהֶה; דּוֹמֶה לְגַמְרֵי

identification זֶהוּת*, זִהוּי; תְּעוּדַת זֶהוּת*

identify זִהָה; דִּמָּה, הִשְׁוָה

identity זֶהוּת*; שִׁוְיוֹן

idiom נִיב, בִּטּוּי

idiomatic לְפִי רוּחַ הַלָּשׁוֹן; בְּסִגְנוֹן נֶאֱמָן

idiot חֲסַר דֵּעָה, שׁוֹטֶה; הֶדְיוֹט

idle (v) הִתְעַצֵּל; הִתְבַּטֵּל; הָלַךְ בָּטֵל

idle (adj) בָּטֵל; פָּנוּי; עָצֵל; אַפְסִי; חֲסַר עֵרֶךְ

— fear פַּחַד שָׁוְא

— rumor שְׁמוּעַת שָׁוְא*

— threat אִיּוּם רֵיק

idleness בַּטָּלָה*; בַּטְלָנוּת*; חֹסֶר עֵרֶךְ; חֹסֶר תּוֹעֶלֶת

idly בְּבַטָּלָה*, מִתּוֹךְ בַּטָּלָה

idol אֱלִיל

idolatry עֲבוֹדַת אֱלִילִים*

if אִם, אִלּוּ, לוּ, בְּ־; בִּתְנַאי שֶׁ־; כַּאֲשֶׁר; אִם כִּי, אַף אִם
as — כְּאִלּוּ
— only לוּ רַק
— ... then... לוּ... כִּי אָז...
ignorance בּוּרוּת*, בַּעֲרוּת*; עַם הָאֲרָצוּת*; אִי יְדִיעָה*
ignorant בּוּר, עַם הָאָרֶץ, נִבְעָר מִדַּעַת; שֶׁאֵינוֹ יוֹדֵעַ
ignore הִתְעַלֵּם מִן, הֵסִיחַ דַּעְתּוֹ מִן, הִתְנַכֵּר לְ־, לֹא שָׁעָה אֶל
ill (n) מַחֲלָה*; רָעָה*, צָרָה*; נֶזֶק
ill (adj) חוֹלֶה; רַע; מַזִּיק; בִּלְתִּי מֻצְלָח; בִּלְתִּי נָאוֹת; בִּלְתִּי רָצוּי
ill (adv) בְּאֹפֶן רַע; בְּאֹפֶן בִּלְתִּי מֻצְלָח; בְּאֹפֶן בִּלְתִּי נָאוֹת; בְּאֹפֶן בִּלְתִּי רָצוּי
— at ease בִּמְבוּכָה, נָבוֹךְ, לֹא נוֹחַ לוֹ
— treat הֵרַע לוֹ, נָהַג עִמּוֹ שֶׁלֹּא בְּיֹשֶׁר
illiterate בּוּר, עַם הָאָרֶץ, אֵינוֹ יוֹדֵעַ קְרֹא וּכְתֹב, אַנְאַלְפַבֵּיתִי
illness מַחֲלָה*, חֳלִי
illogical בִּלְתִּי הֶגְיוֹנִי, נֶגֶד הַהִגָּיוֹן
illuminate הֵאִיר; בֵּרֵר; קִשֵּׁט סֵפֶר
illumination הֶאָרָה*, תְּאוּרָה*; קִשּׁוּט סֵפֶר
illusion הֲזָיָה*, חִזָּיוֹן שָׁוְא, אִילוּסְיָה*
illustrate בֵּאֵר, הִדְגִּים, הֶרְאָה; קִשֵּׁט בְּצִיּוּרִים
illustration דֻּגְמָה*, מָשָׁל; הַדְגָּמָה*; צִיּוּר
illustrious מְהֻלָּל, מְפֻרְסָם, נוֹדָע
image (n) דְּמוּת*, צֶלֶם, צוּרָה*; מַצָּג, צִיּוּר; בָּבוּאָה*; תַּבְנִית*, סֵמֶל; מְלִיצָה*; פֶּסֶל
imaginary דִּמְיוֹנִי, מְדֻמֶּה, בִּלְתִּי מַמָּשִׁי
imagination דִּמְיוֹן; הֲזָיָה*; רַעְיוֹן; צִיּוּר
imagine דִּמָּה, צִיֵּר לְעַצְמוֹ, תֵּאֵר בְּנַפְשׁוֹ; הִנִּיחַ, סָבַר, שִׁעֵר
imitate חִקָּה; הֶעְתִּיק; זִיֵּף
imitation חִקּוּי; הַעְתָּקָה*; זִיּוּף
immediate תֵּכוּף; הֹוֶה; מִיָּדִי; הַקָּרוֹב בְּיוֹתֵר
immediately תֵּכֶף, מִיָּד; בִּסְמִיכוּת
immense גָּדוֹל, עָצוּם, עֲנָקִי; רַב מְאֹד

immigrant מְהַגֵּר

immigration הֲגִירָה *

imminent מְמַשְׁמֵשׁ וּבָא, עוֹמֵד לָבוֹא, חָשׁ לָבוֹא

immortal נִצְחִי, בֶּן אַלְמָוֶת

immunity חִסּוּן (מִמַּחֲלָה), חֹפֶשׁ (מֵאַחֲרָיוּת)

impair הִפְחִית, הֶחֱלִישׁ

impart נָתַן, מָסַר

impartial אֵינוֹ נוֹשֵׂא פָּנִים, דָּן בְּצֶדֶק

impatience קֹצֶר רוּחַ, אִי סַבְלָנוּת *

impatient קְצַר רוּחַ, נֶחְפָּז, מְבֹהָל

impatiently בְּקֹצֶר רוּחַ, בְּלִי סַבְלָנוּת

impel דָּחַף, הִמְרִיץ

imperative הֶכְרֵחִי, דָּחוּף; צִוּוּי

imperfect פָּגוּם, חָסֵר, לָקוּי; בִּלְתִּי מֻשְׁלָם

imperial אִמְפֶּרְיָאלִי, קֵיסָרִי; מְצֻוֶּה, מְפַקֵּד

imperialism קֵיסָרוּת *, אִמְפֶּרְיָאלִיּוּת * שִׁלְטוֹן הַמְּדִינָה עַל מוֹשָׁבוֹת

implement (v) הוֹצִיא לְפֹעַל, קִיֵּם, צִיֵּד, הִמְצִיא אֶת הַדָּרוּשׁ לְהַגְשִׁים

implement (n) מַכְשִׁיר; אֶמְצָעִי

implore בִּקֵּשׁ, הִתְחַנֵּן

imply רָמַז עַל; הִסְתַּבֵּר מִן; הוֹרָה עַל

import (v) הֵבִיא סְחוֹרַת חוּץ; הוֹרָה עַל, סִמֵּן

import (n) יְבוּא; כַּוָּנָה *, הוֹרָאָה *; חֲשִׁיבוּת *

importance עֵרֶךְ, חֲשִׁיבוּת *

important חָשׁוּב, בַּעַל עֵרֶךְ, נִכְבָּד

impose הִטִּיל; נִצֵּל, רִמָּה

imposing (adj) עֹשֶׂה רֹשֶׁם, נֶהְדָּר

impossible אִי אֶפְשָׁרִי, מִן הַנִּמְנָע, נִבְצָר מִן־

impress הִשְׁפִּיעַ, עָשָׂה רֹשֶׁם; הִמְרִיץ; טָבַע, הִדְפִּיס; תָּפַס

impression רֹשֶׁם; הַשְׁפָּעָה *; רַעְיוֹן; דְּפוּס, טְבִיעָה *, חוֹתָם

be under the — סָבוּר הָיָה

impressive עֹשֶׂה רֹשֶׁם

imprison אָסַר, כָּלָא

imprisonment מַאֲסָר, יְשִׁיבָה בְּבֵית הַסֹּהַר

improbable רָחוֹק, אֵינוֹ מִתְקַבֵּל עַל הַדַּעַת

improper אֵינוֹ הוֹגֵן, אֵינוֹ נָאֶה

improve שִׁפֵּר, הֵיטִיב, הִשְׁבִּיחַ; הִשְׁתַּפֵּר

— on, — upon תִּקֵּן

improvement שִׁפּוּר, הֲטָבָה*, שֶׁבַח, הַשְׁבָּחָה*

impudent חָצוּף, נוֹעָז, חֲסַר בּוּשָׁה

impulse דַּחַף, דְּחִיפָה* נְטִיָּה פְּנִימִית, הִתְרַגְּשׁוּת הַלֵּב, אִימְפּוּלְס

in בְּ־, בְּתוֹךְ, בִּפְנִים

be — הִגִּיעַ; נִמְצָא

be — for נוֹעַד לְ־

— itself כְּשֶׁהוּא לְעַצְמוֹ

— operation פּוֹעֵל; בְּתֹקֶף

— order that בִּכְדֵי שֶׁ־

— order to בִּכְדֵי לְ־

— that כִּי, מִפְּנֵי שֶׁ־

— two לִשְׁנַיִם

inaccurate בִּלְתִּי מְדֻיָּק; מְשֻׁבָּשׁ

inadequate בִּלְתִּי מַסְפִּיק; חָסֵר

inasmuch מִכֵּיוָן שֶׁ־, בַּאֲשֶׁר, יַעַן כִּי

inaugurate חָנַךְ, הִכְנִיס לְמִשְׂרָה, מִלֵּא יָדוֹ לְכַהֵן; הִתְחִיל

incapable חֲסַר יְכֹלֶת; בִּלְתִּי מֻכְשָׁר

incense (v) הִרְעִים, הִקְצִיף

incense (n) קְטֹרֶת*, רֵיחַ נִיחוֹחַ

inch (v) הִתְקַדֵּם לְאַט לְאַט

inch (n) אֶצְבַּע, אִינְשׁ

— by — מְעַט מְעַט, צַעַד אַחַר צַעַד

incident (n) מְאֹרָע, מִקְרֶה, תַּקְרִית*

incident (adj) צְדָדִי; קָשׁוּר

incidentally בְּמִקְרֶה; אַגַּב אוֹרְחָא

inclination פְּנִיָּה*; נְטִיָּה*; שִׁפּוּעַ

incline (v) נָטָה; הִטָּה

incline (n) שִׁפּוּעַ, מוֹרָד

inclose see enclose

include הֵכִיל, כָּלַל

income הַכְנָסָה*, רֶוַח

incomplete בִּלְתִּי שָׁלֵם, חָסֵר

inconvenience אִי נוֹחוּת; דְּבַר טִרְחָה, טֹרַח

incorporate כָּלַל; אִחֵד; הֵקִים חֶבְרַת מְנָיוֹת

incorrect אֵינוֹ נָכוֹן, מֻטְעֶה, מְשֻׁבָּשׁ

increase (v) הִרְבָּה, הִגְדִּיל; רָבָה, הִתְרַבָּה

increase (n) פְּרִיָּה*; גִּדּוּל; רִבּוּי, הִתְרַבּוּת*

incredible לֹא יְאֻמַּן

incur הֵבִיא; חוֹלֵל

indebted חַיָּב תּוֹדָה

indeed אָמְנָם, אָכֵן, בֶּאֱמֶת

indefinite סְתָמִי, בִּלְתִּי בָּהִיר, בִּלְתִּי מְדֻיָּק, בִּלְתִּי מֻגְבָּל

independence עַצְמָאוּת*, חֵרוּת*, חֹפֶשׁ

independent עַצְמָאִי, חָפְשִׁי; עוֹמֵד בִּרְשׁוּת עַצְמוֹ, בִּלְתִּי תָלוּי

index (v) עָרַךְ מַפְתֵּחַ

index (n) מַפְתֵּחַ, תֹּכֶן; סִמָּן; כִּוּוּן

— finger אֶצְבַּע

Indian הֹדִּי

indicate סִמֵּן, סִמֵּל, הֶרְאָה; כִּוֵּן אֶל; הִצְבִּיעַ; רָמַז

indication סִמָּן, סֵמֶל; הוֹרָאָה*

indictment הַאֲשָׁמָה*

indifference אֲדִישׁוּת*, שִׁוְיוֹן נֶפֶשׁ; בֵּינוֹנִיּוּת*; חֹסֶר עֵרֶךְ

indifferent שְׁוֵה נֶפֶשׁ, בִּלְתִּי מְעֻנְיָן, אָדִישׁ; בִּלְתִּי מְשֻׁחָד; בֵּינוֹנִי

indigestion אִי עִכּוּל, קֹשִׁי לְעַכֵּל מָזוֹן

indignant כּוֹעֵס, קוֹצֵף, מְרֻגָּז; מִתְמַרְמֵר

indignation כַּעַס, קֶצֶף, רֹגֶז; הִתְמַרְמְרוּת*

indirect בַּעֲקִיפִין, לֹא יָשָׁר, עָקִיף

indispensable הֶכְרֵחִי, נָחוּץ, שֶׁאִי אֶפְשָׁר בִּלְעָדָיו

individual (n) פְּרָט, יָחִיד; אִישׁ, אָדָם; בַּעַל אִישִׁיּוּת

individual (adj) יָחִיד, יְחִידִי, בּוֹדֵד; פְּרָטִי, אִישִׁי; מְיֻחָד

indoors מִבַּיִת, בַּבַּיִת

induce פִּתָּה, דִּבֵּר עַל לֵב; גָּרַם, הֵסֵב, הִשְׁפִּיעַ עַל

indulge הִתְפַּנֵּק; מִלֵּא תַּאֲוָתוֹ; רִצָּה

indulgence פִּנּוּק, הִתְפַּנְּקוּת*, מִלּוּא תַּאֲוָה

industrial תַּעֲשִׂיָּתִי

industrious שׁוֹקֵד, מַתְמִיד, חָרוּץ

industry תַּעֲשִׂיָּה*, חֲרֹשֶׁת*; מְלָאכָה*; נוֹתְנֵי הָעֲבוֹדָה (ז"ר); שְׁקִידָה*, הַתְמָדָה*, חָרִיצוּת*

inertia עַצְלוּת*, רַשְׁלָנוּת*, רִפְיוֹן, חֹסֶר פְּעִילוּת

inevitable בִּלְתִּי נִמְנָע; הֶכְרֵחִי

inevitably בְּהֶכְרֵחַ; לְלֹא מְנִיעָה

inexperienced חֲסַר נִסָּיוֹן, טִירוֹן

infancy יַנְקוּת*, יַלְדוּת*

infant תִּינוֹק, עוֹלָל

infantry חֵיל רַגְלִים

infect הִדְבִּיק (מַחֲלָה), הִרְעִיל (אֲוִיר)

infection הַדְבָּקָה*, הַרְעָלָה*

infer הֵפִיק, לָמַד מִן

inferior (adj) פָּחוּת, שָׁפָל; נוֹפֵל; יוֹתֵר נָמוּךְ

infest שָׁרַץ, הִתְרַבָּה (בִּשְׁרָצִים)

infinite (adj) אֵינְסוֹפִי

infinitely עַד בְּלִי סוֹף

inflame הִדְלִיק, הִלְהִיב, שִׁלְהֵב, הֵסִית, הֵבִיא דַּלֶּקֶת

inflammation דַּלֶּקֶת*

inflate נִפַּח; הֶעֱלָה מְחִירִים, הֶעֱלָה יֹקֶר הַמִּחְיָה

inflict הָלַק, גָּרַם; הִטִּיל

inflation נִפּוּחַ; עֲלִיַּת יֹקֶר הַמִּחְיָה, אִינְפְלַצְיָה*

influence (v) הִשְׁפִּיעַ; פָּעַל עַל

influence (n) הַשְׁפָּעָה* פְּעֻלָּה עַל

influenza שַׁפַּעַת

inform סִפֵּר, הוֹדִיעַ, לִמֵּד; הִלְשִׁין

informal בִּלְתִּי רִשְׁמִי; בְּלִי גִּנּוּנִים, פָּשׁוּט, רָגִיל, קַל

information יְדִיעָה*; יְדִיעוֹת** אִינְפוֹרְמַצְיָה*

ingenious שָׁנוּן; מְחֻכָּם; מְאֻמָּן

ingenuity שְׁנִינוּת*; כֹּחַ הַמְצָאָה; אֻמָּנוּת*

ingratitude כְּפִיַּת טוֹבָה*

ingredient חֹמֶר, יְסוֹד, חֵלֶק

inhabit יָשַׁב, גָּר; חַי

inhabitant תּוֹשָׁב, דַּיָּר

inhale שָׁאַף אֶל תּוֹכוֹ (רוּחַ, הֶבֶל)

inherit יָרַשׁ, נָחַל

inheritance יְרֻשָּׁה*, עִזָּבוֹן, נַחֲלָה*

initial (v) חָתַם בְּרָאשֵׁי תֵּבוֹת

initial (n) אוֹת רִאשׁוֹנָה* (שֶׁל מִלָּה), רֹאשׁ תֵּבָה, אוֹת פּוֹתַחַת*

—s רָאשֵׁי תֵּבוֹת

initial (adj) רִאשׁוֹן, רֵאשִׁיתִי, פּוֹתֵחַ

initiative הַתְחָלָה*; יָזְמָה*

injection זְרִיקָה*, סַם שֶׁנִּזְרַק; הַכְנָסָה*

injure פָּצַע; הִזִּיק; קִלְקֵל; הֵרַע לְ־

injury פֶּצַע; נֵזֶק; קִלְקוּל; רָעָה*, חֵטְא

injustice אִי צֶדֶק; עַוְלָה*, עָוֶל

ink (v) דִּיֵּת, רָשַׁם בִּדְיוֹ, לִכְלֵךְ בִּדְיוֹ

ink (n) דְּיוֹ*

inland (adj) שֶׁל לֵב הָאָרֶץ, פְּנִים הַמְּדִינָה, רָחוֹק מִן הַיָּם

inn מָלוֹן, אַכְסַנְיָה*, פֻּנְדָּק

inner פְּנִימִי, תּוֹכִי

innocence תֹּם, תְּמִימוּת*, טֹהַר לֵב; אִי דַּעַת*; נִקְיוֹן כַּפַּיִם

innocent תָּם, נָקִי, חַף; תָּמִים, טְהָר לֵב; שֶׁאֵינוֹ יוֹדֵעַ; שֶׁאֵינוֹ מַזִּיק

innumerable רַב מִסְפָּר, לְאֵין מִסְפָּר

inoculate הִרְכִּיב (אֲבַעְבּוּעוֹת)

inquire שָׁאַל, חָקַר, בָּדַק

inquiry חֲקִירָה*, שְׁאֵלָה*

inquisition אִנְקְוִיזִיצְיָה*, חֲקִירָה* וּדְרִישָׁה* (בְּעִנְיְנֵי אֱמוּנָה), מִשְׁפַּט הַכְּנֵסִיָּה (עַל כּוֹפְרִים)

insane מְשֻׁגָּע, מְטֹרָף

— asylum בֵּית מְשֻׁגָּעִים

insanity שִׁגָּעוֹן, טֵרוּף דַּעַת

inscribe כָּתַב, רָשַׁם; חָקַק; הִקְדִּישׁ

inscription כְּתָב, כְּתֹבֶת*; הַקְדָּשָׁה*

insect חֶרֶק

insert (v) הִכְנִיס, קָבַע, נָתַן בְּ־

insert (n) תּוֹסֶפֶת*; הוֹדָעָה*; מוֹדָעָה*; דַּף מֻדְבָּק

inside (n) פְּנִים; שֶׁטַח פְּנִימִי

—s קְרָבַיִם (ז"ר), מֵעַיִם (ז"ר)

inside (adj) פְּנִימִי, תּוֹכִי

— of תּוֹךְ כְּדֵי, בְּמֶשֶׁךְ

insight חֲדִירָה* הִסְתַּכְּלוּת עֲמֻקָּה*

insignificant חֲסַר עֵרֶךְ, בִּלְתִּי חָשׁוּב, קַטְנוּנִי

insist עָמַד עַל דַּעְתּוֹ; הִטְעִים; דָּרַשׁ בְּתֹקֶף

insolent עַז פָּנִים, חָצוּף

inspect בָּחַן, בָּדַק; עָרַךְ בְּדִיקָה, פִּקֵּחַ

inspection בְּחִינָה*, בְּדִיקָה*, פִּקּוּחַ

inspector בּוֹחֵן, בּוֹדֵק; מְפַקֵּחַ, פַּקָּח
inspiration הִתְעוֹרְרוּת * הִתְלַהֲבוּת*; הַאֲצָלָה*; נְשִׁימָה*
inspire הִתְלַהֵב; הִתְעוֹרֵר; עוֹרֵר, הֵעִיר; הֵנִיעַ, נָתַן דְּחִיפָה; נָשַׁם
install קָבַע, הִרְכִּיב; הִכְנִיס
installation מַנְגָּנוֹן קָבוּעַ; הַעֲמָדָה *, קְבִיעָה *
installment תַּשְׁלוּם חֶלְקִי, תַּשְׁלוּמִים לְשִׁעוּרִים; הֶמְשֵׁךְ
instance מִקְרֶה מַעֲשֶׂה; מָשָׁל, דֻּגְמָה *; בַּקָּשָׁה *
for — לְמָשָׁל
instant (n) רֶגַע
instant (adj) מִיָּדִי, תָּכוּף
instantly מִיָּד, כְּרֶגַע, תֵּכֶף
instead בִּמְקוֹם, תַּחַת
instinct חוּשׁ טִבְעִי; נְטִיָּה טִבְעִית *, טֶבַע, אִינְסְטִינְקְט
institute (v) יִסֵּד, קָבַע, הֵקִים; פָּתַח, הֵחֵל
institute (n) חֶבְרָה *, מוֹסָד, מָכוֹן
institution חֶבְרָה*, מוֹסָד, מָכוֹן; חֻקָּה*, מִנְהָג; הַתְחָלָה*, יְסוֹד

instruct לִמֵּד, הוֹרָה, אִלֵּף; פָּקַד; הוֹדִיעַ
instruction לִמּוּד, הוֹרָאָה *; פְּקֻדָּה *
instructor מְלַמֵּד, מוֹרֶה, מַדְרִיךְ
instrument כְּלִי, מַכְשִׁיר; אֶמְצָעִי, גּוֹרֵם; כְּלִי זֶמֶר; שְׁטָר
insult (v) עָלַב, הִכְלִים, בִּיֵּשׁ, הִלְבִּין פְּנֵי
insult (n) עֶלְבּוֹן, בִּזּוּי, פְּגִיעָה בִּכְבוֹד *
insurance בִּטּוּחַ, אַחְרָיוּת *, הַבְטָחָה *
insure הִבְטִיחַ, בִּטֵּחַ
insurrection מֶרֶד, מְרִידָה *
integrity תֹּם לֵב, יֹשֶׁר; שְׁלֵמוּת*
intellect שֵׂכֶל, בִּינָה*, תְּבוּנָה*
intellectual (n) מַשְׂכִּיל
intellectual (adj) שִׂכְלִי, תְּבוּנָתִי
intelligence כֹּחַ הַשֵּׂכֶל, הַשְׂכָּלָה *, דַּעַת *, שֵׂכֶל; יְדִיעָה *, חֲדָשׁוֹת **; שֵׁרוּת מוֹדִיעִין; מְנַת * שֵׂכֶל, רָמָה שִׂכְלִית *
intelligent מַשְׂכִּיל; נָבוֹן, בַּר דַּעַת

intend הִתְכַּוֵּן, חָשַׁב, בִּקֵּשׁ
intense עַז, קִיצוֹנִי; מְאֻמָּץ; לוֹהֵט
intensely בְּעַזּוּת, בְּקִיצוֹנִיּוּת; בְּלַהַט
intensity עֹז, קִיצוֹנִיּוּת *; לַהַט; מֶרֶץ; עָצְמָה *
intent (n) כַּוָּנָה *, מַטָּרָה *
intent (adj) שׁוֹקֵד, מְאֻמָּץ, מְכֻוָּן
intently בִּשְׁקִידָה, בְּכַוָּנָה
intention (see intent, n)
intercourse מַגָּע וּמַשָּׂא (ז"ר), דִּין וּדְבָרִים (ז"ר), קֶשֶׁר; יְחָסִים (ז"ר); תַּשְׁמִישׁ הַמִּטָּה
interest (v) עִנְיֵן, הִתְעַנְיֵן
interest (n) עִנְיָן, הִתְעַנְיְנוּת*; חֵלֶק; תּוֹעֶלֶת *; רִבִּית *
interesting (adj) מְעַנְיֵן, מוֹשֵׁךְ אֶת הַלֵּב
interfere הִפְרִיעַ אוֹתוֹ; הִתְעָרֵב בֵּין; הִתְעָרֵב בְּ־
interference הַפְרָעָה *; הִתְעָרְבוּת *; מְנִיעָה *
interior (n) תּוֹךְ, פָּנִים
interior (adj) תּוֹכִי, פְּנִימִי
intermarriage נִשּׂוּאֵי תַעֲרֹבֶת
intermarry נָשָׂא נָכְרִית, נִשְּׂאָה לְנָכְרִי; לָשֵׂאת בֶּן עַם אוֹ גֶּזַע אַחֵר
internal תּוֹכִי, פְּנִימִי
international בֵּינְלְאֻמִּי
interpose שָׂם בֵּין; עָמַד בֵּין; הִתְעָרֵב
interpret בֵּאֵר, פֵּרֵשׁ; גָּרַס, רָאָה; הִבִּיעַ; הָיָה מְתֻרְגְּמָן
interpretation בֵּאוּר, פֵּרוּשׁ; רְאוּת עַיִן *; הַבָּעָה *; מְתֻרְגְּמָנוּת
interpreter מְתֻרְגְּמָן, מְפָרֵשׁ
interrogative (gram) שֶׁל שְׁאֵלָה סִמַּן הַשְּׁאֵלָה
interrupt הִפְסִיק, הִפְרִיעַ, שִׁסַּע
interruption הַפְסָקָה *, הַשְׁבָּתָה * הַפְרָעָה *
intersection הִצְטַלְּבוּת *
interval הַפְסָקָה*, הֶפְסֵק; רֶוַח
intervene הִתְעָרֵב; הִשְׁתַּדֵּל לְתַוֵּךְ; קָרָה בֵּינְתַיִם; חָצַץ בֵּין, הִפְרִיד בֵּין
interview (v) הִתְרָאָה, שׂוֹחַח כְּדֵי לָדַעַת פְּרָטִים
interview (n) רֵאָיוֹן
intestines מֵעַיִם

intimate (v) רָמַז, הִצִּיעַ

intimate (n) יָדִיד, אִישׁ סוֹד

intimate (adj) קָרוֹב, אִנְטִימִי; פְּרָטִי, אִישִׁי

into אֶל, אֶל תּוֹךְ, לְתוֹךְ

intolerant קַנַּאי, חֲסַר סַבְלָנוּת

intonation הַטְעָמָה*, נְעִימָה*, נְעִימַת הַקּוֹל

intoxicate שִׁכֵּר

intricate מְסֻבָּךְ

intrigue (v) זָמַם, חִבֵּל

תַּחְבּוּלָה; עוֹרֵר סַקְרָנוּת, עָגַב עַל

introduce הִכְנִיס, הֵבִיא, יָסַד; הִצִּיג

introduction הַנְהָגָה*; הַצָּגָה*; עֲרִיכַת הַכָּרָה*; הַקְדָּמָה*, מָבוֹא; הַכְנָסָה*

intuition הֲבָנָה חוּשִׁית*; חוּשׁ פְּנִימִי, אִינְטוּאִצְיָה*

invade פָּלַשׁ, פָּשַׁט עַל; הִסִּיג גְּבוּל; הִפְרִיעַ

invader פּוֹלֵשׁ; מַסִּיג גְּבוּל

invalid חֲסַר תֹּקֶף; בָּטֵל, מְבֻטָּל; בִּלְתִּי אֲמִתִּי

invariably תָּמִיד

invasion פְּלִישָׁה*; הַסָּגַת גְּבוּל*; הַפְרָעָה*

invent הִמְצִיא, חִדֵּשׁ; בָּדָה

invention הַמְצָאָה*, חִדּוּשׁ; בְּדוּתָה*

inventor מַמְצִיא, מְחַדֵּשׁ

invertebrate חֲסַר חֻלְיוֹת, חֲסַר שִׁדְרָה; רְפֵה רָצוֹן

invest הִשְׁקִיעַ; הִלְבִּישׁ; קִשֵּׁט; יִפָּה כֹּחַ

investigate חָקַר, בָּדַק

investigation חֲקִירָה*, בְּדִיקָה*

investment הַשְׁקָעָה*; יִפּוּי כֹּחַ

invisible בִּלְתִּי נִרְאֶה, לֹא נִרְאֶה

invitation הַזְמָנָה*, קְרִיאָה*

invite הִזְמִין, קָרָא, בִּקֵּשׁ; מָשַׁךְ לֵב

involuntary שֶׁלֹּא מֵרָצוֹן; שֶׁלֹּא בְּכַוָּנָה, בְּשׁוֹגֵג

involve כָּלַל; סִבֵּךְ, מָשַׁךְ לְתוֹךְ; הֶעֱסִיק

inward (adj) פְּנִימִי

inward (prep) פְּנִימָה

iris קַשְׁתִּית*; אִירוּס

Irish אִירְלַנְדִּי

iron (v) גִּהֵץ, יִשֵּׁר

iron (n) בַּרְזֶל; מַגְהֵץ

in —s בַּאֲזִקִּים

iron (adj) שֶׁל בַּרְזֶל; בַּרְזִלִּי, קָשֶׁה, חָזָק
irony הִתּוּל, שְׁנִינָה *, לִגְלוּג, בִּלְשׁוֹן סַגִּי נְהוֹר
irregular לֹא יָשָׁר, לֹא חָלָק; לֹא סָדִיר; שֶׁאֵינוֹ בְּסֵדֶר; בִּלְתִּי מַתְאִים, זָר
irrigation הַשְׁקָאָה *; שְׁטִיפָה *
irritate קִנְטֵר, הִכְעִיס; גֵּרָה, עוֹרֵר
irritation הַרְגָּזָה *, קִנְטוּר; גֵּרוּי, כְּאֵב
island, isle אִי
isolate הִבְדִּיל, הִפְרִיד
Israel יִשְׂרָאֵל, עַם יִשְׂרָאֵל, מְדִינַת יִשְׂרָאֵל *
Israelite עִבְרִי, בֶּן יִשְׂרָאֵל, יִשְׂרְאֵלִי
issue (v) הוֹצִיא; יָצָא; הוֹצִיא, יָצָא, הוֹצִיא לָאוֹר; חִלֵּק
issue (n) מִשְׁלוֹחַ; הוֹצָאָה *, גִּלָּיוֹן, חוֹבֶרֶת *, מִסְפָּר; שְׁאֵלָה *, נָדוֹן; תּוֹצָאָה *; צֶאֱצָא
isthmus מֵצַר אֶרֶץ
it (סְתָמִי): הוּא, הִיא; זֶה, זוֹ, זֹאת
Italian אִיטַלְקִי, אִיטַלְקִית *
itch (v) גֵּרָה, הִרְגִּישׁ גֵּרוּי; הִשְׁתּוֹקֵק
itch (n) חִכּוּךְ, גֵּרוּי, תְּשׁוּקָה *
item פְּרָט; יְדִיעָה *, חֲדָשָׁה *
itself (סתמי): עַצְמוֹ, עַצְמָהּ
 by — בְּעַצְמוֹ, לְבַדּוֹ, מֵעַצְמוֹ
 in — כְּשֶׁהוּא לְעַצְמוֹ
ivory (n) שֵׁן, שֶׁנְהָב
ivy קִיסוֹס

J

jack בָּחוּר; מָנוֹף; נֵס
— of all trades אָמָּן לְכָל דָּבָר, יוֹדֵעַ הַכֹּל, רַב מְלָאכוֹת
jackal תַּן
jacket מְעִיל קָצָר, מָתְנִיָּה*; עֲטִיפָה*, מַעֲטָפָה*
jail (v) כָּלָא, אָסַר
jail (n) כֶּלֶא, מַאֲסָר, בֵּית סֹהַר
jam (v) דָּחַק, לָחַץ; מִלֵּא; חָסַם; עָצַר; נִתְקַע; הִפְרִיעַ
jam (n) הָמוֹן צָפוּף; רִבָּה*
janitor שׁוֹעֵר, שַׁמָּשׁ
Japanese יַפָּנִי, יַפָּנִית*
jar (v) זִעֲזַע; הִתְנַגֵּשׁ
jar (n) זִעֲזוּעַ; הִתְנַגְּשׁוּת*; צִנְצֶנֶת*; צְלוֹחִית*
jaw לֶסֶת*
jealous מְקַנֵּא, צַר עַיִן
be — קִנֵּא
jealousy קִנְאָה*, צָרוּת עַיִן*

jeer (v) לִגְלֵג, לָעַג
jelly (v) הִקְרִישׁ, הִקְפָּה
jelly (n) קָרִישׁ, מִקְפָּה*
jerk (v) מָשַׁךְ פִּתְאֹמִית; צָוַת פִּתְאֹמִית
jerk (n) מְשִׁיכַת פִּתְאֹם*; צְווּת פִּתְאֹם; טִפֵּשׁ
jersey סָרוּג
Jerusalem יְרוּשָׁלַיִם
jest (v) הִתְלוֹצֵץ, הִתְבַּדֵּחַ
jest (n) הֲלָצָה*, בְּדִיחָה*
Jesuit יֵשׁוּעִי, חָבֵר לְמִסְדָּר הַיֵּשׁוּעִים
jet (n) סִילוֹן, קִלּוּחַ
Jew יְהוּדִי
jewel (v) שִׁבֵּץ, קִשֵּׁט
jewel (n) אֶבֶן טוֹבָה* תַּכְשִׁיט*
jewelry תַּכְשִׁיטִים (ז״ר), אֲבָנִים טוֹבוֹת**
Jewess יְהוּדִיָּה*, יְהוּדִית*
Jewish יְהוּדִי

job (v) עָסַק בְּסִיטוֹנוּת
job (n) עֲבוֹדָה מְסֻיֶּמֶת*, עֵסֶק; מִשְׂרָה*
join חִבֵּר, אִחֵד; הִתְחַבֵּר, הִצְטָרֵף; נִלְוָה אֶל
joint (n) פֶּרֶק, חִבּוּר; בֵּית מַרְזֵחַ זוֹל, מָלוֹן יָרוּד
joint (adj) מְשֻׁתָּף, מְאֻחָד
joke (v) הִתֵּל, הִתְבַּדֵּחַ, הִתְלוֹצֵץ
joke (n) בְּדִיחָה*, הֲלָצָה*, מַהֲתַלָּה*
jolly שָׂמֵחַ, עַלִּיז
jolt (v) טִלְטֵל, נִדְנֵד, זִעֲזַע
journal יוֹמָן; עִתּוֹן
journalist עִתּוֹנַאי
journey (v) נָסַע
journey (n) מַסָּע, נְסִיעָה*; מֶרְחָק
joy שִׂמְחָה*, שָׂשׂוֹן, חֶדְוָה*
joyful שָׂמֵחַ, שָׂשׂ, צוֹהֵל
joyfully בְּשִׂמְחָה, בְּחֶדְוָה
joyous (see joyful)
jubilee יוֹבֵל, חַג יוֹבֵל
Judaic שֶׁל יְהוּדִים
Judaism יַהֲדוּת*, דַּת יִשְׂרָאֵל*

judge (v) שָׁפַט, דָּן, פָּסַק
judge (n) שׁוֹפֵט, דַּיָּן; מֻמְחֶה
judgment מִשְׁפָּט, דִּין; הַבְחָנָה*, בִּינָה*, דֵּעָה*
jug כַּד
juice מִיץ, עָסִיס, לְשַׁד
jump (v) קָפַץ, דִּלֵּג; הִקְפִּיץ
jump (n) קְפִיצָה*, דִּלּוּג
junction חִבּוּר, אִחוּד; צֹמֶת*
jungle גּ׳וּנְגֶּל, יַעַר פֶּרֶא
junk גְּרוּטָאוֹת* שִׁבְרֵי מַתֶּכֶת, פְּסֹלֶת*; אֳנִיַּת מִפְרָשִׂים סִינִית*
junior צָעִיר; סְגָן; נָמוּךְ דַּרְגָּה
jurisdiction שִׁפּוּט; שִׁלְטוֹן; אֵזוֹר שִׁפּוּט
jury חֶבֶר מֻשְׁבָּעִים
just (adj) יָשָׁר, הוֹגֵן, נָכוֹן, אֲמִתִּי, מַתְאִים
just (adv) זֶה עַתָּה; כִּמְעַט שֶׁ־; מַמָּשׁ, בְּדִיּוּק; רַק, בְּקֹשִׁי; בֶּאֱמֶת
justice צֶדֶק, יֹשֶׁר, מִשְׁפָּט
justify הִצְדִּיק, לִמֵּד זְכוּת עַל; נִקָּה, זִכָּה
juvenile צָעִיר, שֶׁל צְעִירִים, לִצְעִירִים

K

keel (n) קוֹרַת הַתִּיכוֹן בַּסְּפִינָה; סְפִינָה (בְּשִׁירָה)

keen חַד, שָׁנוּן; חָרִיף, עַז; לָהוּט

keenly בְּחַדּוּת; בַּחֲרִיפוּת; בִּשְׁנִינוּת

keep (v) הֶחֱזִיק; שָׁמַר, נָצַר; הוֹסִיף, הִמְשִׁיךְ; קִיֵּם; נִהֵל; נִשְׁמַר

— in mind שָׁמַר בְּלִבּוֹ

— in touch עָמַד בְּקֶשֶׁר, בָּא בְּמַגָּע

keep (n) כַּלְכָּלָה* מִחְיָה*

keeper שׁוֹמֵר, מַחֲזִיק

kernel גַּרְעִין, חַרְצָן, עִקָּר, לֵב

kerosene נֵפְט

kettle דּוּד, סִיר, קֻמְקוּם, יוֹרָה*

key (n) מַפְתֵּחַ; מְנַעֲנֵעַ; צְלִיל

key (adj) עִקָּרִי, רָאשִׁי

keyboard שׁוּרַת הַמְנַעַנְעִים*

keyhole חוֹר הַמַּנְעוּל

kick (v) בָּעַט; נִרְתַּע

kick (n) בְּעִיטָה* רְתִיעָה*

kid גְּדִי

kidnap (v) חָטַף (יֶלֶד, אִישׁ), גָּנַב נֶפֶשׁ

kidney כִּלְיָה*

kill (v) הָרַג, הִכָּה, רָצַח, הֵמִית; חִסֵּל, מָחַק, בִּטֵּל; הֵפֵר, נִצַּח

kin (n) מִשְׁפָּחָה*, קְרוֹבִים (ז"ר)

kind (n) טִפּוּס, מִין, סוּג

kind (adj) טוֹב, טוֹב לֵב, מִתְחַשֵּׁב עִם הַזּוּלַת; נוֹחַ

kindergarten גַּן־יְלָדִים

kindle הִצִּית, הִדְלִיק; הִתְלַהֵב; עוֹרֵר, הִלְהִיט

kindly (adv) בְּטוּב לֵב, בְּאַהֲדָה

kindness טוּב לֵב, חֶסֶד; הִתְחַשְּׁבוּת בַּזּוּלַת*; אַהֲדָה*

kindred (adj) קָרוֹב, דּוֹמֶה

king מֶלֶךְ

kingdom מַלְכוּת*, מַמְלָכָה*

kinsman קָרוֹב, בֶּן מִשְׁפָּחָה
kiss (v) נִשֵּׁק, נָשַׁק
kiss (n) נְשִׁיקָה *
kit מַעֲרֶכֶת (כֵּלִים)*; שַׂק, תֵּבָה* (לְכֵלִים); תִּלְבֹּשֶׁת * וְצִיּוּד (לְחַיָּלִים)
kitchen מִטְבָּח
kite עֲפִיפוֹן; דַּיָּה *
kitten חֲתַלְתּוּל
knave נוֹכֵל, בְּלִיַּעַל
knead לָשׁ
knee (n) בֶּרֶךְ *
— deep שׁוֹקֵעַ
kneel כָּרַע בֶּרֶךְ
knell (n) צִלְצוּל
knife (v) דָּקַר בְּסַכִּין; חָתַךְ בְּסַכִּין; פִּלַּח
knife (n) סַכִּין *
knight אַבִּיר; פָּרָשׁ
knit סָרַג; חִבֵּר; הִתְאַחָה
knob גֻּלַּת דֶּלֶת, גֻּלַּת מְגֵרָה; תֵּל
knock (v) דָּפַק, הִקִּישׁ; הִכָּה
— down הִפִּיל
knock (n) דְּפִיקָה *; מַכָּה *
knot (v) קָשַׁר; הִסְתַּבֵּךְ
knot (n) קֶשֶׁר; סְבַךְ
know יָדַע; הִכִּיר
knowing (adj) יוֹדֵעַ; נָבוֹן, פִּקֵּחַ
knowledge דַּעַת *, יְדִיעָה *; הַשְׂכָּלָה * הַכָּרָה *
known (adj) יָדוּעַ, מְפֻרְסָם, מֻכָּר
knuckle (n) פֶּרֶק הָאֶצְבַּע; פֶּרֶק הַבֶּרֶךְ (שֶׁל בְּהֵמָה לְמַאֲכָל)

L

label (v) כִּנָּה, הִדְבִּיק תָּו
label (n) כִּנּוּי; תָּו, פֶּתֶק
labor (v) עָבַד, עָמַל, יָגַע
labor (n) עֲבוֹדָה*, עָמָל, יְגִיעַ; הָעוֹבְדִים; חֶבְלֵי לֵדָה (ז"ר)
— union אִגּוּד מִקְצוֹעִי
laboratory מַעְבָּדָה*
laborer פּוֹעֵל, עוֹבֵד
lace (v) קָשַׁר; שָׂרַךְ; קִשֵּׁר
lace (n) שְׂרוֹךְ; סַלְסָלָה*
lack (v) חָסַר
lack (n) חֹסֶר, מַחְסוֹר
lad יֶלֶד, נַעַר, צָעִיר
ladder סֻלָּם
laden עָמוּס, טָעוּן
lady גְּבֶרֶת* אִשָּׁה*
lag (v) פִּגֵּר; הִתְמַהְמַהּ
lag (n) פִּגּוּר; אִחוּר
lake אֲגַם, בְּרֵכָה*, יָם, יְאוֹר
lamb שֶׂה, כֶּבֶשׂ; תָּם
lame (adj) נָכֶה, חִגֵּר; צוֹלֵעַ, רָעוּעַ
lament (v) בָּכָה לְ־, קוֹנֵן, הִסְפִּיד, הִתְאַבֵּל
lament (n) קִינָה*, הֶסְפֵּד, בְּכִי
lamentation (see lament, n)
lamp מְנוֹרָה*
lance (n) רֹמַח
land (v) הֵבִיא לַיַּבָּשָׁה; הוֹרִיד לַיַּבָּשָׁה; הֶעֱלָה לַיַּבָּשָׁה; עָלָה לַיַּבָּשָׁה; נָחַת, יָרַד; שָׁלָה; זָכָה
land (n) אֲדָמָה*, יַבָּשָׁה*, קַרְקַע; אֶרֶץ*, מְדִינָה*; חֶבֶל
landlord בַּעַל בַּיִת
landmark צִיּוּן, מוֹרֵה דֶּרֶךְ; מְאֹרָע חָשׁוּב
landscape (n) נוֹף; תְּמוּנַת נוֹף
lane מִשְׁעוֹל, שְׁבִיל; נָתִיב
language לָשׁוֹן*, שָׂפָה*; דְּבָרִים (ז"ר)
languish חָלַשׁ, תַּשׁ כֹּחוֹ, נָבֵל, סָבַל; הִתְגַּעְגֵּעַ

lantern פַּנָּס
lap (v) קִפֵּל; עָטַף; הִתְקַפֵּל; לִקֵּק
lap (n) חֵיק; בִּרְכַּיִם (נ״ז) (בישיבה); כְּנַף בֶּגֶד
lapse (v) טָעָה, שָׁגָה; עָבַר זְמַנּוֹ, נִתְבַּטֵּל; שָׁקַע; עָבַר לְאַט
lapse (n) טָעוּת*, מִשְׁגֶּה; שִׁכְחָה*, הֶסַּח הַדַּעַת, סְטִיָּה*, יְרִידָה* חֲלִיפַת זְמַן* נְקִיפַת זְמַן*
lard (n) שֻׁמַּן חֲזִיר
large גָּדוֹל, רָחָב, רַב; חָפְשִׁי; כּוֹלֵל, מַקִּיף
  at — בִּכְלָל; בְּחֹפֶשׁ
largely בְּמִדָּה רַבָּה; הַרְבֵּה
lark עֶפְרוֹנִי שַׁעֲשׁוּעִים (ז״ר)
larva זַחַל
larynx גָּרוֹן
lash (v) הִצְלִיף, הִלְקָה, הִכָּה; הִתְנַפֵּל; קָשַׁר
lash (n) הַכָּאָה*, הַצְלָפָה*; שׁוֹט; הִתְנַפְּלוּת*
lass יַלְדָּה*, נַעֲרָה*, צְעִירָה*
last (v) נִמְשַׁךְ, הִתְקַיֵּם; נִשְׁאַר, נוֹתַר; הִסְפִּיק; עָמַד בְּתָקְפּוֹ
last (adj) אַחֲרוֹן, סוֹפִי
last (n) הָאַחֲרוֹן, סוֹף; אִמּוּם
  at — סוֹף כָּל סוֹף
lasting נִמְשָׁךְ, קַיָּם, קָבוּעַ
latch (n) בְּרִיחַ
late מְאֻחָר; חָדִישׁ; שֶׁלְּשֶׁעָבַר; שֶׁמִּקָּרוֹב
  —r on אַחַר כָּךְ
  of — בַּיָּמִים הָאַחֲרוֹנִים
  the — הַמָּנוֹחַ
lately (see late, of)
Latin רוֹמִי, לַטִּינִי; הַלָּשׁוֹן הָרוֹמִית*
latitude רֹחַב, חֹפֶשׁ
latter (n) הָאַחֲרוֹן, הַשֵּׁנִי
latter (adj) מְאֻחָר יוֹתֵר; חָדָשׁ יוֹתֵר
laugh (v) צָחַק, שָׂחַק, גִּחֵךְ, חִיֵּךְ
  — at. צָחַק לְ־, לָעַג, לִגְלֵג
laugh (n) צְחוֹק, שְׂחוֹק, גִּחוּךְ, חִיּוּךְ
laughter (see laugh, n)
launch (v) הוֹרִיד הַמַּיְמָה; פָּתַח, הִתְחִיל, נָתַן דְּחִיפָה לְ־; הֵטִיל, זָרַק
laundry מִכְבָּסָה*; כְּבִיסָה*
laurel דַּפְנָה*

rest on one's —s שָׂבַע כָּבוֹד וְהוֹתִיר
lava לָבָה *
lavatory חֲדַר רַחֲצָה, בֵּית כִּסֵּא
lavender אֲזוֹבְיוֹן
lavish (v) פִּזֵּר, בִּזְבֵּז; נָתַן בְּשֶׁפַע
lavish (adj) בַּזְבְּזָנִי, פַּזְרָנִי; נָדִיב
law הַחֹק; חֹק
by — תַּקָּנָה *, חֹק נִסְפָּח
— abiding שׁוֹמֵר חֹק
— breaker עֲבַרְיָן
— giver מְחוֹקֵק
lawful שֶׁלְּפִי דִּין, חֻקִּי
lawn אֲפָר, כַּר, מִדְשָׁאָה *
lawsuit מִשְׁפָּט, תְּבִיעָה בְּמִשְׁפָּט
lawyer עוֹרֵךְ דִּין, פְּרַקְלִיט
lay (v) הִנִּיחַ, שָׂם, הִצִּיג; יִחֵס; הֵטִיל
— claim הִגִּישׁ תְּבִיעָה
— eggs הֵטִילָה בֵּיצִים
— hands on הִתְקִיף; הִכָּה; תָּפַס; מָצָא
— hold אָחַז, תָּפַס
— open חָשַׂף
— out פָּרַשׂ
lay (adj) עֲמָמִי
layer שִׁכְבָה *, נִדְבָּךְ
layman לֹא כֹּמֶר, לֹא בַּעַל מִקְצוֹעַ זֶה
lazy עָצֵל, מְרֻשָּׁל
lead (v) נִהֵל, נָהַג; הִדְרִיךְ; נִצַּח עַל; פָּתַח בְּ־; עָמַד בְּרֹאשׁ; חָיָה
— astray הוֹלִיךְ שׁוֹלָל, הִתְעָה
— to הֵבִיא לִידֵי, גָּרַם
lead (n) הַדְרָכָה *; פְּתִיחָה *; קְדִימָה *; מוֹלִיךְ; עוֹפֶרֶת *; אֲנָךְ; גְּרָפִיט
leader מַנְהִיג, מְנַהֵל, מַדְרִיךְ, רֹאשׁ; דְּבַר מַעֲרֶכֶת, מַאֲמָר רָאשִׁי
leadership הַנְהָגָה *, נִהוּל; כִּשְׁרוֹן נִהוּל
leaf (v) עִלְעֵל, דִּפְדֵּף
leaf (n) עָלֶה; דַּף; כָּנָף *
turn over a new — הִשְׁתַּדֵּל לְהֵיטִיב דַּרְכּוֹ; הִתְאַמֵּץ לְשַׁפֵּר מַעֲשָׂיו
leaflet עָלוֹן, מַחְבֶּרֶת
league בְּרִית *, אֲגֻדָּה *
leak (v) דָּלַף, נָזַל, טִפְטֵף

leak (n) דֶּלֶף, נְזִילָה* טִפְטוּף; נֶקֶב; גִּלּוּי סוֹד

lean (v) נָטָה, הָיָה מְשֻׁפָּע; הִטָּה

— against הִשְׁעִין עַל; נִשְׁעַן עַל

— on סָמַךְ עַל, בָּטַח בְּ־

lean (adj) דַּק, צָנוּם, רָזֶה, כָּחוּשׁ

leap (v) קָפַץ, נִתֵּר, זִנֵּק

leap (n) קְפִיצָה*, נִתּוּר, זִנּוּק

learn לָמַד, שָׁנָה, מָצָא

learned (adj) מְלֻמָּד, מַשְׂכִּיל

learning (n) לִמּוּד; תּוֹרָה*, לְמִידָה*

lease (v) הֶחְכִּיר, הִשְׂכִּיר; חָכַר, שָׂכַר

lease (n) חֲכִירָה* שְׂכִירָה*; שְׁטַר חֲכִירָה

least הַפָּחוֹת, הַקָּטָן בְּיוֹתֵר

at — לְכָל הַפָּחוֹת

leather עוֹר (מְעֻבָּד)

leave (v) עָזַב, יָצָא, נָסַע; הִשְׁאִיר, הוֹתִיר; נִשְׁאַר, נוֹתַר

— alone הִנִּיחַ לְ־, הִרְפָּה מִן

— behind נָטַשׁ, עָזַב

— off הִפְסִיק

— out הִשְׁמִיט

leave (n) רְשׁוּת*; חֻפְשָׁה*; פְּרֵדָה

leaven (n; v) חָמֵץ; הֶחֱמִיץ

lecture (v) הִרְצָה, דָּרַשׁ, נָאַם; הוֹכִיחַ, יִסֵּר

lecture (n) הַרְצָאָה*, דְּרָשָׁה*, נְאוּם; תּוֹכֵחָה*, מוּסָר

lecturer מַרְצֶה, מַגִּיד, נוֹאֵם, מַטִּיף (מוּסָר)

ledge זִיז

lee מַחְסֶה

left (n) שְׂמֹאל

left (adj) שְׂמָאלִי

—handed אִטֵּר יַד יְמִינוֹ

leg רֶגֶל*, שׁוֹק, כֶּרַע*

have not a — to stand on אֵין לוֹ רַגְלַיִם, בְּלִי יְסוֹד

legacy יְרֻשָּׁה*, מוֹרָשָׁה*

legal חֻקִּי, כָּשֵׁר

legation צִירוּת*, בֵּית הַצִּירוּת

legend אַגָּדָה*; כְּתֹבֶת*

legible בָּרוּר, נוֹחַ לִקְרִיאָה

legion לִגְיוֹן; צָבָא, חַיִל

legislation חֲקִיקַת חֻקִּים; תְּחִקָּה, חֹק, דִּין

legislative מְחוֹקְקִי

legislature בֵּית מְחוֹקְקִים
legitimate (adj) חֻקִּי, כָּשֵׁר; הֶגְיוֹנִי
leisure פְּנַאי, חֹפֶשׁ
  at — בִּמְתִינוּת, לְאַט
leisurely (adj) מָתוּן
leisurely (adv) בִּמְתִינוּת
lemon לִימוֹן
lemonade לִימוֹנָדָה
lend הִשְׁאִיל, הִלְוָה; נָתַן, סִיַּע; הִתְאִים
  — a hand עָזַר, נָתַן יָד
  — an ear הִקְשִׁיב, הִטָּה אֹזֶן
length אֹרֶךְ; מֶשֶׁךְ
  at — סוֹף כָּל סוֹף; בַּאֲרִיכוּת, אֲרֻכּוֹת **
lengthen הֶאֱרִיךְ; אָרַךְ
lens עֲדָשָׁה *
leopard נָמֵר
leprosy צָרַעַת *
less פָּחוֹת
lessen הִפְחִית; הִקְטִין; גָּרַע
lesser פָּחוֹת מִן
lesson שִׁעוּר, פֶּרֶק, תַּרְגִּיל; דֻּגְמָה *; לֶקַח; תּוֹכֵחָה *
lest פֶּן, שֶׁמָּא, כְּדֵי שֶׁלֹּא, לְבִלְתִּי

let נָתַן, הִתִּיר, הִרְשָׁה; הִשְׂכִּיר; הִקִּיז
  — be הִנִּיחַ לְ־
  — go שִׁחְרֵר, הִרְפָּה
  — off מָחַל
  — on גִּלָּה
  — out חִלֵּץ
  — us הָבָה
letter (v) כָּתַב אוֹתִיּוֹת
letter (n) אוֹת *; מִכְתָּב
  — box תֵּבַת דֹּאַר
  — carrier דַּוָּר, נוֹשֵׂא מִכְתָּבִים
  —s (literature) סִפְרוּת *
  to the — בִּשְׁלֵמוּת; בְּדִיּוּק גָּמוּר, כַּכָּתוּב
lettuce חַסָּה *
level (v) הִשְׁוָה, יִשֵּׁר, הֶחֱלִיק; אִזֵּן; הָרַס; כִּוֵּן; פָּנָה
level (n) פֶּלֶס מַיִם; מִישׁוֹר; גֹּבַהּ, רָמָה
level (adj) שָׁוֶה, חָלָק; מְאֻזָּן
lever מָנוֹף
Levite לֵוִי, מִשֵּׁבֶט לֵוִי
levy (v) הִטִּיל מַס
liable עָלוּל לְ־, עָשׂוּי לְ־, אַחֲרַאי
liar שַׁקְרָן

liberal (n) לִבֵּרָל, חָפְשִׁי בְּדֵעוֹת
liberal (adj) מִתְקַדֵּם, לִבֵּרָלִי; סוֹבְלָנִי; נָדִיב; שׁוֹפֵעַ
liberate שִׁחְרֵר, גָּאַל
liberty חֵרוּת *, חֹפֶשׁ; חָפְשָׁה *; חֻצְפָּה *
librarian סַפְרָן, סַפְרָנִית *
library סִפְרִיָּה *
license (v) הִרְשָׁה, נָתַן רְשׁוּת, נָתַן רִשָּׁיוֹן
license (n) רְשׁוּת *; רִשָּׁיוֹן; חֹפֶשׁ; הֶפְקֵרוּת *
lick (v) לִקֵּק; לִחֵךְ
lick (n) לִקּוּק; לִחוּךְ
lid מִכְסֶה, כִּסּוּי, צָמִיד
  eye— עַפְעַף
lie (v) שָׁכַב; נִמְצָא; הָיָה מוּנָח; שִׁקֵּר
lie (n) שֶׁקֶר, כָּזָב
  give the — הִפְרִיךְ, הוֹכִיחַ שִׁקְרוֹ, הוֹכַח שִׁקְרוֹ
lieutenant מִשְׁנֶה; סֶגֶן
life חַיִּים (ז״ר); נֶפֶשׁ *; תּוֹלְדוֹת — **, בִּיאוֹגְרַפְיָה *
  give one's — קִדֵּשׁ הַשֵּׁם; מָסַר נַפְשׁוֹ עַל
lifetime שְׁנוֹת חַיִּים **, חַיֵּי אָדָם (ז״ר)
lift (v) הֵרִים, הֵנִיף, הֵקִים, הֶעֱלָה, נָשָׂא
lift (n) הֲרָמָה *, הֲקָמָה *, הַעֲלָאָה *; מַעֲלִית *
light (v) הֵאִיר; הִצִּית; נִדְלַק; יָרַד; נָחַת
light (n) אוֹר; מָאוֹר
light (adj) קַל; עַלִּיז; זָרִיז; קַל דַּעַת; בָּהִיר
lighten הֵאִיר; הִבְהִיר; הֵקֵל; נָקַל; שִׂמַּח; שָׂמַח
lighting (n) הֶאָרָה *; הַצָּתָה *; תְּאוּרָה *
lightly בְּקַלּוּת, עַל נְקַלָּה
  think — of זִלְזֵל בְּ־
lightning בָּרָק; הַבְרָקָה *
like (v) אָהַב; רָצָה
like (adj) דּוֹמֶה; שָׁוֶה
  feel — רָצָה, אִוָּה
  it looks — דּוֹמֶה לְ־
likely אֶפְשָׁרִי, עָלוּל
  most —, very — בְּוַדַּאי
likeness דִּמְיוֹן, שִׁוְיוֹן; דְּיוֹקָן
likewise כְּמוֹ כֵן, גַּם כֵּן, כֵּן
lilac לִילָךְ
lily שׁוֹשַׁנָּה *, חֲבַצֶּלֶת *

limb רֶגֶל*, זְרוֹעַ*, כָּנָף, אֵבֶר; עָנָף
lime סִיד; לִימוֹן מָתוֹק; תִּרְזָה
limestone אֶבֶן גִּיר*, אֶבֶן סִיד*
limit (v) הִגְבִּיל
limit (n) גְּבוּל, תְּחוּם
limitation הַגְבָּלָה*; תְּחוּם
limited (adj) מֻגְבָּל, מְצֻמְצָם
— train רַכֶּבֶת מְהִירָה*
limp (v) צָלַע
limp (n) צְלִיעָה*
limp (adj) מְדֻלְדָּל; רַךְ, גָּמִישׁ
line (v) שִׂרְטֵט; קִוְקֵו; נֶעֱרַךְ שׁוּרוֹת שׁוּרוֹת, הִסְתַּדֵּר; עָשָׂה בִּטְנָה, רִפֵּד
line (n) קַו, שִׂרְטוּט, שִׁיטָה*; שׁוּרָה*, טוּר; חוּט, חֶבֶל, תַּיִל; שִׂרְטוּט פָּנִים; מִקְצוֹעַ, מְלָאכָה*; מִין סְחוֹרָה; שֵׁרוּת תַּחְבּוּרָה
in — בְּהֶתְאֵם
linen פִּשְׁתָּן
linger הִתְמַהְמַהּ, שָׁהָה, הִתְעַכֵּב
lining (n) בִּטְנָה*
link (v) חִבֵּר, קִשֵּׁר, רִתֵּק
link (n) חִבּוּר, רִתּוּק; חֻלְיָה*
lion אֲרִי, אַרְיֵה, לָבִיא
— hearted אַמִּיץ לֵב
lioness לְבִיאָה*
liquid נוֹזֵל; שָׁקוּף, בָּהִיר
liquor מַשְׁקֶה (מְשַׁכֵּר)
list (v) רָשַׁם; נָטָה לַצַּד
list (n) רְשִׁימָה*; נְטִיָּה לַצַּד
listen הִקְשִׁיב, הֶאֱזִין, שָׁמַע
listener מַאֲזִין, שׁוֹמֵעַ
literal מְדֻיָּק; פָּשׁוּט, מִלּוּלִי
literally בְּדִיּוּק; בְּפַשְׁטוּת; לִכְאוֹרָה
literary סִפְרוּתִי
literature סִפְרוּת*
litter (v) פִּזֵּר אַשְׁפָּה; הָפַךְ, בִּלְבֵּל
litter (n) אַשְׁפָּה (מְפֻזֶּרֶת)*; אִי נִקָּיוֹן, אִי סֵדֶר; אֲלֻנְקָה*
little (n) מְעַט; מֶרְחָק מָה; זְמַן מָה
little (adj) קָטָן, פָּעוּט; קַל
live (v) חָיָה; הָיָה; יָשַׁב, גָּר
— on הִתְקַיֵּם עַל
— up to קִיֵּם, שָׁמַר הַבְטָחָתוֹ
live(ly) (adj) חַי; הֹוֶה; מִרְצִי, פָּעִיל; בּוֹעֵר, בָּהִיר
lively מָלֵא חַיִּים, עֵר, עַלִּיז
liver כָּבֵד

livery מַדִּים (ז״ר)
lizard לְטָאָה *
lo הִנֵּה
load (v) הִטְעִין, הֶעֱמִיס; הִכְבִּיד
load (n) מִטְעָן, מַשָּׂא; מַעֲמָסָה*, סֵבֶל
loaf (v) הִתְבַּטֵּל, בִּטֵּל זְמַן
loaf (n) כִּכָּר *
loan הַלְוָאָה *, מִלְוֶה
loathe תִּעֵב, בָּחַל בְּ..., שָׂנֵא
lobby (n) מָבוֹא, כְּנִיסָה *; שְׁתַדְּלָנוּת *
lobster סַרְטַן הַיָּם
local (n) סְנִיף שֶׁל אִגּוּד מִקְצוֹעִי
local (adj) מְקוֹמִי; מֻגְבָּל
— train רַכֶּבֶת מְאַסֶּפֶת *, רַכֶּבֶת הָעוֹמֶדֶת בְּכָל תַּחֲנָה
locality מָקוֹם, שְׁכוּנָה *
locate מָצָא מָקוֹם; קָבַע מָקוֹם; הִתְיַשֵּׁב
location מָקוֹם, סְבִיבָה *; קְבִיעַת מָקוֹם *
lock (v) נָעַל, סָגַר; נִנְעַל, נִסְגַּר; שִׁלֵּב זֶה בָּזֶה; הִשְׁתַּלֵּב; עָצַר, חָסַם, נֶעֱצַר, נֶחְסַם
lock (n) מַנְעוּל, סְגוֹר; סֶכֶר; קְוֻצַּת שֵׂעָר *, תַּלְתַּל

locomotive קַטָּר
locust אַרְבֶּה
lodge (v) לָן; גָּר; אִכְסֵן; הֵגֵן; תָּקַע, נִתְקַע; הִפְקִיד
lodge (n) צְרִיף, מְלוּנָה*; סְנִיף
lodging (n) מְגוּרִים (ז״ר), מָעוֹן, דִּירָה *
loft (n) עֲלִיָּה *
lofty גָּבֹהַּ, נִשָּׂא, רָם; נִשְׂגָּב; גֵּאֶה
log (v) כָּרַת עֵצִים (לְבִנְיָן); רָשַׁם בְּיוֹמָן
log (n) קוֹרָה *, בּוּל עֵץ; יוֹמָן שֶׁל אֳנִיָּה
logic הִגָּיוֹן
logical הֶגְיוֹנִי
loin יָרֵךְ, יַרְכָּה *
—s מָתְנַיִם (נ״ז)
loiter הִתְמַהְמַהּ, שָׁהָה בְּדַרְכּוֹ, בִּלָּה זְמַנּוֹ
lone(ly) בּוֹדֵד, יְחִידִי, מְבֻדָּד; גַּלְמוּד
loneliness בְּדִידוּת *
lonesome גַּלְמוּד
long (v) הִשְׁתּוֹקֵק; שָׁאַף; הִתְגַּעְגֵּעַ
long (adj) אָרֹךְ; זְמַן רַב

before — בְּקָרוֹב
be — בּוֹשֵׁשׁ, אֵחַר
how — ? מָה אָרְכּוֹ?, כַּמָּה זְמַן?
in the — run סוֹף כָּל סוֹף
— standing יָשָׁן, בַּעַל וֶתֶק
— winded מַרְבֶּה לַהַג
so — as מִכֵּיוָן שֶׁ־; בִּתְנַאי שֶׁ־

long (adv) לִזְמַן רַב
longing (n) גַּעְגּוּעִים (ז"ר), כִּסּוּף; תְּשׁוּקָה *
longing (adj) מִתְגַּעְגֵּעַ, נִכְסָף; חוֹשֵׁק
look (v) הִבִּיט, הִשְׁקִיף, הִסְתַּכֵּל; נִרְאָה, נִדְמָה; פָּנָה; שָׁמַר
— after הִשְׁגִּיחַ עַל, טִפֵּל בְּ־
— around חִפֵּשׂ
— for חִפֵּשׂ
— forward צִפָּה
— into בָּדַק, חָקַר
— like דָּמָה לְ־; נִרְאָה כְּאִלּוּ
— out נִשְׁמַר, נִזְהַר
— over בָּדַק, סָקַר
— up חִפֵּשׂ
— up to כִּבֵּד, הוֹקִיר
— well הָיָה מַרְאֵהוּ טוֹב

look (n) מַבָּט; מַרְאֶה, פַּרְצוּף, צוּרָה *, פָּנִים
good —s יֹפִי, חֵן, צוּרָה נָאָה *, פָּנִים יָפוֹת (ז"ר)
lookout צְפִיָּה *; צוֹפֶה, זָקִיף, נוֹטֵר; מִצְפֶּה
loom (v) אָרַג; הוֹפִיעַ, עָלָה
loom (n) נוֹל, מְכוֹנַת אֲרִיגָה *
loop (v) עָנַב; עָשָׂה עֲנִיבָה
loop (n) עֲנִיבָה *; לוּלָאָה *
loose (v) שִׁחְרֵר; הִתִּיר; נִתֵּק
loose (adj) תָּלוּשׁ, מְנֻתָּק; מֻתָּר; חָפְשִׁי; בִּלְתִּי מְרֻסָּן; מֻפְקָר, פָּרוּעַ; בִּלְתִּי מְדֻיָּק; בִּלְתִּי אָרוּז; לֹא דָחוּס
loosely בְּלִי דִיּוּק; בְּחֹפֶשׁ; בְּהֶפְקֵרוּת
loosen הִתִּיר; שִׁחְרֵר; נִתֵּק; הִרְפָּה, נִתְרַפָּה; רִכֵּךְ, נִתְרַכֵּךְ
lord אָדוֹן, בַּעַל; שַׁלִּיט, מוֹשֵׁל; רוֹזֵן
Lord אֲדֹנָי
lordship אַדְנוּת *; מֶמְשָׁלָה *
lose אִבֵּד, הִפְסִיד; מֵת עָלָיו
— consciousness הִתְעַלֵּף
— face נִכְלַם

— heart נָמֵס לִבּוֹ
— interest פָּסַק מֵהִתְעַנְיֵן
— one's head הִתְבַּלְבֵּל, הִתְרַגֵּשׁ
— one's life מֵת; נֶהֱרַג
— sight of נֶעֱלַם מֵעֵינָיו
loss אֲבֵדָה*; הֶפְסֵד; כִּשָּׁלוֹן; בִּזְבּוּז
be at a — for הָיָה נָבוֹךְ
lost (adj) אָבוּד; נִפְסָד; תּוֹעֶה, אוֹבֵד
lot גּוֹרָל, מַזָּל; מִגְרָשׁ; כַּמּוּת*
cast —s הִפִּיל גּוֹרָל
loud רָם, רַם קוֹל; מַדְגִּישׁ; צַעֲקָנִי
—speaker רַמְקוֹל
lounge (v) הֵסֵב בְּנוֹחוּת; הִתְבַּטֵּל
lounge (n) סַפָּה*; אוּלָם הֲסִבָּה
louse כִּנָּה (כִּנִּים, נ"ר)
love (v) אָהַב, חִבֵּב
love (n) אַהֲבָה*, חִבָּה*
fall in — הִתְאַהֵב
— affair רוֹמָן, אַהֲבָה*
loveliness חֵן, יֹפִי, נוֹי
lovely חִנָּנִי, יָפֶה, נָאֶה, נֶחְמָד; נֶאֱהָב
lover אוֹהֵב, דּוֹד
loving (adj) אוֹהֵב
low (adj) נָמוּךְ, שָׁפָל; קָטָן, מְעַט; חַלָּשׁ, רָפֶה; יָרוּד; נִקְלֶה, גַּס; רַךְ
— tide שֵׁפֶל הַיָּם
lower (v) הוֹרִיד, הִשְׁפִּיל, הִפְחִית, הִמְעִיט; יָרַד, שָׁפַל, פָּחַת, מָעַט; הִנְמִיךְ
lower (adj) נָמוּךְ יוֹתֵר
lowland (n) שְׁפֵלָה*
loyal נֶאֱמָן, מָסוּר
loyalty נֶאֱמָנוּת*, מְסִירוּת*
luck מַזָּל
lucky בַּר מַזָּל, מְאֻשָּׁר
luggage מִטְעָן
lull (v) יִשֵּׁן; שִׁקֵּט, הִשְׁקִיט, הִרְגִּיעַ
lull (n) שֶׁקֶט; הֲפוּגָה*
lullaby שִׁיר עֶרֶשׂ
lumber (v) כָּרַת עֵצִים; הִתְנַהֵל בִּכְבֵדוּת
lumber (n) עֵצָה*, עֵצִים, עֲצֵי בִנְיָן (ז"ר)
luminous מַבְהִיק, מֵאִיר
lump (v) כָּלַל יַחַד; נִתְגַּבֵּשׁ
lump (n) פֶּלַח, דַּבְלוּל; חַבּוּרָה*

lunatic מְשֻׁגָּע, מְטֹרָף

— asylum מוֹסָד לְחוֹלֵי רוּחַ

lunch (v) סָעַד קַלּוֹת

lunch (n) סְעֻדָּה קַלָּה*

lung רֵאָה*

lure (v) מָשַׁךְ, פִּתָּה; טָמַן מוֹקֵשׁ

lure (n) מְשִׁיכָה*, פִּתּוּי, מוֹקֵשׁ

lurk הִתְחַבֵּא, הִסְתַּתֵּר; הִתְגַּנֵּב

lust (v) חָמַד, חָשַׁק, הִתְאַוָּה

lust (n) תַּאֲוָה* חֵשֶׁק

luster, lustre צִחְצוּחַ, בָּרָק

lusty בָּרִיא, חָזָק

luxurious שׁוֹפֵעַ, עָשִׁיר

luxury מוֹתָרוֹת (ז"ר); הָדָר, פְּאֵר; חַיֵּי עֹשֶׁר (ז"ר)

lying (n) שַׁקְרָנוּת*

lying (adj) מְשַׁקֵּר

lyre נֵבֶל

lyric שִׁירִי, לִירִי

M

machine (v) יִצֵּר בִּמְכוֹנָה;
שִׁפֵּץ בִּמְכוֹנָה
machine (n) מְכוֹנָה*
machinery מְכוֹנוֹת**; מַנְגָּנוֹן
mad מְטֹרָף, מְשֻׁגָּע; נִרְעָשׁ
madam גְּבֶרֶת*; גְּבִרְתִּי
made (adj) עָשׂוּי, מְיֻצָּר
— up בָּדוּי; מְפֻרְכָּס
madman מְשֻׁגָּע, מְטֹרָף
madness שִׁגָּעוֹן; רֹגֶז; שְׁטוּת*
magazine כְּתָב עֵת, שָׁבוּעוֹן,
יַרְחוֹן; מַחְסָן; מַחְסָנִית*
magic (n) כִּשּׁוּף, קֶסֶם
magic(al) קוֹסֵם, שֶׁל כְּשָׁפִים
magician מְכַשֵּׁף, קוֹסֵם
magistrate שׁוֹפֵט שָׁלוֹם
magnet מַגְנֵט, אֶבֶן שׁוֹאֶבֶת*
magnetic מַגְנֵטִי; מוֹשֵׁךְ
magnificent מְפֹאָר, נֶהְדָּר
magnify הִגְדִּיל, הִרְבָּה, הִפְרִיז
magnitude גֹּדֶל, חֲשִׁיבוּת*

maid נַעֲרָה*; עוֹזֶרֶת*
maiden נַעֲרָה*, בְּתוּלָה*
mail (v) שָׁלַח (בַּדֹּאַר)
mail (n) דֹּאַר, מִכְתָּבִים
— box תֵּבַת דֹּאַר*
— man דַּוָּר, נוֹשֵׂא מִכְתָּבִים
main (n) צִנּוֹר רָאשִׁי
in the — בְּעִקָּר
main (adj) רָאשִׁי, עִקָּרִי
mainland יַבָּשָׁה*, יַבֶּשֶׁת*
mainly בְּיִחוּד, בְּעִקָּר
maintain הִמְשִׁיךְ, הֶחֱזִיק בְּ־,
עָמַד בְּ־; טָעַן; כִּלְכֵּל, פִּרְנֵס
maintenance כִּלְכּוּל, פַּרְנָסָה*;
הַחֲזָקָה*
majestic נֶהְדָּר, מַלְכוּתִי
majesty הוֹד; הוֹד מַלְכוּת
major (n) רַב סֶרֶן; שְׂדֵה
הִתְמַחוּת; מְבֻגָּר
major (adj) חָשׁוּב יוֹתֵר, גָּדוֹל
יוֹתֵר; הֶחָשׁוּב בְּיוֹתֵר, הַגָּדוֹל בְּיוֹתֵר

majority רֹב; בַּגְרוּת*
make (v) עָשָׂה; יָצַר, בָּרָא; גָּרַם; הִכְרִיחַ; קָבַע, הִתְקִין; הִגִּיעַ
— a bargain בָּא לִידֵי הֶסְכֵּם; הִשְׁתַּוָּה
— a difference הִוָּה הֶפְרֵשׁ
— a fool of הֵתֵל בְּ־ שִׂטָּה בְּ־
— a habit of הִתְרַגֵּל לְ־
— a living הִתְפַּרְנֵס
— believe הִתְחַפֵּשׂ, הֶעֱמִיד פָּנִים כְּאִלּוּ
— good הִצְלִיחַ, עָלָה בְּיָדוֹ, שִׁלֵּם, קִיֵּם
— headway הִתְקַדֵּם
— much of שִׁבַּח
— off הִתְחַמֵּק
— out מִלֵּא; פִּעְנֵחַ; הֵבִין
— over שִׁנָּה
— sure נוֹכַח, בָּדַק
— the best of הִסְתַּפֵּק בְּ־
— up הִוָּה; עָשָׂה; הִמְצִיא, בָּדָה; הִתְפַּיֵּס; הִתְיַפָּה. פִּיֵּךְ, הִתְאַפֵּר; מִלֵּא אֶת הֶחָסֵר
— up for כִּפֵּר עַל
— up one's mind הֶחְלִיט

make (n) מִין, סוּג, טִפּוּס; מִין מִסְחָרִי
maker עוֹשֶׂה, יוֹצֵר
the Maker הַבּוֹרֵא
make-up (n) הִתְאַפְּרוּת*, פִּיּוּךְ
malaria קַדַּחַת*, מַלַרְיָה*
male (n) זָכָר; גֶּבֶר
male (adj) זְכָרִי
malice שִׂנְאָה*; זָדוֹן, כַּוָּנָה רָעָה*
mam(m)a, ma אִמָּא*
mammal יוֹנֵק
man (v) הֶעֱמִיד אֲנָשִׁים; גִּיֵּס; תָּפַס
man (n) הָאָדָם; אֱנוֹשׁ; אִישׁ, בֶּן אָדָם, גֶּבֶר; אֶחָד; מְשָׁרֵת
—kind בְּנֵי הָאָדָם; אֱנוֹשׁוּת*
to a — עַד אֶחָד
manage נִהֵל; מָשַׁל; הִצְלִיחַ
management נִהוּל; הַנְהָלָה*; מִנְהָלָה*; נֹהַל; שִׁלְטוֹן; מְנַהֲלִים (ז"ר)
manager מְנַהֵל, מְפַקֵּחַ
mandate פְּקֻדָּה*; רְצוֹן הַבּוֹחֲרִים (לַמְחוֹקְקִים הַנִּבְחָרִים), כֹּחַ הַרְשָׁאָה (לְנַהֵל מְדִינָה), מְדִינָה הַמִּתְנַהֶלֶת מִטַּעַם שִׁלְטוֹן מְמֻנֶּה עַל יְדֵי אִגּוּד עַמִּים

mane רַעֲמָה *

maneuver (n) תִּמְרוֹן; תַּחְבּוּלָה *, מְזִמָּה *

manhood בַּגְרוּת *, גַּבְרוּת *; אֹמֶץ לֵב; אֲנָשִׁים (ז"ר)

manicure (n) עֲשִׂיַּת צִפָּרְנַיִם, תִּקּוּן צִפָּרְנַיִם, יִפּוּי צִפָּרְנַיִם

manifest (v) הֶרְאָה, גִּלָּה הוֹכִיחַ

manifest (adj) בָּרוּר, גָּלוּי

manly גַּבְרִי; יָשָׁר; אַמִּיץ לֵב; חָזָק

manna מָן

manner דֶּרֶךְ *, אֹפֶן; מִדָּה *, דֶּרֶךְ אֶרֶץ *, נִימוּס; מִין, סוּג

mansion אַרְמוֹן

mantle (v) כִּסָּה, עָטָה

mantle (n) מְעִיל; כְּסוּת *, מַעֲטֶה, אַדֶּרֶת *

manual (n) מַדְרִיךְ (סֵפֶר שִׁמּוּשִׁי)

manual (adj) שֶׁל יָד

manufacture (v) יִצֵּר, עָשָׂה; בָּדָה

manufacture (n) תַּעֲשִׂיָּה *; תּוֹצֶרֶת *

manufacturer תַּעֲשִׂיָּן; מְיַצֵּר, יַצְרָן

manure (n) זֶבֶל

manuscript כְּתַב יָד

many (adj) רַב, הַרְבֵּה

how —? כַּמָּה?

— a time רַבּוֹת, לֹא פַּעַם

— sided רַבְצְדָדִי

many (n) רַבִּים (ז"ר)

map (v) הֵכִין מַפָּה, שִׂרְטֵט מַפָּה; תִּכֵּן, סִדֵּר

map (n) מַפָּה *; לוּחַ; תַּרְשִׁים

maple (עֵץ) תִּדְהָר

mar הִזִּיק, הִשְׁחִית, קִלְקֵל

marble (n) שַׁיִשׁ; פֶּסֶל בְּשַׁיִשׁ; כַּדּוּר „שַׁיִשׁ"

marble (adj) שֵׁישִׁי; קַר רוּחַ; מְגֻוָּן כַּשַּׁיִשׁ

march (v) צָעַד, הִצְעִיד

march (n) מִצְעָד, תַּהֲלוּכָה *, נְגִינַת לְוַי לְתַהֲלוּכָה

mare סוּסָה *

margin שׁוּל, שָׂפָה *; קָצֶה, גְּבוּל; רֶוַח לִתְנוּעָה

marginal יוֹשֵׁב גְּבוּלוֹת; דַּל

marine (n) חַיָּל הַצִּי

merchant — צִי מִסְחָרִי

marine (adj) יַמִּי

mariner מַלָּח, סַפָּן

mark (v) סִמֵּן, רָשַׁם; נָתַן צִיּוּן
mark (n) אוֹת*, תָּו, צִיּוּן, סִמָּן; מִין
market (v) שִׁוֵּק; קָנָה בַּשּׁוּק
market (place) שׁוּק
Marrano אָנוּס
marriage חֲתֻנָּה*, נִשּׂוּאִין (ז"ר), חֻפָּה*
— certificate כְּתֻבָּה*, תְּעֻדַת נִשּׂוּאִין*
married (adj) נָשׂוּי
marrow לְשַׁד, מֹחַ עֲצָמוֹת
marry נָשָׂא, הִתְחַתֵּן, נִשְּׂאָה*; הִשִּׂיא; סִדֵּר קִדּוּשִׁין
Mars כּוֹכַב מַאְדִּים; אֵל הַמִּלְחָמָה
marsh בִּצָּה*
marshal (v) סִדֵּר, עָרַךְ
martyr (v) הֵמִית עַל קִדּוּשׁ הַשֵּׁם; עִנָּה; רָדַף
martyr (n) קָדוֹשׁ, מְקַדֵּשׁ הַשֵּׁם, מֵת עַל קִדּוּשׁ הַשֵּׁם
marvel (v) תָּמַה, הִתְפַּלֵּא
marvel (n) פֶּלֶא, דָּבָר תָּמוּהַּ
marvel(l)ous נִפְלָא, תָּמוּהַּ
masculine (adj) זְכָרִי, זָכָר; חָזָק, עַז
mash (v) רִסֵּק; בָּלַל, מִסְמֵס
mash (n) רֶסֶק; בְּלִיל, בְּלִילָה*
mask (v) כִּסָּה; הִסְוָה; הִתְחַפֵּשׂ
mask (n) מַסְוֶה; מַסֵּכָה*; תַּחְפֹּשֶׂת*
mason בּוֹנֶה, גּוֹדֵר
masquerade (n) נֶשֶׁף מַסֵּכוֹת
mass (v) עָרַם, צָבַר; נֶעֱרַם, נִצְבַּר; נִתְקַהֵל
mass (n) עֲרֵמָה*; גּוּשׁ; אֹסֶף; הָמוֹן; גֹּדֶל, כֹּבֶד; הָרֹב
— meeting אֲסֵפַת עָם*
the —es הַהֲמוֹנִים (ז"ר) הֲמוֹנֵי הָעָם (ז"ר)
massage (v) שִׁפְשֵׁף, עִסָּה (הַשְּׁרִירִים לְהַמְרִיץ אֶת הַדָּם)
massage (n) שִׁפְשׁוּף, עִסּוּי
massacre (v) אִבֵּד, הִשְׁמִיד, טָבַח
massacre (n) הֶרֶג רַב, טֶבַח
massive כָּבֵד; עָצוּם
mast תֹּרֶן
master (v) מָשַׁל, שָׁלַט; הִתְגַּבֵּר עַל; הִתְמַחָה
master (n) רַב, בַּעַל, רֹאשׁ; מוֹשֵׁל, שַׁלִּיט; אָדוֹן; רַב חוֹבֵל; מֻמְחֶה, אָמָּן, אֻמָּן

— of Arts, M. A. מֻסְמָךְ לְמַדָּעֵי הָרוּחַ
master (adj) רָאשִׁי; מוֹשֵׁל
masterpiece מְלֶאכֶת מַחֲשֶׁבֶת*
mat (n) מַחְצֶלֶת*, שָׁטִיחַ; סְבַךְ
mat (adj) כֵּהֶה, דֵּהֶה
match (v) הָיָה בֶּן זוּג לְ־; הִשְׁתַּוָּה עִם; שִׁדֵּךְ, זִוֵּג; הִתְחָרָה
match (n) גַּפְרוּר; בֶּן זוּג; שִׁדּוּךְ; מִשְׂחָק, תַּחֲרוּת*; אָדָם שָׁקוּל לְ־
matchless שֶׁאֵין כָּמוֹהוּ, שֶׁאֵין כְּדֻגְמָתוֹ
mate (v) זִוֵּג; הִתְאִים
mate (n) בֶּן זוּג; תְּאוֹם; חָבֵר; שֻׁתָּף
material (n) חֹמֶר; אֶרֶג
material (adj) גַּשְׁמִי, חָמְרִי; חָשׁוּב, הֶכְרֵחִי; מַמָּשִׁי
raw — חֹמֶר גָּלְמִי
materialism חָמְרִיּוּת*, חמְרָנוּת*
maternal אִמָּהִי
mathematics מָתֵימָטִיקָה*
matron מַטְרוֹנָה*; מְנַהֶלֶת*
matter (v) הָיָה חָשׁוּב; הָיָה לוֹ עֵרֶךְ
matter (n) חֹמֶר; תֹּכֶן
what's the — מַה קָּרָה?
mattress מִזְרָן, מַצָּע
mature (v) הִתְבַּגֵּר; הִבְשִׁיל; הִתְפַּתֵּחַ
mature (adj) מְבֻגָּר; בָּשֵׁל; גָּמוּר; מְפֻתָּח
maturity בַּגְרוּת*, הִתְבַּגְּרוּת*; מוֹעֵד הַפֵּרָעוֹן
maxim פִּתְגָּם, מָשָׁל
maximum (n) מַכְּסִימוּם, הַכַּמּוּת הַגְּדוֹלָה בְּיוֹתֵר*
maximum (adj) מַכְּסִימָלִי, הַמְּרֻבֶּה בְּיוֹתֵר
may עָלוּל; הַלְוַאי וְ; מֻתָּר לְ־
maybe אוּלַי, אֶפְשָׁר
mayor רֹאשׁ עִיר
maze מָבוֹךְ, סְבַךְ
mead צוּף, תְּמָד, מֵי דְבַשׁ
meadow נְאוֹת דֶּשֶׁא**, כַּר
meager דַּל; בִּלְתִּי מַסְפִּיק
meal סְעֻדָּה*, אֲרוּחָה*; קֶמַח
mean (v) הִתְכַּוֵּן; סִמֵּן, הוֹרָה עַל
mean (n) מְמֻצָּע; אֶמְצַע, תָּוֶךְ
by all —s בְּוַדַּאי;
by —s of עַל יְדֵי, בְּאֶמְצָעוּת

by no —s בְּוַדַּאי לֹא; כְּלָל וּכְלָל לֹא
golden — שְׁבִיל הַזָּהָב
—s אֶמְצָעִים(ז"ר); דְּרָכִים**; אֹפֶן; אֶמְצָעוּת*; רְכוּשׁ, עֹשֶׁר
mean (adj) שָׁפָל; דַּל; נִתְעָב; אֶמְצָעִי, מְמֻצָּע
meaning (n) כַּוָּנָה*, מוּבָן, מַשְׁמָעוּת*
meantime, meanwhile בֵּינְתַיִם
measles אַדֶּמֶת*, אֲבַעְבּוּעוֹת**
measure (v) מָדַד
measure (n) מִדָּה*, שִׁעוּר; מְדִידָה*; קְנֵה מִדָּה, תֶּקֶן; סַרְגֵּל; רִתְמוּס, מִשְׁקָל; רֶגֶל*; חֹק
beyond — בְּלִי שִׁעוּר
measurement מִדָּה*; מְדִידָה*
meat בָּשָׂר; תּוֹךְ, לֵב
mechanic מְכוֹנֵן, מְכוֹנַאי
mechanical מֵכָנִי, מְכוֹנָאִי; מְלָאכוּתִי
mechanics מְכוֹנָאוּת*, מֵכָנִיקָה*; דֶּרֶךְ פְּעֻלָּה*
mechanism מַנְגָּנוֹן; מְכוֹנָה*; אֶמְצָעִי

medal מֶדַלְיָה*, אוֹת הִצְטַיְּנוּת*
meddle הִתְעָרֵב בַּאֲשֶׁר לֹא לוֹ, הִתְעָרֵב בְּעִנְיְנֵי אֲחֵרִים
medical רְפוּאִי
medicine רְפוּאָה*; תְּרוּפָה*
medieval שֶׁל יְמֵי הַבֵּינַיִם
meditate חָשַׁב, הָגָה, הִרְהֵר
meditation מַחֲשָׁבָה*, הִרְהוּר
medium (n) אֶמְצָעוּת*, אֶמְצָעִי, דֶּרֶךְ*, אֹפֶן; סְבִיבָה*; חֹמֶר
medium (adj) אֶמְצָעִי, בֵּינוֹנִי
meek עָנָו, צָנוּעַ
meet (v) נִפְגַּשׁ, נָגַע; הִשְׂבִּיעַ רָצוֹן; הִתְאַסֵּף, הִתְכַּנֵּס
— halfway הִתְפַּשֵּׁר
— with קָרָה לוֹ
meeting (n) פְּגִישָׁה*; אֲסֵפָה*
melancholy (n) עֶצֶב, תּוּגָה*, מָרָה שְׁחוֹרָה*
melancholy (adj) עָצוּב, נוּגֶה
mellow רַךְ, נָעִים
melody מֶלוֹדְיָה*, נִגּוּן, לַחַן, נְעִימָה*
melon אֲבַטִּיחַ
melt הִתִּיךְ, הֵמֵס; הִתַּךְ, נָמֵס; נִבְלַע; נִכְמְרוּ רַחֲמָיו; רִכֵּךְ

member חָבֵר; אֵבֶר; חֵלֶק
membership חֲבֵרוּת*; הַחֲבֵרִים (ז"ר)
membrane קְרוּם
memorable רָאוּי לְהִזָּכֵר; זָכוּר
memorial (n) מַזְכֶּרֶת*; זִכָּרוֹן; מַצֵּבָה*; תַּזְכִּיר
memorize שִׁנֵּן בְּעַל פֶּה
memory זִכָּרוֹן, זֵכֶר
menace (v) אִיֵּם עַל, סִכֵּן
menace (n) אִיּוּם, סַכָּנָה*
mend תִּקֵּן, הִטְלִיא
on the — מִתְרַפֵּא
mental שִׂכְלִי, רוּחָנִי
mention (v) הִזְכִּיר, רָמַז, הֵעִיר
mention (n) הַזְכָּרָה*, רֶמֶז, הֶעָרָה*
menu תַּפְרִיט; אֹכֶל
merchandise סְחוֹרָה*
merchant (n) חֶנְוָנִי; סוֹחֵר
merchant (adj) מִסְחָרִי
merciful רַחֲמָן
merciless אַכְזָרִי
mercury כַּסְפִּית*
mercy רַחֲמִים (ז"ר), חֲנִינָה*, חֶמְלָה*
have — on רִחֵם עַל, חָנַן

mere אַךְ, לְבַד
merely אַךְ, רַק, בִּלְבַד
merge מִזֵּג, הִתְמַזֵּג, הִתְאַחֵד
merit (v) הָיָה רָאוּי, זָכָה
merit (n) שֶׁבַח; זְכוּת*, עֵרֶךְ
merrily בְּשִׂמְחָה, בְּגִיל, בְּצָהֳלָה
merry שָׂמֵחַ, עַלִּיז, צוֹהֵל
make — חָגַג; צָהַל
mesh (n) עַיִן
—es רֶשֶׁת*
mess (v) עִרְבֵּב; בִּלְבֵּל; טִנֵּף
mess (n) עִרְבּוּבְיָה*, אִי־סֵדֶר; בִּלְבּוּל; לִכְלוּךְ, טִנּוּף; אֲרוּחָה*
message יְדִיעָה*, בְּשׂוֹרָה*
messenger שָׁלִיחַ, מְבַשֵּׂר
Messiah מָשִׁיחַ
metal מַתֶּכֶת*
metallic מַתַּכְתִּי
metaphor מְלִיצָה*, בִּטּוּי; מָשָׁל, בְּהַשְׁאָלָה
meteor כּוֹכָב נוֹפֵל
meter (v) מָדַד
meter (n) מֶטֶר; מִשְׁקָל; מַדָּד
method שִׁיטָה*, דֶּרֶךְ*, אֹפֶן, מֵתוֹדָה*; סֵדֶר
metropolis בִּירָה*; כְּרַךְ
metropolitan עִירוֹנִי; בִּירָתִי

mew (v) יְלֵל

microphone מִקְרוֹפוֹן

microscope מִקְרוֹסְקוֹפּ

mid לֵב־, אֶמְצַע־

midday (n) צָהֳרַיִם (ז״ר)

middle (n) אֶמְצַע, תָּוֶךְ; מֹתֶן; בֶּטֶן *

middle (adj) אֶמְצָעִי, תִּיכוֹנִי; בֵּינוֹנִי

— **aged** בֶּן יְמֵי עֲמִידָה

— **ages** יְמֵי הַבֵּינַיִם (ז״ר)

— **class** שֶׁל הַמַּעֲמָד הַבֵּינוֹנִי

middy חֻלְצָה *

midnight (n) חֲצוֹת* (הַלַּיְלָה)

midst תּוֹךְ, תָּוֶךְ, קֶרֶב

midway אֶמְצַע הַדֶּרֶךְ, חֲצִי הַדֶּרֶךְ

might (n) כֹּחַ; עָצְמָה *; תֹּקֶף

— **makes right** כָּל דְּאַלִּים גָּבַר

mighty חָזָק; תַּקִּיף; עָצוּם

migrate הִגֵּר; נָדַד

migration הֲגִירָה *; נְדִידָה *

mild רַךְ, נוֹחַ; נָעִים; בִּלְתִּי קִיצוֹנִי

mildly בְּרֹךְ; בְּנֹעַם

mile מִיל

military (adj) צְבָאִי

militia חֵיל מִתְנַדְּבִים, חֵיל הָאֶזְרָחִים

milk (v) חָלַב; סָחַט; נִצֵּל

milk (n) חָלָב

mill (v) טָחַן; הִתְחַבֵּט (קָהָל)

mill (n) טַחֲנָה *, רֵחַיִם (ז״ז); בֵּית חֲרֹשֶׁת לִפְלָדָה

miller טוֹחֵן

million מִלְיוֹן

millionaire עָשִׁיר מֻפְלָג, בַּעַל מִלְיוֹנִים

mind (v) שָׂם לֵב לְ־; שָׁמַע בְּקוֹל; הִשְׁגִּיחַ עַל; דָּאַג

do you — ? הַאִכְפַּת לְךָ ?

would you — ? הֲתוֹאִיל ?

mind (n) שֵׂכֶל, לֵב, רוּחַ *; בַּעַל שֵׂכֶל

frame of — מַצַּב רוּחַ

have a — to חָשַׁב לְ־

have in — רָצָה, הִתְכַּוֵּן

make up one's — הֶחְלִיט

mine (v) כָּרָה, חָפַר

mine (n) מִכְרֶה, חֲפִירָה *; מוֹקֵשׁ

mine (pron) שֶׁלִּי

miner כּוֹרֶה

mineral (n) מַחְצָב

mingle נִתְעָרֵב; נִתְמַזֵּג; עִרְבֵּב, בָּלַל

miniature (n) הַעְתָּקָה מְקֻטֶּנֶת*; תְּמוּנָה זְעִירָה*, מִינְיָאטוּרָה*

miniature (adj) מְקֻטָּן; קְטַנְטַן

minimum (n) מִינִימוּם, הַמְּעַט הָאֶפְשָׁרִי

minimum (adj) מִינִימָלִי

mining (n) כְּרִיָּה*

minister (v) שֵׁרֵת, טִפֵּל בְּ־, עָזַר

minister (n) כֹּמֶר, רַב, כֹּהֵן; שַׂר, מִינִיסְטֶר; צִיר

ministry כְּמוּרָה* רַבָּנוּת*, כְּהֻנָּה*; מֶמְשָׁלָה*; מִשְׂרָד מֶמְשַׁלְתִּי

minor (n) יֶלֶד; בִּלְתִּי מְבֻגָּר; מִינוֹר; נוֹשֵׂא מִשְׁנֶה

minor (adj) פָּחוּת; קַל עֵרֶךְ; בִּלְתִּי מְבֻגָּר

minority מִעוּט

minstrel מְנַגֵּן, מְשׁוֹרֵר, מְזַמֵּר; לֵץ, בַּדְחָן

mint (v) טָבַע, הִטְבִּיעַ

mint (n) נַעֲנָע; אוֹצָר; מִטְבָּעָה*

minus פָּחוּת, חָסֵר

minute (n) דַּקָּה*; רֶגַע

—s (protocol) פְּרוֹטוֹקוֹל

minute (adj) קְטַנְטַן, פָּעוּט, דַּקִּיק

miracle נֵס, מוֹפֵת, פֶּלֶא

mirror (v) הֶרְאָה בָּבוּאָה; הִשְׁתַּקֵּף

mirror (n) רְאִי; בָּבוּאָה*

mirth שִׂמְחָה*, עֲלִיצוּת*, צָהֳלָה*

miscellaneous מְעֹרָב, מִמִּינִים שׁוֹנִים; שׁוֹנוֹת

mischief נֵזֶק; תַּעֲלוּל

mischievous מַזִּיק, מְחַבֵּל

miser קַמְצָן כִּלַי

miserable עָלוּב, אֻמְלָל, מַר נֶפֶשׁ, מִסְכֵּן; מְמָרֵר נֶפֶשׁ; שָׁפָל

misery יִסּוּרִים (ז"ר), מְצוּקָה*; צַעַר

misfortune מַזָּל רָע; אָסוֹן, פֻּרְעָנוּת*

mishap תְּאֻנָּה* תַּקָּלָה*

miss (v) הֶחֱטִיא; לֹא הִצְלִיחַ; הִתְגַּעְגֵּעַ עַל; אֵחַר; לֹא תָּפַס

miss (n) הַחְטָאָה*; אִי הַצְלָחָה*; אִשָּׁה בִּלְתִּי נְשׂוּאָה*

missing (adj) חָסֵר, נֶעְדָּר; אָבוּד

mission שְׁלִיחוּת *, מִשְׁלַחַת *; מְשִׂימָה *; צִירוּת, שַׁגְרִירוּת *; מִסְיוֹן; יִעוּד
missionary (n) מִסְיוֹנֶר; תַּעֲמוּלָן
missionary (adj) מִסְיוֹנֶרִי; תַּעֲמוּלָתִי
mist (v) עִרְפֵּל
mist (n) עֲרָפֶל, אֵד
mistake (v) טָעָה בְּ־; טָעָה, שָׁגָה; שִׁבֵּשׁ
mistake (n) טָעוּת *, שְׁגִיאָה *; שִׁבּוּשׁ; שְׁגָגָה *
mistaken (adj) מֻטְעֶה; מְשֻׁבָּשׁ
Mister אָדוֹן, מַר
mistress בַּעֲלַת בַּיִת *; בַּעֲלַת — *; פִּילֶגֶשׁ *
mistrust (v) חָשַׁד בְּ־
mistrust (n) חֲשַׁד
misty מְעֻרְפָּל; עַרְפִּלִּי; סָתוּם
misunderstanding (n) סִכְסוּךְ, מַחֲלֹקֶת *; אִי הֲבָנָה *
mitten כְּסָיָה * (בְּלִי „אֶצְבָּעוֹת")
mix (v) עֵרֵב, עִרְבֵּב, בָּלַל, מָזַג; נִתְעָרֵב; הִתְעָרֵב (בֵּין הַבְּרִיּוֹת); בִּלְבֵּל, הִתְבַּלְבֵּל; נִסְתַּכְסֵךְ
mixture תַּעֲרֹבֶת *
moan (v) גָּאֲנַק, נֶאֱנַח
moan (n) אֲנָקָה *, אֲנָחָה *
mob (v) נִקְהַל עַל; הִתְנַפֵּל בֶּהָמוֹן
mob (n) הָמוֹן, אֲסַפְסוּף
mobilization גִּיּוּס
mock (v) לִגְלֵג, לָעַג לְ־, הִתֵּל בְּ־; חִקָּה
mock (adj) מְחֻקֶּה; מְדֻמֶּה
mockery לִגְלוּג, לַעַג, לָצוֹן
mode אֹפֶן, דֶּרֶךְ *; צוּרָה *; אָפְנָה *
model (v) עִצֵּב, צָר; עָשָׂה כְּדֻגְמַת —
model (n) עִצּוּב; צוּרָה *, תַּבְנִית *, דֻּגְמָה *
model (adj) מוֹפְתִי
moderate (v) שִׁכֵּךְ, הֵקֵל; יָשַׁב בָּרֹאשׁ
moderate (adj) מְמֻצָּע; מָתוּן
modern (adj) חָדָשׁ, חָדִישׁ, מוֹדֶרְנִי
modest צָנוּעַ, עֲנָוְתָנִי
modesty צְנִיעוּת *, עַנְוְתָנוּת *
modify שִׁנָּה; הֵקֵל; הִטָּה
Mohammedan מָחֳמָדִי

moist רָטֹב, לַח
moisten הִרְטִיב; נִרְטַב
moisture רְטִיבוּת *, לַחוּת *
mold (v) צָר; יָצַק בִּדְפוּס
mold (n) דְּפוּס; צוּרָה *; עֹבֶשׁ
mole בַּהֶרֶת *; חֲפַרְפֶּרֶת *, מֵזַח
molecule פְּרֻדָּה *
molest הֵצִיק, פָּגַע; צִעֵר
molten מֻתָּךְ
moment רֶגַע; הֶרֶף עַיִן; חֲשִׁיבוּת *
momentary חוֹלֵף, עוֹבֵר, אַרְעִי
monarch מֶלֶךְ, שַׁלִּיט
monarchy מַמְלָכָה *; מְלוּכָה *
monastery מִנְזָר
Monday יוֹם שֵׁנִי
money כֶּסֶף, מָמוֹן
make — הִשְׂתַּכֵּר, הִרְוִיחַ
monitor יוֹעֵץ, מַדְרִיךְ; מַשְׁגִּיחַ
monk נָזִיר
monkey (n) קוֹף
monopoly מוֹנוֹפּוֹלִין
monotonous מְשַׁעֲמֵם, מוֹנוֹטוֹנִי, חַדְגּוֹנִי
monster (n) עֲנָק; מִפְלֶצֶת *; אַכְזָר שֶׁבְּאַכְזָרִים
monster (adj) עֲנָקִי; מַחֲרִיד
monstrous עֲנָקִי; מַחֲרִיד; מְכֹעָר
month חֹדֶשׁ, יֶרַח
monthly (n) יַרְחוֹן
monthly (adj) חָדְשִׁי
monthly (adv) לְחֹדֶשׁ
monument מַצֵּבָה *, עַמּוּד; זִכָּרוֹן
mood מַצַּב רוּחַ
in no — to אֵינוֹ נוֹטֶה לְ־
moody מִשְׁתַּנֶּה בִּמְזָגוֹ, בַּעַל מָרָה שְׁחוֹרָה, עֲצוּב רוּחַ
moon (n) לְבָנָה *, יָרֵחַ, סַהַר
new — הַמּוֹלָד
moonlight אוֹר יָרֵחַ
moor (v) קָשַׁר (אֳנִיָּה)
moor (n) בִּצָּה *
moose צְבִי (הַצָּפוֹן)
mop (v) טִאטֵא, נִקָּה בִּסְחָבוֹת
mop (n) סְחָבָה
moral (n) מוּסָר, מוּסַר הַשֵּׂכֶל
moral (adj) מוּסָרִי
morality מוּסָרִיּוּת *, מוּסָר
more (n) יוֹתֵר; נוֹסָף
more (adj) יוֹתֵר, רַב, נוֹסָף
more (adv) יוֹתֵר, עוֹד, בְּהַרְבֵּה
moreover עוֹד זֹאת, יָתֵר עַל כֵּן, גַּם

morning (n) בֹּקֶר, שַׁחַר
morning (adj) בָּקְרִי
morsel פְּרוּסָה*; מְעַט; גֶּזֶר
mortal (n) אָדָם, אֱנוֹשׁ, בָּשָׂר וָדָם
mortal (adj) אָנוּשׁ; בֶּן תְּמוּתָה
mortality תְּמוּתָה*
mortar מַכְתֵּשׁ; מַרְגֵּמָה*; מֶלֶט
mortgage (v) נָתַן בְּעֵרָבוֹן, מִשְׁכֵּן
mortgage (n) מַשְׁכַּנְתָּא*, עֵרָבוֹן
mosaic פְּסִיפָס, מַעֲשֵׂה תַּשְׁבֵּץ
Mosaic שֶׁל משֶׁה, שֶׁל דַּת משֶׁה
Moslem מוּשְׁלְמִי
mosque מִסְגָּד
mosquito יַתּוּשׁ
moss אֵזוֹב
most (n) הָרֹב, הָרֹב הַגָּדוֹל, הַמַּרְבִּית*
make the — of נִצֵּל
most (adj) רֹב הַ־, מַרְבִּית הַ־
mostly לָרֹב; בְּעִקָּר; יוֹתֵר מִכֹּל
moth עָשׁ
mother (v) יָלְדָה; הָיְתָה לְאֵם לְ־
mother (n) אֵם*, אִמָּא*
—in law* חוֹתֶנֶת*; חָמוֹת
motion תְּנוּעָה*, נִדְנוּד, נִיעַ; הַצָּעָה*, בַּקָּשָׁה*
make a — (law) הִצִּיעַ
— picture תְּמוּנוֹעַ
put in — נָתַן דְּחִיפָה לְ־
motionless נָח, חֲסַר תְּנוּעָה
motive (n) מֵנִיעַ; טַעַם; גּוֹרֵם
motor (n) מָנוֹעַ, מוֹטוֹר
motorcycle אוֹפַנּוֹעַ
motto מוֹטוֹ, סִסְמָה*; פִּתְגָּם
mould, see mold
mound תֵּל, סוֹלְלָה*, גִּבְעָה*
mount (v) עָלָה, טִפֵּס; הִצַּב, נִקְבַּע; קָבַע, הִדְבִּיק
mount בְּהֶמַת רְכִיבָה*; מִקְבָּע
mountain (n) הַר, גִּבְעָה*
mountain (adj) הֲרָרִי, יוֹשֵׁב הָרִים
mountainous הֲרָרִי
mourn סָפַד, הִתְאַבֵּל
mournful אָבֵל, עָצוּב
mourning (n) אֵבֶל, הֶסְפֵּד
in — אָבֵל, יוֹשֵׁב שִׁבְעָה; לָבוּשׁ אֲבֵלוּת
mouse (n) עַכְבָּר; פַּחְדָן
mouth (v) דִּבֵּר, קָרָא

mouth (n) פֶּה
move (v) הֵנִיעַ, הֵזִיז, הֶעְתִּיק, עָקַר מִ־ אֶל־; נָע, זָז; הִסְתּוֹבֵב; עוֹרֵר; נָגַע אֶל לֵב; הִצִּיעַ
move (n) תְּנוּעָה*, נִיעַ; תּוֹר; עֲקִירָה* (מִמָּקוֹם לְמָקוֹם)
movement תְּנוּעָה*; הִתְנוֹעֲעוּת; פֶּרֶק; מַנְגָּנוֹן
movie קוֹלְנוֹעַ
mow (v) קָצַר (עֵשֶׂב)
much (adj) רַב
  be too — בִּלְבֵּל; הָמַם
  make — of הִתְיַחֵס בִּרְצִינוּת לְ־; הֶחֱנִיף לְ־
much (adv) הַרְבֵּה, מְאֹד; כִּמְעַט
mud בֹּץ, בִּצָּה*, רֶפֶשׁ
muddy מְרֻפָּשׁ, מָלֵא בֹּץ
muffin רָקִיק
muffle כִּסָּה, עָטַף, הִתְעַטֵּף; הִשְׁקִיט, הִבְלִיעַ קוֹל, עִמְעֵם
mule פִּרְדָּה*, פֶּרֶד
multiplication כֶּפֶל, הַכְפָּלָה*
multiply הִכְפִּיל, כָּפַל, נִכְפַּל; הִרְבָּה, נִתְרַבָּה
multitude רֹב; הָמוֹן, קָהָל
mumble (v) לָחַשׁ, מִלְמֵל

mummy חָנוּט
municipal עִירוֹנִי
munitions נֶשֶׁק, כְּלֵי מִלְחָמָה
murder (v) רָצַח, הָרַג, הִכָּה; קִלְקֵל, הִשְׁחִית
murder (n) רֶצַח, הֲרִיגָה*
murderer רוֹצֵחַ, מְרַצֵּחַ
murmur (v) מִלְמֵל, לָחַשׁ, הָמָה; הִתְלוֹנֵן, נִרְגַּן
murmur (n) מִלְמוּל, לַחַשׁ, הֶמְיָה*; הִתְלוֹנְנוּת*, רִטּוּן
muscle שְׁרִיר; כֹּחַ
muscular שְׁרִירִי, בַּעַל שְׁרִירִים, בַּעַל גּוּף; בָּרִיא, חָזָק
muse (v) חָשַׁב, הִרְהֵר, הִתְבּוֹנֵן
muse (n) רוּחַ הַשִּׁירָה*, מוּזָה
museum בֵּית נְכוֹת, מוּזֵיאוֹן
mushroom פִּטְרִיָּה*
music מוּסִיקָה*, נְגִינָה*
musical מוּסִיקָלִי; נָעִים, עָרֵב; הַרְמוֹנִי
musician מְנַגֵּן, מוּסִיקַאי
must (v) מֻכְרָח, חַיָּב, צָרִיךְ
mustache שָׂפָם
mustard חַרְדָּל
muster (v) כִּנֵּס, גִּיֵּס; אָזַר
mute (n) אִלֵּם

mute (adj) שׁוֹתֵק, דּוֹמֵם, אִלֵּם
mutiny מֶרֶד, מְרִידָה *
mutter (v) רָטַן, לָחַשׁ; נִרְגַּן
mutter (n) רִטּוּן, לַחַשׁ; הִתְלוֹנְנוּת *
mutton בְּשַׂר כֶּבֶשׂ
mutual הֲדָדִי, שֶׁל גּוֹמְלִין
muzzle (n) לֹעַ (שֶׁל רוֹבֶה); מַחְסוֹם, זְמָם; קֶדַח
my שֶׁלִּי
myriad (n) מִסְפָּר עָצוּם; רְבָבָה *
myrrh מֹר
myself עַצְמִי
mysterious נִסְתָּר, פִּלְאִי, סוֹדִי
mystery תַּעֲלוּמָה *, סוֹד
mystic (adj) מֻפְלָא, נֶעְלָם, סוֹדִי, מִיסְטִי
mysticism קַבָּלָה *, רָזִיּוּת *
myth אַגָּדָה *, מִיתוֹס
mythology מִיתוֹלוֹגְיָה *

N

nag (v) הֵצִיק, הִקְנִיט, הִרְגִּיז בְּקַבְּלָנוּת

nail (v) קָבַע, חִזֵּק בְּמַסְמְרִים

nail (n) מַסְמֵר; צִפֹּרֶן*

hit the — on the head קָלַע אֶל הַמַּטָּרָה, מָצָא אֶת הַמִּלָּה הַמַּתְאֶמֶת

naked עָרֹם, חָשׂוּף, גָּלוּי; פָּשׁוּט

name (v) כִּנָּה, נָקַב, קָרָא

name (n) שֵׁם, כִּנּוּי, תֹּאַר; שֵׁמַע, מוֹנִיטִין (ז"ר); בַּעַל שֵׁם

in the — of בְּשֵׁם; לְשֵׁם; לְמַעַן, בַּעֲבוּר

namely כְּלוֹמַר, הַיְנוּ

nap (v) נִמְנֵם

nap (n) נִמְנוּם, תְּנוּמָה קַלָּה*

napkin מַפִּית*

narcotic (n) סַם מַרְדִּים

narrative (n) סִפּוּר, אַגָּדָה*, מַעֲשִׂיָּה*

narrative (adj) סִפּוּרִי

narrow (v) הֵצֵר; הִגְבִּיל, צִמְצֵם

narrow (adj) צַר; מֻגְבָּל, מְצֻמְצָם

— escape נִצַּל בְּדֶרֶךְ נֵס, נִזַּק כִּמְעַט

nasty נִתְעָב, מָאוּס, מְנֻוָּל

nation עָם, אֻמָּה*

national (n) אֶזְרָח

national (adj) לְאֻמִּי

— anthem הִמְנוֹן

nationalism לְאֻמִּיּוּת

nationality נְתִינוּת*; לְאֹם

native (n) יָלִיד, בֶּן הָאָרֶץ

native (adj) טִבְעִי; בֵּיתִי

natural טִבְעִי; שֶׁבְּטֶבַע

naturalist חוֹקֵר הַטֶּבַע, טִבְעוֹנִי

naturally בְּדֶרֶךְ הַטֶּבַע; כְּמוּבָן

nature טֶבַע; מִין, סוּג; תְּכוּנָה*, מֶזֶג

second — הֶרְגֵּל, טֶבַע שֵׁנִי

naught אֶפֶס
naughty סוֹרֵר; שׁוֹבָב
naval יַמִּי, שֶׁל הַצִּי
navigation נִוּוּט
navigator נַוָּט, יוֹרֵד יָם
navy צִי, חֵיל הַיָּם
nay לֹא, לָאו; שְׁלִילָה*
Nazi נַאצִי, חָבֵר לְמִפְלֶגֶת
הַנַּאצִים בְּגֶרְמַנְיָה
near (v) קָרַב, נִגַּשׁ
near (adj) קָרוֹב, סָמוּךְ; דּוֹמֶה
nearby שֶׁעַל יַד, קָרוֹב, סָמוּךְ
nearly כִּמְעַט, בְּקֵרוּב
neat מְסֻדָּר; נָקִי; פָּשׁוּט; חָרוּץ
neatly; בְּסֵדֶר; בִּנְקָיוֹן; בְּפַשְׁטוּת
בַּחֲרִיצוּת
necessarily בְּהֶכְרֵחַ, בְּעַל כָּרְחוֹ
necessary (n) מִצְרָךְ
necessary (adj) נָחוּץ, הֶכְרֵחִי
necessitate הִצְרִיךְ; הִכְרִיחַ
necessity מִצְרָךְ; הֶכְרֵחַ, צֹרֶךְ,
נְחִיצוּת*; מַחְסוֹר, דַּלּוּת*
neck צַוָּאר; גָּרוֹן; עֹרֶף
— and — צַד בְּצַד
risk one's — סִכֵּן נַפְשׁוֹ
necklace עֲנָק (לַצַּוָּאר)
need (v) הָיָה צָרִיךְ לְ־, הָיָה
לוֹ צֹרֶךְ לְ־
need (n) צֹרֶךְ, נְחִיצוּת*; דַּלּוּת*
needle (n) מַחַט*
needless שֶׁלֹּא לְצֹרֶךְ; בִּלְתִּי
נָחוּץ, מְיֻתָּר
needy דַּל, עָנִי, נִצְרָךְ
negative (n) שְׁלִילָה
negative (adj) שְׁלִילִי, הָפְכִּי
neglect (v) הִתְנַכֵּר, זִלְזֵל,
הִתְרַשֵּׁל; זָנַח, הִזְנִיחַ
neglect (n) הִתְנַכְּרוּת*;
רִשּׁוּל; הַזְנָחָה*
negotiation מַשָּׂא וּמַתָּן
Negro כּוּשִׁי
neigh (v) צָהַל (סוּס)
neighbor (v) הָיָה שָׁכֵן לְ־
neighbor (n) שָׁכֵן
neighborhood שְׁכוּנָה*,
סְבִיבָה*
neighboring שָׁכֵן, סָמוּךְ
neither לֹא זֶה וְלֹא זֶה
nephew אַחְיָן
nerve עָצָב; עֹז, הֶעָזָה*
nervous עֲצַבִּי; עַצְבָּנִי
nervously מִתּוֹךְ עַצְבָּנוּת
nest (v) קִנֵּן, בָּנָה קֵן
nest (n) קֵן; מְעוֹנָה*; מִקְלָט

net (v) לָכַד; צָד בְּרִשְׁתּוֹ; הִרְוִיחַ רֶוַח נָקִי
net (n) רֶשֶׁת*; מִכְמֹרֶת*; כִּלָּה*
neurotic נֶבְרוֹטִי, חוֹלֵה עֲצַבִּים, רַגְשָׁנִי
neutral נֵטְרָלִי, עוֹמֵד מִן הַצַּד
never מֵעוֹלָם לֹא, לְעוֹלָם לֹא; לֹא וָלֹא, בְּהֶחְלֵט לֹא
nevertheless בְּכָל זֹאת, מִכָּל מָקוֹם
new (adj) חָדָשׁ, חָדִישׁ
— moon מוֹלָד, רֹאשׁ חֹדֶשׁ
— Testament הַבְּרִית הַחֲדָשָׁה
— Year's Day רֹאשׁ הַשָּׁנָה
new (adv) מֵחָדָשׁ, מִקָּרוֹב
newcomer חָדָשׁ (מִקָּרוֹב בָּא)
newly (see new, adv)
news חֲדָשָׁה*, חֲדָשׁוֹת**, יְדִיעָה*, יְדִיעוֹת**, שְׁמוּעָה*
newspaper עִתּוֹן
next הַקָּרוֹב, הַסָּמוּךְ, הַבָּא; קָרוֹב סָמוּךְ
— time בַּפַּעַם הַבָּאָה
— to nothing כִּמְעַט וְלֹא כְלוּם
nibble (v) כִּרְסֵם, נָגַס

nice נָעִים, עָרֵב, יָפֶה, נָאֶה, נוֹחַ; דַּק; אָדִיב
nicely יָפֶה, הֵיטֵב
nickel נִיקֶל (מַתֶּכֶת); מַטְבֵּעַ בֶּן 5 סֶנְט (בְּאַרְצוֹת הַבְּרִית)
nickname כִּנּוּי
niece אַחְיָנִית
nigh כִּמְעַט, קָרוֹב
night לַיְלָה, לַיִל, עֶרֶב
— and day יוֹמָם וָלַיְלָה
nightgown כְּתֹנֶת לַיְלָה*
nightingale זָמִיר
nightmare סִיּוּט
Nile הַיְאוֹר, נִילוּס
nine תִּשְׁעָה, תֵּשַׁע*
nineteen תִּשְׁעָה עָשָׂר, תְּשַׁע עֶשְׂרֵה*
—th הַ —
ninety תִּשְׁעִים
ninth הַתְּשִׁיעִי(ת); תְּשִׁיעִית*
nitrogen חַנְקָן
no (n) לֹא, לָאו, שְׁלִילָה*
no (adv) לֹא, לָאו, אַיִן, אֵין
— longer אֵינֶנּוּ עוֹד
— man's land שֶׁטַח הַהֶפְקֵר
— more לְעוֹלָם לֹא

— more than רַק
— one אַף אֶחָד לֹא
nobility אֲצִילוּת *
noble (adj) אֲצִילִי; נִכְבָּד, נַעֲלֶה; נִשְׂגָּב
nobleman אָצִיל, יַחְסָן
nobody אַף אֶחָד לֹא
nod (v) נִעֲנַע בָּרֹאשׁ; רָמַז; נֶאֱחַז בִּתְנוּמָה; הִתְנַדְנֵד
nod (n) נִעֲנוּעַ רֹאשׁ; רֶמֶז; נִעֲנוּעַ
—ding acquaintance הַכָּרָה מִקְרִית* יְדִיעָה שִׁטְחִית*
noise רַעַשׁ, שָׁאוֹן, הֲמֻלָּה *, קוֹל
noisy רוֹעֵשׁ, סוֹאֵן, הוֹמֶה
nomad נוֹדֵד, נָע וָנָד
nominate הִצִּיעַ, הֶעֱמִיד (לִבְחִירָה): מִנָּה
nomination הַצָּעָה *, הַעֲמָדָה *
none אַף אֶחָד לֹא; אַיִן; בִּכְלָל אֵין
— the less בְּכָל זֹאת
nonsense שְׁטוּת *, הֶבֶל
nook פִּנָּה נִסְתֶּרֶת *, קֶרֶן זָוִית *
noon צָהֳרַיִם (ז״ר)
nor וְלֹא זֶה
normal נוֹרְמָלִי; רָגִיל, שָׁכִיחַ; טִבְעִי
normally בְּדֶרֶךְ כְּלָל; כָּרָגִיל
north (n) צָפוֹן
north (adj, see northern)
north (adv, see northward)
northeast (adj) צְפוֹנִי מִזְרָחִי
northern צְפוֹנִי
northward צָפוֹנָה
northwest (adj) צְפוֹנִי מַעֲרָבִי
nose (n) אַף, חֹטֶם; חַרְטוֹם
nostril נָחִיר *
—s נְחִירַיִם (ז״ר)
not לֹא, אֵין; אַל
— at all כְּלָל וּכְלָל לֹא
notable (n) אָדָם נוֹדָע, אָדָם חָשׁוּב
notable (adj) רָאוּי לְהִזָּכֵר; מְצֻיָּן; נוֹדָע, מְפֻרְסָם
notch (v) חָרַץ, עָשָׂה חָרִיץ
notch (n) חָרִיץ, תְּעָלָה
note (v) רָשַׁם (לְזִכָּרוֹן); הֵעִיר; הִשְׁגִּיחַ בְּ־
note (n) רְשִׁימָה *; הֶעָרָה *; מִכְתָּב קָצָר; אִגֶּרֶת רִשְׁמִית *; שְׁטָר; קוֹל, צְלִיל; אוֹת *; חֲשִׁיבוּת *, שֵׁם

compare —s הִשְׁוָה, הֶחֱלִיף דֵּעוֹת
take —s רָשַׁם רְשִׁימוֹת
notebook מַחְבֶּרֶת*, פִּנְקָס
noted (adj) נוֹדָע, מְפֻרְסָם
nothing לֹא כְלוּם, לֹא דָּבָר; דָּבָר קַל עֵרֶךְ; אַיִן, אֶפֶס
notice (v) שָׂם לֵב; הִסְתַּכֵּל
notice (n) הוֹדָעָה*, יְדִיעָה*; הִסְתַּכְּלוּת*; שִׂימַת לֵב; סְקִירָה*
noticeable נִרְאֶה הֵיטֵב, בּוֹלֵט, רָאוּי לִתְשׂוּמֶת לֵב
notify הוֹדִיעַ
notion מֻשָּׂג, מְצָג, דֵּעָה*
notorious נוֹדָע (לִגְנַאי)
notwithstanding עַל אַף —; בְּכָל זֹאת; אַף עַל פִּי שֶׁ —
nought אֶפֶס, לֹא כְלוּם
nourish זָן, הֵזִין, כִּלְכֵּל, הֶאֱכִיל
nourishment מָזוֹן, תְּזוּנָה*
novel (n) רוֹמָן, סִפּוּר, נוֹבֶלָה*
novel (adj) חָדָשׁ, חָדִישׁ; זָר, מוּזָר
novelist מְסַפֵּר, כּוֹתֵב רוֹמָנִים
novelty חִדּוּשׁ; זָרוּת*; חֲדִישׁוּת*
now עַתָּה, עַכְשָׁו, כָּעֵת; כַּיּוֹם; לָכֵן, וּבְכֵן
— and then מִפַּעַם לְפַעַם
— that מִכֵּיוָן שֶׁ־
nowadays (n) הַיּוֹם
nowadays (adv) כַּיּוֹם, בְּיָמֵינוּ אֵלֶּה
nowhere בְּשׁוּם מָקוֹם לֹא
nucleus תּוֹכוֹ שֶׁל דָּבָר, גַּרְעִין
nuisance דָּבָר מַרְגִּיז; טַרְדָן
numb קֵהֶה, שֶׁאֵינוֹ מַרְגִּישׁ
number (v) מָנָה, סָפַר; סִפְרֵר; עָלָה לְ־; סָפוּר
number (n) מִסְפָּר, מִנְיָן, סַךְ; סִפְרָה*; גִּלָּיוֹן, חוֹבֶרֶת*; הוֹפָעָה (בְּתָכְנִית)*
—s רַבִּים
numerous רַב, רַבִּים
nun נְזִירָה*
nurse (v) טִפֵּל, אָמַן, גִּדֵּל, טִפַּח; הֵינִיקָה; כִּלְכֵּל
nurse (n) אָחוֹת (רַחֲמָנִיָּה)*; אוֹמֶנֶת*; מֵינֶקֶת*
nursery חֲדַר יְלָדִים; מִשְׁתָּלָה*; גַּנּוֹן
nut אֱגוֹז; אֹם; לֵב
nutrition תְּזוּנָה*
nymph נִימְפָה

O

O! הוֹ!, הוֹי!
oak (עֵץ) אַלּוֹן
oaken שֶׁמֵּאַלּוֹן
oar (n) מָשׁוֹט
oasis נְאוֹת מִדְבָּר**
oats שִׁבֳּלֵי שׁוּעָל*
oath שְׁבוּעָה*, נֶדֶר
take an — נִשְׁבַּע
oatmeal קֶמַח שִׁבֹּלֶת שׁוּעָל, גְּרִיסִין
obedience מִשְׁמַעַת, הַקְשָׁבָה
obedient צַיְתָן, בַּעַל מִשְׁמַעַת
obey צִיֵּת, נִשְׁמַע, הִקְשִׁיב
object (v) הִתְנַגֵּד לְ־
object (n) דָּבָר (מַמָּשִׁי), חֵפֶץ נוֹשֵׂא עִנְיָן; מַטָּרָה; נָשׂוּא
objection הִתְנַגְּדוּת*, עִרְעוּר, קֻשְׁיָה
objective מַטָּרָה*; מַמָּשִׁי; בְּלִי מַשּׂוֹא פָּנִים
obligation חוֹבָה, הִתְחַיְּבוּת*; עֹל
oblige חִיֵּב, הִכְרִיחַ; עָשָׂה חֶסֶד עִם —
obscene מְגֻנֶּה, גַּס
obscure (v) עִמְעֵם, הֶעֱלִים; הֶאֱפִיל, עִרְפֵּל
obscure (adj) לֹא בָּרוּר, לֹא מוּבָן; נֶעְלָם; מְכֻסֶּה; נִסְתָּר; בִּלְתִּי נוֹדָע; אָפֵל, עַרְפִּלִי
observance שְׁמִירָה*; מִנְהָג, טֶקֶס
observant שׁוֹמֵר מִצְוָה
observation רְאִיָּה*, הִסְתַּכְּלוּת*; הֶעָרָה*
observe רָאָה, הִסְתַּכֵּל, הִשְׁקִיף; הֵעִיר עַל; שָׁמַר; חָגַג
observer רוֹאֶה, מִסְתַּכֵּל, מַשְׁקִיף; שׁוֹמֵר, מְדַקְדֵּק
obstacle מִכְשׁוֹל, מַעְצוֹר, מְנִיעָה*
obstinate קְשֵׁה עֹרֶף, עַקְשָׁנִי
obstruct חָסַם; עָצַר, עִכֵּב

obstruction מִכְשׁוֹל, עִכּוּב, מַעְצוֹר
obtain הִשִּׂיג, קָנָה; הָיָה נָהוּג
obvious בָּרוּר, גָּלוּי, פָּשׁוּט
obviously כְּמוּבָן; בְּבֵרוּר
occasion (v) הֵבִיא לִידֵי, גָּרַם
occasion (n) מִקְרֶה, הִזְדַּמְּנוּת*; מְאֹרָע
  on — מִפַּעַם לְפַעַם; לְפִי הַצֹּרֶךְ, לְעֵת מְצֹא
occasional מִקְרִי; אַרְעִי; בְּאַקְרַאי
occasionally מִפַּעַם לְפַעַם; לִפְעָמִים, לְעִתִּים
occupant שָׁכֵן, דַּיָּר; מִי שֶׁקָּנָה לוֹ אֲחִיזָה
occupation מְלָאכָה*, עֲבוֹדָה*; עֵסֶק; מִשְׁלַח יָד, הִתְעַסְּקוּת*; אֲחִיזָה, תְּפִיסָה*; חֲזָקָה*; כִּבּוּשׁ
occupy תָּפַס, (מָקוֹם) הֶעֱסִיק; תָּפַס, כָּבַשׁ; דָּר בְּ־
occur קָרָה, אֵרַע, הָיָה; נִמְצָא; עָלָה בְּדַעְתּוֹ
occurrence מִקְרֶה; הִמָּצְאוּת
ocean אוֹקְיָנוֹס, יָם
o'clock הַשָּׁעָה —
octave אוֹקְטָבָה
odd מוּזָר, מְשֻׁנֶּה; יוֹצֵא מִן הַכְּלָל; שׁוֹנֶה; פֶּרֶט
oddly בְּאֹפֶן מְשֻׁנֶּה; בְּזָרוּת
odds חִלּוּקֵי דֵעוֹת (ז״ר); יִתְרוֹן
  be at — with הֵם חֲלוּקִים בְּדֵעוֹתֵיהֶם, יֵשׁ מַחֲלֹקֶת בֵּינֵיהֶם
ode שִׁיר נִשְׂגָּב, אוֹדָה
odor רֵיחַ, בֹּשֶׂם
of מִן; שֶׁל; בֵּין; עַל אוֹדוֹת
off מֶרְחָק; רָחוֹק; לַמֶּרְחָק; בִּלְתִּי מְחֻבָּר
  be — עָזַב, הָלַךְ לוֹ
  badly — דָּחוּק, בְּמַצָּב רַע
  break — נִתֵּק אֶת הַקֶּשֶׁר
  come — נָשַׁר
  — and on לְסֵרוּגִין
  well — אָמִיד, בְּמַצָּב טוֹב
offend עָלַב; חָטָא; הִכְעִיס
offense עֶלְבּוֹן; חֵטְא, עֲבֵרָה*; הֵעָלְבוּת*; הַתְקָפָה*
offensive (n) הַתְקָפָה*
offensive (adj) עוֹלֵב; מַכְעִיס; מַתְקִיף; מְעוֹרֵר בְּחִילָה
offer (v) הִצִּיעַ, הִגִּישׁ, הוֹשִׁיט
offer (n) הַצָּעָה*
offering (n) קָרְבָּן; תְּרוּמָה*

office מִשְׂרָד, לִשְׁכָּה*; מִשְׂרָה*, תַּפְקִיד
hold — נָשָׂא מִשְׂרָה, מִלֵּא תַּפְקִיד
officer (n) קָצִין; פָּקִיד; שׁוֹטֵר
official (n) פָּקִיד, מְמֻנֶּה
official (adj) רִשְׁמִי; מֻסְמָךְ
officially בְּאֹפֶן רִשְׁמִי
offspring יְלָדִים (ז"ר), צֶאֱצָאִים (ז"ר)
often לְעִתִּים קְרוֹבוֹת, תְּכוּפוֹת
oh! הוֹ!, אוֹי!, הוֹי!, אֲהָהּ!, אָח!
oil (v) סָךְ; מָשַׁח
oil (n) שֶׁמֶן, נֵפְט
ointment סִיכָה*, מִשְׁחָה*
old זָקֵן, שָׂב, בּוֹגֵר, יָשָׁן; עַתִּיק; בֶּן — שָׁנִים
— age זִקְנָה*
— clothes בְּלוֹיִים (ז"ר)
— fashioned מְיֻשָּׁן, שֶׁעָבַר זְמַנּוֹ, מִימֵי תֶּרַח
— maid בְּתוּלָה זְקֵנָה*
— Testament תַּנַ"ךְ
olive זַיִת
omelet (te) חֲבִתָּה
omit הִשְׁמִיט; זָנַח
on עַל, עַל פְּנֵי, עַל גַּבֵּי; הָלְאָה; עַל אוֹדוֹת; בִּפְעֻלָּה
be — הָיָה חָבֵר לְ־
go — הִמְשִׁיךְ; יָצָא לְ־
later — אַחַר כָּךְ
live — הִמְשִׁיךְ לִחְיוֹת; הִתְקַיֵּם בְּ־
— the one hand מִצַּד אֶחָד, מִבְּחִינָה* אַחַת
— time בַּמּוֹעֵד, לַמּוֹעֵד
once פַּעַם; לְפָנִים
at — מִיָּד; בְּיַחַד
— upon a time הָיֹה הָיָה, פַּעַם אַחַת, לְפָנִים
one (n) אֶחָד; אָדָם
— another אִישׁ אֶת אָחִיו
— by — אֶחָד אֶחָד
— or two אֶחָד אוֹ שְׁנַיִם
one (adj) אֶחָד, אַחַת*
— sided חַד צְדָדִי
oneself בְּעַצְמוֹ, לְעַצְמוֹ אֶת עַצְמוֹ
onion בָּצָל
only (adj) יָחִיד
only (adv) בִּלְבַד; רַק, אַךְ; אֶלָּא שֶׁ־
onto אֶל גַּבֵּי
onward הָלְאָה, קָדִימָה

ooze (v) זָב, נָטַף, טִפְטֵף
opal לֶשֶׁם
opaque אָטוּם; בִּלְתִּי שָׁקוּף; עָכוּר; סָתוּם; טִפְּשִׁי
open (v) פָּתַח, פָּקַח, פָּעַר; פֵּרַשׂ; יָסַד, הִתְחִיל
— on פָּנָה אֶל
open (n) חוּץ, אֲוִיר; שֶׁטַח פָּתוּחַ
open (adj) פָּתוּחַ, פָּקוּחַ, פָּעוּר; גָּלוּי; פָּרוּשׂ; יָשָׁר; פָּנוּי
lie — to הָיָה חָשׂוּף, גָּלוּי
— city עִיר מְפֻרֶזֶת*, עִיר פְּרָזוֹת
opening (n) פְּתִיחָה*; פֶּתַח; פִּתָּחוֹן; פִּרְצָה; הִזְדַּמְּנוּת*
openly לְעֵין כֹּל, בְּפַרְהֶסְיָה, בְּגָלוּי
opera אוֹפֶּרָה*
operate פָּעַל, הִפְעִיל; נִהֵל; נִתַּח
operation פְּעֻלָּה*, הַפְעָלָה*; נִהוּל; נִתּוּחַ
operator פּוֹעֵל; מְכוֹנַן; מְנַתֵּחַ
opinion דֵּעָה*, חַוַּת דַּעַת*, סְבָרָה
opponent (n) מִתְנַגֵּד
opponent (adj) הָפוּךְ
opportunity הִזְדַּמְּנוּת*, שְׁעַת כֹּשֶׁר*

oppose הִתְנַגֵּד; עָמַד בִּפְנֵי; הֶעֱמִיד נֶגֶד
opposite (n) הֶפֶךְ; סְתִירָה*
opposite (adj) נֶגְדִּי, הָפְכִּי
opposite (adv) נֶגֶד, מוּל, נֹכַח
opposition הִתְנַגְּדוּת*; נִגּוּד, הַצַּד שֶׁכְּנֶגֶד
oppress לָחַץ, הֵעִיק; עִנָּה, נָגַשׂ, דִּכָּא
oppression לַחַץ; נְגִישָׂה*, דִּכָּאוֹן
optimism אוֹפְּטִימִיּוּת*, הַשְׁקָפַת* חַיִּים שְׂמֵחָה, אֱמוּנָה* בְּטוּב הָעוֹלָם
or אוֹ
oracle עֲצַת* אֱלֹהִים, דְּבַר נָבִיא; כְּאוּרִים וְתֻמִּים; נָבִיא
oral בְּעַל פֶּה
orange תַּפּוּחַ זָהָב, תַּפּוּז
orange (adj) צְהֹב זָהָב אוֹרַנְג׳
orator נוֹאֵם, מַטִּיף, דַּבְּרָן
orbit מְסִלָּה*, מְסִלַּת הַכּוֹכָבִים; שֶׁטַח הַהַשְׁפָּעָה
orchard גַּן, פַּרְדֵּס
orchestra תִּזְמֹרֶת*
ordain מִנָּה; סָמַךְ יָדוֹ עַל; פָּקַד, צִוָּה

ordeal נִסָּיוֹן קָשֶׁה, חֲוָיָה קָשָׁה *

order (v) פָּקַד, צִוָּה, גָּזַר; נָתַן הוֹרָאָה; סִדֵּר, עָרַךְ; נִהֵל; הִזְמִין; תִּקֵּן

order (n) צַו, פְּקֻדָּה*; מִצְוָה*; סֵדֶר; מַצָּב טוֹב; מִשְׁטָר; הַזְמָנָה*; מִין, מַחְלָקָה*; מְסֻדָּר

  in — בְּסֵדֶר

  in — to כְּדֵי לְ־

  out of — שֶׁלֹּא בְּסֵדֶר; שֶׁלֹּא מִן הָעִנְיָן

orderly (adj) מְסֻדָּר; שִׁיטָתִי

ordinance חֹק, פְּקֻדָּה

ordinarily כְּרָגִיל; עַל פִּי רֹב

ordinary רָגִיל; מָצוּי; פָּחוּת

ore מַחְצָב, עַפְרוֹת מַתֶּכֶת (ז"ר)

organ אֵבֶר, חֵלֶק; בִּטָּאוֹן; עוּגָב מַפּוּחִית* פֶּה

  mouth — מַפּוּחִית* פֶּה

organic אוֹרְגָנִי; יְסוֹדִי

organism אוֹרְגָנִיזְם; מַנְגָּנוֹן

organization אִרְגּוּן, הִסְתַּדְּרוּת* מְסֻדָּר, אֲגֻדָּה*; אִגּוּד, יִסּוּד

organize עָרַךְ, סִדֵּר; יִסַּד; אִגֵּד, אִרְגֵּן

orient (v) הִפְנָה, כִּוֵּן; הִתְמַצֵּא

orient (n) מִזְרָח, קֶדֶם

oriental מִזְרָחִי

origin מָקוֹר, מוֹצָא, רֵאשִׁית*, סִבָּה*

original (n) מָקוֹר; דְּבַר־אֳמָנוּת מְקוֹרִי

original (adj) מְקוֹרִי, חָדָשׁ

originally מֵרֹאשׁ; בָּרִאשׁוֹנָה; בְּדֶרֶךְ מְקוֹרִית

originate הִמְצִיא; הֵבִיא, הוֹלִיד; יָצָא מִ־

ornament (v) קִשֵּׁט

ornament (n) תַּכְשִׁיט, קִשּׁוּט

orphan (v) יִתֵּם

orphan (n) יָתוֹם; יְתוֹמָה*

orphan (adj) מְיֻתָּם

other (n) אַחֵר

  each — אִישׁ לְאָחִיו, זֶה אֶת זֶה

  every — כָּל הָאֲחֵרִים; כָּל שֵׁנִי

  on the — hand מֵאִידָךְ גִּיסָא

  the — day תְּמוֹל שִׁלְשׁוֹם, זֶה לֹא כְּבָר

other (adj) נוֹסָף; שׁוֹנֶה; אַחֵר

otherwise אַחֶרֶת; בְּאֹפֶן אַחֵר

otter כֶּלֶב מַיִם

ought צָרִיךְ לְ־
ounce אוּנְקִיָּה *
our(s) שֶׁלָּנוּ
ourselves עַצְמֵנוּ
out בַּחוּץ; מִחוּץ; מִן; הַחוּצָה; הָלְאָה
come — הוֹפִיעַ; יָצָא
down and — יָרוּד
make — הֵבִין, תָּפַס
— and — מֻחְלָט
— of מִתּוֹךְ; מִחוּץ לְ־; (עָשׂוּי) מִן
— of date, — of style מְיֻשָּׁן, לֹא בְּאָפְנָה
— of doors בַּחוּץ, בָּאֲוִיר הַצַּח
— of work מְבֻטָּל
run — of אָזַל לוֹ
outbreak הִתְפָּרְצוּת*; מְהוּמָה*
outcast נִדָּח, מְנֻדֶּה, חֲסַר מִקְלָט, עָזוּב
outcome תּוֹצָאָה*, פֹּעַל יוֹצֵא, הַיּוֹצֵא מִזֶּה
outdoor שֶׁבַּחוּץ; שֶׁל הַחוּץ
outer חִיצוֹנִי
outfit (v) צִיֵּד; הִלְבִּישׁ
outfit (n) צִיּוּד, ; תִּלְבֹּשֶׁת *
outlaw (v) הִתִּיר דָּמוֹ, הִפְקִירוֹ, הוֹצִיאוֹ מִחוּץ לַחֹק
outlaw (n) פּוֹשֵׁעַ מוּעָד, מֻפְקָר
outlet מוֹצָא, פֶּתַח; תֶּקַע; שׁוּק
outline (v) רָשַׁם תַּבְנִית; רָשַׁם תָּכְנִית
outline (n) תַּבְנִית*; תָּכְנִית*
output תּוֹצֶרֶת *
outrage (v) עָשָׂה נְבָלָה; עוֹרֵר זְוָעָה
outrage (n) נְבָלָה*; זְוָעָה*
outrageous מַחְפִּיר, מַעֲלִיב, מְעוֹרֵר זְוָעָה
outside (n) הַחוּץ
outside (adj) חִיצוֹנִי
outside (adv) בַּחוּץ; הַחוּצָה
outskirts עִבּוּר (עֲבוּרָהּ שֶׁל עִיר), פַּרְבָּרִים
outstanding בּוֹלֵט; מְצֻיָּן
outward (see outside, adj)
outward (adv) הָלְאָה, הַחוּצָה
oval סְגַלְגַּל
oven תַּנּוּר, כִּבְשָׁן
over עַל, מֵעַל לְ־; גָּבֹהַּ מִ־; עַל פְּנֵי; מֵעֵבֶר לְ־; יוֹתֵר מִ־; מֵרֹאשׁ וְעַד סוֹף; יֶתֶר עַל; בְּמֶשֶׁךְ; עַל אוֹדוֹת; עוֹד

פַּעַם; נוֹסָף עַל; גָּמוּר

all — גָּמוּר; עַל פְּנֵי כָּל הַשֶּׁטַח

look — סָקַר, בָּדַק

— and — עוֹד פַּעַם וְעוֹד פַּעַם

take — תָּפַס, לָקַח לְיָדָיו

turn — הֶעֱבִיר, מָסַר; הִתְהַפֵּךְ

overalls סַרְבָּל

overcoat מְעִיל, אַדֶּרֶת*

overcome נִצַּח; נִדְהַם

overflow (v) עָלָה עַל גְּדוֹתָיו

overflow (n) שֶׁטֶף, עֹדֶף, יֶתֶר

overhead (n) הוֹצָאוֹת** כְּלָלִיּוֹת (ז"ר)

overhead (adj) שֶׁמִּלְמַעְלָה

overhead (adv) מִמַּעַל (לָרֹאשׁ)

overhear שָׁמַע שֶׁלֹּא בְּמִתְכַּוֵּן

overlook לֹא שָׂם לֵב; פִּקֵּחַ; סָלַח; נִשְׁקַף עַל

overnight לְמֶשֶׁךְ הַלַּיְלָה

overpower הִתְגַּבֵּר עַל; נִצַּח, הִכְרִיעַ

overseas מֵעֵבֶר לַיָּם

overtake הִשִּׂיג, הִדְבִּיק

overthrow (v) הָפַךְ, הִפִּיל; כָּבַשׁ

overture (music) פְּתִיחָה

make — s הִצִּיעַ

overturn (v) הָפַךְ

overwhelm הָמַם; הִדְהִים

overwhelming (adj) מַדְהִים

owe הָיָה חַיָּב, חָב; הָיָה אֲסִיר תּוֹדָה

owl יַנְשׁוּף

own (v) הָיָה לוֹ, בַּעַל —; הוֹדָה בְּ־

own (adj) שֶׁלּוֹ

hold one's — הֶחֱזִיק בְּעֶמְדָּתוֹ

of one's — מִשֶּׁלּוֹ

on one's — לְבַדּוֹ; עַל אַחֲרָיוּתוֹ

owner בַּעַל, אָדוֹן

ownership בַּעֲלוּת*

ox שׁוֹר

oxygen חַמְצָן

oyster צִדְפָּה*

P

pace (v) צָעַד; הָלַךְ הָלוֹךְ וָשׁוֹב
pace (n) צַעַד, פְּסִיעָה*; הִלּוּךְ; מְהִירוּת*
pacific שָׁקֵט, מַשְׁקִיט
— Ocean הַיָּם הַשָּׁקֵט, הָאוֹקְיָנוֹס הַשָּׁקֵט
pack (v) אָרַז; דָּחַס
pack (n) חֲבִילָה*, צְרוֹר, חֲפִיסָה*; עֵדָה*, חֶבֶר
pact חוֹזֶה, בְּרִית*
package (n) צְרוֹר, חֲבִילָה*
pad (v) רִפֵּד; הִרְחִיב
pad (n) כַּר; טַבְלָה*
paddle (v) הֵשִׁיט, חָתַר; חָבַט
paddle (n) מָשׁוֹט; מַחְבֵּט
pagan (n) עוֹבֵד אֱלִילִים, עכּו״ם
page (n) עַמּוּד, צַד; שָׁלִיחַ
pageant חִזָּיוֹן, מַחֲזֵה תִּפְאֶרֶת, תַּהֲלוּכַת תִּפְאֶרֶת, חֲגִיגָה הֲמוֹנִית
pail דְּלִי
pain (v) הִכְאִיב; צִעֵר
pain (n) כְּאֵב; צַעַר
— s הִתְאַמְּצוּת*
painful מַכְאִיב; מְצַעֵר
paint (v) צָבַע, צִבֵּעַ, צִיֵּר
paint (n) צֶבַע
painter צַבָּע; צַיָּר
painting (n) צִיּוּר, תְּמוּנָה*; צְבִיעָה*; צַיָּרוּת*
pair (v) זִוֵּג, צִמֵּד
— off הֶעֱמִיד זוּגוֹת זוּגוֹת
pair (n) זוּג, צֶמֶד
pajamas בִּגְדֵי שֵׁנָה, פִּיגָ׳מָה
palace אַרְמוֹן, הֵיכָל
pale (v) הֶחֱוִיר, הִלְבִּין
pale (n) תְּחוּם, גְּבוּל
pale (adj) חִוֵּר
palm (n) כַּף יָד; דֶּקֶל, תָּמָר
pamphlet חוֹבֶרֶת*, קֻנְטְרֵס, כְּתָב פְּלַסְתֵּר
pan (n) מַחֲבַת*
pancake חֲבִתָּה*, לְבִיבָה*

pancreas תַּתְקֵבָה *, פַּנְקְרֵיאַס
pane זְגוּגִית *, שִׁמְשָׁה * מִלֵּא (מִסְגֶּרֶת)
panel (v) שִׁבֵּץ, קָבַע רְצוּעוֹת קֶשֶׁט
panel (n) רְצוּעָה *, מִשְׁבֶּצֶת *; חֶבֶר מִתְוַכְּחִים; חֶבֶר שׁוֹפְטִים
pang דְּקִירָה *, כְּאֵב חָרִיף
— s of — חֶבְלֵי —, יִסּוּרֵי —
panic מְהוּמָה *, בֶּהָלָה *, מְבוּכָה *
pant (v) נָשַׁם בִּכְבֵדוּת
pant (n) נְשִׁימָה כְבֵדָה וּמְהִירָה
panther פַּנְתֵּר, נָמֵר
pantry מְזָוֶה
pants מִכְנָסַיִם (ז״ז)
pa(pa) אַבָּא
paper (n) נְיָר; מַאֲמָר, חִבּוּר; עִתּוֹן (יוֹמִי)
— s תְּעוּדוֹת **; תְּעוּדַת־זֶהוּת *
paper (adj) עֲשׂוּי נְיָר
parachute (v) מַצְנֵחַ, מִצְנָח
parachutist צַנְחָן
parade (v) עָבַר בַּסָּךְ; הִצִּיג
parade (n) תַּהֲלוּכָה *; מִסְדָּר; הַצָּגָה *
paradise (גַּן) עֵדֶן
paragraph (n) סְעִיף, קֶטַע, פִּסְקָה *
parallel (n) מַקְבִּיל; מָשָׁל; הַקְבָּלָה *, דִּמְיוֹן
parallel (adj) מַקְבִּיל; דּוֹמֶה; שָׁוֶה
parallel (v) הִקְבִּיל, דָּמָה
paralysis שִׁתּוּק
paralyze שִׁתֵּק
parasite טַפִּיל, חַי עַל חֶשְׁבּוֹן אֲחֵרִים
parcel (v) אָרַז בַּחֲבִילוֹת; חִלֵּק לַחֲלָקוֹת
parcel (n) חֲבִילָה *; סֵדֶר; חֶלְקָה *
— post דֹּאַר חֲבִילוֹת
parchment קְלָף
pardon (v) סָלַח, חָנַן
pardon (n) סְלִיחָה *, חֲנִינָה *
parent הוֹרֶה, הוֹרָה *, אָב, אֵם
— s הוֹרִים (ז״ר)
parish עֵדָה *, קְהִלָּה *
park (v) הִשְׁאִיר, נִשְׁאַר; הֶחֱנָה מְכוֹנִית
park (n) גַּן צִבּוּרִי, פַּרְק
parliament בֵּית מְחוֹקְקִים
parlor טְרַקְלִין; אוּלָם; חֶדֶר צִבּוּרִי

parrot (n) תֻּכִּי
parsley כַּרְפַּס
parson כֹּמֶר
part (v) חִלֵּק, חָצָה, הִפְרִיד; נִתְחַלֵּק, נִתְפָּרֵד, נִפְרַד, נִפְטַר; נִתַּק
— **with** וִתֵּר עַל; נִפְרַד מִן
part (n) חֵלֶק, קֶטַע; תַּפְקִיד
for the most — בְּרֻבּוֹ; עַל פִּי רֹב
in — בְּמִקְצָת
take — הִשְׁתַּתֵּף
partake הִשְׁתַּתֵּף בְּ...; טָעַם מִן
partial חֶלְקִי; מְחַבֵּב; נוֹשֵׂא פָּנִים לְ-
partially בְּחֶלְקוֹ, בְּמִקְצָת
participate הִשְׁתַּתֵּף, לָקַח חֵלֶק
particle פְּרֻדָּה*, שֶׁמֶץ
particular (n) פְּרָט
particular (adj) פְּרָטִי, מְיֻחָד; מְפֹרָט; מְדַקְדֵּק, קַפְּדָנִי
particularly בְּיִחוּד, בִּפְרָט; בְּקַפְּדָנוּת; בִּפְרוֹטְרוֹט
partisan (n) חָסִיד; פַּרְטִיזָן
partition (v) חִלֵּק, הִבְדִּיל
partition (n) חֲלֻקָּה*, חִלּוּק
partly בְּחֶלְקוֹ, בְּמִקְצָת
partner חָבֵר, שֻׁתָּף, בֶּן זוּג
partnership שִׁתּוּף, הִשְׁתַּתְּפוּת*, שֻׁתָּפוּת*
partridge חָגְלָה*, קוֹרֵא (עוֹף)
party מְסִבָּה*, מִשְׁתֶּה; מִפְלָגָה*; צַד, בַּעַל דִּין; מִשְׁתַּתֵּף
pass (v) עָבַר, הָלַךְ; עָמַד בִּבְחִינָה; עָלָה עַל; הֶעֱבִיר; חָלַף; הָיָה, קָרָה; הִסְתַּלֵּק, מֵת
let it — נִמְנַע מֵעַרְעוּר; נַנִּיחַ עִנְיָן זֶה
— **a law** קָבַע חֹק
— **for** נֶחְשַׁב לְ(זוּלָתוֹ)
— **judgment on** דָּן, שָׁפַט
pass (n) מַעֲבָר; תְּעוּדַת מַעֲבָר*; תְּעוּדַת חֻפְשָׁה*, אִשּׁוּר חֻפְשָׁה; כַּרְטִיס חִנָּם
passage קֶטַע, פָּסוּק; מַעֲבָר; מַסָּע, נְסִיעָה*; דֶּרֶךְ; קְבִיעָה* (שֶׁל חֹק)
passenger נוֹסֵעַ
passion רֶגֶשׁ; תַּאֲוָה*; אַהֲבָה*; הִתְרַגְּשׁוּת*
passionate רַגְשָׁנִי; בַּעַל תַּאֲוָה, לָהוּט אַחַר
passive נִפְעָל, פַּסִּיבִי
Passover חַג הַפֶּסַח

passport דַּרְכּוֹן
past (n) עָבָר
past (adj) שֶׁעָבַר
past (adv) אַחֲרֵי; הָלְאָה;
יוֹתֵר מִן, לְמַעְלָה מִן; עַל יַד,
עַל פְּנֵי
paste (v) הִדְבִּיק
paste (n) דֶּבֶק; עִסָּה*
tooth — מִשְׁחַת* שִׁנַּיִם
pastime שַׁעֲשׁוּעַ
pastor כֹּמֶר
pastry מַאֲפֶה
pasture (n) מִרְעֶה
pat (v) לִטֵּף; טָפַח
pat (n) לְטִיפָה*; טְפִיחָה*
patch (v) הִטְלִיא; תִּקֵּן
patch (n) טְלַאי, מַטְלִית*
patent (v) רָשַׁם הַמְצָאָה
patent (n) הַמְצָאָה*, זְכוּת*,
פַּטֶּנְט
patent (adj) בָּרוּר, גָּלוּי
paternal אַבְהִי; קָרוֹב מִצַּד
הָאָב; מִצַּד הָאָב
path דֶּרֶךְ, שְׁבִיל
pathetic מַעֲצִיב, נוֹגֵעַ עַד לֵב
patience סַבְלָנוּת*, אֹרֶךְ רוּחַ
patient (n) חוֹלֶה

patient (adj) שׁוֹקֵד; סַבְלָנִי
patiently בִּשְׁקִידָה; בְּסַבְלָנוּת
patriarch אָב רִאשׁוֹן, אֲבִי שֵׁבֶט;
זָקֵן נִכְבָּד; בִּישׁוֹף רָאשִׁי
patriot פַּטְרִיוֹט, חוֹבֵב אַרְצוֹ
patriotic פַּטְרִיוֹטִי, חוֹבֵב אַרְצוֹ
patriotism פַּטְרִיוֹטִיּוּת*,
אַהֲבַת* הַמּוֹלֶדֶת
patrol (v) סָבַב בְּמִשְׁמָר
patrol (n) מִשְׁמָר
patron לָקוֹחַ; תּוֹמֵךְ
patronage נֶאֱמָנוּת הַלָּקוֹחוֹת*;
חָסוּת* תְּמִיכָה*
patter (v) פִּטְפֵּט; דָּפַק
patter (n) פִּטְפּוּט; דְּפִיקוֹת**
pattern (v) עָשָׂה כְּדֻגְמַת
pattern (n) דֻּגְמָה*; תָּכְנִית*
pause (v) שָׁהָה; הִפְסִיק
pause (n) שְׁהִיָּה; הַפְסָקָה*
pave רִצֵּף, סָלַל, כָּבַשׁ
pavement מַרְצֶפֶת*, כְּבִישׁ
pavilion בִּיתָן
paw (n) רֶגֶל* בַּעַל חַיִּים
pawn (v) מִשְׁכֵּן, נָתַן בְּעֵרָבוֹן
pawn (n) עֵרָבוֹן, מַשְׁכּוֹן
pay (v) שִׁלֵּם, סִלֵּק
— a visit בִּקֵּר

pay (n) מַשְׂכֹּרֶת*, שָׂכָר, תַּשְׁלוּם
payment תַּשְׁלוּם
pea אֲפוּנָה*
peace שָׁלוֹם, שַׁלְוָה*, שֶׁקֶט
break the — הִתְקוֹטֵט
hold one's — שָׁתַק, שָׁקַט
make — הִשְׁלִים, הִתְפַּיֵּס
— of mind שַׁלְוַת רוּחַ*; מְנוּחַת הַנֶּפֶשׁ*
peaceable שָׁלֵו; אוֹהֵב שָׁלוֹם
peaceful (see peaceable)
peach אֲפַרְסֵק
peacock טַוָּס; גַּאַוְתָן
peak (n) צוּק, שֵׁן; רֹאשׁ, שִׂיא
peal (v) רָעַם; צִלְצֵל; הֵרִיעַ
peal (n) רַעַם; צִלְצוּל; תְּרוּעָה*
peanut בָּטְנָה
pear אַגָּס
pearl פְּנִינָה*, מַרְגָּלִית*
peasant אִכָּר; פַּלָּח
pebble (v) חִסְפֵּס
pebble (n) חָצָץ, חַלּוּק אֲבָנִים
peck (v) נִקֵּר, חִטֵּט; כִּרְסֵם
peck (n) נִקּוּר, חִטּוּט
peculiar מְשֻׁנֶּה, מוּזָר; מְיֻחָד
peculiarity תְּכוּנָה*, טִיב; עַצְמִיּוּת*; תְּכוּנָה מוּזָרָה*

pedagogy תּוֹרַת* הַחִנּוּךְ
peddler רוֹכֵל
pedestal כַּן, בָּסִיס
pedestrian הוֹלֵךְ בָּרֶגֶל, הַלָּךְ
peel (v) קִלֵּף, קָלַף, חָשַׂף
peel (n) קְלִפָּה*
peep (v) הֵצִיץ, הִבִּיט בִּגְנֵבָה; הִשְׁגִּיחַ דֶּרֶךְ־; צִפְצֵף
peep (n) הֲצָצָה*, מַבָּט גָּנוּב; צִפְצוּף
peer (v) הֵצִיץ
peer (n) חָבֵר, שָׁוֶה עֵרֶךְ; אָצִיל
peg (v) קָבַע יָתֵד בְּ־; קָבַע בְּיִתֵדוֹת
peg (n) יָתֵד*, וָו, מַסְמֵר
pen (v) כָּתַב (בְּעֵט), רָשַׁם; גָּדַר, כָּלָא
pen (n) עֵט; דִּיר, גְּדֵרָה*
ball — עֵט כַּדּוּרִי
fountain — עֵט נוֹבֵעַ
— name כִּנּוּי סִפְרוּתִי
— point צִפֹּרֶן
penalty עֹנֶשׁ
penance תְּשׁוּבָה*, סִגּוּפִים
do — for עָשָׂה תְּשׁוּבָה, הִסְתַּגֵּף
pencil (v) כָּתַב, רָשַׁם; צִיֵּר

pencil (n) עִפָּרוֹן
penetrate חָדַר (לְתוֹךְ); חָדַר וְעָבַר; רָאָה לְתוֹךְ; יָרַד לְכַוָּנַת
peninsula חֲצִי אִי
penknife אוֹלָר
penny פְּרוּטָה*, אֲגוֹרָה*
pension (n) קִצְבָּה*, פֶּנְסְיָה
Pentateuch חֻמָּשׁ, חֲמִשָּׁה חֻמְשֵׁי תוֹרָה
Pentecost חַג הַשָּׁבוּעוֹת
people (v) יִשֵּׁב; הָיָה מְיֻשָּׁב
people (n) עַם, אֻמָּה*; אֶזְרָחִים (ז״ר): הָעָם, הֶהָמוֹן, הָאֻכְלוּסִיָּה*; אֲנָשִׁים (ז״ר); קְרוֹבִים (ז״ר)
— of בְּנֵי
pepper (v) פִּלְפֵּל: פִּזֵּר, תִּבֵּל
pepper (n) פִּלְפֵּל
per לְ־
perceive רָאָה, הִכִּיר; הֵבִין
percent אָחוּז לְמֵאָה
percentage שִׁעוּר אֲחוּזִים לְמֵאָה; חֵלֶק; עֲמָלָה*
perceptible מוּחָשׁ, מֻרְגָּשׁ
perception תְּחוּשָׁה*, הַרְגָּשָׁה*, תְּפִיסָה*
perch (v) נָחַת עַל מוֹט; נָח עַל מוֹט
perch (n) מוֹט, בַּד, מָנוֹחַ לְכַף רֶגֶל; מוֹשָׁב רָם
perfect (v) טִהֵר; תִּקֵּן; שִׁכְלֵל; הִשְׁלִים
perfect (adj) נִגְמַר; נָכוֹן בְּהֶחְלֵט; מְשֻׁכְלָל; שָׁלֵם
perfection שִׁכְלוּל; שְׁלֵמוּת*; הַשְׁלָמָה*; הִצְטַיְּנוּת*
perfectly בְּתֹם; בְּשִׂיא הַשִּׁכְלוּל; בִּשְׁלֵמוּת
perform עָשָׂה, בִּצַּע, הוֹצִיא לַפֹּעַל; שִׂחֵק, בִּדֵּר; נִגֵּן, שָׁר; קִיֵּם
performance הוֹפָעָה*, הַצָּגָה*: הוֹצָאָה לַפֹּעַל*, עֲשִׂיָּה*, בִּצּוּעַ; מַעֲשֶׂה
perfume (v) בִּשֵּׂם
perfume (n) בֹּשֶׂם
perhaps אוּלַי, אֶפְשָׁר, יִתָּכֵן
peril (v) סִכֵּן
peril (n) סַכָּנָה*
perilous מְסֻכָּן
period תְּקוּפָה*, שָׁעָה*, זְמָן, עֵת; שִׁעוּר; פֶּרֶק; וֶסֶת*; נְקֻדָּה*
periodical (n) כְּתַב עֵת
perish גָּוַע, מֵת; כָּלָה
permanent קָבוּעַ, תְּמִידִי
permission רְשׁוּת*, הֶתֵּר, רִשָּׁיוֹן

permit (v) הִרְשָׁה, הִתִּיר
permit (n, see permission)
perpendicular אֲנָכִי; זָקוּף
perpetual נִצְחִי, תְּמִידִי
perplex בִּלְבֵּל, הֵבִיא בִּמְבוּכָה
persecute לָחַץ, עִנָּה; רָדַף, הֵצִיק
persecution עִנּוּי, רְדִיפָה*
persevere הִתְמִיד, הִמְשִׁיךְ
Persian פַּרְסִי, פַּרְסִית*
persist הִתְמִיד בְּ־, עָמַד עַל דַּעְתּוֹ
persistent מַתְמִיד; עַקְשָׁנִי
person אָדָם, אִישׁ; גּוּף; נֶפֶשׁ*
personage אִישִׁיּוּת* אָדָם חָשׁוּב
personal פְּרָטִי, אִישִׁי, מְיֻחָד
personality אִישִׁיּוּת*, עַצְמִיּוּת*
personally כְּשֶׁהוּא לְעַצְמוֹ; בִּכְבוֹדוֹ וּבְעַצְמוֹ; בְּעַצְמוֹ, לְעַצְמוֹ
perspiration זֵעָה*
persuade פִּתָּה, הֵסִית, שִׁדֵּל; הוֹכִיחַ (כִּי־)
persuasion שִׁכְנוּעַ, שִׁדּוּלִים, אֱמוּנָה*
perverse עַקְשָׁן; נָלוֹז, מְעֻקָּם, מְסֹרָס
pessimism פֶּסִּמִיּוּת*, הַשְׁקָפַת עוֹלָם שְׁחוֹרָה*
pest דֶּבֶר, מַגֵּפָה*
pestilence דֶּבֶר, מַגֵּפָה*
pet (v) לִטֵּף; פִּנֵּק
pet (n) בַּעַל חַיִּים מְאֻמָּץ; מַחְמָד
pet (adj) חָבִיב
petal עֲלֵה כּוֹתֶרֶת
petition (v) בִּקֵּשׁ; הִתְחַנֵּן
petition (n) בַּקָּשָׁה*; תְּחִנָּה*
petroleum נֵפְטְ (גָּלְמִי)
petticoat שִׂמְלָה תַּחְתּוֹנָה*
petty פָּעוּט, קַל עֵרֶךְ; צַר מֹחַ; קַטְנוּנִי; מִשְׁנֶה
phantom דִּמְיוֹן שָׁוְא
Pharaoh פַּרְעֹה
Pharisee פְּרוּשִׁי; מִתְחַסֵּד, צָבוּעַ
phase צוּרָה*; שָׁלָב; עוֹנָה*
phenomenon תּוֹפָעָה*
philanthropist נָדִיב, בַּעַל צְדָקָה
Philistine פְּלִשְׁתִּי; אָדָם מִן הַשּׁוּק, קְטַן מֹחַ
philosopher פִּילוֹסוֹף
philosophy פִּילוֹסוֹפְיָה*
Phoenician צוֹרִי, צוֹרִית*
phonograph פַּטִּיפוֹן
— record תַּקְלִיט
photograph (v) צִלֵּם

photograph (n) תַּצְלוּם, צִלּוּם
photographer צַלָּם
phrase (v) בִּטֵּא, הִבִּיעַ
phrase (n) נִיב, מִבְטָא, פְּרָזָה*
physical גּוּפָנִי; גַּשְׁמִי, חָמְרִי; פִיסִי
physically בְּגוּף
physician רוֹפֵא
physicist פִיסִיקַאי, חוֹקֵר הַטֶּבַע, טִבְעוֹנִי
pianist פְּסַנְתְּרָן, ־נִית*
piano (n) פְּסַנְתֵּר
pick (v) בָּחַר, בֵּרֵר; לָקַט, קָטַף; נִקֵּר
— a quarrel הִתְגָּרָה בְּ־
— out הִבְדִּיל, בָּחַר
— up הֵרִים; לָמַד; לָקַח; קָלַט; מָצָא
pick (n) מִבְחָר; בְּחִירָה*; הַמֻּבְחָר; קָטִיף; מַעְדֵּר; נֶקֶר
pickle (v) כָּבַשׁ
pickle (n) מְלָפְפוֹן כָּבוּשׁ
picnic (v) עָרַךְ פִּקְנִיק, עָרַךְ סְעֻדָּה בַּחוּץ
picnic (n) פִּקְנִיק, טוּזִיג, טִיּוּל בְּצֵרוּף סְעֻדָּה
picture (v) צִיֵּר; דִּמָּה; תֵּאֵר
picture (n) צִיּוּר; תֵּאוּר; תְּמוּנָה*; צֶלֶם
picturesque צִיּוּרִי; שׁוֹנֶה
pie פַּאי, פַּשְׁטִידַת־פֵּרוֹת*
piece (v) הִטְלִיא
— together חִבֵּר, אִחָה
piece (n) חֵלֶק, חֲתִיכָה*, גֶּזֶר; קֶטַע, שֶׁבֶר; חִבּוּר; דְּבַר אָמָּנוּת; יְחִידָה*; מַטְבֵּעַ; כְּלִי (נֶשֶׁק)
break into — s שִׁבֵּר לִרְסִיסִים
— of bread פַּת*, פְּרוּסַת לֶחֶם*
pier מֵזַח, רְצִיף; עַמּוּד; בָּסִיס
pierce חָדַר; דָּקַר; נָקַב; קָדַח; פָּרַץ; נִסֵּר
piety יִרְאַת שָׁמַיִם*, חֲסִידוּת*; כִּבּוּד אָב וָאֵם
pig חֲזִיר
pigeon יוֹנָה*
pile (v) עָרַם, נֶעֱרַם; אָסַף
pile (n) עֲרֵמָה*, תֵּל, גַּל; הָמוֹן
pilgrim צַלְיָן, עוֹלֶה רֶגֶל
pilgrimage עֲלִיָּה לְרֶגֶל*
pill גְּלוּלָה*
pillar עַמּוּד
pillow כַּר

pilot (v) כִּוֵּן, נִוֵּט, תָּפַס הֶגֶה; הוֹרָה דֶרֶךְ; הִדְרִיךְ, נִהֵל
pilot (n) הַגַּאי, נַוָּט; מוֹרֵה דֶרֶךְ; מַדְרִיךְ, מְנַהֵל
pimple יַבֶּלֶת*, אֲבַעְבּוּעָה*
pin (v) פָּרַף; תָּקַע יָתֵד בְּ־
pin (n) סִכָּה*; מַסְמֵר, וָו, פִּין, יָתֵד*; סֵמֶל
safety — סִכַּת בִּטָּחוֹן*
pinch (v) צָבַט, מָרַט; לָחַץ, דָּחַק, הֵצִיק
pinch (n) צְבִיטָה*, מְרִיטָה*; לַחַץ, דֹּחַק, הֶעָקָה*; קֹרֶטוֹב
pine (v) עָרַג לְ־, הִשְׁתּוֹקֵק לְ־;
pine (n) (עֵץ) אֹרֶן
pineapple אֲנָנָס
pink וָרֹד
pint שְׁמִינִית* הַגַּלּוֹן (מדת הלח)
pioneer (v) הָיָה חָלוּץ; סָלַל דֶּרֶךְ
pioneer (n) חָלוּץ
pious חָסִיד, חָרֵד, אָדוּק
pipe (v) הִזְרִים דֶּרֶךְ צִנּוֹר; שָׁרַק; חִלֵּל; צִפְצֵף; צָרַח
pipe (n) צִנּוֹר, בִּיב; מִקְטֶרֶת*; חָלִיל; מַשְׁרוֹקִית*; צִפְצוּף; צְרִיחָה*
smoke a — עִשֵּׁן מִקְטֶרֶת

piper מְחַלֵּל בְּחָלִיל
pirate (v) גָּנַב דִּבְרֵי סִפְרוּת
pirate (n) שׁוֹדֵד יָם, פִּירָט; גַּנָּב סִפְרוּתִי
pistol אֶקְדָּח
pit (v) לָכַד (בְּפַחַת); קִעְקַע
— against הֶעֱמִיד מוּל
pit (n) בּוֹר; גֻּמָּה*; פַּחַת*; מִכְרֶה; חַרְצָן
pitch (v) נָטָה, הֵקִים, קָבַע; זָרַק, הִשְׁלִיךְ, קָלַע; הָיָה מְשֻׁפָּע
pitch (n) זְרִיקָה*, קְלִיעָה*; קוֹל יְסוֹדִי; שִׁפּוּעַ; מַעֲלָה*, נְקֻדָּה*; זֶפֶת*
pitcher כַּד; קוֹלֵעַ
pitiful מִסְכֵּן, עָלוּב, מְעוֹרֵר רַחֲמִים; דַּל; מְרַחֵם
pity (v) חָמַל, רִחֵם
pity (n) חֶמְלָה*, רַחֲמִים (ז״ר)
place (v) שָׂם, קָבַע, הֵנִיחַ; סִדֵּר; זִהָה
—confidence in שָׂם מִבְטַחוֹ בְּ־
place (n) מָקוֹם, מַצָּב
in — בִּמְקוֹמוֹ
in — of בִּמְקוֹם־
out of — שֶׁלֹּא בִּמְקוֹמוֹ

placid שָׁלֵו, שַׁאֲנָן, שׁוֹקֵט
plague (v) עִנָּה, הֵצִיק; הִרְגִּיז
plague (n) מַגֵּפָה*, דֶּבֶר, מַכָּה*
plain (n) מִישׁוֹר, עֲרָבָה*
plain (adj) בָּרוּר, פָּשׁוּט; גָּלוּי, יָשָׁר
plainly בְּפַשְׁטוּת, בְּבֵרוּר, גְּלוּיוֹת
plaintiff תּוֹבֵעַ
plan (v) תִּכֵּן; רָשַׁם
plan (n) תָּכְנִית*; תַּרְשִׁים
plane (v) שִׁטַּח; הִקְצִיעַ
plane (n) שֶׁטַח; מָטוֹס; מַקְצוּעָה*
planet כּוֹכַב לֶכֶת, מַזָּל
plank (n) קֶרֶשׁ, לוּחַ
plant (v) שָׁתַל, נָטַע, זָרַע; הִשְׁרִישׁ; קָבַע
plant (n) צֶמַח; מִפְעָל; מוֹסָד
plantation מַטָּע; חַוָּה*, מֶשֶׁק
planter נוֹטֵעַ, כּוֹרֵם, שׁוֹתֵל, זוֹרֵעַ
plaster (v) סִיֵּד, טָח
plaster (n) סִיד, טִיחַ
plasterer טַיָּח
plate (v) צִפָּה
plate (n) צַלַּחַת*, קְעָרָה*; לוּחַ הַדְפָּסָה; תַּדְפִּיס; לוּחַ צִלּוּם; פַּח
plateau רָמָה*, מִישׁוֹר (עַל הָר)
platform בָּמָה*; רָצִיף; מַצָּע
platter צַלַּחַת*
plausible מִתְקַבֵּל עַל הַדַּעַת, נִרְאֶה כֶּאֱמֶת
play (v) שִׂחֵק; הוֹפִיעַ בְּ־; נִגֵּן
— fair נָהַג בְּיֹשֶׁר
play (n) מִשְׂחָק; מַחֲזֶה; שְׂחוֹק
— on words לָשׁוֹן נוֹפֵל עַל לָשׁוֹן
player מְשַׂחֵק; שַׂחְקָן; מְנַגֵּן
playground מִגְרַשׁ מִשְׂחָקִים*
playmate חָבֵר (לְמִשְׂחָק)
plaything צַעֲצוּעַ
playwright מַחֲזַאי, מְחַבֵּר מַחֲזוֹת
plea טַעֲנָה*; בַּקָּשָׁה*
plead טָעַן; בִּקֵּשׁ, הִתְחַנֵּן
pleasant נָעִים, נוֹחַ, עָרֵב
pleasantly בִּנְעִימוּת, בְּנוֹחוּת
please (v) הִשְׂבִּיעַ רָצוֹן; שָׂבַע רָצוֹן
as one — s עָשָׂה כְּחֶפְצוֹ, עָשָׂה כִּרְצוֹנוֹ
pleasing נָעִים, נוֹחַ; מַשְׂבִּיעַ רָצוֹן

pleasure נַחַת רוּחַ*, הֲנָאָה*; תַּעֲנוּג
pledge (v) הִבְטִיחַ; מִשְׁכֵּן
pledge (n) הַבְטָחָה*; עֵרָבוֹן
plentiful רַב, שׁוֹפֵעַ
plenty שֶׁפַע
pliable גָּמִישׁ, כָּפִיף, רַךְ; מִסְתַּגֵּל, וַתְּרָן
plight (n) מַצָּב קָשֶׁה, מְצוּקָה*
plot (v) קָשַׁר קֶשֶׁר; חִבֵּל תַּחְבּוּלוֹת; תִּכֵּן
plot (n) קֶשֶׁר; שֶׁלֶד, סִפּוּר הַמַּעֲשֶׂה, עֲלִילָה*
plow (v) חָרַשׁ
plow (n) מַחֲרֵשָׁה*
pluck (v) קָטַף; מָרַט; תָּלַשׁ; חָטַף
plug (v) פָּקַק, סָתַם
— in תָּקַע
plug (n) פְּקָק, סְתִימָה*; תֶּקַע
plum שְׁזִיף
plumber שְׁרַבְרָב, שְׁרַבְרְבַאי
plumbing(trade) שְׁרַבְרְבָאוּת*
plume נוֹצָה*, פְּלוּמָה*
plump (v) נָפַל בִּכְבֵדוּת
plump (adj) שָׁמֵן
plunder (v) שָׁלַל
plunder (n) שָׁלָל
plunge (v) הֵטִיל לְתוֹךְ; תָּקַע; טָבַל, טִבֵּל; הִתְפָּרֵץ לְ־; חָפַז
plunge (n) הֲטָלָה לְתוֹךְ־*; תְּקִיעָה*; צְלִילָה*; חִפָּזוֹן; טִלְטוּל
plural מִסְפַּר רַבִּים
plus פְּלוּס, וְעוֹד; עִם
ply (v) עָבַד בְּ־; פִּטֵּם; עָבַד בִּקְבִיעוּת
ply (n) שִׁכְבָה*
pneumonia דַּלֶּקֶת הָרֵאָה*
pocket (v) טָמַן בְּכִיסוֹ; גָּנַב; הִסְתִּיר
pocket (n) כִּיס; חָלָל
pocketbook אַרְנָק
poem שִׁיר, פִּיּוּט, פּוֹאֶמָה*
poet מְשׁוֹרֵר, פַּיְטָן
poetry שִׁירָה*
point (v) חִדֵּד; פִּסֵּק; הֶרְאָה עַל, סִמֵּן; כִּוֵּן
point (n) חֹד; נְקֻדָּה*; מַעֲלָה*; רֶגַע מְסֻיָּם; פְּרָט; תְּכוּנָה*; עִקָּר
at the — of עַל סַף
come to the — נִגַּשׁ לְעֶצֶם הָעִנְיָן
make a — of עָמַד עַל

— of view גִּישָׁה*, יַחַס; נְקֻדַּת הַשְׁקָפָה*

to the — קוֹלֵעַ לַמַּטָּרָה

pointed (adj) חַד, שָׁנוּן; חָרִיף

poise (v) אִזֵּן; הָיָה מְאֻזָּן; הִצִּיב; הֵכִין

poise (n) אִזּוּן; יִשּׁוּב הַדַּעַת; הֲלִיכוֹת**; צוּרָה*

poison (v) הִרְעִיל

poison (n) רַעַל, סַם מָוֶת

poisonous מַרְעִיל; מְרֻשָּׁע

poke (v) נָעַץ; דָּחַף

poke (n) נְעִיצָה*; דְּחִיפָה*

polar קָטְבִּי

— regions אַרְצוֹת הַקֹּטֶב**

pole (n) מוֹט; קֹטֶב

police (v) שָׁמַר עַל הַסֵּדֶר

police (n) מִשְׁטָרָה*

policeman שׁוֹטֵר

policy שִׁיטָה*, קַו פְּעֻלָּה

insurance — תְּעוּדַת בִּטּוּחַ*

polish (v) צִחְצַח, מֵרַט, לָטַשׁ; שִׁכְלֵל

polish (n) צִחְצוּחַ

polite מְנֻמָּס, אָדִיב

politely בְּנִמּוּס, בַּאֲדִיבוּת

politic מוֹעִיל; מְחֻכָּם

political מְדִינִי, פּוֹלִיטִי

politician מְדִינַאי, פּוֹלִיטִיקַאי

politics מְדִינִיּוּת*, פּוֹלִיטִיקָה*

poll (v) הִצְבִּיעַ; נִהֵל הַצְבָּעָה; עָרַךְ מִשְׁאָל

poll (n) בְּחִירוֹת**; מִשְׁאָל

— s קַלְפֵּי*

pollen אֲבַק הַפְרָאָה

pomegranate רִמּוֹן

pomp הָדָר

pond בְּרֵכָה*, אֲגַם

ponder חָשַׁב, הִרְהֵר; שָׁקַל

pony סוּס קָטָן; תַּרְגּוּם

pool (n) בְּרֵכָה*; שְׁלוּלִית*; הִשְׁתַּתְּפוּת*

poor עָנִי, דַּל; לָקוּי, פָּגוּם; שָׁפָל; עָלוּב

in — health חוֹלָנִי

the — דַּלַּת הָעָם*, עֲנִיִּים(ז״ר)

pop (v) הִתְפַּקֵּעַ בְּקוֹל

pope אַפִּיפְיוֹר

poplar (עֵץ) צַפְצָפָה*

poppy פֶּרֶג; אָדֹם

popular עֲמָמִי, פּוֹפּוּלָרִי; חָבִיב, מְחֻבָּב

popularity מוֹנִיטִין**, חִבַּת עַם*

populate יִשֵּׁב

population אֻכְלוּסִין (ז"ר), אֻכְלוּסִיָּה*, תּוֹשָׁבִים (ז"ר)
porcelain חַרְסִינָה*
porch מִרְפֶּסֶת*
porcupine קִפּוֹד (בארצות הברית); דַּרְבָּן
pore (n) נֶקֶב, נַקְבּוּבִית*
pore over עִיֵּן, קָרָא בְּעִיּוּן, הָגָה (בַּסֵּפֶר)
pork בְּשַׂר חֲזִיר
port (n) נָמָל; עִיר נָמָל*; שְׂמֹאל
porter סַבָּל; שַׁמָּשׁ
porthole אֶשְׁנָב (בָּאֳנִיָּה)
portion (n) חֵלֶק; מָנָה*
portrait תְּמוּנָה*; צִלּוּם
portray צִיֵּר, תֵּאֵר
pose (v) הֶעֱמִיד פָּנִים; הוֹשִׁיב, יָשַׁב; הִצִּיעַ
pose (n) יְשִׁיבָה*, פּוֹזָה*
position (v) הִצִּיב, שָׂם, הֶעֱמִיד
position (n) מָקוֹם, מַצָּב; מִשְׂרָה*; עֶמְדָּה*; דַּרְגָּה*
positive (adj) נִדָּאִי, בָּטוּחַ; מֻחְלָט; הֶחְלֵטִי; חִיּוּבִי
positively בְּהֶחְלֵט; בְּחִיּוּב
possess הֶחֱזִיק, הָיָה לוֹ; אָחַז; מָשַׁל

possession קִנְיָן; בַּעֲלוּת*; רְכוּשׁ
possibility אֶפְשָׁרוּת*; יְכֹלֶת*
possible אֶפְשָׁרִי; שֶׁבְּכֹחַ
possibly אֶפְשָׁר, אוּלַי, יִתָּכֵן; בְּאֶפְשָׁרוּת
post (v) הִדְבִּיק; הוֹדִיעַ; הִצִּיב; מִהֵר
post (n) עַמּוּד, מוֹט; עֶמְדָּה*; תַּחֲנָה*; מִשְׂרָה* תַּפְקִיד
— office מִשְׂרַד דֹּאַר, בֵּית דֹּאַר
post (adv) אַחֲרֵי
postage דְּמֵי דֹּאַר
— stamp בּוּל
postal שֶׁל הַדֹּאַר
postcard גְּלוּיָה*
poster מוֹדָעָה* (שֶׁעַל קִיר)
posterity זֶרַע, צֶאֱצָאִים, הַדּוֹרוֹת הַבָּאִים
postpone דָּחָה, הִשְׁהָה
postcript הוֹסָפָה* (לְמִכְתָּב), תּוֹסֶפֶת* דְּבָרִים
pot (n) סִיר, קְדֵרָה*; עָצִיץ
potato תַּפּוּחַ אֲדָמָה
potential (adj) אֶפְשָׁרִי, שֶׁבְּכֹחַ; צָפוּן
potter (n) קַדָּר, יוֹצֵר (כְּלֵי חֶרֶס)

pouch (n) שַׂקִּיק, כִּיס, תִּיק
poultry עוֹף, עוֹפוֹת (ז"ר)
pound (v) הָלַם, הִכָּה; כָּתַשׁ
pound (n) לִיטְרָה*; פּוּנְט; לִירָה*; מַהֲלֻמָּה*; הֹלֶם
pour (v) יָצַק, שָׁפַךְ; שָׁטַף
pour (n) שֶׁטֶף; מַבּוּל
poverty עֹנִי, דַּלּוּת*
powder (v) שָׁחַק; הִתְפַּיֵּךְ; זָרָה אֲבָקָה, בָּזַק
powder (n) אֲבָקָה*, אָבָק
power (n) כֹּחַ, יְכֹלֶת*; עֹז, תֹּקֶף; רָשׁוּת*; שִׁלְטוֹן; יִפּוּי כֹּחַ; מַעֲצָמָה*
powerful חָזָק, אַדִּיר, תַּקִּיף
powerless אֵין אוֹנִים, רְפֵה כֹּחַ
practical מַעֲשִׂי, שִׁמּוּשִׁי; שֶׁלְּמַעֲשֶׂה; מְנֻסֶּה
practically כִּמְעַט; בְּמַעֲשִׂיּוּת; בְּדֶרֶךְ הַנִּסָּיוֹן
practice (v) נָהַג, עָשָׂה בְּהֶרְגֵּל; שִׁנֵּן, הִתְאַמֵּן; עָסַק בְּ־
practice הֶרְגֵּל, מִנְהָג; שִׁנּוּן, אִמּוּנִים (ז"ר); מַעֲשֶׂה, בִּצּוּעַ
prairie עֲרָבָה*
praise (v) שִׁבַּח, הִלֵּל
praise (n) שֶׁבַח, תְּהִלָּה*
prank מַעֲשֵׂה מְשׁוּבָה, תַּעֲלוּלִים
pray הִתְפַּלֵּל; בִּקֵּשׁ, הִתְחַנֵּן
prayer תְּפִלָּה*; בַּקָּשָׁה*, תְּחִנָּה*
— book סִדּוּר, סֵדֶר תְּפִלּוֹת
preach דָּרַשׁ, הִטִּיף
preacher מַטִּיף, מַגִּיד
precarious בִּלְתִּי בָּטוּחַ, מְסֻכָּן, תָּלוּי בִּרְצוֹן אֲחֵרִים
precaution זְהִירוּת*; תַּחְבּוּלַת־זְהִירוּת*
precede קָדַם, הִקְדִּים; הָלַךְ לִפְנֵי
precedent (n) תַּקְדִּים
preceding (adj) קוֹדֵם
precept מִצְוָה*, פְּקֻדָּה*
precious יָקָר
precipice פִּי תְהוֹם
precise מְדֻיָּק; זָהִיר
precisely בְּדִיּוּק
precision דִּיּוּק
predecessor קוֹדֵם; אָב
predicament מַצָּב קָשֶׁה, מֵצַר
predicate (n) נָשׂוּא
predict נִבָּא, הִגִּיד מֵרֹאשׁ
prediction נְבוּאָה*
preface (v) כָּתַב הַקְדָּמָה; הִקְדִּים (וְכָתַב)

preface (n) הַקְדָּמָה*, מָבוֹא, פְּתִיחָה*
prefer בָּחַר; בִּכֵּר, הֶעְדִּיף
preference הַעְדָּפָה*, מִשְׁפַּט הַבְּכוֹרָה
pregnant הָרָה*, מְעֻבֶּרֶת*
prehistoric טְרוֹם־הִיסְטוֹרִי, שֶׁלִּפְנֵי הַהִיסְטוֹרְיָה
prejudice (v) שִׁחֵד; הִזִּיק לְ־
prejudice מִשְׁפָּט קָדוּם; דֵּעָה מְשֻׁחֶדֶת*
preliminary (adj) מֻקְדָּם
prelude (n) פְּתִיחָה*, מָבוֹא
premier (n) רֹאשׁ מֶמְשָׁלָה
premise (n) הַנָּחָה*, מֻשְׂכָּל, יְסוֹדִי
preparation הֲכָנָה*, הַכְשָׁרָה*; תַּבְשִׁיל
prepare הֵכִין, הִכְשִׁיר; עָשָׂה, הִרְכִּיב
preposition מִלַּת הַיַּחַס*
prescribe צִוָּה; רָשַׁם רְפוּאָה
presence מַעֲמָד, נוֹכְחוּת*; מַרְאֶה
present (v) נָתַן, הִגִּישׁ; הִצִּיג; הִבִּיעַ
present (n) שַׁי, מַתָּנָה*; הֹוֶה
for the — לְעֵת עַתָּה

present (adj) נוֹכֵחַ
presentation הַגָּשָׁה*; מַתָּן; הַצָּגָה*
presently בְּקָרוֹב; תֵּכֶף
preserve (v) קִיֵּם, שָׁמַר; הֶחֱיָה; שִׁמֵּר, כָּבַשׁ
preserve (n) שִׁמּוּרִים (ז"ר); מִפְלָט
preside יָשַׁב בְּרֹאשׁ; נִהֵל
presidency נְשִׂיאוּת*
president נָשִׂיא; יוֹשֵׁב רֹאשׁ
press (v) לָחַץ, הִכְבִּיד עַל; דָּחַף; הִכְרִיחַ; דָּחַק; סָחַט; גִּהֵץ; הִפְצִיר; מִהֵר; הֵצִיק, רָדַף; גִּיֵּס
press (n) לַחַץ; דְּחִיפָה*; מַלְחֵצָה*; מַכְבֵּשׁ; עִתּוֹנוּת*; הוֹצָאָה*
pressure לַחַץ
presume הִנִּיחַ, סָבַר, שִׁעֵר; הֵעֵז
pretend הֶעֱמִיד פָּנִים; דִּמָּה
pretense הַעֲמָדַת פָּנִים*; הִתְנַפְּחוּת*
pretext אֲמַתְלָה
pretty יָפֶה, נָאֶה
prevail שָׂרַר; הִתְגַּבֵּר עַל; הִצְלִיחַ
prevalent רוֹוֵחַ; שׁוֹלֵט

prevent עָצַר, מָנַע, עִכֵּב
prevention מְנִיעָה*, עִכּוּב
previous קוֹדֵם, רִאשׁוֹן
previously לִפְנֵי כֵן, מִקֹּדֶם
prey (n) טֶרֶף
  beast of — חַיָּה טוֹרֶפֶת*, חַיָּה רָעָה
prey on הֵצִיק; טָרַף
price (v) קָבַע מְחִיר
price (n) מְחִיר
priceless יָקָר מִכָּל הוֹן
prick דָּקַר, נִקֵּב; הִמְרִיץ
prick (n) דְּקִירָה*
pride גַּאֲוָה*; יְהִירוּת*
  take — הִתְגָּאָה
priest כֹּהֵן; כֹּמֶר, גַּלָּח
priesthood כְּהֻנָּה*
primarily בְּעֶצֶם; רִאשׁוֹנָה
primary (adj) רָאשִׁי, עִקָּרִי; יְסוֹדִי; מְקוֹרִי; יָשִׁיר
prime (v) הֵכִין לִפְעֻלָּה
prime (n) אָבִיב; שִׂיא
prime (adj, see primary)
primer סֵפֶר לִמּוּד לְמַתְחִילִים, אַלְפוֹן
primitive (adj) קָדוּם; פֶּרֶא; פְּרִימִיטִיבִי

prince בֶּן מֶלֶךְ; נָסִיךְ; מוֹשֵׁל, שַׁלִּיט; בְּכוֹר לְאֶחָיו
princess נְסִיכָה*; בַּת מַלְכָּה*
principal (n) רֹאשׁ; מְנַהֵל; קֶרֶן*
principal (adj) רָאשִׁי, עִקָּרִי
principally בְּעִקָּר
principle עִקָּר; עִקָּרוֹן; אֱמוּנָה*
  on — מִתּוֹךְ עִקָּרוֹן שֶׁבַּדָּבָר
print (v) הִדְפִּיס; הִטְבִּיעַ
print (n) הַדְפָּסָה*, תַּדְפִּיס
printer מַדְפִּיס
printing (n) דְּפוּס; הַדְפָּסָה*
prior קוֹדֵם
  — to לִפְנֵי
prison (n) בֵּית סֹהַר, כֶּלֶא
prisoner אָסִיר
private (adj) פְּרָטִי, אִישִׁי
  in — בְּסוֹד
privilege (n) זְכוּת*
privileged (adj) בַּעַל זְכֻיּוֹת
prize (v) הֶעֱרִיךְ; הוֹקִיר
prize (n) פְּרָס; שָׁלָל
prize (adj) רָאוּי לִפְרָס
probability קִרְבָה לֶאֱמֶת*; הִסְתַּבְּרוּת*
probable קָרוֹב לֶאֱמֶת; מִסְתַּבֵּר

probably קָרוֹב לְוַדַּאי
problem בְּעָיָה*, פְּרוֹבְּלֵמָה*; מַצָּב קָשֶׁה
procedure נֹהַל, נֹהַג, דֶּרֶךְ*, מַהֲלָךְ
proceed הִמְשִׁיךְ, הָלַךְ, הִתְקַדֵּם
proceeding (n) דִּיוּן, מַשָּׂא וּמַתָּן
process (v) יִצֵּר, עִבֵּד
process (n) תַּהֲלִיךְ, שִׁיטָה*; תַּהֲלִיךְ יִצּוּר
procession תַּהֲלוּכָה*
proclaim הִכְרִיז, פִּרְסֵם, הוֹדִיעַ, בִּשֵּׂר
proclamation הַצְהָרָה*, הַכְרָזָה*
procure הִשִּׂיג, רָכַשׁ; גָּרַם
prodigious עָצוּם, עֲנָקִי; נִפְלָא
produce (v) עָשָׂה; גָּרַם; נָתַן; יִצֵּר; הִצִּיג
produce (n) פְּרִי; תּוֹצָאָה*
producer מְיַצֵּר; מַצִּיג
product תּוֹצָאָה*; תּוֹצֶרֶת*; מוּצָר
production יְצִירָה*; תַּעֲשִׂיָּה*; תּוֹצֶרֶת*; הַצָּגָה*
productive יוֹצֵר; פּוֹרֶה
profane חִלּוֹנִי, מְחַלֵּל קֹדֶשׁ
profess הֶעֱמִיד פְּנֵי; הִצְהִיר; הֶאֱמִין בְּ־
profession מִקְצוֹעַ; הַצְהָרָה*
professional (n) בַּעַל מִקְצוֹעַ
professional (adj) מִקְצוֹעִי
professor פְּרוֹפֶסוֹר; מוֹרֶה; מַאֲמִין
profit (v) הִרְוִיחַ; הוֹעִיל
profit (n) רֶוַח; תּוֹעֶלֶת*
profitable מַכְנִיס רֶוַח; מוֹעִיל
profound עָמֹק
program תָּכְנִית*
progress (v) הִתְקַדֵּם; עָלָה
progress (n) הִתְקַדְּמוּת*; קִדְמָה*; עֲלִיָּה*; חַיִל
progressive מִתְקַדֵּם; מֻדְרָג
prohibit אָסַר; מָנַע
prohibition אִסּוּר; מְנִיעָה*
project (v) הִצִּיעַ; זָרַק; הִבְלִיט, בָּלַט
project (n) תָּכְנִית*; הַצָּעָה*; מְשִׂימָה*; שִׁכּוּן
projection עֲרִיכַת תָּכְנִית*; בְּלִיטָה*; זְרִיקָה*
prologue פְּתִיחָה*
prolong הֶאֱרִיךְ, הִמְשִׁיךְ
prominent מִתְבַּלֵּט; חָשׁוּב; יָדוּעַ; בּוֹלֵט
promise (v) הִבְטִיחַ; נָתַן תִּקְוָה

promise (n) הַבְטָחָה *; תִּקְוָה *
promote תָּמַךְ; הֶעֱלָה, קִדֵּם
promotion תְּמִיכָה*; הַעֲלָאָה*; סִיּוּעַ; פִּתּוּחַ (עֵסֶק)
prompt (v) דָּחַף, הִמְרִיץ
prompt (adj) מָהִיר; שֶׁבִּזְמַנּוֹ
promptly מִיָּד; בִּזְמַנּוֹ
prone נוֹטֶה, עָלוּל, עָשׂוּי
— to נוֹחַ ל...
pronounce בִּטֵּא, הִבִּיעַ; טָעַן
pronounced (adj) נִכָּר; בּוֹלֵט; מֻחְלָט
pronunciation בִּטּוּי, מִבְטָא
proof הוֹכָחָה*, רְאָיָה*; גִּלָּיוֹן הַגָּהָה
prop (n) מִשְׁעָן, מִסְעָד; תַּפְאוּרָה*
propaganda תַּעֲמוּלָה*
propagate הוֹלִיד; פָּרָה; הֵפִיץ
propel דָּחַף, הֵנִיעַ
propeller מַדְחֵף, פְּרוֹפֶּלֶר
proper מַתְאִים; רָאוּי; מְנֻמָּס; פְּרָטִי; מְדֻיָּק; הוֹגֵן
properly כְּהֹגֶן; נְכוֹנָה; כָּרָאוּי; יָפֶה
property סְגֻלָּה*, תְּכוּנָה*; רְכוּשׁ, קִנְיָן; תַּפְאוּרָה*

prophecy נְבוּאָה*, חָזוֹן
prophesy נִבָּא
prophet נָבִיא, חוֹזֶה, רוֹאֶה
false — נְבִיא שֶׁקֶר
proportion (v) הִתְאִים; חִלֵּק
proportion (n) יַחַס; מַתְכֹּנֶת*; מִדָּה*
proposal הַצָּעָה*
propose הִצִּיעַ; הִתְכַּוֵּן
proposition הַצָּעָה*; מִשְׁפָּט
proprietor בַּעַל, אָדוֹן
prose (n) פְּרוֹזָה*
prose (adj) פְּרוֹזָאִי
prosecute תָּבַע לְדִין
prosecutor תּוֹבֵעַ, קַטֵּיגוֹר
prospect (v) חִפֵּשׂ, חָפַר
prospect (n) סִכּוּי, תִּקְוָה*; מַרְאֶה
prospective מְקֻוֶּה, עָתִיד לָבוֹא
prosper הִצְלִיחַ, עָלָה, פָּרַח
prosperity הַצְלָחָה*, עשֶׁר; שֶׁפַע, בְּרָכָה*
prosperous מַצְלִיחַ, מֻצְלָח, עָשִׁיר
prostrate (adj) שָׁטוּחַ, מִשְׁתַּטֵּחַ
protect הֵגֵן עַל, שָׁמַר עַל

protection שְׁמִירָה *; מָגֵן, הֲגַנָּה *, מַחְסֶה; חָסוּת *
protective מֵגֵן
protest (v) מָחָה, צִרְצֵר; הִשְׁמִיעַ
protest (n) מֶחָאָה *, צִרְעוּר
proud גֵּאֶה; יָהִיר, שַׁחֲצָנִי; רָאוּי לִשְׁמוֹ; נֶהְדָּר
proudly בְּגָאוֹן
prove הֶרְאָה, הוֹכִיחַ; אִמֵּת; נִסָּה, בָּחַן; נִמְצָא
proverb מָשָׁל, פִּתְגָּם
— s (סֵפֶר) מִשְׁלֵי
provide סִפֵּק, הִמְצִיא; הֵכִין; פִּרְנֵס
providence הַשְׁגָּחָה עֶלְיוֹנָה *; רְאִיָּה מֵרֹאשׁ *, דְּאָגָה לְיוֹם מָחָר *
province מָחוֹז, גָּלִיל; מְדִינָה *; תְּחוּם; מִקְצוֹעַ
the — s עָרֵי הַשָּׂדֶה **
provincial כַּפְרִי; צַר אֹפֶק
provision תְּנַאי; סִפּוּק; אַסְפָּקָה *; הֲכָנָה מֵרֹאשׁ *
provoke הִרְגִּיז, קִנְטֵר; עוֹרֵר; גָּרַם
prowess יְכֹלֶת *; גְּבוּרָה *
prudent זָהִיר; מָתוּן; חֶסְכוֹנִי
prune (v) זָמַר, קִצֵּץ
prune (n) שְׁזִיף מְיֻבָּשׁ
pry הֵצִיץ; גִּלָּה, הוֹצִיא
psalm מִזְמוֹר
— s (סֵפֶר) תְּהִלִּים
psychiatrist פְּסִיכִיאָטוֹר, רוֹפֵא הַנֶּפֶשׁ
psychological פְּסִיכוֹלוֹגִי, נַפְשִׁי
psychologist פְּסִיכוֹלוֹג
psychology פְּסִיכוֹלוֹגְיָה, תּוֹרַת הַנֶּפֶשׁ
public (n) הַקָּהָל, הַצִּבּוּר, הָעָם; קְהִלָּה *, עֵדָה *
public (adj) צִבּוּרִי, כְּלָלִי, עֲמָמִי
in — בְּפַרְהֶסְיָה
— opinion דַּעַת הַקָּהָל *
— school בֵּית סֵפֶר עֲמָמִי
publication דָּבָר שֶׁבִּדְפוּס; הוֹצָאָה לְאוֹר *
publicity פִּרְסוּם; פִּרְסֹמֶת *
publish הוֹצִיא לְאוֹר; פִּרְסֵם
publisher מוֹצִיא לְאוֹר, מו״ל
pudding פּוּדִינְג
puddle שְׁלוּלִית מַיִם *; עִסַּת חֹמֶר *
puff (v) נָשַׁם, נָשַׁף; נִפַּח

pull (v) מָשַׁךְ, גָּרַר; תָּלַשׁ, מָרַט, עָקַר

— **through** נֶחֱלַץ, יָצָא בְשָׁלוֹם

— **to pieces** הָרַס; פֵּרֵק

pull (n) מְשִׁיכָה *; חָסוּת *

pulp בָּשָׂר; מוֹךְ; רְבִיכָה *

pulpit בִּימָה *, דוּכָן אַלְמֵימָר

pulse (v) דָּפַק

pulse (n) קֶצֶב; דֹּפֶק; דְּפִיקָה *

pump (v) שָׁאַב; חָקַר

pump (n) מַשְׁאֵבָה *

pumpkin דְּלַעַת *

punch (v) הִכָּה; נָקַב; הִקִּישׁ

punch (n) מַכָּה *; מַקָּב

punctual מְדַיֵּק, דַּיְּקָן

punctuate נִקֵּד, רָשַׁם סִמָּנֵי פִּסּוּק

punctuation נִקּוּד, פִּסּוּק

puncture (v) נִקֵּב, דָּקַר

puncture (n) תֶּקֶר (בְּצָמִיג)

punish עָנַשׁ, יִסֵּר

punishment עֹנֶשׁ, קְנָס, יִסּוּר

pupil תַּלְמִיד; אִישׁוֹן (שֶׁבָּעַיִן)

puppy כְּלַבְלָב

purchase (v) קָנָה, רָכַשׁ

purchase (n) קְנִיָּה *, מִקְנָה *. רְכִישָׁה *; אֲחִיזָה *

purchaser קוֹנֶה

pure טָהוֹר, צַח, נָקִי

purely בְּטָהֳרָה; לְגַמְרֵי; רַק, אַךְ; בִּלְבַד

purge (v) נִקָּה, מֵרֵק

purity טָהֳרָה *, צַחוּת *, נִקָּיוֹן

purple אַרְגָּמָן

purpose (v) חָשַׁב, הִתְכַּוֵּן

purpose (n) כַּוָּנָה *, טַעַם; מַטָּרָה *, תַּכְלִית *

purr (v) נָהַם, יִלֵּל (חָתוּל)

purr (n) נְהָמָה *, יְלֵל

purse (v) כִּוֵּץ

purse (n) אַרְנָק, כִּיס; אוֹצָר; פְּרָס

pursue רָדַף; בִּקֵּשׁ; הִמְשִׁיךְ; הָלַךְ בְּדֶרֶךְ־

pursuit רְדִיפָה *; חִפּוּשׂ; מִשְׁלַח יָד, מַעֲשֶׂה, הֶמְשֵׁךְ; הֲלִיכָה * בְדֶרֶךְ־

push (v) דָּחַף; דָּחַק; הֵאִיץ

— **through** הִבְקִיעַ דֶּרֶךְ

push (n) דְּחִיפָה *

pussy חָתוּל

put שָׂם, הֵנִיחַ, נָתַן, הִצִּיב; הִבִּיעַ

— **aside** דָּחָה, הֵנִיחַ

— **back** הֵשִׁיב

— down רָשַׁם; הִשְׁקִיט
— off דָּחָה
— out כִּבָּה
— right תִּקֵּן
— to death הֵמִית
— together חִבֵּר, הִרְכִּיב
— to use הִשְׁתַּמֵּשׁ
— up הֶעֱמִיד
— up with סָבַל אֶת
puzzle (v) הֵבִיא בִּמְבוּכָה
— over תָּהָה עַל פִּתְרוֹן דָּבָר
puzzle (n) חִידָה*; בְּעָיָה*
pyramid פִּירָמִידָה*

Q

quack (v) קִרְקֵר
quack (n) קִרְקוּר ; רַמַּאי
quail (n) שְׂלָו
quaint מוּזָר, מְשֻׁנֶּה
qualification סְגֻלָּה *, כֹּשֶׁר; סִגּוּל, הַכְשָׁרָה *; הִסְתַּיְּגוּת *
qualify הִתְאִים, הָיָה מְסֻגָּל ; תֵּאֵר; הִתְנָה; תִּקֵּן; הִגְבִּיל
quality תְּכוּנָה *, מִדָּה *, טֶבַע ; אֵיכוּת *, מִין; הִצְטַיְּנוּת *
quantity כַּמּוּת *, סְכוּם, מִסְפָּר; מִדָּה *
quarrel (v) רָב הִתְקוֹטֵט
quarrel (n) רִיב, קְטָטָה *
quarry (n) מַחְצֵבָה *; טֶרֶף ; נִרְדָּף
quart רְבִיעִית *
quarter (v) חִלֵּק לְאַרְבָּעָה; אִכְסֵן, הִתְאַכְסֵן
quarter (n) רֶבַע, רְבִיעִית *; רֶבַע דּוֹלָר ; תְּקוּפָה *; כִּוּוּן ; רֹבַע, שְׁכוּנָה *; מָקוֹר
— s מְגוּרִים (ז"ר), דִּירָה *
at close — s קָרוֹב
quarter (adj) רֶבַע
quartet רְבִיעִיָּה, קְבוּצַת * אַרְבָּעָה מְנַגְּנִים
queen מַלְכָּה *
queer מְשֻׁנֶּה, מוּזָר
quench הִשְׁקִיט, שִׁכֵּךְ ; כִּבָּה; שָׁבַר צָמָא, רִוָּה (צִמָּאוֹן)
query (v) שָׁאַל, חָקַר
query (n) שְׁאֵלָה *
quest (n) חִפּוּשׂ; מִשְׁאָלָה *
question (v) שָׁאַל, חָקַר, דָּרַשׁ; הֵטִיל סָפֵק בְּ־, חָלַק עַל
question (n) שְׁאֵלָה *; בְּעָיָה *
beyond — לְמַעְלָה מִכָּל סָפֵק
in — עַל הַפֶּרֶק; הַנִּדּוֹן
out of the — אֵינוֹ בָּא בְּחֶשְׁבּוֹן
— mark סִמַּן שְׁאֵלָה

questionnaire שְׁאֵלוֹן
quick מָהִיר; מִיָּדִי; נִמְהָר; חָרִיף; חַי, פָּעִיל, זָרִיז; פִּקֵּחַ; עָדִין
quicken הֵחִישׁ; עוֹרֵר
quickly בִּמְהֵרָה
quiet (v) הִשְׁקִיט, הִשְׁתִּיק, הִרְגִּיעַ; שָׁקַט, נִרְגַּע
quiet (n) שֶׁקֶט, שַׁלְוָה*, נַחַת*, דְּמָמָה*, שְׁתִיקָה*
quiet (adj) שׁוֹקֵט, שָׁלֵו, שׁוֹתֵק
quietly בְּשֶׁקֶט
quilt (n) שְׂמִיכָה*; מַכְסֶה
quit פָּסַק, הִפְסִיק, חָדַל; עָזַב; הִנִּיחַ
quite לִגְמְרֵי; בֶּאֱמֶת, בְּהֶחְלֵט
quiver (v) רָעַד
quiver (n) רַעַד
quiz (n) בְּחִינָה קַלָּה*; חִדּוּד; לְגָלוּג
quota מִכְסָה*
quotation צִיטָטָה*; צִטּוּט; מוּבָאָה*; הוֹדָעַת שַׁעַר הַסְּחוֹרָה*
— mark מֵרְכָאוֹת כְּפוּלוֹת**
quote צִטֵּט, הֵבִיא מִ־

R

rabbi רַב, רַבִּי

rabbinical רַבָּנִי, תַּלְמוּדִי

rabbit אַרְנֶבֶת*; עוֹר הָאַרְנֶבֶת

race (v) הִתְחָרָה; הֵרִיץ; שָׁטַף; רָץ; מִהֵר

race (n) תַּחֲרוּת*; מֵרוֹץ; זֶרֶם; גֶּזַע, מִין

racial גִּזְעִי

rack (v) עִנָּה, יִסֵּר; הִתְאַמֵּץ

rack (n) כּוֹנָנִית*

racket (n) שָׁאוֹן, הֲמֻלָּה*, רַעַשׁ; מַחְבֵּט

radiant מַזְהִיר, מַבְרִיק; שָׂמֵחַ; מַקְרִין

radiate הֵפִיץ קַרְנֵי אוֹר (אוֹ חֹם), הֵפִיק נֹגַהּ, הִגִּיהַּ

radical (adj) יְסוֹדִי; קִיצוֹנִי

radio (v) שִׁדֵּר בָּרַדְיוֹ

radio (n) רַדְיוֹ

radio (adj) רַדְיוֹ

radish צְנוֹן

rag סְחָבָה*, סְמַרְטוּט

rage (v) זָעַף, נִמְלָא חֵמָה; רָגַשׁ, סָעַר

rage (n) חֵמָה*, זַעַף; הִתְרַגְּשׁוּת*

ragged קָרוּעַ, בָּלוּי; גַּס; לְבוּשׁ קְרָעִים

raid (v) תָּקַף בְּמַפְתִּיעַ

raid (n) הַתְקָפַת פֶּתַע*, הִתְנַפְּלוּת*

rail (v) הֵטִיחַ דְּבָרִים

rail (n) מוֹט מְאֻזָּן; גָּדֵר*; פַּס בַּרְזֶל

railing גָּדֵר* (שֶׁל פַּסִּים), מַעֲקֶה

railroad מְסִלַּת בַּרְזֶל*, רַכֶּבֶת*

railway (see railroad)

rain (v) יָרַד גֶּשֶׁם, הִמְטִיר; הִשְׁפִּיעַ

rain (n) גֶּשֶׁם, מָטָר; מַבּוּל

rainbow קֶשֶׁת* (שֶׁבֶּעָנָן)

rainy גָּשׁוּם, סַגְרִיר

  a — day שְׁעַת דְּחָק*

raise (v) הֵרִים, הִגְבִּיהַּ, הֶעֱלָה; הוֹסִיף; בָּנָה, הֵקִים; גִּדֵּל, הִצְמִיחַ; חִנֵּךְ; הֵבִיא לְ־

raise (n) הוֹסָפָה*, הַעֲלָאָה*

raisin צִמּוּק

rake (v) גָּרַף

rake (n) מַגְרֵפָה*

rally (v) קִבֵּץ, הִקְהִיל; עָרַךְ מֵחָדָשׁ; הֶחֱלִיף כֹּחַ; הֶחֱלִים

rally (n) אֲסֵפָה*

ram (v) נָגַח; דָּחַק, דָּחַס בְּחָזְקָה

ram (n) אַיִל; אֵיל בַּרְזֶל

ramble (v) שׁוֹטֵט, טִיֵּל; קִפֵּץ מֵעִנְיָן לְעִנְיָן; הִתְפַּשֵּׁט

ranch (n) חַוָּה; מֶשֶׁק מִרְעֶה

random מִקְרִי

range (v) הִשְׂתָּרַע; הֶעֱמִיד בְּשׁוּרָה; שׁוֹטֵט

range (n) שׁוּרָה*; שֶׁטַח; מִטְוָח; כִּירָה*; מִרְעֶה; שַׁלְשֶׁלֶת הָרִים*; מַעֲרֶכֶת*

rank (v) סִדֵּר

rank (n) דַּרְגָּה*; שׁוּרָה*

rank (adj) גַּס; מַסְרִיחַ

ransom (v) פָּדָה

ransom (n) כֹּפֶר, פִּדְיוֹן

rap (v) טָפַח, דָּפַק

rap (n) טְפִיחָה*, דְּפִיקָה*

rape (v) חָטַף נֶפֶשׁ; אָנַס (אִשָּׁה)

rape (n) גְּזֵלַת נֶפֶשׁ*; אִנּוּס אִשָּׁה, מַעֲשֵׂה אֹנֶס

rapid מָהִיר

— s זֶרֶם מָהִיר

rapidity מְהִירוּת*

rapidly בִּמְהִירוּת

rapture הִתְלַהֲבוּת*, הִתְפָּעֲלוּת*

rare בִּלְתִּי מָצוּי, נָדִיר; מְצֻיָּן, יָקָר; קָלוּשׁ, דַּק

rarely לְעִתִּים רְחוֹקוֹת, שֶׁלֹּא כָּרָגִיל

rascal נוֹכֵל

rash (n) פָּרַחַת*, חֲרָרָה* (ר)

rash (adj) נִמְהָר, פָּזִיז; אִי זָהִיר

raspberry פֶּטֶל

rat עַכְבְּרוֹשׁ

rate (v) מִיֵּן, דֵּרַג; הֶעֱרִיךְ

rate (n) שִׁעוּר; מְחִיר; סוּג, מִין; דַּרְגָּה*; מְהִירוּת*

rather בְּמִשֶּׁהוּ, בְּמִדַּת מָה; יוֹתֵר נָכוֹן; בְּהַעְדָּפָה

had — מוּטָב שֶׁ־

ratify אִשֵּׁר

ratio יַחַס

ration (v) הִקְצִיב

ration (n) מָנָה *, הַקְצָבָה *
rational שִׂכְלִי שִׂכְלְתָנִי
rattle (v) קִשְׁקֵשׁ; פִּטְפֵּט
rattle (n) קִשְׁקוּשׁ; רַעֲשָׁן
ravage (v) הָרַס, הֶחֱרִיב; הִשְׁחִית
ravage (n) הֶרֶס, חֻרְבָּן; קִלְקוּל
rave (v) דִּבֵּר בְּשִׁגָּעוֹן; הִתְלַהֵב; צָוַח
raven עוֹרֵב
ravine גַּיְא
raw בִּלְתִּי מְבֻשָּׁל; גָּלְמִי; בִּלְתִּי מְאֻמָּן; גַּס
ray (v) הִקְרִין
ray (n) קַו אוֹר, קֶרֶן אוֹר *; נִיצוֹץ
razor תַּעַר, מְכוֹנַת גִּלּוּחַ *
reach (v) הִגִּיעַ אֶל, בָּא; הִשִּׂיג; הוֹשִׁיט
reach (n) הֶשֵּׂג; הֶקֵּף; יְכֹלֶת *; הַשְׁפָּעָה *
react הֵגִיב; חָזַר לְיָשְׁנוֹ
reaction תְּגוּבָה *; נְסִיגָה *, שִׂנְאַת הִתְקַדְּמוּת *
reactionary מוֹרֵד אוֹר, שׂוֹנֵא הִתְקַדְּמוּת, נָסוֹג אָחוֹר
read קָרָא; הִקְרִיא; בֵּאֵר; הֵבִין
— between the lines קָרָא בֵּין הַשִּׁטִּין

reader קוֹרֵא; סֵפֶר קְרִיאָה
readily מִיָּד; בְּקַלּוּת; בְּרָצוֹן
readiness נְכוֹנוּת *; רָצוֹן; קַלּוּת *
reading (n) קְרִיאָה *; הַקְרָאָה *; פֵּרוּשׁ, נֻסְחָה *
ready (v) הֵכִין
ready (adj) מוּכָן, נָכוֹן; מָהִיר; נוֹטֶה; עָשׂוּי; עָלוּל; מְזֻמָּן
real אֲמִתִּי, מַמָּשִׁי
— estate קַרְקָעוֹת, נִכְסֵי דְלָא נָיְדֵי
reality אֱמֶת *, מְצִיאוּת *, מַמָּשׁוּת *
realization הַגְשָׁמָה *; הַכָּרָה *
realize הִכִּיר, הֵבִין; הִגְשִׁים; הִרְוִיחַ
really לְמַעֲשֶׂה, בֶּאֱמֶת, אָמְנָם
realm מַמְלָכָה *; שָׂדֶה, תְּחוּם
reap קָצַר, אָסַף
reaper קוֹצֵר, אוֹסֵף
rear (v) בָּנָה, הֵקִים; זָקַף; נִרְתַּע; גִּדֵּל, חִנֵּךְ
rear (n) אָחוֹר, עָקֵב, עֹרֶף
rear (adj) אֲחוֹרִי, עָרְפִּי
reason (v) חָשַׁב בְּהִגָּיוֹן; הוֹכִיחַ; שִׁדֵּל; הִסִּיק

reason (n) סִבָּה *, טַעַם, הַצְדָּקָה *; שֵׂכֶל, הִגָּיוֹן

reasonable מִתְקַבֵּל עַל הַדַּעַת; מָתוּן; יָשָׁר

reassure הִבְטִיחַ שׁוּב; חִדֵּשׁ הַבְטָחָתוֹ

rebel (v) מָרַד, הִתְקוֹמֵם

rebel (n) מוֹרֵד, מִתְקוֹמֵם

rebellion מֶרֶד, הִתְקוֹמְמוּת *

rebuke (v) גָּעַר, נָזַף

rebuke (n) גְּעָרָה, נְזִיפָה *

recall (v) זָכַר, הִזְכִּיר; קָרָא בַּחֲזָרָה; בִּטֵּל; לָקַח בַּחֲזָרָה

recall (n) זֵכֶר; קְרִיאָה בַּחֲזָרָה*

receipt (n) קַבָּלָה *; הַכְנָסָה *

receive קִבֵּל; הִכְנִיס; הִרְגִּישׁ בְּ־, סָבַל; הִתְקַבֵּל

receiver מְקַבֵּל; מַקְלֵט; אֶפִּיטְרוֹפּוֹס (מְמֻנֶּה מִבֵּית הַמִּשְׁפָּט עַל נִכְסֵי פְּלוֹנִי)

recent חָדָשׁ, מְאֻחָר

recently מִקָּרוֹב, בַּזְּמַן הָאַחֲרוֹן

receptacle בֵּית קִבּוּל, כְּלִי

reception קַבָּלָה *, קַבָּלַת פָּנִים *

recess (v) הִפְסִיק; קִצֵּר

recess (n) הַפְסָקָה *; שְׁקַעֲרוּרִית *

recipe מִרְשָׁם; פֶּתֶק (רְפוּאִי); נֻסְחָה *, שִׁיטָה *

recital סִפּוּר, הַרְצָאָה; קוֹנְצֶרְט (שֶׁל מְנַגֵּן אֶחָד); דִּקְלוּם

recite דִּקְלֵם; סִפֵּר, הִרְצָה

reckless נִמְהָר; בִּלְתִּי זָהִיר

reckon מָנָה; חִשֵּׁב; שָׁקַל

recline נִשְׁעַן, נָח, הֵסֵב

recognition הַכָּרָה *; הוֹדָיָה *; הַעֲרָכָה *

recognize הִכִּיר; הוֹדָה; הֶעֱרִיךְ

recollect זָכַר, נִזְכַּר

recollection זֵכֶר; זִכָּרוֹן

recommend הִמְלִיץ עַל; יָעַץ

recommendation הַמְלָצָה *; עֵצָה *

recompense (n) תַּשְׁלוּם, שָׂכָר

reconcile הִשְׁלִים עִם, הִשְׁלִים בֵּין; פִּשֵּׁר; הִתְאִים

reconstruction בְּנִיָּה מֵחָדָשׁ *, שִׁקּוּם

record (v) רָשַׁם, כָּתַב; הִקְלִיט

record (n) רְשִׁימָה *, זִכְרוֹן דְּבָרִים; תַּקְלִיט; שִׂיא; דִּין וְחֶשְׁבּוֹן, דִּין״וְ, דּוּ״חַ

recount סִפֵּר, הִרְצָה בִּרְחָבָה; סָפַר מֵחָדָשׁ

recover הִשִּׂיג בַּחֲזָרָה, הוּשַׁב לוֹ; הִבְרִיא
recovery הַשָּׂגָה בַּחֲזָרָה*; הַבְרָאָה*
recreation שַׁעֲשׁוּעִים(ז"ר), נֹפֶשׁ
recruit (v) גִּיֵּס
recruit (n) מְגֻיָּס; טִירוֹן
rectangle מַלְבֵּן
recur חָזַר, שָׁב, קָרָה שׁוּב
red (adv) אָדֹם, אֲדַמְדַּם, אַדְמוֹנִי
— headed אֲדֹם שֵׂעָר
redden הִתְאַדֵּם; הֶאְדִּים
redeem פָּדָה; קִיֵּם (הַבְטָחָה)
redeemer גּוֹאֵל, מָשִׁיחַ
redemption גְּאֻלָּה*, פְּדוּת*
reduce הִפְחִית, הִמְעִיט, הוֹרִיד; יָרַד בְּמִשְׁקָל; כָּבַשׁ
reduction הַפְחָתָה*, הֲנָחָה* (מֵהַמְּחִיר), נִכָּיוֹן
reed קָנֶה סוּף
reel (v) כָּרַךְ, הִסְלִיל; הָיָה סְחַרְחַר
refer רָמַז עַל, הֶרְאָה עַל; הִפְנָה אֶל; פָּנָה אֶל
referee בּוֹרֵר, שׁוֹפֵט (בְּאַסְפּוֹרְט)
reférence מַרְאֵה מָקוֹם; עִיּוּן; שִׁמּוּשׁ; הַמְלָצָה*; הַזְכָּרָה*; יַחַס

refine זִקֵּק, צָרַף; שִׁפֵּר
refined (adj) מְשֻׁכְלָל; מְנֻמָּס; דַּק, מְזֻקָּק
reflect הֵשִׁיב אָחוֹר, שִׁקֵּף, הִשְׁתַּקֵּף; יִחֵס; חָשַׁב, הִרְהֵר
reflection בָּבוּאָה*, הִשְׁתַּקְּפוּת*; מַחֲשָׁבָה*, הִרְהוּר; פְּגָם
reflect (n) פְּעֻלָּה חוֹזֶרֶת*; בָּבוּאָה*
reform (v) תִּקֵּן; נִשְׁתַּנָּה
reform (n) תִּקּוּן; תַּקָּנָה*; רֵפוֹרְמָה*
refrain (v) הִתְאַפֵּק, הִבְלִיג
refrain (n) פִּזְמוֹן, חָרוּז חוֹזֵר
refresh הֶחֱיָה; עוֹדֵד; הִתְרַעֲנֵן
refreshment עִדּוּד
—s כִּבּוּד קַל, סְעֻדָּה קַלָּה
refrigerator מְקָרֵר חַשְׁמַלִּי
refuge מַחֲסֶה, מִפְלָט, מִקְלָט
refugee פָּלִיט
refusal סֵרוּב, מֵאוּן
refuse (v) סֵרַב, מֵאֵן; דָּחָה
refuse (n) פְּסֹלֶת*, מַפָּל
regain הִשִּׂיג שׁוּב, מָצָא; הִגִּיעַ
regal כְּשֶׁל מֶלֶךְ, מְפֹאָר
regard (v) חָשַׁב לְ־; כִּבֵּד; הֶחֱשִׁיב; הִתְבּוֹנֵן; הִתְיַחֵס

regard (n) כָּבוֹד, כִּבּוּד; מַחֲשָׁבָה*; תְּשׂוּמֶת לֵב*; יַחַס

in — to (see regarding)

—s דְּרִישַׁת שָׁלוֹם*

regarding (prep) בְּיַחַס לְ־; בְּקֶשֶׁר עִם, בְּנוֹגֵעַ לְ־

regardless (adv) עַל כָּל פָּנִים, בְּכָל אֹפֶן

regime שִׁלְטוֹן, מִשְׁטָר

regiment (v) סִדֵּר גְּדוּד, אִרְגֵּן חֶבֶר; הִטִּיל מִשְׁמַעְתּוֹ, שָׁלַט

regiment (n) גְּדוּד חַיָּלִים, גְּדוּד

region אֵזוֹר; מָחוֹז, גָּלִיל; סְבִיבָה*

register (v) רָשַׁם, נִרְשַׁם; שָׁלַח (מִכְתָּב בְּאַחֲרָיוּת); הֶרְאָה; הִתְאִים

register (n) הַרְשָׁמָה*; פִּנְקָס; דַּפְתְּרָה*, רְשִׁימָה*; תֵּאוּם

registrar רַשָּׁם

regret (v) הִצְטַעֵר, הִתְחָרֵט

regret (n) צַעַר, חֲרָטָה*

regular (adj) רָגִיל; מְקֻבָּל; קָבוּעַ; סָדִיר; חָלָק; לְפִי הַסֵּדֶר, לְפִי הַכְּלָל

regularly בִּסְדִירוּת, בִּקְבִיעוּת

regulate כִּוֵּן, תֵּאֵם, סִדֵּר; פִּקֵּחַ

regulation חֹק; כִּוּוּן, סִדּוּר

rehearse חָזַר עַל (סִפּוּר, מַחֲזֶה), הִתְאַמֵּן (בִּנְאוּם בְּהַצָּגָה)

reign (v) מָשַׁל, שָׁלַט, שָׂרַר

reign (n) שִׁלְטוֹן, מַלְכוּת

rein (n) מוֹשְׁכוֹת**

reindeer צְבִי, אַיָּל

reinforce חִזֵּק

reject (v) דָּחָה; הִשְׁלִיךְ; סֵרֵב

rejoice שָׂמַח, עָלַז; שִׂמֵּחַ

rejoicing (n) שִׂמְחָה*

rejoin הִתְחַבֵּר שׁוּב, חָזַר אֶל; עָנָה

relate סִפֵּר; יִחֵס לְ־; הָיָה קָשׁוּר לְ־

related (adj) קָרוֹב

relation יַחַס; קָרוֹב; סִפּוּר

relationship יַחַס; קִרְבָה*

relative (n) קָרוֹב

relative (adj) יַחֲסִי; קָרוֹב

relative (adv) בְּיַחַס

relatively בְּיַחַס, בְּהַשְׁוָאָה

relax נָח, נָפַשׁ; הֶחֱלִישׁ, הֵקֵל; הִתִּיר

release (v) שִׁחְרֵר; וִתֵּר, מָסַר, הִתִּיר (לְמִכְּר), הוֹצִיא (סֶרֶט, יְדִיעָה)

release (n) שִׁחְרוּר; וִתּוּר עַל זְכוּת; גִּלּוּי דַּעַת; מוּצָר חָדָשׁ

reliable נֶאֱמָן; אַחֲרַאי
relic שָׂרִיד, שְׁאֵרִית *
relief הֲקַלָּה *, הֲנָחָה *, רְוָחָה *; סַעַד; שִׁחְרוּר; תִּגְבֹּרֶת *; תַּבְלִיט
relieve הֵקֵל; שִׁחְרֵר; הֶחֱלִיף; חִלֵּץ
religion דָּת *, אֱמוּנָה *
religious דָּתִי; חָרֵד
relish (v) נֶהֱנָה מִן
rely סָמַךְ עַל; בָּטַח בְּ־
remain נִמְשַׁךְ; עָמַד; נִשְׁאַר
—s שָׂרִיד; גּוּפָה *, עֲצָמוֹת ** (שֶׁל מֵת)
remainder שְׁאֵרִית *, נוֹתָר
remark (v) הֵעִיר
remark (n) הֶעָרָה *
remarkable יוֹצֵא מִן הַכְּלָל; מְצֻיָּן
remedy (v) תִּקֵּן; רִפֵּא
remedy (n) תְּרוּפָה *; תַּקָּנָה *
remember זָכַר
remembrance מַזְכֶּרֶת *; זִכָּרוֹן
remind הִזְכִּיר
remnant שְׂיָרִים; שָׂרִיד
remorse חֲרָטָה *, מוּסַר כְּלָיוֹת
remote רָחוֹק; מְרֻחָק
removal הֲסָרָה *, סִלּוּק; הַעֲבָרָה * עֲקִירָה *

remove עָבַר, הֶעֱבִיר; הֵסִיר; סִלֵּק; הוֹצִיא; פִּטֵּר; הֶעְתִּיק
renaissance תְּחִיָּה *; רֵנֵסַנְס *
rend קָרַע
render עָשָׂה לְ־; נָתַן; הִצִּיג; תִּרְגֵּם
renew חִדֵּשׁ, הִתְחַדֵּשׁ
renounce וִתֵּר עַל; בִּטֵּל
renown פִּרְסוּם, שֵׁם גָּדוֹל
rent (v) שָׂכַר, הִשְׂכִּיר
rent (n) שְׂכַר דִּירָה; שְׂכַר חֲכִירָה; קֶרַע
repair (v) תִּקֵּן
repair (n) תִּקּוּן
reparation פִּצּוּי
repay שִׁלֵּם בַּחֲזָרָה; הֵשִׁיב גְּמוּל
repeal (v) בִּטֵּל
repeal (n) בִּטּוּל
repeat (v) חָזַר עַל; חָזַר וְעָשָׂה
repeat (n) חֲזָרָה *
repeated (adj) חוֹזֵר וְנִשְׁנֶה
repel הָדַף, דָּחָה, הִכָּה אָחוֹר
repent הִתְחָרֵט, הִתְנַחֵם; חָזַר בִּתְשׁוּבָה
repetition חֲזָרָה *, שִׁנּוּן
replace מִלֵּא מְקוֹם־; הֶחֱלִיף; הֶחֱזִיר
reply (v) עָנָה, הֵשִׁיב

reply (n) מַעֲנֶה, תְּשׁוּבָה *
report (v) הוֹדִיעַ, מָסַר, סִפֵּר; כָּתַב כַּתָּבָה; הִתְיַצֵּב
report (n) הוֹדָעָה*; דִּין וְחֶשְׁבּוֹן; שְׁמוּעָה*; שֵׁם; קוֹל נֶפֶץ
reporter כַּתָּב, עִתּוֹנַאי; מוֹדִיעַ
repose (v) נָח, רָגַע, שָׁכַב; סָמַךְ עַל, בָּטַח בְּ־; הָיָה שָׁלֵו
repose (n) מְנוּחָה*, מַרְגּוֹעַ; שֵׁנָה*; שַׁלְוָה*
represent יִצֵּג; סִמֵּל; תֵּאֵר; מִלֵּא תַפְקִיד
representation יִצּוּג; סִמּוּל; תֵּאוּר, דְּמוּת*; נְצִיגוּת*; הַצָּגָה*; טַעֲנָה*
representative (n) נָצִיג, בָּא כֹחַ, צִיר, שָׁלִיחַ; מְיַצֵּג טִפּוּסִי
representative (adj) טִפּוּסִי, מְיַצֵּג
repress דִּכָּא, הִכְנִיעַ, יִסֵּר
reproach (v) הֶאֱשִׁים; גִּנָּה; חֵרֵף
reproach (n) הַאֲשָׁמָה*; גִּנּוּי
reproduce הֶעְתִּיק; הוֹלִיד; עָשָׂה שֵׁנִית
reproduction הַעְתָּקָה*; הוֹלָדָה*
reprove הוֹכִיחַ גָּעַר, נָזַף בְּ־
reptile רֶמֶשׂ, שֶׁרֶץ; רָשָׁע

republic רֶפּוּבְּלִיקָה *
repulse (v) הָדַף, הִכָּה אָחוֹר
reputation שֵׁם; פִּרְסוּם; דֵּעָה*
request (v) בִּקֵּשׁ, שָׁאַל
request (n) בַּקָּשָׁה*, שְׁאֵלָה*, מִשְׁאָלָה*
require הִצְטָרֵךְ לְ־; דָּרַשׁ; צִוָּה
requirement דְּרִישָׁה*; צֹרֶךְ
requisite (adj) נָחוּץ, דָּרוּשׁ
rescue (v) הִצִּיל; פָּדָה; חִלֵּץ
rescue (n) הַצָּלָה*; פְּדוּת*
research (v) חָקַר
research (n) מֶחְקָר, חֲקִירָה*
resemblance דִּמְיוֹן, דִּמּוּי
resemble דָּמָה
resent הִתְרַעֵם עַל, שָׁמַר טִינָה בִּגְלַל־
resentment תַּרְעֹמֶת*, טִינָה*
reservation הִסְתַּיְגוּת*; הַגְבָּלָה*, תְּנַאי; הַזְמָנָה*
reserve (v) יִחֵד; שָׁמַר; הִזְמִין
reserve (n) הִסְתַּיְגוּת*; מְלַאי; עֲתוּדוֹת**; מְתִינוּת*; אֲגִירָה*
reserve (adj) אָגוּר
reservoir מִקְוֵה מַיִם; מֵיכָל; מַחְסָן
reside גָּר, דָּר, יָשַׁב; נִמְצָא בְּ־, הָיָה מָצוּי בְּ־

residence מָעוֹן, דִּירָה*, מְגוּרִים (ז"ר)
resident (n) תּוֹשָׁב; דַּיָּר
resign הִתְפַּטֵּר; נִכְנַע
resignation הִתְפַּטְּרוּת*; הִכָּנְעוּת*
resist עָמַד בִּפְנֵי; הִתְנַגֵּד; נִמְנַע מִ־
resistance עֲמִידָה בִּפְנֵי*; הִתְנַגְּדוּת*; כֹּחַ הִתְנַגְּדוּת
resolute תַּקִּיף; אַמִּיץ
resolution הַחְלָטָה*; תַּקִּיפוּת*; פִּתְרוֹן
resolve (v) הֶחְלִיט, גָּמַר (בְּנַפְשׁוֹ); פָּתַר
resolve (n) הַחְלָטָה*
resort (v) פָּנָה אֶל; אָחַז בְּ־; הָלַךְ אֶל
resort (n) מִפְלָט; אֶמְצָעִי; מְקוֹם נֹפֶשׁ
resound הִדְהֵד
resource אֶמְצָעִים (ז"ר); רְכוּשׁ; יְכֹלֶת* כִּשָּׁרוֹן
—s עֹשֶׁר, הוֹן, אוֹצָרוֹת (ז"ר)
respect (v) כִּבֵּד, הוֹקִיר; הִתְחַשֵּׁב בְּ־
respect (n) פְּרָט; כָּבוֹד, כִּבּוּד; הִתְחַשְּׁבוּת*
in — to בְּיַחַס אֶל, בְּנוֹגֵעַ לְ־
respectable נִכְבָּד; הָגוּן
respective מְיֻחָד, פְּרָטִי
respectively כָּל אֶחָד לְעַצְמוֹ
respond עָנָה, הֵשִׁיב; הֵגִיב
response מַעֲנֶה, תְּשׁוּבָה*; תְּגוּבָה*
responsibility אַחֲרָיוּת*; הִתְחַיְּבוּת*; עֲרֵבוּת*
responsible אַחֲרַאי; עָרֵב
rest (v) נָח, נִרְגַּע; שָׁבַת; נִפְסַק; נִשְׁעַן; הָיָה מְבֻסָּס; נִשְׁאַר
rest (n) מְנוּחָה*, מַרְגּוֹעַ; הַפְסָקָה*; שַׁלְוָה*; מָוֶת; מִשְׁעָן; שְׁאָר, שְׁאֵרִית*, עֹדֶף
at — נָח; בִּלְתִּי פָּעִיל
restaurant מִסְעָדָה*
restless נִרְגָּשׁ; חֲסַר מְנוּחָה
restoration תְּחִיָּה*; תְּקוּמָה*; הֲשָׁבָה עַל כַּנּוֹ; חִזּוּק בְּדָקִים
restore הֶחֱיָה; שִׁקֵּם, קוֹמֵם; הֶחֱזִיר לְיָשְׁנוֹ
restrain עָצַר, כָּבַשׁ
restraint עִצּוּר, כִּבּוּשׁ; הַבְלָגָה*; עֲצִירָה*; מְתִינוּת*
restrict הִגְבִּיל, צִמְצֵם

restriction הַגְבָּלָה *, צִמְצוּם
result (v) יָצָא מִן; נִגְמַר בְּ־
result (n) תּוֹצָאָה*, תּוֹלָדָה*, פֹּעַל יוֹצֵא
resume חָזַר לְ־; הִמְשִׁיךְ
retail (n) קִמְעוֹנוּת *
retail (adj) קִמְעוֹנִי
retailer קִמְעוֹנַאי
retain הֶחֱזִיק בְּ־, שָׁמַר ; זָכַר
retire מָשַׁךְ יָדוֹ ; נָסוֹג ; עָזַב ; הִתְבּוֹדֵד ; שָׁכַב ; הִתְפַּטֵּר, פָּרַשׁ מִן הָעֲבוֹדָה
retirement הִתְרַחֲקוּת * ; עֲזִיבָה*; נְסִיגָה*; הִתְבּוֹדְדוּת*; הִתְפַּטְּרוּת *. פְּרִישָׁה *
retort (v) עָנָה; הֵשִׁיב כַּהֲלָכָה
retort (n) תְּשׁוּבָה חֲרִיפָה *
retreat (v) נָסוֹג אָחוֹר; הִתְבּוֹדֵד
retreat (n) נְסִיגָה * ; הִתְבּוֹדְדוּת * ; מִקְלָט
return (v) שָׁב, חָזַר ; הֵשִׁיב, הֶחֱזִיר; עָנָה
return (n) חֲזָרָה *, שִׁיבָה * ; הַחֲזָרָה *, הֲשָׁבָה * ; הַכְנָסָה *
many happy —s לְאֹרֶךְ יָמִים וְשָׁנִים
—s תּוֹצָאוֹת **
reveal גִּלָּה ; הוֹדִיעַ
revel (v) הִתְעַלֵּס ; הִתְהוֹלֵל
revel (n) הִתְעַלְּסוּת * ; הִתְהוֹלְלוּת *
revelation הִתְגַּלּוּת *, גִּלּוּי ; חָזוֹן
revenge (v) נָקַם, הִתְנַקֵּם
revenge (n) נְקָמָה*, הִתְנַקְּמוּת*
revenue הַכְנָסָה *, הַכְנָסוֹת **
reverence (n) הַעֲרָצָה*, יִרְאָה*, יִרְאַת* כָּבוֹד, יִרְאַת* הָרוֹמְמוּת
reverend כְּבוֹד הַ־
reverse (v) הָפַךְ ; הֵסֵב ; נֶהְפַּךְ ; הָפַךְ כִּוּוּנוֹ ; בִּטֵּל
reverse (n) הִפּוּךְ, הֵפֶךְ ; צָרָה * ; מַפָּלָה * ; הַצַּד הָאֲחוֹרִי
reverse (adj) הָפוּךְ ; מְנֻגָּד ; אֲחוֹרִי
review (v) בִּקֵּר ; בָּחַן מֵחָדָשׁ ; חָזַר עַל ; סָקַר, בָּדַק
review (n) מַאֲמַר בִּקֹּרֶת ; בְּחִינָה חֲדָשָׁה * ; חֲזָרָה * ; בְּדִיקָה *, סְקִירָה *
reviewer סוֹקֵר. מְבַקֵּר
revise שִׁנָּה ; תִּקֵּן
revival תְּחִיָּה * ; הַחֲיָאָה *
revive הֶחֱיָה ; קָם לִתְחִיָּה

revolt (v) מָרַד, הִתְקוֹמֵם; בָּחַל; הִבְחִיל
revolt (n) מֶרֶד, הִתְקוֹמְמוּת *
revolution הֲפֵיכָה*, מַהְפֵּכָה*; תַּהְפּוּכָה*; סִבּוּב; מַחֲזוֹר
revolutionary מַהְפְּכָנִי
revolve סָבַב, סִבֵּב, הִסְתּוֹבֵב
revolver אֶקְדָּח
reward (v) נָתַן פְּרָס, שִׁלֵּם תַּגְמוּל
reward (n) פְּרָס, שָׂכָר, תַּגְמוּל
rewrite כָּתַב מֵחָדָשׁ
rheumatism שִׁגָּרוֹן
rhinoceros קַרְנַף
rhyme (v) חָרַז
rhyme (n) חָרוּז
rhythm קֶצֶב
rib (n) צֵלָע *
ribbon סֶרֶט
rice אֹרֶז
rich עָשִׁיר, אָמִיד; יָקָר; מָלֵא; עַז
riches עֹשֶׁר, נְכָסִים (ז"ר)
richly בְּעֹשֶׁר; בִּמְלֹא
rid נִפְטַר מִן; סִלֵּק אֶת
riddle (n) חִידָה *
ride (v) נָסַע, רָכַב
ride (n) נְסִיעָה*, מַסָּע
rider נוֹסֵעַ, רוֹכֵב; פָּרָשׁ; תּוֹסֶפֶת *
ridge תֶּלֶם; רֶכֶס
ridicule (v) לָעַג, לִגְלֵג
ridicule (n) לַעַג, לִגְלוּג
ridiculous נִלְעָג, מְגֻחָךְ
rifle (v) חִפֵּשׂ וְשָׁדַד
rifle (n) רוֹבֶה
right (v) תִּקֵּן (מְעֻוָּת); הִסְדִּיר
right (n) זְכוּת*; טוֹב, צֶדֶק, יֹשֶׁר; יָמִין
right (adj) טוֹב, צוֹדֵק, יָשָׁר; נָכוֹן; יְמָנִי; טִבְעִי; חֻקִּי
— hand יָמִין, יָד יְמָנִית
right (adv) יָשָׁר; בְּדִיּוּק; נְכוֹנָה; יָפֶה; יָמִינָה
righteous יָשָׁר, צוֹדֵק
righteousness צֶדֶק, צְדָקָה* יֹשֶׁר
rightly כָּרָאוּי, נְכוֹנָה; בְּצֶדֶק
rigid בִּלְתִּי גָמִישׁ, מוּצָק, קָשֶׁה
rim (n) שָׂפָה*; חִשּׁוּק
rind קְלִפָּה*, קְרוּם
ring (v) הִקִּיף, סָבַב; צִלְצֵל; הִשְׁמִיעַ בְּקוֹל
ring (n) טַבַּעַת*; מַעְגָּל; זִירָה*; צִלְצוּל

rinse (v) שָׁטַף בְּמַיִם, הֵדִיחַ
riot (v) הִתְפָּרֵעַ
riot (n) מְהוּמָה *, פְּרָעוֹת **
rip (v) קָרַע; נִקְרַע
rip (n) קֶרַע
ripe בָּשֵׁל; מוּכָן
ripen הִבְשִׁיל; בָּגַר
ripple (v) הִכָּה גַּלִּים קְטַנִּים
ripple (n) גַּל קָטָן
rise (v) קָם, עָמַד; גָּבַהּ; עָלָה, הִתְרוֹמֵם; גָּבַר; מָרַד; קָרָה; הִתְהַוָּה; זָרַח; רָבָה, גָּדַל
rise (n) עֲלִיָּה *, הִתְרוֹמְמוּת *; מָקוֹר, רְבִיָּה *, גִּדּוּל; מַעֲלֶה; זְרִיחָה *; הִתְפַּתְּחוּת *
risk (v) סִכֵּן
risk (n) הִסְתַּכְּנוּת *; סַכָּנָה *
rite טֶקֶס, מִנְהָג
ritual (n) טֶקֶס, עֲבוֹדָה; סֵדֶר; סִדּוּר
ritual (adj) טִקְסִי
rival (v) הִתְחָרָה בְּ־
rival (n & adj) מִתְחָרֶה
rivalry הִתְחָרוּת *, תַּחֲרוּת *
river נָהָר; זֶרֶם
road דֶּרֶךְ* נָתִיב, כְּבִישׁ, מְסִלָּה*
roam שׁוֹטֵט, הִתְהַלֵּךְ
roar (v) נָהַם, שָׁאַג, רָעַם
roar (n) נְהִימָה*, שְׁאָגָה*; רַעַם; הִתְפָּרְצוּת (בִּצְחוֹק)
roast (v) צָלָה
roast (n) צָלִי
rob גָּזַל, שָׁדַד
robber גַּזְלָן, שׁוֹדֵד
robbery גְּזֵלָה *, שֹׁד
robe (v) הִלְבִּישׁ עָטַף; לָבַשׁ
robe (n) חָלוּק; גְּלִימָה*; שִׂמְלָה*
robin אַדְמוֹן, רְאוּבֵנִי
rock (v) נִדְנֵד, הִתְנַדְנֵד; זִעֲזַע, הִזְדַּעֲזַע
rock (n) סֶלַע, צוּר; אֶבֶן *
rocket זִקּוּק, רָקֶטָה *
rocky סַלְעִי; קָשֶׁה
rod מוֹט, מַקֵּל, שֵׁבֶט
rodent מְכַרְסֵם
rogue נוֹכֵל, רַמַּאי, פּוֹחֵז
role תַּפְקִיד
roll (v) גִּלְגֵּל, הִתְגַּלְגֵּל; הִתְנוֹעֵעַ כְּגַל; נָע בִּמְהִירוּת; נָסַע; הִתְנוֹעֵעַ, הִתְנַדְנֵד; סִלְסֵל; רָעַם; עִרְגֵּל
roll (n) גִּלְגּוּל, הִתְגַּלְגְּלוּת *; נִעְנוּעַ, נִדְנוּד; גָּלִיל; רְשִׁימָה*; לַחְמָנִיָּה *; קֶצֶב

roller גַּל; מְעַרְגֵּל. גָּלִיל. מַעֲגִילָה*

Roman רוֹמִי

romance מַעֲשֵׂה אֲהָבִים; סִפּוּר אַהֲבָה

romantic שֶׁל אַהֲבָה; רוֹמַנְטִי; בִּלְתִּי מַעֲשִׂי

roof (v) בָּנָה גַג. סָכַךְ

roof (n) גַּג, קוֹרָה*. כִּסּוּי

room (n) חֶדֶר; רֶוַח, מָקוֹם

rooster תַּרְנְגוֹל

root (v) הִכָּה שֹׁרֶשׁ

— out עָקַר שֵׁרֵשׁ

root (n) שֹׁרֶשׁ; מָקוֹר

rope (v) קָשַׁר אָסַר; גָּדַר, הִגְבִּיל

rope (n) חֶבֶל, עֲבוֹת

rose (n) וֶרֶד, שׁוֹשַׁנָּה*

rosy וָרֹד; מְשַׂמֵּחַ; מַזְהִיר

rot (v) רָקַב, הִרְקִיב; הִתְקַלְקֵל

rot (n) רָקָב, רִקָּבוֹן

rotate סָבַב, הִסְתּוֹבֵב; סִבֵּב, גִּלְגֵּל

rotten רָקוּב; מְקֻלְקָל; מָשְׁחָת

rouge (v) צָבַע פָּנָיו בְּאֹדֶם, פִּרְכֵּס

rouge (n) אֹדֶם

rough (adj) מְחֻסְפָּס; עַז; סוֹעֵר; בִּלְתִּי מְלֻטָּשׁ; בִּלְתִּי מְדֻיָּק

roughen חִסְפֵּס, נִתְחַסְפֵּס

roughly בְּלִי לְטוּשׁ; בְּלִי דִיּוּק, בְּעֵרֶךְ; בְּעַזּוּת

round (v) עִגֵּל, הִתְעַגֵּל; סָבַב; פִּתַּח; הִשְׁלִים; מִלֵּא

— up קִבֵּץ, אָסַף

round (n) סִבּוּב, סִדְרָה*; כַּדּוּר

round (adj) עָגֹל, כַּדּוּרִי; שָׁלֵם; מְשֹׁעָר; מָלֵא

round (adv) סָבִיב; בְּהִפּוּךְ; בַּסְּבִיבָה

round (prep) סָבִיב

rouse הֵעִיר, עוֹרֵר

rout (v) הֵנִיס; גֵּרֵשׁ

rout (n) תְּבוּסָה*. מְנוּסַת הַצָּבָא מִן הַמַּעֲרָכָה; אֲסַפְסוּף פָּרוּעַ

route (v) הֵכִין דֶּרֶךְ, כִּוֵּן אֶת הַנְּסִיעָה

route (n) דֶּרֶךְ*. נָתִיב, כִּוּוּן

routine (n) שִׁגְרָה*

routine (adj) שִׁגְרָתִי, קָבוּעַ

rove (v) נָדַד

rover נוֹדֵד

row (v) חָתַר בְּמָשׁוֹט

row (n) שׁוּרָה* טוּר; קְטָטָה*. מְהוּמָה*

rowboat סִירַת* שַׁיִט

royal מַלְכוּתִי; נֶהְדָּר

royalty מַלְכוּת*; שְׂכַר סוֹפְרִים
rub (v) שִׁפְשֵׁף, חִכֵּךְ
— off, — out מָחָה, מָחַק
— on מָרַח עַל, סָךְ
rub (n) שִׁפְשׁוּף, חִכּוּךְ; קֹשִׁי; דְּבַר קִנְטוּר, תּוֹכָחָה
rubber גּוּמִי
rubbers עַרְדָּלַיִם (ז"ר)
rubbish פְּסֹלֶת*, אַשְׁפָּה*; הֶבֶל, שְׁטוּת
ruby אֹדֶם
rudder הֶגֶה (שֶׁל אֳנִיָּה אוֹ סִירָה)
ruddy אֲדַמְדַּם
rude גַּס; בִּלְתִּי מְנֻמָּס; מְחֻסְפָּס; טִבְעִי; גָּלְמִי
rue (v) הִצְטַעֵר, נִחַם
ruffle (v) קִמֵּט; הִרְגִּיז; עִלְעֵל
rug שָׁטִיחַ, מַרְבַד
rugged חָזָק; פָּשׁוּט; קָשֶׁה
ruin (v) הָרַס, הֶחֱרִיב; צִעֵר, הֵמִית
ruin (n) הֶרֶס, חָרְבָּה*, מַפֹּלֶת*; יְרִידָה*, תְּמוּטָה*
rule (v) פָּסַק; שָׁלַט; סִרְגֵּל
rule (n) דִּין, חֹק; נֹהַג, סֵדֶר; שִׁלְטוֹן; סַרְגֵּל; כְּלָל
ruler מוֹשֵׁל; סַרְגֵּל

rumble (v) הִרְעִים קוֹל
rumble (n) קוֹל רוֹעֵם
rumor (v) הֵפִיץ שְׁמוּעָה
rumor (n) שְׁמוּעָה*
run (v) רָץ; אָץ; עָמַד לִבְחִירוֹת; הֵרִיץ; עָבַר. נָסַע; זָרַם; טִפְטֵף; שָׁפַךְ. הִשְׁתַּפֵּךְ; הִתְפַּשֵּׁט; נָע, פָּעַל; הֵנִיעַ, הִפְעִיל; נִהֵל; נִמְשַׁךְ; הֶעֱבִיר; הִבְרִיחַ
— after רָדַף
— down הִתְנַגֵּשׁ בְּ־ פָּגַע; רָדַף וְהִשִּׂיג; פָּסַק מִפְּעֹל; יָגֵעַ; חוֹלָנִי
— from בָּרַח, נִמְלַט
— into פָּגַשׁ בְּ־; נִתְקַל בְּ־
— out of אָזַל לוֹ. אָפֵס
— through דָּקַר; גָּמַר אֶת
run (n) רִיצָה*; מַהֲלָךְ; מֶשֶׁךְ; פְּעֻלָּה; תּוֹצֶרֶת*; מִין, סוּג; מֶרְחָק; גְּדֵרָה*; מַחֲזוֹר
in the long — בְּחֶשְׁבּוֹן אָרֹךְ
rung שָׁלָב (בְּסֻלָּם)
runner רָץ. שָׁלִיחַ; רְצוּעַת בַּד. רְצוּעַת מַלְמָלָה (מֵעֵין מַפָּה לְשֻׁלְחָן אוֹ לְשִׁדָּה), שָׁטִיחַ אָרֹךְ וְצַר

running (n) רִיצָה*; נְהוּל
running (adj) פּוֹעֵל; נָע; נִמְשָׁךְ; רָצוּף
rural כַּפְרִי
rush (v) מִהֵר, נֶחְפַּז; הֵאִיץ, זֵרֵז; הִתְנַפֵּל
rush (n) מְהִירוּת*, חִפָּזוֹן; דֹּחַק
rush (adj) דָּחוּף
Russian רוּסִי
rust (v) הֶחְלִיד
rust (n) חֲלֻדָּה*
rustic (adj) כַּפְרִי; תָּמִים
rustle (v) רִשְׁרֵשׁ, אִוֵּשׁ
rustle (n) רִשְׁרוּשׁ, אִוְשָׁה*
rusty חָלוּד
ruthless אַכְזָרִי, לְלֹא רַחֲמִים
rye שִׁיפוֹן
— bread לֶחֶם שִׁיפוֹן

S

Sabbath	שַׁבָּת *
sable	צָבָל
sack (v)	שָׁלַל, בָּזַז; שָׂם בְּשַׂק; פִּטֵּר
sack (n)	שַׂק; בִּזָּה *, שָׁלָל
sackcloth and ashes	שַׂק וָאֵפֶר (לְאֵבֶל אוֹ עִנּוּי)
sacred	קָדוֹשׁ
sacrifice (v)	הִקְרִיב; מָכַר בְּהֶפְסֵד
sacrifice (n)	קָרְבָּן; מְכִירָה בְּהֶפְסֵד *
sad	עָצוּב, נוּגֶה; דַּל
saddle (v)	הֶעֱמִיס, הִטִּיל עַל
saddle (n)	אֻכָּף
sadly	בְּעַצְבוּת; בְּדֶרֶךְ גְּרוּעָה
sadness	עַצְבוּת*, עֶצֶב, תּוּגָה*, יָגוֹן
safe (n)	כַּסֶּפֶת * (לִשְׁמִירַת דִּבְרֵי עֵרֶךְ)
safe (adj)	בָּטוּחַ; שָׁלֵם; שַׁאֲנָן
safeguard (v)	הֵגֵן עַל; שָׁמַר
safeguard (n)	אַבְטָחָה *; שְׁמִירָה *, הֲגַנָּה *
safely	בְּבִטְחָה; בִּשְׁלֵמוּת
safety	בִּטָּחוֹן
sag (v)	נָטָה, הִתְכּוֹפֵף, יָרַד
sage (n & adj)	חָכָם
sail (v)	הִפְלִיג; הֵשִׁיט
sail (n)	מִפְרָשׂ
sailor	מַלָּח, סַפָּן
saint	קָדוֹשׁ, צַדִּיק
sake	מַטָּרָה *
for ( )'s —	— לְמַעַן
salad	סָלָט
salary	מַשְׂכֹּרֶת *, שָׂכָר
sale	מְכִירָה *, מִמְכָּר; מְכִירָה * כְּלָלִית
salesman	זַבָּן, מוֹכֵר
saliva	רֹק, רִיר
sally (n)	הַתְקָפָה *
salmon	אִלְתִּית *, לָכִיס, סַלְמוֹן

saloon בֵּית מַרְזֵחַ, מִסְבָּאָה*
salt (v) הִמְלִיחַ, מָלַח; תִּבֵּל
salt (n) מֶלַח; חֲרִיפוּת*
— of the earth בְּנֵי עֲלִיָּה
with a grain of — בִּזְהִירוּת, בְּחַשְׁדָנוּת
worth his — רָאוּי לִשְׁמוֹ
salute (v) הִצְדִּיעַ; בֵּרַךְ בְּשָׁלוֹם; כִּבֵּד
salute (n) הַצְדָּעָה*; כִּבּוּד
salvation יְשׁוּעָה*
salve (n) מִשְׁחָה* (לִרְפוּאָה)
same אוֹתוֹ, עַצְמוֹ; שָׁוֶה; זֵהֶה
all the — בְּכָל זֹאת
at the — time בָּהּ בַּשָּׁעָה; יַחַד עִם זֶה
it is all the — (to me) אַחַת הִיא (לִי)
much the — דּוֹמֶה בְּרֻבּוֹ
sample (n) דֻּגְמָה*
sanctify קִדֵּשׁ
sanction (v) הִרְשָׁה, אִשֵּׁר, הִסְכִּים
sanction (n) רְשׁוּת*, אִשּׁוּר, הַסְכָּמָה*
sanctuary מִקְדָּשׁ; מִקְלָט
sand (v) מֵרֵט בְּחוֹל; זָרָה חוֹל
sand (n) חוֹל
sandal סַנְדָּל
sandwich (n) כָּרִיךְ, סַנְדְּוִיץ'
sandy מָלֵא חוֹל, מְכֻסֶּה חוֹל; שֶׁכַּחוֹל
sane שָׁפוּי בְּדַעְתּוֹ; בָּרִיא; הֶגְיוֹנִי
sanitary נָקִי, שֶׁל שְׁמִירַת* הַבְּרִיאוּת, סָנִיטָרִי
sanity הִגָּיוֹן, בְּרִיאוּת* הַנֶּפֶשׁ, שֵׂכֶל הַיָּשָׁר
sap (v) חָתַר מִתַּחַת לְ-; הֶחֱלִישׁ
sap (n) לֵחָה*, מִיץ, עָסִיס
sapphire סַפִּיר
sarcastic שָׁנוּן, עוֹקֵץ, לַגְלְגָנִי
sash סֶרֶט
Satan הַשָּׂטָן
satin אַטְלַס
satire סָטִירָה*, שְׁנִינָה*, לַעַג
satisfaction שְׂבִיעַת רָצוֹן*, קֹרַת רוּחַ*; סִפּוּק; פִּצּוּי; סִלּוּק
satisfactory מַשְׂבִּיעַ רָצוֹן; מֵנִיחַ אֶת הַדַּעַת; מְסַפֵּק; מַסְפִּיק
satisfy הִשְׂבִּיעַ רָצוֹן; סִפֵּק, מִלֵּא; שָׂבַע רָצוֹן, נֶהֱנָה; הוֹכִיחַ, נוֹכַח; הֵנִיחַ אֶת הַדַּעַת; פִּצָּה; סִלֵּק
Saturday יוֹם הַשַּׁבָּת

Saturn כּוֹכַב שַׁבְּתַאי, אֵל הַחַקְלָאוּת בָּרוֹמִי

sauce רֹטֶב; תַּבְלִין

saucer תַּחְתִּית*, קְעָרִית*

sausage נַקְנִיק

savage (n) פֶּרֶא אָדָם

savage (adj) פִּרְאִי, פֶּרֶא; עַז; פָּרוּעַ; בִּלְתִּי מְתֻרְבָּת; אַכְזָרִי; גַּס

save (v) הִצִּיל; שָׁמַר; חָסַךְ

save (prep) חוּץ מִ־, פְּרָט לְ־

saving (n) חִסָּכוֹן; הַצָּלָה*

saving (adj) חֶסְכוֹנִי; מַצִּיל; שׁוֹמֵר

savior גּוֹאֵל, מוֹשִׁיעַ

savor (n) טַעַם, רֵיחַ, תַּבְלִין

saw (v) נִסֵּר

saw (n) מַסּוֹר; פִּתְגָּם

say (v) אָמַר, דִּבֵּר, הִגִּיד; הִזְהִיר; הוֹדִיעַ; טָעַן; שָׁנָה; נֶאֱמַר...

that is to — זֹאת אוֹמֶרֶת, כְּלוֹמַר

say (n) דָּבָר, אֹמֶר, חַוַּת דַּעַת*

have one's — חִוָּה דַּעְתּוֹ

saying (n) פִּתְגָּם, אִמְרָה*

scale (v) הִתְקַלֵּף קַשְׂקַשִּׂים; הִתְכַּסָּה קַשְׂקַשִּׂים; שָׁקַל; טִפֵּס הִקְטִין, הִגְדִּיל; מָדַד

scale (n) קַשְׂקֶשֶׂת*; הַגְלָדָה*; מֹאזְנַיִם (ז"ז); כַּף*; קְנֵה מִדָּה; סַרְגֵּל; סֻלָּם

scalp (n) קַרְקֶפֶת*

scamper רִיצָה*, מְרוּצָה*

scan עִיֵּן; בָּדַק, בָּחַן

scandal שַׁעֲרוּרִיָּה*; נְבָלָה*

scant(y) (adj) מְצֻמְצָם; מֻגְבָּל

scapegoat שָׂעִיר לַעֲזָאזֵל

scar (v) צִלֵּק

scar (n) צַלֶּקֶת*

scarce נָדִיר, בִּלְתִּי מָצוּי

scarcely כִּמְעַט שֶׁ־; כִּמְעַט שֶׁלֹּא

scarcity מַחְסוֹר; נְדִירוּת*; צִמְצוּם

scare (v) הִפְחִיד, הִבְהִיל; פָּחַד, נִבְהַל

scare (n) פַּחַד, בֶּהָלָה*

scarf סוּדָר

scarlet שָׁנִי

scatter פִּזֵּר, זָרָה, הֵפִיץ

scene רֶקַע; מַחֲזֶה; מָקוֹם; מְאֹרָע; תְּמוּנָה*

scenery מַרְאֵה נוֹף, תַּפְאוּרָה (בְּתֵיאַטְרוֹן)

scent (v) הֵרִיחַ

scent (n) רֵיחַ, בֹּשֶׂם

scepter שַׁרְבִיט

sceptic פַּקְפְּקָן, סַפְקָן

schedule (v) עָרַךְ תָּכְנִית; הִכְנִיס בְּתָכְנִית

schedule (n) רְשִׁימָה* תָּכְנִית*; לְוָחִין (ז״ר), לוּחַ זְמַנִּים

scheme (v) עָרַךְ תָּכְנִית; זָמַם, חִבֵּל תַּחְבּוּלָה

scheme (n) תָּכְנִית*; תַּחְבּוּלָה*

scholar תַּלְמִיד חָכָם, מְלֻמָּד; חוֹקֵר; תַּלְמִיד

scholarship חָכְמָה*; תְּמִיכָה* לְתַלְמִיד לְהוֹסִיף לִלְמֹד

school (v) לִמֵּד, חִנֵּךְ; אִמֵּן, אִלֵּף

school (n) בֵּית סֵפֶר, בֵּית מִדְרָשׁ, אֻלְפָּן; אַסְכּוֹלָה*; סִיעָה*

schoolboy תַּלְמִיד

schoolhouse בֵּית סֵפֶר

schooner מִין אֳנִיַּת מִפְרָשִׂים

science מַדָּע

scientific מַדָּעִי

scientist חוֹקֵר, אִישׁ מַדָּע

scissors מִסְפָּרַיִם (ז״ז)

scoff (v) לָעַג, לִגְלֵג

scold (v) גָּעַר, נָזַף

scoop (n) כַּף*

scope הֶקֵּף, תְּחוּם

scorch (v) צָרַב; יִבֵּשׁ; חָרַב

scorch (n) צְרִיבָה*

score (v) צִיֵּן; שָׂרַט; חִשֵּׁב; נִצַּח

score (n) מִסְפַּר נְקֻדּוֹת; צִיּוּן; שְׂרִיטָה*; עֶשְׂרִים; חֶשְׁבּוֹן

scorn (v) בָּז לְ־, לָעַג לְ־

scorn (n) בּוּז, לַעַג

scorpion עַקְרָב

scour (v) מֵרֵק, נִקָּה; סִיֵּר

scoundrel נָבָל, אִישׁ בְּלִיַּעַל

scourge (v) הִכָּה בְשׁוֹט; עָנַשׁ; הֵצִיק, עִנָּה

scourge (n) שׁוֹט; עֳנָשִׁים (ז״ר)

scout (v) רִגֵּל, סִיֵּר; חָקַר; דָּחָה; הִטִּיל סָפֵק

scout (n) מְרַגֵּל, סַיָּר; צוֹפֶה

scowl (v) קִמֵּט מִצְחוֹ (בְּזַעַם), זָעַם

scowl (n) קִמּוּט מֵצַח (בְּזַעַם)

scramble (v) זָחַל; טִפֵּס; נֶאֱבַק; הִתְחַבֵּט; עִרְבֵּב, הִתְעַרְבֵּב

scramble (n) זְחִילָה*; טִפּוּס; הִתְחַבְּטוּת*; עִרְבּוּבְיָה*

scrap (v) הִשְׁלִיךְ; פֵּרֵק לִפְסֹלֶת
scrap (n) פֵּרוּר, פִּסָּה*; רִיב, קֶטַע; פְּסֹלֶת*
scrapbook פִּנְקָס לְהַדְבָּקוֹת, יַלְקוּט
scrape (v) הִקְצִיעַ, גֵּרֵד, שִׁפְשֵׁף; צָרַם
scrape (n) גֵּרוּד; צְרִימָה*;
scratch (v) שָׂרַט, גֵּרֵד; מָחַק
scratch (n) שְׂרִיטָה*
scream (v) צָעַק, צָרַח, צָוַח
scream (n) צְעָקָה*, צְוָחָה*
screech, see scream
screen (v) הֵגֵן, סָכַךְ; נִפָּה; חָקַר
screen (n) מָגֵן; מָסָךְ; מְחִצָּה*; רֶשֶׁת*
screw (v) הִבְרִיג; עִקֵּם; לָחַץ
screw (n) בֹּרֶג
scribble (v) רָשַׁם בְּחִפָּזוֹן, כָּתַב בְּלִי תְּשׂוּמֶת לֵב
scribe סוֹפֵר
Scripture כִּתְבֵי הַקֹּדֶשׁ (ז"ר)
scroll מְגִלָּה*
scrub (v) שִׁפְשֵׁף
scrub (adj) חוּת
sculptor פַּסָּל
sculpture (v) פִּסֵּל
sculpture (n) פִּסּוּל, פֶּסֶל
sea יָם, אוֹקְיָנוֹס; נַחְשׁוֹל; הָמוֹן
at — עַל הַיָּם; נָבוֹךְ
the high —s לֵב הַיָּם
seal (v) חָתַם; הִדְבִּיק; נָעַל
seal (n) חוֹתָם, גּוּשְׁפַּנְקָה*; כֶּלֶב יָם
seam (n) תֶּפֶר; חָרִיץ; מְקוֹם חִבּוּר
seaman סַפָּן, מַלָּח
search (v) חִפֵּשׂ בִּקֵּשׁ; יָרַד לְ־
search (n) חִפּוּשׂ; בְּחִינָה*
searchlight זַרְקוֹר
seashore חוֹף הַיָּם
seasickness מַחֲלַת הַיָּם*
season (v) תִּבֵּל; הִבְשִׁיל; הִרְגִּיל, סִגֵּל
season (n) עוֹנָה*, תְּקוּפָה*, זְמַן, מוֹעֵד
in — בְּעִתּוֹ
seat (v) הוֹשִׁיב
seat (n) מוֹשָׁב; מָקוֹם; בַּיִת
seaweed חַלְפָּה, סוּף
second (v) תָּמַךְ, סִיַּע
second (n) שְׁנִיָּה*; תּוֹמֵךְ; עֵד
second (adj) שֵׁנִי; אַחֵר
—class, —rate פָּחוּת

— hand מְשֻׁמָּשׁ; שִׁמּוּשִׁי; מִדַּרְגָּה שְׁנִיָּה
secondary שֵׁנִי; פָּחוּת; מִשְׁנִי
secondly שֵׁנִית
secret (n) סוֹד
secret (adj) סוֹדִי, חֲשָׁאִי; נִסְתָּר
secretary מַזְכִּיר; שַׂר
secretion הַפְרָשָׁה
secretly בְּסוֹד, בַּחֲשַׁאי
section (v) חִלֵּק, גָּזַר לַחֲלָקִים; חָתַךְ
section (n) חֵלֶק; פֶּרֶק, סָעִיף; מַחְלָקָה*; חֲתָךְ
secular חִלּוֹנִי, לֹא דָתִי, שֶׁל הָעוֹלָם הַזֶּה
secure (v) הִבְטִיחַ; חִזֵּק, חִבֵּר; הִשִּׂיג
secure (adj) בָּטוּחַ; מְחֻזָּק, מְחֻבָּר; חֲסַר דְּאָגָה
security בִּטָּחוֹן, בִּטְחָה*; שַׁלְוָה*; עֲרֻבָּה*
sèduce הֵסִית, פִּתָּה, הִתְעָה
see רָאָה, הִסְתַּכֵּל, הִתְבּוֹנֵן; הֵבִין; מָצָא; בִּקֵּר
— after דָּאַג לְ־; טִפֵּל בְּ־
— eye to eye הִסְכִּים לַחֲלוּטִין
seed (v) זָרַע; הוֹצִיא גַּרְעִינִים מִן
seed (n) זֶרַע; מָקוֹר; צֶאֱצָאִים(ז"ר)
seeing (n) רְאִיָּה*
seek בִּקֵּשׁ, חִפֵּשׂ; שָׁאַף לְ־; דָּרַשׁ; נִסָּה
seem נִרְאָה, נִדְמָה
seemingly כַּנִּרְאֶה
seer רוֹאֶה, חוֹזֶה, נָבִיא
segregate הִפְרִיד, הִבְדִּיל
seize תָּפַס, אָחַז; הֶחֱזִיק בְּ־
seldom לְעִתִּים רְחוֹקוֹת
select (v) בָּחַר, בֵּרֵר
select (adj) נִבְחָר; מְיֻחָד
selection בְּחִירָה*, בְּרֵרָה*; מִבְחָר; פֶּרֶק
self עַצְמוֹ; עַצְמִי
— conscious נָבוֹךְ, מִתְבַּיֵּשׁ, בַּיְשָׁן, יְרֵא חֶבְרָה
selfish אָנֹכִיִּי
selfishness אָנֹכִיּוּת*, אַהֲבַת* עַצְמוֹ
sell מָכַר; סָחַר בְּ־
seller מוֹכֵר
semester זְמַן, עוֹנַת* לִמּוּדִים, חֲצִי שְׁנַת לִמּוּדִים
semicolon נְקֻדָּה וּפְסִיק
seminar סֶמִינָר
seminary בֵּית מִדְרָשׁ, מִדְרָשָׁה*

Semitic שֵׁמִי
senate סֶנָט, בֵּית מְחוֹקְקִים
send שָׁלַח; הֶעֱבִיר
— **word** הוֹדִיעַ
senior (adj) בְּכוֹר, וָתִיק, זָקֵן, גָּדוֹל
sensation רֶגֶשׁ; הַרְגָּשָׁה*, תְּחוּשָׁה*; הִתְרַגְּשׁוּת*, סֶנְסַצְיָה*
sense (v) חָשׁ, הִרְגִּישׁ; הֵבִין
sense (n) חוּשׁ; רֶגֶשׁ; הֲבָנָה*; שֵׂכֶל
common — שֵׂכֶל הַיָּשָׁר
in a — בְּמוּבָן מְסֻיָּם
make — הִתְקַבֵּל עַל הַדַּעַת
sensible שִׂכְלִי, נָבוֹן; חָשׁ; מַרְגִּישׁ; רָגִישׁ
sensitive רָגִישׁ; חוּשִׁי; רַגְשָׁנִי
sentence (v) דָּן, פָּסַק, הוֹצִיא מִשְׁפָּט
sentence (n) מִשְׁפָּט; פְּסַק דִּין
sentiment דֵּעָה*; רֶגֶשׁ; כַּוָּנָה*
sentimental רַגְשָׁנִי; רִגְשִׁי אֱוִין דַּעַת. דַּק הַרְגָּשָׁה
sentinel זָקִיף, שׁוֹמֵר עוֹמֵד עַל הַמִּשְׁמָר
sentry זָקִיף; מִשְׁמָר
separate (v) הִבְדִּיל; הִפְרִיד; נִתֵּק; פֵּרַשׁ, עָזַב; הוֹצִיא, הִפְרִישׁ
separate (adj) נִבְדָּל; נִפְרָד; מְנֻתָּק
separately לְחוּד, לְבַד
separation הַבְדָּלָה*, הַפְרָדָה*; הִתְבַּדְּלוּת*
Septuagint תַּרְגּוּם הַשִּׁבְעִים
sequence תּוֹלָדָה*, תּוֹצָאָה*, פֹּעַל יוֹצֵא; רְצִיפוּת*, שׁוּרָה* שֶׁל
seraph שָׂרָף (מַלְאָךְ)
serene שָׁלֵו, שׁוֹקֵט
sergeant סַמָּל
series מַחֲזוֹר, סִדְרָה*, שׁוּרָה*
serious חָמוּר, רְצִינִי; חָשׁוּב
seriously בִּרְצִינוּת
sermon דְּרָשָׁה*, נְאוּם דָּתִי; דְּבַר מוּסָר
serpent נָחָשׁ
servant שַׁמָּשׁ, מְשָׁרֵת, מְשָׁרֶתֶת*, עוֹזֶרֶת*
serve שֵׁרֵת, שִׁמֵּשׁ; הִגִּישׁ; עָזַר; עָבַד; הִתְאִים; סִפֵּק
service (n) שֵׁרוּת; עֲבוֹדָה*; אַסְפָּקָה; סִיּוּעַ; תְּפִלָּה*; הַגָּשָׁה*, מַעֲרֶכֶת* כֵּלִים (לַאֲרוּחָה); הַזְמָנָה* לְדִין; מְסִירַת* תְּעוּדַת הַמִּשְׁפָּט

session יְשִׁיבָה*, מוֹשָׁב, שְׁעַת לִמּוּד
set (v) שָׂם, הִצִּיג; סִדֵּר, עָרַךְ; קָבַע; קָצַב; כִּוֵּן; הוֹלִיד; הִקְפִּיא; שָׁקַע (הַשֶּׁמֶשׁ); הָלַךְ וְיָרַד
— an example הָיָה לְמוֹפֵת
set (n) קְבוּצָה*; מַעֲרָכָה*; סֵדֶר, סִדְרָה*; מַכְשִׁיר; תַּפְאוּרָה*; מַצָּב
set (adj) קָבוּעַ, קָצוּב; קָפוּא; עַקְשָׁנִי; מֻחְלָט
setting (n) רֶקַע; מִסְגֶּרֶת*
settle הִסְכִּים; הֶחְלִיט; הִתְפַּשֵּׁר; קָבַע; נִרְגַּע; הוֹשִׁיב; הִתְיַשֵּׁב, הִשְׁתַּקַּע; פָּרַע (חוֹב); הִשְׁקִיעַ, שָׁקַע; הִתְגַּבֵּשׁ
settlement יִשּׁוּב; הִתְפַּשְּׁרוּת*, פְּשָׁרָה*; סִדּוּר; מוֹשָׁבָה*
settler מִתְיַשֵּׁב
seven שִׁבְעָה, שֶׁבַע*
seventh שְׁבִיעִי(ת)
seventeen שִׁבְעָה עָשָׂר, שְׁבַע עֶשְׂרֵה*
— th — הַ
seventy שִׁבְעִים
sever חָתַךְ, כָּרַת; הִפְרִיד; הִפְסִיק, נִתֵּק

several אֲחָדִים; נִבְדָּלִים, שׁוֹנִים
severe חָמוּר, קָשֶׁה; קַפְּדָן; רְצִינִי; פָּשׁוּט; עַז
sew תָּפַר
sewer בִּיב, צִנּוֹר שֶׁל שׁוֹפְכִים
sewing (n) תְּפִירָה*
sex מִין
sexual מִינִי
shabby בָּלוּי; עָלוּב; שָׁפָל
shack בִּקְתָּה*, צְרִיף, בַּיִת רָעוּעַ
shade (v) הֵצֵל; הֶאֱפִיל; גּוֹנֵן; הִסְתִּיר
shade (n) צֵל; דִּמְדּוּמִים (ז״ר); גּוֹן; הֶבְדֵּל דַּק
shadow (v) הֵצֵל; עָקַב אַחֲרֵי
shadow (n, see shade, n)
shadowy רַב־צֵל, מְעֻרְפָּל; רוּחִי; מְפֻשָּׁט
shady מֵצֵל, מוּצָל, חָשׁוּד
shaft מוֹט; חֵץ; יָדִית*; קֶרֶן*; עַמּוּד; גַּל
shaggy שָׂעִיר, צַמִּיר; אֲרֹךְ שֵׂעָר, פָּרוּעַ
shake (v) רָעַד, הִזְדַּעְזֵעַ; הִרְעִיד, זִעְזַע; הֶחֱלִישׁ, חָלַשׁ; נָע, נִעְנַע; הֵנִיף
— hands לָחַץ יָד (בִּידִידוּת)

shake (n) רְעִידָה*; זַעֲזוּעַ
shallow בִּלְתִּי עָמֹק; שִׁטְחִי
shame (v) בִּיֵּשׁ הִכְלִים
shame (n) בּוּשָׁה*. חֶרְפָּה*; בַּיְשָׁנוּת*
shameful מַחְפִּיר. מֵבִישׁ
shape (v) צָר עִצֵּב; לָבַשׁ צוּרָה; סִגֵּל
shape (n) צוּרָה*, דְּמוּת*; מַצָּב
share (v) חִלֵּק; חִלֵּק עִם; הִשְׁתַּתֵּף; לָקַח חֵלֶק
share (n) מָנָה* חֵלֶק; מְנָיָה*
shark כָּרִישׁ: נוֹכֵל: מְמַחֶה
sharp (adj) חַד; פִּתְאֹמִי; חָמוּר; עַז, חָרִיף; פִּקֵּחַ
sharp (adv) בְּדִיּוּק
sharpen חִדֵּד. הִשְׁחִיז
sharply בְּחַדּוּת; בַּחֲרִיפוּת בִּשְׁנִינוּת
shatter נִפֵּץ; הָרַס
shave (v) גִּלַּח, הִתְגַּלַּח: הִקְצִיעַ
shave (n) גִּלּוּחַ תִּגְלַחַת*
shawl סוּדָר; טַלִּית*
she הִיא*
shear (v) גָּזַז, סִפֵּר
sheath תִּיק. נְדָן, תַּעַר
shed (v) זָלַג; הֵפִיץ; הִשִּׁיר, הֵסִיר; שָׁפַךְ
shed (n) סְכָכָה*; דִּיר
sheep כֶּבֶשׂ, צֹאן
sheer דַּק וְשָׁקוּף; טָהוֹר; גָּמוּר
sheet (n) סָדִין; גִּלָּיוֹן; לוּחַ
shelf מַדָּף
shell (v) קָלַף
shell (n) קְלִפָּה*; צֶדֶף; תַּרְמִיל; כַּדּוּר
shelter (v) הֶחֱסָה; חָסָה
shelter (n) מַחְסֶה. מִקְלָט
shepherd (v) רָעָה
shepherd (n) רוֹעֶה
shield (v) הֵגֵן, הָיָה לְמָגֵן
shield (n) מָגֵן, תְּרִיס
shift (v) עָבַר, הֶעֱבִיר; הֶחֱלִיף
shift (n) הַעֲבָרָה*; מִשְׁמֶרֶת*
shine (v) הֵאִיר. זָרַח. הִזְהִיר נָצַץ; צִחְצַח
shine (n) אוֹר. זְרִיחָה*. זֹהַר, נִצְנוּץ; צִחְצוּחַ
rain or — בְּכָל הַתְּנָאִים
shingle (n) רַעַף; שֶׁלֶט
shiny מַבְהִיק, נוֹצֵץ; חָלָק, מֵרֹב שִׁמּוּשׁ
ship (v) שָׁלַח בָּאֳנִיָּה: נָסַע כְּמַלָּח
ship (n) אֳנִיָּה*, סְפִינָה*

shipment, shipping מִשְׁלוֹחַ
shipwreck שֶׁבֶר אֳנִיָּה, טְבִיעַת אֳנִיָּה, הֶרֶס, חֻרְבָּן
shirt חֻלְצָה*, כֻּתֹּנֶת*
shiver (v) רָעַד
shiver (n) רְעָדָה*
shoal מַיִם בִּלְתִּי עֲמֻקִּים; הָמוֹן
shock (v) זִעֲזַע, הִזְדַּעֲזַע
shock (n) זַעֲזוּעַ
shoe (v) הִנְעִיל; הִתְקִין פַּרְסָה
shoe (n) נַעַל*; פַּרְסָה*
shoelace שְׂרוֹךְ (נַעַל)
shoemaker סַנְדְּלָר
shoot (v) יָרָה; חָלַף וְעָבַר
shop (v) קָנָה; יָצָא לִקְנִיּוֹת
shop (n) חֲנוּת*; בֵּית מְלָאכָה
shopkeeper חֶנְוָנִי
shore (n) חוֹף, שָׂפָה*; יַבָּשָׁה*
short (n) דָּבָר קָצָר
  in — בִּקְצָרָה
short (adj) קָצָר, קָטָן; מְצֻמְצָם; קַפְּדָנִי; חָסֵר —; פָּחוּת
  — circuit קֶצֶר
  — cut דֶּרֶךְ קְצָרָה*; קַפַּנְדְּרִיָּה*
  — sighted שֶׁאֵינוֹ רוֹאֶה אֶת הַנּוֹלָד, קְצַר רֹאִי
short (adv) לְפֶתַע; לִפְנֵי מַטְּרָתוֹ
  fall — חָסַר; לֹא הִצְלִיחַ
  cut — קִצֵּץ, שִׁסַּע
shortage מַחְסוֹר, חֹסֶר
shorten קִצֵּר
shortly בְּקָרוֹב; בִּקְצָרָה, בְּקִצּוּר
shorts מִכְנָסַיִם קְצָרִים (ז״ר)
shot יְרִיָּה*; כַּדּוּר, קָלִיעַ; צִלּוּם
should הָיָה צָרִיךְ; לוּ, אִם
shoulder (v) דָּחַף בִּכְתֵפוֹ; כִּתֵּף; נָשָׂא עַל שִׁכְמוֹ, קִבֵּל אַחֲרָיוּת
shoulder (n) כָּתֵף*, שֶׁכֶם; כְּתֵפָה*; בְּלִיטָה*
  — to — שֶׁכֶם בְּשֶׁכֶם, שְׁכֶם אֶחָד
shout (v) קָרָא, צָעַק, צָוַח
shout (n) קְרִיאָה*, צְעָקָה*, צְוָחָה*
shove (v) דָּחַף, הָדַף
shove (n) דְּחִיפָה*
shovel (v) גָּרַף
shovel (n) אֵת, מַגְרֵפָה*
show (v) הֶרְאָה, הִצִּיג, גִּלָּה; נִרְאָה
  — off (v) הִתְגַּנְדֵּר

— up גָּלָה; הוֹפִיעַ; נִרְאָה
show (n) הוֹפָעָה*, הַצָּגָה*; תַּעֲרוּכָה*; מַרְאֶה, מַרְאִית עַיִן*
shower (v) יָרַד גֶּשֶׁם; הִמְטִיר
shower (n) גֶּשֶׁם לִזְמַן קָצָר, מָטָר; הָמוֹן; מִקְלַחַת*
shred (n) חֲתִיכָה*, גֶּזֶר; קֶרַע; שֶׁמֶץ
shrewd פִּקֵּחַ
shriek (v) צָרַח, צָוַח
shriek (n) צְרִיחָה*, צְוָחָה*
shrill (adj) חַד וָרָם
shrine מָקוֹם קָדוֹשׁ
shrink כָּוַץ, הִתְכַּוֵּץ; נִרְתַּע מִן
shrivel צָמַק, הִצְטַמֵּק
shroud (v) הִסְתִּיר, כִּסָּה
shroud (n) תַּכְרִיךְ; מִכְסֶה
shrub שִׂיחַ
shrug (v) מָשַׁךְ בִּכְתֵפָיו
shrug (n) מְשִׁיכָה בִּכְתֵפַיִם*
shudder (v) רָעַד, הִתְפַּלֵּץ
shudder (n) רְעָדָה*, פַּלָּצוּת*
shuffle (v) גָּרַר רַגְלָיו; טָרַף, עִרְבֵּב
shun הִתְרַחֵק מִן, נִמְנַע מִן
shut (v) סָגַר, נָעַל; נִסְגַּר; הִסְגִּיר; כָּלָא
— off חָסַם, הִפְסִיק
shut (adj) סָגוּר, נָעוּל
shutter תְּרִיס
shy (v) נִרְתַּע
shy (adj) בַּיְשָׁן; מְהַסֵּס
sick (adj) חוֹלֶה; נִרְגָּשׁ; נִלְאֶה; בּוֹחֵל
sicken הֶחֱלָה; הִבְחִיל
sickle מַגָּל, חֶרְמֵשׁ
sickly חוֹלָנִי, חָלוּשׁ
sickness מַחֲלָה*, חֳלִי
side (v) צִדֵּד, תָּמַךְ, עָמַד לִימִינוֹ
side (n) צַד; פָּנִים (ז"ר); חֵלֶק
side (adj) צְדָדִי, (שֶׁל) לְוַי
sidewalk מִדְרָכָה
sideways בִּמְצֻדָּד, צִדּוֹ קָדִימָה
siege מָצוֹר
lay — שָׂם מָצוֹר
sieve (n) נָפָה*, כְּבָרָה*
sift נִפָּה; בֵּרֵר
sigh (v) נֶאֱנַח
sigh (n) אֲנָחָה*
sight (v) רָאָה; כִּוֵּן
sight (n) רְאִיָּה*; מַרְאֶה*; כַּוֶּנֶת*
lose — שָׁכַח לְהִתְחַשֵּׁב בְּ־, הִסִּיחַ דַּעְתּוֹ מִן

sightseeing בִּקּוּר לִרְאוֹת מְקוֹמוֹת
sign (v) חָתַם; שָׂכַר
sign (n) סִמָּן, אוֹת, תָּו; רֶמֶז; סֵמֶל; שֶׁלֶט
signal (v) נָתַן אוֹת, אוֹתֵת; סִמֵּן, רָמַז
signal (n) אוֹת, סִמָּן, רֶמֶז
signal (adj) דָּגוּל, מְצֻיָּן
signature חֲתִימָה *
significance עֵרֶךְ, חֲשִׁיבוּת *; מַשְׁמָעוּת *, כַּוָּנָה *
significant חָשׁוּב, בַּעַל עֵרֶךְ
signify הוֹדִיעַ; הוֹרָה עַל
silence (v) הִשְׁתִּיק, הִשְׁקִיט
silence (n) שֶׁקֶט, שְׁתִיקָה *, דְּמָמָה *
silent שׁוֹתֵק, דּוֹמֵם, מַחֲרִישׁ
silently בְּשֶׁקֶט, חֶרֶשׁ
silk מֶשִׁי
silken שֶׁל מֶשִׁי; רַךְ
sill סַף, אֶדֶן
silly טִפְּשִׁי; מְגֻחָךְ
silver (n) כֶּסֶף
silver(y) (adj) כַּסְפִּי, מְכֻסָּף, שֶׁל כֶּסֶף
silverware כְּלֵי כֶּסֶף
similar דּוֹמֶה
similarity דִּמְיוֹן
similarly כְּמוֹ כֵן; בְּדֶרֶךְ דּוֹמָה
simile מָשָׁל, מְלִיצָה, דִּמְיוֹן
simple פָּשׁוּט; תָּם
simplicity פַּשְׁטוּת *; תֹּם
simplify פִּשֵּׁט, בֵּרַר, הֵקֵל
simply בְּפַשְׁטוּת; פָּשׁוּט
simultaneously בְּבַת אַחַת
sin (v) חָטָא, עָבַר (עֲבֵרָה)
sin (n) חֵטְא, עֲבֵרָה *
since (adv & prep) מֵאָז; מִימֵי; מִן
since (conj) כִּי, מִכֵּיוָן שֶׁ־
sincere אֲמִתִּי, נֶאֱמָן, כֵּן
sincerely בֶּאֱמֶת, בְּכֵנוּת
sincerity כֵּנוּת *, נֶאֱמָנוּת *
sinew גִּיד, שָׁרִיר
sing שָׁר, זִמֵּר; הִצְהִיר בְּקוֹל
singer זַמָּר, זַמֶּרֶת *
single (v) בָּחַר; צִיֵּן
single (adj) יָחִיד, יְחִידִי, אֶחָד; בּוֹדֵד, נִפְרָד; פְּרָטִי
singular נָדִיר; בִּלְתִּי רָגִיל; מוּזָר; יָחִיד, יְחִידִי, מִסְפָּר יָחִיד
sinister מְבַשֵּׂר רָעוֹת; רָע

sink (v) יָרַד, שָׁקַע, צָלַל; הוֹרִיד, הִשְׁקִיעַ; פָּחַת
sink (n) כִּיּוֹר
sinner חוֹטֵא, רָשָׁע
sip (v) גָּמַע, לָגַם
sir אֲדוֹנִי
sire (n) אָב
siren סִירוֹנִית*, סִירֶנָה*, צוֹפָר; אִשָּׁה מַדִּיחָה
sister אָחוֹת*
—in-law גִּיסָה*
sit יָשַׁב; הוֹשִׁיב; הָיָה, דָּר; הִתְכַּנֵּס
site מָקוֹם
sitting room חֲדַר אוֹרְחִים, טְרַקְלִין
situated שׁוֹכֵן, נִמְצָא
situation מַצָּב; מָקוֹם; תְּנַאי; מִשְׂרָה*
six שִׁשָּׁה, שֵׁשׁ*
—th שִׁשִּׁי(ת)
sixteen שִׁשָּׁה עָשָׂר, שֵׁשׁ עֶשְׂרֵה*
—th ה —
sixty שִׁשִּׁים
size גֹּדֶל, מִדָּה*
skate (v) הֶחֱלִיק
skate (n) מַחֲלָק
skeleton (n) שֶׁלֶד
skeptical מְפַקְפֵּק, מְסַפֵּק
sketch (v) שִׂרְטֵט, צִיֵּר; הִסְבִּיר בְּדֶרֶךְ כְּלָל
sketch (n) שִׂרְטוּט, תַּרְשִׁים, צִיּוּר; מַחֲזֶה קַל
skill כִּשָּׁרוֹן, חָרִיצוּת*; מֻמְחִיּוּת*; אֻמָּנוּת*, אָמָּנוּת*
skilled, skillful מֻכְשָׁר, חָרוּץ; מֻמְחֶה; מְאֻמָּן
skim רִפְרֵף; הֵסִיר שִׁכְבָה עֶלְיוֹנָה שֶׁל נוֹזְלִים
skin (v) קִלֵּף, הִפְשִׁיט עוֹר
skin (n) עוֹר; קְלִפָּה*; פַּרְוָה*
skip (v) דִּלֵּג; קָפַץ; פָּסַח עַל
skirmish (n) תִּגְרָה*, סִכְסוּךְ
skirt (n) חֲצָאִית*; חֲצִי תַּחְתּוֹן שֶׁל שִׂמְלָה*; שׁוּבֶל, שָׂפָה*
skull גֻּלְגֹּלֶת*, קָדְקֹד
— cap כִּפָּה*
skunk בּוֹאֵשׁ
sky שָׁמַיִם (ז"ר), רָקִיעַ
skyscraper מִגְדַּל שְׁחָקִים (בִּנְיָן גָּבוֹהַּ)
slack (adj) נִרְפֶּה, רַשְׁלָן
slacken הִתְרַפָּה, רִשֵּׁל, הִרְפָּה, הִפְחִית
slacks מִכְנְסֵי נֹפֶשׁ

slam (v) סָגַר בְּחָזְקָה

slander (v) הִלְשִׁין, הוֹצִיא דִבָּה

slander (n) מַלְשִׁינוּת*, דִּבָּה*, לַעַז

slang עָגָה*, סְלֶנְג, לְשׁוֹן הֶדְיוֹטוֹת

slant (n) שִׁפּוּעַ, נְטִיָּה*

slap (v) סָטַר; נָזַף

slap (n) סְטִירָה*; נְזִיפָה*

slash (v) חָתַךְ; קִצֵּץ; שָׂרַט

slate (n) צִפְחָה*; לוּחַ

slaughter (v) שָׁחַט; הָרַג, רָצַח

slaughter (n) שְׁחִיטָה*; הֶרֶג, רֶצַח, טֶבַח

slave (v) עָבַד עֲבוֹדַת* פֶּרֶךְ

slave (n) עֶבֶד, שִׁפְחָה*

slavery עַבְדוּת*, שִׁעְבּוּד; הַכְנָעָה*; עֲבוֹדַת פֶּרֶךְ*

slay הָרַג, רָצַח

sled (n) מִזְחֶלֶת*, מִגְרָרָה*

sledge פַּטִּישׁ גָּדוֹל, כֵּילָף

sleep (v) יָשַׁן, נִרְדַּם, נָם

sleep (n) שֵׁנָה*, תַּרְדֵּמָה*, תְּנוּמָה*

sleepy אֲחוּז שֵׁנָה, רָדוּם

sleeve שַׁרְווּל; נַרְתִּיק

sleigh (n), see sled

slender דַּק; קָטָן; מְעַט

slice (v) פָּרַס, חָתַךְ, גָּזַר

slice (n) פְּרוּסָה*, חֲתִיכָה*, גֶּזֶר; מָנָה

slide (v) גָּלַשׁ, הֶחֱלִיק

slide (n) הַחֲלָקָה*; מַחְלִיק, זַחְלָן

slight (v) הֵקֵל בְּ־

slight (adj) מְעַט; דַּל, דַּק

slightly בִּמְעַט, בְּקַלּוּת

slim (adj) דַּק, דַּל; מְעַט

sling (v) קָלַע; תָּלָה

sling (n) קֶלַע; חֶבֶל מִטְעָן; רְצוּעָה*

slip (v) הֶחֱלִיק; מָעַד; נִמְלַט; חָלַף; עָבַר; טָעָה, שָׁגָה; הִתִּיר

— **out** הִשְׁתַּמֵּט; נִפְלַט

slip (n) הַחֲלָקָה*; מְעִידָה*; שְׁגִיאָה*, טָעוּת*; טֹפֶס, פִּסָּה*, צִפּוּי, גּוּפִיָּה*

— **of the tongue** פְּלִיטַת פֶּה*

slipper סַנְדָּל, נַעַל בַּיִת

slippery חֲלַקְלַק; עַרְמוּמִי

slope (v) הָיָה מְשֻׁפָּע

slope (n) שִׁפּוּעַ

slow (v) הֵאֵט

slow (adj) אִטִּי; הַדְרָגִי; מְפַגֵּר; בִּלְתִּי פָּעִיל

slow(ly) לְאַט
slum שְׁכוּנָה יְרוּדָה
slumber שֵׁנָה*, תַּרְדֵּמָה*: שֶׁקֶט
slump (v) נָפַל פִּתְאֹם, יָרַד פִּתְאֹם
slump (n) יְרִידַת פִּתְאֹם
sly עַרְמוּמִי
smack (v) מִצְמֵץ בְּקוֹל; הִכָּה
smack (n) טְעִימָה; שֶׁמֶץ; מַכָּה
small קָטָן, פָּעוּט. זָעִיר; מְעָט; רָפֶה; קַל עֵרֶךְ; נָמוֹךְ
smallpox מַחֲלַת אֲבַעְבּוּעוֹת
smart (v) כָּאַב, הִכְאִיב
smart (adj) חַי; זָרִיז; חָכָם, פִּקֵּחַ; מְצֻחְצָח
smash (v) נִפֵּץ, הִתְנַפֵּץ; הָרַס; הִתְנַגֵּשׁ
smear (v) מָשַׁח, מָרַח, לִכְלֵךְ
smear (n) כֶּתֶם, לִכְלוּךְ; דִּבָּה
smell (v) הֵרִיחַ; נָדַף רֵיחַ
smell (n) רֵיחַ
smile (v) חִיֵּךְ·
smile (n) חִיּוּךְ. בַּת צְחוֹק*
smite הִכָּה
smoke (v) עִשֵּׁן; הֶעֱלָה עָשָׁן
smoke (n) עָשָׁן
smooth (v) הִשְׁקִיט; הֶחֱלִיק
smooth (adj) חָלָק: שָׁקֵט; שׁוֹטֵף; אָדִיב
smoothly עַל נְקַלָּה, בְּלִי הַפְרָעָה, בְּדֶרֶךְ חֲלָקָה*
smother חָנַק, נֶחֱנַק; דִּכֵּא; כִּבָּה
smuggle הִבְרִיחַ (מִן הַמֶּכֶס), הִכְנִיס בִּגְנֵבָה
snail שַׁבְּלוּל
snake (n) נָחָשׁ
snap (v) הִשְׁמִיעַ קוֹל חִתּוּךְ; נִתֵּק לְפֶתַע; נִתַּק לְפֶתַע; צִלֵּם; נָשַׁךְ
snap (n) קוֹל חִתּוּךְ; צִלּוּם; קֶרֶס; נְשִׁיכָה*
snare (v) לָכַד, תָּפַס
snare (n) מַלְכֹּדֶת, מוֹקֵשׁ
snarl (v) נָהַם; הִסְתַּבֵּךְ. סִבֵּךְ
snarl (n) נְהִימָה*; סְבַךְ, תִּסְבֹּכֶת*
snatch (v) חָטַף
snatch (n) חֶטֶף; מְעַט
sneak הִתְגַּנֵּב; הִתְחַמֵּק; מִתְגַּנֵּב
sneakers נַעֲלֵי בַד קַלִּים
sneer (v) הִבִּיט בְּבוּז; לָעַג
sneer (n) מֶבָּט בּוּז; לַעַג
sneeze (v) הִתְעַטֵּשׁ
sneeze (n) עִטּוּשׁ, עֲטִישָׁה*
sniff (v) שָׁאַף; הֵרִיחַ

sniff (n) שְׁאִיפָה (בָּאַף); הֲרָחָה (בִּשְׁאִיפָה קְצָרָה)

snore (v) נָחַר

snore (n) נַחַר, נַחֲרָה*

snort (v) שָׁאַף בִּנְחִירָה; נָחַר, נָחַר בְּבוּז

snout חֹטֶם (שֶׁל חֲזִיר, כֶּלֶב וְתַן) חֹטֶם גָּדוֹל וּמְכֹעָר

snow (v) יָרַד שֶׁלֶג

snow (n) שֶׁלֶג

snowball כַּדּוּר שֶׁלֶג

snowflake פְּתִית שֶׁלֶג

snowy מֻשְׁלָג; שִׁלְגִּי

snuff (v) כִּבָּה; שָׁאַף

snug נוֹחַ, חָמִים; מְהֻדָּק; מַתְאִים

so כָּךְ, כָּכָה, כֹּה; בְּמִדָּה שֶׁ־; מְאֹד; לָכֵן, עַל כֵּן

and — וְכֵן; וּבְכֵן

or — בְּעֵרֶךְ

— as, — that בִּכְדֵי; כָּךְ שֶׁ־

— called כִּבְיָכוֹל, הַמְכֻנֶּה

soak (v) הִשְׁרָה, שָׁרָה; הִרְטִיב, נִרְטַב; סָפַג

soap (n) סַבּוֹן

soar הִמְרִיא; דָּאָה; הִתְנַשֵּׂא

sob (v) הִתְיַפֵּחַ

sob (n) בְּכִי, הִתְיַפְּחוּת*, נְהִי, יְבָבָה*

sober (adj) מְפֻכָּח; מָתוּן; רְצִינִי; מְיֻשָּׁב; פָּשׁוּט

soberly בְּמְתִינוּת; בִּרְצִינוּת

social (adj) חֶבְרָתִי, צִבּוּרִי, סוֹצְיָאלִי; יְדִידוּתִי

socialist (adj) סוֹצְיָאלִיסְטִי

society חֶבְרָה*; אֲגֻדָּה*; עֵדָה*

sociology סוֹצְיוֹלוֹגְיָה*, תּוֹרַת הַחֶבְרָה

sock (n) גֶּרֶב קָצָר

socket שֶׁקַע (לְחַשְׁמַל); חוֹר

sod (n) מִדְשָׁאָה*

soda סוֹדָה*; גַּזּוֹז

sofa סַפָּה

soft רַךְ; נוֹחַ; רָפֶה

soften רִכֵּךְ, הִתְרַכֵּךְ

softly בְּרַכּוּת

soil (v) לִכְלֵךְ; הִכְתִּים

soil (n) אֲדָמָה*; אֶרֶץ*

solar שֶׁל הַשֶּׁמֶשׁ

soldier (v) שֵׁרֵת בַּצָּבָא; הִשְׁתַּמֵּט מֵעֲבוֹדָה

soldier (n) חַיָּל, אִישׁ צָבָא

sole (n) כַּף רֶגֶל*; סֻלְיָה*

sole (adj) יְחִידִי, בּוֹדֵד

solely אַךְ, רַק; לְבַד

solemn רְצִינִי; קָדוֹשׁ
solemnity חֲגִיגִיּוּת*
solid (n) מוּצָק
solid (adj) מוּצָק; סָמִיךְ; מָלֵא; יַצִּיב; שָׁלֵם; חָזָק; אֲמִתִּי
solitary בּוֹדֵד, גַּלְמוּד, יְחִידִי
solitude בְּדִידוּת*
solo (n) זִמְרַת* יָחִיד; מַעֲשֵׂה יָחִיד
soluble נָמֵס, נָמִיס, שֶׁנָּמֵס
solution פִּתְרוֹן; תְּמִסָּה*
solve פָּתַר
somber סְתָמִי; קוֹדֵר, נוּגֶה
some (n) אֶחָד, אֲחָדִים; מִסְפָּר, מְעַט
some (adj) אֲחָדִים, יְדוּעִים
some (adv) בְּעֵרֶךְ
somehow אֵיךְ שֶׁהוּא
someone, somebody מִישֶׁהוּ
something מַשֶּׁהוּ; מְעַט; חֵלֶק
sometime (adj) שֶׁלְּפָנִים
sometime (adv) בְּפַעַם זוֹ אוֹ אַחֶרֶת
sometimes לִפְעָמִים
somewhat (n) מִקְצָת
somewhat (adv) בְּמִקְצָת
somewhere בְּאֵיזֶה מָקוֹם שֶׁהוּא; אֵי־שָׁם

son בֵּן
— in-law חָתָן
song שִׁיר, זֶמֶר; שִׁירָה*
sonnet שִׁיר זָהָב, סוֹנֶטָה*
soon בְּקָרוֹב, עוֹד מְעַט; בִּזְרִיזוּת
soothe הִרְגִּיעַ, הִשְׁקִיט; נִחֵם, הֵקֵל
sorcery קְסָמִים, כְּשָׁפִים
sore (n) פֶּצַע
sore (adj) כּוֹאֵב; מַעֲצִיב
sorrow (v) הִצְטַעֵר, הִתְעַצֵּב, הִתְאַבֵּל
sorrow צַעַר, עַצְבוּת*, אֵבֶל
sorrowful עָצוּב, אָבֵל
sorry מִצְטַעֵר, מִתְחָרֵט; עָלוּב
sort (v) מִיֵּן, סִדֵּר
sort (n) מִין, סוּג
soul נֶפֶשׁ, נְשָׁמָה*, רוּחַ*; בֶּן אָדָם
sound (v) הִשְׁמִיעַ; נִדְמָה; בָּחַן
sound (n) קוֹל, צְלִיל; שָׁאוֹן; מִפְרָץ
sound (adj) בָּרִיא, שָׁלֵם, חָזָק; בָּטוּחַ; הֶגְיוֹנִי
soup מָרָק
sour (v) הֶחְמִיץ
sour (adj) חָמוּץ
source מָקוֹר
south (n) דָּרוֹם

south (adj) דְּרוֹמִי
south (adv, see southward)
southeast דְּרוֹמִית מִזְרָחִית
southern (see south, adj)
southward דָּרוֹמָה
southwest דְּרוֹמִית מַעֲרָבִית
sovereign (n) מֶלֶךְ; שַׁלִּיט
sovereign (adj) רִבּוֹנִי
sovereignty רִבּוֹנוּת *
Soviet (adj) סוֹבְיֶטִי
sow זָרַע; הֵפִיץ, פִּזֵּר
space (v) רִוַּח, שָׂם רֶוַח בֵּין
space (n) רֶוַח; מָקוֹם; מֶרְחָב; מֶרְחָק
spacious מְרֻוָּח; רָחָב
spade (n) אֵת
span (v) מָתַח; מָדַד בְּיָדוֹ
span (n) מֶתַח; מִדַּת יָד פְּרוּשָׂה *; אֹרֶךְ, הֶקֵּף
Spaniard, Spanish סְפָרַדִּי
spank (v) הִלְקָה
spare (v) רִחֵם; הִצִּיל; חָסַךְ
spare (n) יִתְרָה *, עֹדֶף
spare (adj) יָתֵר; צָנוּם
spark (v) נִצְנֵץ, הִבְרִיק
spark (n) נִיצוֹץ, גֵּץ; הַבְרָקָה *; שֶׁמֶץ
sparkle (v) נִצְנֵץ הִבְרִיק
sparkle (n) נִצְנוּץ
sparrow אַנְקוֹר
speak דִּבֵּר; שׂוֹחַח; נָאַם
speaker מְדַבֵּר; נוֹאֵם; רַמְקוֹל; רֹאשׁ בֵּית הַנִּבְחָרִים
spear (v) דָּקַר
spear (n) כִּידוֹן, רֹמַח, חֲנִית *
special מְיֻחָד; בִּלְתִּי רָגִיל
specialist מֻמְחֶה
specialize הִתְמַחָה
specially בִּמְיֻחָד
species סוּג, מִין, זַן
specific מְיֻחָד; מְפֹרָשׁ; אָפְיָנִי
specify פֵּרֵשׁ, פֵּרֵט
specimen דֻּגְמָה *
speck (n) כֶּתֶם; שֶׁמֶץ
spectacle חִזָּיוֹן; הַצָּגָה *
—s מִשְׁקָפַיִם (ז"ז)
spectacular נֶהְדָּר, לְרַאֲוָה, מַרְהִיב עַיִן
spectator צוֹפֶה, מַבִּיט, שֶׁאֵינוֹ מִשְׁתַּתֵּף לְמַעֲשֶׂה
speculation הִרְהוּר; הַשְׁעָרָה *; סַפְסָרוּת *
speech דִּבּוּר; דִּבֵּר; נְאוּם; לָשׁוֹן *
speechless מַחֲרִישׁ, נִדְהָם

speed (v) מִהֵר, הֵחִישׁ; נַעֲשָׂה מָהִיר יוֹתֵר
speed (n) מְהִירוּת*
speedily בִּמְהֵרָה, בִּמְהִירוּת
spell (v) אִיֵּת; פֵּרֵשׁ; הִתְפָּרֵשׁ
spell (n) קֶסֶם; פֶּרֶק, עוֹנָה*
spend הוֹצִיא; בִּלָּה; בִּזְבֵּז
spendthrift בַּזְבְּזָן, פַּזְרָן
sphere כַּדּוּר; שֶׁטַח, תְּחוּם, סְבִיבָה*
sphinx סְפִינְכְּס; אִישׁ סְתָרִים
spice (v) תִּבֵּל
spice (n) תְּבָלִין
spider עַכָּבִישׁ
spill (v) שָׁפַךְ; זָרַם, נָזַל
spin (v) טָוָה; סָבַב, סִבֵּב; הִסְתַּחְרֵר; אָץ
spin (n) סִבּוּב; נְסִיעָה מְהִירָה*
spinach תֶּרֶד
spindle צִיר, פֶּלֶךְ, כִּישׁוֹר
spiral לוּלְיָנִי
spire רֹאשׁ מִגְדָּל
spirit (n) נֶפֶשׁ*, נְשָׁמָה*, רוּחַ*; מַלְאָךְ; עֹז, אֹמֶץ; כַּוָּנָה*
—s מַצַּב רוּחַ; כֹּהַל
spiritual רוּחָנִי; עָדִין; דָּתִי; מוּסָרִי

spit (v) יָרַק; דָּקַר; שִׁפֵּד
spit (n) רֹק; שִׁפּוּד
spite (v) הִכְעִיס, קִנְטֵר, מָרָה
spite (n) קִנְטוּר, אֵיבָה, מְרִי
in — of לַמְרוֹת
splash (v) הִתִּיז, קָלַח
splash (n) זִנּוּק, הַתָּזָה*; שִׁכְשׁוּךְ
spleen טְחוֹל; מְרִי, זַעַף; דִּכָּאוֹן
splendid נֶהְדָּר, מְפֹאָר
splendor הָדָר, פְּאֵר
splinter (n) קֵיסָם; שְׁבָב; רְסִיס
split (v) בָּקַע, נִתְבַּקַּע; פִּלֵּג, הִתְפַּלֵּג
split (n) בֶּקַע; פִּלּוּג
split (adj) מְחֻלָּק, מְפֻלָּג
spoil (v) קִלְקֵל; הִשְׁחִית; נִפְגַּם; נִרְקַב; פִּנֵּק; שָׁדַד
spoils (n) בִּזָּה*, שָׁלָל
spoke (n) חִשּׁוּק
spoken (adj) מְדֻבָּר, הָגוּי
spokesman דַּבָּר, בָּא כֹּחַ
sponge (v) סָפַג
sponge (n) סְפוֹג
spontaneous סְפּוֹנְטָנִי, בִּלְתִּי מוּכָן מֵרֹאשׁ, נוֹבֵעַ מִבִּפְנִים
spool פְּקַעַת*, סְלִיל
spoon (n) כַּף*

sport (v) הִשְׁתַּעֲשֵׁעַ; לִגְלֵג

sport (n) אַסְפּוֹרְט; מִשְׂחָק; שַׁעֲשׁוּעִים (ז"ר); אָדָם חָבִיב, בָּחוּר טוֹב

spot (v) הִכְתִּים, לִכְלֵךְ; הִתְלַכְלֵךְ

spot (n) כֶּתֶם; פְּסוּל; מָקוֹם, נְקֻדָּה*

on the — מִיָּד; בַּמָּקוֹם

spouse בַּעַל אִשָּׁה

spout (v) זָנַק, קִלַּח; הֵרִים קוֹלוֹ

spout (n) קִלּוּחַ, צִנּוֹר

spray (v) הִזָּה; רִסֵּס

spray (n) רִסּוּס; זִלּוּף

spread (v) פָּרַשׂ; פִּזֵּר; רִקַּע; עָרַךְ (שֻׁלְחָן); כִּסָּה; הִתְפַּזֵּר; הִתְפַּשֵּׁט

spread (n) הִתְפַּשְּׁטוּת*, הִתְרַחֲבוּת*; מִמְרָח; צִפִּיָּה*; תְּצוּגָה*

sprig נֵצֶר

spring (v) קָפַץ; הוֹפִיעַ, צָץ; קָם

spring (n) קְפִיצָה*; מַעְיָן, עַיִן (ז׳); מָקוֹר; אָבִיב

sprinkle (v) הִתִּיז, הִזָּה, הִזְלִיף; נִתַּז, זָלַף; פִּזֵּר

sprinkle (n) מָטָר קַל; רְבִיבִים; זִלּוּף

sprout (v) נָבַט, צָמַח, עָלָה; הֶעֱלָה, פִּתַּח

sprout (n) נֶבֶט, יוֹנֵק

spruce (n) (עֵץ) בְּרוֹשׁ

spur (v) דִּרְבֵּן; זֵרֵז, הֵאִיץ

spur (n) דָּרְבָן; הַמְרָצָה*; זִיז

spurn בָּעַט בְּ־, סֵרֵב מִתּוֹךְ בּוּז

spy (v) רִגֵּל, בָּלַשׁ; רָאָה

spy (n) מְרַגֵּל

squad פְּלֻגַּת חַיָּלִים; פְּלֻגַּת עוֹבְדִים

square (v) יִשֵּׁר, הִסְדִּיר; רִבֵּעַ

square (n) רִבּוּעַ; כִּכָּר*

square (adj) מְרֻבָּע; יָשָׁר, חָלָק

squash (v) מָעַךְ, כָּבַשׁ; חִסֵּל; הֶחֱרִישׁ

squat (v) יָשַׁב עַל עֲקֵבָיו, יָשַׁב עַל הַקַּרְקַע; הִתְיַשֵּׁב

squeak (v) חָרַק

squeak (n) חֲרִיקָה*

squeal (v) צָוַח, צָרַח; הִלְשִׁין

squeal (n) צְוָחָה*, צְרִיחָה*

squeeze (v) לָחַץ, דָּחַק; סָחַט; נִלְחַץ; חִבֵּק

squeeze (n) לְחִיצָה*; לַחַץ

squirrel סְנָאִי

stab (v) דָּקַר, נָעַץ; פָּצַע; תָּקַף

stab (n) דְּקִירָה*; פֶּצַע; הַתְקָפָה*
stability יַצִּיבוּת*, קְבִיעוּת*, קִיּוּם מַתְמִיד
stable (n) אֻרְוָה*
stable (adj) יַצִּיב, אֵיתָן; קַיָּם
stack (v) עָרַם
stack (n) עֲרֵמָה*; מַעֲשֵׁנָה*
staff (v) הִרְכִּיב צֶוֶת, סִדֵּר חֶבֶר עוֹבְדִים
staff (n) מַטֶּה, מַקֵּל; מוֹט, עַמּוּד; שַׁרְבִיט; מִשְׁעָן; צֶוֶת, חֶבֶר
stag אַיָּל
stage (v) בִּיֵּם, הִצִּיג; עָרַךְ
stage (n) בָּמָה*; דַּרְגָּה*, מַעֲלָה*; הַתֵּיאַטְרוֹן; מְקוֹם הַמַּעֲשֶׂה; תַּחֲנָה
stagger (v) הִתְנוֹדֵד; הִתְמוֹטֵט; הָמַם; שִׁתֵּק; סִדֵּר בְּסֵרוּגִין
stain (v) הִכְתִּים, הָכְתַּם; צָבַע
stain (n) כֶּתֶם; פְּסוּל; צֶבַע
stair מַדְרֵגָה*
staircase, stairway מַדְרֵגוֹת**
stake (v) תָּמַךְ; סִכֵּן; סִמֵּן גְּבוּל
stake (n) סָמוֹךְ, עַמּוּד, מוֹט; פְּרָס; מוֹקֵד
stale בִּלְתִּי טָרִי; תָּפֵל; נָדוֹשׁ

stalk (n) גִּבְעוֹל
stall (v) עָצַר, נֶעֱצַר
stall (n) תָּא
stammer (v) גִּמְגֵּם
stammer (n) גִּמְגּוּם
stamp (v) רָקַע; הִטְבִּיעַ; בִּיֵּל, הִדְבִּיק בּוּל
— out כִּבָּה; דִּכֵּא, בִּעֵר
stamp (n) רְקִיעָה*; חוֹתָם; בּוּל; אֹפִי
stand (v) עָמַד, קָם; הֶעֱמִיד, הֵקִים; קָבַע עֶמְדָּה; עָמַד בְּתָקְפּוֹ; הִתְקַיֵּם; סָבַל
— by (v) עָזַר, עָמַד לִימִין
— for יִצֵּג
— out בָּלַט
stand (n) עֶמְדָּה*, יַחַס; תָּא; בָּסִיס
standard (n) תֶּקֶן; קְנֵה מִדָּה; רָמָה*; נֵס; עַמּוּד
standard (adj) סְטַנְדַּרְטִי, מְקֻבָּל
standing (n) מַעֲמָד; שֵׁם; עֲמִידָה*
standing (adj) קָבוּעַ
standpoint עֶמְדָּה*; נְקֻדַּת הַשְׁקָפָה*

stanza בַּיִת (בְּשִׁיר)
staple (n) מְהַדֵּק; תּוֹצֶרֶת* עִקָּרִית; תּוֹצֶרֶת* בְּהָמוֹן
star (v) הִצְטַיֵּן בְּ־; שִׂחֵק בְּתַפְקִיד רָאשִׁי
star (n) כּוֹכָב; שַׂחְקָן רָאשִׁי
starch (v) עִמְלֵן, הִקְשָׁה (לְבָנִים) בַּעֲמִילָן
starch (n) עֲמִילָן
stare (v) לָטַשׁ עַיִן; הָיָה נֶגֶד פְּנֵי
stare (n) לְטִישַׁת עַיִן*, מֶבָּט חוֹדֵר
start (v) הִתְחִיל; הֵנִיעַ, הֵחֵל לָנוּעַ; הִזְדַּעֲזֵעַ
start (n) הַתְחָלָה*, רֵאשִׁית*; זַעֲזוּעַ
startle (v) זִעְזַע, הִפְחִיד; הִפְתִּיעַ; הִזְדַּעֲזַע; נִבְהַל; הָפְתַּע
startling (adj) מְזַעֲזֵעַ, מַפְחִיד; מַפְתִּיעַ
starvation רָעָב
starve רָעֵב; הִרְעִיב; מָנַע מִן
state (v) אָמַר, הִגִּיד; הִצְהִיר
state (n) מְדִינָה*; מַצָּב; טֶקֶס
stately (adj) מְפֹאָר, עוֹשֶׂה רֹשֶׁם, מַרְאֶה הוֹד
statement הַצְהָרָה*; סִכּוּם; דָּבָר שֶׁנֶּאֱמַר
statesman מְדִינַאי
station (v) קָבַע מָקוֹם, הֶעֱמִיד
station (n) תַּחֲנָה*; דַּרְגָּה*
stationary עוֹמֵד, נָח
stationery נְיַר כְּתִיבָה
statistics סְטָטִיסְטִיקָה*; סְפִירוֹת (נ״ר), מִסְפָּרִים
statue פֶּסֶל
stature קוֹמָה*, גֹּבַהּ
status מַצָּב, מַעֲמָד
statute חֹק, תַּקָּנָה*
stay (v) נִשְׁאַר; חִכָּה; מָנַע; גָּר
stay (n) עִכּוּב; שְׁהִיָּה*; יְשִׁיבָה*; תּוֹמֵךְ
stead מָקוֹם
steadfast יַצִּיב, נֶאֱמָן
steadily בִּקְבִיעוּת, בְּהַתְמָדָה; בְּשֶׁקֶט, בְּלִי נוֹעַ
steady (v) יִצֵּב; הִרְגִּיעַ
steady (adj) יַצִּיב, קָבוּעַ, תְּמִידִי; מְיֻשָּׁב, שָׁקֵט; בָּטוּחַ
steak אֻמְצָה*, סְטֵק
steal גָּנַב; הִתְגַּנֵּב
steam (v) הֶעֱלָה קִיטוֹר; עָלָה כְּקִיטוֹר; נָע בְּכֹחַ קִיטוֹר; בִּשֵּׁל בְּקִיטוֹר

steam (n) קִיטוֹר, הֶבֶל, אֵד
— engine קַטָּר
steamboat, steamship (see steamer)
steamer סְפִינַת קִיטוֹר *
steed סוּס רְכִיבָה
steel (v) חִזֵּק, חִסֵּן, חִשֵּׁל; הִקְשִׁיחַ
steel (n) פְּלָדָה *
steep (v) הִשְׁרָה
steep (adj) מְשֻׁפָּע
steeple צְרִיחַ, מִגְדָּל (שֶׁל כְּנֵסִיָּה וכו')
steer (v) נָהַג, נִהֵל, כִּוֵּן, הִדְרִיךְ
steer (n) פַּר
stem (v) יָצָא מִן; עָצַר, סָכַר
stem (n) קָנֶה; גֶּזַע; שֹׁרֶשׁ, מוֹצָא
stenographer קַצְרָן; קַצְרָנִית*
step (v) פָּסַע, צָעַד; דָּרַךְ
step (n) פְּסִיעָה*, צַעַד; דַּרְגָּה*, שָׁלָב; מַדְרֵגָה *
—s מַדְרֵגוֹת**; אֶמְצָעִים (ז"ר)
stepmother אֵם * חוֹרֶגֶת
stern (adj) קַפְּדָן, חָמוּר, קָשֶׁה
sternly בְּקַפְּדָנוּת
stew (v) בִּשֵּׁל
stew (n) תַּבְשִׁיל
steward מְשָׁרֵת; בֶּן מֶשֶׁק
stick (v) דָּקַר, נָעַץ, תָּקַע; הִדְבִּיק, דָּבַק; נִתְקַע; הִתְמִיד; נֶעֱצַר
— out בָּלַט
stick (n) מַקֵּל, מַטֶּה
sticky דָּבִיק
stiff קָשֶׁה, בִּלְתִּי גָמִישׁ; מוּצָק; עַז
stiffen חִקְשָׁה, נִתְקַשָּׁה
stiffly בְּקַשְׁיוּת, בְּלִי גְמִישׁוּת
stifle חָנַק, נֶחֱנַק; עָצַר בְּעַד
still (v) הִשְׁקִיט, הִשְׁתִּיק; נָח
still (adj) שָׁקֵט, שׁוֹתֵק; נָח
still (adv) עוֹד, עֲדַיִן; בְּכָל זֹאת
stillness דְּמָמָה *, דּוּמִיָּה *
stimulate עוֹרֵר, גֵּרָה, הִפְעִיל, הִמְרִיץ
stimulus גֵּרוּי, זֵרוּז
sting (v) עָקַץ; הִכְאִיב, כָּאַב
sting (n) עֹקֶץ, עֲקִיצָה *; כְּאֵב
stink (v) בָּאַשׁ, הִבְאִישׁ, הִסְרִיחַ
stink (n) בָּאְשָׁה*, צַחֲנָה*, סִרְחוֹן
stir (v) בָּחַשׁ, בָּלַל; נָע; הֵסִית; עוֹרֵר
stir (n) נִיעַ, זִיז; הִתְרַגְּשׁוּת*
stitch (v) תָּפַר
stitch (n) תֶּפֶר
stock (v) אָגַר; הִצְטַיֵּד בְּ־

stock (n) מְלַאי; סְחוֹרָה*; מִקְנֶה; יָדִית*, קַת*; גֶּזַע; מְנָיוֹת**

stock (adj) רָגִיל, פָּשׁוּט

stocking גֶּרֶב

stomach (v) בָּלַע, סָבַל, נָשָׂא

stomach (n) קֵבָה*; בֶּטֶן*; תֵּאָבוֹן, רָצוֹן, חֵפֶץ

stone (v) יִדָּה אֲבָנִים; סָקַל, רָגַם

stone (n) אֶבֶן*, סֶלַע; חַרְצָן; מַשְׁחֲזָה*

stony קָשֶׁה; קָפוּא; מְאֻבָּן; מְלֵא אֲבָנִים, (קַרְקַע) שֶׁל טְרָשִׁים

stool שְׁרַפְרַף

stoop (v) גָּחַן, הִתְכּוֹפֵף; הִשְׁפִּיל עַצְמוֹ

stop (v) חָדַל; הִפְסִיק; עָמַד, נֶעֱצַר; עִכֵּב, מָנַע; חָתַם, סָתַם

stop (n) הַפְסָקָה*; עִכּוּב, מְנִיעָה*; מִכְשׁוֹל; הִתְעַכְּבוּת*; תַּחֲנָה*

storage אֲגִירָה*; מַחְסָן

store (v) אָגַר; הֶחֱזִיק בְּמַחְסָן

store (n) חֲנוּת*; מְלַאי; מַחְסָן

storekeeper חֶנְוָנִי

storeroom מַחְסָן

stork חֲסִידָה*

storm (v) סָעַר, גָּעַשׁ; הִתְנַפֵּל; זָעַף

storm (n) סְעָרָה*, סַעַר, סוּפָה*; הִתְפָּרְצוּת*

stormy סוֹעֵר; זוֹעֵף

story סִפּוּר, מַעֲשֶׂה, אַגָּדָה*; שֶׁקֶר; קוֹמָה*

stout שָׁמֵן; חָזָק; נִמְרָץ

store תַּנּוּר

straight (adj) יָשָׁר; גְּלוּי לֵב; צוֹדֵק; רָצוּף; שֶׁאֵינוֹ סוֹטֶה; טִבְעִי

straight (adv) יָשָׁר; בְּקַו יָשָׁר; בְּיֹשֶׁר; בִּרְצִיפוּת; בְּלִי שִׁנּוּי; בְּסֵדֶר

straighten יִשֵּׁר; הִסְדִּיר; הִתְיַשֵּׁר

straightway מִיָּד

strain (v) מָתַח; הִתְאַמֵּץ; הֶחֱלִישׁ; מִתַּח; סִנֵּן

strain (n) הִתְאַמְּצוּת*; מְתִיחוּת*; סֵבֶל, רוּחַ*; גֶּזַע, סוּג

strainer מְסַנֶּנֶת*

strait מֵצַר; צָרָה*

strand (v) עָלָה עַל שִׂרְטוֹן; עָזַב לְנַפְשׁוֹ בְּאֵין אֶמְצָעִים

strand (n) חוּט, גְּדִיל; חָרוּז (שֶׁל מַרְגָּלִיּוֹת); קְוֻצָּה (שֶׁל שֵׂעָר)

strange יוֹצֵא מִן הַכְּלָל; בִּלְתִּי רָגִיל; מוּזָר, מְשֻׁנֶּה; זָר

strangely בְּדֶרֶךְ מְשֻׁנָּה; לְתִמָּהוֹן

stranger זָר, נָכְרִי

strangle חָנַק, חִנֵּק

strap (n) רְצוּעָה *

strategy טַכְסִיס

straw קַשׁ, תֶּבֶן

strawberry תּוּת שָׂדֶה

stray (v) תָּעָה; סָטָה; נָדַד

stray (adj) בּוֹדֵד, תּוֹעֶה, אוֹבֵד, נִדָּח

streak (n) קַו; שִׁכְבָה*; תְּכוּנָה*

stream (v) זָרַם, שָׁטַף

stream (n) זֶרֶם; פֶּלֶג, נַחַל

street רְחוֹב

streetcar חַשְׁמַלִּית*, קְרוֹן רְחוֹב

strength כֹּחַ, עָצְמָה*, חֹזֶק

on the — of עַל סְמַךְ —, בְּתֹקֶף

strengthen חִזֵּק, הִגְבִּיר

strenuous מִתְאַמֵּץ, מְאֻמָּץ; נִמְרָץ

stress (v) הִדְגִּישׁ הַטְּעָמִים; הֵעִיק

stress (n) הַדְגָּשָׁה*, הַטְעָמָה*; מוּעָקָה*

stretch (v) מָתַח, פָּרַשׂ, שָׁטַח; הִתְמַתַּח

stretch (n) שֶׁטַח, מֶרְחָק; מְתִיחָה*

stretcher אֲלֻנְקָה*

strew פִּזֵּר, זֵרָה

stricken (adj) מֻכֶּה, נִפְגָּע, מְזֻעְזָע

strict מְדַיֵּק, מְדַקְדֵּק; חָמוּר; מַחְמִיר; מְצֻמְצָם

strictly בְּקַפְּדָנוּת, בְּדִיּוּק

— kosher כָּשֵׁר לְמְהַדְרִין

stride (v) צָעַד, פָּסַע

stride (n) צַעַד, פְּסִיעָה*

strife רִיב, סִכְסוּךְ

strike (v) הִכָּה, הָלַם; מָשַׁךְ (עַיִן); עָלָה (עַל דַּעְתּוֹ); עָשָׂה רֹשֶׁם; גִּלָּה, מָצָא; שָׁלַח; הִטְבִּיעַ; הִפִּיל (פַּחַד); נָפַל (אוֹר); שָׁבַת; הִצִּית

strike (n) מַכָּה*; מְצִיאָה*; שְׁבִיתָה* (שֶׁל פּוֹעֲלִים)

striking (adj) עוֹשֶׂה רֹשֶׁם, מַפְלִיא

string (v) חָרַז

string (n) חוּט; מַחֲרֹזֶת*; סִדְרָה*; מֵיתָר

—s תְּנָאִים (ז"ר); כְּלֵי מֵיתָרִים (ז"ר)

strip (v) הֵסִיר; הִפְשִׁיט; שָׁדַד, שָׁלַל

strip (n) רְצוּעָה*. פַּס
stripe (n) רְצוּעָה*. פַּס; מִין
strive הִתְאַמֵּץ; לָחַם בְּ־
stroke (v) לִטֵּף
stroke (n) מַכָּה*. הַקָּשָׁה*; הַתְקָפָה*; תְּנוּעָה*; מַעֲשֶׂה; קַו
stroll (v) טִיֵּל קְצָרוֹת
stroll (n) טִיּוּל קָצָר
strong חָזָק. עַז. אֵיתָן. יַצִּיב. תַּקִּיף; עָשִׁיר; חָרִיף
stronghold מִבְצָר. מָעוֹז
strongly בְּחָזְקָה
structure מִבְנֶה; בִּנְיָן
struggle (v) נִלְחַם. נֶאֱבַק; הִתְאַמֵּץ
struggle (n) מִלְחָמָה*. מַאֲבָק; הִתְאַמְּצוּת*
strut (v) הִתְהַלֵּךְ בְּגַאֲוָה
stubborn עַקְשָׁנִי. עִקֵּשׁ. קְשֵׁה עֹרֶף
stud (v) תָּקַע. שִׁבֵּץ; פִּזֵּר; הָיָה זָרוּעַ
stud (n) מַסְמֵר. כַּפְתּוֹר
student תַּלְמִיד
studied (adj) מְעֻשֶּׂה; מְכֻוָּן
studio אֻלְפָּן; סְטוּדְיוֹ
study (v) לָמַד. שָׁנָה; בָּחַן; עִיֵּן; חָשַׁב עַל
study (n) לִמּוּד; מִקְצוֹעַ לִמּוּד; מֶחְקָר; עִיּוּן
stuff (v) פִּטֵּם; מִלֵּא
stuff (n) חֹמֶר; פְּסֹלֶת*
stumble (v) מָעַד; טָעָה; נִתְקַל בְּ־
stump (n) גֶּזַע מְקֻטָּע; זָנָב. קָצֶה
stun הָמַם; הִתְמִיהַּ
stunt (n) מַעֲלָל; אֲחִיזַת עֵינַיִם*
stupendous מַפְלִיא. מַפְתִּיעַ. עָצוּם
stupid טִפְּשִׁי. מְטֻמְטָם. שְׁטוּתִי
stupidity טִפְּשׁוּת*. אִוֶּלֶת*. שְׁטוּת*
sturdy בָּרִיא; חָזָק; מוּצָק. קָבוּעַ
stutter (v) גִּמְגֵּם
style (n) אָפְנָה*; הִדּוּר; סִגְנוֹן; נֹסַח. שֵׁם
subdue גָּבַר עַל. הִכְנִיעַ; דִּכֵּא; רִכֵּךְ
subject (v) הִכְנִיעַ. שִׁעְבֵּד
subject (n) נוֹשֵׂא. עִנְיָן; נָתִין
— to תָּלוּי בְּ־
subjection הַכְנָעָה*. שִׁעְבּוּד
subjective סֻבְּיֶקְטִיבִי. מִיסוֹד הָרֶגֶשׁ
sublime נַעֲלֶה

submarine (n) צוֹלֶלֶת *
submarine (adj) שֶׁמִּתַּחַת לַיָּם
submerge כִּסָּה בַּמַּיִם, כֻּסָּה בַּמַּיִם, שָׁקַע, טָבַע
submission כְּנִיעָה*; מִשְׁמַעַת*, צִיּוּת*; מְסִירָה (לְשִׁפּוּט, לְחַוּוֹת דַּעַת)
submit נִכְנַע; הִשְׁלִים עִם; קִבֵּל עַל עַצְמוֹ; הִגִּישׁ; מָסַר
subordinate (n & adj) מִשְׁנֶה, תָּלוּי בְּ־, נִכְנָע; וִתֵּר עַל..., בִּטֵּל רְצוֹנוֹ מִפְּנֵי רְצוֹן —
subscribe חָתַם; הִסְכִּים; הִתְחַיֵּב
subscriber חוֹתֵם
subsequent שֶׁבָּא אַחֲרֵי, הַבָּא
subsequently אַחַר כָּךְ
subside שָׁקַט, שָׁכַךְ
subsist הִתְפַּרְנֵס, הִתְקַיֵּם
substance חֹמֶר, עֶצֶם (ז׳), יְסוֹד; עִנְיָן; תֹּכֶן, כַּוָּנָה*; גּוּף; מַמָּשׁוּת*; רְכוּשׁ
substantial מַמָּשִׁי; הָגוּן; חָזָק; כְּלָלִי
substitute (v) מִלֵּא מָקוֹם; הֶחֱלִיף בְּ־; בָּא בְּמָקוֹם
substitute (n) מְמַלֵּא מָקוֹם; תַּחֲלִיף

subterranean שֶׁמִּתַּחַת לָאֲדָמָה, שֶׁמִּתַּחַת לָאָרֶץ
subtle דַּק, עָדִין; חַד; פִּקֵּחִי
subtract חִסֵּר, הֶחֱסִיר, נִכָּה
subtraction חִסּוּר, נִכָּיוֹן
suburb פַּרְוָר, פַּרְבָּר
subway רַכֶּבֶת תַּחְתִּית*; מִנְהָרָה*
succeed הִצְלִיחַ עָלָה בְּיָדוֹ; בָּא אַחֲרֵי, לָקַח מְקוֹם —
success הַצְלָחָה*, בְּרָכָה*
successful מַצְלִיחַ, מֻצְלָח
successfully בְּהַצְלָחָה
succession סֵדֶר, שׁוּרָה*, תּוֹר; חֲלִיפוֹת
successive רָצוּף, בָּא בְּסֵדֶר, זֶה אַחַר זֶה
successor הַבָּא אַחֲרָיו; יוֹרֵשׁ; מְמַלֵּא מָקוֹם
succor (v) עָזַר, סִיַּע
succor (n) עֶזְרָה*, סִיּוּעַ
such כָּזֶה, כָּאֵלֶּה; הַלָּז, הָאֵלֶּה; דּוֹמֶה
— as בִּבְחִינָה זוֹ, כְּמוֹת שֶׁהוּא
— as לְמָשָׁל
suck (v) יָנַק, מָצַץ
— dry מִצָּה
suckle הֵינִיקָה, יָנַק, זָן, הֵזִין

suction יְנִיקָה *, מְצִיצָה *, שְׁאִיבָה *
sudden פִּתְאֹמִי
suddenly פִּתְאֹם, לְפֶתַע
sue תָּבַע לְדִין, דָּרַשׁ לְמִשְׁפָּט
suffer סָבַל; כָּאַב; נָשָׂא בְּ־
sufferer סוֹבֵל, מְעֻנֶּה
suffering (n) סֵבֶל, כְּאֵב, צַעַר
suffice הִסְפִּיק, הָיָה דַּי
sufficient מַסְפִּיק, דַּי
sufficiently לְמַדַּי
suffocate חָנַק, חִנֵּק; נֶחֱנַק
suffrage זְכוּת* הַצְבָּעָה*, זְכוּת בְּחִירָה *
sugar (v) הִמְתִּיק
sugar (n) סֻכָּר
suggest הִצִּיעַ, יָעַץ; רָמַז
suggestive מְרַמֵּז, מְעוֹרֵר; מְגָרֶה (אֶת הַיֵּצֶר, הַמַּחֲשָׁבָה)
suggestion הַצָּעָה *, עֵצָה *; רֶמֶז, סוּגֶסְטְיָה *
suicide הִתְאַבְּדוּת *, אִבּוּד עַצְמוֹ לָדַעַת
suit (v) הִתְאִים; הָלַם; הִשְׂבִּיעַ רָצוֹן
suit (n) חֲלִיפָה *; מִשְׁפָּט; סִדְרָה *; בַּקָּשָׁה *
suitable מַתְאִים, הוֹלֵם
suitcase מִזְוָדָה *
suite דִּירָה *; סִדְרָה *
suitor חוֹזֵר אַחֲרֵי אִשָּׁה; מְבַקֵּשׁ אַהֲבָה; תּוֹבֵעַ
sullen סַר, זָעֵף; קוֹדֵר, עָצוּב
sulphur גָּפְרִית *
sultan שֻׁלְטָן, שַׁלִּיט
sultry חַם וּמַחֲנִיק
sum סַךְ, סְכוּם; סִכּוּם
  in — בְּסַךְ הַכֹּל, בְּקִצּוּר
  — and substance תַּמְצִית*
  — up סִכֵּם, חִשֵּׁב
summarize סִכֵּם
summary קִצּוּר, תַּמְצִית; דָּחוּף
summer (n) קַיִץ
summer (adj) שֶׁל קַיִץ, קֵיצִי
summit רֹאשׁ, פִּסְגָּה, שִׂיא
summon תָּבַע; הִזְמִין
sumptuous נֶהְדָּר, יָקָר
sun (v) הִתְחַמֵּם בַּשֶּׁמֶשׁ; יִבֵּשׁ כְּנֶגֶד הַשֶּׁמֶשׁ
sun (n) שֶׁמֶשׁ *, חַמָּה *
sunbeam קֶרֶן (אוֹר) הַשֶּׁמֶשׁ *
sunburn (n) שְׁזִיפוּת *; צֶבַע הַשְּׁזִיפוּת; כְּוִיָּה מֵחֹם הַשֶּׁמֶשׁ
Sunday יוֹם רִאשׁוֹן, יוֹם א׳

sundown שְׁקִיעַת* הַחַמָּה
sundry שׁוֹנִים
sunlight אוֹר הַשֶּׁמֶשׁ
sunny בָּהִיר, מָלֵא (אוֹר) שֶׁמֶשׁ; צוֹהֵל
sunrise זְרִיחָה*, זְרִיחַת הַחַמָּה
sunset שְׁקִיעָה*, בֹּא הַשֶּׁמֶשׁ
sunshine אוֹר הַשֶּׁמֶשׁ; זֹהַר; צָהֳלָה*
sup אָכַל אֲרֻחַת הָעֶרֶב; לָגַם, גָּמַע
superb נִפְלָא; נֶהְדָּר
superficial שִׁטְחִי
superfluous מְיֻתָּר
superintendent מְנַהֵל, מְפַקֵּחַ; שׁוֹמֵר הַבַּיִת
superior (n) בְּכוֹר, גָּדוֹל, רַב; מְפַקֵּד
superior (adj) עוֹלֶה עַל, טוֹב מִן, בְּכוֹר לְ־; גֵּאֶה; רָם מֵעַל לְ־
superiority מַעֲלָה*, יִתְרוֹן; הִצְטַיְּנוּת*; גֵּאוּת*
superstition אֱמוּנָה תְפֵלָה*
superstitious מַאֲמִין בֶּאֱמוּנוֹת תְּפֵלוֹת, מַאֲמִין בַּהֲבָלִים
supervise נִהֵל, פִּקַּח עַל, בִּקֵּר
supervision נִהוּל, פִּקּוּחַ, בִּקֹּרֶת*
supervisor מְנַהֵל, מְפַקֵּחַ, פַּקָּח, מְבַקֵּר
supper אֲרֻחַת עֶרֶב*
supplant לָקַח מְקוֹם.., הִרְחִיק
supplement (n) נִסְפָּח, תּוֹסֶפֶת*
supply (v) סִפֵּק, הִמְצִיא
supply (n) הַסְפָּקָה*; מְלַאי; צֵידָה*; סִפּוּק; הֶצֵּעַ
— **and demand** הֶצֵּעַ וּבִקּוּשׁ
support (v) תָּמַךְ, עָזַר; פִּרְנֵס; אִמֵּת
support (n) תְּמִיכָה*, עֶזְרָה*; פַּרְנָסָה*; אִמּוּת
supporter תּוֹמֵךְ; מִסְעָד
suppose הֵנִיחַ, דִּמָּה, שִׁעֵר
supposed (adj) מְשֹׁעָר, מְדֻמֶּה
suppress הִכְנִיעַ, הִשְׁקִיט; עָצַר
supremacy יִתְרוֹן; עֶלְיוֹנוּת*
supreme עֶלְיוֹן, עִלָּאִי
sure בָּטוּחַ, בּוֹטֵחַ; וַדָּאִי; נֶאֱמָן; קָבוּעַ
be — **of** הָיָה בָטוּחַ בְּ־
be — **to** דִּקְדֵּק וְ־
surely כְּמוּבָן, בְּוַדַּאי; בְּעֹז; בְּבִטְחָה

slowly but — לְאַט וּלְלֹא מִכְשׁוֹל, לְאִטּוֹ וּלְבִטְחוֹנוֹ

surface (n) פָּנִים (ז"ר); שֶׁטַח; חוּץ

surface (adj) שִׁטְחִי; חִיצוֹנִי

surge (v) זָרַם; הִתְגָּעֵשׁ; נָשָׂא גַּלִּים

surge (n) זְרִימָה*; גַּל

surgeon כִּירוּרְג, (רוֹפֵא) מְנַתֵּחַ

surgery תּוֹרַת* הַנִּתּוּחַ, אָמָנוּת הַנִּתּוּחַ

surmise (v) שִׁעֵר, סָבַר

surmount גָּבַר עַל

surname שֵׁם מִשְׁפָּחָה, כִּנּוּי

surpass עָלָה עַל

surplus (n) עֹדֶף, מוֹתָר, יֶתֶר

surplus (adj) עוֹדֵף, מְיֻתָּר

surprise (v) הִפְתִּיעַ; הִתְמִיהַּ

surprise (n) הַפְתָּעָה*; הִשְׁתּוֹמְמוּת*, תִּמָּהוֹן

surprising (adj) מַתְמִיהַּ, מַפְלִיא

surrender (v) נִכְנַע, מָסַר עַצְמוֹ, וִתֵּר; הִסְגִּיר; הִתְיָאֵשׁ

surrender (n) כְּנִיעָה*; מְסִירָה*, וִתּוּר עַל

surround סָבַב, הִקִּיף

surroundings סְבִיבָה*

survey (v) הִשְׁקִיף; בָּחַן, חָקַר, סָבַר, מָדַד

survey (n) בְּחִינָה*, חֲקִירָה*; מְדִידָה*; מִבְדָּק; סְקִירָה*

surveyor מוֹדֵד אֲדָמָה; פְּקִיד הַמֶּכֶס

survival קִיּוּם, הֶמְשֵׁךְ הַקִּיּוּם

survive נִשְׁאַר (בַּחַיִּים); הֶאֱרִיךְ יָמִים אַחֲרֵי

susceptible רָגִישׁ, נוֹחַ לְהִתְרַשֵּׁם, עָשׂוּי ל־, עָלוּל ל־

suspect (v) חָשַׁד; חָשַׁשׁ, דִּמָּה

suspect (n) חָשׁוּד

suspend תָּלָה; הִפְסִיק זְמַנִּית; פִּטֵּר

suspenders כְּתֵפִיּוֹת (נ"ר), בִּירִיּוֹת (נ"ר)

suspicion חֲשָׁד; חֲשָׁשׁ; רֶמֶז

suspicious חוֹשֵׁד; חָשׁוּד; חַשְׁדָנִי

sustain תָּמַךְ; נָשָׂא; סָבַל; פִּרְנֵס; אִמֵּת

swallow (v) בָּלַע; סָפַג, קָלַט

swallow (n) בְּלִיעָה*; סְנוּנִית*

swamp (v) מִלֵּא מַיִם; הֵמַם

swamp (n) בִּצָּה*

swan בַּרְבּוּר

— song שִׁירַת הַבַּרְבּוּר (לִפְנֵי מוֹתוֹ), יְצִירָתוֹ הָאַחֲרוֹנָה (שֶׁל אָמָּן)

swarm (v) נִקְהַל; מִלֵּא

swarm (n) נָחִיל (דְּבוֹרִים); הָמוֹן, קָהָל

sway (v) הִתְנוֹעֵעַ, הִתְנַדְנֵד; נִדְנֵד, נִעֲנַע; נָטָה לְ־; מָשַׁל

sway (n) מֶמְשָׁלָה*; נִדְנוּד, נִעֲנוּעַ; הַשְׁפָּעָה*

swear נָדַר, נִשְׁבַּע; קִלֵּל, חֵרֵף

sweat (v) הֵזִיעַ

sweat (n) זֵעָה*

sweater מֵיזָע, סְוֶדֶר

sweep (v) טִאטֵא, גָּרַף; שָׁטַף וְעָבַר; סָקַר

sweep (n) טִאטוּא; סַחַף; מֶרְחָב; תְּנוּפָה*

sweeping (adj) כּוֹלֵל

sweet (n) מַמְתָּק

sweet (adj) מָתֹק; עָרֵב; נָעִים; נֶחְמָד

sweeten הִמְתִּיק

sweetheart אוֹהֵב, אֲהוּבָה*, דּוֹד, רַעְיָה*

sweetly בְּמֶתֶק, בְּנֹעַם

sweetness מֹתֶק, מְתִיקוּת*; נֹעַם

swell (v) צָבָה, הִתְנַפֵּחַ; נִפַּח; הִכָּה גַּלִּים; גָּבַר, הִתְרוֹמֵם גַּל

swell (n) צְבִיָּה*

swelling (n) תְּפִיחָה*

swerve (v) נָטָה הַצִּדָּה

swift מָהִיר, קַל

swiftly בִּמְהִירוּת, בְּקַלּוּת

swim (v) שָׂחָה; צָף; טָבַל; הִתְבַּלְבֵּל

swim (n) שְׂחִיָּה*

swindle (v) רִמָּה, הוֹצִיא בְּמִרְמָה

swindle (n) מִרְמָה

swine חֲזִיר; גַּס רוּחַ

swing (v) נִדְנֵד, הִתְנַדְנֵד; הִסְתּוֹבֵב; הֵנִיף

swing (n) נִדְנוּד; תְּנוּפָה*; קֶצֶב; נַדְנֵדָה*

in full — בִּמְלֹא הַתְּנוּפָה, לְלֹא מַעְצוֹר

Swiss שְׁוֵיצָרִי, שְׁוֵיצִי

switch (v) הִצְלִיף; הִדְלִיק, הִפְסִיק (חַשְׁמַל); הֵסִיט; הֶעֱבִיר, הֶחֱלִיף

switch (n) שׁוֹט; מַפְסִיק זֶרֶם; מָסוֹט; הַעֲבָרָה*, הַחְלָפָה*

swollen נָפוּחַ
swoon (v) הִתְעַלֵּף; גָּסַס
swoon (n) הִתְעַלְּפוּת * עִלָּפוֹן
swoop (v) טָשׁ עַל, הִתְנַפֵּל פִּתְאֹם
sword חֶרֶב *
at —'s points נְכוֹנִים לְהַתְקִיף זֶה אֶת זֶה
syllable הֲבָרָה
syllabus שֶׁלֶד, תַּמְצִית *, רָאשֵׁי פְּרָקִים (ז״ר)
syllogism הֶקֵּשׁ
symbol אוֹת *, סֵמֶל, סִמָּן
symbolize סִמֵּל, שִׁמֵּשׁ סֵמֶל
symmetrical מְתֹאָם
sympathetic אוֹהֵד; מִשְׁתַּתֵּף בְּצַעַר —
sympathize אָהַד; הִסְכִּים לְדַעַת —; הִשְׁתַּתֵּף בְּצַעַר - ; רִחֵם עַל
sympathy הִשְׁתַּתְּפוּת בְּצַעַר* —; אַהֲדָה *
symphony סִמְפוֹנְיָה *
symptom סִמָּן, אוֹת *, סִמְפְּטוֹם
synagogue בֵּית כְּנֶסֶת
synonym שֵׁם נִרְדָּף
syntax תַּחְבִּיר, תּוֹרַת שִׁמּוּשׁ הַלָּשׁוֹן
synthesis מְזִיגָה *, סִינְתֶּזָה
syphilis עַגֶּבֶת *, סִיפִילִיס
syrup שְׂרָף (שֶׁל סֻכָּר)
system שִׁיטָה*, סֵדֶר, מַעֲרֶכֶת*
systematic שִׁיטָתִי, מְדֹרָג

T

Tabernacle הַמִּשְׁכָּן, אֹהֶל מוֹעֵד, סֻכָּה; בֵּית תְּפִלָּה

Tabernacles חַג הַסֻּכּוֹת

table (v) שָׂם עַל הַשֻּׁלְחָן; עָרַךְ רְשִׁימָה; דָּחָה, הֵסִיר מֵעַל הַפֶּרֶק (הַצָּעָה, וכו')

table (n) שֻׁלְחָן; שֶׁטַח חָלָק; לוּחַ, טַבְלָה*

— of contents תֹּכֶן הָעִנְיָנִים

tablespoon כַּף (גְּדוֹלָה)*, כַּף מָרָק*

— ful מְלֹא הַכַּף

tablet טַבְלָה*; לוּחַ; כַּדּוּר, גְּלוּלָה*

tack (v) חִבֵּר; חִזֵּק בְּמַסְמְרִים; תָּקַע מַסְמְרִים

tack (n) מַסְמֵר; הִדּוּק, כִּוּוּן, דֶּרֶךְ

tackle (v) טִפֵּל; אָחַז בְּ־, תָּפַס; הִתְחִיל בַּעֲבוֹדָה הַקָּשָׁה

tackle (n) צִיּוּד, כֵּלִים (ז"ר); גַּלְגֶּלֶת*; חֲבָלִים (ז"ר)

tact טַקְט, נִימוּס, הַבְחָנָה דַקָּה*, נֹהַג יָפֶה

tactics תַּכְסִיסִים

tail (v) הִזְדַּנֵּב אַחֲרֵי; נִגְרַר אַחֲרֵי

tail (n) זָנָב; סוֹף

with his — between his legs נִכְלָם

tailor (v) תָּפַר, חִיֵּט

tailor (n) חַיָּט

taint (v) הִכְתִּים, נִכְתַּם; נָתַן דֹּפִי בְּ־

taint (n) כֶּתֶם; דֹּפִי

take (v) לָקַח; אָחַז, תָּפַס; קִבֵּל; הִשְׁתַּמֵּשׁ בְּ־; הִצְרִיךְ; בָּחַר; פָּעַל; הִפְחִית; הֵבִין; שָׂכַר

— aback הִדְהִים

— account הִתְחַשֵּׁב בְּ־

— after דָּמָה לְ־
— care נִזְהַר; הִשְׁגִּיחַ
— down הוֹרִיד; רָשַׁם
— in הִכְנִיס; רִמָּה
— lessons לָמַד
— off (v) הֵסִיר; הִמְרִיא
— on הִתְחַיֵּב בְּ־
— over תָּפַס בְּרֶסֶן, הֶעֱבִיר לִרְשׁוּתוֹ
— sides צִדֵּד בִּזְכוּת
— to נִתְפַּס לְ־; הֵחֵל מְחַבֵּב אֶת
— up נָתַן לִבּוֹ אֶל
taken (adj) תָּפוּס
tale סִפּוּר, מַעֲשִׂיָּה*; רְכִילוּת*
talent כִּשְׁרוֹן
talk (v) דִּבֵּר, שָׂח; דָּן; פִּטְפֵּט
— down הִשְׁתִּיקוֹ בְּקוֹלוֹ הָרָם; דִּבֵּר מִגָּבֹהַּ
— one into פִּתָּה
talk (n) דְּבָרִים (ז״ר); נְאוּם; שִׂיחָה*; פִּטְפּוּט, לַהַג
tall גָּבֹהַּ רָם
tame (v) חִנֵּךְ, אִלֵּף, רִסֵּן; הִכְנִיעַ, הִשְׁקִיט
tame (adj) מְחֻנָּךְ, בֵּיתִי, מְאֻלָּף; שׁוֹקֵט, נִכְנָע; כָּבֵד, מְשַׁעֲמֵם
tan (v) עִבֵּד עוֹרוֹת; שָׁזַף, נִשְׁתַּזֵּף
tan (adj) שָׁזוּף; חוּם כְּתַמְתַּם
tangible מַמָּשִׁי
tangle (v) סִבֵּךְ, הִסְתַּבֵּךְ
tangle (n) סְבַךְ
tank מְיכָל, גִּגִּית*; בְּרֵכָה*; טַנְק
tap (v) דָּפַק, הִקִּישׁ; הִזִּיל מִבֶּרֶז
tap (n) דְּפִיקָה*, הַקָּשָׁה*; בֶּרֶז
tape (v) עָטַף בְּגַמּוֹנִית
tape (n) סֶרֶט, גַּמּוֹנִית*; תַּחְבֹּשֶׁת מְדַבֶּקֶת*
taper (v) חִדֵּד, הִתְחַדֵּד; הִתְמַעֵט, הִמְעִיט
taper (n) נֵר דַּק
tapestry מַרְבַד, שָׁטִיחַ
tar (v) זִפֵּת
tar (n) זֶפֶת*
target מַטָּרָה*
tariff תַּעֲרִיף
tarry הִשְׁהָה, שָׁהָה
tart (adj) חָרִיף, חָמִיץ
task (v) הִכְבִּיד עַל
task (n) תַּפְקִיד, מְשִׂימָה*, מְלָאכָה*, חוֹבָה*
take to — הוֹכִיחַ

taskmaster נוֹגֵשׂ
taste (v) טָעַם; הָיָה לוֹ טַעַם —
taste (n) טַעַם; נְטִיָּה *
bad — גַּסּוּת *
good — טוּב טַעַם
tattler (v) הוֹלֵךְ רָכִיל, דּוֹבֵר הֲבָלִים
taunt (v) גִּדֵּף, נָזַף בּ־, הוֹכִיחַ
taunt (n) גִּדּוּף, נְזִיפָה *, תּוֹכֵחָה *
taut מָתוּחַ
tavern מִסְבָּאָה *, בֵּית מַרְזֵחַ; מָלוֹן
tax (v) הִטִּיל מַס עַל; הִטְרִיחַ; הִתְאַמֵּץ
tax (n) מַס, מֶכֶס, בְּלוֹ; מַעֲמָסָה *; טֹרַח
taxation הַטָּלַת מַס *
taxi(cab) מוֹנִית *
tea תֵּה
teach לִמֵּד, הוֹרָה, חִנֵּךְ, אִלֵּף
teacher מְלַמֵּד, מוֹרֶה, מְחַנֵּךְ, רַב
teaching (n) תּוֹרָה*; הוֹרָאָה*
team (v) הִתְאַחֵד
team (n) צֶוֶת, קְבוּצָה *; צֶמֶד
tear (v) קָרַע, נִקְרַע; דָּמְעוּ עֵינָיו
— down הָרַס
tear (n) קֶרַע; דִּמְעָה *
in —s בּוֹכֶה בִּדְמָעוֹת
tease (v) הִקְנִיט, קִנְטֵר
teaspoon כַּפִּית *
— ful מְלֹא הַכַּפִּית
technical טֶכְנִי, מַעֲשִׂי
technique טֶכְנִיקָה *, כִּשְׁרוֹן הַמַּעֲשֶׂה; שִׁיטָה *
tedious מַלְאֶה, מְשַׁעֲמֵם
teem פָּרָה וְרָבָה, שָׁרַץ, רַב
telegram מִבְרָק
telegraph (v) הִבְרִיק
telegraph (n) מִבְרָקָה *
telephone (v) טִלְפֵּן
telephone (n) טֶלֶפוֹן
telescope (n) טֶלֶסְקוֹפּ, מִשְׁקֶפֶת *
tell סִפֵּר, הִגִּיד; הִבִּיעַ; הוֹדִיעַ; גִּלָּה; הִכִּיר, הִבְדִּיל; צִוָּה; מָנָה, סָפַר; עָשָׂה רֹשֶׁם
temper (v) שִׁכֵּךְ, רִכֵּךְ; חִסֵּם
temper (n) מַצַּב רוּחַ; מֶזֶג; כַּעַס
temperament מֶזֶג, אֹפִי
temperance הִסְתַּפְּקוּת *; הִנָּזְרוּת *
temperate מִסְתַּפֵּק; בֵּינוֹנִי

temperature מִדַּת חֹם*, מֶזֶג הָאֲוִיר
tempest סְעָרָה*, סוּפָה*
temple מִקְדָּשׁ; רַקָּה*
temporary זְמַנִּי, אַרְעִי
tempt מָשַׁךְ; הֵסִית; נִסָּה
temptation יֵצֶר הָרָע; נִסָּיוֹן
tempting (adj) מוֹשֵׁךְ
ten עֲשָׂרָה, עֶשֶׂר*
—th עֲשִׂירִי (ת)
tenant (n) דַּיָּר, שָׁכֵן
tend נָטָה לְ־; טִפֵּל בְּ־; שָׁמַר עַל
tendency נְטִיָּה*; מְגַמָּה*
tender (v) הִגִּישׁ, הִצִּיעַ
tender (n) הַצָּעָה*; שׁוֹמֵר סְפִינַת הַסְפָּקָה
tender (adj) רַךְ, עָדִין; נוֹחַ; רָגִישׁ
tenderly מִתּוֹךְ רַכּוּת, בַּעֲדִינוּת
tenderness רַכּוּת*, עֲדִינוּת*; נוֹחוּת*; רְגִישׁוּת*; חֶסֶד
tenement דִּירָה*
— house בֵּית דִּירוֹת
tennis טֶנִּיס
— racket רַקֶטָה, מַחְבֵּט
tenor כִּוּוּן, נְטִיָּה*, כַּוָּנָה*; טֶנוֹר (קוֹל זֶמֶר, בֵּין בָּרִיטוֹן, וּבֵין אַלְטוֹ)
tense (v) מָתַח, הִדֵּק; עִצְבֵּן
tense (n) זְמַן
tense (adj) מָתוּחַ, מְהֻדָּק; עַצְבָּנִי
tension מֶתַח; מְתִיחוּת*
tent אֹהֶל
tentative לְשֵׁם נִסָּיוֹן
tenth (n) עֲשִׂירִי; הַחֵלֶק הָעֲשִׂירִי, עֲשִׂירִית*
term (v) קָרָא, כִּנָּה
term (n) שֵׁם, כִּנּוּי, מֻנָּח; תְּקוּפָה*, עוֹנָה*
—s תְּנָאִים (ז"ר)
come to —s הִגִּיעַ לִידֵי הֶסְכֵּם
terminal (n) סוֹף, תַּחֲנָה*, בֵּית נְתִיבוֹת
terminate גָּמַר, סִיֵּם; נִגְמַר, נִסְתַּיֵּם
terrace (n) מַדְרֵגָה*; מִרְפֶּסֶת*
terrible נוֹרָא, אָיֹם, מַפְחִיד
terribly נוֹרָאוֹת, נוֹרָא מְאֹד
terrific נוֹרָא; חָזָק, עָצוּם
terrify הִפְחִיד, הִבְעִית, הֶחֱרִיד
territory שֶׁטַח; מָחוֹז; אֶרֶץ*

terror טֵרוֹר; פַּחַד, אֵימָה*, בֶּהָלָה*
test (v) בָּחַן, בָּדַק
test (n) מִבְחָן, בְּדִיקָה*
testament צַוָּאָה*
  New Testament הַבְּרִית הַחֲדָשָׁה*
  Old Testament תַּנַ"ךְ
testify הֵעִיד
testimony עֵדוּת*; רְאָיָה*
text גּוּף (הַכָּתוּב); טֶכְּסְט, נֹסַח, מָקוֹר; גִּרְסָה*; מִלִּים**
  — book סֵפֶר לִמּוּד
textile (n) טֶכְּסְטִיל, אָרִיג
texture אֲרִיגָה*, אֶרֶג, מַסֶּכֶת*
than מִן, מ־, מֵאֲשֶׁר, מִכְּפִי (אֲשֶׁר)
thank הוֹדָה, נָתַן תּוֹדָה
  —s תּוֹדָה*, תּוֹדוֹת**
  —s to הוֹדוֹת לְ־, מִפְּנֵי
thankful אֲסִיר תּוֹדָה, מַחֲזִיק טוֹבָה
thanksgiving מַתַּן תּוֹדָה; הוֹדָיָה*
thanksgiving יוֹם הַהוֹדָיָה (חַג בַּאֲמֶרִיקָה)
that (pron) הַהוּא, הַהִיא*, הַלָּז, זֶה, זוֹ*, זֹאת (זו"נ); אֲשֶׁר, שֶׁ־, הַ־
that (adj) הַהוּא, הַהִיא*
that (conj) בִּכְדֵי שֶׁ, לְמַעַן אֲשֶׁר; אֲשֶׁר, שֶׁ־; כִּי
  in — כִּי, מִפְּנֵי שֶׁ־
  — which זֶה אֲשֶׁר
thaw (v) הִפְשִׁיר, נָמֵס
thaw (n) הַפְשָׁרָה*
the הַ־, הָ־, הֶ־
theater תֵּאַטְרוֹן, בָּמָה*; שָׂדֶה, זִירָה*
theft גְּנֵבָה*
their(s) שֶׁלָּהֶם, שֶׁלָּהֶן**
them אוֹתָם, אוֹתָן**
  for — עֲבוּרָם, עֲבוּרָן**
  of — אוֹדוֹתָם, אוֹדוֹתָן**
  on — עֲלֵיהֶם, עֲלֵיהֶן**
  to — לָהֶם, אֲלֵיהֶם, לָהֶן**, אֲלֵיהֶן**
theme נוֹשֵׂא, עִנְיָן, תֹּכֶן; חִבּוּר
themselves (הֵם) עַצְמָם, (הֵן) עַצְמָן**
  by — לְבַדָּם, בְּעַצְמָם, לְבַדָּן**, בְּעַצְמָן**
then (n) אָז, הַיָּמִים הָהֵם, אוֹתוֹ זְמַן
then (adj) שֶׁהָיָה, שֶׁלְּשֶׁעָבַר

then (adv) אָז, בַּיָּמִים הָהֵם; אַחַר כָּךְ; לָכֵן, אִם כֵּן; חוּץ מִכֵּן
but — אֲבָל אִם
now and — מִפַּעַם לְפַעַם, לְעִתִּים
theology תֵּיאוֹלוֹגְיָה*, חֲקִירַת הָאֱלֹהוּת*, דַּעַת* אֱלֹהִים
theory תֵּאוֹרְיָה* הֲלָכָה* הַשְׁעָרָה*, הַנָּחָה*
there שָׁם; שָׁמָּה
— is, — are יֵשׁ
thereafter מֵאָז וָהָלְאָה
thereby עַל יְדֵי זֶה
therefore לְפִיכָךְ, לָכֵן
therein שָׁם; בּוֹ, בָּהּ*
thereof שֶׁלּוֹ, שֶׁלָּהּ*
thereupon מִיָּד, אַחַר זֶה; לָכֵן
thermometer מַדְחֹם
these אֵלֶּה, אֵלּוּ
thesis הַנָּחָה* נוֹשֵׂא לְחִבּוּר; מַסָּה*, חִבּוּר
they הֵם, הֵן**
thick עָבֶה; צָפוּף; דָּחוּס; סָמִיךְ; שׁוֹפֵעַ; צָרוּד; עָמוּם; טִפְּשִׁי
thicken עִבָּה, צִפֵּף; הִתְעַבָּה
thicket חֻרְשָׁה*
thickly בְּעֹבִי; בִּצְפִיפוּת; בְּשֶׁפַע
thickness עֹבִי; מַעֲבֶה; שִׁכְבָה*
thief גַּנָּב
thigh יָרֵךְ*
thin (v) עָשָׂה דַק, נַעֲשָׂה דַק; כָּחַשׁ, נִדַּלְדֵּל; דָּלַל
thin (adj) דַּק; כָּחוּשׁ; קָלוּשׁ, דָּלִיל; חַלָּשׁ; חַד
thing דָּבָר, חֵפֶץ
—s רְכוּשׁ; בְּגָדִים (ז"ר)
think חָשַׁב, הִרְהֵר
— it over הִתְחַשֵּׁב בְּ־, שָׁקַל אֶת
— of הִתְחַשֵּׁב עִם
— out, — through חִשֵּׁב
thinker הוֹגֶה, חוֹשֵׁב, בַּעַל מַחֲשָׁבוֹת
thinking (n) מַחֲשָׁבָה* גִּישָׁה*
third שְׁלִישִׁי(ת); שְׁלִישׁ
thirst (v) צָמֵא; שָׁקַק
thirst (n) צִמָּאוֹן; תְּשׁוּקָה*
thirsty צָמֵא; מִשְׁתּוֹקֵק
thirteen שְׁלֹשָׁה עָשָׂר, שְׁלֹשׁ עֶשְׂרֵה*
—th הַ־

thirty שְׁלֹשִׁים
this זֶה, זוֹ*, זֹאת*
before — לִפְנֵי זֶה
like — כָּכָה
— and that שׁוֹנוֹת (ז״ר)
thistle קוֹץ, קִמּוֹשׂ
thorn קוֹץ, דַּרְדַּר
thorough מֻחְלָט; מְשֻׁכְלָל; מַעֲמִיק
thoroughly בְּהֶחְלֵט; בְּשִׁכְלוּל; בְּעֹמֶק
those הָהֵם הָהֵן**
though אִם כִּי, אַף עַל פִּי שֶׁ־; בְּכָל זֹאת; אֲפִלּוּ אִם; אוּלָם
as — כְּאִלּוּ
thought מַחֲשָׁבָה* הִרְהוּר
lost in — שָׁקוּעַ בְּמַחֲשָׁבוֹת, תָּפוּס מַחֲשָׁבוֹת
thoughtful חוֹשֵׁב, מְהַרְהֵר, שָׁקוּעַ בְּמַחֲשָׁבוֹת; זָהִיר, מָתוּן; מִתְחַשֵּׁב בַּזּוּלַת
thoughtfully מִתּוֹךְ הִתְחַשְּׁבוּת
thousand אֶלֶף
—th הָאֶלֶף; אַלְפִּית*
thrash הִכָּה, הִלְקָה; נִצַּח; דָּשׁ; הִתְחַבֵּט
thread (v) הִשְׁחִיל (חוּט בְּמַחַט)
thread (n) חוּט; נִימָה*, סִיב; תַּבְרִיג; הֶמְשֵׁךְ (הַמַּעֲשֶׂה)
threat אִיּוּם; אוֹת סַכָּנָה
threaten אִיֵּם עַל
three שְׁלֹשָׁה, שָׁלֹשׁ*
thresh דָּשׁ
threshold סַף, מִפְתָּן
thrift חִסָּכוֹן, קִמּוּץ
thrill (v) חִלְחֵל בְּגִיל; זִעֲזַע
thrill (n) גִּיל; רַעַד
thrive הִצְלִיחַ: שִׂגְשֵׂג, פָּרַח
throat גָּרוֹן
throb (v) דָּפַק; רָעַד
throb (n) דְּפִיקָה*; רַעַד
throne (n) כִּסֵּא מַלְכוּת
throng (v) נִקְהַל; מִלֵּא מִפֶּה לָפֶה
throng (n) קָהָל, הֲמוֹן עָם
through דֶּרֶךְ —; בְּעַד; בְּמֶשֶׁךְ; בְּאֶמְצָעוּת —, עַל יְדֵי; בְּשֶׁל, בִּשְׁבִיל
be — נִפְסַק, נִגְמַר
carry — הִשְׁלִים, הֵבִיא לִגְמָר; הִצְלִיחַ
get — גָּמַר
go — נִתְנַסָּה בְּ־
pull — הִצִּיל; נִצַּל

see one — סַיַּע לְ־
— and — בִּשְׁלֵמוּת; כֻּלּוֹ
throughout בְּכֻלּוֹ; מִקָּצֶה לְקָצֶה
throw (v) זָרַק, הִשְׁלִיךְ, הֵטִיל
— away, — off הִשְׁלִיךְ
— down הִפִּיל
— light on הֵאִיר עַל, זָרַע אוֹר עַל
— out הִשְׁלִיךְ; גֵּרֵשׁ
— over הָפַךְ, זָנַח, הִשְׁלִיךְ, פָּרַשׁ
— up הֵקִיא
throw (n) זְרִיקָה *
stone's — מֶרְחָק קָטָן
thrush קִיכְלִי (צִפּוֹר)
thrust (v) דָּחַף, הָדַף; נָעַץ
— on הִכְרִיחוֹ לָקַחַת
thrust (n) דְּחִיפָה *, הֶדֶף; נְעִיצָה *; הַתְקָפָה *
thumb (n) בֹּהֶן *, אֲגוּדָל
— through דִּפְדֵּף
thump (v) הִכָּה
thump (n) מַכָּה *
thunder (v) הִרְעִים, רָעַם
thunder (n) רַעַם
— bolt חֲזִיז (רַעַם)
Thursday יוֹם הַחֲמִישִׁי, יוֹם ה׳

thus כָּךְ, כָּכָה, כֵּן, כֹּה, כָּזֹאת; לָכֵן, לְפִיכָךְ
thwart מָנַע, עִכֵּב
tick (v) טִקְטֵק
tick (sound) (n) טִקְטוּק
ticket (n) כַּרְטִיס
tickle (v) דִּגְדֵּג; שִׁעֲשַׁע; עוֹרֵר
tickle (n) דִּגְדּוּג
tide זֶרֶם; גֵּאוּת *, שֵׁפֶל; שֶׁטֶף
— over הִתְגַּבֵּר עַל; עֲזָרוֹ לְהִתְגַּבֵּר עַל
tidings חֲדָשׁוֹת **, יְדִיעוֹת **, בְּשׂוֹרָה *
tidy (n) נִקָּה, סִדֵּר יָפֶה
tidy (adj) נָקִי, מְסֻדָּר יָפֶה
tie (v) קָשַׁר, אָסַר; חִבֵּר; עִכֵּב, עָצַר; כָּפָה
— down צִמְצֵם, הִגְבִּיל
— up קָשַׁר, אָרַז; עִכֵּב; הֵסִיחַ דַּעַת; הִשְׁבִּית; עִקֵּל
tie קֶשֶׁר; חִבּוּר; תּוֹצָאָה שָׁוָה *; עֲנִיבָה *; אֶדֶן
tiger נָמֵר
tight מְהֻדָּק; מָתוּחַ; אָפוּף; אָטוּם
tighten הִדֵּק; מָתַח
tightly בְּהִדּוּק, בְּחָזְקָה

tile (n) רַצָּף
till (v) עִבֵּד, חָרַשׁ
till (n) כַּסֶּפֶת*, קֻפָּה*
till (adv) עַד (אֲשֶׁר)
tilt (v) הִטָּה, הִשְׁעִין; נָטָה, נִשְׁעַן
tilt (n) נְטִיָּה*; שִׁפּוּעַ
timber עֵצִים (ז״ר), אִילָנוֹת (ז״ר); עֲצֵי בִנְיָן (ז״ר); קְרָשִׁים (ז״ר); לוּחוֹת (ז״ר); קוֹרָה*
time (v) וִסֵּת, קָבַע עִתּוֹ שֶׁל; קָצַב קֶצֶב; מָדַד זְמַן
time (n) זְמַן, עֵת*, שָׁעָה*, מוֹעֵד, יוֹם תְּקוּפָה*, עוֹנָה*; פַּעַם*
  ancient —s יְמֵי קֶדֶם
  at no — בְּשׁוּם פַּעַם לֹא, בְּשׁוּם זְמַן לֹא
  at the same — בְּבַת אַחַת; בְּכָל זֹאת
  at —s לִפְעָמִים
  behind the — מְיֻשָּׁן
  for the — being לְעֵת עַתָּה
  from — to — מִפַּעַם לְפַעַם
  in no — מִיָּד
  in — בְּמֶשֶׁךְ הַזְּמַן
  modern —s יָמֵינוּ, הַיּוֹם
  on — בַּמּוֹעֵד
  one — פַּעַם
  — and — again שׁוּב, עוֹד פַּעַם וְעוֹד פַּעַם
  — out הַפְסָקָה*
  —s תְּקוּפָה*; כָּפוּל, פִּי, פַּעַם*
timid פַּחְדָנִי; בַּיְשָׁנִי
tin (n) בְּדִיל
tinge (v) צָבַע קְצָת
tinge (n) צֶבַע קָלוּשׁ; טַעַם; רֶמֶז
tinkle (v) צִלְצֵל
tinkle (n) צִלְצוּל
tint (n) גּוֹן; צֶבַע (בְּצֶבַע בָּהִיר)
tint (v) גִּוֵּן דַּק; צָבַע בָּהִיר
tiny זָעִיר, קְטַנְטַן, פָּעוּט
tip (v) חִדֵּד; הָיָה חֻדּוֹ שֶׁל; נָתַן חֹד בְּ־; הִטָּה, נָטָה; הֶעֱנִיק; רָמַז; הִקִּישׁ קַלּוֹת
  — over הִפֵּךְ; הִתְהַפֵּךְ
tip (n) חֹד, רֹאשׁ (מְחֻדָּד), קָצֶה, סוֹף; נְטִיָּה*; הַעֲנָקָה*; רֶמֶז; מַגָּע קַל
tiptoe (v) צָעַד עַל בְּהוֹנוֹת רַגְלָיו
tire (v) עִיֵּף, יִגַּע; הִתְעַיֵּף, הִתְיַגַּע

tire (n) צְמִיג
tired (adj) עָיֵף, מְיֻגָּע
be — of נִלְאָה מִ־
tiresome מְיַגֵּעַ, מַטְרִיד, מְשַׁעֲמֵם
tissue רִקְמָה*
— paper נְיָר דַּקִּיק
tithe מַעֲשֵׂר
title (v) כִּנָּה; קָרָא בְּשֵׁם
title (n) כִּנּוּי; שֵׁם; תֹּאַר; זְכוּת חֲזָקָה*
— page שַׁעַר
to אֶל, לְ־, עַד
— and fro הָלֹךְ וָשׁוֹב, הֵנָּה וָהֵנָּה, אָנֶה וָאָנָה
toad קַרְפָּדָה*
toast (v) קָלָה; חִמֵּם; שָׁתָה לְחַיֵּי־
toast (n) לֶחֶם קָלוּי, קָלִי; שְׁתִיַּת „לְחַיִּים"*
tobacco טַבָּק
today הַיּוֹם, כַּיּוֹם, בְּיָמִים אֵלֶּה, בִּזְמַן הַזֶּה
toe (n) אֶצְבַּע הָרֶגֶל*
step on someone's — פָּגַע בְּ־, עָלַב אֶת
together יַחַד, יַחְדָּו
bring — הִפְגִּישׁ; אָסַף
come — נוֹעֲדוּ, נִפְגְּשׁוּ
put — הִרְכִּיב
put two and two — הִסִּיק מַסְקָנָה (מֵהַנְּתוּנִים)
toil (v) עָבַד, עָמַל, יָגַע
toil (n) עֲבוֹדָה*, עָמָל, יֶגַע
toilet חֲדַר רַחֲצָה, נוֹחִיּוּת*; בֵּית כִּסֵּא; רַחֲצָה*; הִתְרַחֲצוּת וְהִתְלַבְּשׁוּת
token סִמָּן, סֵמֶל; מַזְכֶּרֶת*; מַטְבֵּעַ
tolerance סוֹבְלָנוּת*, סַבְלָנוּת*
tolerant סוֹבְלָנִי, סַבְלָן
tolerate סָבַל; הִרְשָׁה
toll (v) צִלְצֵל
toll (n) צִלְצוּל; מְחִיר, מֶכֶס
tomato עַגְבָנִיָּה*
tomb קֶבֶר, כּוּךְ
tomorrow (adj) מָחָר
ton טוֹן, טוֹנָה*
tone (v) גִּוֵּן
— down הִשְׁפִּיל, רִכֵּךְ
tone (n) קוֹל, צְלִיל; נְגִינָה*; גֶּוֶן
tongs מֶלְקָחַיִם (ז״ר)
tongue לָשׁוֹן*; שָׂפָה*
hold one's — שָׁתַק

mother — שְׂפַת אֵם *
— tied כְּבַד פֶּה
tonic (n) תְּרוּפָה לְחַזֵּק אֶת הַכֹּחוֹת
tonight הַלַּיְלָה (הַזֶּה)
tonsil שָׁקֵד (בַּלּוּטָה בַּלֹּעַ)
too גַּם, אַף; גַּם כֵּן; בְּיוֹתֵר, יוֹתֵר מִדַּי; מְאֹד
tool (n) כְּלִי, מַכְשִׁיר; אֶמְצָעִי
tooth שֵׁן *
clench one's teeth חָרַק שִׁנָּיו
false — שֵׁן תּוֹתֶבֶת *
in the teeth of לַמְרוֹת
toothache כְּאֵב שִׁנַּיִם
toothbrush מִבְרֶשֶׁת * לְשִׁנַּיִם
top (v) כִּסָּה; הָיָה מְכַסֵּה הַ־; הִגִּיעַ לַשִּׂיא; עָלָה עַל
top (n) רֹאשׁ, שִׂיא; כִּסּוּי; סְבִיבוֹן
come to the — צָף; עָלָה עַל
on — לְמַעְלָה
on — of מֵעַל לְ־
top (adj) עֶלְיוֹן; רָאשִׁי; הַטּוֹב
topic נוֹשֵׂא, תֹּכֶן
topple הִתְמוֹטֵט, נָפַל; הָפַךְ, הִפִּיל

torch לַפִּיד, אֲבוּקָה *
torment (v) עִנָּה, יִסֵּר; צִעֵר
torment (n) עִנּוּי; צַעַר
torn (adj) קָרוּעַ
torrent זֶרֶם; מַבּוּל
tortoise צָב
torture (see torment)
toss (v) זָרַק, הִשְׁלִיךְ; נִטַּלְטֵל
toss (n) זְרִיקָה *, הֲטָלָה *
total (v) סִכֵּם; עָלָה לְ־
total (n) סִכּוּם, סַךְ הַכֹּל
total (adj) שָׁלֵם, גָּמוּר
totally בִּשְׁלֵמוּת
totter (v) כָּשַׁל, מָעַד; הִתְנוֹדֵד
touch (v) נָגַע; מִשֵּׁשׁ
— and go מְסֻכָּן; מְפֻקְפָּק
— bottom הִגִּיעַ לִנְקֻדַּת הַשֵּׁפֶל
— one's heart נָגַע עַד לִבּוֹ
— up שִׁנָּה; תִּקֵּן; שִׁפֵּר; שִׁפֵּץ
touch (n) מַגָּע, נְגִיעָה*; מִשּׁוּשׁ; פְּרָט; רֶמֶז; קַו אָפְיָנִי, יָד *
be in — with עָמַד בְּקֶשֶׁר עִם
finishing — צִחְצוּחַ, הַשְׁלָמָה *

touching (adj) נוֹגֵעַ עַד הַלֵּב, מְעוֹרֵר רֶגֶשׁ
tough קָשֶׁה; חָזָק; מוּצָק; גַּס
tour (v) טִיֵּל, תִּיֵּר, נָסַע
tour (n) טִיּוּל, תִּיּוּר, מַסָּע
tourist תַּיָּר
tournament הִתְחָרוּת *
tow (v) מָשַׁךְ בְּחֶבֶל
toward(s) אֶל (פְּנֵי), כְּלַפֵּי, לִקְרַאת; בְּיַחַס אֶל; קָרוֹב לְ־; עֲבוּר, לְשֵׁם
towel מַגֶּבֶת *
tower (v) הִתְרוֹמֵם; גָּבַהּ מֵעַל; עָלָה עַל
tower (n) מִגְדָּל
town עִיר *, קִרְיָה *
— hall (בֵּית) הָעִירִיָּה
township עִירִיָּה *, מוֹעָצָה מְקוֹמִית *; נָפָה *
toy (v) הִשְׁתַּעֲשֵׁעַ בְּ־
toy (n) צַעֲצוּעַ
toy (adj) צַעֲצוּעִי, שֶׁלְּשַׁעֲשׁוּעַ
trace (v) עָקַב אַחֲרֵי; יָצָא בְּעִקְבוֹת־; חָקַר וְדָרַשׁ; שִׂרְטֵט; הֶעְתִּיק
trace (n) סִמָּן, עֲקֵבוֹת **; שֶׁמֶץ, זֵכֶר

track (v) עָקַב אַחֲרֵי
—down עָקַב וּמָצָא
track (n) מְסִלָּה *; שְׁבִיל, דֶּרֶךְ *; עֲקֵבוֹת **, סִמָּנִים (ז ר)
keep — of שָׁמַר; זָכַר; עָקַב אַחֲרֵי
lose — of אִבֵּד; שָׁכַח; נֶעֶלְמוּ עִקְבוֹתָיו
tract שֶׁטַח, חֶלְקָה *; קֻנְטְרֵס; מַאֲמָר
tractor טְרַקְטוֹר
trade (v) סָחַר; הֶחֱלִיף; עָסַק
trade (n) מִסְחָר, עֵסֶק; קְנִיָּה *, מִמְכָּר; חִלּוּפִים (ז"ר); מִקְצוֹעַ, מִשְׁלַח יָד
trade (adj) מִסְחָרִי; מִקְצוֹעִי
— union אִגּוּד מִקְצוֹעִי, אֲגֻדַּת פּוֹעֲלִים
trader סוֹחֵר, תַּגָּר
tradition קַבָּלָה *, מָסֹרֶת *
traditional מָסָרְתִּי, מְקֻבָּל
traffic (n) תְּנוּעָה *, תַּעֲבוּרָה *; מִסְחָר
tragedy מְאֹרָע עָצוּב; טְרָגֶדְיָה *
tragic עָצוּב; טְרָגִי
trail (v) מָשַׁךְ, גָּרַר; נִמְשַׁךְ נִגְרַר; הָלַךְ בְּעִקְבוֹת־; פִּגֵּר אַחֲרֵי

trail (n) עֲקֵבוֹת **; שְׁבִיל, דֶּרֶךְ *
train (v) אִלֵּף, חִנֵּךְ, אִמֵּן; הִתְאַמֵּן; כִּוֵּן
train (n) רַכֶּבֶת *; שׁוּרָה *
trainer מְאַלֵּף
training (n) אִלּוּף, אִמּוּן
trait תְּכוּנָה *, שִׂרְטוּט, קַו
traitor בּוֹגֵד
tramp (v) הָלַךְ בִּצְעָדִים כְּבֵדִים; דָּרַךְ; צָעַד
tramp (n) הֵלֶךְ; נָע וָנָד, חֲסַר כֹּל; צַעַד כָּבֵד; טִיּוּל בָּרֶגֶל
trample רָמַס
trance תַּרְדֵּמָה *; תַּדְהֵמָה * שֶׁקֶט, שָׁלֵו
transaction עֵסֶק, מַשָּׂא וּמַתָּן
transcript הֶעְתֵּק
transfer (v) הֶעֱבִיר, הָעֳבַר; מָסַר; הֶעְתִּיק
transfer (n) הַעֲבָרָה *; הַעְתָּקָה *
transform שִׁנָּה; הִשְׁתַּנָּה
trangress עָבַר עַל; חָטָא; עָבַר עַל חֹק
transition מַעֲבָר
translate תִּרְגֵּם
translation תִּרְגּוּם, תַּרְגּוּם
translator מְתַרְגֵּם
transmit שָׁלַח, הֶעֱבִיר; הוֹדִיעַ; שִׁדֵּר
transparent שָׁקוּף; בָּרוּר
transport (v) הֶעֱבִיר, הוֹבִיל
transport (n, see transportation)
transportation הוֹבָלָה *, הַעֲבָרָה *, מִשְׁלוֹחַ
trap (v) לָכַד בַּפַּח, שָׂם מוֹקֵשׁ
trap (n) פַּח, מוֹקֵשׁ, מַלְכֹּדֶת *
trash פְּסֹלֶת *; דִּבְרֵי הֲבַאי (ז"ר)
travel (v) נָסַע, עָבַר
travel (n) נְסִיעָה *, מַסָּע
traveler נוֹסֵעַ
traverse (v) עָבַר דֶּרֶךְ; הִפְנָה
tray טַס, מַגָּשׁ
treacherous בּוֹגְדָנִי; כּוֹזֵב
treachery בְּגִידָה *; מִרְמָה *, מַעַל
tread (v) צָעַד; דָּרַךְ; רָמַס
tread (n) צַעַד; מִדְרָךְ
treason בְּגִידָה *, מַעַל
treasure (v) הוֹקִיר; אָצַר
treasure (n) אוֹצָר; עֹשֶׁר
treasurer גִּזְבָּר
treasury אוֹצָר

treat (v) הִתְנַהֵג עִם; הִתְיַחֵס לְ־; טִפֵּל בְּ־; דָּן בְּ־; כִּבֵּד בְּ־; נָשָׂא וְנָתַן
— badly הִתְעַלֵּל בְּ־
treatise מֶחְקָר, מַסֶּכֶת*
treatment הִתְנַהֲגוּת*; טִפּוּל; בִּטּוּי (בָּאָמָּנוּת)
treaty אֲמָנָה*, חוֹזֶה, בְּרִית*
tree עֵץ, אִילָן; עַמּוּד
tremble (v) רָעַד
tremble (n) רַעַד
tremendous נוֹרָא; עָצוּם
trench (n) חֲפִירָה*; תְּעָלָה*
trend (n) מִפְנֶה, נְטִיָּה*, כִּוּוּן
trespass נִכְנַס שֶׁלֹּא בִּרְשׁוּת, עָבַר עַל הַחֹק, חָטָא
trial מִשְׁפָּט; בְּחִינָה*, נִסָּיוֹן
be on — הֶעֱמַד לְמִשְׁפָּט; הֶעֱמַד בְּנִסָּיוֹן
triangle מְשֻׁלָּשׁ
tribe שֵׁבֶט
tribunal בֵּית מִשְׁפָּט; דַּיָּנִים (ז״ר)
tributary (n) נָהָר (הַהוֹלֵךְ אֶל נָהָר אַחֵר), יוּבַל; מַעֲלֶה מַס
tributary (adj) מוֹבִיל; מְשֻׁעְבָּד
tribute תְּהִלָּה*; מַס כָּבוֹד; שֶׁבַח; הֶעֱלָה מַס
pay —
trick (v) רִמָּה, הוֹנָה
trick (n) תַּחְבּוּלָה*, עָרְמָה*; מַעֲשֶׂה מְחֻכָּם; תַּכְסִיס
—s of the trade סוֹדוֹת הַמִּקְצוֹעַ (ז״ר), תַּכְסִיסֵי הַמִּקְצוֹעַ (ז״ר)
tried (adj) בָּדוּק, מְנֻסֶּה
trifle (n) מִצְעָר, מִקְצָת; דָּבָר שֶׁל מַה בְּכָךְ
trifling קַטְנוּנִי, קַל עֵרֶךְ
trim (v) הִקְצִיעַ, זָמַר, גָּזַז, קִצֵּץ; קִשֵּׁט
trim (adj) נָקִי; מְסֻדָּר
trio שְׁלִישִׁיָּה* (חֶבֶר שֶׁל שְׁלֹשָׁה)
trip (v) נִכְשַׁל; מָעַד, הִמְעִיד; שָׁגָה, טָעָה; הִטְעָה; דִּלֵּג
trip (n) נְסִיעָה*, טִיּוּל
triumph (v) נִצַּח
triumph (n) נִצָּחוֹן; הֶשֵּׂג; שִׂיא
triumphant מְנַצֵּחַ; חוֹגֵג
trivial (see trifling)
trolley (car) חַשְׁמַלִּית*, קְרוֹן רְחוֹב
troop (v) נִקְהַל

troop (n) קָהָל, הָמוֹן; קְבוּצָה*; פְּלֻגָּה*
—s צָבָא, חַיָּלִים (ז"ר)
trophy פְּרָס; שָׁלָל; מַזְכֶּרֶת*
tropic(al) טְרוֹפִּי
tropics אֵזוֹר הַחֹם
trot (v) רָץ, רָץ קַלּוֹת
trot (n) רִיצָה*, רִיצָה קַלָּה*
trouble (v) הִדְאִיג, צֵעֵר; הִטְרִיד, הִטְרִיחַ; הֶעֱכִיר
trouble (n) דְּאָגָה*, צַעַר; טֹרַח, הַטְרָדָה*
be in — נָתַן בְּצָרָה
have — with רָב עִם, הִסְתַּכְסֵךְ עִם; הִתְקַשָּׁה בְּ־
troublesome מַפְרִיעַ; מַטְרִיד; מַכְבִּיד
trough בִּיב, שָׁפוּךְ; שֹׁקֶת*
trousers מִכְנָסַיִם (ז"ז)
trout טְרוּטָה*
truce שְׁבִיתַת* נֶשֶׁק
truck (v) הוֹבִיל בְּאוֹטוֹ מַשָּׂא, נָהַג מְכוֹנִית מַשָּׂא
truck (n) אוֹטוֹ מַשָּׂא, עֲגָלַת מַשָּׂא
truck (adj) שֶׁל יְרָקוֹת
trudge (v) הָלַךְ בָּרֶגֶל, הָלַךְ בִּכְבֵדוּת
true (v) יִשֵּׁר
true (adj) אֲמִתִּי, נָכוֹן; נֶאֱמָן; יָשָׁר; בָּטוּחַ; מְקוֹרִי; מַתְאִים
true (adv) אָמְנָם כֵּן
truly בֶּאֱמֶת; בְּנֶאֱמָנוּת; אָמְנָם, אָכֵן; בְּדִיּוּק
trumpet (v) חִצְצֵר, תָּקַע; הִכְרִיז
trumpet (n) חֲצוֹצְרָה*
trunk (n) גֶּזַע; אַרְגָּז; גּוּפָה*; חַרְטוֹם (הַפִּיל)
trunk (adj) מֶרְכָּזִי, רָאשִׁי גִּזְעִי
trust (v) בָּטַח בְּ־, הֶאֱמִין בְּ־, סָמַךְ עַל, נָתַן בְּהַקָּפָה
trust (n) בִּטָּחוֹן, אֵמוּן, הַסְמָכוּת*; תַּפְקִיד, חוֹבָה*; נֶאֱמָנוּת*; הַקָּפָה*; חֶבְרַת מִסְחָר שֶׁל מוֹנוֹפּוֹלִין
trustee נֶאֱמָן, אֶפּוֹטְרוֹפּוֹס
truth אֱמֶת*; עֻבְדָּה*
in — בֶּאֱמֶת
tell the — סִפֵּר אֶת הָאֱמֶת, דִּבֵּר דְּבָרִים כֵּנִים
truthful אֲמִתִּי, נֶאֱמָן, דּוֹבֵר אֱמֶת
try (v) נִסָּה, הִתְאַמֵּץ; שָׁפַט, הֶעֱמִיד לְמִשְׁפָּט; הִרְגִּיז, הוֹגִיעַ

try (n) נִסּוּי, נִסָּיוֹן
trying (adj) מַרְגִּיז, מְיַגֵּעַ
tub (n) אַמְבָּט; גִּגִּית *
tube צִנּוֹר, שְׁפוֹפֶרֶת *; מִנְהָרָה*
tuberculosis שַׁחֶפֶת *
tuck (v) תָּפַר קֶפֶל; תָּחַב; הִטְמִין
Tuesday יוֹם שְׁלִישִׁי, יוֹם ג׳
tuft קְוֻצָּה *; צִיצִית *
tug (v) מָשַׁךְ (בְּחָזְקָה); סָחַב
tug (n) מְשִׁיכָה (עַזָּה) *; סְחִיבָה *
tugboat סְפִינַת סְחִיבָה *
tuition הוֹרָאָה *, לִמּוּד; שְׂכַר לִמּוּד
tulip צִבְעוֹנִי (פֶּרַח)
tumble (v) נָפַל, הִפִּיל; יָרַד פְּלָאוֹת; הִתְגּוֹלֵל
tumble (n) נְפִילָה *; בִּלְבּוּל
tumult שָׁאוֹן; מְהוּמָה *; הִתְרַגְּשׁוּת *
tune (v) כִּוֵּן; הִכְשִׁיר
tune (n) נִגּוּן, נְעִימָה *; מַצָּב טוֹב
tunic מְעִיל קָצָר
tunnel (n) מִנְהָרָה *, נִקְבָּה *
turban מִצְנֶפֶת *, תַּרְבּוּשׁ
turbulent פָּרוּעַ, מוֹרֵד

turf (מַרְבַד) דֶּשֶׁא
turkey תַּרְנְגוֹל הֹדּוּ
turn (v) סִבֵּב, סָבַב, הֵסֵב, הִסְתּוֹבֵב; הִפֵּךְ, הָפַךְ, הִתְהַפֵּךְ, נֶהְפַּךְ; הִפְנָה, פָּנָה; הִטָּה, נָטָה; כִּוֵּן; עִצֵּב, עָשָׂה
— against בָּגַד בְּ־
— around הָפַךְ דַּרְכּוֹ
— away פָּנָה; דָּחָה
— back חָזַר; הָדַף
— down קִפֵּל; דָּחָה
— in הִגִּישׁ, מָסַר
— into הָפַךְ, נֶהְפַּךְ
— off כִּבָּה; פָּנָה
— on הִדְלִיק; הִתְקִיף
— one's back on פָּנָה עֹרֶף לְ־
— out גֵּרֵשׁ; יִצֵּר; כִּבָּה; הָיָה לְ־
— over הָפַךְ, הִתְהַפֵּךְ; מָסַר, הִסְגִּיר
— up הוֹפִיעַ
turn (n) סִבּוּב, הִסְתּוֹבְבוּת *; מַהְפָּךְ; מִפְנֶה, נְטִיָּה *; תּוֹר
by —s לְפִי הַתּוֹר
in — לְפִי הַסֵּדֶר
turnip לֶפֶת *

turnstile שַׁעַר מִסְתּוֹבֵב
turret מִגְדָּל, צְרִיחַ
turtle צָב
tutor (v) הוֹרָה, לִמֵּד
tutor (n) מוֹרֶה פְּרָטִי
twelve שְׁנֵים עָשָׂר, שְׁתֵּים עֶשְׂרֵה*
twelfth הַ —
twenty עֶשְׂרִים
twentieth הָ —
twice פַּעֲמַיִם, כִּפְלַיִם
twig בַּד, עָנָף
twilight (n) דִּמְדּוּמִים (ז״ר). (שְׁעַת) בֵּין עַרְבַּיִם
twilight (adj) אָפֵל
twin תְּאוֹם
twine (v) חָבַשׁ; הִתְפַּתֵּל; שָׁזַר
twine (n) חוּט, מְשִׁיחָה*
twinge (n) מַכְאוֹב קָשֶׁה, כְּאֵב פִּתְאֹם
twinkle (v) נִצְנֵץ; קָרַץ (עַיִן)
twinkle (n) נִצְנוּץ; קְרִיצַת* עַיִן
twirl (v) סִבֵּב בִּמְהִירוּת; הִסְתּוֹבֵב מַהֵר
twist (v) פִּתֵּל; כָּרַךְ; הִתְעַוֵּת; כָּפַף; עִקֵּם; סִלֵּף
twist (n) חַלָּה*; עִקּוּם; כְּרִיכָה*; מַעֲשֶׂה מִקְלַעַת, חוּט מָשְׁזָר; סִבּוּב
twitch (v) כִּוֵּץ פִּתְאֹם
twitch (n) הִתְכַּוְּצוּת* פִּתְאֹמִית
two שְׁנַיִם, שְׁתַּיִם*
type (v) מִיֵּן לְפִי טִפּוּס; כָּתַב בִּמְכוֹנָה
type (n) מִין, טִפּוּס, סוּג; אוֹת דְּפוּס*, אוֹתִיּוֹת דְּפוּס**
typewriter מְכוֹנַת כְּתִיבָה*
typhoid טִיפוּס
typical טִפּוּסִי, אָפְיָנִי
tyranny עָרִיצוּת*; מֶמְשָׁלָה עָרִיצָה*
tyrant עָרִיץ

U

ugly מְכֹעָר; מְעוֹרֵר בְּחִילָה; בִּלְתִּי נָעִים

ultimatum הַזְהָרָה אַחֲרוֹנָה*, הַצָּעָה אַחֲרוֹנָה*

ultimate (n) סוֹף, תַּכְלִית*

ultimate (adj) סוֹפִי, אַחֲרוֹן

ultimately סוֹף (כָּל) סוֹף

umbrella מִטְרִיָּה*; שִׁמְשִׁיָּה*

umpire בּוֹרֵר, שׁוֹפֵט (בְּמִשְׂחָק)

unable קְצַר יָד, (שֶׁ)אֵינוֹ יָכוֹל

unanimous שֶׁבְּפֶה אֶחָד

unaware שֶׁלֹּא מִדַּעַת, בְּלֹא יוֹדְעִים

unbearable קָשֶׁה מִנְּשׂוֹא

unbroken שָׁלֵם; בִּלְתִּי נִפְסָק

uncertain מְפֻקְפָּק, בִּלְתִּי בָּטוּחַ; בִּלְתִּי בָּרוּר

uncertainty סָפֵק, פִּקְפּוּק; אִי בְּהִירוּת

uncle דּוֹד

unclean מְזֹהָם, מְלֻכְלָךְ, טָמֵא

uncomfortable בִּלְתִּי נוֹחַ; מַטְרִיד; בִּלְתִּי נָעִים

uncommon בִּלְתִּי שָׁכִיחַ; יוֹצֵא מִן הַכְּלָל

unconscious (adj) חֲסַר הַכָּרָה; שֶׁלֹּא בְּכַוָּנָה; בְּלֹא יוֹדְעִים

unconsciously בְּלִי כַוָּנָה; בְּלֹא יוֹדְעִים

uncouth גַּס, מְשֻׁנֶּה, מוּזָר

uncover גִּלָּה, חָשַׂף; הֵסִיר מִכְסֶה

under תַּחַת, מִתַּחַת לְ־, לְמַטָּה מִ־; פָּחוֹת מִן; נִכְלָל בֵּין; כָּפוּף לְ־

underbrush שִׂיחִים (ז"ר)

undergo עָבַר, סָבַל, עָמַד בְּ־

underground (n) מַחְתֶּרֶת*; תַּחְתִּית*

underground (adj) תַּת קַרְקָעִי; סוֹדִי, מַחְתַּרְתִּי

underneath מִתַּחַת לְ־, תַּחַת

understand הֵבִין. תָּפַס; רָאָה. הִכִּיר; שָׁמַע
understanding (n) הֲבָנָה*. תְּפִיסָה*; שֵׂכֶל. בִּינָה*; הֶסְכֵּם
understanding (adj) מֵבִין; נָבוֹן
undertake קִבֵּל עַל עַצְמוֹ
undertaker קַבְּלָן; קַבְּרָן
undertaking (n) מְשִׂימָה*. תַּפְקִיד
underwear תַּחְתּוֹנִים (ז״ר)
undisturbed שׁוֹקֵט. שַׁאֲנָן
undo הִתִּיר; סָתַר; הָרַס; בֵּאֵר
undoubtedly בְּלִי סָפֵק. בְּוַדַּאי
undress פָּשַׁט בְּגָדָיו. הִתְפַּשֵּׁט
uneasiness אִי נוֹחִיּוּת*; אִי מְנוּחָה*; דְּאָגָה*
uneasy בִּלְתִּי נוֹחַ; חֲסַר מְנוּחָה; מֻדְאָג
unemployed מְבֻטָּל
unemployment בַּטָּלָה*. חֹסֶר עֲבוֹדָה
unequal אֵין דּוֹמֶה לוֹ
unexpected בִּלְתִּי צָפוּי
unexpectedly פִּתְאֹם
unfair מְשֻׁחָד; בִּלְתִּי יָשָׁר
unfit (adj) בִּלְתִּי מַתְאִים; בִּלְתִּי מֻכְשָׁר; פָּסוּל
unfold פֵּרַשׂ; פָּתַח; גִּלָּה
unfortunate (adj) חֲסַר מַזָּל; מִסְכֵּן אֻמְלָל. עָלוּב
unfortunately לְצָרָתוֹ. לְרֹעַ מַזָּלוֹ
unhappy עָצוּב; מִסְכֵּן; בִּלְתִּי מַתְאִים
uniform (n) מַדִּים (ז״ר)
uniform (adj) אָחִיד; חַדְגּוֹנִי; רָגִיל
unify אִחֵד
unimportant בִּלְתִּי חָשׁוּב. קַל עֵרֶךְ
union אִחוּד. אִגּוּד; אֲגֻדָּה מִקְצוֹעִית*. אֲגֻדַּת פּוֹעֲלִים
unique יָחִיד (בְּמִינוֹ); נָדִיר
unit אֶחָד; יְחִידָה*
unite אִחֵד. הִתְאַחֵד; חִבֵּר. הִתְחַבֵּר; זִוֵּג. הִזְדַּוֵּג
unity אַחְדוּת*; שָׁלוֹם
universal עוֹלָמִי. כְּלָלִי
universally בְּכָל מִקְרֶה; בְּכָל מָקוֹם
universe עוֹלָם. תֵּבֵל*

university מִכְלָלָה *, אוּנִיבֶרְסִיטָה *
unjust בִּלְתִּי צוֹדֵק, בִּלְתִּי יָשָׁר
unkind אַכְזָרִי; לֹא בְחֶסֶד
unknown בִּלְתִּי יָדוּעַ; זָר
unlace הִתִּיר
unless אֶלָּא אִם (כֵּן); אִם לֹא
unlike (adj) שׁוֹנֶה
unlike (adv) אַחֶרֶת
unlimited בִּלְתִּי מֻגְבָּל, לְלֹא גְבוּל
unload פָּרַק
unlock פָּתַח (בְּמַפְתֵּחַ)
unlucky רַע מַזָּל, בִּלְתִּי מַצְלִיחַ
unnecessary מְיֻתָּר
unoccupied פָּנוּי
unpleasant אִי נָעִים
unreasonable כְּנֶגֶד הַשֵּׂכֶל, מֻפְרָז
unrest אִי מְנוּחָה, הִתְרַגְּשׁוּת *, מֶרֶד
unseen שֶׁאֵינוֹ נִרְאֶה, סָמוּי מִן הָעַיִן
untie הִתִּיר
until עַד (אֲשֶׁר)
unto לְ-, אֶל, עַד
untrue לֹא נָכוֹן, שֶׁקֶר

unusual בִּלְתִּי שָׁכִיחַ; יוֹצֵא מִן הַכְּלָל
unusually בְּדֶרֶךְ יוֹצֵאת מִן הַכְּלָל
unwilling מְמָאֵן, מְסָרֵב, שֶׁאֵינוֹ רוֹצֶה
unworthy שֶׁאֵינוֹ כְּדַאי, שֶׁאֵינוֹ רָאוּי
up לְמַעְלָה
— in arms מִתְקוֹמֵם
— to-date חָדִישׁ, לְרוּחַ הַזְּמַן, מְעֻדְכָּן
uphold הֶחֱזִיק; תָּמַךְ; אִשֵּׁר
uplift (v) הֵרִים, הֵקִים, הֶעֱלָה; תִּקֵּן, שִׁפֵּר
uplift (n) הֲרָמָה *; שִׁפּוּר
upon עַל; מֵעַל לְ-
upper (adj) עֶלְיוֹן
upright (n) עַמּוּד
upright (adj) זָקוּף; יָשָׁר
uprising מֶרֶד, הִתְקוֹמְמוּת
uproar מְהוּמָה *, שָׁאוֹן
uproot שֵׁרֵשׁ, עָקַר
upset (v) הָפַךְ; הִרְגִּיז, הִתְרַגֵּז
upset (n) בִּלְבּוּל, מַהְפֵּכָה *
upstairs (n) קוֹמָה עֶלְיוֹנָה
upstairs (adj) שֶׁלְּמַעְלָה, עִלִּי
upstairs (adv) לְמַעְלָה

upward מַעְלָה; לְמַעְלָה
urge (v) דָּחַף; הֵעִיר; הִפְצִיר; דָּרַשׁ
urge (n) דַּחַף, דְּחִיפָה*; יֵצֶר
urgent דָּחוּף, תָּכוּף, דָּרוּשׁ
urinate הִשְׁתִּין
urine שֶׁתֶן, הַשְׁתָּנָה*
urn כַּד, צִנְצֶנֶת*
us אוֹתָנוּ
  at —, to — אֵלֵינוּ
  from — מִמֶּנּוּ
  near — אֶצְלֵנוּ
  with — אִתָּנוּ, עִמָּנוּ
use (v) הִשְׁתַּמֵּשׁ; נָהַג לְ־; הָיָה רָגִיל בְּ־
  — up אָכַל, אִכֵּל, כִּלָּה, הִשְׁתַּמֵּשׁ בְּכָל —
use (n) שִׁמּוּשׁ; נֹהַג דֶּרֶךְ*
  no — אֵין תּוֹעֶלֶת, אֵין מוֹעִיל
useful שִׁמּוּשִׁי, מוֹעִיל
useless חֲסַר תּוֹעֶלֶת; שֶׁבְּלִי תִּקְוָה
usher (v) הִכְנִיס
usher (n) שׁוֹעֵר, שׁוֹמֵר הַסַּף
usual רָגִיל, שָׁכִיחַ, מָצוּי
usually עַל פִּי רֹב
usurp תָּפַס (מִשְׂרָה, מַלְכוּת), לָקַח בְּחָזְקָה
usurer מַלְוֶה בְּרִבִּית, נוֹשֵׁךְ רִבִּית*
usury נֶשֶׁךְ
utensil כְּלִי
utility תּוֹעֶלֶת*, שִׁמּוּשִׁיּוּת*; שֵׁרוּת צִבּוּרִי
utilize הִשְׁתַּמֵּשׁ, נִצֵּל
utmost (adj) הַגָּדוֹל, הַגָּבוֹהַ, הַקִּיצוֹנִי
utter (v) בִּטֵּא, הִבִּיעַ; הִשְׁמִיעַ
utter (adj) שָׁלֵם; גָּמוּר
utterance הֶגֶה*; בִּטּוּי; קְרִיאָה*
uttermost (see utmost)

V

vacancy חָלָל רֵיק; מִשְׂרָה* פְּנוּיָה; דִּירָה* פְּנוּיָה

vacant רֵיק; פָּנוּי

vacation (n) חֹפֶשׁ. חֻפְשָׁה*

vaccination הַרְכָּבַת אֲבַעְבּוּעוֹת

vagabond נָע וָנָד

vagrant נוֹדֵד, נָע וָנָד

vague עָמוּם, לֹא בָרוּר; מְסֻפָּק

vaguely בַּעֲמִימוּת, לֹא בָרוּר

vain חֲסַר עֵרֶךְ; מְנֻפָּח; שֶׁלַּשָּׁוְא

vainly בִּיהִירוּת; לַשָּׁוְא

valiant גִּבּוֹר

valid נָכוֹן, יַצִּיב, קַיָּם

valise מִזְוָדָה*

valley עֵמֶק, בִּקְעָה*, גַּיְא

valor גְּבוּרָה*

valuable יָקָר, יְקַר עֵרֶךְ

—s חֶפְצֵי עֵרֶךְ

value (v) הֶעֱרִיךְ, אָמַד

value (n) עֵרֶךְ, מְחִיר; גָּוֶן

valve שַׁסְתּוֹם

van מְכוֹנִית מַשָּׂא

vanilla וָנִיל, שֶׁנֶף

vanish נֶעְלַם, חָלַף

vanity גַּאַוְתָנוּת*, יְהִירוּת*; הֶבֶל, אֶפֶס

vanquish נִצַּח, הִכְרִיעַ

vapor עֲרָפֶל; אֵד, הֶבֶל; קִיטוֹר, עָשָׁן

variable נוֹחַ לְהִשְׁתַּנּוֹת, מִשְׁתַּנֶּה; שׁוֹנֶה

variation הִשְׁתַּנּוּת*; שִׁנּוּי

varied מְגֻוָּן

variety שׁוֹנוּת*; שֹׁנִי; מִין, סוּג

various שׁוֹנִים; אֲחָדִים

varnish (v) מָשַׁח בְּלַכָּה

varnish (n) לַכָּה*

vary שִׁנָּה, שָׁנָה; גִּוֵּן, הָיָה מְגֻוָּן

vase כַּד, צִנְצֶנֶת*, עָצִיץ

vassal (adj) מְשֻׁעְבָּד

vast עָצוּם, נִרְחָב

vat גִּגִּית*, מֵיכָל

vault (v) קָפַץ; קָמַר
vault (n) כִּפָּה *; מַרְתֵּף; קְפִיצָה *; קֶפֶּת מָגֵן *
veal בְּשַׂר עֵגֶל
vegetable צֶמַח, יֶרֶק
vegetarian צִמְחוֹנִי
vegetation צְמָחִים (ז"ר), יֶרֶק; צְמִיחָה *
vehement עַז, תַּקִּיף, נִמְרָץ
vehicle רֶכֶב; אֶמְצָעִי
veil (v) כִּסָּה, הִסְתִּיר; הִסְוָה
veil (n) צָעִיף; כִּסּוּי; מַסְוֶה
vein (n) וְרִיד
velocity מְהִירוּת *
velvet (n) קְטִיפָה *
venerable נִכְבָּד, נְשׂוּא פָּנִים
vengeance נְקָמָה *
  take — הִתְנַקֵּם
  with a — בְּכֹחַ; יָתֵר עַל הַמִּדָּה
venom אֶרֶס; זָדוֹן
ventilation אִוְרוּר
venture (v) נִסָּה; הִסְתַּכֵּן; הֵעֵז
venture (n) מַעֲשֶׂה נוֹעָז; סַפְסָרוּת *, נִסָּיוֹן
veranda מִרְפֶּסֶת *
verb פֹּעַל (בְּדִקְדּוּק)

verbal בְּעַל פֶּה
verdict פְּסַק דִּין
verge (n) שָׂפָה *, קָצֶה, פֶּה
  on the — of עַל פִּי, נָכוֹן לְ־
verify אִמֵּת, אִשֵּׁר; בָּדַק אֲמִתּוּתוֹ
vermilion אָדֹם עַז, שָׁנִי
verse שִׁיר, שִׁירָה *, פִּיּוּט; חָרוּז; פָּסוּק
version גִּרְסָה *, נֻסְחָה *; תַּרְגּוּם
vertebrate בַּעַל חֻלְיוֹת, בַּעַל שִׁדְרָה
vertical (adj) מְאֻנָּךְ, זָקוּף
very (adj) הַהוּא. אוֹתוֹ, גּוּפוֹ; שָׁלֵם; מְיֻחָד
very (adj) מְאֹד
vessel סְפִינָה *, אֳנִיָּה *; כְּלִי
vest (v) נָתַן; יִפָּה כֹּחַ
vest (n) חֲזִיָּה *
  — pocket (adj) קָטָן; שֶׁל כִּיס
veteran (adj) וָתִיק, מְנֻסֶּה
veto (v) הֵפֵר; בִּטֵּל (חֹק), שָׁלַל
veto (n) וֶטוֹ, בִּטּוּל חֹק (עַל יְדֵי הַשִּׁלְטוֹן)
vex הִרְגִּיז; הִטְרִיד; הִדְאִיג
via דֶּרֶךְ —

vibrate וְעֵזַע, זַעֲזַע, רָעַד
vibration זַעֲזוּעַ, רַעַד
vice (n) חֵטְא; מוּם
vice (prep) בִּמְקוֹם; סְגָן—
— president סְגָן נָשִׂיא
— versa לְהֶפֶךְ
vicinity שְׁכוּנָה *; שְׁכֵנוּת *
vicious מֻפְקָר; מְרֻשָּׁע, אַכְזָרִי, פָּרִיץ
— circle מַעְגַּל קְסָמִים
victim קָרְבָּן; חוֹלֶה; הָרוּג
victor מְנַצֵּחַ
victorious מְנַצֵּחַ
victory נִצָּחוֹן
victuals מְזוֹנוֹת (ז"ר)
view (v) רָאָה, הִתְבּוֹנֵן; חָשַׁב, הִשְׁקִיף
view (n) מַחֲזֶה, מַרְאֶה, נוֹף; הַשְׁקָפָה *; כַּוָּנָה *
in full — לְעֵינֵי כֹּל
in — of מֵאַחַר שֶׁ־
on — מֻצָּג
with a — to בְּכַוָּנָה לְ־
viewpoint הַשְׁקָפָה *, נְקֻדַּת * הַשְׁקָפָה
vigor כֹּחַ, עֹז; מֶרֶץ
vigorous חָזָק, עַז; מַרְצִי; מְשַׂגְשֵׂג
vigorously בְּעֹז; בְּמֶרֶץ
vile מֻשְׁחָת; נִתְעָב; שָׁפָל
village (n) כְּפָר
village (adj) כַּפְרִי
villain נָבָל; הָרָשָׁע
vine גֶּפֶן *
vinegar חֹמֶץ
vineyard כֶּרֶם *
viola וִיּוֹלָה
violate הֵפֵר, עָבַר עַל; חִלֵּל
violation עֲבֵרָה *, הֲפָרָה *; חִלּוּל
violence כֹּחַ עַז; אֹנֶס; אַלִּימוּת *; חָמָס
violent עַז; שֶׁל חָמָס
violently בְּכֹחַ, בִּזְרוֹעַ
violet סִגָּלִיָּה *; סָגֹל
violin כִּנּוֹר
violinist כַּנָּר
virgin (n) בְּתוּלָה *
virgin (adj) טָהוֹר, נָקִי; שֶׁלֹּא הִשְׁתַּמְּשׁוּ בּוֹ
virtually לְמַעֲשֶׂה, בְּעֶצֶם
virtue צֶדֶק, יֹשֶׁר; מַעֲלָה *; תּוֹעֶלֶת *
by — of — בְּכֹחַ —, בִּזְכוּת —

virtuous מוּסָרִי, צַדִּיק
visage פַּרְצוּף, מַרְאֶה
vis-a-vis פָּנִים אֶל פָּנִים, לְמוּל, לְעֻמַּת
visible נִרְאֶה, גָּלוּי; בָּרוּר
vision רְאִיָּה*, רְאוּת*; חָזוֹן; מַרְאֶה, מַחֲזֶה
visionary הוֹזֶה, חוֹלֵם, בַּעַל דִּמְיוֹן
visit (v) בִּקֵּר
visit (n) בִּקּוּר
visitor אוֹרֵחַ, מְבַקֵּר
vital חַי; חִיּוּנִי; הֶכְרֵחִי
—s הָאֵבָרִים הַפְּנִמִיִּים הַחִיּוּנִיִּים
vitality חִיּוּת; חַיִּים (ז"ר)
vitamin וִיטָמִין
vivid מַזְהִיר, בָּהִיר; חַי
vocabulary אוֹצַר מִלִּים; רְשִׁימַת* מִלִּים
vocal קוֹלִי; שֶׁבְּעַל פֶּה; בַּעַל קוֹל; קוֹלָנִי
vocation מִשְׁלַח יָד, עֵסֶק, מִסְחָר, יִעוּד
vogue אָפְנָה; מְקֻבָּל עַל הַקָּהָל

voice (v) הִבִּיעַ; הִשְׁמִיעַ
voice (n) קוֹל; חַוַּת דַּעַת*
void (v) בִּטֵּל; הֵרִיק
void (n) חָלָל; תֹּהוּ
void (adj) בָּטֵל; חֲסַר תּוֹעֶלֶת; רֵיק
volcano הַר גַּעַשׁ
volume סֵפֶר, כֶּרֶךְ; נֶפַח, כַּמּוּת*
voluntary בְּרָצוֹן, מֵרְצוֹנוֹ הַטּוֹב
volunteer (v) הִתְנַדֵּב
volunteer (n) מִתְנַדֵּב
vomit (v) הֵקִיא
vote (v) הִצְבִּיעַ
vote (n) הַצְבָּעָה*
voter בּוֹחֵר
vow (v) נָדַר, נִשְׁבַּע
vow (n) נֶדֶר, שְׁבוּעָה*
vowel תְּנוּעָה (בְּדִקְדּוּק); נְקֻדָּה (בִּדְפוּס)
voyage (v) נָסַע
voyage (n) מַסָּע, נְסִיעָה*
vulgar גַּס, הֲמוֹנִי
vulture עַיִט, פֶּרֶס

W

wade חָצָה (בַּמַּיִם)
wag (v) כִּשְׁכֵּשׁ, נִדְנֵד, נִעֲנַע
wag (n) כִּשְׁכּוּשׁ, נִעֲנוּעַ; לֵץ
wage (v) עָרַךְ, עָשָׂה
wage (n) שָׂכָר, מַשְׂכֹּרֶת*
— earner שָׂכִיר
wager הִתְעָרֵב, הִמְרָה
wagon עֲגָלָה*
wail (v) הִתְאַבֵּל, סָפַד
wail (n) מִסְפֵּד, אֵבֶל
Wailing Wall כֹּתֶל מַעֲרָבִי
waist מֹתֶן; אֶמְצַע
wait (v) חִכָּה, הִמְתִּין; שֵׁרֵת; הִגִּישׁ
wait (n) הַמְתָּנָה*
waiter מֶלְצַר; מְחַכֶּה
waiting (n) הַמְתָּנָה*; צִפִּיָּה*; דְּחִיָּה*
wake, waken (v) הִתְעוֹרֵר; הֵעִיר
wake (n) עִקְּבוֹת (הָאֳנִיָּה); (הָלַךְ) בְּעִקְּבוֹת; שְׁמִירַת הַמֵּת בַּלַּיְלָה
walk (v) הָלַךְ, צָעַד, טִיֵּל; הוֹלִיךְ
— in נִכְנַס; הִפְרִיעַ
— off עָזַב
— off with גָּנַב; לָקַח
— out יָצָא
— over to הָלַךְ אֶל, עָבַר אֶל
walk (n) הֲלִיכָה*; טִיּוּל; הִלּוּךְ; מִדְרָכָה*, שְׁבִיל
— of life מִקְצוֹעַ; מִשְׁלַח יָד; מַעֲמָד
wall (v) גָּדַר; חָסַם
wall (n) חוֹמָה*, קִיר, כֹּתֶל; חַיִץ
wallet אַרְנָק, כִּיס
walnut אֱגוֹז
wand מַטֶּה, מַקֵּל, שַׁרְבִיט
wander נָדַד; דִּבֵּר זָרוּת; תָּעָה
wanderer נוֹדֵד, נָע וָנָד
wane הָלַךְ וּפָחַת, הִתְמַעֵט, נִדַּלְדֵּל

want (v) נִצְרַךְ; רָצָה, חָפֵץ; חָסֵר
want (n) צֹרֶךְ; רָצוֹן, חֵפֶץ; מַחְסוֹר; דֹּחַק
wanting (adj) חָסֵר; פָּגוּם
wanton פֶּרֶא, שׁוֹבָב, זֵד; זָדוֹן, רֶשַׁע
war (v) נִלְחַם
war (n) מִלְחָמָה
civil — מִלְחֶמֶת אֶזְרָחִים *
make — עָרַךְ מִלְחָמָה
ward (n) רֹבַע, שְׁכוּנָה *; מַחְלָקָה *; הַשְׁגָּחָה *; אָמוּן
warden שׁוֹמֵר, מְפַקֵּחַ; רֹאשׁ בֵּית כֶּלֶא; רֹאשׁ מִכְלָלָה, גַּבַּאי
wardrobe אֲרוֹן בְּגָדִים, מֶלְתָּחָה*; בְּגָדִים (ז״ר), תִּלְבֹּשֶׁת
ware(s) סְחוֹרָה *
warehouse מַחְסָן
warfare מִלְחָמָה *, לְחָמָה *
warlike אוֹהֵב קְרָבוֹת; שֶׁל מִלְחָמָה; מוּכָן לְהִלָּחֵם
warm (v) חִמֵּם, הִתְחַמֵּם
warm (adj) חַם, חָמִים; לְבָבִי; חַי, נִלְהָב; מְרֻגָּז
warmly בַּחֲמִימוּת; בִּלְבָבִיּוּת; בְּהִתְלַהֲבוּת; בְּרֹגֶז
warmth חֲמִימוּת *, חֹם; לְבָבִיּוּת *; הִתְלַהֲבוּת *; רֹגֶז
warn הִזְהִיר, הִתְרָה, הֵעִיד בְּ־
warning (n) אַזְהָרָה*, אַתְרָאָה*
warp (v) עִקֵּם, עִוֵּת; הִתְעַקֵּם
warrant (v) הִצְדִּיק; הִרְשָׁה; הִבְטִיחַ
warrant (n) הַרְשָׁאָה *, הַצְדָּקָה *; אַבְטָחָה *; פְּקֻדָּה *
warrior חַיָּל, לוֹחֵם
wash (v) רָחַץ; כִּבֵּס; שָׁטַף
wash (n) רַחֲצָה *; כְּבִיסָה *, כְּבָסִים (ז״ר); שֶׁטֶף
washing (n) רְחִיצָה*; כְּבִיסָה*
— machine מְכוֹנַת* כְּבִיסָה
wasp צִרְעָה *
waste (v) בִּזְבֵּז; פִּזֵּר; בִּטֵּל; הִשְׁחִית, הֶחֱרִיב; דִּלְדֵּל, נִדַּלְדֵּל; כָּחַשׁ
waste (n) בִּזְבּוּז; פִּזּוּר; חֳרָבוֹת **, מַפֹּלֶת *; שִׁמָּמוֹן, מִדְבָּר; כְּחִישָׁה *; פְּסֹלֶת *, אַשְׁפָּה *
waste (adj) בּוּר, בִּלְתִּי מְשֻׁמָּשׁ; שׁוֹמֵם; מְבֻזְבָּז, מְבֻטָּל; פָּסוּל
wasteful פַּזְרָן, פַּזְרָנִי, שֶׁל בִּזְבּוּז

watch (v) צָפָה, הִתְבּוֹנֵן
— for צִפָּה לְ־
— out נִזְהַר
— over הִשְׁגִּיחַ עַל
watch (n) מִשְׁמֶרֶת *; שָׁעוֹן
watchful זָהִיר, עֵר; מִסְתַּכֵּל
watchmaker שָׁעָן
watchword סִיסְמָה *
water (v) הִשְׁקָה; הִרְטִיב; הִרְבִּיץ, הִזָּה מַיִם; מָהַל בְּמַיִם
water (n) מַיִם (ז"ר)
water (adj) שֶׁל מַיִם, מֵימִי
waterfall מַפַּל מַיִם, אֶשֶׁד
watermelon אֲבַטִּיחַ
waterproof אָטִים, שֶׁאֵינוֹ מַעֲבִיר מַיִם; מְעִיל גֶּשֶׁם
wave (v) נִפְנֵף, נִעֲנַע
— aside, — away דָּחָה
wave (n) גַּל, מִשְׁבָּר
waver הִתְנוֹעֵעַ, נָד; הִבְהֵב; פִּקְפֵּק, הִסֵּס; מָט
wax (v) הִגְדִּיל, גָּדַל; מָשַׁח בְּשַׁעֲוָה
wax (n) שַׁעֲוָה*, דּוֹנַג
way דֶּרֶךְ *; אֹפֶן; תָּכְנִית *; שִׁיטָה *; פָּנִים (ז"ר); כִּוּוּן; שְׁבִיל, נָתִיב, רְחוֹב
by the — דֶּרֶךְ אַגַּב; בַּדֶּרֶךְ
by — of דֶּרֶךְ —; בְּתוֹר
have a — of נָהַג לְ־
have one's own — עָמַד עַל דַּעְתּוֹ
lose one's — אָבַד דַּרְכּוֹ, תָּעָה
make — הִתְקַדֵּם
out of the — נִדָּח; גָּמוּר; מְשֻׁנֶּה
under — נָע; פּוֹעֵל
—s and means דַּרְכֵי הַגְשָׁמָה**, אֶמְצָעִים
(a long) — off רָחוֹק
we אָנוּ, אֲנַחְנוּ
weak חַלָּשׁ, רָפֶה, כּוֹשֵׁל
weaken הֶחֱלִישׁ, רִפָּה; חָלַשׁ, רָפָה, כָּשַׁל
weakly (adj) חַלָּשׁ, רָפֶה; חוֹלָנִי
weakly (adj) מִתּוֹךְ חֻלְשָׁה, בְּחֻלְשָׁה
weakness חֻלְשָׁה*, רִפְיוֹן
wealth עֹשֶׁר, מָמוֹן, הוֹן; עֲשִׁירוּת *; שֶׁפַע
wealthy עָשִׁיר, אָמִיד
wean גָּמַל

weapon כְּלִי נֶשֶׁק, כְּלִי זַיִן

wear (v) לָבַשׁ, נָעַל, חָבַשׁ, נָשָׂא; בִּלָּה, בָּלָה; שָׁחַק, נִשְׁחַק; הֶלְאָה, נִלְאָה; עָמַד בְּעֵינוֹ

— on עָבַר; נִמְשַׁךְ

wear (n) לְבוּשׁ, בְּגָדִים (ז״ר); בִּלּוּי, בְּלָיָה

— and tear קִלְקוּל מִתּוֹךְ שִׁמּוּשׁ; (כֹּשֶׁר) שִׁמּוּשׁ

wearily בַּעֲיֵפוּת

weariness עֲיֵפוּת*, לֵאוּת*

weary (v) עִיֵּף, יִגַּע; עָיַף, יָגַע

weary (adj) עָיֵף, יָגֵעַ; מְיֻגָּע

weasel (n) בַּעַל חַיִּים מִמִּשְׁפַּחַת הַסַּמּוּרִיִּים

weather (v) יִבֵּשׁ בָּאֲוִיר; חָשַׂף לָרוּחוֹת; סָבַל מֵהָרוּחוֹת; עָמַד בָּרוּחוֹת

weather (n) מֶזֶג אֲוִיר

weave (v) אָרַג

web רֶשֶׁת*; קוּרִים (ז״ר)

wedding חֲתֻנָּה*, חֻפָּה*, נִשּׂוּאִים (ז״ר)

wedge (v) נָעַץ, דָּחַק לְתוֹךְ

wedge (n) יָתֵד*, טְרִיז; נְעִיצָה*

Wednesday יוֹם רְבִיעִי, יוֹם ד׳

wee פָּעוּט, קְטַנְטַן

weed (v) נִכֵּשׁ, בִּעֵר

weed (n) עֵשֶׂב רָע

week שָׁבוּעַ (יָמִים)

weekday יוֹם חֹל

weekend סוֹף שָׁבוּעַ

weekly (n) שָׁבוּעוֹן

weekly (adj) שְׁבוּעִי, אַחַת לְשָׁבוּעַ

weep בָּכָה; הִתְאַבֵּל עַל

weigh שָׁקַל; כָּבַד, הִכְבִּיד

weight מִשְׁקָל; מַשָּׂא; מִשְׁקֹלֶת*, חֲשִׁיבוּת*, עֵרֶךְ

weird מוּזָר, סוֹדִי, גּוֹרָלִי

welcome (v) קִבֵּל פָּנִים, הִסְבִּיר פָּנִים

welcome (n) קַבָּלַת פָּנִים*, הַסְבָּרַת פָּנִים*

welcome (adj) רָצוּי, שֶׁבָּרוּךְ בּוֹאוֹ

welcome (interj) בָּרוּךְ הַבָּא!

weld (v) הִלְחִים, רִתֵּךְ, חִבֵּר

welfare טוֹב; שָׁלוֹם; בְּרִיאוּת*

well (v) נָבַע; שָׁפַע

well (n) בְּאֵר*; מָקוֹר

well (adj) טוֹב, יָפֶה; הוֹגֵן, רָאוּי; בָּרִיא

all is — הַכֹּל בְּסֵדֶר

it would be — כְּדַאי הָיָה
— being בְּרִיאוּת
well (adv) הֵיטֵב, יָפֶה; כְּהֹגֶן; לְגַמְרֵי
come off — עָלָה, הִצְלִיחַ
— behaved מְנֻמָּס
— founded מְבֻסָּס
— known יָדוּעַ, נוֹדָע
— off, — to do אָמִיד
—on (in years) בָּא בַיָּמִים
— past זְמַן רַב אַחֲרֵי
— thonght of מְקֻבָּל עַל הַבְּרִיּוֹת
— worn בָּלֶה; נָדוֹשׁ
well (interj) וּבְכֵן...
west (n) מַעֲרָב
west (adj) מַעֲרָבִי
west (adv) מַעֲרָבָה
western (se west, adj)
westward (see west, adv)
wet (v) הִרְטִיב
wet (adj) לַח, רָטֹב
whale (n) לִוְיָתָן
wharf רָצִיף (בְּנָמָל)
what מַה?, מִי?, אֵיזֶה?; כַּמָּה!; מַה שֶּׁ־, אֶת אֲשֶׁר
— of it? מָה אִכְפַּת?

— with מִכֵּיוָן שֶׁ־
whatever כָּל הַ־, כָּל אֲשֶׁר; וִיהִי מָה; כָּל שֶׁהוּא
wheat חִטָּה *
wheel (v) גִּלְגֵּל, סוֹבֵב; הִתְגַּלְגֵּל, הִסְתּוֹבֵב; הִסִּיעַ, נָסַע; פָּנָה, סָבַב
wheel (n) גַּלְגַּל, אוֹפַן
when מָתַי?; כַּאֲשֶׁר, כְּשֶׁ־, בְּעֵת שֶׁ־
since — ? מֵאֵימָתַי?
whence מֵאֲשֶׁר, מִמְּקוֹם אֲשֶׁר; מֵאַיִן?
whenever מִדֵּי, בְּכָל עֵת אֲשֶׁר
where אֵיפֹה?, אַיֵּה?; שָׁם, בַּמָּקוֹם אֲשֶׁר, בַּאֲשֶׁר; מֵאַיִן?; לְאָן?, אָנָה?
whereas מִכֵּיוָן שֶׁ־; בְּעוֹד אֲשֶׁר
whereby אֲשֶׁר עַל יָדוֹ
wherefore מַדּוּעַ?, לָמָּה?
wherein בַּמֶּה?; אֲשֶׁר בּוֹ
whereupon אָז
wherever בְּכָל מָקוֹם אֲשֶׁר; לְכָל מָקוֹם אֲשֶׁר
whether אִם
— or — אִם... וְאִם, הֵן... וְהֵן, בֵּין שֶׁ־ וּבֵין שֶׁ־

— or not אִם... וְאִם לֹא.

אִם... אוֹ לֹו, בֵּין שֶׁ־ וּבֵין שֶׁלֹּא

which אֵיזֶה? אֲשֶׁר, שֶׁ־

during — עֵת אֲשֶׁר

in — אֲשֶׁר בּוֹ

of — אֲשֶׁר מִמֶּנּוּ

on — אֲשֶׁר עָלָיו

that — זֶה אֲשֶׁר

— way? אָנָה? לְאָן?; בְּאֵיזֶה דֶרֶךְ?

while (v) בִּלָּה (זְמַן), שָׁהָה

while (n) זְמַן, שָׁעָה*

while (conj) עֵת שֶׁ־; כָּל עוֹד; אִם כִּי

whim עַקְשָׁנוּת*, חֵשֶׁק מוּזָר, שִׁגָּעוֹן

whimper (v) בָּכָה; נֶאֱנַק

whimper (n) בְּכִי, נְהִי; אֲנָקָה*

whine (v) יִבֵּב, יִלֵּל; הִתְלוֹנֵן

whine (n) יְבָבָה*, יְלָלָה*; תְּלוּנָה*

whip (v) הִלְקָה, הִצְלִיף; טָרַף

whip (n) שׁוֹט, שֵׁבֶט

whirl (v) סָבַב, סִבֵּב; מִהֵר; סִחְרֵר, הִסְתַּחְרֵר

whirl (n) סִבּוּב, הִסְתּוֹבְבוּת מְהִירָה*

whirlwind סוּפָה*, רוּחַ סְעָרָה

whisk(e)y יַיִן שָׂרוּף, וִיסְקִי

whisper (v) לָחַשׁ, אִוֵּשׁ, רָחַשׁ

whisper (n) לַחַשׁ, אִוְשָׁה*, רַחַשׁ

whistle (v) שָׁרַק, צָפַר, צִפְצֵף

whistle (n) שְׁרִיקָה*, צְפִירָה*, צִפְצוּף; מַשְׁרוֹקִית*

white לָבָן, צָחֹר; נָקִי, טָהוֹר, צַח

— collar worker פָּקִיד; לַבְלָר

— heat הִתְרַגְּשׁוּת*

— of egg חֶלְבּוֹן

whiten הִלְבִּין

who מִי?; מִי אֲשֶׁר; אֲשֶׁר

whoever כָּל (מִי) אֲשֶׁר, כָּל הַ־

whole (n) הַכֹּל, הַכְּלָל

as a — בְּסַךְ הַכֹּל, בִּכְלָלוֹ

on the — בִּכְלָל

whole (adj) שָׁלֵם

wholesale (n) סִיטוֹנוּת*

wholesome מוֹעִיל; מַבְרִיא

wholly כָּלִיל, לְגַמְרֵי; לְבַד

whom אֶת מִי?, (לְ) מִי?; אֲשֶׁר (אוֹתוֹ)

whoop (v) צָעַק, צָוַח

whoop (n) צְוָחָה *
whore זוֹנָה *
whose שֶׁל מִי ?; אֲשֶׁר לוֹ
why (n) טַעַם, נִמּוּק
why (adj) מַדּוּעַ ?, לָמָּה ?
wick פְּתִילָה *
wicked רָשָׁע, מָשְׁחָת
wide רָחָב; נִרְחָב; כּוֹלֵל; רָחוֹק
— apart מְרֻחָקִים; נִבְדָּלִים; שׁוֹנִים
— awake עֵרָנִי
— eyed תָּמֵהַּ
widely לָרֹב; הַרְבֵּה
widen הִרְחִיב, הִתְרַחֵב
widespread (adj) נָפוֹץ
widow (n) אַלְמָנָה *
width רֹחַב
wife אִשָּׁה *, רַעְיָה *, בַּת זוּג *
wig פֵּאָה נָכְרִית *
wild פֶּרֶא, פִּרְאִי; שׁוֹמֵם, בָּר; בִּלְתִּי מְתֻרְבָּת, בַּרְבָּרִי; פָּרוּעַ, בִּלְתִּי מְרֻסָּן; רוֹגֵז; שׁוֹפֵעַ
wilderness שְׁמָמָה *, מִדְבָּר
wildly בְּפִרְאוּת, בְּדֶרֶךְ פְּרוּעָה
will (v) כִּוֵּן; רָצָה; צִוָּה; יָכֹל
will (n) רָצוֹן; יְכֹלֶת *; כַּוָּנָה *; צַוָּאָה *
at — לְפִי הָרָצוֹן
wil(l)ful בְּזָדוֹן, בְּמֵזִיד
willing (adj) רוֹצֶה; מַסְכִּים; מוּכָן
willingly בְּרָצוֹן
willow (עֵץ) עֲרָבָה
win נִצַּח, זָכָה; רָכַשׁ, הִשִּׂיג
wind (v) קָצַר נְשִׁימָתוֹ; הֵסֵב; הִתְפַּתֵּל; נִגְלַל, גָּלַל; כּוֹנֵן
— up גָּמַר, נִגְמַר; הִסְעִיר, עִצְבֵּן
wind (n) רוּחַ *; סוּפָה *; נְשָׁמָה *; נְשִׁימָה *; רֶמֶז, לַחַשׁ; דִּבְרֵי הֶבֶל (ז"ר); הִתְנַפְּחוּת *; סִבּוּב; כְּרִיכָה *
get — of נוֹדַע לוֹ כִּי
— instrument כְּלִי נְשִׁיפָה
windmill טַחֲנַת רוּחַ *
window חַלּוֹן, אֶשְׁנָב
windowsill סַף חַלּוֹן
windy שֶׁל רוּחוֹת, שֶׁל נְשִׁיבַת רוּחַ
wine (n) יַיִן
wing (v) עָף, טָס; הֵעִיף, יָרָה
wing (n) כָּנָף *; אֲגַף
on the — בִּתְנוּעָה

take under one's — הֵגֵן עַל, פָּרַשׂ עָלָיו כְּנָפָיו
wink (v) מִצְמֵץ, קָרַץ
wink (n) מִצְמוּץ, קְרִיצַת עַיִן*
winner מְנַצֵּחַ, זוֹכֶה
winning (n) נִצּוּחַ; זְכִיָּה*
winnow זֵרָה, נִפָּה
winter (v) חָרַף
winter (n) חֹרֶף
winter (adj) חָרְפִּי
wipe (v) נִגֵּב, קִנַּח, מָחָה
— out בִּעֵר, הִכְחִיד
wire (v) חִזֵּק בְּתַיִל
wire (n) תַּיִל, חוּט מַתֶּכֶת
wireless (adj) אַלְחוּטִי
wisdom חָכְמָה*, בִּינָה*, שֵׂכֶל
wise חָכָם, נָבוֹן, פִּקֵּחַ
wisely בְּחָכְמָה, בִּתְבוּנָה, בְּשֵׂכֶל
wish (v) רָצָה, חָפֵץ; בִּקֵּשׁ, שָׁאַל; אִחֵל
wish (n) רָצוֹן, חֵפֶץ; בַּקָּשָׁה*; אִחוּל
wistful תָּאֵב, חָפֵץ
wit שֵׂכֶל, הֲבָנָה*; שְׁנִינָה*; חָרִיף, בַּעַל חִדּוּדִים
at —s' end הִתְיָאֵשׁ
to — כְּלוֹמַר

witch (v) קָסַם
witch (n) מְכַשֵּׁפָה*; קְלִפָּה*
witchcraft כְּשָׁפִים
with עִם, אֶת, יַחַד עִם; בְּ־; עַל יְדֵי; אֵצֶל; מִפְּנֵי
part — נִפְרַד מִן; מָסַר
withdraw הוֹצִיא, גָּרַע; הֵשִׁיב; נָסוֹג, הִסְתַּלֵּק, פָּרַשׁ
withdrawn (adj) צָנוּעַ, פָּרוּשׁ
wither רָזָה, הִצְטַמֵּק; נָבַל; הִלְבִּין פְּנֵי
within בְּתוֹךְ, בִּפְנִים, בְּ־; בְּמֶשֶׁךְ, בִּתְחוּם
without חָסֵר, בְּלִי, בְּאֵין; מִבַּחוּץ, מִחוּץ לְ־
withstand סָבַל, עָמַד בְּ־
witness (v) רָאָה; הֵעִיד; הָיָה עֵד
witness (n) עֵד; עֵדוּת*
witty שָׁנוּן, מְחֻדָּד
wizard קוֹסֵם
woe צָרָה*; מַכְאוֹב
wolf (n) זְאֵב; אַכְזָר, פֶּרֶא
woman אִשָּׁה*, נְקֵבָה*; עוֹזֶרֶת*
womb רֶחֶם*
wonder (v) תָּמַהּ, הִתְפַּלֵּא
wonder (n) פֶּלֶא; הִשְׁתּוֹמְמוּת*

do —s הִפְלִיא עֲשׂוֹת
wonderful נִפְלָא; מַתְמִיהַּ
wondrous נִפְלָא
wont (n) מִנְהָג, הֶרְגֵּל
woo חִזֵּר אַחֲרֵי, עָגַב; שִׁדֵּל, פִּתָּה
wood (n) עֵץ; עֵצָה*; יַעַר
wood (adj) שֶׁל עֵץ
woodcutter חוֹטֵב עֵצִים
wooded (adj) מְיֹעָר
wooden שֶׁל עֵץ; קָשֶׁה; דֻּבִּי; חֲסַר חַיִּים
woodland (adj) יַעֲרִי
woodpecker נַקָּר
wool צֶמֶר
woolen(s) (n) אֲרִיג צֶמֶר; בִּגְדֵי צֶמֶר
woolen (adj) שֶׁל צֶמֶר, צַמְרִי
word (v) הִבִּיעַ, נִסַּח
word (n) מִלָּה*, תֵּבָה*; הַבְטָחָה*; סִסְמָה*; פְּקֻדָּה*; יְדִיעָה*; דָּבָר
by — of mouth לְפִי הַשְּׁמוּעָה, בְּעַל פֶּה
give one's — הִבְטִיחַ, בָּהֵן שֶׁלּוֹ
give the — נָתַן אֶת הָאוֹת
good as one's — נֶאֱמָן
have a — with שׂוֹחַח עִם
have the last — הִשְׁתִּיקוֹ בִּדְבָרִים
have —s with הִתְוַכַּח עִם
keep one's — עָמַד בִּדְבָרוֹ
put in a good — for הִמְלִיץ עַל
send — הוֹדִיעַ
— for — מִלָּה בְּמִלָּה
— of honor הֵן צֶדֶק
—s מִלּוֹת שִׁיר**; דִּבְרֵי וִכּוּחַ, דִּבְרֵי רִיב, טְעָנוֹת**
work (v) עָבַד, עָסַק; הִפְעִיל; הִשְׁפִּיעַ; עִוֵּת; חָדַר; עִבֵּד
— on טִפֵּל בְּ־
— out פִּתַּח, פָּתַר
— up הֵכִין; הֵקִים, עוֹרֵר
work (n) עֲבוֹדָה*, מְלָאכָה*; עָמָל; אָמָּנוּת*; תּוֹצֶרֶת*; מַעֲשֶׂה
— of art דְּבַר אָמָּנוּת, יְצִירָה*
—s מַעֲשִׂים (ז״ר); בֵּית חֲרֹשֶׁת; עֲבוֹדוֹת**
worker עוֹבֵד, פּוֹעֵל
working (adj) פּוֹעֵל
workman (see worker)

workmanship אָמָנוּת*, טִיב הָעֲבוֹדָה
workshop בֵּית מְלָאכָה, סַדְנָא*
world (n) עוֹלָם, תֵּבֵל*
— to come עוֹלָם הַבָּא
world (adj) עוֹלָמִי
worldly חִלּוֹנִי; גַּשְׁמִי
worm (n) תּוֹלַעַת*, תּוֹלָע, רִמָּה*; אֻמְלָל
— eaten רָקוּב, אֲכוּל רִמָּה
worn (adj) מְשֻׁמָּשׁ, בָּלֶה; מְיֻגָּע
worry (v) דָּאַג, חָשַׁשׁ; הִדְאִיג; הִטְרִיד, הִרְגִּיז
worry (n) דְּאָגָה*, צָרָה*
worse (n) גָּרוּעַ, יוֹתֵר רָע
worse (adj) גָּרוּעַ מִן, רַע מִן; יוֹתֵר רַע, יוֹתֵר חוֹלֶה
worse (adv) גָּרוּעַ יוֹתֵר
worship (v) עָבַד; הִתְפַּלֵּל; הֶעֱרִיץ
worship (n) תְּפִלָּה*, עֲבוֹדָה*
worst (v) נִצַּח; גָּבַר עַל
worst (n, adj) הַמַּזִּיק בְּיוֹתֵר, הָרַע בְּיוֹתֵר, הַגָּרוּעַ בְּיוֹתֵר
at — עַל הַצַּד הָרַע בְּיוֹתֵר
if — comes to — בְּמִקְרֶה הָרַע בְּיוֹתֵר
worst (adv) בְּאֹפֶן הָרַע בְּיוֹתֵר
worth (n) עֵרֶךְ, שֹׁוִי
worth (adj) רָאוּי, כְּדַאי; שָׁוֶה, כְּדַאי
— while כְּדַאי
worthless חֲסַר עֵרֶךְ, נִבְזֶה, אֵין חֵפֶץ בּוֹ
worthy רָאוּי, כְּדַאי; רָאוּי לְשֶׁבַח; מַתְאִים לְ־
would הָיָה (עוֹשֶׂה)
— be מִתְיַמֵּר לִהְיוֹת
— you...? הֲתוֹאִיל לְ־?
wound (v) פָּצַע; הִכְאִיב
wound (n) פֶּצַע
woven (adj) אָרוּג
wrangle (v) הִתְקוֹטֵט, הִתְוַכֵּחַ
wrangle (n) קְטָטָה, דִּבְרֵי רִיב
wrap (v) עָטַף, כָּרַךְ, הִסְתִּיר
— ped up in שָׁקוּעַ בְּ־
wrap (n) מַעֲטֶה, עֲטִיפָה*
—s מַלְבּוּשִׁים (ז״ר)
wrath חָרוֹן, חֵמָה*, כַּעַס
wreath זֵר, עֲטָרָה*
wreathe עָשָׂה זֵר, עִטֵּר; שָׁזַר; הִשְׁתָּרֵג
wreck (v) הֶחֱרִיב, הִשְׁחִית, הִפִּיל
wreck (n) חָרְבָּה*, מַפֹּלֶת*; נֵפֶץ; הֲרִיסָה*

wren סוּגָה*. גִּדְרוֹן (צִפּוֹר)
wrench (v) עָקַר, מָשַׁךְ בְּחָזְקָה; נָקַע; סִלֵּף
wrench (n) מַפְתֵּחַ; עֲקִירָה*
wrestle (v) נֶאֱבַק, הִתְלַבֵּט
wrestler מִתְגּוֹשֵׁשׁ
wretch אֻמְלָל, מִסְכֵּן, עָלוּב; נָבָל
wretched אֻמְלָל, עָלוּב; יָרוּד. פָּחוּת
wring עִקֵּם; סָחַט; הֵצִיק; לָחַץ
wrinkle (v) קִמֵּט, קָמַט
wrinkle (n) קֶמֶט
wrist פֶּרֶק הַיָּד
— watch שְׁעוֹן יָד
writ כְּתָב. פְּקֻדָּה*
write כָּתַב, רָשַׁם
— off בִּטֵּל, מָחַק (חוֹב מִסִּפְרֵי הַחֶשְׁבּוֹן)
— up תֵּאֵר (בִּכְתָב)
writer כּוֹתֵב, סוֹפֵר, מְחַבֵּר
writhe (v) הִתְפַּתֵּל, הִתְעַוֵּת
writing (n) כְּתִיבָה*; כְּתָב
written (adj) כָּתוּב. שֶׁבִּכְתָב
wrong (v) חָטָא לְ־, הֵרַע לְ־
wrong (n) חֵטְא, רֶשַׁע
be in the — טָעָה. חָטָא
wrong (adj) מֻטְעֶה; לֹא נָכוֹן; בִּלְתִּי נָאוֹת; רַע. בִּלְתִּי יָשָׁר
wrong (adj) בְּדֶרֶךְ לֹא נְכוֹנָה. בְּדֶרֶךְ לֹא נְאוֹתָה
wrought (adj) עָשׂוּי; מְעֻבָּד; מְקֻשָּׁט; מְחֻשָּׁל, מַעֲשֵׂה מִקְשָׁה

X

x-ray (v) צִלֵּם בְּקַרְנֵי רֶנְטְגֶן
x-ray (n) קַרְנֵי רֶנְטְגֶן**

Y

yacht אֳנִיַּת טִיּוּל, אֳנִיַּת מֵרוֹץ

yard יַרְד, אַמָּה אַנְגְּלִית*; חָצֵר*; מִגְרָשׁ

yarn חוּט; סִפּוּר

yawn (v) פִּהֵק

yawn (n) פִּהוּק

yea הֵן

year שָׁנָה*

— in and — out מִדֵּי שָׁנָה בְּשָׁנָה

—s שֵׂיבָה*

—s ago לִפְנֵי שָׁנִים רַבּוֹת

... —s old בֶּן... שָׁנִים

yearly שְׁנָתִי; אַחַת לְשָׁנָה

yearn הִתְגַּעְגֵּעַ, עָרַג

yeast שְׁמָרִים (ז"ר)

yell (v) צָעַק, צָרַח

yell (n) צְעָקָה*, צְוָחָה*

yellow (v) הִצְהִיב

yellow (n, adj) צָהֹב

— fever קַדַּחַת* צְהֻבָּה

yelp (v) יִלֵּל, נָבַח

yelp (n) נְבִיחָה*, יְלֵל (כֶּלֶב, שׁוּעָל)

yes כֵּן, הֵן

yesterday אֶתְמוֹל, תְּמוֹל

yet עוֹד, עֲדַיִן; אֲבָל, אוּלָם; וּבְכָל זֹאת

as — עַד עַתָּה

not just — עוֹד לֹא

yield (v) עָשָׂה פְּרִי; הִכְנִיס; נִכְנַע, וִתֵּר; עָזַב; הִתְפַּטֵּר

yield (n) יְבוּל, תְּנוּבָה*; הַכְנָסָה*

yoke (v) נָתַן עֹל עַל; חִבֵּר

yoke (n) עֹל; קֶשֶׁר

yolk חֶלְמוֹן

yonder הָלְאָה; שָׁם

yore, of yore מִימֵי קֶדֶם, שֶׁמִּלְּפָנִים

you אַתָּה, אַתְּ*, אַתֶּם (ז"ר), אַתֶּן**; אוֹתְךָ, אוֹתָךְ*.

אֶתְכֶם (ז"ר), אֶתְכֶן **; לְךָ, לָךְ *, לָכֶם (ז"ר), לָכֶן **; אָדָם, אִישׁ

young (n) יְלָדִים (ז"ר), בָּנִים (ז"ר)

young (adj) צָעִיר, רַךְ; בִּלְתִּי מְנֻסֶּה

— **blood** כֹּחוֹת חֲדָשִׁים (ז"ר)

— **man** צָעִיר, בָּחוּר

— **woman** צְעִירָה *, בַּחוּרָה *

youngster יֶלֶד, בָּחוּר, בֵּן; יַלְדָּה *, בַּחוּרָה *, בַּת *

your(s) שֶׁלְּךָ, שֶׁלָּךְ *, שֶׁלָּכֶם (ז"ר), שֶׁלָּכֶן **

yourself אַתָּה בְּעַצְמְךָ, וְכוּ'

youth נֹעַר, נְעוּרִים (ז"ר); צָעִיר, בָּחוּר

youthful צָעִיר; עַז, רַעֲנָן

Z

zeal הִתְמַדָּה *; מְסִירוּת *; קַנָּאוּת *; הִתְלַהֲבוּת *

zealot קַנַּאי

zero אֶפֶס

zest תַּבְלִין; תֵּאָבוֹן

zinc (n) אָבָץ

Zion צִיּוֹן *

—**ism** צִיּוֹנוּת *

—**ist** צִיּוֹנִי

zodiac גַּלְגַּל הַמַּזָּלוֹת

zone (v) חַלֵּק לַאֲזוֹרִים

zone (n) אֵזוֹר, שֶׁטַח, חֶבֶל

zoo גַּן חַיּוֹת, בֵּיבָר

zoology זוֹאוֹלוֹגְיָה *, חֲקִירַת בַּעֲלֵי חַיִּים

סֵדֶר מִלִּים לְפִי קְבוּצוֹת

WORD-GROUPS

סֵדֶר מִלִּים לְפִי קְבוּצוֹת

WORD-GROUPS

רָהִיטִים וּכְלֵי בַּיִת

FURNITURE AND HOUSEWARES

מִטָּה	bed
אֲרוֹן־בְּגָדִים	closet, wardrobe
שֻׁלְחָן	table
כִּסֵּא	chair
כֻּרְסָה	armchair
סַפְסָל	bench
תַּנּוּר	stove (for heating)
וִילוֹן	curtain
מְנוֹרָה	lamp
נוּרָה חַשְׁמַלִּית	light-bulb
שָׁטִיחַ	rug
רְאִי	mirror
שְׂמִיכָה	blanket
כַּר	pillow
סָדִין	sheet
מִזְנוֹן	buffet
כּוֹס	glass
קֻפְסָה	box
בַּקְבּוּק	bottle
פָּמוֹט	candlestick
תְּמוּנָה	picture
מְאַוְרֵר	fan
עָצִיץ	flowerpot
נִבְרֶשֶׁת	chandelier
סַפָּה	sofa
מְגֵרָה	drawer
כַּד	pitcher

חֲדַר הָרַחֲצָה

BATHROOM

faucet	בֶּרֶז	bathtub	אַמְבַּטְיָה
shower	מִקְלַחַת	bathrobe	חָלוּק
sink	כִּיּוֹר	soap	סַבּוֹן
ointment	מִשְׁחָה	towel	מַגֶּבֶת
water	מַיִם	brush	מִבְרֶשֶׁת
hot water	מַיִם חַמִּים	toothbrush	מִבְרֶשֶׁת שִׁנַּיִם
cold water	מַיִם קָרִים	toothpaste	מִשְׁחַת שִׁנַּיִם
wet	רָטוֹב	sponge	סְפוֹג
dry	יָבֵשׁ	comb	מַסְרֵק
clean	נָקִי	powder	אַבְקָה
		pin	סִכָּה

מִטְבָּח וּכְלֵי אֹכֶל

KITCHEN AND TABLEWARE

teakettle	קוּמְקוּם	plate	צַלַּחַת
cork	פְּקָק	saucer	תַּחְתִּית
knife	סַכִּין	cup	סֵפֶל
fork	מַזְלֵג	tablespoon	כַּף
pitcher	כַּד	teaspoon	כַּפִּית

מְסַנֶּנֶת	strainer
מַפְצֵחַ	nut-cracker
מַחְלֵץ	corkscrew
מַטְחֵנָה	hand-mill
מַשְׁפֵּךְ	funnel
מִמְלָחָה	saltcellar
פּוֹתְחָן	can-opener
מַטְלִית	rag
מַשְׁאֵבָה	pump
כִּיּוֹר	sink
כִּירַיִם	kitchen-stove
מַטְאֲטֵא	broom
מְקָרֵר	refrigerator
אֲרוֹן־הַקְפָּאָה	freezer
מַחֲבַת	frying pan
קְדֵרָה	pot
מְזָוֶה	pantry

חֲדַר עֲבוֹדָה

THE STUDY

קִיר	wall
רִצְפָּה	floor
תִּקְרָה	ceiling
חַלּוֹן	window
אֶדֶן הַחַלּוֹן	window-sill
שֻׁלְחַן־כְּתִיבָה	desk
כְּתִיבָה	writing
אֲרוֹן סְפָרִים	bookcase
סַל־נְיָרוֹת	waste-basket
קֶסֶת	inkstand
עֵט	pen
מִשְׁקָפַיִם	eyeglasses
נְיָר	paper
שָׁעוֹן	clock
צִנְצֶנֶת פְּרָחִים	flower-vase
מַפַּת קִיר	wall-map
פֶּסֶל	statue
עִתּוֹן	newspaper
תְּמוּנַת שֶׁמֶן	oil-painting

key	מַפְתֵּחַ	**basket**	סַל
lock	מַנְעוּל	**door**	דֶּלֶת
threshold	מִפְתָּן	**door-handle**	כַּף הַדֶּלֶת

תִּלְבֹּשֶׁת וְתַכְשִׁיטִים

DRESS AND JEWELRY

blouse	חֻלְצָה	**coat, jacket**	מְעִיל
kerchief	מִטְפַּחַת	**trousers**	מִכְנָסַיִם
handkerchief	מִמְחָטָה	**suit**	חֲלִיפָה
umbrella	מִטְרִיָּה	**bathing suit**	בֶּגֶד־יָם
apron	סִנּוֹר	**shoe**	נַעַל
button	כַּפְתּוֹר	**shoes**	נַעֲלַיִם
collar	צַוָּארוֹן	**slippers**	נַעֲלֵי־בַיִת
hat	כּוֹבַע	**belt**	חֲגוֹרָה
glove	כְּפָפָה	**sock**	גֶּרֶב
gloves	כְּפָפוֹת	**socks**	גַּרְבַּיִם
ring	טַבַּעַת	**necktie**	עֲנִיבָה
string	מַחֲרֹזֶת	**bow tie**	עֲנִיבַת
earring	עָגִיל		פַּרְפַּר
bracelet	צָמִיד	**dress**	שִׂמְלָה
necklace	רָבִיד	**skirt**	חֲצָאִית
pearls	פְּנִינִים	**rubbers**	עַרְדָּלַיִם

מַסְפֵּרָה

BARBER SHOP

סַפָּר	barber
מִסְפָּרַיִם	scissors
מַסְרֵק	comb
תַּעַר	razor
מְכוֹנַת גִּלּוּחַ	electric shaver
תִּסְפֹּרֶת	haircut
מִכְחוֹל לְגִלּוּחַ	shaving-brush
מִשְׁחַת גִּלּוּחַ	shaving-cream
מַזְלֵף	sprayer
מֵי בֹּשֶׂם	perfume
חֲפִיפָה	hair-washing
שֵׂעָר, שְׂעָרוֹת	hair
זָקָן	beard
שָׂפָם	moustache
תַּלְתַּלִּים	curls
לְהִתְגַּלֵּחַ	to shave
לְהִסְתַּפֵּר	to have a haircut
עִתּוֹן מְצוּיָּר	illustrated magazine
מַאֲפֵרָה	ashtray
סִיגָרִיּוֹת	cigarettes
גַּפְרוּרִים	matches
לְהַמְתִּין	to wait
בְּבַקָּשָׁה!	please!
תּוֹדָה!	thank you!

מַכֹּלֶת

GROCERY

לֶחֶם	bread
לַחְמָנִיָּה	roll
חֶמְאָה	butter
עֻגָּה	cake
כַּעַךְ	bagel
קֶמַח	flour

סֻכָּר	sugar
סֻכָּר דַּק	granulated sugar
אֹרֶז	rice
גְּרִיסִים	grits
צִמּוּקִים	raisins
מִיץ עַגְבָנִיּוֹת	tomato juice
חֹמֶץ	vinegar
שִׁמּוּרִים	preserves
אֱגוֹזִים	nuts
שֶׁמֶן זַיִת	olive oil
דְּבַשׁ	honey
שְׁקֵדִים	almonds
אִיטְרִיּוֹת	macaroni
סַבּוֹן	soap
נְיָר טוּאָלֶט	toilet paper
שַׂקִּית נְיָר	paper bag
מַפִּית	napkin
חֶשְׁבּוֹן	bill
כֶּסֶף	money

מִסְעָדָה וּבֵית־קָפֶה

RESTAURANT AND COFFEE-SHOP

תַּפְרִיט	menu
מָרָק	soup
בָּשָׂר	meat
קְצִיצָה	cutlet
בְּשַׂר תַּרְנְגֹלֶת	chicken
בְּשַׂר בָּקָר	beef
בָּשָׂר מְבֻשָּׁל	boiled meat
מְטֻגָּן	fried
כַּדּוּרֵי בָּשָׂר	meat-balls
חַרְדָּל	mustard
פִּלְפֵּל	pepper
מֶלַח	salt
אֻמְצָה	steak
בְּשַׂר עֵגֶל	veal
פַּרְפֶּרֶת	dessert
יַיִן	wine
בִּירָה	beer
בַּקְבּוּק	bottle

cork	פְּקָק
egg	בֵּיצָה
soft-boiled egg	בֵּיצָה רַכָּה
hard-boiled egg	בֵּיצָה שְׁלוּקָה
scrambled eggs	חֲבִיתָה
fried egg	בֵּיצִיָּה
white of egg	חֶלְבּוֹן
yolk	חֶלְמוֹן
cream	שַׁמֶּנֶת
milk	חָלָב
cakes	עוּגוֹת
whipped cream	קַצֶּפֶת
sandwich	כָּרִיךְ
fish	דָּג
fried fish	דָּג מְטֻגָּן
herring	דָּג מָלוּחַ
sausage	נַקְנִיק
frankfurters	נַקְנִיקִיּוֹת
fruit juice	מִיץ פֵּרוֹת
portion	מָנָה
ice cream	גְּלִידָה
iced coffee	קָפֶה קָפוּא
refreshments	מַטְעַמִּים
jam	רִבָּה
cheese	גְּבִינָה
soda water	מֵי סוֹדָה
orange juice	מִיץ תַּפּוּחֵי זָהָב
grapefruit juice	מִיץ אֶשְׁכּוֹלִיּוֹת
lemon	לִימוֹן
straw	קַשׁ
breakfast	אֲרוּחַת בֹּקֶר
dinner	אֲרוּחַת צָהֳרַיִם
supper	אֲרוּחַת עֶרֶב

הַמִּשְׂרָד
THE OFFICE

office	מִשְׂרָד
manager	מְנַהֵל
secretary (f)	מַזְכִּירָה
stenographer (f)	קַצְרָנִית
pen	עֵט
ball-pen	עֵט כַּדּוּרִי

fountain pen	עֵט נוֹבֵעַ
refill	מִלּוּי
penpoint	צִפֹּרֶן
pencil	עִפָּרוֹן
eraser	מַחַק
pencil sharpener	מְחַדֵּד
blotter	מַסְפֵּג
letter-opener	פּוֹתְחָן לְמִכְתָּבִים
letter	מִכְתָּב
first draft	טְיוּטָה
erasure	מְחִיקָה
correction	תִּקּוּן, הַגָּהָה
gummed tape	נְיַר־דֶּבֶק
paper clip	מְהַדֵּק
perforator	מְנַקֵּב
(individual) file	תִּיק
stamp	חוֹתָם
inking-pad	כָּרִית שֶׁל חוֹתָם
glue	דֶּבֶק
glue-brush	מִכְחוֹל
safe	כַּסֶּפֶת
cashbox	קֻפָּה

telephone receiver	שְׁפוֹפֶרֶת טֶלֶפוֹן
date	תַּאֲרִיךְ
calendar	לוּחַ הַשָּׁנָה
waste basket	סַל־נְיָרוֹת
promissory note	שְׁטַר חוֹב
blotter	נְיַר־סְפוֹג
desk lamp	מְנוֹרַת שֻׁלְחָן
carpet	מַרְבַד
card index	כַּרְטִיסִיָּה
calculator	מְכוֹנַת חִשּׁוּב
bookkeeper	מְנַהֵל חֶשְׁבּוֹנוֹת
diary	יוֹמָן
ruler	סַרְגֵּל
typist (f)	כַּתְבָנִית
typewriter	מְכוֹנַת כְּתִיבָה
duplicating machine	מְכוֹנַת שִׁכְפּוּל
registered letter	מִכְתָּב רָשׁוּם
ribbon	סֶרֶט
ribbon-spool	סְלִיל הַסֶּרֶט
line-spacer	מְרַוֵּחַ הַשּׁוּרוֹת
adjusting lever, shiftkey	מַחֲלֵף

טַבְלָר	tabulator	מַקָּשׁ מַחֲזִיר	back-spacer
גָּלִיל	cylinder	מַעֲרֶכֶת הַמַּקָּשִׁים	keyboard

חַיָּט

TAILOR

לִתְפּוֹר	to sew	צַוָּארוֹן	collar
חֲלִיפָה	suit	כָּתֵף	shoulder
לִגְזוֹר	to cut	דַּשׁ	lapel
לְגַהֵץ	to press	כִּיס	pocket
מַגְהֵץ	iron (for pressing)	בִּטְנָה	lining (of coat)
מִדָּה	measure	קֶרַע	tear
גִּיר	chalk	חוֹר	hole
אָרִיג	cloth	סְלִיל שֶׁל חוּטִים	spool of thread
פִּשְׁתָּן	linen	אֶצְבָּעוֹן	thimble
צֶמֶר	wool	רִקְמָה	embroidery
כֻּתְנָה	cotton	סְרִיגָה	knitting
חוּט	thread	מְכוֹנַת תְּפִירָה	sewing machine
מַחַט	needle	תּוֹפֶרֶת	dressmaker

אוֹפַנַּיִם וְאוֹפַנּוֹעַ

BICYCLE, MOTORCYCLE

brake	בַּלָּם	wheel	גַּלְגַּל, אוֹפָן
bell	פַּעֲמוֹן	front wheel	אוֹפָן קִדְמִי
motor	מָנוֹעַ	rear wheel	אוֹפָן אֲחוֹרִי
tank	מֵיכָל	handle-bar	הֶגֶה
float	מָצוֹף	handle-bar grip	יְדִית הַהֶגֶה
spindle	סֶרֶן	saddle	אֻכָּף
starter	מַתְנֵעַ	saddle-pillar	עַמּוּד הָאֻכָּף
filter	מְסַנֶּנֶת	rim	חִשּׁוּק
flywheel	גַּלְגַּל תְּנוּפָה	air valve	שַׁסְתּוֹם
cam	זִיז	chain	שַׁרְשֶׁרֶת
exhaust	שַׁסְתּוֹם פְּלִיטָה	porter	סַבָּל
distributor	מַפְלֵג	air pump	מַשְׁאֵבַת אֲוִיר
number plate	לוּחִית הַמִּסְפָּר	lamp	פַּנָּס

הַמְּכוֹנִית

AUTOMOBILE

engine	מָנוֹעַ	wing	כָּנָף
fan	מְאַוְרֵר	seat	מוֹשָׁב
steering wheel	הֶגֶה	driver	נֶהָג

מְקָרֵר	radiator
מַגָּב	wiper
שֶׁמֶן	oil
צוֹפָר	horn
מֵיכַל הַדֶּלֶק	gas tank
סוֹלְלָה	battery
מַד־מְהִירוּת	speedometer
קְפִיצִים	springs
צָמִיג	tire
מְנוֹף־הַהִלּוּכִים	gear lever
תֵּבַת־הַהִלּוּכִים	gear box
מְעַמֵּם	silencer
דַּוְשַׁת הַהַתְנָעָה	starting handle
דַּוְשַׁת הָעֲצִירָה	brake pedal
דַּוְשַׁת הַדֶּלֶק	accelerator pedal
צִנּוֹר מַפְלֵט	exhaust pipe
מְנוֹף הַבְּלוּם	brake lever
תֹּף הַבְּלוּם	brake drum
מַבְדֵּל	differential

מִשְׂחֲקֵי סְפּוֹרְט

SPORTS

כַּדּוּר־רֶגֶל	soccer ball
שׁוֹעֵר	goal keeper
מֵגֵן שְׂמָאלִי	left back
מֵגֵן יְמָנִי	right back
הַתְקָפָה	attack
הֲגַנָּה	defence
רָץ שְׂמָאלִי	left halfback
רָץ מֶרְכָּזִי	center halfback
רָץ יְמָנִי	right halfback
חָלוּץ שְׂמָאלִי	left-winger
חָלוּץ מֶרְכָּזִי	center forward
חָלוּץ יְמָנִי	right-winger
מְקַשְּׁרִים	forwards
קְבוּצַת כַּדּוּרֶגֶל	soccer team
חֲסִימָה	block
גְּבוּל	boundary
הִסְתָּעֲרוּת	charge
הַבְקָעָה	breakthrough

linesman	שׁוֹמֵר הַקַּו
referee	שׁוֹפֵט
goal	שַׁעַר
gap	פִּרְצָה
kick	בְּעִיטָה
offside	מִחוּץ לַתְּחוּם
pass	הַעֲבָרָה
penalty	עֹנֶשׁ
point	נְקוּדָה
plunge	הִתְפָּרְצוּת
signal	סִמָּן
tackle	הֲדִיפָה
time out	הַפְסָקָה
touch	נְגִיעָה
stands (for spectators)	יָצִיעַ
crowd	קָהָל
row	שׁוּרָה
goal	הַשַּׁעַר הוּבְקַע
ball in goal	הַכַּדּוּר בַּשַּׁעַר
basketball	כַּדּוּר סַל
basket (a score)	לְכִידַת הַסַּל
get a basket	לִלְכֹּד אֶת הַסַּל
center (player)	מְשַׂחֵק מֶרְכָּזִי
to aim	לְכַוֵּן
backboard	הַלּוּחַ הָאֲחוֹרִי
balance	שִׁוּוּי מִשְׁקָל
circular	עִגּוּלִי
continuity	הֶמְשֵׁךְ
combination	צֵרוּף
coordination	תֵּאוּם
crisscross	שְׁתִי וָעֵרֶב
to defend	לְהָגֵן
to fake	לְרַמּוֹת
field	מִגְרָשׁ
flank	אֲגַף
to hop	לְדַלֵּג
rebound	נִתּוּר אֲחוֹרָה
recovery	הִתְאוֹשְׁשׁוּת
to recover	לְהִתְאוֹשֵׁשׁ
reserves	מִלּוּאִים
roll	גִּלְגּוּל
shot	יְרִיָּה
to shoot (for the basket)	לִירוֹת לַסַּל
shift	הַחְלָפָה
to shift	לְהַחֲלִיף

paddle	מַחְבֵּט
tennis racket	כַּף טֶנִיס
set	סִדְרָה
stroke	מַכָּה
volleyball	כַּדּוּר מְעוֹפֵף
skating	הַחְלָקָה
skates	מַחֲלִיקַיִם
ice	קֶרַח
water polo	כַּדּוּר מַיִם
playing-area	שֶׁטַח הַמִּשְׂחָק
swimming	שְׂחִיָּה
breathing	נְשִׁימָה
dive	צְלִילָה
jump	קְפִיצָה
plunge	טְבִילָה
boating	שַׁיִט
oar	מָשׁוֹט
rowboat	סִירָה
stroke (of oar), sculling	חֲתִירָה
lifesaving	הַצָּלָה
race	מֵרוֹץ
record	שִׂיא
spin	סִבּוּב
to spin	לְהִסְתּוֹבֵב
a substitute	מְמַלֵּא מָקוֹם
to substitute	לְמַלֵּא מָקוֹם
to throw	לִזְרוֹק
tactic	טַכְסִיס
handball	כַּדּוּר יָד
hinder	הַפְרָעָה
to hinder	לְהַפְרִיעַ
out	סִלּוּק
serve	מַגִּישׁ
to serve	לְהַגִּישׁ
wall	קִיר
partner	בֶּן זוּג
serving-area	רַחֲבַת הַהַגָּשָׁה
service-line	קַו הַהַגָּשָׁה
fault	עֲבֵרָה
net	רֶשֶׁת
net-post	עַמּוּד הָרֶשֶׁת
ring	מַסְלוּל
advantage	יִתְרוֹן
alternating	סֵרוּגִין
game	מִשְׂחָק

עִבְרִי - אַנְגְּלִי   אַנְגְּלִי - עִבְרִי

כּוֹלֵל כִּשְׁלֹשִׁים אֶלֶף מִלִּים

וּבִטּוּיִים מִכָּל מְקוֹרוֹת הַסִּפְרוּת

עִם רְשִׁימַת רָאשֵׁי-תֵבוֹת

סֻדַּר עַל יְדֵי

צְבִי שַׁרְפְשְׁטֵיין

בְּהִשְׁתַּתְּפוּת

שׁוֹשַׁנָּה שַׁרְפְשְׁטֵיין וּבֶן־עַמִּי שַׁרְפְשְׁטֵיין

הוֹצָאַת שִׁילֹה נְיוּיוֹרְק

Library of Congress Catalog Card No. 73-88418

Standard Book No. 088328-012-4

10th printing 1993

MANUFACTURED IN THE UNITED STATES OF AMERICA

CONTENTS:

HEBREW-ENGLISH

ENGLISH-HEBREW

(see other end of book)

PREFACE

Contemporary Hebrew changes quickly, and the Hebrew that was adequate a decade ago, is now insufficient and sometimes outmoded.

We have, therefore, completely replaced the Hebrew-English part, with a new enlarged up-to-date dictionary, not just using simple vocabulary of Hebrew, but phrases and idioms as well.

This dictionary in its new enlarged form, of a full 768 pages, is, we are convinced, the most comprehensive, modern and reliable dictionary of its kind.

Abbreviations

רשימת הקיצורים

הנהוגים במילון זה

עברית

ז – זָכָר	masculine
ז״נ – זכר ונקבה	masc. & fem.
ז״ר – זָכָר, רַבִּים	masculine plural
נ – נְקֵבָה	feminine
נ״ר – נְקֵבָה, רַבּוֹת	feminine plural
ס – סְמִיכוּת	construct state
פ״י – פֹּעַל יוֹצֵא	verb transitive
פ״ע – פֹּעַל עוֹמֵד	verb intransitive
ר – רַבִּים	plural
ש״ת – שֵׁם תֹּאַר	adjective
ת״פ – תֹּאַר פֹּעַל	adverb

אנגלית

ארמית	Ar. – Aramaic
מקראית	Bib. – Biblical
דיבורית	col. – colloquial
שורש	r. – (etymological) root
מליצה	rhet. – rhetorical
(שימושים ספרותיים ופיוטיים)	
סלנג	sl. – slang
תלמודית	Tal. – Talmudic
ראה	v. – vide (=see)

* מציין מלה בינלאומית המקובלת בעברית

Notes on 'Full' Spelling

In unpointed writing in Hebrew it is customary to guide the reader's pronunciation by making more use of the vowel-letters than in 'pointed' orthography. In pointed orthography, the use of these vowel-letters is limited to the long vowels (that is, to the full **chiriq** (ִי), the full **tsere** (ֵי), and the **shuruq** (וּ)). In unpointed orthography, however, these vowel-letters are also used to denote the corresponding short vowels (that is, the 'defective' **chiriq** (ִ), the **qubbutz** (ֻ), and sometimes also the 'defective' **tsere** (ֵ)). Similarly, in order to distinguish between, on the one hand, a **vav** (ו) of a **shuruq** (וּ) and a **cholam** (וֹ), and, the other, a consonantal **vav** (ו), the consonantal **vav** is frequently doubled. The same doubling is usual in order to distinguish between a consonantal **yod** and the **yod** of a full **chiriq**.

Such 'full' orthography makes reading of an unpointed Hebrew text substantially easier, even though it cannot fully represent the pronunciation of the words. It is impossible, for example, in 'full' orthography to represent the **patach** (ַ) and **qamatz** (ָ), and in most instances, neither the **segol** (ֶ), nor the 'defective' **tsere**.

Unfortunately, there is as yet no uniform method for 'full' orthography. Some people habitually use a greater number of **vavs** and **yods**, while other people are more sparing in their use. In order to make practice more uniform, the Academy of the Hebrew Language has issued rules for full orthography, which have been accepted by the Israel government and army. The following table gives the most of the rules.

	Vowel	Rule	Examples
1	ֻ (**qubbutz, u**)	always written with the letter **vav** (ו)	סולם (=סֻלָּם), חוקה (=חֻקָּה), אורווה (=אֻרְוָה), שובר (=שֻׁבַּר)
2	ֹ (defective **cholam, o**)	always written with the letter **vav** (ו)	פועל (=פֹּעַל), צהוב (=צָהֹב)
3	ִ (defective **chiriq, i**)	written with the letter **yod** (י), but only before a letter without a **sheva** (ְ)	שידוך (=שִׁדּוּךְ), תהילה (=תְּהִלָּה), גיבן (=גִּבֵּן), מילא (=מִלֵּא), שמחה (=שִׂמְחָה), תלמד (=תִּלְמַד)
		exceptions: 1 – a **yod** is not written preceding יוּ or יוֹ	but: סיור (=סִיּוּר), כיור (=כִּיּוֹר)
		2 – a **yod** is not written after the preposition מִ	מכאן (=מִכָּאן), מביתו (=מִבֵּיתוֹ)
4	ֵ (defective **tsere, e**)	written with the letter **yod** if it replaces a **chiriq** that precedes a guttural (i.e., a **tsere** that compensates for a **dagesh**)	סירוב (=סֵרוּב, cf. סִפּוּר), תיאבון (=תֵּאָבוֹן, cf. זִכָּרוֹן), מיאן (=מֵאֵן, cf. מִזֵּג)

	Consonant	Rule	Examples
		or: written with the letter **yod** in a first syllable having the **פֵּלָה** pattern, if the **tsere** remains in all the inflected forms of the word	**לידה** (=לֵדָה, cf. **לֵדָתִי** etc.), **קיבה** (=קֵבָה), **זיעה** (=זֵעָה)
5	(w)	within a word (i.e., not at its beginning or end) written **וו** (with two **vavs**)	**מצווה** (=מִצְוָה), **זווית** (=זָוִית), **עוול** (=עָוֶל), but **ותיק** (=וָתִיק), **עכשיו** (=עַכְשָׁיו)
6	(y)	within a word or at its end (but not at its beginning) written **יי** (with two **yods**)	**עניין** (=עִנְיָן), **חייל** (=חַיָּל), **עלייך** (=עָלַיִךְ)
		exceptions: 1 – **yod** is not doubled if it is immediately adjacent to a vowel-letter	**מצוין** (=מְצֻיָּן), **סיום** (=סִיּוּם), **חיה** (=חַיָּה)
		2 – more than two consecutive **yods** may not be written	**ייסד** (=יִסֵּד), **ראייה** (=רְאִיָּה)

א

אָב ז. (ר. אָבוֹת) father; head

–אַב בֵּית דִּין head of the Court of Justice; presiding judge

–אָב זָקֵן grandfather

–אָב חוֹרֵג stepfather

–אַב־עוֹרְקִים aorta

אָב ז. Ab (name of the 11th month)

אֵב ז. green shoot of plant; youth

–בְּאִבּוֹ in one's youth

אַבָּא ז. father, papa, daddy

אבד (אָבַד, יֹאבַד) to get lost; to be destroyed

–אָבַד עָלָיו כֶּלַח (*rhet.*) to become old or out of fashion

–נֶאֱבַד to be lost

–אִבֵּד (אִבֵּד, יְאַבֵּד) to lose; to destroy

–אִבֵּד עַצְמוֹ לָדַעַת, הִתְאַבֵּד to commit suicide

אֲבֵדָה נ. loss

–אֲבֵדוֹת casualties

אֲבַדּוֹן ז. destruction

אָבְדָן, ז. destruction

אבה (אָבָה, יֹאבֶה) to wish

אָבוּד lost, hopeless

אִבּוּד ז. loss

אֲבוֹי! woe!

אֵבוּס ז. crib, manger

אָבוּס fattened

אֲבוּקָה נ. torch

אַבְזָר ז. accessory, spare part

אַבְחָנָה נ. diagnosis

אֲבַטִּיחַ ז. watermelon

–אֲבַטִּיחַ צָהֹב melon

אַבְטָלָה נ. unemployment

אָבִיב ז. springtime; (*Bib.*) green ear of corn
אֶבְיוֹן ז. poor man
אָבִיךְ hazy
אָבִיק ז. outlet; buttonhole
אַבִּיר, אֲבִיר ז. knight
–ש״ת strong
–אַבִּיר לֵב stouthearted; cruel
(אבך) הִתְאַבֵּךְ to rise (dust, smoke, etc.)
אבל (אָבַל, יֶאֱבַל) to mourn
אֵבֶל, ז. mourning
אָבֵל ז. mourner
אֲבָל but, however
אֲבֵלוּת נ. mourning
אֶבֶן נ. stone
–אֶבֶן טוֹבָה precious stone
–אֶבֶן יְקָרָה precious stone
–אֶבֶן נֶגֶף stumbling block
–אֶבֶן פִּנָּה cornerstone
–תְּקוּפַת הָאֶבֶן Stone Age
אִבֵּן to petrify
–הִתְאַבֵּן to become petrified; to become fossilized

אַבְנֵט ז. belt, girdle
אָבְנַיִם potter's wheel; chair for a woman in childbirth
–אֲבַעְבּוּעָה נ. blister
אֲבַעְבּוּעוֹת blisters; smallpox
–אֲבַעְבּוּעוֹת־רוּחַ chicken pox
אָבָץ ז. zinc
(אבק) הֵאָבֵק to wrestle
אָבָק ז. dust
–אֲבַק־שְׂרֵפָה gunpowder
–אִבֵּק to scatter dust; to powder
אַבְקָה נ. powder
אַבְקָן ז. stamen
אֵבֶר ז., אֶבְרָה נ. (*rhet.*) wing
אֵבָר ז., אֵבֶר ז. limb, part of the body; (*math.*) term
אַבַּרְזִין ז. tarpaulin
אַבְרֵךְ ז. young man
אַגַּב by the way
–אַגַּב אֹרַח, אַגַּב אָרְחָא by the way; occasionally, incidentally
אגד (אָגַד, יֶאֱגֹד) to tie; to bind
–אִגֵּד to bind

-הִתְאַגֵּד — to be united
אֲגֻדָּה נ. — bundle; association, union
אַגָּדָה נ. — legend; Aggadah (homiletical section of Talmud)
אֲגוּדָל ז. — thumb
אֱגוֹז ז. — nut; nut tree
אִגּוּף ז. — flank attack
אֲגוֹרָה נ. — small Israel coin (agorah)
אֲגִירָה נ. — collecting; storing; amassing
אֵגֶל ז. — drop
אֲגַם ז. — lake, pool
אַגְמוֹן ז. — reed; rod
אַגָּן ז. (ר. אַגָּנוֹת) — basin
-אַגַּן־הַיְרֵכַיִם — pelvis
אַגָּס ז. — pear
(אגף) אִגֵּף — to flank
אֲגַף ז. — wing, division
אָגַר (אָגַר, יֶאֱגֹר) — to collect; to store
אֶגְרוֹף ז. — fist

-בַּעַל אֶגְרוֹף — violent man
(אגרף) הִתְאַגְרֵף — to box
אִגֶּרֶת נ. (ר. אִגְּרוֹת) — letter
אֵד ז. — vapor; steam
(אדב) הַאֲדֵב — to sadden
(אדה) אִדָּה — to vaporize
-הִתְאַדָּה — to evaporate
אָדוֹן ז. — lord; mister, Mr.
-אָדוֹן נִכְבָּד! — Dear Sir
-אֲדֹנִי — sir
אָדוּק — orthodox
אֹדוֹת — about
-עַל אֹדוֹת — about
אָדִיב — polite
אַדִּיר — mighty, powerful
-אַדִּיר חֶפְצִי — (*rhet.*) I am greatly desirous
אָדִישׁ — indifferent
אֲדִישׁוּת נ. — indifference, apathy
אדם (אָדַם, יֶאְדַּם) — become red
-הַאְדֵם — to redden
-הִתְאַדֵּם — to become red; to flush
אָדֹם — red

אֹדֶם ז.	redness; ruby
אָדָם, בֶּן אָדָם ז.	man, human being
–פֶּרֶא־אָדָם	savage
אֲדַמְדַּם	reddish
אֲדָמָה נ.	soil, earth
–עֲלֵי אֲדָמוֹת (*poet.*)	on earth
אַדְמוּמִית נ.	reddishness
אַדְמוֹנִי	red-haired
אַדֶּמֶת נ.	scarlet fever; (*col.*) measles
אֶדֶן ז.	foundation (beam); sill
אֲדֹנָי	God, Lord
אֲדָר ז.	Adar (name of the 6th month)
–אֲדָר שֵׁנִי	2nd Adar (month added in Jewish leap year)
אַדְרַבָּה	on the contrary
אֲדַרְכְּמוֹן ז.	a Persian coin
אַדְרִיכָל ז.	architect
אַדֶּרֶת נ.	cloak; mantle
אהב (אָהַב, יֶאֱהַב)	to love; to like
–הִתְאַהֵב	to fall in love
אַהֲבָה נ.	love, affection
–אַהֲבַת בֶּצַע	lust for money
אֲהָהּ!	alas!
אהל (אָהַל, יֶאֱהַל)	to pitch a tent
אֹהֶל ז. (ר. אֹהָלִים)	tent
אוֹ	or
אוֹב ז.	leather bottle; necromancy
–בַּעַל אוֹב	necromancer
אוּד ז.	firebrand
אוֹדוֹת, עַל אוֹדוֹת	about
אַוֵּה (אִוָּה, יְאַוֶּה)	to desire
הִתְאַוֵּה	to lust
אוֹהֵב ז.	lover
אַוָּז ז.	gander
–אַוָּזָה	goose
–בַּר־אַוָּז, בַּרְוָז ז.	duck
אוֹי, אוֹיָה!	alas!
אוֹיֵב ז.	enemy
אֱוִיל ז.	fool
אֲוִיר ז.	air
–דֹּאַר אֲוִיר	airmail
–חֵיל אֲוִיר	airforce

–יָצָא לַאֲוִיר הָעוֹלָם	to be born, come into the world
אֲוִירוֹן ז.	airplane
אֲוִירַי ז.	airman
אוּלַי	perhaps
אוּלָם ז.	hall
אוּלָם	but, however
אוּלְפָּן ז.	instruction course(s) (for adults)
אוֹלָר ז.	penknife
אִוֶּלֶת נ.	folly
אוֹמֵן ז.	trainer, tutor
אוּמָן ז.	craftsman
אוֹמֶנֶת נ.	nurse, governess
אוּמָנוּת נ.	handicraft
אוֹן ז.	strength; sorrow
אָוֶן ז.	wickedness
אוֹנָאָה נ.	cheating, fraud
אוֹנָן ז.	onanist
אוֹפֶה ז.	baker
אוֹפּוֹזִיצְיָה* נ.	opposition
אוֹפְּטִימִי*	optimist; optimistic
אוֹפַן ז.	wheel
אוֹפַנַּיִם ז״ר	bicycle
אוּץ (אָץ, יָאוּץ)	to hurry
–הָאֵץ	to hurry (others); to urge
אוֹצָר ז. (ר. אוֹצָרוֹת)	treasure; treasury
–אוֹצַר מִלִּים	vocabulary
אוֹקְיָנוּס	ocean
אוֹר ז.	light; daylight
אוֹר (אוֹר, יֵאוֹר)	to grow light
–הָאֵר	to light
–הָאֵר פָּנִים	to receive cordially
אוּר ז.	fire
אוֹרֵג ז.	weaver
אוֹרָה נ.	light; rocket (plant)
–לְכְאוֹרָה	at first sight
אוֹרֵחַ ז.	guest
אוֹרְחָא (Ar.)	way
–אַגַּב אוֹרְחָא	by the way
אוּרִים וְתוּמִּים	Oracle
אוֹרַיְתָא (Ar.)	Torah
אַוְרֵר	to ventilate
אִוְשָׁה נ.	rustle, murmur

אוֹת ז. (ר. אוֹתוֹת)	sign; omen; miracle
–אוֹת הִצְטַיְּנוּת	decoration
–לְאוֹת	as a sign of
אוֹת נ. (ר. אוֹתִיּוֹת)	letter
(אות) הֵאוֹת	to agree
אָז, אֲזַי	then
אַזְהָרָה נ.	warning
אֵזוֹב ז.	hyssop (plant)
אִזּוּן ז.	balancing
אֵזוֹר ז.	belt; zone
אזל (אָזַל, יֶאֱזַל)	to be exhausted, to be used up
אִזְמֵל ז.	scalpel; chisel
(אזן) הֶאֱזִין	to listen
אֹזֶן נ. (ר. אָזְנַיִם)	ear
אֲזִקִּים ז״ר	chains
אזר (אָזַר, יֶאֱזוֹר)	to girdle
–הִתְאַזֵּר	to take on courage
אֶזְרָח ז.	citizen, native
–הִתְאַזְרֵחַ	to acquire citizenship
אָח ז. (ר. אַחִים)	brother; hearth
–אָח!	alas!
(אחד) אִחֵד	to unite
–הִתְאַחֵד	to unite; to be of one mind
אֶחָד ז.	one; sole
–אֲחָדִים	several, a few
–כָּל אֶחָד	every one, everyone
אַחְדוּת נ.	unity
(אחה) אִחָה	to sew up; to unite
אָחוּ ז.	reeds; meadow
אַחֲוָה נ.	brotherhood
אָחוּז ז.	percent, percentage
אָחוֹר ז.	back, backside
אֲחוֹרַנִּית	backwards
אָחוֹת נ. (ר. אֲחָיוֹת)	sister; nurse
אחז (אָחַז, יֹאחַז)	to hold, grasp
–אָחַז אֶת הָעֵינַיִם	to delude
–הֵאָחֵז	to be caught, held; to acquire possession
אֲחֻזָּה נ.	possession, estate
אֲחִיזָה נ.	hold, holding
–אֲחִיזַת עֵינַיִם	purposeful deception; jugglery

אַחְיָן ז.	nephew
–אַחְיָנִית	niece
אִחֵל (אִחַל, יְאַחֵל)	to wish
אִחֵר (אִחַר, יְאַחֵר)	to be late; to detain
אַחֵר	another
אַחַר, אַחֲרֵי	after; behind
–אַחֲרֵי־כֵן	afterwards
אַחֲרַאי ז.	responsible; liable
אַחֲרָיוּת נ.	responsibility; liability
אַחֲרוֹן ז.	last
–לָאַחֲרוֹנָה	lately, of late
אַחֲרִית נ.	end; (*Bib.*) future
–אַחֲרִית הַיָּמִים	the end of days
אַחַת נ.	one
אַט, לְאַט	slowly
אָטָד ז.	thorn bush
אֵטוּן ז.	fine linen
אִטְלִיז ז.	butcher shop
אַטְמוֹסְפֵרָה* נ.	atmosphere
אִטֵּר ז.	left-handed
–אִטֵּר יַד יְמִינוֹ	left-handed
אִטְרִיָּה נ.	noodle
אִי ז.	island; jackal
–חֲצִי־אִי	peninsula
אִי	particle of negation
–אִי־אֶפְשָׁר	impossible
–אִי־הֲבָנָה	misunderstanding
–אִי־נוֹחוּת	inconvenience, discomfort
–אִי־סֵדֶר	disorder
–אִי־צֶדֶק	injustice
–אִי־רָצוֹן	unwillingness
–אִי־שְׂבִיעַת רָצוֹן	discontent
–אִי־שֶׁקֶט	disquiet; unrest
אִי!	woe!, oh!
אֵי, אַיֵּה?	where?
–אֵי־שָׁם	somewhere
אֵיבָה נ.	enmity
אֵיד ז.	misfortune
אִידֵאָה נ.	idea
אַיָּה נ.	hawk
אַיֵּה?	where?
אִיּוּם ז.	threat
אֵיזֶה כ״ג ז. (נ. אֵיזוֹ, ר. אֵילוּ)	who?; which?; any

אֵיךְ?	how?
אֵיכָה? (*rhet.*)	how?
אֵיכוּת נ.	quality
אֱיָל ז.	strength
אַיִל ז. (אֵילִים)	ram; magnate
אַיָּלָה, אַיֶּלֶת נ.	gazelle
—אַיֶּלֶת הַשַּׁחַר	morning star
אִילָן ז. (ר. אִילָנוֹת)	tree
אַיֵּם (אִיֵּם, יְאַיֵּם)	to threaten
אָיֹם ז.	terrible
אֵימָה נ.	fear, terror
אֵימָתַי?	when?
אַיִן, אֵין	no; there is not
—מֵאַיִן?	where from?
—אֵין דָּבָר	it does not matter
אֵיפָה נ.	ephah (a dry measure) (*Bib.*)
—אֵיפָה וְאֵיפָה	double standard
אֵיפֹה?	where?
אֵיפוֹא	then
אִיָּר ז.	Iyar (the 8th month of Heb. calendar)
אִישׁ ז. (ר. אֲנָשִׁים, אִישִׁים)	man
—אִישׁ אֲדָמָה	peasant
—אִישׁ אֱלֹהִים	prophet
—אִישׁ צָבָא	soldier
אִישׁוֹן ז.	pupil of the eye
—בְּאִישׁוֹן לַיְלָה	in the dead of night
אִישִׁי	personal
אִישִׁיּוּת נ.	personality
אֵיתָן ז.	strong; firm
—אֵיתָנֵי הַטֶּבַע	natural forces
אַךְ	but
אַכְזָב ז.	deceitful
אִכְזֵב	to disappoint
אַכְזָבָה נ.	disappointment
אַכְזָר, אַכְזָרִי	cruel
אֲכִילָה נ.	eating
אכל (אָכַל, יֹאכַל)	to eat; to consume
—הֶאֱכִיל	to feed
—אֻכַּל	to be burned
אֹכֶל ז.	food
אָכְלָה נ. (*rhet.*)	food
אֻכְלוֹסִיָּה נ.	population
אֻכְלוֹסִים ז״ר	inhabitants; crowd

אִכְלֵס — to populate
אָכֵן — indeed; surely
אַכְסַדְרָה נ. — vestibule
אִכְסֵן — to accommodate
-הִתְאַכְסֵן — to stay
אַכְסַנְיָה נ. — inn
אֻכָּף ז. — saddle
(אִכְפַּת) מָה אִכְפַּת לִי? — what do I care?
אִכָּר ז. — farmer
אַל — no; don't
אֶל — to, unto; by
אֵל ז. — God; strength
-אֵין לְאֵל יָדִי — I am powerless, I can't
אֶלָּא — but; only
-אֶלָּא אִם כֵּן — except; unless
אַלָּה נ. — terebinth; club; stick
אָלָה נ. — curse
אֵלֶּה, אֵלּוּ כ״ג זו״נ ר. — these
אֱלֹהִי ז. — Godlike
אֱלֹהִים ז״ר — God
אִלּוּ — if; whereas
-כְּאִלּוּ — as though
אֱלוֹהַּ ז. — God
אִלּוּלֵי, אִלּוּלֵא — (before noun) but for, were it not; (before verb) if indeed
אַלּוֹן ז. — oak tree
אַלְחוּט ז. — wireless
אֱלִיל ז. — idol
אֲלַכְסוֹן ז. — diagonal
אַלְלַי! — woe!
אִלֵּם ז. — mute
אֲלֻמָּה נ. — sheaf
אַלְמוֹנִי ז. — unknown person
אַלְמָוֶת ז. — immortality
אִלְמָלֵא, אִלְמָלֵי, אִלּוּלֵא
אַלְמָן ז. — widower
אַלְמָנָה נ. — widow
-הִתְאַלְמֵן — to become a widower or widow
(אלף) אִלֵּף — to tame; to teach
אֶלֶף ז. — thousand
אָלֶף נ. — 1st letter of the alphabet (A)
-אָלֶף־בֵּית — alphabet

אֻלְפָּן ז. studio; school; adult study-center

(אלץ) נֶאֱלַץ to be compelled

–אִלֵּץ to compel, force

אִלְתֵּר to improvise

אֵם נ. (ר. אִמּוֹת) mother

–אֵם הַדֶּרֶךְ parting of the ways

–אֵם זְקֵנָה grandmother

–אֵם חוֹרֶגֶת stepmother

–אִמּוֹת־קְרִיאָה matres lectiones

אִם if, whether; or

אִמָּא נ. mother

אַמְבַּטְיָה נ. bathtub; bathroom

אָמָה נ. maidservant

אֻמָּה נ. nation

אַמָּה נ. forearm; ell; middle finger

אֲמוֹדַאי ז. diver

אֵמוּן ז. trust

אִמּוּם ז. model; shoemaker's last

אֱמוּנָה faith, religion

אָמִיד well-to-do

אַמִּיץ courageous

אָמִיר ז. top of tree

אֲמִירָה saying

אֻמְלָל ז. unfortunate

(אמן) נֶאֱמַן be trustworthy

הֶאֱמִין to believe

אָמֵן amen!, so be it!

אָמָּן ז. artist; expert

אֻמָּן artisan

אָמְנָם, אֻמְנָם indeed

אָמָּנוּת נ. art

אמץ (אָמַץ, יֶאֱמַץ) to be strong; to be brave

–אִמֵּץ to strengthen; to encourage

אִמֵּץ (בֵּן) to adopt (a son)

–הִתְאַמֵּץ to try hard; to endeavor

אֹמֶץ ז. courage, gallantry

אֶמְצַע ז. middle

אֶמְצָעִי ז. the middle (one); means

–ש״ת middle, intermediate

אמר (אָמַר, יֹאמַר) to say

–אָמַר בְּלִבּוֹ	to think (to oneself)
–לֵאמֹר	as follows
–זֹאת אוֹמֶרֶת	that is to say
–הֵאָמֵר	to be told
–הִתְאַמֵּר	to boast
אֹמֶר ז., אִמְרָה נ.	saying, utterance
אֶמֶשׁ ז.	last night
אֱמֶת נ.	truth
אֲמִתָּה נ.	axiom; truism
אַמְתַּחַת נ.	bag
אֲמַתְלָה נ.	excuse
אָן, לְאָן	where to?
עַד אָנָה?	for how much longer?
אָנָּא	please
אַנְדְּרוֹלָמוּסְיָה נ.	confusion;(*Ar.*) disorder
אַנְדַּרְטָה נ.	statue
אָנָה	where to?
–אָנֶה וָאָנָה	to and fro
אָנוּ זו״נ ר.	we
אָנוּס ז.	(one who is) forced, compelled
–אֲנוּסִים ז״ר	Marranos (Jews forced to become Christians)
אֱנוֹשׁ ז.	man
אָנוּשׁ	severe, severely (wounded, ill)
אֱנוֹשׁוּת נ.	mankind
אֱנוֹשִׁי	human
אֱנוֹשִׁיּוּת נ.	humanity
(אנח) הֵאָנַח	to sigh
אֲנָחָה נ.	sigh
אֲנַחְנוּ זו״נ ר.	we
אִנְטִימִי*	intimate
אִנְטֶלִיגֶנְצְיָה*	intelligence; intelligentsia
אֲנִי, אָנֹכִי	I
אֳנִי ז., אֳנִיָּה נ. (*Bib.*)	ship
אָנֹכִיּוּת נ.	selfishness, egoism
(אנן) הִתְאוֹנֵן	to complain
אנס (אָנַס, יֶאֱנֹס)	to force; to rape
–אַנֵּס (אִנֵּס)	to violate
אֹנֶס ז.	force, compulsion; rape

אנף (אָנַף, יֶאֱנַף) to be angry

אִנְפוֹרְמַצְיָה* נ. information

אַנְקוֹר ז. sparrow

אֶנֶרְגְּיָה* נ. energy

אַסְדָּה נ. raft

אָסוּךְ ז. oil-jar; flask

אָסוֹן ז. (אֲסוֹנוֹת) misfortune; calamity, disaster

אַסּוֹצִיאַצְיָה* נ. association

אָסוּר forbidden; bound

(אֵסוּר) בֵּית הָאֵסוּר, (*Bib.*) בֵּית הָאֲסוּרִים prison

אִסּוּר ז. prohibition

אִסְטוֹמְכָה נ. (*Tal.*) stomach

אִסְטְנִיס delicate, sensitive (person)

אַסְטְרָטֶגְיָה* נ. strategy

אֲסִימוֹן ז. token (for telephone, etc.); worn coin

אָסִיף ז. harvest

אָסִיר, אַסִּיר ז. prisoner

—אֲנִי אֲסִיר תּוֹדָה לְךָ I am grateful to you

אַסְכּוֹלָה נ. school; school (of thought)

אָסָם ז. storehouse

אַסְמַכְתָּה נ. (authoritative) reference

אסף (אָסַף, יֶאֱסֹף) to gather; to draw back

—הֵאָסֵף, הִתְאַסֵּף to assemble

אֹסֶף ז. collection

אֲסֵפָה נ. assembly, meeting

אֲסַפְסוּף ז. rabble, mob

אַסְפַּקְלַרְיָה נ. mirror

אַסְקֻפָּה נ. threshold

אסר (אָסַר, יֶאֱסֹר) to bind; to imprison; to prohibit

אַף ז. nose; anger

—עַל אַף in spite of

—עַל אַפּוֹ וְעַל חֲמָתוֹ in spite of him

אַף also

אַף כִּי although

—אַף עַל פִּי although

—אַף עַל פִּי כֵן nevertheless

אֲפֻדָּה נ. vest; wrapping

אפה (אָפָה, יֹאפֶה) to bake

אֵפוֹא then
אִפּוּל ז. blackout
אָפוּן ז. pea
אֵפוֹד ז. garment worn by (*Bib.*) the High Priest; image used in necromancy
אַפּוֹטְרוֹפּוֹס ז. guardian
אִפּוּר ז. make-up
אֹפִי ז. character; nature
אֲפִילוּ even; even if
אַפַּיִם ז״ר nostrils; face
אֲפִיפְיוֹר ז. pope
אֲפִיקוֹמָן ז. piece of matzah hidden away on the "Seder" night and eaten at the conclusion of the meal; dessert
אֶפִּיקוֹרוֹס ז. Epicurean
(אפל) הַאֲפֵל to darken
אָפֵל ז. dark, dim
אֹפֶל ז., אֲפֵלָה נ. darkness
אֲפִלּוּ even, even if
אֹפֶן ז. manner
אֲפֻנְדָּה נ. money-belt
אָפְנָה נ. fashion, mode
אפס (אָפֵס, יֶאְפַּס) to cease; to be exhausted
אֶפֶס ז. zero, naught; end, limit
—ת״פ but, however
אַפְסוּת נ. nothingness
(אפק) הִתְאַפֵּק to restrain oneself
אֹפֶק ז. horizon
אֵפֶר ז. ashes
אֲפֵר ז. bandage; covering
אֲפָר ז. meadow
אָפֹר grey
(אפר) אִפֵּר to make up (with cosmetics)
אֶפְרֹחַ ז. chick
אֲפַרְכֶּסֶת נ. mill-hopper; earpiece
—שָׂם אָזְנוֹ כַּאֲפַרְכֶּסֶת to listen attentively
אֲפַרְסֵק ז. peach
אֶפְשָׁר possible; likely
—אִי־אֶפְשָׁר impossible

אֶפְשָׁרוּת נ. possibility

אֶפְשָׁרִי possible; likely

אֶצְבַּע נ. (ר. אֶצְבָּעוֹת) finger

אֶצְבָּעוֹן ז. thimble

אַצָּה נ. alga, seaweed

אִצְטַבָּה נ. shelf

אִצְטְלָה נ. robe, gown

–הוּא רָאוּי לְאִצְטְלָה זֹאת he deserves this post

אָצִיל ז. nobleman; (*Bib.*) end

אַצִּיל ז. upper arm

אֲצִילוּת נ. nobility

אֵצֶל near; to

אצל (אָצַל, יֶאֱצַל) to separate

אֶצְעָדָה נ. bracelet

אצר (אָצַר, יֶאֱצֹר) to gather

אֶקְדָּח ז. revolver; (*Bib.*) carbuncle

אַקְטוּאָלִי* timely, actual

אַקְטִיבִי* active

אַקְלִים ז. climate

אֶרְאֶל ז. angel

ארב (אָרַב, יֶאֱרֹב) to lie in wait; to ambush

אַרְבֶּה ז. locust

אֲרֻבָּה נ. lattice; chimney

אַרְבַּע נ., אַרְבָּעָה ז. four

אַרְבָּעִים זו״נ ר. forty

ארג (אָרַג, יֶאֱרֹג) to weave

אֶרֶג ז. fabric, cloth

אִרְגּוּן ז. organization

אַרְגָּז ז. box, chest

אַרְגִּיעָה נ. (*rhet.*) moment

אַרְגָּמָן ז. purple

אִרְגֵּן to organize

–הִתְאַרְגֵּן to be organized, be arranged

אֻרְוָה, אֻרָוָה נ. stable

אֲרוּחָה נ. meal

אֲרוּכָה נ. healing

אָרוֹן ז. (ר. אֲרוֹנוֹת) chest; wardrobe; coffin

אָרוּס ז. fiance

אֲרוּסָה, אֲרוּשָׂה נ. fiancee

אֵרוּסִים ז״ר engagement

אֵרוּעַ ז. event

אָרוּר damned
ארז (אָרַז, יֶאֱרֹז) to pack
אֶרֶז ז. cedar
אֹרֶז ז. rice
אֹרַח ז. way; manner
–אַגַּב אָרְחָא (*Ar.*) by the way, incidentally
(ארח) אֵרַח to give hospitality
אֹרְחָה נ. caravan
אֲרִי, אַרְיֵה ז. (ר. אֲרָיוֹת) lion
–חֵלֶק הָאֲרִי lion's share
אָרִיג ז. cloth, textile
אֲרִיזָה נ. packing
אֲרִיכוּת נ. length
–אֲרִיכוּת יָמִים long life
אֻרְיָן ז. (*Ar.*) study, learning
–בַּר אֻרְיָן scholar
אָרִיס נ. land-tenant
אֲרִיסוּת נ. tenancy
ארך (אָרַךְ, יֶאֱרַךְ) to be long; to last
–הַאֲרֵךְ to lengthen; to prolong
–הַאֲרֵךְ אַף to be patient
–הַאֲרֵךְ יָמִים to live long
אָרֹךְ, אָרֵךְ ז. long, lengthy
אֹרֶךְ ז. length
אַרְכָּה נ. respite, extension (of time)
אַרְכּוּבָה נ. knee; knee-joint; crank
אַרְמוֹן ז. palace
אֹרֶן ז. ash; pine tree
אַרְנֶבֶת נ. hare; rabbit
אַרְנָק ז. purse; handbag
אֶרֶס ז. poison, venom
(ארס) אֵרֵס, הִתְאָרֵס to be engaged
אַרְסָן ז. arsenic
ארע (אָרַע, יֶאֱרַע) to happen
אַרְעִי temporary, casual
אֶרֶץ נ. (ר. אֲרָצוֹת) earth; land, country
(ארק) הֶאֱרִיק to ground (*electricity*)
ארר (אָרַר, יָאֹר) אֵרֵר to curse
ארשׂ (אָרַשׂ, יְאָרֵשׂ) to become engaged

אֲרֶשֶׁת נ. expression

אֵשׁ נ. fire, conflagration

–אֵשׁ תּוֹתָחִים gunfire

–הַפְסָקַת אֵשׁ cease-fire

–הֶעֱלָה בָּאֵשׁ to set on fire

אֶשְׁבּוֹל spadix (*botany*)

אֶשֶׁד ז. waterfall

אֲשֵׁדָה slope (of a mountain)

אִשָּׁה נ. (ר. נָשִׁים) woman; wife

–אֵשֶׁת אִישׁ married woman

–אֵשֶׁת־חַיִל woman of valor

–אֵשֶׁת־נְעוּרִים one's first love

אִשֶּׁה ז. burnt-offering

אִשּׁוּר ז. confirmation ; endorsement

אָשְׁיָה נ. foundation

אֲשִׁישָׁה נ. (*lit.*) fruit-cake

אֶשֶׁךְ ז. testicle

אֶשְׁכּוֹל, אֶשְׁכֹּל ז. (ר. אֶשְׁכֹּלוֹת) cluster of grapes

אֶשְׁכּוֹלִית נ. grapefruit

אַשְׁכְּנַז Germany

אֵשֶׁל ז. tamarisk

אָשָׁם ז. guilt; trespass-offering

אָשֵׁם guilty

אשם, (אָשַׁם, יֶאְשַׁם) to be guilty

–הַאֲשֵׁם to accuse

אַשְׁמְדַי ז. Ashmidai (chief of demons)

אַשְׁמָה נ. guilt

אַשְׁמוּרָה, אַשְׁמֹרֶת נ. watch of the night

אַשְׁמַי ז. ruffian, sinner

–זְקַן אַשְׁמַי old sinner

אֶשְׁנָב ז. window; lattice

אַשְׁפָּה נ. (ר. אַשְׁפּוֹת) rubbish, refuse; quiver (for arrows)

אַשְׁפֵּז to hospitalize

אַשְׁקוּקִי נ. chess

(אשר) אִשֵּׁר to confirm; to make happy

אֹשֶׁר ז. happiness

אֲשֶׁר that, which; whoever

–אֲשֶׁר לְ regarding

אַשְׁרֵי fortunate is he (who)!

credit — אַשְׁרַאי

last year — אֶשְׁתָּקֵד

thou, you — אַתְּ נ., אַתָּה ז.

אֶת (אוֹתִי, אוֹתְךָ וכו׳) (with suffixes) the mark of the accusative

(with suffixes) with — אֵת (אִתִּי, אִתְּךָ)

spade — אֵת ז. (ר. אִתִּים)

to come — (*rhet.*) אתא, אתה (אָתָה, יֶאֱתֶה)

she-ass — אָתוֹן נ. (ר. אֲתוֹנוֹת)

ethics — אֶתִּיקָה* נ.

athletics — אַתְלֶטִיקָה* נ.

you — (*pl.*) אַתֶּם ז״ר, אַתֶּן נ״ר

I wonder! — אֶתְמְהָה!

yesterday — אֶתְמוֹל

etnah (name of disjunctive accent in Bible); pause — אֶתְנָח ז.

harlot's pay — אֶתְנָן ז.

place, site — אֲתָר ז.

ethrog (citrus fruit used for blessing on Succoth) — אֶתְרוֹג ז.

בּ

בְּ־ in, at; among

בָּא ז. comer

(הַ)בָּא next

–בָּא־כֹּחַ representative

–לְהַבָּא in the future

בֵּאוּר ז. explanation, commentary

בְּאֵר נ. well; (*Bib.*) pit

בָּאֵר (בֵּאֵר, יְבָאֵר) to explain

באשׁ (בָּאַשׁ, יִבְאַשׁ) to stink

–הִבְאִישׁ to cause to stink

בָּאְשָׁה נ. stinking

בָּבָה נ. eyeball

בֻּבָּה נ. doll, puppet

בָּבוּאָה נ. reflexion

בגד (בָּגַד, יִבְגֹּד) to betray; to be faithless

בֶּגֶד ז. garment, cloth; treachery

–בֶּגֶד־יָם bathing suit

בְּגִידָה נ. treachery

בִּגְלַל because of

בגר (בָּגַר, יִבְגֹּר) to mature

בַּגְרוּת נ. maturity

–תְּעוּדַת בַּגְרוּת high-school certificate

בַּד ז. linen; twig

–לְבַד alone, only

–מִלְּבַד beside

בַּדַּאי ז. liar

(בדד) הִתְבּוֹדֵד to isolate oneself

בָּדָד, לְבָדָד lonely

בדה (בָּדָה, יִבְדֶּה) to fabricate, to invent

בָּדוּחַ in good spirits

בָּדוּי imaginary, fabricated

בֶּדְוִי* ז. Bedouin

בדח (בָּדַח, יִבְדַּח) to amuse oneself; to be jolly

–בַּדֵּחַ (בִּדַּח, יְבַדַּח)	to amuse
בַּדְחָן ז.	jester
בְּדִידוּת נ.	loneliness
בְּדִיחָה נ.	joke
בְּדִיל ז.	tin
–בְּדִילִים	alloy
בְּדִיעֲבַד	(*Ar.*) after the fact, e.g. post facto
בְּדִיקָה נ.	examination
(בדל) הִבָּדֵל	to be separated
–הַבְדֵּל	to separate, divide
–לְהַבְדִּיל	not to be mentioned in the same breath (with), mutatis mutandis
בְּדֹלַח ז.	crystal
בדק (בָּדַק, יִבְדֹּק)	to examine
–בָּדַק בְּצִיצִיּוֹתָיו שֶׁל־	to examine someone's orthodoxy
בֶּדֶק ז.	repair; breach
בַּדְרָן ז.	entertainer
בֹּהוּ ז.	emptiness
בָּהוּל	bewildered; anxious
בַּהַט ז.	alabaster
בָּהִיר	clear
בֶּהָלָה נ.	terror
(בהל) הִבָּהֵל	to get frightened
–הַבְהֵל	to frighten; to hurry
בְּהֵמָה נ.	cattle; beast
בַּהֲמִי	animal-like, uncultured
בֹּהֶן נ. (ר. בְּהוֹנוֹת)	thumb
(בהק) הַבְהֵק	to shine
בֹּהַק	white eruption (on the skin)
בַּהֶרֶת נ.	white spot (on the skin)
בּוֹא (בָּא, יָבוֹא)	to come, to come in; to arrive
בּוֹאֲךָ	(*Bib.*) on the way to
–הָבֵא	to bring
–הַשֶּׁמֶשׁ בָּא	the sun has set
בּוֹגֵד ז.	traitor
בּוֹגֵר ז.	adult; graduate

בּוּז (בָּז, יָבוּז)	to despise
בּוֹטָנִיקָה* נ.	botany
(בּוּךְ) הִבּוֹךְ	to be confused
–הֵבִיךְ	to confuse, perplex
בּוּל	block (of wood); postage stamp
–יֶרַח בּוּל (*Bib.*)	month of חֶשְׁוָן
בּוּלַאי	philatelist
בּוּס (בָּס, יָבוּס)	to tread (on)
–הֵבִיס	to defeat
–בּוֹסֵס	to tread (on)
–הִתְבּוֹסֵס	to roll in
בּוּץ ז.	fine linen
בּוּקָה נ. (*Bib.*)	waste; desolation
בּוֹקֵר ז.	cattle-raiser
בּוֹר ז. (ר. בּוֹרוֹת)	pit; grave
–בּוֹר שׁוֹפְכִין	cesspit
–יוֹרֵד בּוֹר	grave-dweller (*rhet.*)
בּוּר ז.	ignorant person
–שְׂדֵה בּוּר	fallow, uncultivated field
(בּוּרִי) עַל בּוּרְיוֹ	thoroughly
בּוּרְסְקִי ז.	tannery; tanner
בּוֹשׁ (בּוֹשׁ, יֵבוֹשׁ)	to be ashamed
–בּוֹשֵׁשׁ	to hesitate
–בַּיֵּשׁ	to put to shame
–עַד בּוֹשׁ	a long while
בּוּשָׁה נ., בֹּשֶׁת נ.	disgrace
בַּז ז.	booty; falcon
בִּזְבּוּז ז.	waste, squandering
בִּזְבֵּז	to waste; to squander
בזה (בָּזָה, יִבְזֶה)	to despise
בִּזָּה נ.	plunder
בָּזוּי	despised
בזז (בָּזַז יָבֹז)	to plunder
בִּזָּיוֹן ז. (ר. בִּזְיוֹנוֹת)	disgrace
בָּזָק ז.	lightning flash
בזק (בָּזַק, יִבְזֹק)	to sprinkle
בָּחוּר ז.	young man; bachelor
–בְּחוּר יְשִׁיבָה	Yeshiva student
בְּחִילָה נ.	loathing, aversion
בְּחִינָה נ.	examination
–בְּחִינַת בַּגְרוּת	matriculation examination
בָּחִיר	chosen, elect
בְּחִירָה נ.	choice; election

בְּחִירָה חָפְשִׁית– freedom of will
בְּחִירוֹת– elections
בֵּית הַבְּחִירָה– the Temple in Jerusalem
בחל (בָּחַל, יִבְחַל) to abhor
בחן (בָּחַן, יִבְחַן) to examine
הַבְחֵן– to distinguish
בֹּחַן ז. examination; trial
בַּחַן ז. (*Bib.*) watchtower
בחר (בָּחַר, יִבְחַר) to choose, select
בַּחֲרוּת נ. youth
בחש (בָּחַשׁ, יִבְחַשׁ) to stir (food, etc.)
(בטא) בִּטֵּא to express
הִתְבַּטֵּא– to express oneself
בָּטוּחַ secure; certain
בִּטּוּחַ ז. insurance
בִּטּוּי ז. utterance, expression
בִּטּוּל ז. interruption; abolition; disregard

בֵּטוֹן* ז. concrete
בטח (בָּטַח, יִבְטַח) to trust
הִבְטִחַ– to promise; to make sure
בִּטֵּחַ– to insure
בֶּטַח ז. assurance; surely
בִּטְחָה נ. surety, security
בִּטָּחוֹן ז., (ר. בִּטְחוֹנוֹת) confidence; security
בְּטִיחוּת safety
בטל (בָּטֵל, יִבְטַל) to be idle; to be abolished; to be annulled
בִּטֵּל– to annul; to keep back
הִתְבַּטֵּל– to be abolished; to go idle
בָּטֵל void, abolished; idle
בַּטָּלָה נ. idleness
לְבַטָּלָה– useless; in vain
בַּטְלָן ז. idler, unpractical person
בֶּטֶן נ. belly
בָּטְן, בָּטְנָה ז. pistachio; (*col.*) peanut

בַּטְנוּן ז. double bass

בִּי (*Bib.*) pray!, please!

בִּיאָה נ. entrance; entering; cohabitation

בִּיב ז. channel, sewer

בִּימָה נ. platform, stage

בין (בָּן, יָבִין) to understand

–הִבּוֹן to grow wise

–הָבֵן to understand; cause to understand

–הִתְבּוֹנֵן to observe, to consider; to understand

(בים) בִּיֵּם, יְבַיֵּם to produce, to stage

בֵּין between; among

–בֵּין־ inter-

–בֵּין...וּבֵין whether...or, in any case, anyway

–בֵּין הָעַרְבַּיִם, בֵּין הַשְּׁמָשׁוֹת twilight; at dusk

–בֵּין כֹּה וָכֹה meanwhile, in the meantime

–בֵּין כַּךְ וּבֵין כַּךְ in any case

–בֵּינֵינוּ לְבֵין עַצְמֵנוּ between ourselves

–מַה בֵּין ... לְ־? what's the difference between?

–אִישׁ בֵּינַיִם mediator

–יְמֵי הַבֵּינַיִם Middle Ages

בִּינָה נ. understanding

בֵּינוֹנִי ז. middle, mediocre

בֵּינְתַּיִם meanwhile

בֵּיצָה נ. (ר. בֵּיצִים) egg; testicle

בִּיר נ. (*Bib.*) well, spring

בִּירָה נ. castle; capital; beer

(ביש) בִּיֵּשׁ to put to shame

–הִתְבַּיֵּשׁ to feel shame

בִּישׁ wicked; bad

–בִּישׁ־גַּדָא, בִּישׁ מַזָּל unfortunate, unlucky

–עֵסֶק בִּישׁ a bad business; bad situation, mishap

בַּיְשָׁן ז. bashful; shy

בַּיִת ז. (ר. בָּתִּים) house; home; family; stanza (of a poem)

the first Temple –הַבַּיִת הָרִאשׁוֹן

family, tribe –בֵּית־אָב

school (*Ar.*) –בֵּית־אוּלְפָנָא

storehouse; treasury –בֵּית־אוֹצָר

handle –בֵּית־אֲחִיזָה

prison –בֵּית־אֲסוּרִים

oil-press –בֵּית־בַּד

the Temple in Jerusalem –בֵּית הַבְּחִירָה

gorge; pharynx –בֵּית־בְּלִיעָה

–בֵּית־גְּנִיזָה, בֵּית־גְּנָזִים treasure-house; archives

court of justice –בֵּית־דִּין

printing plant –בֵּית דְּפוּס

convalescent-home, resthouse –בֵּית־הַבְרָאָה

meeting-house; club –בֵּית וַעַד

brothel –בֵּית זוֹנוֹת

hospital –בֵּית־חוֹלִים

leper-house (*Bib.*) –בֵּית הַחָפְשִׁית

factory –בֵּית־חֲרֹשֶׁת

handle; sleeve –בֵּית־יָד

orphanage –בֵּית־יְתוֹמִים

lavatory, privy –בֵּית־כָּבוֹד

prison –בֵּית־כֶּלֶא

synagogue –בֵּית כְּנֶסֶת

toilet, lavatory –בֵּית כִּסֵּא

school; college; prayer-house –בֵּית מִדְרָשׁ

–בֵּית מוֹעֵד לְכָל חָי (*rhet.*) cemetery, graveyard

slaughter-house –בֵּית מִטְבָּחַיִם

workshop –בֵּית־מְלָאכָה

shop, store –בֵּית־מִסְחָר

sanctuary; the Temple in Jerusalem –בֵּית מִקְדָּשׁ

pharmacy –בֵּית־מִרְקַחַת

madhouse –בֵּית־מְשֻׁגָּעִים

court of law –בֵּית־מִשְׁפָּט

parliament –בֵּית־נִבְחָרִים

prison –בֵּית־סֹהַר

school –בֵּית־סֵפֶר

–בֵּית־עוֹלָם, בֵּית־עָלְמִין cemetery

–בֵּית עֵקֶד סְפָרִים (*rhet.*) library

–בֵּית קְבָרוֹת cemetery; graveyard

–בֵּית־קָפֶה café, coffee-house

–בֵּית שֶׁחִי armpit

–בֵּית־שִׁמּוּשׁ lavatory

–בֵּית תְּפִלָּה prayer-house

–מֶשֶׁק בַּיִת household (duties)

–עֲקֶרֶת בַּיִת housewife

בֵּיתִי domestic

בִּיתָן ז. pavilion (*Bib.*); pleasure-garden

בָּכָא (ר. בְּכָאִים) mulberry tree

–עֵמֶק הַבָּכָא Vale of Sorrow; the exile

(בָּכָה, יִבְכֶּה) to weep, to cry

–בִּכָּה to weep, mourn

בֶּכֶה weeping

בְּכוֹר ז. (ר. בְּכוֹרִים, בְּכוֹרוֹת) first-born

בְּכוֹרָה נ. birthright; priority

–הַצָּגַת־בְּכוֹרָה premiere

בַּכּוּרָה נ. first fruit

בִּכּוּרִים ז. ר. first fruits

–חַג הַבִּכּוּרִים Pentecost, Festival of the First-Fruits

בְּכִי, בֶּכִי ז. בָּכוּת, בְּכִיָּה, בְּכִיָּה נ. weeping, crying

בַּכְיָן weeper, crybaby

בָּכִיר elder; senior

בֻּכְנָה נ. piston

בִּכֵּר to ripen early; to prefer

בַּל not

בִּלְבַד only, alone

בִּלְבּוּל ז. mixup, disorder; confusion; slander

בִּלְבֵּל to mix up; to confuse

–הִתְבַּלְבֵּל to get confused

(בלג) הִבְלִיג to restrain oneself; (*Bib.*) to muster one's courage

בלה (בָּלָה, יִבְלֶה) to be worn out

–בִּלָּה to wear out; to spend (time)

-בַּלֵּה בִּנְעִימִים to have a good time
-בַּלֵּה זְמָן to spend time
-הִתְבַּלֵּה to be worn out
בָּלֶה worn out
בַּלָּהָה נ. terror
בְּלוֹ excise (tax)
בְּלוֹאִים ז״ר rags; worn clothes
בַּלּוּט ז. acorn; gland
בְּלוֹרִית נ. curl, plait of hair
(בלח) הַבְלֵחַ to flicker
בלט (בָּלַט, יִבְלֹט) to be prominent, to project
-הַבְלֵט to emphasize, to lay stress on
בְּלִי, מִבְּלִי without
בְּלִיטָה נ. projection
בְּלִיל ז. mixed fodder
בְּלִילָה נ. mixture
בְּלִימָה נ. nothing, nothingness; stoppage; braking (of car, etc.)
בְּלִיעָה נ. swallowing

בְּלִיַּעַל wicked thing
-בְּנֵי בְלִיַּעַל base fellows
-אִישׁ בְּלִיַּעַל, בֶּן בְּלִיַּעַל villain; scoundrel
בלל (בָּלַל, יָבֹל, יִבְלֹל) to mix
-הִתְבּוֹלֵל to mingle; to assimilate oneself
בלם (בָּלַם, יִבְלֹם) to bridle; to brake (car, etc.)
בֶּלֶם ז. brake; barrier
בַּלָּן ז. bath-keeper
בלס (בָּלַס, יִבְלֹס) to cultivate figs; to mix
בלע (בָּלַע, יִבְלַע) to swallow
-בַּלֵּעַ to destroy
-הַבְלֵעַ to swallow; to elide
בֶּלַע ז. something swallowed
-דִּבְרֵי בֶלַע slander
בִּלְעֲדֵי, מִבַּלְעֲדֵי except; besides; without
בִּלְעֲדִי exclusive
בַּלָּשׁ ז. detective
בַּלֵּשׁ to search

בַּלְשָׁן ז. philologist; linguist
בִּלְתִּי not; except
-לְבִלְתִּי in order not to
-מִבִּלְתִּי because not; of (one's) inability
בָּמָה נ. altar; stage
בֵּן ז. son; boy; member of; worthy of; of the age of
-בֶּן־אָדָם man, person
-בֶּן־בַּיִת family-friend; member of family
-בֶּן־בְּלִי־שֵׁם nameless person; unimportant or worthless person
-בֶּן־בְּרִית Jew (participant in the Covenant)
-בֶּן־גִּיל of the same age
-בֶּן־דּוֹד cousin
-בֶּן־זוּג mate
-בֶּן־זְקוּנִים son of old age, youngest son
-בֵּן חוֹרֵג stepson
-בֶּן־חַיִל hero, strong man
-בֶּן־כְּפָר villager
-בֶּן־כְּרָךְ city dweller
-בֶּן־לְוָיָה escort, companion
-בֶּן־לַיְלָה overnight
-בֶּן־מָוֶת doomed to die
-בֶּן־נֵכָר foreigner, stranger
-בֶּן־קְיָמָא stable, lasting; viable
-בֶּן־שַׁחַר morning-star (*rhet.*)
-בֶּן־שֶׁמֶן fertile soil (*rhet.*)
-בֶּן תּוֹרָה learned man
-בֶּן־תְּמוּתָה mortal
-בֶּן־תַּעֲרוּבוֹת hostage
-בֶּן תַּרְבּוּת cultured person
בַּנַּאי ז. builder
בנה (בָּנָה, יִבְנֶה) to build
בְּנִיָּה נ. construction
בִּנְיָה נ. building, structure (*Bib.*)
בִּנְיָן ז. building; conjugation (*Heb. grammar*)
-בִּנְיַן אָב principle
בָּסִיס ז. base, foundation
בִּסֵּם to perfume
-הִתְבַּסֵּם to perfume oneself; to become drunk
בַּסָּם ז. spice-seller

(בסס) בַּסֵּס to found, base
-הִתְבַּסֵּס to base oneself
בֹּסֶר ז. sour grapes, unripe grapes
בֻּסְתָּן ז. orchard
בַּעְבּוּעַ ז. bubble
בַּעְבֵּעַ to bubble; to gush out
בַּעַד (ס׳ בְּעַד) through; for; for the sake of
בעה (בָּעָה, יִבְעֶה) to graze; to boil, cook; to ask; to desire
בְּעוּלָה נ. married woman
בִּעוּר ז. carrying away, removal
בִּעוּת ז. terror
בעט (בָּעַט, יִבְעַט בְּ־) to kick; to despise, to spurn
בְּעָיָה נ. problem
בְּעִיטָה נ. kicking
בְּעִילָה נ. cohabitation
בְּעִיר ז. cattle
בעל (בָּעַל, יִבְעַל) to possess; to marry; to cohabit

בַּעַל ז. owner; husband
-בַּעַל־בַּיִת house owner; owner; head of the family
-בַּעַל דִּין opponent
-בַּעַל־הוֹן capitalist
-בַּעַל חוֹב debtor; creditor
-בַּעַל חַיִּים living being; animal
-בַּעַל כָּנָף fowl, bird
-בַּעַל מוּם cripple
-בַּעַל מְלָאכָה artisan
-בַּעַל מִקְצוֹעַ specialist, craftsman
-בַּעַל נֵס miracle-worker
-בַּעַל עֲגָלָה coachman
בער (בָּעַר, יִבְעַר) to burn; to be stupid
-בִּעֵר to kindle; to remove completely; to destroy
בַּעַר ז. stupid person, ignorant person
בְּעֵרָה נ. fire
בַּעֲרוּת נ. stupidity; boorishness; illiteracy

(בעת) הִבָּעֵת to be afraid, terrified

–בַּעֵת to frighten

בְּעָתָה נ. terror

בֹּץ ז. mud, mire

בִּצְבֵּץ to sprout; to reflect

בִּצָּה נ. swamp, marsh

בָּצִיר ז. vintage

בָּצָל ז. onion

בצע (בָּצַע, יִבְצַע) to break bread; to gain (by violence)

–בִּצֵּעַ to complete, finish; to perform

בֶּצַע ז. gain

בָּצֵק נ. dough

בצר (בָּצַר, יִבְצֹר) to pick grapes; to fortify

–הִבָּצֵר to be firm; to be prevented, restrained

בַּצֹּרֶת נ. drought

בַּקְבּוּק ז. bottle

בִּקּוּר ז. visit, attendance

בִּקּוּשׁ ז. demand

בָּקִי expert; well-versed; well-read

בְּקִיאוּת נ. expert knowledge

בְּקִיעַ ז. split, crack

בקע (בָּקַע, יִבְקַע) to cleave, to split wood

–הִבָּקֵעַ to be cleft

–בִּקֵּעַ to cleave

–הִתְבַּקֵּעַ to split, burst

בֶּקַע ז. half-shekel; cleft; hernia

בִּקְעָה נ. valley, plain

(בקר) בִּקֵּר to visit; to criticize; to examine

בֹּקֶר ז. morning

בָּקָר ז. cattle

בִּקֹּרֶת נ. control; examination; criticism

(בקש) בִּקֵּשׁ to seek; to wish; to ask

–בֻּקַּשׁ to be requested to be looked for

בַּקָּשָׁה נ. request, application; desire

–בְּבַקָּשָׁה! please

בִּקְתָּה hut

בָּר,בַּרז. grain; open field

–חַיּוֹת בַּר wild animals

בַּר pure

בַּר ז. (*Ar.*) son of

–בַּר אוֹרְיָן learned man

–בַּר־בֵּי־רַב pupil

–בַּר דַּעַת sensible man

–בַּר־הָכֵי expert

–בַּר מַזָּל lucky fellow

–בַּר־מִינָן dead man, corpse

–בַּר־נַשׁ human being; fellow, guy

–בַּר־סַמְכָא authority

–בַּר־פְּלֻגְתָּא antagonist (in debate)

בֹּר ז. purity

ברא (בָּרָא, יִבְרָא) to create

–בֵּרֵא to cut down

–הַבְרֵא to recover; to make fat; to become fat

בַּרְבּוּר ז. swan

בֹּרֶג ז. screw

בֵּרַג, יְבָרֵג to screw

–הִבְרִיג to screw together

בֻּרְגָּנוּת נ. the bourgeoisie

בָּרָד ז. hail

בַּרְדְּלָס ז. panther

ברה (בָּרָה, יִבְרֶה) to eat (*rhet.*)

בַּרְוָז ז. duck

בָּרוּךְ blessed

–בָּרוּךְ הַבָּא welcome

בָּרוּר clear, certain

בֵּרוּר ז. selection; examination; clearness

בְּרוֹשׁ, בְּרוֹת ז. (*Bib.*) cypress

בֶּרֶז ז. faucet, tap, cock

בַּרְזֶל ז. iron

–בַּרְזֶל חָשִׁיל wrought iron

–בַּרְזֶל יְצִיקָה cast iron

ברח (בָּרַח, יִבְרַח) to run away, to flee

–הִבְרִיחַ to drive away; to bolt; to smuggle

–הִבְרִיחַ מִן הַמֶּכֶס to smuggle goods

בֹּרִי ז. clearness

-עַל בֻּרְיוֹ — thoroughly
בָּרִיא — healthy; stout
בְּרִיאָה נ. — creation; world
בְּרִיאוּת נ. — health
בְּרִיָּה, בִּרְיָה נ. — creation; creature; food
בִּרְיוֹן ז. — gangster
בָּרִיחַ (*Bib.*) — fugitive
-נָחָשׁ בָּרִיחַ — ringed snake; (*Bib.*) fleeing serpent
בְּרִיחַ ז. — bar, latch
בְּרִיחָה נ. — flight
בְּרִית נ. — covenant; agreement
-בְּרִית מִילָה — circumcision
-בְּרִית חֲדָשָׁה — New Testament
-בְּרִית יְשָׁנָה — Old Testament
-בֶּן־בְּרִית — ally; Jew
-בַּעַל־בְּרִית — ally
בֹּרִית נ. — borax; soap
ברך (בָּרַךְ, יִבְרַךְ) — to kneel
-בֵּרֵךְ — to bless, to congratulate
-הַבְרֵךְ — to cause to kneel
-הִתְבָּרֵךְ — to be blessed, to regard oneself as blessed
בֶּרֶךְ נ. (ר. בִּרְכַּיִם) — knee
בְּרָכָה נ. — blessing; congratulation; benediction; (*Bib.*) presents
בְּרֵכָה נ. — pond, pool
בְּרַם — but, however
בָּרָק ז. — lightning flash; glitter
(ברק) הַבְרֵק — to glitter, to twinkle; to telegraph
בַּרְקַאי, בַּרְקַי (*rhet.*) — dawn; morning star
בַּרְקָן ז. — thistle
בָּרֶקֶת נ. — emerald
ברר (בַּר, בָּרַר; יָבֹר, יִבְרֹר) — to select; to cleanse; to examine
-בֵּרֵר — to explain; to select
-הָבֵר — to cleanse (grain, etc.)
בְּרֵרָה נ. — choice; alternative
בִּשְׁבִיל — for, for the sake of
-בִּשְׁבִיל שֶׁ־ — because

בִּשּׁוּל ז. cooking; ripening

בְּשׂוֹרָה נ. news, tidings; message

בשל (בָּשַׁל, יִבְשַׁל) to ripen; to be cooked

–בִּשֵּׁל to cook

–הִבְשִׁיל to mature

הִתְבַּשֵּׁל to be cooked

בָּשֵׁל cooked, done; ripe

בֶּשֶׂם, בֹּשֶׂם ז. fragrance; balsam plant

(בשׂר) בִּשֵּׂר to announce; to bring tidings

–הִתְבַּשֵּׂר to receive good news

בָּשָׂר ז. flesh, meat, body

–בָּשָׂר וָדָם mortal (man)

–בָּשָׂר חַי raw flesh, raw meat

–עַצְמִי וּבְשָׂרִי my own flesh and blood

בֹּשֶׁת נ. shame, disgrace; (*Tal.*) indemnity (for putting to shame)

בַּת (נ״ר בָּנוֹת) daughter; girl; (*Bib.*) measure (of liquid)

–בְּבַת אַחַת at the same time; at once

–בַּת־זוּג wife

–בַּת־יַעֲנָה ostrich

–בַּת־עַיִן pupil of the eye

–בַּת צְחוֹק smile

–בַּת־צִיּוֹן (*Bib.*) the Jewish nation

–בַּת־קוֹל echo; voice from heaven

בָּתָה, בַּתָּה נ. waste

בְּתוּלָה נ. virgin; maiden; untilled; virgin (soil)

בְּתוּלִים ז. ר. virginity; maidenhood

–מַסַּע בְּתוּלִים maiden voyage

בְּתוֹר v. תּוֹר

(בתק) בִּתֵּק to cleave

בִּתֵּר to cut in two; to dissect

בֶּתֶר ז. piece, cut

–בְּרִית בֵּין־הַבְּתָרִים The Covenant of the Pieces (Genesis XV)

בַּתְרָא (*Ar.*) last; final

ג

גֵּא, גֵּאֶה — proud

גאה (גָּאָה, יִגְאֶה) — to rise, to swell; to be proud

–הִתְגָּאֵה — to be proud, arrogant

גַּאֲוָה נ., גֵּאָה נ. (*rhet*) — pride

גָּאוֹן ז. — glory, pride; genius; title given to the heads of the Babylonian colleges

–גְּאוֹן הַיַּרְדֵּן (*Bib.*) — vegetation on the banks of the river

גְּאוֹנִיּוּת נ. — genius

גֵּאוּת נ. — rising; pride; high tide

גַּאַוְתָן ז. — proud person

גאל (גָּאַל, יִגְאַל) — to redeem, to ransom; to profane

–הִתְגָּאֵל — to defile oneself

גְּאֻלָּה נ. — ransom; freedom

גַּב ז. — back; rim (of wheel)

–עַל גַּב, עַל גַּבֵּי — upon; above

–אַף עַל גַּב (*rhet.*) — although, albeit

–לְגַבֵּי — in regard to

גֵּב ז. — pit; (*Bib.*) locust

גֹּב ז. — pit, den

גֶּבֶא ז. (*Bib.*) — pool; marsh

גַּבָּאוּת נ. — tax-collecting; membership in executive committee

גַּבַּאי ז. — collector; officeholder in synagogue or society

(גבב) גִּבֵּב — to heap up

גְּבָבָה נ. — split wood; stubble

גבה (גָּבַהּ, יִגְבַּהּ) — to be high; to grow tall; to be proud

–הִגְבִּהַּ — to rise high

גָּבֹהַּ — high; tall; proud; The Most High

–גְּבַהּ־קוֹמָה — tall

גֹּבַהּ ז. height; pride

–גֹּבַהּ אַף, גֹּבַהּ לֵב, גֹּבַהּ רוּחַ pride, arrogance

גבה (גָּבָה, יִגְבֶּה) to collect (payment)

–גָּבָה עֵדוּת to take evidence

גַּבָּה נ. eyebrow

גַּבְהוּת נ. arrogance

גִּבּוּב ז. amassing

גְּבוּל ז. border, boundary

גִּבּוֹר ז. hero

–ש״ת mighty

גְּבוּרָה נ. strength; courage

גִּבּוּשׁ ז. crystallizing

גִּבֵּחַ ז. bald (on the forepart of the head)

גַּבַּחַת נ. baldness (on the forepart of the head)

גַּבַּי ז. tax-collector; officeholder

גְּבִיָּה נ. collection (of debts etc.)

–גְּבִיַּת עֵדוּת taking of evidence

גְּבִינָה נ. cheese

גָּבִיעַ ז. cup; goblet

גְּבִיר ז. master; rich man

גְּבִירָה נ. mistress, lady; (*Bib.*) queen-mother

גָּבִישׁ ז. crystal

גבל (גָּבַל, יִגְבַּל). to enclose; to border; to knead

(גבל) הַגְבֵּל to bound, restrict

גִּבֵּן ז. hunchback

גַּבְנוּן, גַּבְנֹן ז. hill; gable; hump

גֶּבֶס ז. plaster of Paris, gypsum

גִּבְעָה נ. hill, mound

גִּבְעֹל ז. stem; seed; vessel

גבר (גָּבַר, יִגְבַּר) to be strong; to grow in strength

–גַּבֵּר to strengthen

–הִתְגַּבֵּר to strengthen oneself; to be victorious, to overcome

גֶּבֶר ז. man, male

גְּבֶרֶת נ. lady; Madam, Mrs.

גַּבְשׁוּשׁ ז., גַּבְשׁוּשִׁית נ. small hill; tuberculum

גֻּבְתָּה נ. socket

גַּג ז. (ר. גַּגּוֹת, גַּגִּים) rooftop

גִּגִּית נ. tub

גַּד ז. coriander; (*Bib.*) luck

גִּדְגְּדָנִית נ. cherry

גדד (גַּד, גָּדַד, יָגֹד) to cut; to gather (dates)

–הִתְגּוֹדֵד to cut oneself (a sign of mourning); to assemble

גָּדָה נ. riverbank

גְּדוּד ז. troop; regiment; battalion

גָּדוֹל great, big; grown-up; mighty

גִּדּוּל ז. growth; education; breeding; plant; tumor

גִּדּוּלִים ז״ר plants

גִּדּוּף ז. גְּדוּפָה, גִּדּוּפָה נ. (*rhet.*) scorn; insult

גָּדוּשׁ full to overflowing

גְּדִי (ז.ר. גְּדָיִים), גַּדְיָא ז. (*Ar.*) kid

–גְּדִיָּה נ. she-kid

גָּדִיל ז. tassel, fringe

גָּדִישׁ ז. heap of sheaves; (*Bib.*) tomb

גדל (גָּדַל, יִגְדַּל) to be strong; to grow up

–גִּדֵּל to make great; to bring up

–הִגְדִּיל to enlarge

–הִתְגַּדֵּל to grow; to be haughty

גֹּדֶל ז. greatness

–גֹּדֶל־לֵבָב pride, haughtiness

גְּדֻלָּה נ. greatness

גַּדְלוּת נ. greatness

גִּדֵּם ז. one-armed man

גדע (גָּדַע, יִגְדַּע) to cut off

–גִּדֵּעַ to cut off, cut down

(גדף) גִּדֵּף to blaspheme; to insult

גדר (גָּדַר, יִגְדֹּר) to fence in

–הִגְדִּיר to define; to fence in

–גִּדֵּר to erect a fence

–הִתְגַּדֵּר to excel; to show off

גֶּדֶר נ. (ס. גֶּדֶר ר. גְּדֵרוֹת) fence; limit; precaution
גְּדֵרָה נ. hurdle
גדש (גָּדַשׁ, יִגְדֹּשׁ) to heap up; to fill to overflowing
–הִגְדִּישׁ to fill to overflowing
–הִגְדִּישׁ אֶת הַסְּאָה to overdo, exaggerate
גֹּדֶשׁ ז. plenty, abundance
גהה (גָּהָה, יִגְהֶה) to heal, cure
גִּהוּץ ז. ironing
גִּהוּק ז. belching
(גהץ) גִּהֵץ to iron
(גהק) גִּהֵק to belch
גהר (גָּהַר, יִגְהַר) to prostrate oneself
גַּו ז. back
גֵּו ז. (Ar.) inside, interior; body
–דְּבָרִים בְּגֵו (בְּגוֹ) there is something behind it, there is an unexpressed reason for it
גּוֹבֶה ז. collector

גּוֹבַי (Bib.) locust
גּוּבַיְנָא, גּוּבַיְנָא (Ar.) demand to repay debt
גוז (גָּז, יָגוּז) to flee; to vanish
גּוֹזָל ז. (ר. גּוֹזָלִים, גּוֹזָלוֹת) chick, baby bird
גּוֹי ז. nation; gentile
–גּוֹיָה gentile woman
גְּוִיָּה נ. body; corpse
גְּוִיל ז. parchment; unhewn stone
גּוֹלָה נ. exile; Diaspora
גּוֹלֶה exiled
גּוֹלֵל ז. stone over corpse in grave; (Tal.) stone placed on top of a burial cave
גּוּמָא, גּוּמָה נ. dimple; hole
גּוֹמְלִין ז״ר reciprocation, mutuality
גּוּמָץ ז. (Bib.) pit
גּוֶן ז. color; nuance
–כְּגוֹן for instance; such as
גוע (גָּוַע, יִגְוַע) to die

גּוּף (הֵגֵף, יָגִיף) to shut (door, shutter)
גּוּף ז. body; substance
–גּוּפוֹ himself
–גּוּפָהּ herself
–כִּנּוּי הַגּוּף pronoun
גּוּפָא ז. (*Ar.*) the body; the very thing
גּוּפָה נ. corpse; body
גּוּפִיף corpuscle
גּוּפָנִי bodily, physical
גּוּץ small of stature
גּוּר (גָּר, יָגוּר) to dwell; to be afraid
–הִתְגּוֹרֵר to dwell
גּוּר ז. cub, whelp
גּוֹרֵד־שְׁחָקִים skyscraper
גּוֹרָל ז. (ר. גּוֹרָלוֹת) lot, fate, destiny; share
גּוֹרָלִי crucial
גּוֹרֵם ז. factor
גּוּשׁ ז. lump, block
גֵּז ז. shearing; (*Bib.*) mown field

גָּז gas
גִּזְבָּר ז. treasurer, cashier
גִּזָּה נ. shorn wool
גזז (גָּזַז, יִגְזֹז, יָגֹז) to shear
גְּזֻזְטְרָה נ. balcony
גָּזִיר ז. piece (of wood), log
גָּזִית נ. hewn stone
גזל (גָּזַל, יִגְזֹל) to rob
גֵּזֶל ז., גְּזֵלָה נ. prey; robbery
גַּזְלָן ז. robber
גִּזֵּם to exaggerate; to prune
–הִגְזִים to exaggerate
גָּזָם ז. immature locust
גֻּזְמָה נ. exaggeration
גֶּזַע ז. trunk of tree; race (*biology*)
גזר (גָּזַר, יִגְזֹר) to cut down; to cut to pieces; to decree
–הִגָּזֵר to be cut off, separated; to be decreed
גֶּזֶר ז. piece, cut; carrot
גְּזָר, גְּזַר דִּין ז. judgment; verdict

גְּזֵרָה נ. (evil) decree

–גְּזֵרָה שָׁוָה (*Tal.*) analogy between two laws

גִּזְרָה נ. figure; cut; verb-class (*Heb. grammar*); segment

גִּחוּךְ ז. smile, ridicule

גָּחוֹן ז. belly of reptile

גחך (גָּחַךְ, יִגְחַךְ; גִּחֵךְ, יְגַחֵךְ) to smile

גַּחֶלֶת נ. (ר. גֶּחָלִים) glowing coal

גחן (גָּחַן, יִגְחַן) to bend

גֵּט divorce document; (*Tal.*) bill

גֶּטוֹ* ז. ghetto

גַּי, גַּיְא, גֵּיא נ. (ר. גֵּיאָיוֹת) valley, ravine

גִּיגִית נ. washtub

גִּיד ז. vein

–גִּיד הַנָּשֶׁה vein of hip; sinew

גֵּיהִנּוֹם נ. hell

גִּיּוּס ז. mobilization

גִּיּוֹרֶת נ. woman proselyte

גיח (גָּח, יָגִיחַ) to emerge

–הֵגִיחַ to break forth

גיל (גָּל, יָגִיל) to rejoice

גִּיל ז. joy; age

גִּילָה נ. joy

גִּימַטְרִיָּה נ. letter-number; use of letters as numerals

(גיס) גִּיֵּס to mobilize, to enlist

–הִתְגַּיֵּס to enlist, to join the army

גַּיִס ז. (ר. גְּיָסוֹת) army corps; company of soldiers

גִּיס ז. brother-in-law

–גִּיסָה נ. sister-in-law

גִּיר ז. chalk, limestone

גִּיֵּר to convert to Judaism

–הִתְגַּיֵּר to become a convert to Judaism

גִּישָׁה נ. approach

גַּל ז. heap; wave; gear; (*Bib.*) well

–הִכָּה גַּלִּים to make high waves, to cause repercussions

גַּלָּב ז. barber
גִּלְגּוּל ז. rolling; vicissitude; metamorphosis (*zoology*)
–גִּלְגּוּל נֶפֶשׁ metamorphosis; reincarnation of the soul
גִּלְגֵּל to roll; to move
–הִתְגַּלְגֵּל to roll over; to happen; be transformed
גַּלְגַּל ז. wheel; celestial sphere; eyeball
–גַּלְגַּל חוֹזֵר the wheel of fortune
גֻּלְגֹּלֶת נ. skull
גַּלְגֶּלֶת נ. pulley
גֶּלֶד ז. hide; crust
(גלד) הַגְלֵד to freeze; to crust over
גִּלְדָה נ. leather; sole (of a shoe)
גלה (גָּלָה, יִגְלֶה) to go into exile
–גִּלָּה to uncover, reveal
–הִגְלָה to banish; to exile
–הִתְגַּלָּה to uncover oneself

גֻּלָּה נ. small bowl; marble ball; fountain; lampshade
גְּלוֹבּוּס ז. globe
גִּלּוּחַ ז. shaving
גָּלוּי open
–גְּלוּיוֹת openly
–בְּגָלוּי publicly; uncovered
גִּלּוּי ז. uncovering, discovery
–גִּלּוּי דַּעַת announcement; statement
–גִּלּוּי עֲרָיוֹת adultery; incest
–גִּלּוּי שְׁכִינָה revelation
גְּלוּיָה נ. postcard
(גִּלּוּל ז.) גִּלּוּלִים ז״ר idols
גְּלוּלָה pill
גָּלוּת נ. exile, Diaspora
גָּלוּתִי pertaining to exile
גַּלָּח ז. Christian priest
(גלח) גִּלֵּחַ to shave
–הִתְגַּלֵּחַ to shave oneself
גְּלִידָה נ. ice cream
גִּלָּיוֹן ז. (ר. גִּלְיוֹנוֹת) sheet of paper; copy of newspaper
גָּלִיל ז. cylinder; district

גְּלִילָה נ. district; rolling
גְּלִימָה נ. wrap, cloak
גלל (גַּל, גָּלַל, יָגֹל) to roll; to move away
-הִגֹּל to be rolled, turned
-גּוֹלֵל to unfold
-הִתְגּוֹלֵל to roll oneself; to assail; to lie about in disorder
(גלל) בִּגְלַל because of
גָּלָל, גֵּלֶל ז. excrement
גלם (גָּלַם, יִגְלֹם) to wrap
גֹּלֶם ז. shapeless matter; legendary humanoid automaton of clay; fool; pupa
(גֶּלֶם) חָמְרֵי גֶּלֶם raw materials
גָּלְמִי raw, shapeless
גַּלְמוּד solitary
גְּלֻסְקָה נ. roll; refined bread
גַּלְעִין ז. kernel
גַּלֶּרְיָה* נ. gallery
גלש (גָּלַשׁ, יִגְלֹשׁ) to glide down

גַּם also, too
-הֲגַם שֶׁ- though
(גמא) גָּמָא to swallow, gulp
גֹּמֶא ז. papyrus plant
גִּמְגּוּם ז. stuttering; hesitation
גִּמְגֵּם to stutter; to hesitate
גֹּמֶד ז. ell (measure)
גַּמָּד ז. dwarf
גֻּמָּה נ. hole
גְּמוּל ז. reward
גָּמוּר finished, complete
גֻּמְחָה niche in wall
גֻּמִּי rubber
גְּמִילוּת חֶסֶד נ. favor; loan
גָּמִישׁ flexible
גְּמִישׁוּת נ. flexibility
גמל (גָּמַל, יִגְמֹל) to ripen (fruit); to wean; to reward
-הִגָּמֵל to wean oneself
גָּמָל ז. camel
גִּמְלָה נ. pension
גָּמֹעַ (גָּמַע, יִגְמַע) to gulp

גמר (גָּמַר, יִגְמֹר) to finish, to end; to decide

–הִגָּמֵר to be completed

–וְגוֹמֵר (וגו׳) and so on

גְּמָר, גֶּמֶר ז. finish, end

גְּמָרָא, גְּמָרָה נ. Talmud

(לְ)גַמְרֵי entirely

גַּן ז. garden; kindergarten

–גַּן־חַיּוֹת zoo

–גַּן־יָרָק vegetable garden

–גַּן־עֵדֶן paradise

גְּנַאי ז. blame, disgrace

גנב (גָּנַב, יִגְנֹב) to steal

–הִגָּנֵב to be stolen

–הַגְנֵב to smuggle in

–הִתְגַּנֵּב to steal in

–גָּנֹב לֵב, גָּנֹב דַּעַת to mislead

גַּנָּב ז. thief

גְּנֵבָה נ. theft, larceny

–גְּנֵבַת דַּעַת deceit, fraud

גַּנְדֵּר to adorn

–הִתְגַּנְדֵּר to be coquettish

(גנה) גִּנָּה to blame; to put to shame

גִּנָּה, גַּנָּה נ. garden, little garden

גִּנּוּן נ. manner

גְּנוּת נ. blame

(גֶּנֶז ז.) ר. גְּנָזִים treasury; archives; records

גנז (גָּנַז, יִגְנֹז) to hide; to put in archives

גַּנְזַךְ ז. treasure-house

גנח (גָּנַח, יִגְנַח) to groan; to cough blood or sputum

גְּנִיזָה נ. hiding away (of something); archives

גְּנִיחָה נ. groaning; coughing of blood or sputum

גנן (גַּן, גָּנַן, יָגֹן) to protect, guard

–הָגֵן (הֵגֵן, יָגֵן) to protect, defend

–גּוֹנֵן to defend

–הִתְגּוֹנֵן to defend oneself

גַּנָּן ז. gardener

גַּנָּנוּת נ. gardening

גַּנֶּנֶת נ. kindergarten teacher

גֵּנֶרָטוֹר* generator

גֵּנֶרָל* general

גַּס vulgar; crude; unfinished

גִּסָּא ז. (*Ar.*) side

–מֵאִידָךְ גִּסָּא on the other hand

גַּסּוּת נ. vulgarity; crudity; arrogance; rudeness

–גַּסּוּת רוּחַ haughtiness; rudeness

גֶ׳סְטָה* נ. gesture

גְּסִיסָה נ. dying agony

גַּעֲגוּעִים ז״ר longing

–הִתְגַּעְגֵּעַ to long, yearn

געה (גָּעָה, יִגְעֶה) to bellow

גְּעִיָּה נ. bellowing

געל (גָּעַל, יִגְעַל) to abhor

–הִגָּעֵל to be abhorred

–הַגְעֵל to arouse nausea; to scald (vessels)

גַּעֲלִי loathsome, disgusting

גֹּעַל־נֶפֶשׁ ז. disgust

גער (גָּעַר, יִגְעַר) to scold

גְּעָרָה נ. scolding

געש (גָּעַשׁ, יִגְעַשׁ) to quake

–הַר־גַּעַשׁ volcano

גַּף ז. wing; arm; handle; border

–בְּגַפּוֹ (he) alone

גִּפּוּף ז. embracing, caressing

גֶּפֶן נ. vine

–צֶמֶר גֶּפֶן absorbent cotton, cotton-wool

גַּפֵּף to embrace, caress

־הִתְגַּפֵּף to embrace

גֹּפֶר ז. fir tree (?), cedar (?) (*Bib.*)

גַּפֵּר to sulphurize

גַּפְרוּר ז. match

גָּפְרִית נ. sulphur

גֵּץ ז. (ר. גִּצִּים) spark

גֵּר ז. stranger, foreigner; proselyte

–גֵּר צֶדֶק proselyte to Judaism

גָּרָב ז. eczema; itch

גֶּרֶב ז. (ר. גַּרְבַּיִם) sock (clothing); stocking

גַּרְגֵּר, גַּרְגִּיר ז. berry; grain

גַּרְגֵּר to gargle
גַּרְגְּרָן ז. glutton
גַּרְגֶּרֶת נ. gorge, throat
גְּרֹגֶרֶת נ. dried fig
גֵּרֵד to scratch
–הִתְגָּרֵד to scratch oneself
גְּרֵידָא (*Ar.*) only, just
גַּרְדּוֹם ז. scaffold, gallows
גָּרֶדֶת נ. scabies
גֵּרָה to provoke; to stimulate
–הִתְגָּרָה to provoke
גֵּרָה נ. cud; ancient coin
גֵּרוּי ז. excitement, stirring up, causing strife
–גֵּרוּי עֲצַבִּים nervousness
גָּרוֹן ז. neck; throat
גָּרוּעַ inferior
גְּרוֹפִית נ. shoot (of sycamore)
גֵּרוּשׁ ז. banishment
גָּרוּשׁ ז. divorced man
–גְּרוּשָׁה נ. divorced woman
גֵּרוּשִׁים divorce
גַּרְזֶן ז. axe
גְּרִיסִים ז״ר groats

(גרל) הֵגֵרִיל to cast lots; to raffle
גרם (גָּרַם, יִגְרֹם) to cause; to gnaw
גֶּרֶם ז. bone; body
גְּרָם ז. גְּרָמָא נ. (*Ar.*) cause
גֹּרֶן נ. (ר. גְּרָנוֹת) threshing-floor
–חֲצִי גֹּרֶן עֲגֻלָּה half-circle
גִּרְסָה נ. variant (text); reading; study
גרס (גָּרַס, יִגְרֹס) to gnaw (bones); to study
גרע (גָּרַע, יִגְרַע) to lessen, to diminish
–הִגְרֵעַ to be diminished
גֵּרָעוֹן ז. deficit; shortage
גַּרְעִין ז. grain, kernel
גַּרְעֶנֶת נ. trachoma
גרף (גָּרַף, יִגְרֹף) to wipe; to sweep
גרר (גָּרַר, יִגְרֹר) to draw; to drag; to bring about; to grate
גרש (גָּרַשׁ, יִגְרֹשׁ) to expel

–גֵּרֵשׁ to expel; to divorce a wife

–הִתְגָּרֵשׁ to be divorced

גֶּרֶשׁ ז. (*Bib.*) produce, fruit

גֶּשֶׁם ז. rain; substance

(גשם) הִגְשִׁים to bring rain; to carry out, to realize

–הִתְגַּשֵּׁם to be realized; to materialize

גַּשְׁמִיּוּת נ. materialism, corporeality

גַּשְׁמִי material, corporeal; materialistic

גּשְׁפַּנְקָה נ. signet-ring, seal

גֶּשֶׁר ז. bridge

(גשר) גִּשֵּׁר to bridge

(גשש) גִּשֵּׁשׁ to feel; to grope

–הִתְגּוֹשֵׁשׁ to wrestle

גִּשְׁתָּה נ. siphon

גַּת נ. (ר. גִּתּוֹת, גִּתִּים) wine press

גִּתִּית נ. (*Bib.*) a kind of musical instrument

ד

דָּא כ״ג נ. (*Ar.*) this, that

–דָּא עָקָא that is the trouble

–עַל דָּא וְעַל הָא concerning this and that

דאב (דָּאַב, יִדְאַב) to pine away; to be in distress; to weep; to grieve

דְּאָבָה, דַּאֲבָה נ. distress; sorrow

דְּאָבוֹן ז. sorrow, regret

–לְדַאֲבוֹנִי to my regret

דאג (דָּאַג, יִדְאַג) to worry, to be anxious; to be distressed

–הַדְאֵג to cause anxiety

דְּאָגָה נ. care; anxiety; distress

דאה (דָּאָה, יִדְאֶה) to soar, fly; to glide (in the air)

דָּאָה נ. kite, vulture

דָּאוֹן ז. glider

דְּאִיָּה נ. soaring; gliding

דֹּאַר ז. post-office; mail

דֹּב ז. (נ. דֻּבָּה) bear

–לֹא דֻבִּים וְלֹא יַעַר nothing of the kind

דֹּבֶא ז. (*Bib.*) abundance

(דבב) דּוֹבֵב to cause to speak

דְּבָב ז. enmity

–בַּעַל דְּבָב (*rhet.*) adversary

דֻּבְדְּבָן ז. cherry; cherry tree

דִּבָּה נ. slander, libel

דִּבּוּק ז. attachment; adhesion; evil spirit possessing a person's body

דִּבּוּר ז. speech; talking; word

–עַל פִּי הַדִּבּוּר (*Tal.*) by the command of God

–תּוֹךְ כְּדֵי דִבּוּר immediately

דְּבוֹרָה נ. (ר. דְּבוֹרִים) bee

דִּבּוּרִי colloquial

דִּבְיוֹן ז. pigeon droppings

דָּבִיק sticky

דְּבִיר ז. Holy of Holies

דְּבֵלָה נ. (ר. דְּבֵלִים, דְּבֵלוֹת) pressed fig

דבק (דָּבַק, דָּבֵק; יִדְבַּק) to stick to, to join; to overtake, to catch up with

–הִדָּבֵק to be stuck; to be infected

–הִדְבִּיק to reach; to stick; to paste; to infect (with disease)

–הִתְדַּבֵּק to join closely

–מִתְדַּבֵּק infectious; sticking, adhesive

דָּבֵק, דְּבֵקָה attached, joined

דֶּבֶק ז. glue; junction; lead-soldering

דְּבֵקוּת נ. attachment; devotion

(דבר) דָּבֹר, דַּבֵּר to speak, to talk

–הִדָּבֵר to speak with one another

–הַדְבֵּר to subjugate

דָּבָר ז. word; speech; saying; thing, affair; relation

–דָּבָר אַחֵר (*Tal.*) different explanation; pig

–דִּבְרֵי הַיָּמִים chronicle, history

–דְּבַר־מַה something; a bit, a trifle

–אֵין דָּבָר never mind!

–עַל־דְּבַר about; because of

–עַל לֹא־דָבָר don't mention it!

–לֹא הָיוּ דְבָרִים מֵעוֹלָם nothing of the kind

דֶּבֶר ז. pestilence

דַּבָּר ז. leader; spokesman

דִּבֵּר ז. (ר. דִּבְּרוֹת) word; commandment

–עֲשֶׂרֶת הַדִּבְּרוֹת Decalogue, the Ten Commandments

דִּבְרָה נ. speech, word

–עַל דִּבְרָתִי	upon my word
דַּבְּרָן ז.	speaker, orator; garrulous person
דַּבְּרָנוּת נ.	oratory; garrulity
דְּבַשׁ ז.	honey
–לֹא מִדֻּבְשֵׁךְ וְלֹא מֵעֻקְצֵךְ	"none of your honey, none of your sting"
דֻּבְשָׁן ז.	honey-cake
דַּבֶּשֶׁת נ.	camel's hump
דָּג ז.	fish
–דָּג מָלוּחַ	herring
–דָּג מְמֻלָּא	"gefillte fish"
דִּגְדֵּג	to tickle
דִּגְדּוּג ז.	tickling
דָּגָה נ.	fish (*collective noun*)
דגה (דָּגָה, יִדְגֶּה)	multiply (*Bib.*)
דְּגִירָה נ.	brooding, hatching
דגל (דָּגַל, יִדְגֹּל)	run up a flag
–דָּגַל בְּ־	to champion; to profess
–הִדָּגֵל	to gather under the banner
–דָּגוּל מֵרְבָבָה	eminent
דֶּגֶל ז.	flag, banner; troop
(דגם) הִדְגִּים	to exemplify; to illustrate
דֶּגֶם ז.	model
דֻּגְמָה נ.	pattern, sample
–דֻּגְמָתוֹ	the like of him
דֻּגְמָנִית נ.	model (woman), mannequin
דָּגָן ז.	grain
דְּגָנִיָּה נ.	cornflower
דגר (דָּגַר, יִדְגֹּר)	to brood, hatch
–הִדְגִּיר	to set on eggs
דגשׁ (דָּגַשׁ, יִדְגֹּשׁ) דִּגֵּשׁ	to point with dagesh
הִדְגִּישׁ	to stress, to emphasize
דָּגֵשׁ ז.	dagesh (a dot put in a letter); emphasis, stress mark
דַּד ז.	teat; breast; tap
(דדה) דִּדָּה	to wander; to hop
דֵּהֶה	faint, pale
(דהם) הִדָּהֵם	to be startled, shocked, dumbfounded

הַדְהֵם-	to startle, shock, dumbfound
דהר (דָּהַר, יִדְהַר)	to gallop
דַּהֲרָה נ.	gallop
דוּ־	two; bi-
דוּ־חַי	amphibian
-דוּ־מַשְׁמָעִי	ambiguous
-דוּ־פַּרְצוּפִי	two-faced, hypocritical
-דוּ־קִיוּם	coexistence
-דוּ־שִׂיחַ	dialogue
דּוֹבֵב (דבב)	to make one talk
דּוֹבֵר ז.	talker, speaker; spokesman
דֹּבְרָה נ.	raft
דוג (דָּג, יָדוּג)	to fish
דּוּגָה נ.	fishing boat
דּוּגִית נ.	small fishing boat
דּוּד ז. (ר. דּוּדִים, דְּוָדִים)	kettle; (*Bib.*) basket
דּוֹד ז.	uncle; (*rhet.*) friend; lover
-דּוֹדָה נ.	aunt
דּוּדָא ז. (ר. דּוּדָאִים)	mandrake, love apple
דּוֹדִים ז״ר (*rhet.*)	love; friendship
דּוֹדָן ז.	cousin
דוה (דָּוָה, יִדְוֶה)	to be sick; to be in distress
-דָּוָה לִבּוֹ	to be sorry
דָּוֶה	distressed; sick
דָּוּוּי	distressed; sick
(דוח) הֵדִיחַ	to rinse
-דִּוֵּחַ	to report
דְּוָי ז.	sickness, illness
דַּוָּי	sick, ill
דוך (דָּךְ, יָדוּךְ)	to pound, crush
דּוּכִיפַת נ.	hoopoe
דּוּכָן ז.	platform, stand
דום (דָּם, יָדוּם)	to be silent; (*Bib.*) to wait; to hope
דּוֹמֶה	similar
-דּוֹמֶה שֶׁ־	it seems that
דּוּמָה נ. (*Bib.*)	silence; the realm of the dead

-יוֹרֵד דוּמָה dead person

דּוּמִיָּה נ. silence

דּוּמָם silently

דּוֹמֵם ז. mineral; inorganic matter

דּוּן (דָּן, יָדוּן) to rule, to judge; to dispute

-הִדּוֹן to be sentenced; to be discussed

דּוֹנַג ז. wax

דּוּץ (דָּץ, יָדוּץ) to jump; to hurry

דּוּק (דָּק, יָדוּק) to be ground; to examine carefully; to think over

דַּוְקָא, דַּוְקָא just so, exactly so

-לָאו דַּוְקָא not necessarily so

דּוּר (דָּר, יָדוּר) to dwell

דּוֹר (ר. דּוֹרוֹת) ז. generation; period

-בֶּן דּוֹר contemporary

-לְדוֹר דּוֹר, לְדוֹרוֹת forever

דַּוָּר ז. postman

דּוּרָה נ. durra, Indian millet

דּוֹרוֹן ז. present, gift

דּוּשׁ (דָּשׁ, יָדוּשׁ) to tread underfoot; to thresh

-דָּשׁ בַּעֲקֵבָיו to spurn

-הִדּוֹשׁ be trodden upon

דַּוְשָׁה נ. pedal

דחה (דָּחָה, יִדְחֶה) to postpone; to reject; to push (away)

-דָּחָה בְּקַשׁ to put off with a vague reply, to give insufficient reasons

-הִדָּחֵה to be moved aside; to be postponed; to be rejected; to be pushed away

דִּחוּי ז. delay, respite

דָּחוּף urgent

דָּחוּק pressed; hard up

-תֵּרוּץ דָּחוּק far-fetched excuse

דְּחִי ז. downfall

דְּחִיָּה נ. pushing; putting off; rejection

דָּחִיל terrible; trembling

דְּחִילוּ נ. (*Ar.*) awe

–בִּדְחִילוּ וּרְחִימוּ with awe and reverence

דְּחִיפָה נ. thrust, push; impulse

דְּחִיפוּת נ. urgency

דַּחְלִיל ז. scarecrow

דֹּחַן ז. millet

דחס (דָּחַס, יִדְחַס) to compress

דַּחְפּוֹר bulldozer

דחף (דָּחַף, יִדְחַף) to push; to drive

דחק (דָּחַק, יִדְחַק) to press; to oppress; to hurry

הִדָּחֵק to be hurried, driven; to push one's way

–דָּחֹק אֶת הַשָּׁעָה to be impatient

דֹּחַק, דְּחָק ז. דַּחֲקוּת נ. oppression, distress

–בְּדֹחַק with difficulty

–עֲבוֹדוֹת דְּחָק relief work

דַּי ז. sufficient; enough

–כְּדֵי sufficient (to); in order that

–מִדֵּי יוֹם בְּיוֹמוֹ daily, every day

–לְמַדַּי sufficiently, enough

–מִדַּי more than enough

דִּיאֶטָה* נ. diet

דַּיָּג ז. fisherman

דִּידִי, דִּידָךְ (*Ar.*) mine, yours, etc.

–לְדִידִי for my sake; as for me

דַּיָּה נ. kite (bird)

דְּיוֹ נ. ink

דְּיוֹטָה נ. story, floor

דִּיוִיזְיָה* נ. division (in the army)

דִּיּוּק ז. precision, exactness

–בְּדִיּוּק exactly, precisely

דְּיוֹקָן ז. likeness

דְּיוֹתָה נ. inkstand

דֵּילָטוֹרְיָה נ. (*rhet.*) slander, denunciation

דִּימוֹס (*Tal.*) anmesty

–יָצָא בְּדִימוֹס to retire; to resign

דִּין (דָּן, יָדִין) to judge, sentence; to rule; to decide; to dispute

–הִדּוֹן to be sentenced; to be discussed

–דַּיֵּן to argue, to discuss

דִּין ז. sentence; judgment; (a) law; case; logical deduction

–דִּין וּדְבָרִים disagreement, dispute, controversy

–דִּין־וְחֶשְׁבּוֹן (a) report

–בַּעַל דִּין litigant; opponent

–גְּזַר־דִּין verdict

–עוֹרֵךְ־דִּין lawyer

–פְּסַק־דִּין sentence (*law*)

דִּינִים religious laws

–דִּינֵי נְפָשׁוֹת capital laws

דַּיָּן ז. judge

דִּינָר ז. denarius (Roman coin)

דַּיְסָה נ. (cooked) cereal

דִּיצָה נ. gladness, joy

דַּיֵּק to be precise, exact

דָּיֵק ז. bulwark, siege-wall

דִּיקְטָטוּרָה* נ. dictatorship

דַּיְקָן ז. pedant; precise person

דַּיְקָנוּת נ. preciseness

דִּיר ז. shed; sheepfold

דַּיָּר ז. lodger, tenant

דִּירָה נ. apartment, flat

דַּיִשׁ ז. threshing; time of threshing

דִּישָׁה נ. threshing

דִּישׁוֹן ז. antelope

דַּךְ oppressed; miserable

(דכא) הִדָּכֵא to be oppressed

–דַּכֵּא to crush; to subdue

דַּכָּא ז. dejected

–עַד דַּכָּא to the point of complete dejection

דִּכְדּוּךְ (הַנֶּפֶשׁ) depression, melancholy, dejection

דכה (דָּכָה, יִדְכֶּה) to be depressed

–הִדָּכֵה to be cast down

-דַּכֵּה to bruise, crush, shatter

דִּכּוּי ז. oppression; subjugation

דֳּכִי (ר. דָּכְיִים) ז. dashing of waves, surf

דְּכִירְנָא (Ar.) I remember

דֻּכָּס ז. duke

דַּל ז. poor, miserable; sickly

-הֶעֱלָה עַל דַּל שְׂפָתָיו (rhet.) to allow to pass one's lips

דלג (דָּלַג, יִדְלַג) to leap, to jump

-דִּלֵּג to jump; to skip

דַּלְגִּית נ. skipping rope

דִּלְדּוּל ז. impoverishment; hanging down

דִּלְדֵּל to impoverish

-הִדַּלְדֵּל to be impoverished; to be weakened

דַּלָּה נ. (rhet.) front hair; locks

-דַּלַּת הָאָרֶץ, דַּלַּת הָעָם the poor

דלה (דָּלָה, יִדְלֶה) to draw water

-דִּלָּה to lift up

דִּלּוּג ז. hop, leap

דָּלוּחַ foul, muddy

דַּלּוּת נ. poverty

דלח (דָּלַח, יִדְלַח) to make muddy

דְּלִי ז. (ר. דְּלָיִים זוגי דְּלָיַיִם) pail, bucket

דְּלֵיקָה נ. fire

דָּלִית נ. trailing branch

דלל (דַּל, יַדַּל) to be poor; to be weak, wretched

-דִּלֵּל to dilute; to thin (out)

דְּלַעַת נ. (ר. דְּלוּעִים) gourd

דלף (דָּלַף, יִדְלֹף) to drip

-הִדְלִיף to cause to drip, to leak; to reveal (secret)

דֶּלֶף dripping rain; leakage

דלק (דָּלַק, יִדְלַק) to glow, burn; to pursue

-הִדְלִיק to kindle

דֶּלֶק ז. fuel

דְּלֵקָה נ. fire, conflagration

דַּלֶּקֶת נ. inflammation

דֶּלֶת (ר. דְּלָתוֹת) door; column; verse, stanza

דָּלֶת נ. 4th letter of the alphabet (ד)

דַּלְתּוֹן ז. rhombus

דָּם ז. blood

–דַּם עֲנָבִים (*rhet.*) wine

–דָּמִים much blood; guilt of bloodshed

דִּמְדּוּם ז. twilight

–דִּמְדּוּמֵי חַמָּה evening, twilight, dusk

דמה (דָּמָה, יִדְמֶה) to be like; to resemble; to compare

–דּוֹמַנִי it seems to me

–דִּמָּה to compare; to pretend; to think

–נִדְמֶה לִי, כִּמְדֻמֶּה לִי, כִּמְדֻמַּנִי I think, it seems to me

דְּמוּת נ. likeness, image, form

דְּמוּת־דְּיוֹקָן image

דֳּמִי ז. peace, rest

–בִּדְמִי יָמָיו in the prime of one's life

דִּמְיוֹן ז. (ר. דִּמְיוֹנוֹת) likeness,; resemblance; image; imagination

–בַּעַל דִּמְיוֹן imaginative person

דָּמִים ז״ר price, money; blood (*pl.*)

–דְּמֵי־כְּנִיסָה entrance fee

–דְּמֵי־קְדִימָה advance payment

דמם (דָּמַם, דַּם, יִדֹּם) to stand still, to stop; to be silent

–הִדֹּם (נָדַם, יִדֹּם) to be silent

דְּמָמָה נ. stillness, silence

דֹּמֶן ז. dung

דמע (דָּמְעָה, תִּדְמַע [הָעַיִן]) to shed tears

–הַדְמֵעַ to shed tears

–דַּמֵּעַ (*Tal.*) to mix חֻלִּין with תְּרוּמָה (*q.v.*)

דֶּמַע ז. tear; (*Bib.*) juice; (*Tal.*) first-fruit

דִּמְעָה נ. tear

דֵּעַ ז. wisdom; knowledge
דֵּעָה נ. knowledge; opinion
דעך (דָּעַךְ, יִדְעַךְ) to be extinguished
דַּעַת נ. wisdom; knowledge, understanding
–בַּר־דַּעַת person of understanding
–גְּנֵבַת דַּעַת cheating, deception
–יָצָא מִדַּעְתּוֹ to go insane
–קַל־דַּעַת frivolous
דַּף ז. board; page of a book
דַּפְדֵּף to turn the pages
דְּפוּס ז. mould, form; printing press
דֹּפִי ז. insult; disgrace
–נָתַן דֹּפִי בְּ־ to scold someone
דְּפִיקָה נ. knock, knocking; (a) beat
דֹּפֶן (ר. דְּפָנוֹת) ז. wall; side; board
(דפס) הִדְפִּיס to print
–הֻדְפַּס, הָדְפֵּס to be printed
דפק (דָּפַק, יִדְפֹּק בְּ) to knock; to beat; to drive (a flock)
–הִתְדַּפֵּק to knock repeatedly
דֹּפֶק ז. pulse
דַּק ז. thin; minute; (*Bib.*) dust
–בְּהֵמָה דַּקָּה sheep, goats, etc.
דֹּק ז. thin cloth; cataract
דִּקְדּוּק ז. precision; detail; grammar
–דִּקְדּוּקֵי עֲנִיּוּת pedantry
דִּקְדֵּק to watch carefully; to be exact
דַּקָּה נ. minute (time)
דְּקִירָה נ. stabbing; pricking
דֶּקֶל ז. date, palm (tree)
דקק (דָּקַק, דַּק, יָדֹק) to beat, crush; to powder
דקר (דָּקַר, יִדְקֹר) to stab; to prick
–הִדָּקֵר to be stabbed
דֶּקֶר ז. pickaxe; mattock
דַּר ז. mother-of-pearl

דֵּרָאוֹן ז. horror, abhorrence

דָּרְבָן ז. (ר. דָּרְבָנוֹת) prick, thorn; spur

–דְּבָרִים כְּדָרְבָנוֹת stinging words

דַּרְבֵּן to spur, urge

(דרג) הַדְרֵג to terrace, make steps; to ascend step by step

–דָּרֵג to grade

דַּרְגָּה נ. step; grade, rank

–עָלָה בְּדַרְגָּה to be promoted

דַּרְגָּשׁ ז. sofa; pallet; stool

דַּרְדַּק ז. child

דַּרְדַּר ז. thistle

(דרדר) הַדַּרְדֵּר, הִתְדַּרְדֵּר to be pushed, rolled

דֵּרוּג ז. grading

דָּרוֹם ז. south

דְּרוֹמִי southern

דְּרוֹר ז. נ. freedom, liberty; swallow

דְּרוּשׁ ז. sermon; homiletical interpretation

דְּרִיכָה נ. pressing of wine; walking, treading

דְּרִיכוּת נ. tension

דְּרִיסָה נ. treading

–דְּרִיסַת רֶגֶל right of way, admittance

דְּרִישָׁה נ. demand; research; making of homiletical interpretation

–דְּרִישַׁת שָׁלוֹם greetings

–חֲקִירָה וּדְרִישָׁה searching examination

דרך (דָּרַךְ, יִדְרֹךְ) to step; to tread; to press wine; to bend a bow

–הַדְרֵךְ to instruct, train; to lead, conduct

דֶּרֶךְ זו״נ. way, road; way, manner, conduct, course of action; method; means

–דֶּרֶךְ אֶרֶץ good manners; wordly occupation

–דֶּרֶךְ הַצִּוּוּי indicative mood (*gram.*)

-דֶּרֶךְ כָּל הָאָרֶץ (*Bib.*) the way of all flesh, death
-דֶּרֶךְ הַמֶּלֶךְ king's way, highway
-דֶּרֶךְ צְלֵחָה! Godspeed!
דֶּרֶךְ מ"י through, by (means or way of)
דַּרְכּוֹן ז. passport
דַּרְכְּמוֹן ז. drachma (ancient Persian coin)
דרס (דָּרַס, יִדְרֹס) to tread, stamp; to run over; to tear with claws
דרש (דָּרַשׁ, יִדְרשׁ) to seek; to investigate, inquire; to demand; to wish, desire; to examine; to interpret; to lecture
-דָּרַשׁ בִּשְׁלוֹם- to send regards to; to greet
-הִדָּרֵשׁ to be required; to be examined; to answer a request; to be interpreted
דְּרָשׁ ז. exegesis; interpretation; (a) sophistry
דְּרָשָׁה נ. lecture; sermon
דַּרְשָׁן ז. lecturer; preacher
דַּרְשָׁנוּת נ. lecturing; preaching
דַּשׁ ז. lapel
דשא (דָּשָׁא, יִדְשָׁא) to grow green, to sprout
-הַדְשֵׁא to cause to sprout
דֶּשֶׁא ז. grass
דַּשְׁדֵּשׁ to tread with the feet
דִּשּׁוּן ז. manuring; clearing away of ashes
דשן (דָּשַׁן, יִדְשַׁן) to be rich (soil, food, etc.)
-דִּשֵּׁן to make fat; to fertilize; to clear away ashes
-מְדֻשַּׁן עֹנֶג extremely happy
דָּשֵׁן fat
דֶּשֶׁן ז. fat, grease; ashes
דָּת נ. (ר. דָּתוֹת, דָּתִים) religion; (*Bib.*) order, law
דָּתִי religious

ה

הֵא — fifth Hebrew letter, ה

הֵא! — behold!

הָא כ״ג ז. (*Ar.*) — this

–הָא כֵּיצַד — how so?

הֵאָבְקוּת — wrestling

הַאֲזָנָה — listening, hearkening

הֶאָח! — hurrah!; oh!

הֵאָחֲזוּת נ. — settlement, settling

הַאֲצָלָה נ. — inspiration

הֶאָרָה נ. — lighting, light; illumination

–הֶאָרַת פָּנִים — friendliness, welcome

הַב! (v. יהב) — give me!

הֲבָאָה נ. — bringing, bringing about

הֲבַאי, הֲבַי ז. — trifle; exaggeration

הֶבְדֵּל ז. — difference

הַבְדָּלָה נ. — separation; differentiation; division; grace said after Sabbath

הִבָּדְלוּת נ. — isolation

הָבָה! — let us!; come on!; bring!

הַבְהֵב — to broil; to flicker

הַבְחָנָה נ. — differentiation, distinction

הַבֵּט (v. נבט) — to look

הַבָּטָה נ. — glancing, looking

הַבְטָחָה נ. — promise; assurance

הֲבַי ז. — trifle; exaggeration

הבל (הָבַל, יֶהְבַּל) — to act foolishly

–הַהְבֵּל — to lead astray; to give off steam

הֶבֶל ז. — breath; vapor; vanity

הַבְלָגָה נ. — self-restraint

הָבְנֶה ז. — ebony

הֲבָנָה נ. — understanding

הַבָּעָה נ. expression

—הַבָּעַת פָּנִים facial expression

הֶבְעֵר ז. הַבְעָרָה נ. lighting a fire

הֹבֵר ז. astrologer

הַבְרָאָה נ. convalescence, getting well

הֲבָרָה נ. sound; syllable; (*rhet.*) rumor

הַבְרָחָה נ. smuggling

הַגְבָּהָה נ. picking up, raising

הַגְבָּלָה נ. limitation

הַגֵּד (v. נגד) to say, tell; to announce

הַגָּדָה נ. telling; saying; declaration; legend; service on Passover night

הַגְדָּלָה נ. enlargement

הַגְדָּרָה נ. definition

הגה (הָגָה, יֶהְגֶּה) to murmur; to speak; to growl; to coo; to think; (*Bib.*) to remove

—הוֹגֵה־דֵעוֹת thinker, philosopher

—הַגֵּהַ to correct; to read proofs

הֶגֶה ז. sound; thought; ship's rudder; steering-wheel

הַגָּהָה correction; proof-reading; marginal note

הִגּוּי ז. pronunciation

הָגוּן proper, decent, suitable; fair; considerable

הָגוּת נ. thought, meditation

הַגְזָמָה נ. exaggeration

הָגִיג ז. a meditation, an idea

הִגָּיוֹן ז. logic; meditation, thinking; (*Bib.*) sound of harps

הֶגְיוֹנִי logical

הֲגִירָה נ. emigration

הֶגְמוֹן ז. cardinal

הֶגְמוֹנְיָה נ. authority, government (over); hegemony

(הֹגֶן) כְּהֹגֶן seemly, suitably; properly

הָגֵן (v. גנן) to defend, to protect

הֲגָנָּה נ. defence; militia; Haganah (Jewish defence organization in Palestine)

–הֲגָנָּה עַצְמִית self-defence; self-organized militia

הַגֵּעַ (.v נגע) to reach

הַגְעָלָה נ. rinsing with hot water, scalding

הֲגָפָה נ. closing of gates, closing of shutters

הַגֵּר to emigrate; to migrate

הַגְרָלָה נ. lottery; casting of lots

הַגֵּשׁ (.v נגשׁ) to bring (near); to present; to serve

הַגָּשָׁה נ. offering; serving

הַגְשָׁמָה נ. execution; realization; embodiment; anthropomorphism

הֵד ז. echo

הַדְבָּרָה נ. overcoming, wiping out (of)

הֲדָדִי mutual; reciprocal

הדה (הָדָה, יֶהְדֶּה) (.Bib) to stretch out (one's hand)

הַדְהֵד to echo

הֹדּוּ India

הִדּוּק ז. fastening

הָדוּר ז. glorious, splendid; (*poet.*) hilly ground

הִדּוּר ז. glorification; beautifying

הֲדָחָה נ. rinsing, washing

הֶדְיוֹט ז. (ר. הֶדְיוֹטִים, הֶדְיוֹטוֹת) common person, commoner (*Tal.*); ignorant person

הַדְלָקָהנ. lighting, illumination

הֲדֹם, הֲדוֹם ז. footstool

הֲדַס ז. הֲדַסָּה נ. myrtle

הדף (הָדַף, יֶהְדֹּף) to thrust, to push; to repel

הֶדֶף ז. push

הַדְפָּסָה נ. printing

(הדק) הַדֵּק to fasten, to tie

הֶדֶק ז. trigger

הדר (הָדַר, יֶהְדַּר) to adorn; to honor

–הַדֵּר to adorn; to praise, glorify

הִתְהַדֵּר– to boast; to adorn oneself

הָדָר ז. ornament; glory, splendor; citrus

הַדְרָגָה נ. sequence, gradations

–בְּהַדְרָגָה little by little, gradually

הַדְרָכָה נ. direction; guidance

הַדְרָן let us repeat; Encore!

הָהּ alas!, woe!, ah!

הוֹ, הוֹ alas!, woe!, oh!

הוּא he

–הוּא אֲשֶׁר it is he that

–הוּא הַדִּין the same applies to

–הַהוּא that (one)

הוֹאִיל (וְ־) as, since

הוֹאֵל (v. יאל) to consent

הוֹבֵל (v. יבל) to lead; to transport

הוֹבָלָה נ. transport

הוֹבֵר ז. astrologer

הוֹגֵן proper; fair

הוֹגֵעַ (v. יגע) to weary

הוֹד ז. glory, splendor, majesty

–הוֹד מַלְכוּתוֹ His Majesty

–הוֹד מַעֲלָתוֹ His Excellency

הוֹדָאָה נ., הוֹדָיָה נ. acknowledgement; confession; thanks; praise

הוֹדֵה, הוֹדוֹת (v. ידה) to praise; to thank; to confess

הוֹדוֹת (לְ־) thanks to, owing to

הוֹדָיָה נ. thanksgiving; confession

הוֹדֵעַ (v. ידע) to inform, announce

הוֹדָעָה נ. announcement

הַוָּה נ. (*Bib.*) evil; desire, lust; destruction

הוֹוָה נ. (*Bib.*) misfortune

הֹוֶה ז. present (time, tense)

הוֹי ah, alas

הַוֵּה to constitute

הֲוִי ז. mode of life, manners

הֲוָיָה נ. being, existence; (*Tal.*) argument

–שֵׁם הֲוָיָה name of God

הוֹכַח (.v יכח) to prove; to judge; to reprove; to punish

הוֹכָחָה נ. proof

הוֹלֵךְ (.v ילך) to lead

הוֹלָכָה נ. carrying, bringing

הוֹלֵל ז. fool; mocker; licentious person

הוֹלֵלוּת, הוֹלֵלוֹת נ. folly, mockery; licentiousness

הוּמוֹר* ז. humor

הוּמָנִי* humane

הוֹן ז. wealth, riches; capital; property, possessions

הוֹנָאָה נ. deceit, fraud

הוֹנָה (.v ינה) to deceive; to oppress

הוֹסָפָה נ. addition, raise, supplement

הוֹעִיל (.v יעל) to help, to be of use

הוֹפִיעַ (.v יפע) to appear; to shine

הוֹפָעָה נ. appearance; show; phenomenon

הוֹצִיא (.v יצא) to carry out; to remove; to spend; to publish

הוֹצָאָה נ. expense; carrying out; edition, publication; publishing house

הוֹרָאָה נ. teaching; meaning; (a) direction

–הוֹרָאַת שָׁעָה temporary decision

הוֹרֶה ז. father, male parent

הוֹרָה נ. mother; pregnancy

–הוֹרִים parents

הוֹרָה* נ. Hora (dance)

הוֹשִׁיט (.v ישט) to stretch forth

הוֹשִׁיעַ (.v ישע) to help; to save

הוֹשַׁעְנָא Hosanna (a prayer of the Succoth-festival); willow branch carried in procession on the last day of Succoth

–הוֹשַׁעְנָא רַבָּא seventh day of the Succoth-festival

הוֹתֵר (.v יתר) to leave over

הִזְדַּוְּגוּת נ. pairing, mating, cohabitation

הִזְדַּיְּנוּת נ. arming

הִזְדַּמְּנוּת נ. chance; meeting; occasion

הַזֵּה (.v נָזֹה) to sprinkle

הַזְהָרָה נ. warning

הֲזָיָה נ. fantasy, daydreaming

הַזְכָּרָה נ. recalling to memory; mention; memorial service for the dead

הַזְמָנָה נ. invitation; order for goods

הֲזָנָה נ. nourishment, feeding

הַזֵּק (.v נזק) to damage, to injure

הֶזֵּק ז. damage

(הֶחְלֵט) בְּהֶחְלֵט absolutely

הַחְלָטָה נ. decision, resolution; determination

הַחְרָמָה נ. boycotting; confiscation

הַחְתָּמָה נ. subscribing

הַטָּיָה נ. bow; inclination; diversion

הֲטָלָה נ. throwing; projection; laying; levying, imposing

הַטָּלָה נ. laying; levying, imposing

הַטְעָיָה נ. leading astray; deception

הַטְעָמָה נ. stress; accent

הַטָּפָה נ. preaching

–הַטָּפַת מוּסָר moral preaching

הֵילָךְ! here you are!

הִיא נ. she

–הַהִיא כ״ג נ. that (one)

הֵיאַךְ (*rhet.*) how so?

הִיגְיֵנָה* hygiene

הֵידָד! hurrah!

היה (הָיָה, יִהְיֶה) to be, to exist; to arise; to happen

–הָיָה לְ־ to become; to have

–הֱיוֹת שֶׁ־ (וְ־) whereas

–הֶהֱיָה to become; to happen; (*Bib.*) to fall ill; to be disturbed

הֵיטֵב well

הֵיכָל ז. (ר. הֵיכָלִים, הֵיכָלוֹת) palace; temple

הֵיכָן? where?

הֵימֶנּוּ (*Ar.*) from him; of him

הִין (הַנְתִּי, אָהִין) to dare; to dare to

הִין ז. ancient measure for liquids

הַיְנוּ, דְּהַיְנוּ (*Ar.*) that is, that means, i. e.

–הַיְנוּ הָךְ it is the same

הִינוּמָה נ. bridal veil

הָךְ (*Ar.*) this one, that one

הָכָא (*Ar.*) here

הַכָּאָה נ. beating

הַכֵּה, הַכּוֹת (.v נכה) to beat; to knock down; to kill

הַכְחָשָׁה נ. denial

הֲכִי? is it true?

–הֲכִי... the most... (superlative)

הָכֵל (.v כול) to contain; to embrace

הָכֵן (.v כון) to prepare

–מַצַּב הָכֵן alert

הֲכָנָה נ. preparation; inclination

הַכְנָסָה נ. bringing in; income

–הַכְנָסַת אוֹרְחִים hospitality

–הַכְנָסַת כַּלָּה assistance in marrying off of woman; assisting a poor girl to marry

הַכְנָעָה נ. humility; submission

הַכְפָּלָה נ. doubling; duplicating

הַכֵּר (.v נכר) to know; to recognize

הַכָּרָה נ. knowledge; recognition; perception; understanding; consciousness

–הַכָּרַת טוֹבָה, הַכָּרַת תּוֹדָה gratitude

–הַכָּרָה פְּנִימִית conviction

הֶכֵּרוּת נ. acquaintance

הַכְרָזָה נ. proclamation
הֶכְרֵחַ ז. necessity
–בְּהֶכְרֵחַ of necessity, necessarily
הֶכְרֵחִי necessary, essential
הֶכְרֵעַ ז., הַכְרָעָה נ. tipping of the scales, decision, deciding (vote, voice, influence; preponderance
הֶכְשֵׁר ז. making fit; permission (issued by Rabbinate)
הַכְשָׁרָה נ. preparation; training; fitness
הַכְתָּבָה נ. dictation
הַכְתָּרָה נ. coronation
הֲלֹא indeed, surely; is it not true that?
הָלְאָה farther, further; down with!
–גֶּשׁ הָלְאָה go away! (*Bib.*)
הַלְבָּשָׁה נ. clothes, dressing
הֻלֶּדֶת, הוּלֶּדֶת נ. birth
–יוֹם הֻלֶּדֶת birthday

הַלָּה, הַלָּז that (one)
הַלְוָאָה נ. loan
הַלְוַאי, הַלְוַי! would that!, Heaven grant!
הַלְוָיָה נ. accompaniment
–הַלְוָיַת הַמֵּת funeral procession
הִלּוּלָא, הִלּוּלָה נ. rejoicing; feast
–הִלּוּלָא וְחִנְגָּא merrymaking
הִלּוּלִים ז״ר rejoicing; songs of rejoicing
הַלָּז, הַלָּזֶה ז. הַלֵּזוּ נ. that (one)
הַלְחָמָה נ. soldering
הֲלִיכָה נ. walking, walk
הלך (הָלַךְ, יַהֲלֹךְ) to go; to walk; to depart; to vanish
–הָלַךְ לְעוֹלָמוֹ to die
–הָלַךְ רָכִיל to slander
–הָלֹךְ וָשֹׁב to and fro
–הֵהָלֵךְ to vanish
–הַלֵּךְ to wander
–הוֹלֵךְ to lead

to walk about –הִתְהַלֵּךְ

wanderer; (*Bib.*) stream הֵלֶךְ ז.

thought; mood הֲלָךְ (נֶפֶשׁ) ז.

traditional law; Halacha (legal part of Talmud) הֲלָכָה

customary, proper –כַּהֲלָכָה

theoretically –לַהֲלָכָה

therefore (*Ar.*) הִלְכָּךְ

to shine הלל (הָלַל, יָהֹל)

to praise –הִלֵּל

to be praised –הֻלַּל

to dupe, to delude –הוֹלֵל

to boast –הִתְהַלֵּל

to be riotous; to go mad –הִתְהוֹלֵל

praise; thanksgiving; service for Rosh Chodesh and festivals הַלֵּל ז.

to praise to the skies –גָּמַר אֶת הַהַלֵּל עַל...

these; those הַלָּלוּ ז״נ ר.

hallelujah (praise ye the Lord!) הַלְלוּיָהּ

to strike, to beat; to fit הלם (הָלַם, יַהֲלֹם)

shock הֶלֶם ז.

here, hither הֲלֹם

beating; hammer הַלְמוּת נ.

further, farther; from now on (*Ar.*) הָלְאָן, לְהַלָּן

leaving (something) overnight; lodging overnight הֲלָנָה נ.

joke, jest הֲלָצָה נ.

jocular, playful הֲלָצִי

striking, flogging הַלְקָאָה נ.

slander, libel; informing הַלְשָׁנָה נ.

they הֵם ז״ר

those –הָהֵם ז״ר

to hum, buzz; to rustle; to growl; to coo; to moan; to be noisy המה (הָמָה, יֶהֱמֶה)

they (*rhet.*) הֵמָּה ז״ר

noise, tumult; crowd; plenty, abundance הָמוֹן ז.

הֲמוֹנִי vulgar, common
הַמְחָאָה נ. money order; bank-check; draft
הַמְחָשָׁה נ. making perceptible, making (something) concrete
הֶמְיָה נ. hum; noise
הֲמֻלָּה נ. noise, tumult
הַמְלָצָה נ. recommendation
המם (הָמַם, יָהֹם) to stun; to terrify; to roar; to destroy
הִמְנוֹן ז. hymn
הֲמַסָּה נ. dissolving, liquefying
הִמָּנְעוּת נ. restraint
הַמְצָאָה נ. invention; idea; contrivance
הִמָּצְאוּת נ. existence; presence
הָמֵר (.v מוּר) to change
הֲמָרָה נ. exchange; change
–הֲמָרַת דָּת change of faith
הֶמְשֵׁךְ ז. duration, continuation; sequel
הֲמָתָה נ. killing
הַמְתָּנָה נ. waiting

הֵן נ״ר they
–הָהֵן נ״ר those
הֵן lo!, behold!; well; yes; (*Bib.*) if, whether
–הֵן... וְהֵן... ... as well as
–הֵן צֶדֶק word of honor
הֲנָאָה נ. pleasure, enjoyment; profit
–טוֹבַת הֲנָאָה benefit
הַנְדָּסָה נ. geometry; engineering
הֵנָּה נ״ר (*rhet.*) they
הֵנָּה here, hither
–כָּהֵנָּה וְכָהֵנָּה even more, manyfold
–הֵנָּה וָהֵנָּה to and fro; here and there
הִנֵּה o!, behold!; there is
–הִנְנִי here I am
–הִנְּךָ ז. הִנָּךְ נ. here you are
–הִנּוֹ ז. הִנָּהּ נ. here he is, here she is
(הנה) הֶהָנָה (נֶהֱנָה, יֵהָנֶה) to be pleased; to enjoy

–בִּרְכוֹת הַנֶּהֱנִין benedictions over food or drink

–הַנֵּה to give pleasure

הַנְהָגָה נ. management; leading, leadership

הַנְהָלָה נ. management

–הַנְהָלַת חֶשְׁבּוֹנוֹת book-keeping

הָנֵחַ (.v נוח) to give rest

הַנֵּחַ (.v נוּחַ) to allow; to put down; to presume

הַנָּחָה נ. putting, laying; postulate, premise

הֲנָחָה נ. relief; discount, reduction, rebate

הֶנֵּעַ ז., הֲנָעָה נ. setting in motion

הַנְעָלָה נ. footgear

הָנֵף (.v נוף) to shake, to lift; to swing, wave; (*Bib.*) to offer; to sift

הֲנָפָה נ. swinging; shaking

הָנֵץ ז. shining

–הָנֵץ הַחַמָּה sunrise

הַנְשָׁמָה נ. artificial respiration

הַס hush!, silence!

הֶסֵּב ז. הֲסִבָּה נ. sitting down to a meal; leaning back

הֶסְבֵּר ז. הַסְבָּרָה נ. explanation, interpretation

–הַסְבָּרַת פָּנִים friendly reception

הַסָּגָה נ. removing

–הַסָּגַת גְּבוּל encroachment, infringement of one's right

הֶסְגֵּר ז. shutting in; quarantine; blockade

(הסה) הַסֵּה to be silent

הַסְוָאָה נ. camouflage

–הַהֲסֵה to silence

הֶסַּח הַדַּעַת ז. diversion of thought; absent-mindedness

הֶסְכֵּם ז. consent; agreement

הַסְכָּמָה נ. consent; convention

הַסֵּס to hesitate

הֶסְפֵּד ז. obituary; eulogy (for deceased)

הַסְפָּקָה נ. provision; supply

הַסֵּק (נסק) to heat; to draw a conclusion

הַסָּקָה נ. heating

הֲסָרָה נ. taking off, removing

הַסְרָטָה נ. filming

הִסְתַּבְּכוּת נ. complication; involvement

הִסְתַּבְּרוּת נ. probability

הִסְתַּגְּלוּת נ. adjustment; adaptability

הִסְתַּדְּרוּת נ. organization

הֲסָתָה נ. seducing; incitement

הִסְתַּכְּלוּת נ. contemplation; observation

הִסְתַּלְּקוּת נ. resignation (from position); removing oneself; dying

הִסְתָּעֲפוּת נ. branching off

הִסְתַּפְּקוּת נ. contentment (with)

–הִסְתַּפְּקוּת בְּמוּעָט contentment with little, frugality

הָסֵת (v. סות) to incite; to seduce

הִסְתָּעֲרוּת נ. assault, rush

הֶסְתֵּר ז. הַסְתָּרָה נ. hiding

הַעֲבָרָה נ. transport; transfer

הֶעְדֵּר ז. absence, lack

הַעֲוָיָה נ. grimace

הֶעָזָה נ. impudence; daring

הַעֲלָאָה נ. lifting; rising, increase

–הַעֲלָאָה בְּדַרְגָּה promotion in rank

הֶעְלֵם ז. הַעֲלָמָה נ. overlooking; hiding

הַעֲמָדָה נ. placing, posing

הַעֲמָקָה נ. deepening

הַעֲנָקָה נ. donation; presentation with gifts; bonus

הַעֲסָקָה נ. employment

הֶעָקָה נ. oppression

הֶעֱרֵב שֶׁמֶשׁ ז. sundown, setting of the sun

הַעְפָּלָה נ. venture, daring; illegal immigration to Palestine (during the Mandatory regime)

הֶעָרָה נ. remark

הַעֲרָכָה נ. appraisal, assessment; esteem

הַעֲרָמָה נ. trickery

הַעֲרָצָה נ. adoration, admiration

הֶעְתֵּק ז. הַעְתָּקָה נ. removal; translation; copying; copy

הֲפָגָה, הֲפוּגָה נ. interruption; cease-fire

הַפְגָּזָה נ. shelling

הַפְגָּנָה נ. demonstration

הִפּוּךְ ז. reverse; conversion

—וָו הַהִפּוּךְ waw conversive (*Heb. grammar*)

הָפֵחַ (v. נפח) to blow off

הַפְחָתָה נ. decrease

הַפְטָרָה נ. final speech; Haftarah

הֲפֵיכָה נ. overthrow, revolt; upturning

הפך (הָפַךְ, יַהֲפֹךְ, יַהְפֹּךְ) to turn; to turn over; to overthrow, overturn; to pervert; to change

—הֵהָפֵךְ (נֶהְפַּךְ, יֵהָפֵךְ) to turn; to be overturned; to be changed

—הַפֵּךְ to turn round; to reverse

—הִתְהַפֵּךְ to turn round, to turn over; to roll; to change

הֵפֶךְ ז. reverse, contrary, opposite; antonym

—לְהֵפֶךְ on the contrary

—שְׁנֵי הֲפָכִים two contrasts

הֲפֵכָה נ. destruction; overthrow

הֲפַכְפַּךְ ז. fickle, inconsistent; (*Bib.*) dishonest, crooked

הַפֵּל (v. נפל) to cause to fall

הַפְלֵא וָפֶלֶא! wonderful!

הַפְלָגָה נ. exaggeration; setting sail (of ship, etc.)

הַפָּלָה נ. dropping, throwing away; miscarriage, abortion

הַפְנֵט to hypnotize

הֶפְסֵד ז. damage; loss

–יָצָא הֶפְסֵדוֹ בִּשְׂכָרוֹ his loss was more than offset by his gain

הֶפְסֵק ז. stoppage

הַפְסָקָה נ. interruption, stopping; recess; interval

הֲפָצָה נ. dispersion; distribution; circulation

הַפְצָצָה נ. bombing

הַפְצָרָה נ. begging, urging

הַפְקָעָה נ. expropriation; (*Tal.*) discharge from a debt

–הַפְקָעַת שְׁעָרִים raising of prices; profiteering

הֶפְקֵר ז. ownerless or abandoned property; licentiousness

–שֶׁטַח הֶפְקֵר no-man's land

–זָכָה מִן הַהֶפְקֵר to benefit from something unexpected

הַפְקָרָה נ. abandonment

הֶפְקֵרוּת נ. licentiousness

הַפְרָדָה נ. division, separation

הֲפָרָה נ. breaking (of law or promise)

הַפְרָזָה נ. exaggeration

הַפְרָעָה נ. disturbance

הֶפְרֵשׁ ז. difference

הַפְרָשָׁה נ. separation; allocation; secretion; excretion

הַפְשָׁרָה נ. melting, liquefying

הַפְתָּעָה נ. surprise

הַצֵּב (v. נצב) to put, place

הַצָּגָה נ. presentation; introduction; exhibition; performance

הַצְהָרָה נ. declaration

הִצְטַדְּקוּת נ. excuse, apology

הִצְטַיְּנוּת נ. distinction

הִצְטַנְּנוּת נ. catching of cold

הִצְטָרְכוּת נ. state of need

הַצֵּל (v. נצל) to save, to rescue

הַצָּלָה נ saving, rescue; liberation

הַצְלָחָה נ. success, good fortune

הַצֵּעַ (.v יצע) to propose; to make (a bed)

הֶצֵּעַ ז. supply

הַצָּעָה נ. proposal, offer; motion

הַצֵּת (.v יצת) to set on fire

הַצָּתָה נ. kindling, igniting; arson

הַקָּאָה נ. vomiting

הַקְבָּלָה נ. parallel parallelism

הֶקְדֵּם ז. anticipation

–בְּהֶקְדֵּם soon

–בְּהֶקְדֵּם הָאֶפְשָׁרִי as soon as possible

הַקְדָּמָה נ. preface, introduction

הֶקְדֵּשׁ ז. consecrated object; asylum, refuge

הַקְדָּשָׁה נ. consecration, dedication

הַקָּזָה, הַקָּזַת דָּם נ. letting of blood

הַקְטָנָה נ. reducing; miniature

הַקָּלָה נ. relief, alleviation; facilitation

הֲקָמָה נ. erection; reconstruction

הַקְנָטָה נ. making angry

הַקֵּף to surround; to go round; to give on credit

הֶקֵּף ז. circumference; surroundings; scope

הַקְפָּדָה נ. strictness; strict care

הַקָּפָה נ. credit

הַקְצָבָה נ. allocation

הַקְרָאָה נ. recitation

הַקְרָבָה נ. sacrificing

–הַקְרָבָה עַצְמִית self-sacrifice

הֶקֵּשׁ ז. comparison, analogy; syllogism

הַקְשָׁבָה נ. listening, paying attention

הַקָּשָׁה knocking, striking

הַר ז. mountain, mount

–הַר גַּעַשׁ volcano

–הַר הַבַּיִת Mount of the Temple

הַרְאֵל ז. (*Bib.*) altar

הַרְבֵּה much, many; plenty

הַרְבָּעָה נ. causing (animals) to mate

הַרְבָּצָה נ. sprinkling; lying down (of cattle etc.); (*col.*) beating

הרג (הָרַג, יַהֲרֹג) to kill; to murder

הֶרֶג ז. killing; murder, slaughter

הֲרֵגָה, הֲרִיגָה נ. killing; murdering

הֶרְגֵּל ז. habit

הַרְגָּעָה נ. calming, cooling down

הֶרְגֵּשׁ ז. הַרְגָּשָׁה נ. feeling; sensation

הַרְדּוּף ז. oleander

הרה (הָרְתָה, תַּהֲרֶה) to become pregnant, to conceive

הָרָה נ. pregnant woman

הִרְהוּר ז. thought, reflection

הִרְהֵר to think, to reflect

–הִרְהֵר אַחֲרֵי to think evil of

הָרוּג slain, killed; (*col.*) dead tired

הַרְוָחָה נ. relief; comfort

הֵרוֹן ז. (*Bib.*) pregnancy

הַרְחָבָה נ. extension, expansion

הֲרֵי lo!, behold!; here is; then (after conditional clause)

–הֲרֵי זֶה then (after conditional clause) (*Tal.*)

–הֲרֵי שֶׁ־ (*Tal.*) assuming that

–הֲרֵינִי I am; here I am

הֲרִיגָה נ. killing

הֵרָיוֹן ז. conception, pregnancy

הֲרִיסָה נ. ruin, destruction, demolition

הֶרְכֵּב ז. composition; compound

הַרְכָּבָה נ. grafting; combination

הַרְכָּנָה נ. bowing, nodding

הַרְמוֹן ז. palace; harem

הַרְמוֹנְיָה* נ. harmony

הרס (הָרַס, יַהֲרֹס, יֶהֱרֹס) to pull down, to destroy

הֶרֶס ז. demolition, destruction

הַרְסָנִי destructive

הֶרֶף ז. stop; pause

–הֶרֶף עַיִן ז. moment, instant

הַרְפַּתְקָה נ. adventure

הַרְצָאָה נ. lecture

הֲרָצָה נ. running-in (of motor)

הֲרָקָה נ. emptying

הֶרֶר ז. (*rhet.*) mountains, hills; mountain-range

הֲרָרִי mountaineer; hilly

הַרְשָׁאָה נ. power of attorney; delegated authority

הַרְשָׁמָה נ. registration; enrolment

הַרְשָׁעָה נ. conviction

הַשְׁאָלָה נ. borrowing

–בְּדֶרֶךְ הַשְׁאָלָה figuratively speaking

הִשָּׁאֲרוּת הַנֶּפֶשׁ נ. immortality

הֲשָׁבָה נ. giving back, returning; restoration

הַשְׁבָּחָה נ. amelioration, improvement

הַשְׁבָּעָה נ. swearing-in; incantation

הַשְׁבָּתָה נ. annulment; annihilation; lockout

הֶשֵּׂג ז. achievement; (what is within reach); reaching

הַשָּׂגָה נ. conception; objection; reaching

הַשְׁגָּחָה נ. inspection; care, supervision; providence

הַשְׁוָאָה נ. comparison; equalization

הַשְׁחֵז to sharpen

הַשְׁחָתָה נ. ruin, destruction

הַשְׁכָּבָה נ. lying down; prayer for the dead

הַשְׂכֵּל ז. understanding; intellect

-מוּסַר הַשֵּׂכֶל moral (lesson)

הַשְׂכָּלָה נ. learning, education; enlightenment

הַשְׁכָּמָה נ. rising early; early morning

הַשְׁלָיָה נ. illusion

הַשְׁלָמָה נ. completion; accomplishment; perfection; peace-making

הַשְׁלָשָׁה נ. depositing (with third party)

הַשְׁמָדָה נ. destruction, annihilation

הַשְׁמָטָה נ. omission, leaving out; acquittance

הַשְׁמָצָה נ. defamation

הַשְׁעָרָה נ. supposition, hypothesis

הַשְׁפָּלָה נ. lowering; humilation; degradation;

הַשְׁפָּעָה נ. influence

הַשְׁקָאָה נ. irrigation, watering

הַשְׁקָעָה נ. investment

הַשְׁקָפָה נ. looking; view; opinion

הַשְׁרָאָה נ. inspiration; induction (*electricity*)

הַשְׁתָּא (*Ar.*) now

הָשַׁתָּא (*Ar.*) this year

הִשְׁתַּדְּלוּת נ. taking pains, exerting oneself

הִשְׁתּוֹבְבוּת נ. naughtiness

הִשְׁתַּוּוּת נ. equalization; settlement of a claim

הִשְׁתּוֹלְלוּת נ. riotous behaviour

הִשְׁתּוֹמְמוּת נ. astonishment

הִשְׁתּוֹקְקוּת נ. desire, longing

הִשְׁתַּחֲוָאָה, הִשְׁתַּחֲוָיָה bowing, obeisance

הִשְׁתַּיְּכוּת נ. belonging; affiliation

הִשְׁתַּכְלְלוּת נ. perfection; self-perfection

הִשְׁתַּלְּטוּת נ. domination, taking control

הִשְׁתַּלְּמוּת נ. perfection, improvement; advanced study
הִשְׁתַּלְשְׁלוּת נ. evolution; development
הִשְׁתַּמְּטוּת נ. escaping, slipping away; evasion
הִשְׁתַּמְּשׁוּת נ. use; making use
הַשְׁתָּנָה נ. urination
הִשְׁתַּנּוּת נ. changing, change
הִשְׁתַּעְבְּדוּת נ. humility, subjection
הִשְׁתַּפְּכוּת נ. overflowing
–הִשְׁתַּפְּכוּת הַנֶּפֶשׁ emotional outpouring; lyricism
הִשְׁתַּתְּפוּת נ. participation
–הִשְׁתַּתְּפוּת בְּצַעַר sympathy; condolence
הִתְאַבְּנוּת נ. petrifaction
הִתְאַבְּקוּת נ. being covered with dust; wrestling
הִתְאַזְרְחוּת נ. naturalization, acquisition of citizenship
הִתְאַחֲדוּת נ. association, union

הֶתְאֵם accord, agreement
–בְּהֶתְאֵם לְ־ in accordance with
הַתְאָמָה נ. accord, harmony; adjustment
הִתְאַמְּצוּת נ. effort, exertion
הִתְאַפְּקוּת נ. self-restraint
הִתְבַּגְּרוּת נ. adolescence; maturation
הִתְבַּדְּלוּת נ. isolation; separation
הִתְבּוֹדְדוּת נ. loneliness, solitude
הִתְבּוֹלְלוּת נ. assimilation
הִתְבּוֹנְנוּת נ. observation, contemplation
הִתְבַּזּוּת נ. self-abasement; self-degradation
הִתְבַּטְּלוּת נ. self-contempt; idleness
הִתְבַּצְּרוּת נ. fortification
הִתְגָּאוּת נ. pride, conceit
הִתְגַּבְּרוּת נ. strengthening; self-restraint

הִתְגַּדְּלוּת נ. conceit, self-conceit

הִתְגּוֹשְׁשׁוּת נ. wrestling

הִתְגַּלּוּת נ. revelation, disclosure

הִתְגַּנְדְּרוּת נ. coquetry

הִתְגַּשְּׁמוּת נ. realization materialization

הִתְדַּבְּקוּת נ. attachment, adherence; infection

הִתְדַּלְדְּלוּת נ. impoverishment

הִתְדַּמּוּת נ. likening

הִתְהַוּוּת נ. formation; coming-into-being

הִתְהַלְּלוּת נ. self-praise

הִתְהַפְּכוּת נ. changing; overturning

הִתּוּךְ ז. melting

—כּוּר־הִתּוּךְ melting-pot

הִתּוּל ז. sarcasm, mockery

הִתּוּלִי sarcastic, mocking

הִתְוַעֲדוּת נ. convening

הַתֵּז (v. נתז) to sprinkle; to knock off; to cut off

הַתָּזָה נ. sprinkling; beheading

הִתְחַדְּשׁוּת נ. innovation; renewal

הִתְחַזְּקוּת נ. strengthening

הִתְחַיְּבוּת נ. undertaking of duty, obligation

הִתְחַכְּמוּת נ. shrewdness; speculation, sophistry

הַתְחָלָה נ. beginning

הִתְחַלְּפוּת נ. exchange; change

הִתְחַמְּמוּת נ. warming, getting warm

הִתְחַמְּצוּת נ. acidification, getting sour

הִתְחַמְּקוּת נ. escape; getting away

הִתְחַסְּדוּת נ. sham piety; hypocrisy

הִתְחַפְּשׂוּת נ. pretending; disguise

הִתְחַקּוּת נ. imitativeness; tracing down

הִתְחָרוּת נ. rivalry; competition, match

הִתְחַתְּנוּת נ. intermarriage; marriage

הִתְיַהֲדוּת נ. conversion to Judaism

הִתְיַחֲדוּת נ. communion (with); self-communion

הִתְיַחֲסוּת נ. relation; derivation

הִתְיַסְּדוּת נ. founding

הִתְיָעֲצוּת נ. consultation; asking for advice

הִתְיַפּוּת נ. beautifying; coquetry

הִתְיַצְּבוּת נ. standing before; stabilization

הִתְיַשְּׁבוּת נ. settlement; colonization

הַתֵּךְ (v. נתך) to melt

הַתָּכָה נ. melting

הִתְכּוֹנְנוּת נ. preparation

הִתְכַּוְּצוּת נ. shrinking; contraction

הִתְכַּחֲשׁוּת נ. denial; dissimulation

הִתְכַּסּוּת נ. covering

הִתְכַּתְּבוּת נ. corresponding (with someone)

הָתֵל, הַתֵּל (בְּ־) to ridicule; to sneer at

הִתְלַבְּטוּת נ. exertion, struggle

הִתְלַהֲבוּת נ. enthusiasm

הִתְלוֹצְצוּת נ. sneering, jeering; ridicule

הִתְלַקְּחוּת נ. flaming up, flaring up

הָתָם (*Ar.*) there

הַתְמָדָה נ. diligence; perseverance

הִתְמוֹטְטוּת נ. tottering; breaking down, crashing down; (a) fall (in); breakdown

הִתְמַזְּגוּת נ. fusion, blending

הִתְמַחוּת נ. becoming an expert; specialization; specialty

הִתְמַכְּרוּת נ. devotion

הִתְמַנּוּת נ. appointment, nomination (to a post)

הִתְמַעֲטוּת נ. lessening, decrease

הִתְמַצְּאוּת נ. orientation; (good) adaptation (to)

הִתְמַרְדוּת נ. rebellion

הִתְמַרְמְרוּת נ. embitterment

הִתְנַגְּדוּת נ. opposition

הִתְנַגְּשׁוּת נ. collision; clash

הִתְנַדְּבוּת נ. volunteering

הִתְנַהֲגוּת נ. conduct, behavior

הַתְנָיָה נ. stipulation, stipulating

הִתְנַכְּלוּת נ. plotting (evil)

הִתְנַכְּרוּת נ. estrangement

הַתְנָעָה נ. starting, setting in motion

הִתְנַפְּחוּת נ. swelling; vainglory, conceit pompousness

הִתְנַפְּלוּת נ. attack, assault

הִתְנַצְּלוּת נ. apology

הִתְנַקְּשׁוּת נ. assault, attempt (on someone's life)

הִתְנַשְּׂאוּת נ. conceit, boasting

הִתְעוֹרְרוּת נ. excitement; awakening

הַתְעָיָה נ. leading astray

הִתְעַלְּלוּת נ. cruel treatment

הִתְעַלְּמוּת נ. hiding oneself, disappearance; ignoring

הִתְעַלְּפוּת נ. fainting

הִתְעַמְּלוּת נ. gymnastics; exercise

הִתְעַמְּקוּת נ. deepening

הִתְעַנְיְנוּת נ. attention, interest

הִתְעַסְּקוּת נ. occupation, business

הִתְעַצְּבוּת נ. sorrow, feeling of depression

הִתְעָרְבוּת נ. meddling, interference; betting

הִתְפָּאֲרוּת נ. boasting

הִתְפּוֹצְצוּת נ. explosion

הִתְפַּטְּרוּת נ. abdication

הִתְפַּיְּסוּת נ. reconciliation

הִתְפַּכְּחוּת נ. sobering, becoming sober; freeing from illusion, disillusion

הִתְפַּלְאוּת נ. amazement, astonishment
הִתְפַּלְּגוּת נ. division, parting
הִתְפַּלְסְפוּת נ. philosophizing
הִתְפַּעֲלוּת נ. enthusiasm
הִתְפָּרְצוּת נ. outbreak
הִתְפַּשְּׁטוּת נ. spreading; stripping; undressing
הִתְפַּתְּחוּת נ. development
הִתְקַדְּמוּת נ. advance; progress
הִתְקַדְּשׁוּת נ. holiness; purification
הִתְקוֹמְמוּת נ. rise, revolt
הֶתְקֵן ז. contrivance, fitting
הַתְקָנָה נ. preparation
הֶתְקֵף ז. attack, fit (of illness)
הִתְקַצְּפוּת נ. anger
הִתְקָרְבוּת נ. approach; drawing closer
הִתְקָרְרוּת נ. cooling off; catching of cold
הִתְקַשּׁוּת נ. hardening
הִתְקַשְּׁטוּת נ. self-adornment
הִתְקַשְּׁרוּת נ. joining; alliance

הַתֵּר (v. נתר) to set free; to permit; to loosen
הֶתֵּר ז. permit, permission
–הֶתֵּר הוֹרָאָה authorization (for the office of Rabbi)
–הֶתֵּר־יְצִיאָה exit-permit
הַתְרָאָה נ. warning
הִתְרַבּוּת נ. increase
הִתְרַבְרְבוּת נ. boasting; vainglory
הִתְרַגְּזוּת נ. excitement; anger
הִתְרַגְּשׁוּת נ. excitement; irritability
הַתָּרָה נ. solution; loosening, untying
הִתְרוֹמְמוּת נ. exaltation
הִתְרוֹפְפוּת נ. loosening; weakening
הִתְרוֹצְצוּת נ. running to and fro
הִתְרוֹקְנוּת נ. emptying
הִתְרַחֲבוּת נ. widening
הִתְרַחֲקוּת נ. keeping away
הִתְרַכְּזוּת נ. concentration

הַתְרָעָה נ. sounding of alarm

הִתְרַפּוּת נ negligence; weakening

הִתְרַפְּסוּת נ. adulation; submissiveness

הִתְרַצּוּת נ. conciliation

הִתְרַשְּׁלוּת נ. negligence; laziness

הִתְרַשְּׁמוּת נ. gaining an impression

הַתָּשָׁה נ. weakening

ו

וַדֵּא to make certain

וַדָּאוּת נ. certainty

וַדַּאי, בְּוַדַּאי surely; certainly

וַדָּאִי certain

וִדּוּי ז. confession; confession of guilt

וָדִי* ז. wadi

וָו ז. hook; letter (ו)

וַי, וַי alas!, woe!

וִילוֹן (ר. וִילוֹנוֹת, וִילָאוֹת) curtain

וְכוּ (.v וְכֻלֵּה) and so on, etc.

וִכּוּחַ ז. discussion, dispute

(וכח) הִתְוַכֵּחַ to dispute, debate

וָלָד (ר. וְלָדוֹת) child, young (of man or animal)

וַסֵּת to regulate

וֶסֶת נ. menstruation

וַעַד ז. meeting; committee; board

וְעָדָה נ. commission; committee

וְעוּד ז. convention, gathering

וְעִידָה נ. conference

וֶרֶד ז. rose

וָרֹד pink (color)

וֵשֶׁט ז. gullet

וִתּוּר ז. renunciation; yielding

וָתִיק (ר. וָתִיקִים) veteran; pious; capable, experienced

(ותר) וַתֵּר to renounce; to give way; to yield

וַתְּרָן ז. conciliatory person, liberal person

וַתְּרָנוּת נ. conciliatoriness, liberality, leniency

ז

זְאֵב ז. wolf

–זְאֵב הַמַּיִם pike

זַאֲטוּט ז. small boy, youngster

זֹאת this (one), that one

–זֹאת אוֹמֶרֶת that is, that is to say

–אִי לָזֹאת consequently

–בְּכָל זֹאת and yet; all the same

זָב ז. person suffering from flux

זבד (זָבַד, יִזְבֹּד) to (*rhet.*) give a present

זֶבֶד ז. gift, present

זִבְדָּה נ. cream

זְבוּב ז. fly

זְבוּל ז. (*rhet.*) dwelling; temple

זִבּוּל ז. manuring; fertilizing

זִבּוּרִית נ. inferior soil; inferior object

זבח (זָבַח, יִזְבַּח) to slaughter, to sacrifice

זֶבַח ז. slaughtering; sacrifice; feast

זִבְחָה נ. sacrifice

זְבִיחָה נ. slaughtering, sacrificing

זבל (זָבַל, יִזְבֹּל) to dwell (*Bib.*)

–זִבֵּל to manure; to fertilize

זֶבֶל ז. manure; dung

זַבָּן ז. salesman

זָג ז. shell, husk (of fruits)

זַגָּג ז. glazier

זְגוּגִית נ. glass; pane of glass; enamel (of teeth)

זֵד ז. insolent, villain

זָדוֹן ז. (ר. זְדוֹנוֹת, זְדוֹנִים) insolence; wickedness
זֶה ז. this, that; that which;
–זֶה עַתָּה just now, already
–בָּזֶה in it, through it; here
–מִזֶּה from here
–כָּזֶה וְכָזֶה (*Bib.*) so and so
זֹה, זוֹ כ״ג נ. this (one)
(זהב) הִזְהִיב to gild
זָהָב ז. gold
זֶהָב, זֶהָבִי ז. goldsmith
זֶהֶה identical
זֶהוּ ז. this is, that is; (*col.*) that's that
זְהוֹרִית נ. crimson-colored
זֶהוּת נ. identity
זָהִיר ז. careful
זְהִירוּת נ. caution, carefulness
(זהם) זִהֵם to pollute; to dirty
זֻהֲמָה נ. dirt
(זהר) הִזָּהֵר to be careful, cautious
–הִזְהִיר to warn; to shine
זֹהַר ז. brightness; luster
זַהֲרוּר ז. זַהֲרוּרִית נ. glow
זוֹ כ״ג נ. this (one)
זוּ נ. that, which
זוּב (זָב, יָזוּב) to flow, to stream
זוֹב ז. flow of semen
זוּג ז. (ר. זוּגוֹת) pair, couple; bell
–בֶּן זוּג ז. mate
(זוג) זִוֵּג to join, to pair to mate; to copulate
זוּגָה נ. (*rhet.*) wife
זוּד (זָד, יָזוּד) to act arrogantly; to meditate evil
–הֵזִיד to act insolently
זִוּוּג ז. marriage; mating
זוּז to move
–הֵזִיז to move
זוּז ז. ancient silver coin
זוּחַ (זָחָה דַעְתּוֹ) to be proud
זוֹחֵל ז. reptile
זוּט, זוֹט ז. ebb, low water
זוּטָא (*Ar.*) minor

זוּטָה small matter

זָוִית נ. angle; corner

זָוִיתוֹן ז. angle-iron

זוּל to lavish, to pour out; to be cheap

–הַזֵּל to cheapen; to despise; to cause to flow

זוֹל cheap

זוֹלֵל ז. glutton

זוּלַת, זוּלָתִי except for

–הַזּוּלַת fellow-man, the other, others

זוּן (זָן, יָזוּן) to feed

–הִזּוֹן to be fed, nourished

זוֹנָה נ. harlot, prostitute

זוּעַ to tremble; to move

–הָזֵעַ (מֵזִיעַ) to sweat, perspire

זְוָעָה נ. terror; storm; earthquake

זוּר to press; to squeeze

–הִזּוֹר (נָזוֹר, יִזּוֹר) to turn away;

–זוֹרֵר to sneeze

(זחח) הַזֵּחַ (נָזַח, יִזַּח) to be removed

–הַזֵּחַ to shove, to push off; to indent

זָחִיחַ sliding, movable

זחל (זָחַל, יִזְחַל) to creep, crawl

–הִזְדַּחֵל to crawl slowly

זַחַל ז. lava; caterpillar

זִיבָה נ. flow; flow of semen; gonorrhea

זֵידוֹן (*Bib.*) raging, boiling (waters)

זִיו ז. brightness; splendor

–יֶרַח זִיו (*Bib.*) month of אִיָּר

זִיּוּן ז. armor; arming

זִיּוּף ז. forgery

זִיז insect; fruit-worm; projection

זִים ז. gill

זַיִן ז. weapon

זַיֵּן to arm

–הִזְדַּיֵּן to arm oneself

זִיעַ ז. trembling

זַיֵּף to forge; to falsify

זִיף ז. bristle

זִיפְזִיף* ז. coarse sea-sand
זַיְפָן ז. forger
זִיק ז. spark; comet; storm
זִיקָה נ. firebrand; spark; relationship, affinity
זִירָה נ. arena; (boxing) ring
זִירָה נ. mangle (on washing machine, etc.)
זַיִת ז. (ר. זֵיתִים) olive; olive-tree
–כַּזַּיִת olive-size
זַךְ clear, pure
זַכַּאי ז. innocent, guiltless; righteous; entitled (to)
זכה (זָכָה, יִזְכֶּה) to be aquitted, innocent; to be worthy; to succeed; to take possession
–זָכָה בַּדִּין to win a lawsuit
זִכָּה to bestow a privilege; to right; to acquit
זִכּוּי ז. acquittal; crediting
זְכוּכִית נ. glass
–זְכוּכִית מַגְדֶּלֶת magnifying glass

זָכוּר ז. the male sex
זְכוּת נ. innocence; merit, privilege; right; credit
–בִּזְכוּת thanks to, due to
–לַמֵּד זְכוּת to plead in favor of
זַכַּי ז. guiltless, righteous
זְכִיָּה נ. justice; merit; winning of something; privilege; taking possession
זִכָּיוֹן ז. rights, equality of rights; concession
זְכִירָה נ. remembrance
זכך (זַךְ, יָזֹךְ) to be pure, to be clear; to be just, to be righteous
–הִזְדַּכֵּךְ to become pure, be purified
זכר (זָכַר, יִזְכֹּר) to remember; to notice
–הִזָּכֵר to recall; to be borne in mind, remembered
–הַנִּזְכָּר לְעֵיל the above-mentioned
–הִזְכִּיר to remind; to mention

זָכָר ז. male

–לְשׁוֹן זָכָר, מִין זָכָר masculine gender

זֵכֶר ז. token; memory

זִכָּרוֹן ז. (ס. זִכְרוֹן, ר. זִכְרוֹנוֹת) remembrance; recollection; memory

–זִכְרוֹן דְּבָרִים (a) protocol

–זִכְרוֹנוֹ לִבְרָכָה of blessed memory

–זִכְרוֹנוֹת memoirs

זִכְרִיָּה נ. forget-me-not (flower)

זלג (זָלַג, יִזְלֹג) to drip, flow

זִלּוּת נ. lowness, wickedness

זִלְזוּל ז. contempt; disregard

זִלְזֵל (בְּ־) to disdain, despise; to disregard

זַלְזַל ז. twig of a vine

(זלל) הִזֹּל, נָזֹל (*Bib.*) to quake

זַלְעָפָה נ. (*rhet.*) storm

זלף (זָלַף, יִזְלֹף), זִלֵּף to sprinkle, to drip

זִמָּה נ. evil thought, purpose; lewdness, prostitution; shameful deed

זִמּוּן ז. summons; meeting; sitting; saying grace in a company of three

זְמוֹרָה נ. twig, branch

זִמְזוּם ז. humming, buzzing

זִמְזֵם to hum, buzz

זָמִין available

זָמִיר ז. nightingale; songbird

–עֵת הַזָּמִיר time of the singing birds, spring

זְמִירָה נ. song; hymn

זמם (זָמַם, יָזֹם) to devise plots; to purpose; to muzzle

–הִזֹּם to be proved a false witness

זִמֵּם, הֵזֵם to prove a witness false; to disprove

–הוּזַם, הִזְדַּמֵּם to be caught lying

זָמָם ז. plot; device; muzzle

זְמָן ז. time, term, season; date; school-term

–כָּל זְמַן שֶׁ־ as long as

–מִזְּמַן long ago

(זמן) זִמֵּן to invite; to summon together

–הִזְמִין to invite, summon; to order (goods)

–הִזְדַּמֵּן to happen; to meet (by chance)

זְמַנִּי temporary

זמר (זָמַר, יִזְמֹר) to trim, clip

–זִמֵּר (*Bib.*) to play (an instrument); to sing

זֶמֶר ז. song; antelope

–כְּלִי זֶמֶר ז. musical instrument

זַמָּר ז. singer

זְמָרַגְד ז. emerald

זִמְרָה נ. song; singing; music

זִמְרַת הָאָרֶץ (*Bib.*) the choice products of the land

זַן ז. food; spices, sort, kind

(זנב) זִנֵּב to cut off the rear

זָנָב ז. (ר. זְנָבוֹת) tail; stump

–הִזְדַּנֵּב (אַחֲרֵי) to trail after

זַנְגְּבִיל ז. ginger

זנה (זָנָה, יִזְנֶה) to go astray; to commit adultery; to be faithless

–הַזְנֵה to cause to be a prostitute; to lead astray

זְנוּנִים ז״ר prostitution

זְנוּת נ. prostitution

זנח (זָנַח, יִזְנַח) to reject; to abandon

–הַזְנֵחַ to abandon, to neglect; to reject

(זנק) זִנֵּק to leap out; to gush out; (*sport*) to start

זֵעָה נ. sweat, perspiration

–בְּזֵעַת אַפָּיו in the sweat of one's brow

זַעֲוָה נ. (*Bib.*) fear, terror

זַעֲזוּעַ ז. trembling; shock

זִעְזֵעַ to startle; to shock to shake

–הִזְדַּעְזֵעַ to tremble; to be shocked, to be shaken

זְעִיר a little
–זְעֵיר אַנְפִּין (*Ar.*) miniature
–זְעֵיר־בּוּרְגְּנִי petit bourgeois
זָעִיר small, insignificant
זעם (זָעַם, יִזְעֹם) to be angry; to curse
–הִזָּעֵם to be angry
זַעַם ז. anger, rage
–עַד יַעֲבֹר זַעַם until the danger is past
זעף (זָעַף, יִזְעַף) to be angry, irritated
זַעַף ז. anger, rage
זָעֵף angry, ill-tempered
זעק (זָעַק, יִזְעַק) to cry out; to cry; to lament; to call
זַעַק ז. זְעָקָה נ. outcry, cry
–הַזְעֵק to call together
זַעֲרוּרִי very small, minute
זֶפֶק ז. gullet; crop (of bird)
זַפֵּת to pitch, cover with asphalt
זֶפֶת נ. pitch, tar; asphalt
זִפְתִּי (*sl.*) very bad

זִקִּים ז״ר firebrands, sparks
זִקָּה נ. bond, connection; obligation
זְקוּנִים ז״ר old age
זָקוּף upright, erect, steep
זִקּוּק ז. distillation; spark
זָקוּק needy
–זָקוּק לְ־ dependent on, connected with; in need of
זְקִיפָה נ. erection; charging on account
זִקִּית נ. chameleon
זקן (זָקֵן, זָקַן; יִזְקַן) to grow old
–הַזְקֵן to grow old; to make old
זָקֵן ז. old; old man; learned man; senior
–זְקַן הַסֶּגֶל הַדִּיפְּלוֹמָטִי dean of the diplomatic corps
–אֲבִיו זְקֵנוֹ one's grandfather
זָקָן ז. beard
זֹקֶן ז. זִקְנָה נ. old age
זקף (זָקַף, יִזְקֹף) to lift up; to charge on account

זָקֵף ז. perpendicular

-הִזָּקֵף לְ- to be attributed to

-הִזְדַּקֵּף to stand upright

-זָקֵף גָּדוֹל ז. (׃׃) Biblical accent

-זָקֵף קָטָן Biblical accent (׃)

זקק (זָקַק, יָזֹק) to purify; to distill; to oblige

-זִקֵּק to refine, to distill

-הִזָּקֵק, הִזְדַּקֵּק to be obliged; to be in need of

-הַזְקֵק to oblige

(זקר) הִזְדַּקֵּר to stand out; to be conspicuous

זָר ז. strange, foreign; stranger; foreigner

-עֲבוֹדָה זָרָה idolatry

זֵר ז. frame; garland; crown

זָרָא ז. loathing

(זרב) זֹרַב to be melted (*Bib.*)

זַרְבּוּבִית נ. tap, spout

זֶרֶד ז. shoot, twig

זרה (זָרָה, יִזְרֶה) to scatter; to winnow

-זָרָה to scatter

זֵרוּז ז. encouraging; speeding up

זְרוֹעַ נ. (ר. זְרוֹעוֹת) arm; strength

-בִּזְרוֹעַ by force

זָרוּת נ. strangeness

(זרז) זֵרֵז to encourage; to urge; to speed up

-הִזְדָּרֵז to hurry up; to do something speedily

זַרְזִיף ז. shower

זַרְזִיר ז. starling

-זַרְזִיר מָתְנַיִם (*Bib.*) falcon; greyhound (?)

זרח (זָרַח, יִזְרַח) to shine; to come out

זַרְחָן ז. phosphorus

זָרִיז quick; efficient; zealous; eager

זְרִיזוּת נ. quickness; efficiency; eagerness, zeal

זְרִיחָה נ. sunrise; shining

זְרִימָה נ. flowing

זְרִיעָה נ. sowing; seed

זְרִיקָה נ. throwing; sprinkling; injection

זרם (זָרַם, יִזְרֹם) to stream; to flow

–הַזְרֵם to cause to flow

זֶרֶם ז. shower; stream, river; current

זִרְמָה נ. stream; flow of semen

זַרְנוּק ז. water-hose

זרע (זָרַע, יִזְרַע) to sow

–הִזָּרַע to be sown

זֶרַע ז. seed; sowing; sowing-time; semen; offspring; children

זֵרָעוֹן ז. seed

זרק (זָרַק, יִזְרֹק) to throw; to sprinkle; to scatter

–שֵׂיבָה זָרְקָה בוֹ to grow grey

(זרר) זוֹרֵר to sneeze

זֶרֶת נ. span; little finger

ח

חֹב ז. (חֻבִּי, חֻבְּךָ וכו׳) bosom

–בְּחֻבּוֹ within himself

(חבא) הֵחָבֵא to hide oneself; to be hidden

–הַחְבֵּא to hide

–הָחְבֵּא to be hidden

–הִתְחַבֵּא to hide oneself

חָבֹב, חַבֵּב to like, to be fond of

–הִתְחַבֵּב to be liked

חִבָּה נ. liking, affection

חִבּוּט ז. beating

–חִבּוּט הַקֶּבֶר punishment of the wicked after death

חָבוּי hidden

חֲבוֹל, חֲבוֹלָה נ. (*Bib.*) pawn, pledge

חִבּוּק ז. embrace

–חִבּוּק יָדַיִם folding of the hands; idleness

חָבוּר joined, connected

חִבּוּר ז. connection; addition; literary work; composition, treatise; (*math.*) addition

–וָו הַחִבּוּר vav conjunctive (*Heb. gram.*)

–מִלַּת חִבּוּר conjunction (*gram.*)

חַבּוּרָה נ. wound; boil

חֲבוּרָה נ. company

חַבּוּשׁ ז. quince

חָבוּשׁ ז. imprisoned; prisoner

חָבוּת נ. liability

חבט (חָבַט, יַחְבֹּט) to strike, knock; to knock down (fruit); to thresh

–הֵחָבֵט to be hurt; to be beaten

–הִתְחַבֵּט to throw oneself down; to exert oneself

חֶבֶט ז. buckle

חֲבָטָה נ. stroke, blow, knock

חָבִיב ז. beloved, dear

–חֲבִיבִי!, חַבִּיבִּי! (*sl.*) my dear!

–אַחֲרוֹן אַחֲרוֹן חָבִיב last but not least

חֲבִיבוּת נ. love; friendliness

חֶבְיוֹן ז. hiding-place

חֶבְיוֹנָה נ. little cask; flask

חֲבִיטָה נ. knocking

חֲבִילָה נ. bundle, parcel

–נִתְפָּרְדָה הַחֲבִילָה the group has been dissolved

חֲבִיצָה נ. pudding

חֲבִישָׁה נ. imprisoning; bandaging

חָבִית נ. barrel

חֲבִיתָה נ. omelet

חבל (חָבַל, יַחְבֹּל) to pledge; to damage

–הֵחָבֵל to be injured

–חַבֵּל to damage, to sabotage; (*Bib.*) to plan evil

חֲבָל! woe!, what a pity!

חֶבֶל ז. cord, rope; measuring-line; possession, lot; (*Bib.*) company

חֵבֶל ז. pain

חִבֵּל ז. mast

חַבָּלָה נ. damage; sabotage

–מַלְאֲכֵי חַבָּלָה demons

חַבְּלָן ז. saboteur

(חבץ) חַבֵּץ to make butter, to churn butter

חֶבְצָה נ. buttermilk

חֲבַצֶּלֶת נ. lily

חבק (חָבַק, יַחֲבֹק) to embrace

–חָבֹק יָדַיִם to fold one's hands, to be idle

–הִתְחַבֵּק to embrace one another

חבר (חָבַר, יֶחְבַּר) to connect; to associate

–חַבֵּר to connect, unite; to add; to compose; to write; to fasten

–הִתְחַבֵּר to associate, join

חֶבֶר ז. association, company; league

חָבֵר ז. friend, comrade, companion; scholar; member; fellow

–חֲבֵרָה female friend

חֲבַרְבּוּרָה נ. stripe, streak

חֶבְרָה נ. society, association

חֲבֵרוּת נ. friendship; membership

חַבְרוּתִי, חֶבְרָתִי social; sociable

חֲבְרַיָּה friends; company; (*col.*) group (of companions)

חבשׁ (חָבַשׁ, יַחְבֹּשׁ) to tie up; to bandage; to saddle; to imprison

חַבְתָּן ז. barrel-maker

חַג ז. festival

–אִסְרוּ חַג the first day after a festival

חָגָא ז. (*Ar.*) fright; terror; non-Jewish holiday

חָגָב ז. grasshopper; (*Bib.*) locust

חגג (חַג, יָחֹג) to celebrate a festival

חָגָו ז. cleft

חֲגוֹר ז. bandolier

חָגוּר girded

חֲגוֹרָה נ. belt, girdle

חֲגִיגָה נ. celebration; (*Tal.*) festival offering

חֲגִיגִי solemn, festive

חֲגִיגִיּוּת נ. solemnity, festivity

חגר (חָגַר, יַחְגֹּר) to gird

חִגֵּר ז. lame person

חַד sharp; one

–חַד־סִטְרִי one-way (traffic)

–חַד־פַּעֲמִי one-time

–חַד־צְדָדִי one-sided, unilateral

–חַד־שְׁנָתִי annual

חֹד ז. point; sharpness

חַדְגּוֹנִי monotonous

חַדְגּוֹנִיּוּת נ. monotony

חדד (חַד, יָחֹד) to be sharp; to be fierce

-חַדֵּד to sharpen
-הִתְחַדֵּד to become sharp
חדה (חָדָה, יֶחֱדֶה) to (*Bib.*) be glad
-חַדֵּה to gladden
חַדּוּד ז. sharp edge
חִדּוּד ז. sharpening; point; joke
חֶדְוָה נ. joy, gladness
חִדּוּשׁ ז. innovation; new interpretation
חָדִיר penetrable
חֲדִירָה נ. penetration
חָדִישׁ modern; newest, latest
חדל (חָדַל, יֶחְדַּל, יַחְדִּל) to cease, to stop; to refrain
חָדֵל forsaking; forbearing; ceasing
-חֲדַל אִישִׁים a good-for-nothing
חֶדֶל ז. the passing world (*rhet.*)
חֵדֶק, ז. thorn
חֶדֶק ז. trunk (of an elephant)
חִדְקוֹנִית נ. beetle; weevil
חִדֶּקֶל ז. the river Tigris
חדר (חָדַר, יַחְדֹּר) to invade; to penetrate, to enter into
חֶדֶר ז. room; interior; Jewish elementary school
-חֲדַר־אֹכֶל dining room
-חֲדַר הַמִּטּוֹת bedroom
(חדש) חַדֵּשׁ to renew; to innovate, to invent
-הִתְחַדֵּשׁ to renew oneself; to be restored
-תִּתְחַדֵּשׁ! congratulatory exclamation to a person wearing new clothing
חֹדֶשׁ ז. (ר. חֳדָשִׁים) month; (*Bib.*) new moon
-רֹאשׁ חֹדֶשׁ first of the month
חָדָשׁ new, fresh
-מֵחָדָשׁ over again, once more
חֲדָשָׁה נ. (ר. חֲדָשׁוֹת) news
חָדְשִׁי monthly
חוב to owe; to be obliged
-חַיֵּב to oblige; to declare guilty; to debit; to approve

–הִתְחַיֵּב to pledge oneself; to be condemned (to); to be responsible, to assume as duty

חוֹב ז. (ר. חוֹבוֹת) debt; duty

חוֹבֵב ז. lover; amateur

חוֹבָה נ. duty; obligation; condemnation

חוֹבֵל ז. sailor

–רַב־חוֹבֵל captain (of a ship)

חוֹבֵר ז. magician

חוֹבֵשׁ ז. surgeon's assistant, wound-dresser

–חוֹבֵשׁ בֵּית הַמִּדְרָשׁ student in a yeshiva

חוג (חָג, יָחוּג) to form a circle; to fly in a circle

חוּג ז. circle; group

חוֹגֵג festive, joyful

חוֹגָה נ. lark (bird)

חוד (חָד, יָחוּד) to ask riddles

–לְחוּד alone; separately

(חוה) חִוָּה to express

–חִוָּה דֵעָה to express one's opinion

חַוָּה נ. farm; announcement

–חַוַּת־דַּעַת נ. opinion

חוֹזֶה ז. seer; contract

חוֹזֵר ז. circular (letter)

חוֹחַ ז. (ר. חוֹחִים, חֲוָחִים) thistle; thorn

חוּט ז. thread; cord; wire

–חוּט הַשִּׁדְרָה spine

חוֹטֵא ז. sinner

חֲוָיָה נ. moving experience

חֲוִילָה נ. villa

חִוּוּי ז. expression (of opinion)

חוּכָא, חוּכָה נ. scorn; laughter

חוֹכֵר ז. tenant, lessee

חוּל, חִיל to dance; to tremble; to fall upon; to wriggle, writhe

–חוֹלֵל to dance; to create; to form; to make

–הִתְחוֹלֵל to break out (storm, war)

-הָחֵל נ. — to shake; to whirl; to revolve; to hope

חוֹל ז. — sand; phoenix (fabulous bird)

חוֹלֶה ז. — sick man, patient

חוֹלָנִי — sickly, morbid

חוּם — brown

חוֹמָה ז. — wall; town-wall

חוּמָשׁ ז. — Pentateuch

חוּס (חָס, יָחוּס) — to pity; to spare

חוֹף ז. — coast, shore

חוּץ ז. (ר. חוּצוֹת) — street

חוּץ — outside; external

-חוּץ מִן־ — except

-חוּץ לָאָרֶץ — abroad

חָוָק ז. — rung of ladder

חוֹקֵר ז. — scholar; researcher; investigator

חוֹר ז. — hole; nobleman

חוּר ז. — white linen

חִוֵּר — pale

חוּר (חָוַר, יֶחֱוַר) — to grow pale; to be clear

-חַוֵּר — to make clear

-מְחֻוָּר — clear

חוֹרֵג — irregular

-אָב חוֹרֵג ז. — stepfather

-אֵם חוֹרֶגֶת נ. — stepmother

-בֵּן חוֹרֵג — stepson

חוֹרַי (*Bib.*) — netting; white linen

חוֹרִין ז״ר — freedom

-בֶּן־חוֹרִין — free man

חוּשׁ (חָשׁ, יָחוּשׁ) — to hurry; to feel; to feel pain

-הָחֵשׁ — to hurry, to hasten

חוּשׁ ז. — sense, sense organ; feeling

חוּשָׁנִי — sensuous

חוֹתְכוֹת נ״ר — front teeth, incisors

חוֹתָם ז. — seal, stamp

חוֹתֶמֶת נ. — seal

חַזַּאי — weatherman

חזה (חָזָה, יֶחֱזֶה) — to see, to foresee; to prophesy

חָזֶה ז. (ר. חָזוֹת) — chest; breast

חֹזֶה, חוֹזֶה ז. seer, prophet; contract

חָזוֹן ז. revelation; vision; prophecy

–עוֹד חָזוֹן לַמּוֹעֵד there is still time for it

חִזּוּק ז. strengthening

חִזּוּר ז. wooing, courting

חָזוּת נ. prophecy; (*Bib.*) covenant

חֲזָזִית נ. mumps

חֲזִיָּה נ. waistcoat, vest

חִזָּיוֹן ז. (ר. חֶזְיוֹנוֹת) revelation; vision; phenomenon; drama, play

–חֶזְיוֹנוֹת הַטֶּבַע natural phenomena

–גֵּיא חִזָּיוֹן (*rhet.*) theater (of operations etc.)

חָזִיז ז. (*rhet.*) lightning

חֲזִיר ז. pig, swine

–חֲזִיר הַיַּעַר wild pig, boar

–חֲזִירָה נ. sow

חֲזִירוּת נ. swinishness

חָזִית נ. facade, front; battlefront

חַזָּן ז. cantor

חזק (חָזַק, חָזֵק; יֶחְזַק, יֶחֱזַק) to be strong, to be firm

–חֲזַק! "well done!" (said on completing reading of a book of Scripture)

–חֲזַק וֶאֱמַץ! "be strong and of good courage!"

–חִזֵּק to strengthen, to encourage; to confirm

–הֶחֱזִיק to seize; to hold fast; to keep; to support; to contain

–הֶחֱזִיק טוֹבָה to be grateful

–הִתְחַזֵּק to strengthen oneself

חָזָק strong; firm

חֹזֶק ז. strength; might

–בְּחֹזֶק יָד by force

חֶזְקָה, חָזְקָה נ. severity; violence

חֲזָקָה נ. taking hold, occupying; presumption

חזר (חָזַר, יַחֲזוֹר) to come back; to return; to repeat, to do again

–חָזוֹר מִן־ to repent

–חִזֵּר to walk about; to follow after; to woo

–הֶחֱזִיר to return; to restore

חֲזָרָה נ. giving back; repetition; turning back

–בַּחֲזָרָה (give, get, go, etc.) back

חֲזֶרֶת נ. horseradish

חַזֶּרֶת נ. mumps

חָח ז. buckle, brooch

חטא (חָטָא, יֶחֱטָא) to sin; to transgress

–חִטֵּא to cleanse, to disinfect; to purify

–הֶחֱטִיא to tempt into sin; to miss

–הִתְחַטֵּא to be purified

חֵטְא ז. (ר. חֲטָאִים) sin; transgression; fault

–הִכָּה עַל חֵטְא to repent of one's sins

חַטָּא ז. sinner

חֲטָאָה, חַטָּאָה, חַטָּאת נ. sin; guilt

חַטָּאת נ. atonement, sacrifice for sin

חטב (חָטַב, יַחֲטֹב) to cut (wood)

–חִטֵּב to carve

חֲטוּבָה נ. (*Bib.*) colored tapestry

חִטָּה נ. (ר. חִטִּים) wheat

חֲטוֹטֶרֶת נ. hump, hunch

חִטּוּי ז. disinfection

חָטוּף ז. kidnapped person

–ש״ת hasty

(חטט) חִטֵּט to dig; to pick holes in

חָטָט ז. rash, scab; furuncle, boil

חֲטִיבָה נ. cutting, hewing; unit; brigade

חֲטִיפָה נ. snatching; hurry

חטם (חָטַם, יֶחְטֹם) to (*Bib.*) control anger

חֹטֶם ז. nose, snout; tip

חטף (חָטַף, יַחֲטֹף) to snatch away; to rob; to kidnap; to do hastily

–מִיתָה חֲטוּפָה sudden death

חֲטָף ז. hataf, compound sheva (*Heb. Gram.*)

חַטְפָן ז. kidnapper

חֹטֶר ז. twig; rod

חַי ז. living; raw; fresh; new; creature

–חֵי נַפְשִׁי, חֵי... upon my soul!

–חַי ה׳! by God!, by Heaven!

(חיב) חַיֵּב to oblige; to declare guilty; to give a positive answer; to approve

–הִתְחַיֵּב to be obliged; to pledge oneself

חַיָּב owing; guilty

(חיג) חַיֵּג to dial

חִידָה נ. riddle; (*Bib.*) parable

חִידוֹן ז. quiz

חַיְדַק ז. microbe

חיה (חַי, חָיָה, יִחְיֶה) to live; to exist; to survive, to revive

–חַיֵּה to preserve alive; to maintain; to support; to revive; to heal

הַחֲיֵה to restore to life; to refresh

חַיָּה נ. living being; animal; game; (*Bib.*) soul, life

–חַיָּה רָעָה, חַיָּה טוֹרֶפֶת beast of prey

חָיֶה lively; healthy

חִיּוּב ז. obligation; guilt; indebtedness; positiveness; affirmation

חִיּוּבִי positive; judged to be good

–בְּחִיּוּב positively

חִיּוּךְ ז. smile

חִיּוּנִי pertaining to life, vital

–כֹּחַ חִיּוּנִי vigor, vital force

חִיּוּנִיּוּת נ. vitality

חַיּוּת, חִיּוּת נ. life, vitality

חַיָּט ז. tailor

חַיִּים ז״ר life

לְחַיִּים! your health!

–חַיֵּי רֹאשִׁי, בְּחַיַּי! on my life!, upon my soul!

(חיך) חִיֵּךְ to smile

חַיִל ז. (חֲיָלִים, חֲיָלוֹת) strength, power; army; courage; riches

–חֵיל מַצָּב garrison

–אִישׁ־חַיִל a man of valor; soldier

–בֶּן־חַיִל a man of valor

–הָלַךְ מֵחַיִל אֶל חַיִל to go from strength to strength

–עָשָׂה חַיִל (*Bib.*) to make progress; to be successful

(חיל) חָל, יָחִיל to writhe with pain; to wait

–חַיֵּל to recruit

חֵיל ז. rampart

חִיל ז., חִילָה נ. shudder, writhing (with pain)

חַיָּל ז. soldier

חִימַאי chemist

חִימְיָה* נ. chemistry

חִין ז. (*rhet.*) grace, loveliness

חַיִץ ז. partition-wall

חִיצוֹן ז. חִיצוֹנִית, חִיצוֹנָה נ. outer, exterior

–סְפָרִים חִיצוֹנִיִּים Apocrypha

חִיצוֹנִיּוּת נ. exterior; outside

חֵיק ז. bosom; lap; interior

חִישׁ quickly, swiftly

חֵךְ ז. palate

(חכה) חִכָּה to wait; to expect

חַכָּה נ. fishhook; fishing-rod (with line and hook)

חִכּוּךְ ז. scratching; itching; clash

חַכִּים ז. learned; wise

חֲכִירָה נ. lease; rent; leasing

חָכַךְ to rub; to hesitate; to doubt

–חִכֵּךְ to rub; to scratch; to clear one's throat

–הִתְחַכֵּךְ to scratch oneself

חֲכַלִיל, חֲכַלִילִי reddish, ruddy

חֲכַלִילוּת נ. reddishness, ruddiness

חכם (חָכַם, יֶחְכַּם) to be clever

–חִכֵּם, הַחְכֵּם to teach wisdom; to make wise

–הִתְחַכֵּם to act trickily; to act cleverly; (*col.*) to play a prank

חָכָם ז. wise (man); learned

–תַּלְמִיד חָכָם (Talmudic) scholar

חָכְמָה נ. wisdom; cleverness; intelligence; knowledge, science

חכר (חָכַר, יַחְכֹּר) to lease, rent

–הַחְכֵּר to lease

חֹל (ר. חֻלִּים, חֻלִּין) something profane

–יוֹם חֹל weekday

–חֹל הַמּוֹעֵד half-holiday (the intermediary days of a festival)

חֶלְאָה נ. dirt

חֳלָאִים ז״ר sicknesses

חלב (חָלַב, יַחֲלֹב) to milk; to give milk

חָלָב ז. milk

–טִפַּת חָלָב babies' welfare center

חֵלֶב ז. fat; lard; tallow; the best

חֶלְבּוֹן ז. white of an egg; protein

חֲלַבְלוּב wolf's-milk (*bot.*)

חַלְבָן ז. dairyman; milkman

חֶלְבְּנָה נ. galbanum (*bot.*)

(חלד) הֶחֱלִיד to grow rusty

חֶלֶד ז. (*rhet.*) world; lifetime

חֹלֶד ז. mole (*zool.*)

חֻלְדָּה rat; polecat

חֲלֻדָּה, חֲלוּדָה נ. rust

חלה (חָלָה, יֶחֱלֶה) to be sick, ill; to suffer

–הֶחֱלָה to fall ill

–חִלָּה פְּנֵי־ to implore

–הֶחֱלָה to cause illness

–הִתְחַלָּה pretend to be sick

חַלָּה נ. white loaf; cake

–חַלַּת דְּבַשׁ honeycomb

חַלְוָה* נ. halvah (sweetmeat)

(לַ)חֲלוּטִין absolutely

חָלוּל ז. hollow

חִלּוּל ז. profanation

–חִלּוּל הַשֵּׁם profanation of the name of God; infamy, crime

חֲלוֹם ז. (ר. חֲלוֹמוֹת) dream

חַלּוֹן ז. (ר. חַלּוֹנוֹת) window

–חַלּוֹן־רַאֲוָה shopwindow

חִלּוֹנִי profane, secular

חֲלוֹף ז. transitoriness

חִלּוּף ז. transition, change; exchange; reverse

–חֶלְקֵי חִלּוּף spare parts

–חִלּוּפֵי גַבְרֵי change of personnel

חִלּוּץ ז. extrication; strengthening

–חִלּוּץ עֲצָמוֹת courage; gymnastics, drill

חָלוּץ ז. vanguard; pioneer; forward (*sports*)

חֲלוּצָה נ. (*Tal.*) a widow released from marrying her brother-in-law through the act of חֲלִיצָה; woman pioneer

חָלוּק ז. dressing gown, robe

חַלּוּק ז. pebble

חִלּוּק ז. dispute; division; difference

–חִלּוּקֵי דֵעוֹת differences of opinion

חָלוּשׁ weak, sickly

חֲלוּשָׁה נ. weakness

חִלָּזוֹן ז. (ר. חֶלְזוֹנוֹת) snail; purple-shell (used for dying)

חֶלְזוֹנִי spiral

חִלְחֵל to pierce; to penetrate; to shake

–הִתְחַלְחֵל to be shaken, frightened

חַלְחָלָה נ. shaking; fright

חלט (חָלַט, יַחֲלֹט) (*Bib.*) to scald; to ascertain

–הֶחֱלֵט to decide

–הָחְלַט to be decided

חֲלִי ז. (ר. חֲלָאִים) jewelry

חֳלִי ז. (ר. חֳלָיִים) sickness, illness

–חֳלִי נְפִילָה epilepsy

–חֳלִי רָע cholera

חֻלְיָה, חוּלְיָה נ. link; joint; vertebra of the spinal cord; part

חָלִילָה God forbid!, far be

חֲלִילָה נ. repeating

חֻלִּין, חוּלִּין ז״ר something profane; a tractate of the Talmud

חָלִיף ז. substitute, spare part

–ש״ת interchangeable

חֲלִיפָה נ. suit of clothes; relief, alternation, change

–חֲלִיפַת מִכְתָּבִים correspondence, exchange of letters

חֲלִיפוֹת alternately, by turns

חֲלִיפִים ז״ר exchange; barter

חֲלִיצָה נ. armor; belt; taking off of shoes; the ceremony of taking off the shoe of the husband's brother

חֵלֵכָה, חֵלְכָה ז. (ר. חֶלְכָּאִים) unfortunate, miserable fellow

חָלַל (*Bib.*) to be pierced, wounded

–הֵחוֹל to be desecrated; to be degraded

–חוֹלֵל to make hollow; to engender

–חִלֵּל to desecrate, to violate; to play the flute

–חִלֵּל אֶת הַשַּׁבָּת to desecrate the Sabbath

–חֻלַּל to be desecrated; to be violated

–הֵחֵל, יָחֵל to violate; to desecrate; to profane

–הֵחֵל, יָחֵל to begin, to commence

–הִתְחַלֵּל to be degraded, to be defiled, to be desecrated

חָלָל ז. (person) killed (in war), war fatality; hollow; empty space; space

–ש״ת defiled, profane (*Bib.*)

חלם (חָלַם, יַחֲלֹם) to dream; (*rhet.*) to be healthy, vigorous

–הֶחֱלִים to recover

חֶלְמוֹן ז. yolk of an egg

חַלָּמוּת נ. (*Bib.*) yolk of an egg

חַלָּמִישׁ ז. flint

חלף (חָלַף, יַחֲלֹף) to pass; to vanish; (*Bib.*) to pierce

–חִלֵּף, הֶחֱלִיף to alter, to change; to exchange

–הִתְחַלֵּף to be exchanged; to change form; to alter

חֵלֶף instead of

חַלְפָן ז. money-changer

חלץ (חָלַץ, יַחֲלֹץ) to take off shoes; to gird; to draw out; to withdraw

חֲלִיצָה נ. to perform (*q.v.*)

–הֵחָלֵץ to be delivered, rescued

–חִלֵּץ to free; to deliver, to save; to draw out

חֶלֶץ ז. (ר. חֲלָצַיִם) hip, loin

חֻלְצָה נ. blouse; shirt

חלק (חָלַק, יַחֲלֹק) to divide; to allot; to be of different opinion; to be smooth

–חִלֵּק to part; to divide; to scatter

הִתְחַלֵּק to be divided; (*col.*) to slip

-הַחֲלֵק to smoothen; to polish; to speak smoothly; to slip; to skate
חָלָק bald, smooth, slippery; blank
חֵלֶק ז. part, portion; lot
חֶלְקָה נ. piece of land; smoothness
-חֶלְקַת לָשׁוֹן flattery
-חֲלַקּוֹת, חֲלָקוֹת flattery
חֲלֻקָּה נ. division; distribution; distribution of charity funds in Palestine
חֶלְקִי partly, in part
חֶלְקִיק minute part, particle
חֲלַקְלַקּוֹת נ״ר slippery places; flattery
חלשׁ (חָלַשׁ, יֶחֱלַשׁ) to be weak
-חָלַשׁ, יֶחֱלַשׁ to weaken; to dominate
-הַחֲלֵשׁ to weaken
חַלָּשׁ weak, weakling
חֻלְשָׁה נ. weakness
חָם ז. father-in-law

חַם warm, hot
-חַמִּים, חַמִּין Sabbath food kept warm from Friday
חֹם ז. warmth, heat
חֶמְאָה נ. butter; (*Bib.*) cream
חמד (חָמַד, יַחְמֹד) to desire, to wish
-חָמַד לוֹ לָצוֹן to jest
חֶמֶד, חֹמֶד ז. desire; loveliness; (*col.*) darling
חֶמְדָּה נ. desire; object of desire; costliness, preciousness
חֲמֻדוֹת נ״ר costliness; loveliness
חַמָּה נ. sun; heat
-יְמוֹת הַחַמָּה summer season
חֵמָה נ. anger, wrath; poison
-מֵחֲמַת־ on account of
חָמוּד lovely, pretty
חִמּוּם ז. warming, heating
חָמוּץ sour; bright red
חָמוּץ ז. (*Bib.*) robbed; oppressed

חַמּוּק ז. circuit (of hips)

חֲמוֹר ז. (נ. אָתוֹן, חֲמוֹרָה) ass, donkey

חָמוּר difficult, hard; severe

חָמוּשׁ armed

חָמוֹת נ. mother-in-law

חֹמֶט ז. chameleon

חֲמִיטָה נ. pancake

חֲמִילָה נ. cloak (made of sheepskin)

חָמִים warm; cozy

חַמִּים ז״ר hot springs; hot drinks; hot food *v.* חם

חֲמִימוּת נ. warmth; coziness

חָמִיץ sour

חֲמִיצָה נ. sour soup; beet-soup

חֲמִיצוּת נ. sour taste; acidity

חֲמִישִׁי, חֲמִשִּׁי ז. fifth

חֲמִישִׁית נ. fifth part

חמל (חָמַל, יַחְמֹל) to pity; to spare

חֶמְלָה נ. pity; compassion

חמם (חַם; יָחֹם, יֵחַם) to be warm; to grow warm

–חִמֵּם, הֵחֵם to warm, to heat

–הִתְחַמֵּם to warm oneself; to grow warm

חֲמָמָה נ. hothouse

חַמָּן ז. sun-pillar (idol)

חַמָּנִיָּה נ. sunflower

חמס (חָמַס, יַחְמֹס) to do violence; to oppress; to devise wicked plans; to tear off

–הֵחָמֵס to be uncovered (*Bib.*)

חָמָס ז. oppressive violence; oppression; cruelty

–זָעַק חָמָס to complain of wrong suffered

חַמְסָן ז. robber

חמץ (חָמֵץ, יֶחְמַץ) to grow sour; to be leavened; to ferment

–הַחֲמֵץ to grow sour, acid; to be late for, to miss

–הֶחֱמִיץ אֶת הַשָּׁעָה miss the opportunity

חָמֵץ leavened bread

חֹמֶץ ז. vinegar

חִמְצָה נ. chickpea

חֻמְצָה נ. acid

חַמְצָן ז. oxygen

חמק (חָמַק, יַחֲמֹק) to turn aside; to slip away

–הִתְחַמֵּק to slip away

חמר (חָמַר, יֶחְמַר) to foam, to bubble

–חָמַר, יַחְמֹר to cover with pitch

–חַמֵּר to drive donkeys

–הַחְמֵר to be strict, severe; to aggravate

חֵמָר ז. bitumen, asphalt

חֹמֶר ז. clay; loam; sealing-wax; heap; mass; strictness, difficulty; material body

–חֹמֶר גָּלְמִי, חֹמֶר גֶּלֶם raw material

–חֹמֶר נֶפֶץ explosive

חֶמֶר ז. (*rhet.*) wine

חַמָּר ז. donkey-driver

חֻמְרָה נ. restrictive measure; difficulty; severity, strictness

חַמְרָה* נ. red earth

חָמְרִי material, not spiritual; economic

חָמְרִיּוּת נ. materialism

חֲמַרְמַר to be hot, burned

חַמְרָן ז. aluminum

(חמש) חִמֵּשׁ to arm; to divide by five

חָמֵשׁ נ. חֲמִשָּׁה ז. five

חֹמֶשׁ ז. fifth part; five years; abdomen

חֻמָּשׁ ז. the Pentateuch

חֲמִישִׁי fifth

חֲמִשִּׁים fifty

חֲמִשִּׁית, חֲמִישִׁית נ. fifth part, a fifth

חֵמֶת נ. skin-bottle

(חמת) מֵחֲמַת־ because of, on account of

חֵן ז. grace, loveliness; favor

–חֵן־חֵן! thanks!

-לְוִיַת חֵן an additional grace or beauty

חִנְגָּה נ. joyous dancing

חנה (חָנָה, יַחֲנֶה) to camp; to rest; to park

-הַחֲנֵה to park

חָנוּט ז. mummy

חִנּוּךְ ז. education; pedagogics

-בֵּית־חִנּוּךְ school

חִנּוּכִי educational

חַנּוּן gracious

חֶנְוָנִי ז. shopkeeper

חֲנוּת נ. shop, store

חנט (חָנַט, יַחֲנֹט) to embalm; to ripen

חֲנָיָה, חֲנִיָּה נ. encampment; parking; resting

חָנִיךְ ז. disciple; apprentice; (*Bib.*) slave

חֲנִיכַיִם ז״ר gums

חֲנִינָה נ. favor, grace; compassion, mercy; amnesty

חֲנִיקָה נ. throttling, strangling

חֲנִית נ. (ר. חֲנִיתוֹת) spear, lance

חנך (חָנַךְ, יַחֲנֹךְ) to dedicate, to inaugurate; (*Bib.*) to teach, to educate

-חַנֵּךְ to educate

חֲנֻכָּה נ. dedication; Hanukkah

חֲנֻכִּיָּה נ. Hanukkah lamp

חִנָּם for nothing; in vain; without cause

חנן (חַן, חָנַן, יָחֹן, יֶחֱנַן) to be gracious, merciful; to give amnesty to

-חוֹנֵן to show mercy

-חַנֵּן, הִתְחַנֵּן to beg for mercy

חִנָּנִי graceful

חנף (חָנַף, יֶחֱנַף) to flatter; to desecrate; to pollute

-הִתְחַנֵּף to ingratiate oneself

חָנֵף ז. hypocrite, flatterer

חֹנֶף ז. חֲנֻפָּה נ. hypocrisy, flattery

חנק (חָנַק, יַחֲנֹק) to strangle;

-הֵחָנֵק to be strangled

חַנֵּק — to choke

חֶנֶק ז. — strangling, choking

חַנְקָן ז. — nitrogen

(חס) חַס וְשָׁלוֹם, חַס וְחָלִילָה — God forbid; far be it from me

חַסָּה נ. — lettuce

חֶסֶד ז. — grace, favor, kindness; good deed; (*Bib.*) abomination

–חֶסֶד שֶׁל אֱמֶת — unselfish act of kindness

–גְּמִילוּת חֶסֶד — the doing of a favor to someone; loan

חסה (חָסָה, יֶחֱסֶה) — to find shelter; to trust

חִסּוּל ז. — liquidation

חִסּוּן ז. — hardening; immunity

חִסּוּר ז. — decrease; lack; (*math.*) subtraction

חָסוּת נ. — refuge; protection

חָסִיד — pious, kind man; follower of the Hassidic sect; ardent follower

–חֲסִידֵי אֻמּוֹת הָעוֹלָם — "benevolent gentiles"

חֲסִידָה נ. — stork

חֲסִידוּת נ. — piety; Hassidism

חָסִיל ז. — kind of locust

חָסִין — powerful; withstanding proof against (something that might damage)

חסך (חָסַךְ, יַחֲסֹךְ) — to save, to economize

חִסָּכוֹן ז. — savings, thrift

חסל (חָסַל, יַחְסֹל) — to eat up; to destroy; to come to an end

חִסֵּל — to liquidate

חֲסַל! — finish!, stop!

חסם (חָסַם, יַחְסֹם) — to muzzle; to bar

(חסן) הֵחָסֵן — to be preserved, to be stored

–חִסֵּן — to strengthen; to harden; to immunize

חֹסֶן ז. — store; provisions; power, might

חָסֹן strong, powerful

(חספס) מְחֻסְפָּס scaly; rough

חסר (חָסַר, יֶחְסַר) to want; to decrease

–חִסֵּר to deprive; (*math.*) to subtract

–הֶחְסֵר to take off, decrease

חָסֵר wanting; lacking; less

חֹסֶר, חֶסֶר ז. want, lack; destitution

חֶסְרוֹן ז. חִסָּרוֹן ז. (ר. חֶסְרוֹנוֹת) lessening; defect

חַף pure, innocent

(חפא) חִפֵּא (עַל־) to impute, slander

חפה (חָפָה, יֶחְפֶּה) to cover; to veil

–חֲפוּי רֹאשׁ ashamed

–חִפֵּה to cover

חִפָּה נ. lampshade; bonnet

חֻפָּה נ. covering; canopy; marriage ceremony; bridal chamber

חִפּוּי ז. cover

חִפּוּשׂ ז. seeking, searching (for something), search; investigating

חִפּוּשִׁית נ. beetle

חפז (חָפַז, יַחְפֹּז) to hurry

–הֵחָפֵז to hurry

חֶפְזָה נ., חִפָּזוֹן ז. hurry, haste

חֲפִיפָה נ. covering; (*geom.*) congruence; washing one's head

חֲפִירָה נ. digging; excavating; trench

חפן (חָפַן, יַחְפֹּן) to take a handful

חֹפֶן ז. (ר. חָפְנַיִם) handful

חפף (חָפַף, יָחֹף) to cover; to be congruent; to protect; to rub the body; to wash the hair

חפץ (חָפֵץ, יַחְפֹּץ, יֶחְפַּץ) to desire, to wish; to demand; (*Bib.*) to wag

חָפֵץ desiring, willing

חֵפֶץ ז. — desire, wish; delight; thing, article, object; precious thing

חפר (חָפַר, יַחְפֹּר) — to dig; (*Bib.*) to search for, to find out

–חָפַר, יֶחְפַּר — to be ashamed

חֲפַרְפֵּרָה, חֲפַרְפֶּרֶת נ. — (*zool.*) mole

חפש (חָפַשׂ, יַחְפֹּשׂ) — to search, to look for

–חִפֵּשׂ — to seek for; to search; examine

–חֻפּוֹשׂ — to be searched

–הִתְחַפֵּשׂ — to disguise oneself

חֵפֶשׂ ז. (*rhet.*) — searching

חֹפֶשׁ ז. חֻפְשָׁה נ. — freedom, liberty; vacation

חָפְשִׁי — liberal; free; freed; irreligious

–מִקְצוֹעַ חָפְשִׁי — liberal profession

חֵץ ז. (ר. חִצִּים) — arrow

–כְּחֵץ מִקֶּשֶׁת — like a bow from an arrow (very quickly)

חֲצָאִית נ. — skirt

חצב (חָצַב, יַחְצֹב) — to hew; to dig; to draw water; to split, to cleave

חַצֶּבֶת נ. — measles

חצה (חָצָה, יֶחֱצֶה) — to divide; to part; to halve

חֲצוּבָה נ. — tripod; trivet

חָצוּף — impertinent, saucy

חֲצוֹת נ. — middle; half

–חֲצוֹת לַיְלָה — midnight

חֲצִי ז. (ר. חֲצָאִים) — half

–לַחֲצָאִים — by halves; partially

חֲצִיָּה נ. — halving; crossing

חֲצִיצָה נ. — partition

חָצִיר ז. — grass; hay; meadow

חָצִיל ז. — eggplant

חֹצֶן, חֵצֶן ז. — bosom

(חצף) הִתְחַצֵּף — to be impertinent; to dare

חֻצְפָּה נ. — impertinence

חֲצְפָן ז. impertinent person

חצץ (חָצַץ, יָחֹץ) to divide

–יָצָא חוֹצֵץ to be spurred on; (*Bib.*) be divided in groups

–חִצֵּץ to divide; to shoot arrows

חָצָץ ז. gravel

חֲצֹצֵר to trumpet

חֲצֹצְרָה נ. trumpet

חָצֵר זו״נ. court, courtyard; (*Bib.*) village

חֲצְרָן ז. janitor; courtier

חֹק ז. (ר. חֻקִּים) law, custom, rule; limit, boundary; fixed time; share

–חֹק וְלֹא יַעֲבֹר an unbreakable law

–לִבְלִי חֹק (*rhet.*) boundless; without limit

(חקה) חִקָּה to engrave; to imitate

–הִתְחַקָּה (עַל־) to inquire

חֻקָּה נ. constitution; law; custom

חִקּוּי ז. imitation

חֻקִּי legal

חָקִי* ז. khaki

חֲקִיקָה נ. carving; engraving; legislation

חֲקִירָה נ. examination; cross-examination; research; study

חַקְלָאוּת נ. agriculture

חַקְלַאי, חַקְלַי ז. farmer, agriculturist

חַקְלָאִי agricultural

חקק (חַק, חָקַק, יָחֹק) to engrave; to make a law, to legislate

–הוּחַק to be engraved; to be made law

חקר (חָקַר, יַחְקֹר) to search; to investigate; to explore; (*Bib.*) to spy out

חֵקֶר ז. examination; search, research

–אֵין חֵקֶר לְ־ it is infinite, it is immeasurable

(חרא) הֶחֱרִיא to excrete

חֲרָאִים ז״ר dirt, excrement

חרב (חָרַב, יֶחֱרַב) to dry up; to be desolate, to be ruined

–הֵחָרֵב to be destroyed

–הַחֲרֵב to dry up; to destroy

חָרֵב dry; desolate; ruined

חֹרֶב ז. drought; desolation

חֶרֶב נ. (ר. חֲרָבוֹת) sword

–חֶרֶב פִּיפִיּוֹת two-edged sword

–הִכָּה לְפִי חֶרֶב (Bib.) to put to the sword

חָרְבָּה, חָרְבָּה נ. (ר. חֳרָבוֹת) ruins, waste

חָרָבָה נ. dryness; dry land

חֲרָבוֹן ז. heat; drought

–חֶרְבּוֹן ז. (sl.) fiasco, "washout"; severe disappointment

חֻרְבָּן, חָרְבָּן ז. destruction

חרג (חָרַג, יַחְרֹג) to leap out; to be an exception; to loosen

חַרְגֹּל ז. grasshopper

חרד (חָרַד, יֶחֱרַד) to be afraid; to tremble

–הַחֲרֵד to frighten

חָרֵד ז. fearful; God-fearing

חֲרָדָה נ. fear; terror

חַרְדּוֹן ז. lizard

חַרְדָּל ז. mustard

חרה (חָרָה, יֶחֱרֶה ל־) to be angry

–חָרָה אַפּוֹ (בְּ־, עַל־) (Bib.) to become angry (at)

–הִתְחָרֵה (בְּ־, עִם־) to rival,

חָרוּב ז. carob

חָרוּז ז. string of beads; bead; rhyme, verse

חָרוּט ז. cone

חָרוּל ז. thorn

חֵרוּם ז. stress

–שְׁעַת חֵרוּם time of emergency

חָרוּם, חֲרוּמַף flat-nosed

חָרוֹן ז. anger, wrath

חֵרוּף ז. insult, blasphemy

–שִׁפְחָה חֲרוּפָה a maid designated to become the wife of one selected by her master; despised handmaid

חָרוּץ ז. diligent person

–ש״ת sharp; diligent; determined

חֵרוּק שִׁנַּיִם grinding of teeth

חֵרוּת נ. freedom, liberty

–חַג הַחֵרוּת Festival of Freedom (Passover)

חרז (חָרַז, יַחֲרֹז) to string; to arrange; to rhyme

חַרְחֵר to inflame; to stir up strife; to gargle

חרט (חָרַט, יַחֲרֹט) to engrave

–הִתְחָרֵט to regret, repent

חֶרֶט ז. chisel; stylus

חָרָט ז. turner; engraver

חֲרָטָה נ. repentance

חַרְטוֹם ז. (ר. חַרְטוּמִים) beak; prow, trunk of animal

חַרְטֹם ז. (ר. חַרְטֻמִּים) sacred scribe (in Egypt and Babylonia)

–כְּתָב הַחַרְטֻמִּים hieroglyphics

חֳרִי (אַף) ז. anger,wrath

חֹרִי ז. (*Bib.*) white bread

חָרִיג ז. exception, irregular

חָרִיט ז. purse

חָרִיף spicy; sharp; clever

חֲרִיפוּת נ. sharpness, cleverness

חָרִיץ ז. (*Bib.*) threshing ditch; groove; instrument

–חֲרִיץ־חָלָב (*Bib.*) cheese

חֲרִיצוּת נ. diligence, industry

חָרִיר ז. small hole

חָרִישׁ ז. ploughing; ploughing-time

חֲרִישָׁה נ. ploughing

חֲרִישִׁי soft, low; silent

חרך, (חָרַךְ, יַחֲרֹךְ) to roast; to burn

חָרָךְ, חֶרֶךְ ז. (ר. חֲרַכִּים) lattice-window; crack

(חרם) הֶחֱרִם to ban; to excommunicate; to confiscate

חֵרֶם, חֶרֶם ז. (ר. חֲרָמִים, חֲרָמוֹת) (*Bib.*) ban; embargo; object consecrated to the Temple; destruction; curse; fishing-net

חָרְמָה נ. destruction

חֶרְמֵשׁ ז. sickle

חֶרֶס ז. (*rhet.*) (pottery) shard; clay; sun

–הֶעֱלָה חֶרֶס בְּיָדוֹ to try in vain

–כְּלֵי חֶרֶס earthenware

חַרְסָה נ. (*rhet.*) sun

חַרְסִינָה נ. porcelain

חַרְסִית נ. pottery; red soil

חֲרֹסֶת נ. a mixture of fruits, spices and wine, used on the Seder night

חרף (חָרַף, יֶחֱרַף) to winter; to insult

–הֶחֱרִיף to become acute

–חֵרֵף to reproach; to abuse

–חֵרֵף נֶפֶשׁ to risk one's life

חֹרֶף ז. winter

חֶרְפָּה נ. (ר. חֲרָפוֹת) shame, disgrace

חָרְפָּה נ. sharp edge of knife

חרץ (חָרַץ, יֶחֱרַץ) to sharpen (one's tongue); to pronounce judgment

חַרְצֻבָּה נ. (ר. חַרְצֻבּוֹת) fetter, chain

חַרְצִית נ. chrysanthemum

חַרְצָן ז. grape-kernel

חרק (חָרַק, יַחֲרֹק) (שִׁנַּיִם) to grind (one's teeth); to screech

חֶרֶק ז. insect

חרר (חַר, יָחֹר) to be heated; to be burnt; to bore (a hole)

–הִחוֹר to be burnt; to be dry (throat)

חֲרֵרִים ז״ר parched places

חֲרָרָה נ. thin flat cake

חרש (חָרַשׁ, יַחֲרֹשׁ) to plough; to devise (evil)
–חָרַשׁ, יֶחֱרַשׁ to be silent; to become deaf
–חָרַשׁ מְזִמּוֹת to devise evil
–הֶחֱרִישׁ to be silent; to deafen
–הִתְחָרֵשׁ to whisper; to become deaf
חֶרֶשׁ softly; secretly
–שׁוֹטֵר חֶרֶשׁ detective
חֹרֶשׁ ז., חֻרְשָׁה נ. grove
חָרָשׁ ז. (ר. חָרָשִׁים) artisan; (*Bib.*) sorcerer
–חָרַשׁ אֶבֶן stonemason
–חָרַשׁ בַּרְזֶל blacksmith
–חָרַשׁ נְחֹשֶׁת coppersmith
–חָרַשׁ עֵצִים joiner; carpenter
חֵרֵשׁ ז. deaf
חֲרֹשֶׁת נ. manufacture
–בֵּית־חֲרֹשֶׁת factory
חרת (חָרַת, יַחֲרֹת) to engrave; to inscribe
חֲשַׁאי ז. silence; secret

חֲשָׁאִי secret; silent
–בַּחֲשַׁאי secretly
חשב (חָשַׁב, יַחֲשֹׁב, יַחְשֹׁב) to think, to meditate; to intend; to regard; to account; to calculate
–הֵחָשֵׁב to be considered, esteemed
–הַחֲשֵׁב to esteem
–חַשֵּׁב to reckon, to compute; (*rhet.*) to be about to
–הִתְחַשֵּׁב (בְּ־) to be counted with; to be esteemed; to take account of, to consider
חַשָּׁב ז. accountant
חֵשֶׁב ז. (*Bib.*) belt, girdle
חֶשְׁבּוֹן ז. (ר. חֶשְׁבּוֹנוֹת) calculation; account; arithmetic; bill
–חֶשְׁבּוֹן הַנֶּפֶשׁ moral stock-taking
–דִּין־וְחֶשְׁבּוֹן report
–הַנְהָלַת חֶשְׁבּוֹנוֹת bookkeeping

חִשָּׁבוֹן ז. device; invention

חֶשְׁבּוֹנָאוּת נ. accountancy

חשד (חָשַׁד, יַחְשֹׁד בְּ־) to suspect

חֶשֶׁד, חֲשָׁד ז. suspicion

חשה (חָשָׁה, יֶחֱשֶׁה) to be silent; to be quiet

–הֶחֱשָׁה to be silent; be inactive; to silence

חָשׁוּב esteemed, important

חִשּׁוּב ז. reckoning, calculation

חָשׁוּד suspicious, open to suspicion

חָשׁוּךְ obscure, dark

חֶשְׁוָן, מַרְחֶשְׁוָן second month of Jewish calendar (approximately October)

חָשׂוּף bare; exposed (to)

חִשּׁוּק ז. wheel-tire, hoop

חִשּׁוּר ז. nave of a wheel

חֲשִׁיבָה נ. thinking

חֲשִׁיבוּת נ. importance

חָשִׂיף ז. group; flock

חשך (חָשַׁךְ, יֶחְשַׁךְ) to be dark

–הֶחֱשִׁיךְ to darken; to be dark

חָשׁךְ (ר. חֲשֻׁכִּים נ.) unenlightened person, ignorant person

חָשֵׁךְ dark

חֹשֶׁךְ ז. חֲשֵׁכָה נ. darkness

חָשַׂךְ to hold back; to withhold; to spare; to save

–חֲשׂוּךְ בָּנִים childless person

חָשָׂךְ ז. restraint; intermission

–בְּלִי חָשָׂךְ ceaselessly

(חשל) הֶחֱשִׁיל to grow weak; to remain behind

–חִשֵּׁל to forge; to hammer

–הִתְחַשֵּׁל to be moulded

חִשְׁמוּל ז. electrification

חִשְׁמֵל to electrify

–הִתְחַשְׁמֵל to be electrified

חַשְׁמַל ז. electricity; (*Bib.*) shining alloy of gold & silver

חַשְׁמַלַּאי ז. electrician

חַשְׁמַלִּי electric

חַשְׁמַלִּית נ. electric railway

חַשְׁמַן ז. cardinal

חֹשֶׁן ז. breastplate of the high priest

חשׂף (חָשַׂף, יַחְשֹׂף) to lay bare; to expose to

חַשְׂפָנִית נ. “striptease” girl

חשק (חָשַׁק, יַחְשֹׁק) to desire; to love

–הִתְחַשֵּׁק (ל־) (*col.*) to wish very much

חֵשֶׁק ז. lust; desire

–אֵין לוֹ חֵשֶׁק ל־ to have no wish to

חשש (חָשַׁשׁ, יַחְשֹׁשׁ) to be anxious; to fear

חֲשַׁשׁ ז. hay

חֲשָׁשׁ ז., חֲשָׁשָׁה נ. fear, anxiety

–מֵחֲשָׁשׁ in fear of

חַת, חָת ז. terror

–לִבְלִי חָת fearlessly

חתה (חָתָה, יַחְתֶּה) to rake a fire; to seize

חִתָּה נ. (*Bib.*) terror

חִתּוּךְ ז. cut, cutting

–חִתּוּךְ הַדִּבּוּר diction

חִתּוּל ז. bandage; swaddling-clothes, diaper

חָתוּל ז. cat

חָתוּם sealed, closed; signed

–בָּא עַל הֶחָתוּם to affix one’s signature

חִתּוּן ז. intermarriage; marriage

חַתְחַת ז. (ר. חַתְחַתִּים) terror; obstacle

חֲתִיכָה נ. cutting; piece, slice; (*sl.*) sexy girl,

חֲתִימָה נ. signature; finish; subscription

חֲתִירָה נ. undermining; rowing

חִתִּית נ. (*rhet.*) terror

חתך (חָתַךְ, יַחְתֹּךְ) to cut; to intersect; to cut off; to decide

חֲתָךְ ז. cutting, section

(חתל) חִתֵּל to bandage; to wrap up

חֲתַלְתּוּל ז. kitten

חתם (חָתַם, יַחְתֹּם) to seal; to close, to complete; to sign; to subscribe

(חתן) חִתֵּן to wed

–הִתְחַתֵּן to marry; (*Bib.*) to become related by marriage

חָתָן ז. son-in-law; bridegroom

–חֲתַן הַיּוֹם hero of the day

חֹתֵן, חוֹתֵן ז. father-in-law

חֹתֶנֶת נ. mother-in-law

חֲתֻנָּה נ. marriage ceremony

חתף (חָתַף, יַחְתֹּף) to tear away, to snatch

חֶתֶף ז. robbery

חתר (חָתַר, יַחְתֹּר) to break through; to undermine; to row; to endeavor (to)

חַתְרָנוּת נ. subversive activity

חתת (חַת, יֵחַת) to be broken; to be terrified

–הֵחוֹת (נִחַת, יֵחַת) to be broken, crushed

–חִתֵּת to break; to frighten

חֲתַת ז. terror, dismay

ט

טַאטֵא to sweep (with a broom)

טָב (*Ar.*) good

–טָבִין וּתְקִילִין (*Ar.*) good money

טְבוּל ז. (*Bib.*) turban

טַבּוּר ז. middle; center; navel; hub (of a wheel)

טבח (טָבַח, יִטְבַּח) to slaughter; to kill

טֶבַח ז. slaughter; massacre; cattle for slaughter

טַבָּח ז. cook; butcher; hangman

טִבְחָה נ. slaughter; killing

טְבִיחָה נ. slaughtering

טְבִילָה נ. immersion; baptism

טְבִיעָה נ. sinking, drowning; impress

–טְבִיעַת אֶצְבָּעוֹת finger-printing

–טְבִיעַת עַיִן (ability of) recognition at a glance

טבל (טָבַל, יִטְבֹּל) to dip; to immerse

–הִטָּבֵל to be immersed

–הַטְבֵּל to immerse; to baptize

טֶבֶל ז. (*Tal.*) produce from which priestly dues have not been set apart

טַבְלָה נ. tablet; board

טבע (טָבַע, יִטְבַּע) to sink; to drown

–הַטְבֵּעַ to drown; to cause to sink; to imprint

–הִטְבִּיעַ חוֹתָמוֹ עַל־ to leave one's impress on

טֶבַע זו״נ. nature; character; (*Tal.*) coin; (*Tal.*) element

טִבְעוֹנִי ז. "naturist," believer in "natural" living

טִבְעִי natural

טַבַּעַת נ. ring; seal

טֵבֵת ז. month of Teveth (4th in Heb. calendar)

טִגּוּן ז. frying

טַגֵּן to fry

טֵה* ז. tea

טָהוֹר clean, pure; innocent

טהר (טָהַר, יִטְהַר) to be clean, pure

–טַהֵר to clean; to purify

–הִטַּהֵר to purify oneself

טֹהַר ז., טָהֳרָה נ. cleaning, purification; purity

טוֹב (טוֹב, יִיטַב) to be well; to be nice; to find favor

–לִבּוֹ טוֹב עָלָיו he is in high spirits

–הֵיטֵב to do good, well; to be good

טוֹב ז. good deed

–ש״ת good, right

–טוֹב מַרְאֶה pretty, handsome

–בְּכִי טוֹב luckily

–יוֹם טוֹב holiday

טוּב ז. goodness; kindness; beauty

טוֹבָה נ. kindness; a favor; prosperity

–הֶחֱזִיק (הִכִּיר) טוֹבָה לְ־ to be grateful to

טוה (טָוָה, יִטְוֶה) to spin

טוח (טָח, יָטוּחַ) to plaster; to smear

–טַוֵּחַ to range (weapon)

טְוָח ז. range

טוֹחֵן ז. miller

–טוֹחֲנוֹת נ״ר molar teeth

טוֹטֶפֶת נ. phylactery (tephillin)

טְוִיָּה נ. spinning

(טוּל) הֵטֵל to throw, cast; to lay

–הֵטֵל מַיִם to urinate

טוס to soar, to fly; to fly in an airplane

טַוָּס ז. peacock

טוּר ז. row; series; line; column

טוּרַאי ז. private (soldier)
טוּרִיָּה* נ. (*col.*) hoe
טוּשׂ (טָשׂ, יָטוּשׂ) to soar, to fly
טַחַב ז. dampness, moisture
טְחוֹת נ״ר (*Bib.*) kidneys
טְחוֹל ז. spleen; milt
טְחוֹן ז. (*Bib.*) millstone
טְחוֹרִים ז״ר hemorrhoids
טחח (טַח, יָטֹחַ) to be besmeared
–טַחוּ עֵינָיו מֵרְאוֹת his eyes are shut
טְחִינָה נ. milling, grinding
טחן (טָחַן, יִטְחַן) to crush, to grind
טַחֲנָה נ. mill
טַיֵּב to improve (ground)
טִיב ז. character, nature, quality
טְיוּטָה נ. rough draft, rough copy
טִיּוּל ז. walk, outing; excursion

טִיחַ ז. plaster; whitewash
טַיָּח ז. plasterer
טִיט ז. mud; clay
–טִיט הַיָּוֵן loam, slush
(טיל) טַיֵּל to go for a walk; to tour
טִיל ז. missile
טִינָה נ. impure thought; grudge
טִיסָה נ. flight
טַיֶּסֶת נ. squadron of airplanes; woman flier
טִיסָן ז. model airplane
טִיף ז. drop
טִירָה נ. tent-camp; fence; palace; fortress
טִירוֹן ז. beginner, tyro; new recruit
טֶכְנַאי* ז. technician
טֶכְנִיקָה* technique; technics
(טכס) טַכֵּס עֵצָה to take council
טַכְסָה נ. tax
טַכְסִיס ז. device, strategem

טַל ז. (ר. טְלָלִים) dew

(טלא) הַטְלֵא to mend, to patch

טְלַאי ז. patch; rag

טֶלֶגְרָמָה* נ. telegram

טִלְגְרֵף to telegraph

טֶלֶגְרָף* ז. telegraph

טָלֶה ז. (ר. טְלָאִים, טְלָיִים) young lamb

טָלוּא spotted; patched

טְלוּלָא נ. joke; jest

טִלְטוּל ז. moving; carrying away

טִלְטֵל to move, remove; carry away

–הִטַּלְטֵל, הִתְטַלְטֵל to be carried away; to shake

טַלְטֵלָה נ. hurling

טַלִּית נ. (ר. טַלִּיּוֹת, טַלִּיתוֹת) prayer-shawl; (*Tal.*) cloak

טֶלֶף ז. hoof; claw

טֶלֶפוֹן* ז. telephone

טִלְפֵּן to telephone

טמא (טָמֵא, יִטְמָא) to be unclean; to be defiled

–טִמֵּא to defile; to profane

–הִטַּמֵּא to defile oneself

טָמֵא defiled; unclean

טֻמְאָה נ. uncleanness; defilement

טֻמְטוּם ז. hermaphrodite; (*col.*) fool, idiot, dull person

–טִמְטוּם הַמֹּחַ stupidity

טִמְטֵם to blunt; to make stupid

טִמְיוֹן ז. (*Tal.*) state-treasury

–יָרַד לְטִמְיוֹן (money) never to be recovered; to be lost

טְמִיעָה נ. assimilation

טָמִיר hidden

טמן (טָמַן, יִטְמֹן) to hide

–טָמַן יָדוֹ בַּצַּלַּחַת to sit idle

–הִטְמִין to hide

(טמע) הִטָּמֵעַ to assimilate oneself; to be mixed

טֶמְפֶּרָטוּרָה* נ. temperature

טֶנֶא ז. basket

טֶנְדֶּר* ז. small (open or lightly covered) truck; tender (to execute work, etc.)

טִנּוּף ז., טִנֹּפֶת נ. dirt

(טנף) טִנֵּף to make dirty; to defile

טַס ז. tray; sheet of metal

טעה (טָעָה, יִטְעֶה) to err; to mistake

–הַטְעֵה to lead astray; to deceive

טָעוּן requiring, obliged; burdened

טִעוּן ז. argument, pleading

טָעוּת נ. (טָעֻיּוֹת) mistake, error

–טָעוּת לְעוֹלָם חוֹזֵר errors and omissions expected

–מִקַּח טָעוּת bad bargain

–נָפְלָה טָעוּת a mistake crept in

טָעִים tasty

טעם (טָעַם, יִטְעַם) to taste; to try; to feel

–הַטְעֵם to give to taste; to stress

טַעַם ז. taste; flavor; feeling; stress; command; reason

–מַה טַּעַם?, מַאי טַעֲמָא? why?, for what reason?

טען (טָעַן, יִטְעַן) to load, to charge; to burden; to claim; to plead

–הַטְעֵן to load

טַעֲנָה נ. legal claim, plea; objection

טַף ז. children

טִפָּה נ. (ר. טִפּוֹת, טִפִּים) drop; (*col.*) tiny bit

–טִפַּת־חָלָב infant-welfare center

–טִפִּין־טִפִּין drop by drop

טִפּוּחַ ז. nursing; tender care

טִפּוּל ז. nursing; care

טִפּוּס ז. model; type

טִפּוּסִי typical

טָפוּף full
טֶפַח, טֹפַח ז. handbreadth
טפח (טָפַח, יִטְפַּח) to knock; to strike
–טִפֵּחַ to bring up; to educate; to slap
טִפְחָה נ. corbel
טִפְטוּף ז. dripping
טִפְטֵף to drip
טִפְּ־טִפָּה נ. (*col.*) tiny bit
טַפְטֶפֶת נ. dropper
טַפִּיל ז. parasite
טפל (טָפַל, יִטְפֹּל) to add; to impute; to smear
–הִטָּפֵל to join; to cling to
–טִפֵּל to occupy oneself with
–טַפֵּל to attend
טָפֵל inconsequential, subsidiary
–מִשְׁפָּט טָפֵל subordinate clause
(טפס) טִפֵּס to climb;
טֹפֶס ז. blank; copy (of books, etc.)
טַפְסָן ז. (concrete) moulder; vine
טִפְסָר ז. (*Bib.*) commander; courier
(טפף) טָפֹף to mince (gait)
טפש (טָפַשׁ, יִטְפַּשׁ) to be foolish; (*rhet.*) to be fat
טִפֵּשׁ ז. fool
טִפְּשׁוּת נ. foolishness
טַקְטֵק to tick; (*col.*) to type
טֶקֶס ז. ceremony
טרד (טָרַד, יִטְרֹד) to drive forth
–הַטְרֵד to bother, trouble
טֶרֶד ז. thrush
טִרְדָּה נ. occupation; bother
טַרְדָן ז. troublesome person, bore
טָרוּד busy
טָרוּט bleary, dripping (eye)
טְרוּנְיָה נ. violence; complaint
טֵרוּף (־הַדַּעַת) ז. craziness
טַרְזָן ז. dandy, fop

טרח (טָרַח, יִטְרַח) to take trouble; to be busy

–הִטְרִיחַ to trouble somebody; to bother

טֹרַח ז. trouble, bother

–הָיָה לְטֹרַח עַל to be a burden to someone

טִרְחָה נ. trouble, bother

טַרְחָן, טָרְחָן ז. importunate fellow

טַרְטֵר to rattle

טָרִי fresh, new

טַרְיָא, שַׂקְלָא וְטַרְיָא (*Ar.*) discussion; negotiation

טְרִית נ. (ר. טְרִיתוֹת) sardine

טֶרֶם not yet; before, ere

–בְּטֶרֶם before, ere

טרף (טָרַף, יִטְרֹף) to tear to pieces; to prey upon; to mix; to stir

–הִטָּרֵף to be torn to pieces; to go mad; to be wrecked (ship); to be טְרֵפָה

–נִטְרְפָה דַעְתּוֹ to go mad

–הִטְרִיף to feed; to; pronounce טְרֵפָה (*q.v.*)

טָרָף ז. leaf of a tree; (*Bib.*) freshly plucked ש״ת

טֶרֶף ז. prey; food

טַרְפֶּדֶת* נ. torpedo boat

טְרֵפָה נ. prey, animal torn by beasts; forbidden food (religion)

טרק (טָרַק, יִטְרֹק) to bang, slam

טְרַקְלִין ז. parlor

–אַדְמַת טְרָשִׁים rocky ground

טִשְׁטֵשׁ to blur, to make unclear; to blot, to smudge

י

יאב (יָאַב, יִיאַב) ז. — to wish

יאה (יָאָה, יִיאָה) — to suit; to be due

יָאֶה — suitable, proper; nice

יֵאוּשׁ ז. — resignation; despair

(יאות) כְּיָאוּת — as beseems, as is proper

(יאל) הוֹאֵל — to be foolish; to act foolishly

–הוֹאֵל — to do a favor; to please; to agree; (*Bib.*) to commence

–הוֹאֶל־נָא ל־! — be so good as to

–הוֹאִיל וְ־ — whereas

יְאֹר ז. (*Bib.*) — the Nile; river

(יאשׁ) הוּאַשׁ, הִתְיָאֵשׁ — to despair, to give up hope

(יבא) יִבֵּא — to import

(יבב) יִבֵּב — to howl, to wail; to lament

יְבָבָה נ. — wailing; lament

יְבוּא ז. — import

יְבוּאָן ז. — importer

יְבוּל ז. — produce, crop

יִבּוּם ז. — marrying the deceased brother's wife

(יבל) הוֹבֵל — to lead; to carry, to transport

יָבָל ז. — stream

יַבְּלִית* נ. — couch grass

יַבֶּלֶת נ. — boil, wart; (*Bib.*) ulcer

(יבם) יִבֵּם — to marry the deceased brother's wife

יָבָם ז. — husband's brother; brother-in-law

יְבָמָה, יְבֶמֶת נ. brother's wife; sister-in-law; woman obliged to marry her deceased husband's brother

יבשׁ (יָבֵשׁ, יִיבַשׁ) to dry up; to wither

–יָבְשָׁה יָדוֹ (*rhet.*) to be paralyzed in the hand

–יִבֵּשׁ to drain, to dry

–הוֹבִישׁ to dry; to put to shame

–הִתְיַבֵּשׁ to dry up

יָבֵשׁ dry, withered

יֹבֶשׁ ז. dryness

יַבָּשָׁה נ. dry land

יַבֶּשֶׁת נ. continent

יָגֵב ז. field; ploughed land

יֹגֵב ז. agricultural laborer, farmer

(יגה) יָגָה to grieve, afflict

יָגוֹן ז. (ר. יְגוֹנִים, יְגוֹנוֹת) grief, sorrow

יָגִיעַ, יְגִיעַ ז. labor, trouble; weariness

יְגִיעָה נ. labor, trouble, exertion

יגע (יָגַע, יִיגַע) to trouble; take pains; to be tired

–יִגֵּעַ to trouble; to weary

–הַגֵּעַ בְּעַצְמְךָ! take pains!, think it through!

יָגֵעַ weary, tired

יֶגַע ז. labor, toil; effort

יְגָע ז. hard-earned possessions

יגר (יָגֹר, יָגוֹר) to be afraid

יָד נ. (ר. יָדַיִם) hand; forefoot (of animal)

–יָד אַחַת (do) in unanimity

–בְּיַד by, through; in possession of

–כְּיַד according to the power

–לְיַד... עַל יַד... beside, by, nearby, near

–מִיָּד at once

מִידֵי from (the hands of)

–נָשָׂא יָדוֹ (*Bib.*) to vow; to swear

–נָתַן יָדוֹ לְ־ to join

–עַל יְדֵי by, through
–עָלְתָה בְּיָדוֹ to succeed
–פָּשַׁט יָד to beg
יָד נ. (ר. יָדוֹת) handle; monument; post; position, place
ידה (יָדָה, יִידֶה) to throw
–יִדָּה to throw, to hurl
–הוֹדָה (בְּ־) to confess, admit
–הוֹדָה (לְ־) (*Bib.*) to thank
–הִתְוַדָּה to confess
יָדוּעַ ז. well-known
–יְדוּעַ חֹלִי (*rhet.*) ill
–לֶהֱוֵי יָדוּעַ be it known
יְדִיד ז. friend
יְדִידוּת נ. friendship; loveliness
יְדִיעָה נ. knowledge; piece of news
–ה׳ הַיְדִיעָה the definite article (equivalent to *the*)
–יְדִיעַת הָאָרֶץ geography
ידע (יָדַע, יֵדַע) to know; to be able to; (*Bib.*) to cohabit

–הִוָּדַע (נוֹדַע, יִוָּדַע) to be known
–הוֹדִיעַ to let know
–הִתְוַדֵּעַ to make oneself known; to introduce oneself
יַדְעָן ז. one who knows, knowledgeable person
יִדְּעֹנִי ז. magician, fortune-teller
יָהּ God
(יהב) יַהַב (*rhet.*) to give
הָבָה give!; let's!
יְהָב ז. burden; hope
(יהד) יַהֵד to convert to Judaism
–הִתְיַהֵד to become a Jew
יַהֲדוּת נ. Judaism; Jewry
יְהוּדִי ז. Jewish; Jew; Judean
יְהוּדִית נ. Yiddish; Jewess; (*Bib.*) Hebrew
יָהִיר arrogant, proud
יַהֲלֹם ז. diamond
יַהֲלֹמָן ז. diamond merchant

(יהר) הִתְיַהֵר to be arrogant
יְהָרָה נ. arrogance
יוֹבֵל ז. ram; jubilee year
–חַג יוֹבֵל jubilee-celebration
יוּבַל ז. stream
יוֹגֵב ז. peasant
יוֹלֵד ז. father, begetter
–יוֹלֶדֶת, יוֹלֵדָה נ. childbearing woman
יוּלִי* ז. July
יְיָ God
יוֹם ז. (ר. יָמִים) day; day-time
–יוֹם ה׳ the Day of Judgment
–יוֹם טוֹב holiday
–יוֹם רִאשׁוֹן, יוֹם שֵׁנִי וכו׳ Sunday, Monday, etc.
–הַיּוֹם today; now
–וַיְהִי הַיּוֹם and it came to pass
–כַּיּוֹם now; (*Bib.*) first of all
–יָמִים נוֹרָאִים the days from New Year to the Day of Atonement
–יְמֵי הַבֵּינַיִם Middle Ages
–אַחֲרִית הַיָּמִים the end of time
–דִּבְרֵי הַיָּמִים history; Chronicles
–מִיָּמִים יָמִימָה from year to year; annually
יוֹמִי daily
–יוֹמָם by day
יוֹמָן ז. diary
יָוֵן ז. mud, swamp
יָוָן ז. Greece
יוֹנָה נ. (ר. יוֹנִים) dove, pigeon
יוּנִי* ז. June
יְוָנִי ז. Greek
יוֹנֵק ז. (ר. יוֹנְקִים) suckling, babe; (*Bib.*) young plant
–יוֹנֶקֶת נ. (ר. יוֹנְקוֹת) twig
יוֹנְקִים mammals
יוֹעֵץ ז. adviser, councillor
–יוֹעֵץ מִשְׁפָּטִי legal adviser
יוֹצֵר ז- creator; potter
יוֹרֶה ז- early rain; shooter
יוֹרָה נ. kettle

יוֹרֵשׁ ז.	heir; successor
–יוֹרֵשׁ עֶצֶר ז.	crown prince
יוֹשֵׁב ז.	inhabitant; native
–יוֹשֵׁב רֹאשׁ	chairman
יוֹתֵר ז.	remainder
–ת״פ	more
–יוֹתֵר מִדַּי	more than enough, too much
–לְכָל הַיּוֹתֵר	at most
יוֹתֶרֶת הַכָּבֵד נ. (*Bib.*)	lobe of the liver
יִזְכֹּר ז.	memorial prayer
יֶזַע ז.	sweat
יחד (יָחַד, יֵחַד	to join
–יִחֵד	to devote oneself; to proclaim God's unity; to designate; to specialize
–הִתְיַחֵד	to be closeted with; to retire
יַחַד, בְּיַחַד	together
יַחְדָּו, יַחְדָּיו	together
יִחוּד ז.	declaration of unity; being alone
–אֱמוּנַת הַיִּחוּד	monotheism
–בְּיִחוּד	especially
יִחוּס ז.	pedigree; noble birth; relationship
יְחוּסִי	relative
יְחוּר ז.	shoot, twig
יָחִיד ז.	individual; (*gram.*) singular
– ש״ת	sole, single, only
–יְחִידֵי־סְגֻלָּה	eminent men
יְחִידָה נ.	unit
יְחִידוּת נ.	being alone; solitude
יְחִידִי	alone; single
(יחל) יִחֵל, הוֹחִיל (לְ־)	to hope; to wait; to trust
(יחם) יַחַם (יֵחַם)	to be excited, hot
יַחְמוּר ז.	roebuck
(יחס) יִחֵס	to prove descent from; to attribute, ascribe
–הִתְיַחֵס	to be a relative of; to bear relation to, belong to
יַחַס, יַחַשׂ	descent, noble birth; relation

–מִלַּת יַחַס (*gram.*) preposition

יַחֲסִי relative

יַחֲסִית relatively

יַחְסָן ז. person of noble birth

יָחֵף barefoot

יטב (טוֹב; יִיטַב) to be good, better

–הֵיטֵב to do good; to mend

יַיִן ז. (ר. יֵינוֹת) wine

–יֵין נֶסֶךְ wine offered to idols; wine touched by Gentiles

–יַיִן שָׂרוּף brandy

(יכח) הִוָּכֵחַ to be convinced; (*Bib.*) to argue; (*Bib.*) to be reproved

–הוֹכֵחַ to prove; to punish; to convince; to judge

–הִתְוַכֵּחַ to dispute, to argue

יכל (יָכֹל, יוּכַל) to be able, can, may; to prevail; to bear

–יָכֹל לְ־ to overcome

–יָכֹל לִהְיוֹת (*col.*) perhaps, maybe, possible

–כִּבְיָכוֹל so to speak, as it were

יְכֹלֶת נ. power; possibility

ילד (יָלְדָה, תֵּלֵד) to give birth; to bring forth; to produce

–הִוָּלֵד to be born

–יִלֵּד to assist at childbirth

–הוֹלִיד to beget; to produce

–הִתְיַלֵּד to be childish; (*Bib.*) to declare one's pedigree

יֶלֶד ז. child, boy

–יַלְדָּה נ. girl, child

יַלְדוּת נ. childhood, youth

יַלְדוּתִי childish

יִלּוֹד ז. born

יָלִיד ז. native; born (in)

–יְלִיד בַּיִת (*Bib.*) slave born in the house

ילך v. הלך

יְלֵל ז. howling

(ילל) יַלֵּל to howl; to wail, lament

יְלָלָה נ. howling, lament

יַלֶּפֶת נ. scab; scurf

יֶלֶק ז. locust (in its first phase)

יַלְקוּט ז. bag

יָם ז. sea; ocean; lake; (*rhet.*) West

יֵם ז. (*Bib.*) hot spring; mule

יַמַּאי ז. seaman

יַמִּי marine, maritime

יָמִים ז״ר (*Bib.*) year

יָמִין ז. right side; right hand

–אֵינוֹ יוֹדֵעַ בֵּין יְמִינוֹ לִשְׂמֹאלוֹ not to know right from left

יְמִינִי, יְמָנִי right

(ימן) הַיְמֵן to turn to the right

(ימר) הִתְיַמֵּר to boast; be pretentious

יִמְרָה נ. pretension

(ינה) הוֹנָה to deceive, to cheat

יַנּוּקָא ז. (*Ar.*) baby, child

יְנִיקָה נ. sucking

ינק (יָנַק, יִינַק) to suck

–הֵינִיק (הֵינִיקָה, תֵּינִיק) to nurse, to give suck

יַנְשׁוּף ז. owl

יסד (יָסַד, יִיסַד) to found; to set up; to appoint

–הוּסַד to be founded; (*rhet.*) to sit in council

–יִסֵּד to found; to appoint

יְסוֹד ז. (ר. יְסוֹדִים, יְסוֹדוֹת) ground; foundation; element; principle

–עַל־יְסוֹד on the basis of, on account of

יְסוֹדִי elementary; thorough

יִסּוּר ז. יִסּוּרִים ז״ר suffering(s), torture

יסך v. סוּך

יַסְמִין ז. jasmine

יסף (יָסַף) to continue; to add; to increase

–הִוָּסֵף (נוֹסַף, יִוָּסֵף) to be added

–נוֹסָף עַל in addition to

–הוֹסֵף (הוֹסִיף, יוֹסִיף) to add; to continue

–הִתְוַסֵּף to be added

יָסֹר to chastise, to punish

–הִוָּסֵר to be chastised

–יַסֵּר to chastise; to reprove

יעד (יָעַד, יִיעַד) to assign; to fix

–הִוָּעֵד be destined; to meet (by appointment)

–הוֹעֵד to summon; to appoint; to fix

–יַעֵד to appoint, destine

יַעַד ז. destination, target

יָעֶה ז. shovel

יִעוּד ז. designation; mission; promise

יִעוּר ז. afforestation

יָעִיל efficient, effective

(יעל) הוֹעֵל (הוֹעִיל, יוֹעִיל) to be useful; to help

–יַעֵל to make efficient

יָעֵל ז. mountain goat

–יַעֲלָה נ. mountain she-goat; beloved one

–יַעֲלַת חֵן beautiful woman

יַעַן because, for

יָעֵן ז., בַּת יַעֲנָה נ. ostrich

יעף (יָעֵף, יִיעַף) to grow tired

יָעֵף tired

יעץ (יָעַץ, יִיעַץ) to advise; give counsel; (*rhet.*) to decide

–הִוָּעֵץ to consult

–הִתְיָעֵץ to consult; take counsel (together)

(יער) יַעֵר to afforest

יַעַר ז. (ר. יְעָרִים, יְעָרוֹת) forest, wood

יַעֲרָה נ. honeycomb

יפה (יָפָה, יִיפֶה, יִיף) to be pretty

to adorn, to beautify –יִפָּה

to adorn oneself, to become handsome –הִתְיַפָּה

fine, beautiful, handsome; good; well יָפֶה

most beautiful (יְפֵהפִיָּה) ,יְפֵהפֶה

power of attorney; warrant –יִפּוּי כֹּחַ

to sigh; to cry (יפח) הִתְיַפֵּחַ

beauty יֹפִי ז.

excellent!, lovely! (*col.*) –יֹפִי!

to appear (יפע) הוֹפִיעַ

beauty; to shine forth; splendor יִפְעָה נ.

to go out; to go forth; to rise (sun) יצא (יָצָא, יֵצֵא)

to be published –יָצָא לָאוֹר

to be carried out –יָצָא לְפֹעַל

to go mad –יָצָא מִדַּעְתּוֹ

similarly –כַּיּוֹצֵא בָזֶה

to bring forth; to take out; to remove; to spend –הוֹצִיא

to export –יִצֵּא

to stand; to rise up (יצב) נִצַּב

to place; to make firm –הִצִּיב

to stand; to report (to) –הִתְיַצֵּב

to place; to hold up; to introduce; to exhibit; to show (on the stage) (יצג) הִצִּיג

pure oil (*Bib.*) יִצְהָר ז.

export יְצוּא ז.

couch, bed יָצוּעַ ז.

creature יְצוּר ז.

production יִצּוּר ז.

going out, departure; exodus; rising (sun, etc.) יְצִיאָה נ.

firmly established; true יַצִּיב ז.

gallery, balcony יָצִיעַ ז.

casting, cast; pouring יְצִיקָה נ.

יְצִיר ז. creature

יְצִירָה נ. creation, work

(יצע) הַצֵּעַ to spread; to make a bed; to propose; to suggest, to offer

יצק (יָצַק, יִצֹּק) to pour; to pour out; to cast; to melt

–הוּצַק, הוּצֵק be poured out, be cast

יצר (יָצַר, יִיצַר) to create; to form

יֵצֶר ז. inclination; impulse; thought

–יֵצֶר טוֹב good impulse

–יֵצֶר רָע bad impulse, passion

יַצְרָן ז. manufacturer

יַצְרָנִי productive; producer

יצת (יָצַת, יִצַּת) to burn

–הַצֵּת to set on fire; to light

יֶקֶב ז. wine press

יקד (יָקַד, יִיקַד) to burn

יְקוֹד ז. fire

יְקָהָה נ. (*Bib.*) obedience

יָקוּד ז. hearth

יְקוּם נ. (all) living beings, the universe; existence

יָקוֹשׁ, יָקוּשׁ ז. (*Bib.*) snare for catching birds

יְקִיצָה נ. awakening

יַקִּיר dear, beloved

יקע (יָקַע, יֵקַע) to be dislocated

–יָקְעָה נַפְשׁוֹ מִן (*rhet.*) to alienate oneself from

–הוֹקֵעַ to expose, stigmatize; to hang up

יקץ (יָקַץ, יִיקַץ) to awake

–הֵקֵץ (הֵקִיץ, יִיקַץ) to awake

יקר (יָקַר, יִיקַר, יֵקַר) to be dear; to be precious

–הוֹקֵר to revere; to make rare; to raise prices

–הוֹקִיר רַגְלָיו מִן to avoid visiting

–הִתְיַקֵּר to rise (in price), to become dear

יָקָר dear; precious; rare

–יְקַר הַמְּצִיאוּת rare

–יְקַר רוּחַ noble

יְקָר ז. honor, dignity

יֹקֶר ז., יַקְרוּת נ. dearness, high cost

יקשׁ (יָקֹשׁ, יִיקַשׁ) to spread nets

–הִוָּקֵשׁ to be caught

ירא (יָרֵא, יִירָא) to fear

–הִוָּרֵא to be feared

–יֵרֵא to frighten, intimidate

–הִתְיָרֵא to be frightened

יָרֵא afraid; fearful

–יְרֵא שָׁמַיִם God-fearing man

יִרְאָה נ. fear; reverence; awe; idol

–יִרְאַת כָּבוֹד reverence

–יִרְאַת שָׁמַיִם fear of God

ירד (יָרַד, יֵרֵד) to go down, to sink; to fall, diminish

–יָרַד לְטִמְיוֹן to be lost

–יָרַד מִן to get off

–יָרַד מִנְּכָסָיו to become poor

–הוֹרִיד to bring down; to let down

–הוּרַד to be brought down

ירה (יָרָה, יִירֶה) to shoot; to cast; to lay

–הוֹרָה to teach; to instruct; (על) to point to

יָרוּד low; poor

יְרוֹקָה נ. seaweed; moss

יָרֵחַ ז. moon

יֶרַח ז. month

–יֶרַח הָאֵיתָנִים (Bib.) month of תִּשְׁרֵי

–יֶרַח בּוּל (Bib.) month of מַרְחֶשְׁוָן

–יֶרַח זִיו (Bib.) month of אִיָּר

יַרְחוֹן ז. monthly (review)

ירט (יָרַט, יִירַט) (Bib.) to go down (?); to rush (?)

–יֵרֵט to intercept (an airplane)

יָרִיד ז. fair, market
יְרִידָה נ. descent; fall; degradation
יְרִיָּה נ. shooting; shot
יְרִיעָה נ. curtain; tent; sheet of parchment
יָרֵךְ נ. thigh, hip; flank; side
יַרְכָה, יְרֵכָה נ. backside; rear; innermost part
–יַרְכָתַיִם stern (of ship); uttermost part
ירע (יָרַע) (*rhet.*) to tremble
ירק (יָרַק, יִירַק) to spit; to turn green
–הוֹרִיק to grow green; to grow pale
יָרָק, יֶרֶק ז. (ר. יְרָקוֹת) vegetables, herbs, greens
יֵרָקוֹן ז. paleness; mildew; jaundice
יְרַקְרַק greenish
ירש (יָרַשׁ, יִירַשׁ) to inherit; to hold in possession; to drive out, to expel

–הִוָּרֵשׁ to leave inheritance; to be impoverished
–הוֹרִישׁ to bequeath; to expel, drive out; to impoverish
יְרֻשָּׁה, יְרֵשָׁה נ. inheritance; possession
יֵשׁ ז. substance; sometimes
– ת״פ there (is)
–יֵשׁ אֶת נַפְשִׁי I want
–יֵשׁ לִי סֵפֶר I have a book
–מַה יֵּשׁ? (*col.*) what's the matter?
ישב (יָשַׁב, יֵשֵׁב) to sit, sit down; to live; to inhabit; to settle
–יָשַׁב רֹאשׁ to chair (a meeting)
–יִשֵּׁב to settle, to colonize; to explain; (*Tal.*) to place
–הוֹשִׁיב to set; to cause to dwell
–הִתְיַשֵּׁב to settle
יִשּׁוּב ז. settlement, colony; civilization; colonizing
–הַיִּשּׁוּב the Jewish Community in Palestine

—יְשׁוּב הַדַּעַת deliberation
יְשׁוּעָה, יְשׁוּעָתָה נ. (*Bib.*) help, deliverance; victory
יִשּׁוּר ז. straightening
יְשִׁיבָה נ. sitting; Talmudical school; meeting
יְשִׁימוֹן ז. wilderness
יָשִׁישׁ ז. old man
ישם (יָשַׁם, יִישַׁם, יֵשַׁם) to be waste, be desolate
(ישם) יַשֵּׂם to apply
ישן (יָשַׁן, יִישַׁן) to sleep; to fall asleep
—הִוָּשֵׁן (נוֹשַׁן), הִתְיַשֵּׁן to be old
—יַשֵּׁן to put to sleep
יָשֵׁן asleep, sleeping
יֹשֶׁן ז. oldness; former condition
יָשָׁן old
יֶשְׁנָהּ, יֶשְׁנוֹ there is; she is; he is
(ישע) הִוָּשַׁע to be saved; to be helped
—הוֹשִׁיעַ to help, save

יֵשַׁע, יֶשַׁע ז. help, deliverance
יָשְׁפֵה, יַשְׁפֵה ז. jasper
ישר (יָשַׁר, יִישַׁר) to be straight; to be righteous, to be honest
—יָשַׁר בְּעֵינָיו to be pleasing
—יִישַׁר כֹּחֲךָ well done!; thank you!
—יִשֵּׁר to make straight, to make smooth
—הַיְשֵׁר to make straight; to advance in a straight line
יָשָׁר straight, right; upright; honest
יֹשֶׁר ז. straightness; honesty
יִשְׂרָאֵל זו״נ וגם שע״ף Israel
יִשְׂרְאֵלִי Israeli
יְשָׁרָה נ. honesty
יְשֻׁרוּן, יְשׁוּרוּן ז. (*rhet.*) Jewish nation
יָתֵד נ. (ר. יְתֵדוֹת) peg, wooden pin; wedge (*prosody*) iambus

-כְּתָב הַיְתֵדוֹת cuneiform writing

יָתוֹם ז. orphan

יְתוֹם ז. orphanhood

יַתּוּשׁ ז. mosquito

יִתָּכֵן perhaps, maybe

יַתִּיר excessive, superfluous

(יתם) הִתְיַתֵּם to become an orphan

יַתְמוּת ז. orphanage

(יתר) הִוָּתֵר to remain; to be left over

-הוֹתֵר to leave over; to excel

יֶתֶר rope, string; rest, remainder, remnant; (*rhet.*) excellence; hyper-, super-, over- (in compounds)

-בֵּין הַיֶּתֶר inter alia, among other things

יִתְרָה נ. balance; remains; abundance

יִתְרוֹן ז. advantage; preference

כ

כְּ־ as, like; about

כאב (כָּאַב, יִכְאַב) to feel pain; to suffer

–הַכְאֵב to cause pain; to hurt

כְּאֵב ז. pain, ache

(כאה) הִכָּאֵה to be grieved

כָּאוּב painful

כָּאָמוּר as said previously

כַּאן, בְּכַאן here

–מִכַּאן שֶׁ־ hence

כַּאֲשֶׁר as; like; while

כַּבַּאי ז. fireman

כבד (כָּבֵד, יִכְבַּד) to be heavy; to be hard-hearted

–הִכָּבֵד to be honored

–כַּבֵּד to honor; to make (someone's heart) hard; to offer refreshments: to sweep

–הַכְבֵּד to make heavy; to burden; to multiply; to increase difficulty

–הִתְכַּבֵּד to strive after honor; to have the honor to; to be offered refreshments; (*Bib.*) to multiply

כָּבֵד heavy; hard, difficult; numerous

–כְּבַד פֶּה, כְּבַד לָשׁוֹן stammerer

–כְּבַד שְׁמִיעָה hard of hearing

כָּבֵד ז. liver

כֹּבֶד ז. heaviness, weight

־כֹּבֶד רֹאשׁ seriousness

כְּבֵדוּת נ. difficulty; heaviness; slowness

כבה (כָּבָה, יִכְבֶּה) הִכָּבֵה to be extinguished, to go out

–כַּבֵּה to extinguish, put out

כִּבּוּד ז. doing of honor; refreshments

כָּבוֹד ז. honor; glory; splendor; wealth

–בֵּית כָּבוֹד toilet, water closet

–לִכְבוֹד to (addressed); in honor of

–נְשִׂיא כָבוֹד honorary president

כְּבוּדָה נ. possession; riches

כִּבּוּי ז. extinguishing

כָּבוּל ז. turf; (*Bib.*) dry land

כָּבוּשׁ ז. conquered; pickled; pressed; preserved

כִּבּוּשׁ ז. conquest

–דִּבְרֵי כִּבּוּשִׁים ז״ר reproof, admonition

כִּבְיָכוֹל so to speak

כְּבִיסָה נ. washing (of laundry)

כַּבִּיר great, mighty

כָּבִיר ז. quilt (of goat hair)

כְּבִישׁ ז. paved road, highway

כבל (כָּבַל, יִכְבֹּל) to chain

–הִכָּבֵל to be chained

כֶּבֶל ז. chain; cable

כבן (כָּבַן, יִכְבֹּן) to clasp, to pin

כבס (כָּבַס, יִכְבֹּס), כַּבֵּס to wash (linen, clothes)

כְּבָר already; long ago

כְּבָרָה נ. sieve

–כִּבְרַת אֶרֶץ extent, distance

כבשׁ (כָּבַשׁ, יִכְבֹּשׁ) to conquer, to subdue; to press; to conceal; to pickle

–כָּבַשׁ יִצְרוֹ to suppress one's lust, to restrain oneself

–כָּבַשׁ פָּנִים בַּקַּרְקַע to look to the ground (because of shame)

–הִכָּבֵשׁ to be conquered

כֶּבֶשׂ ז. sheep, lamb

–כִּבְשָׂה נ. ewe; ewe-lamb

כֶּבֶשׁ ז. gangway

כִּבְשָׁן ז. furnace

כְּגוֹן	such as, as
כַּד ז.	pitcher
כְּדַאי	worthy, deserving, worthwhile
כַּדּוּר ז.	ball; globe
–כַּדּוּר־עָף	volleyball
–כַּדּוּר פּוֹרֵחַ	balloon
–כַּדּוּר רֶגֶל, כַּדּוּרֶגֶל	football
כַּדּוּרִית נ.	corpuscle; globule
כְּדִי, בִּכְדִי	for nothing, for no reason
כְּדֵי, בִּכְדֵי	as much as is required
–כְּדֵי לְ...	in order to
כַּדְכֹּד ז.	carbuncle
כֹּה	so, thus; here
כהה (כָּהָה, יִכְהֶה)	to grow dim; to be darkened
כַּהֵה (כִּהָה)	(*rhet.*) to prevent
כֵּהֶה	dim, faint
כֵּהָה נ.	(*rhet.*) healing
כֹּהֶל ז.	alcohol
(כהן) כִּהֵן	to minister, to officiate
כֹּהֵן ז.	priest
–כֹּהֵן גָּדוֹל ז.	high priest
כְּהֻנָּה נ.	priesthood; office
כּוֹבֵס ז.	laundryman
כּוֹבַע ז.	hat
–כּוֹבַע פְּלָדָה	steel helmet
(כוה) הִכָּוֵה	to burn oneself
כִּוּוּן ז.	direction; course; setting (of watch)
כּוֹזֵב	false; lying
כּוֹי ז.	(*Tal.*) antelope
כְּוִיָּה נ.	burn; scar
כּוּךְ ז.	tomb-shaft; cave
כּוֹכָב ז.	star; planet; Mercury
–כּוֹכַב שֵׁבֶט	comet
–כּוֹכַב לֶכֶת	planet
–עוֹבֵד כּוֹכָבִים וּמַזָּלוֹת	idolater
כול (כָּל, יָכִיל)	to measure
–הֵכִיל	to hold, contain; to bear
כּוֹלֵל ז.	community (especially Jewish communities hailing from the same country)

comprehensive; including ש״ת –
bead (Bib.) כּוּמָז ז.
to stand firm; to be prepared; to be firm; to be right; to be determined, established (כּוּן) הִכּוֹן, (נָכוֹן, יִכּוֹן)
to build; to make firm, sure; to form; to set –כּוֹנֵן
to set up; to prepare –הָכֵן
to straighten; to aim, to direct; to pay attention; to set (a watch) (כּוּן), כַּוֵּן
to intend, to purpose –הִתְכַּוֵּן
intentionally –בְּמִתְכַּוֵּן
cake (for offering) (Bib.) כַּוָּן ז.
כַּוָּן v. כֵּיוָן
intention; purpose; meaning; devotion כַּוָּנָה נ.
to adjust; to attune כַּוְנֵן
readiness, preparedness כּוֹנְנוּת נ.

a case with shelves; bookstand כּוֹנָנִית נ.
sight (of rifle) כַּוֶּנֶת נ.
(drinking) glass כּוֹס נ. (ר. כּוֹסוֹת)
one's portion (rhet.) –מְנָת כּוֹסוֹ
owl כּוֹס ז.
wineglass כּוֹסִית נ.
unbeliever; atheist כּוֹפֵר ז.
to cause to shrink (כּוּץ) כַּוֵּץ
to shrink –הִתְכַּוֵּץ
furnace; pile כּוּר ז.
a corn-measure (Bib.) כּוֹר ז.
bookbinder כּוֹרֵךְ ז.
winegrower כּוֹרֵם ז.
beehive כַּוֶּרֶת נ.
negro; Ethiopian כּוּשִׁי ז.
to be proved false; to be caught lying (כזב) הִכָּזֵב
to be disappointed –נִכְזְבָה תוֹחַלְתּוֹ
to lie, deceive –כַּזֵּב
to disappoint –הַכְזֵב
lie, falsehood כָּזָב ז.

–שֶׁקֶר וְכָזָב! a complete and utter lie!

כֹּחַ ז. (ר. כֹּחוֹת) strength; power; wealth; possessions

– (ר. כֹּחִים) lizard

–כֹּחוֹ יָפֶה to be valid

–בָּא כֹּחַ representative

–בְּכֹחַ potentially; by force

(כחד) הִכָּחֵד to be hidden; to be destroyed

–כִּחֵד to deny

–הַכְחֵד to hide; to deny; to destroy

כָּחוּשׁ lean, thin

כָּחֹל blue

כֹּחַל, כַּחַל ז. blue eyeshadow

–בְּלִי כַּחַל וּבְלִי שָׂרָק without makeup; unornamented

כְּחַלְחַל bluish

כחש (כָּחַשׁ, יִכְחַשׁ) to grow thin

–הִכָּחֵשׁ to dwindle

–כִּחֵשׁ to deny; to lie

–הַכְחֵשׁ to grow lean, thin; to deny; to contradict

–הִתְכַּחֵשׁ to estrange oneself

כֶּחָשׁ ז. liar, deceiver

כַּחַשׁ ז. deceit; falseness; leanness

כִּי that; when; since; as soon as; so, then; because, for; but; only; although; if, in case; (*Bib.*) indeed

–כִּי אָז then

–כִּי אִם but, except

–הֲכִי the most; (*Bib.*) is it because...?

כִּידוֹד ז. (*rhet.*); spark

כִּידוֹן ז. lance; spear

כִּידוֹר ז. (*Bib.*) attack, war

כֵּיוָן (שֶׁ־) because, as; (*Tal. & rhet.*) when

כִּיּוֹר ז. sink, washbowl

כִּיּוּר ז. modeling (in clay, etc.)

כיח (כָּח, יָכִיחַ) to expectorate, cough up

כִּיחַ ז. expectoration

כִּיכְלִי ז. thrush

כִּילָה נ. canopy

כִּילַי, כֵּלַי ז. miser

כֵּילָף ז. (ר. כֵּילַפּוֹת) axe; hatchet

כִּימָה נ. Pleiades (a group of stars)

כִּימִי* chemical

כִּימִיָּה*, כִּימְיָה* נ. chemistry

כִּיס ז. pocket; bag

כַּיָּס ז. pickpocket

כִּיסָן ז. dumpling

כֵּיצַד how?, how so?

(כיר) כַּיֵּר to model; to cement

כִּירָה נ. כִּירַיִם ז. hearth; cooking stove

כִּירוּרְג* ז. surgeon

כִּישׁוֹר ז. spinning wheel

כָּךְ so, thus

–אַחַר כָּךְ later, afterwards

–בֵּין כָּךְ וּבֵין כָּךְ be that as it may; meanwhile

–כָּל כָּךְ so much

–לְכָךְ therefore

–מַה בְּכָךְ? what then?; (a) trifle?

–לְפִיכָךְ therefore, hence

כָּכָה so, thus

כִּכָּר ז. (ר. כִּכָּרִים, כִּכָּרוֹת) plot (of land); district; square; talent (weight); loaf, cake

כֹּל all; whole; anything

–הַכֹּל all, everything

–כָּל־ all; every; any

–כָּל כֻּלּוֹ the whole of

–וְכוּלֵּהּ (*Ar.*) etc.

–מִכָּל מָקוֹם anyway

–כָּל עוֹד as long as

–כָּל שֶׁכֵּן all the more so

כלא (כָּלָא, יִכְלָא) to imprison; to restrain, to prevent

–הִכָּלֵא (נִכְלָא, יִכָּלֵא) to be restrained; to be imprisoned; to be stopped

כֶּלֶא ז. prison

כִּלְאַיִם ז״ר (forbidden) mixture of different kinds; hybrid

כֶּלֶב ז. dog
–כַּלְבָּה bitch
–כֶּלֶב שׁוֹטֶה mad dog
(כָּל־בּוֹ) חֲנוּת כָּל־בּוֹ
department store
כְּלַבְלַב ז. lap dog
כַּלֶּבֶת נ. hydrophobia
כלה (כָּלָה, יִכְלֶה) to be
completed, finished; to
vanish, pass; to pine
–כָּלְתָה נַפְשׁוֹ ל־ to yearn
–כִּלָּה to finish, complete;
to destroy
כָּלָה נ. destruction;
utterly
–ת״פ wholly
כָּלֶה transient; pining,
longing
כַּלָּה נ. bride, girl engaged
to be married; daughter-
in-law
כִּלָּה נ. mosquito net
כְּלוּב ז. bird cage; (*Bib.*)
basket

כְּלוּלוֹת נ״ר marriage or
engagement ceremony;
marriage
כְּלוּם ז. anything, something;
(*col.*) nothing
–ת״פ is it not true (that)?
–לֹא כְלוּם nothing
כְּלוֹמַר that is, that means
כְּלוֹנָס ז. כְּלוֹנְסָה נ. pole, bar
כֶּלַח ז. (*Bib.*) harness (?);
old age (?)
–אָבַד עָלָיו כֶּלַח (*rhet.*) to
be obsolete
כְּלִי ז. (ר. כֵּלִים) vessel;
tool, implement
instrument; (*Tal.*) garment
–כְּלֵי זַיִן weapons
–יָצָא מִכֵּלָיו to lose one's
temper
–מִכְּלִי שֵׁנִי at second hand
כִּלְיָה נ. (ר. כְּלָיוֹת) kidney
–מוּסַר כְּלָיוֹת remorse
כְּלָיָה נ. destruction,
extermination

כִּלָּיוֹן ז. destruction; pining

–כִּלְיוֹן עֵינַיִם longing

כֹּל־יָכֹל omnipotent

כָּלִיל ז. the whole; entire; burnt-offering

– ש״ת complete

– ת״פ completely

כַּלֵּךְ! כְּלַךְ! (*rhet.*) turn round!; go away!

כַּלְכֵּל to nourish, to feed; to maintain; to contain, provide; to bear

כַּלְכָּלָה נ. economics; nourishment

כַּלְכָּלִי economic

כַּלְכְּלָן ז. economist

כלל (כָּלַל, יִכְלֹל) to complete; to perfect; to contain, to embrace; to generalize

–הִכָּלֵל to be included

הִכְלִיל to include

כְּלָל ז. (ר. כְּלָלִים) rule; principle; community; generalization

–בִּכְלָל generally speaking; inclusive

–מִכְּלָל from (as a conclusion)

–יָצָא מִן הַכְּלָל to be exceptional

כְּלָלִי general; common

(כלם) הִכָּלֵם to be ashamed

כַּלָּנִית נ. anemone

כְּלַפֵּי־ towards; opposite

כְּלָשֶׁהוּ whatever; somewhat

כמה (כָּמַה, יִכְמַה) to pine, to long for

כַּמָּה, כַּמֶּה how much, how many, how long; how often; (*col.*) several

–כַּמָּה הַשָּׁעָה? what is the time?

–בֶּן כַּמָּה הוּא? how old is he?

כְּמֵהָה נ. mushroom

כְּמוֹ, כְּמוֹת as, like, as if
–כְּמוֹ־כֵן likewise
–כָּמוֹנִי, כְּמוֹתִי as I, like me
כַּמּוֹן ז. cumin (plant or seed)
כָּמוּס hidden
כְּמוּרָה נ. (gentile) priesthood
כָּמוּשׁ dried, withered
כַּמּוּת נ. quantity
כַּמּוּתִי quantitative
כְּמִישָׁה נ. withering, drying
כִּמְעַט nearly; almost
(כמר) הִכָּמֵר (נִכְמַר, יִכָּמֵר) to be warmed; to be stirred with pity
כֹּמֶר ז. Gentile priest
כִּמְרִירִים ז״ר blackness, (*Bib.*) darkness
כמשׁ (כָּמַשׁ, יִכְמַשׁ) to wither, to dry
–הִכָּמֵשׁ to be withered
כֻּמְתָּה נ. beret
כֵּן yes; so, well, then; right; good; true, sincere
–אַף עַל פִּי כֵן and yet
–אַחֲרֵי כֵן afterwards, then
–יָתֵר עַל כֵּן moreover
–לָכֵן, עַל כֵּן therefore
כַּן ז. pedestal; stand; station; office
–הֵשִׁיב עַל כַּנּוֹ to reinstate
(כנה) כִּנָּה to name, to nickname
כִּנָּה נ. (ר. כִּנִּים) louse
כִּנּוּי ז. surname; nickname
–כִּנּוּיִים ז״ר (*gram.*) suffixes
כִּנּוּס ז. collecting; assembly, gathering
כְּנוּפְיָה נ. gang, band; clique
כִּנּוֹר ז. (ר. כִּנּוֹרוֹת, כִּנּוֹרִים) violin; (*Bib.*) harp
כֵּנוּת נ. truth; sincerity
כְּנִימָה נ. pest; plant parasite; insect
כְּנִיסָה נ. entering; entrance
כְּנִיעָה נ. surrender
כִּנָּם נ. (*Bib.*) lice
כנס (כָּנַס, יִכְנֹס) to bring in; to collect, to assemble

-הִכָּנֵס	to enter
-הַכְנֵס	to bring in; to yield (an income)
-כַּנֵּס	to assemble
-הִתְכַּנֵּס	to draw oneself in; to assemble
כֶּנֶס ז.	convention; session
כְּנֵסִיָּה נ.	gathering, meeting; church
כְּנֶסֶת נ.	assembly, congress; convention; Knesset (Israeli parliament)
-בֵּית כְּנֶסֶת	synagogue
(כנע) הִכָּנֵעַ	to submit; to be subjected
-הַכְנֵעַ	to subject; to humiliate
כִּנְעָה נ. (*Bib.*)	wares, possessions
כְּנַעַן ז.	Canaan; (*Bib.*) merchant
כְּנַעֲנִי ז.	Canaanite; (*Bib.*) merchant
(כנף) הִכָּנֵף	to hide oneself
-הִתְכַּנֵּף	to huddle
כָּנָף נ. (ר. כְּנָפַיִם)	wing
-בַּעַל כָּנָף, עוֹף כָּנָף	bird, fowl
כָּנָף נ. (ר. כְּנָפוֹת)	border, edge; skirt; lapel; side; corner
כַּנֵּר	to play the violin
כַּנָּר ז.	violinist
כֵּס ז. (*rhet.*)	throne
-כֵּס הַמִּשְׁפָּט	seat of judgment
כִּסֵּא ז. (ר. כִּסְאוֹת)	chair; throne
-כִּסֵּא הַכָּבוֹד	throne of God
-כִּסֵּא נוֹחַ	easy chair
-בֵּית כִּסֵּא	lavatory, water closet
כסה (כָּסָה, יִכְסֶה)	to cover
-כַּסֵּה	to cover; to wrap; to hide; to keep secret
כֶּסֶה ז.	full moon; day of the full moon
כִּסּוּי ז.	covering; cover
-כִּסּוּי הַהוֹצָאוֹת	covering the expenses

כִּסּוּף ז., כִּסּוּפִים ז״ר longing, yearning

כְּסוּת נ. covering; garment

כְּסָיָה נ. glove

כְּסִיל ז. fool; Orion

כְּסִילוּת נ. foolishness, stupidity

כסל (כָּסַל, יִכְסַל) to be silly

כֶּסֶל ז. loin; foolishness; hope

כִּסְלָה נ. hope; foolishness

כִּסְלֵו ז. Kislev (3rd month)

כסם (כָּסַם, יִכְסֹם) to clip

כֻּסֶּמֶת נ. (ר. כֻּסְמִים) spelt (wheat)

כסס (כַּס, יָכֹס) to count, calculate; to chew; bite (nails)

כסף (כָּסַף, יִכְסֹף לְ־) to long for

–הִכָּסֵף (לְ־) to long for

–הַכְסֵף to grow pale; to silver

כֹּסֶף ז. longing

כֶּסֶף ז. silver; money

–כְּסָפִים finance

–עָשָׂה כֶּסֶף (*slang*) to make money

כַּסְפִּי monetary; financial

כַּסְפִּית נ. quicksilver, mercury

כַּסֶּפֶת נ. safe

כֶּסֶת נ. (ר. כְּסָתוֹת) pillow; cushion

כִּעוּר ז. ugliness

כַּעַךְ ז. pretzel; "bagel"

כִּעְכֵּעַ to cough

כעס (כָּעַס, יִכְעַס) to be angry; to be vexed

–הַכְעֵס to make angry

–לְהַכְעִיס out of spite, provocatively

כַּעַס ז. anger

כַּעֲסָן ז. ill-tempered person, irate person

כַּף נ. (ר. כַּפּוֹת, כַּפַּיִם) hand, palm (of the hand); sole (of the foot); spoon; trowel; palm-branch; handle; the 11th letter (כ)

-(לְ)כַף זְכוּת in the scale of merit, favorably

-(לְ)כַף חוֹבָה in the scale of demerit, judge unfavorably

-כַּף יָרֵךְ socket of the hipbone

-כַּף מֹאזְנַיִם weighing-scale

-כַּף מַנְעוּל handle of a lock

-כַּף קֶלַע sling-strap

-סָפוֹק כַּפַּיִם to clasp one's hands (in woe)

-רָחַץ בְּנִקָּיוֹן כַּפָּיו (*rhet.*) to wash one's hand in innocence, pretend innocence, disclaim responsibility

-שָׂם נַפְשׁוֹ בְּכַפּוֹ to risk one's life

כֵּף ז. cliff, rock

כפה (כָּפָה, יִכְפֶּה) to subdue; to force

כִּפָּה נ. vault; palm-branch; skullcap

-מָשַׁל בְּכִפָּה to rule the world

כְּפוּי טוֹבָה ungrateful

כָּפוּל double; folded; multiplied

כָּפוּף bent; submissive

כְּפוֹר ז. hoarfrost

כִּפּוּר ז., כִּפּוּרִים ז״ר atonement, forgiveness

-יוֹם כִּפּוּר, יוֹם כִּפּוּרִים ז. Day of Atonement

כִּפֵּחַ very tall (man)

כְּפִיָּה נ. lowering; forcing

כָּפִיל ז. double

כָּפִיס ז. beam

כְּפִיפָה נ. bending; wicker basket

-בִּכְפִיפָה אַחַת together (*originally* in the same basket)

-כְּפִיר ז. young lion

-כְּפִירָה נ. denial, disbelief; atheism

כפל (כָּפַל, יִכְפֹּל) to fold; to double

-הַכְפֵּל to multiply

כֶּפֶל ז. double; doubling; (*math.*) multiplication

-כִּפְלַיִם twofold

כפן (כָּפַן, יִכְפֹּן) (*Bib.*) to bend; (*rhet.*) to be hungry

כָּפָן ז. (*rhet.*) hunger, famine

כפף (כָּפַף, יִכְפֹּף, יָכֹף) to bend

כפר (כָּפַר, יִכְפֹּר) to pitch, to tar; to deny

כָּפַר בְּעִיקָר to deny the existence of God

-כִּפֵּר to forgive; to atone; to appease

-כִּפֵּר אֶת פְּנֵי – to seek the pardon of

כְּפָר ז. village; country

כֹּפֶר ז. ransom; camphor; pitch

כַּפָּרָה נ. forgiveness; atonement

-כַּפָּרוֹת the fowls used ritually on the eve of Yom Kippur

כְּפָרִי, כַּפְרִי ז. villager; countryman; rural, rustic, countrified

כַּפֹּרֶת נ. lid, cover (upon the Ark); curtain

(כפשׁ) הַכְפֵּשׁ to make dirty

כַּפְתּוֹר ז. button; knob; bud; top of a pillar

כַּר ז. pillow, cushion; pasture; fat sheep; ram

כֹּר ז. (*Bib.*) a corn measure

כַּרְבֵּל to wrap up

-הִתְכַּרְבֵּל to wrap oneself

כַּרְבֹּלֶת נ. cockscomb

כרה (כָּרָה, יִכְרֶה) to dig; to prepare a banquet; (*rhet.*) to buy

כֵּרָה נ. banquet, feast

כְּרוּב ז. cherub; cabbage

כְּרוּבִית נ. cauliflower

כְּרוּז ז. proclamation, announcement; manifesto

כָּרוֹז ז. cryer, herald

כָּרוּךְ bound; wrapped
– (אַחֲרֵי) attached to
– (בְּ) involved in
כְּרוּכְיָה נ. crane
כְּרוּם ז. name of a bird (that changes color)
(כרז) הַכְרֵז to proclaim, to announce
(כרח) הַכְרֵחַ to force
כֹּרַח ז. force
–עַל כָּרְחוֹ, בְּעַל כָּרְחוֹ against one's will
כַּרְטִיס ז. ticket
כַּרְטִיסָן ז. ticket-seller
כָּרִי ז. (*Bib.*) runner, messenger
כְּרִי ז. (ר. כְּרָיִים) pile of corn
כָּרִיךְ ז. sandwich
כְּרִיכָה נ. wrapping, bundle; binding (of a book)
כָּרִית נ. small pillow
(כריתות) סֵפֶר כְּרִיתוּת ז. letter of divorce

כרךְ (כָּרַךְ, יִכְרֹךְ) to wrap round; to tie together; to bind (books)
כֶּרֶךְ ז. volume (book); bundle
כְּרָךְ ז. (ר. כְּרַכִּים) large city
כַּרְכֹּב ז. border; rim
כִּרְכּוּר ז. dance; hop; round-about way
כַּרְכֹּם ז. (ר. כַּרְכֻּמִים) saffron
כִּרְכֵּר to dance, hop
כִּרְכָּרָה נ. carriage; (*Bib.*) dromedary
כַּרְכֶּשֶׁת נ. rectum, large intestine
כֶּרֶם ז. vineyard; grove
כַּרְמֶל ז. Mount Carmel; (*Bib.*) garden land; (*Bib.*) green grain boiled for food
כֶּרֶס, כָּרֵס נ. (ר. כְּרֵסוֹת) belly
כֻּרְסָה נ. armchair
כִּרְסֵם to gnaw

כַּרְסְתָן ז. potbellied person

כרע (כָּרַע, יִכְרַע) to bow; to kneel

–הַכְרֵעַ to subdue; to afflict; to decide; to outweigh

–הִכְרִיעַ אֶת הַכַּף outweigh, to turn the scales

כֶּרַע נ. (ר. כְּרָעַיִם) leg (of animal)

–כַּרְעֵי הַמִּטָּה legs of the bed

–כַּרְעֵי הַשֻּׁלְחָן legs of the table

כַּרְפַּס ז. linen fabric; celery, parsley

כרת (כָּרַת, יִכְרֹת) to cut; to exterminate

–כָּרוֹת בְּרִית to make a covenant

–הִכָּרֵת to be cut; to be destroyed

–הַכְרֵת to cut off; to destroy

כָּרֵת ז. extermination, destruction

כַּרְתִּי ז. leek-green stuff

כֶּשֶׂב ז. כִּשְׂבָּה נ. (*Bib.*) lamb

כשה (כָּשָׂה, יִכְשֶׂה) (*Bib.*) to be fat, stout

כִּשּׁוּף ז. magic, sorcery

כִּשּׁוּרִים ז״ר qualifications

כְּשׁוּת נ. (*bot.*) hop; down, fluff

כַּשִּׁיל ז. axe

כִּשְׁכּוּשׁ ז. shaking, wagging

כִּשְׁכֵּשׁ to shake, wag

כשל (כָּשַׁל, יִכְשַׁל) to totter; to stumble; to be weak, faint

–הִכָּשֵׁל to stagger, fall; to mistake; to fail

–הַכְשֵׁל to cause to fall; to lead astray; to cause to fail

כֶּשֶׁל ז. failure

כִּשָּׁלוֹן ז. stumbling; fall; failure

(כשף) כִּשֵּׁף to practice magic, bewitch

כֶּשֶׁף ז. magic

–מַעֲשֵׂי כְשָׁפִים sorcery

כשר (כָּשֵׁר, יִכְשַׁר) to be fit, suitable; to succeed

–הַכְשֵׁר to make fit; to make able; to pronounce as כָּשֵׁר

כָּשֵׁר good, approved ritually (food, etc.); right, upright

כֹּשֶׁר ז. fitness, capability, faculty

–שְׁעַת הַכֹּשֶׁר נ. opportune moment, suitable time; opportunity

כִּשְׁרוֹן, כִּשָּׁרוֹן ז. (ר. כִּשְׁרוֹנוֹת) talent; ability

כִּשְׁרוֹנִי able, talented

כַּשְׁרוּת נ. ability; fitness; being approved (ritually)

כַּת ז. כִּתָּה נ. sect, caste

כִּתָּה נ. class; (*mil.*) section

כתב (כָּתַב, יִכְתֹּב) to write

–הִכָּתֵב to be written

–כַּתֵּב to write (great deal)

–הִתְכַּתֵּב עִם to correspond (with)

–הַכְתֵּב to dictate

כְּתָב ז. script; writing; document, letter

–כְּתַב יָד handwriting; manuscript

–כִּתְבֵי הַקֹּדֶשׁ Holy Writ, the Scriptures

–הֶעֱלָה עַל הַכְּתָב to put down in writing

כַּתָּב ז. correspondent

כְּתֻבָּה נ. marriage contract

כַּתָּבָה נ. report, correspondence (in newspaper)

כַּתְבָנוּת נ. typewriting, typing (profession); hack-writing

כְּתֹבֶת נ. inscription; address

כָּתוּב ז. Biblical verse

–כְּתוּבִים Hagiographa

–כְּתוּבִים אַחֲרוֹנִים Apocrypha

כָּתוּת pounded, crushed

כְּתִיב ז. writing; spelling; the written version (as against קְרֵי)

כְּתִיבָה נ. writing

–כְּתִיבַת הָאָרֶץ geography

–מְכוֹנַת כְּתִיבָה typewriter

כָּתִית ז. minced, pounded

–שֶׁמֶן כָּתִית pure oil

כֹּתֶל ז. wall; side

–הַכֹּתֶל הַמַּעֲרָבִי the Wailing Wall

(כתם) הִכָּתֵם to be soiled, stained

–הַכְתֵּם to soil; to stain

כֶּתֶם ז. stain; (*Bib.*) pure gold

כָּתֹם yellow

כִּתָּן, ז. כִּתְנָה נ. cotton

כְּתֹנֶת, כֻּתֹּנֶת נ. shirt; (*Bib.*) tunic

כָּתֵף נ. (ר. כְּתֵפוֹת, כְּתֵפַיִם) shoulder; side

–כְּתֵפוֹת נ״ר suspenders

כַּתָּף ז. carrier; porter

(כתר) כַּתֵּר to surround; (*rhet.*) to wait

–הַכְתֵּר to surround; to crown

–הָכְתַּר בְּהַצְלָחָה to be crowned with success

כֶּתֶר ז. crown; diadem

כֹּתֶרֶת נ. headline; capital (of a column); corolla (of a flower)

כתש (כָּתַשׁ, יִכְתֹּשׁ) to pound

–הִתְכַּתֵּשׁ to wrestle

כתת (כַּת, יִכֹּת,) כַּתֵּת to crush; to beat; to forge; to break to pieces

–כִּתֵּת אֶת רַגְלָיו to be footsore from walking

ל

לְ־ to; unto; for

לֹא no; not

–אִם לֹא if not; (*Bib.*) (in form of adjuration) certainly

–בְּלֹא, לְלֹא without

–הֲלֹא lo!, rather, truly

–וָלֹא otherwise

לאה (לָאָה, יִלְאֶה) to be tired, weary; (*Bib.*) to be unable

–הִלָּאֵה (*Ar.*) to grow tired; (*Bib.*) to be unable

–הַלְאֵה to tire out

לָאו no, not

–לָאו דַּוְקָא not necessarily

–בְּלָאו הָכֵי (*Ar.*) anyhow

לֵאוּת נ. weariness

לאט (לָאַט, יִלְאַט) to cover, to wrap; to whisper

לְאַט slowly; softly, gently

לָאט ז. secret

–בַּלָּאט in secret

(לאם) הַלְאֵם to nationalize

לְאֹם ז. (ר. לְאֻמִּים) nation

לְאֻמִּי national

לְאֻמִּיּוּת נ. nationalism; nationality

לֵב ז. (ר. לִבּוֹת) heart; center

–בַּר־לֵבָב pure-hearted person

–גִּלּוּי לֵב open-heartedness

–גְּנֹב לֵב to deceive

–דַּבֵּר עַל לֵב to persuade

–טוֹב לֵב good-hearted person

–מוּג לֵב cowardly person

–מְלָאוֹ לִבּוֹ to dare

–נָפוֹל לֵב to be discouraged

–נָתוֹן לֵב, שִׂים לֵב to be attentive, to pay attention

–רֹחַב לֵב large-heartedness, generosity; (*Bib.*) wisdom

(לבב) הִלָּבֵב — to be wise, good

-לִבֵּב — to win the heart; to fry pancakes

לֵבָב ז. (ר. לְבָבוֹת) — heart

לְבָבִי — hearty

לְבָבִיּוּת נ. — heartiness

לְבַד — alone; apart

-בִּלְבַד — only, solely

-מִלְּבַד, לְבַד מִן — besides, apart from

לֶבֶד ז. — felt (fabric)

לִבָּה נ. (*rhet.*) — heart

(לבה) לִבָּה — to kindle

לַבָּה נ. — lava; (*Bib.*) flame

לִבּוּב ז. — heartiness; charm

לָבוּד — joined

-עֵץ לָבוּד — plywood

לִבּוּן ז. — making red hot; whitewashing; clarifying

לְבוֹנָה נ. — frankincense

לָבוּשׁ — clothed, dressed

לְבוּשׁ ז. — garment, dress; covering

(לבט) הִלָּבֵט — to toil; to grow tired; (*Bib.*) to be ruined

-הִתְלַבֵּט — to trouble, exert oneself

לֶבֶט ז. — trouble; exertion

לָבִיא ז. (ר. לְבָאִים) — lion

לְבִיאָה, לְבִיָּא נ — lioness

לְבִיבָה נ. — dumpling; pancake

לְבִישָׁה נ. — dressing

לַבְלֵב — to bloom, to sprout

לִבְלוּב ז. — sprouting, blooming

לַבְלָר ז. — writer, copyist; clerk

לבן (לָבַן, יִלְבַּן) — to burn bricks

-לִבֵּן — to whiten; to whitewash; to clarify

-הַלְבֵּן פָּנִים — to put to shame

-הַלְבֵּן — to grow white; to whiten

-הִתְלַבֵּן — to become clear

לְבַל, בַּל — in order not, lest

לָבָן — white

-לְבָנִים ז״ר — linen; undergarments

לֹבֶן ז. — whiteness, white color

–לֹבֶן שֶׁבָּעַיִן white of the eye
לֶבֶן, לֶבֶּן ז. sour milk
לְבַנְבַּן whitish
לְבָנָה נ. moon
–חֲצִי לְבָנָה half-moon
לִבְנֶה ז. birch tree; white poplar
לְבֵנָה נ. (ר. לְבֵנִים) brick
לְבֹנָה נ. frankincense
לְבָנוֹן ז. Lebanon
לבש (לָבַשׁ, לָבֵשׁ, יִלְבַּשׁ) to put on clothes, to dress; to take the shape of
–הַלְבֵּשׁ to dress (somebody)
לֹג ז. (*Bib.*) a measure for liquids (six egg-shells)
לְגַבֵּי as regards, with respect to
לִגְיוֹן ז. (ר. לִגְיוֹנוֹת) legion
לִגְיוֹנֵר ז. legionnaire
לְגִימָה נ. mouthful, swallow, sip; sipping
לַגְלֵג (עַל) to mock, laugh at
לִגְלוּג ז. mockery, ridicule

לֶגָלִי* legal
(לגם) לָגַם, יִלְגֹּם to take a mouthful; to sip
לֹגֶם ז., לְגִמָּה נ. mouthful
לְגַמְרֵי wholly, entirely
לֵדָה נ. birth
לְדִידִי (*Ar.*) as for myself
לְהָאָה נ. uvula
(להב) הַלְהֵב to inflame; to fill with enthusiasm
–הִתְלַהֵב to be enthusiastic; to catch fire
לַהַב ז. flame; glitter; blade
לְהַבָּא in future
לֶהָבָה, לַהֶבֶת נ. flame
לַהֲבִיוֹר ז. flamethrower
לַהַג ז. meditation; silly talk; dialect
להה (לָהָה, יִלְהֶה, יֵלַהּ) to be exhausted
לָהוּט passionate; passionately fond of
להט (לָהַט, יִלְהַט) to glow, to burn

-לַהֵט to burn

לַהַט ז. intense heat

-לְהָטִים ז״ר magic

(להלה) הִתְלַהְלֵהַּ to run amuck

לְהַלָּן further

לַהֲקָה נ. assembly; band, company

לִי, לוֹ וכו׳ (v. לְ) to me, to him, etc.

לוּ if; oh that...

(הַ)לְוַאי oh that!, God grant that...

לְוַאי ז. attachment; attribute; of secondary importance

לוה (לָוָה, יִלְוֶה) to borrow money

-הִלָּוֵה to join

-לִוָּה to accompany

-הִלְוָה to lend money

לוֹוֶה ז. borrower, debtor

לוֹהֵט blazing, burning

לִוּוּי ז. escort; accompaniment

לוז (לָז, יָלוּז) (*rhet.*) to turn away

-הֵלִיז to depart; to defame

לוּז ז. hazel (bush), hazel nut; gland

לוּחַ ז. (ר. לוּחוֹת) board; blackboard; panel; plate; table; calendar

-לוּחַ הַכֶּפֶל multiplication table

-לוּחַ שָׁנָה calendar

-לוּחוֹת הַבְּרִית, לוּחוֹת הָעֵדוּת Tables of the Decalogue

-לוּחוֹתַיִם (*Bib.*) deck

לוֹחֵם ז. fighter, warrior

לוט (לָט, יָלוּט) to conceal; to cover up

-הָלֵט to cover up

לוּט covered; enclosed

לוֹט ז. covering; veil; lotus

לְוַי v. לְוַאי

לִוְיָה נ. (*rhet.*) garland

לְוָיָה נ. escort; funeral procession

-לְוָיַת הַמֵּת funeral procession

לִוְיָתָן ז. — whale; sea monster

לוּל ז. — chicken coop; (*Bib.*) winding stairs

לוּלֵא — were it not, if not, unless

לוּלָאָה נ. — knot, loop; buttonhole

לוֹלָב ז. — bolt (with nut)

לוּלָב ז. — palm leaf; palm twig

לוּן, לִין (לָן, יָלִין) — to stay overnight, to pass the night; to lodge

–הִלּוֹן — to complain

–הָלֵן — to keep for the night

–הַלֵּן — to complain

–הִתְלוֹנֵן — to complain (of); (*Bib.*) to abide

לוּעַ (לָע, יָלוּעַ) — to swallow; to gulp down

לוֹעַ, לֹעַ ז. — throat, larynx

לוֹעֵז — strange, foreign (of a language)

לוֹעֲזִי — foreign (of a language)

לוֹעֲזִית — foreign language

לוּץ (לָץ, יָלוּץ) — to mock

–הָלֵץ — to mock

–הִתְלוֹצֵץ — to mock; to joke

לוּשׁ (לָשׁ, יָלוּשׁ) — to knead

הִלּוֹשׁ — to be kneaded

לִזְבֵּז ז. — frame, rim

לְזוּת שְׂפָתַיִם נ. — slander

לֵחַ ז. — freshness; juice; moisture

לַח — wet, damp; moist; fresh

לֵחָה נ. — moisture; slime; pus; secretion

לְחוּד — apart, alone, separately

לְחוּם ז. (*Bib.*) — flesh

לֵחוּת, לַחוּת נ. — moisture, dampness

לֶחִי, לְחִי נ. (ר. לְחָיַיִם) — cheek; cheekbone; jawbone

–סְטִירַת לֶחִי — a slap on the face

לְחִימָה נ. — fighting

לְחִיץ ז. — push button

לְחִיצָה נ. — pressing

–לְחִיצַת־יָדַיִם handshake
לְחִישָׁה נ. whispering
לחך (לָחַךְ, יִלְחֹךְ) לַחֵךְ to lick; to consume (fire)
לַחְלוּחִית נ. moisture; juice
לחם (לָחַם, יִלְחַם) to fight; (*Bib.*) to eat bread
–הִלָּחֵם to fight
לֶחֶם ז. bread; food
–לֶחֶם הַמַּעֲרֶכֶת, לֶחֶם הַפָּנִים showbread in the Sanctuary
–לֶחֶם חֻקּוֹ one's daily bread
לְחָמָה נ. warfare
לַחְמָנִיָּה נ. roll (of bread)
(לחן) הַלְחֵן to compose music
לַחַן ז. tune, melody
לחץ (לָחַץ, יִלְחַץ) to press; to crush
–לָחַץ אֶת יְדֵי – to shake hands with
–הִלָּחֵץ to be hard pressed
לַחַץ ז. oppression; pressure

לחשׁ (לָחַשׁ, יִלְחַשׁ) to whisper; to utter magic formulas
–לַחֵשׁ to whisper; to charm
–הִתְלַחֵשׁ to talk in whispers
לַחַשׁ ז. (ר. לְחָשִׁים) whispering; magic formula; charm; amulet
–בְּלַחַשׁ soft, low; in a whisper
לָט ז. magic; silence
–בַּלָּט, בַּלָּאט softly; secretly
לֹט ז. lotus
לְטָאָה נ. lizard
לְטוּשׁ ז. polishing; sharpening
לְטִיפָה נ. fondling, caress
לְטִישָׁה נ. grinding; polishing
–לְטִישַׁת עֵינַיִם staring
לַטֵּף to fondle, caress
לִטְרָה נ. pound (weight)
לטשׁ (לָטַשׁ, יִלְטֹשׁ), לַטֵּשׁ to whet, to sharpen; to polish
–הִלָּטֵשׁ, לֻטַּשׁ to be polished; to be sharpened

לַיִל, לַיְלָה ז. (ר. לֵילוֹת) night

–הַלַּיְלָה tonight

–לֵיל מְנוּחָה! good night!

–לֵיל שַׁבָּת Sabbath eve

–סִיר לַיְלָה chamber pot

לִילִית נ. owl; Lilith, queen of demons

לִימוֹן ז. lemon

לִינָה נ. staying (overnight), lodging

לִיף ז. fiber

לֵיצָן ז. mocker; jester, clown

לֵיצָנוּת נ. mockery; jesting

לִירָה* נ. pound (currency)

לִירִי* lyrical

לַיִשׁ ז. lion

לִישָׁה נ. kneading

לֵית (*Ar.*) no, not; there is not

לִכְאוֹרָה apparently

לכד (לָכַד, יִלְכֹּד) to conquer; to catch; to capture; to seize

–הִלָּכֵד (נִלְכַּד, יִלָּכֵד) to be caught, taken

–לַכֵּד to unite

–הִתְלַכֵּד to unite, to hold together

לֶכֶד ז. capture

לַכָּה נ. lacquer; varnish; enamel

לִכְלוּךְ ז. dirtying; dirt

לִכְלוּכִית נ. dirty woman; Cinderella

לִכְלֵךְ to dirty, to soil

–הִתְלַכְלֵךְ to dirty oneself; to be made dirty

לָכֵן therefore, on that account, that is why

לֶכְּסִיקוֹן*, ז. lexicon

לַכְסֵן to look sideways; to turn aside

לֶכֶשׁ ז. cedar fiber

למד (לָמַד, יִלְמַד) to learn, to study; to get used to

–לַמֵּד to teach; to train; to infer

-לְמֹד be learned; used to
-הִתְלַמֵּד to get used to; to teach oneself
לַמְדָן ז. learned man
לָמָּה, לָמֶה, לָמָה? why?, what for?
לָמוּד learned; skilled; accustomed
לִמּוּד ז. study; teaching, course of study; (*Bib.*) pupil
לְמַעַן in order that, so that; for the sake of
-לְמַעַן הַשֵּׁם for God's sake
(לְ)מַפְרֵעַ backwards, retroactively; beforehand
לַמְרוֹת despite, notwithstanding
לְסוּטָה נ. blouse
לִסְטִים ז. robber
לַסְטֵם to rob
לֶסֶת נ. (ר. לְסָתוֹת) cheekbone
לֹעַ ז. throat, pharynx
(לעב) הַלְעֵב to insult

לעג (לָעַג, יִלְעַג) to mock, laugh at
-לָעַג לָרָשׁ to mock the poor
לַעַג ז. mockery, scorn
לָעַד forever
לְעוֹלָם forever; (*Tal.*) in any case
לעז (לָעַז, יִלְעַז) to speak a foreign language; to slander; to speak indistinctly
-הַלְעֵז (עַל) to slander
לַעַז ז. foreign language; slander
-הוֹצִיא לַעַז עַל to speak ill of
(לעט) הַלְעֵט to give to eat, to feed; to overfeed
לְעֵיל above
לְעִיסָה נ. chewing
לְעֵלָּא (*Ar.*) above, more than
לַעֲלֵעַ to stammer, to stutter
לְעֻמַּת towards; opposite; beside

לַעֲנָה נ. wormwood; bitterness

לעס (לָעַס, יִלְעַס) to chew

לְפִי as, according to

–לְפִי שָׁעָה for the time being

–לְפִי תֻמּוֹ innocently; not meaning to

לַפִּיד ז. flame; torch

לְפִיכָךְ so, therefore

לִפְלוּף ז. pus (in the eye)

לִפְנֵי before, ago; in front of

–מִלִּפְנֵי from before

–לִפְנַי וְלִפְנִים in the innermost; the Holy of Holies

–לְפָנִים once; years ago

(לפף) לַפֵּף to embrace; to clasp

לפת (לָפַת, יִלְפֹּת) to clasp, embrace

–הִלָּפֵת to step back; to be turned aside

–לַפֵּת to eat with bread; to flavor

לֶפֶת נ. turnip; vegetables

לִפְתָּן ז. vegetable-dessert, dessert

לֵץ ז. frivolous person; mocker

לָצוֹן ז. mockery, jest

–חָמַד לוֹ לָצוֹן to jest, play pranks

לֵצָן ז. mocker; jester, clown

לקה (לָקָה, יִלְקֶה) הִלָּקָה, to be beaten; to be affected (with)

–הַלְקֵה to beat, to flog

(לָקוֹחַ) לָקוֹחוֹת ז״ר customers

לִקּוּט ז. collection

לָקוּי defective, imperfect; beaten; sickly

לִקּוּי ז beating; defect

–לִקּוּי חַמָּה eclipse of the sun

–לִקּוּי לְבָנָה eclipse of the moon

לְקוּת נ. defect, blemish

לקח (לָקַח, יִקַּח) to take; to take away; to bring; to procure; to accept; to buy

–לָקַח אִשָּׁה to wed, to marry

–לָקַח חֵלֶק בְּ־ to take part in

–לָקַח לֵב to attract

–הִלָּקַח to be taken

–הִתְלַקֵּחַ to flare up (fire)

לֶקַח ז. instruction; lesson

לקט (לָקַט, יִלְקֹט), לִקֵּט to collect, to gather; to glean

לֶקֶט ז. gleaning; collection

לְקִיחָה נ. taking; procuring; buying

לְקִיטָה נ. collecting, gathering

לְקִיקָה נ. licking

לַקִּישׁ (*rhet.*) late, tardy

לְקַמָּן (*Ar.*) further, below

–כִּדְלְקַמָּן as follows

לקק (לָקַק, יָלֹק, יִלְקֹק), לִקֵּק to lick

–הִתְלַקֵּק to lick oneself

לַקְקָן ז. sweet tooth

לִקְרַאת towards

לְרַבּוֹת including

(לקש) לִקֵּשׁ to gather (late fruit)

לֶקֶשׁ ז. late grass, after-grass

לְשַׁד ז. marrow (of bones); juice, sap; fat

לָשׁוֹן נ. (ר. לְשׁוֹנוֹת) tongue; language; speech; expression

–לְשׁוֹן זָהָב bar of gold; golden tongue, eloquence

–לְשׁוֹן יָם bay, gulf

–לְשׁוֹן הַמֹּאזְנַיִם lever from which scale-pans are suspended

–לָשׁוֹן נוֹפֵל עַל לָשׁוֹן pun

–לָשׁוֹן נְקִיָּה clean speech; euphemism

–לְשׁוֹן הַקֹּדֶשׁ Hebrew

–לְשׁוֹן הָרָע slander

–כִּכְתָבוֹ וְכִלְשׁוֹנוֹ to the letter, literally

לְשׁוֹנִי linguistic

לִשְׁכָּה נ. room, chamber; bureau; office

לֶשֶׁם ז. opal

(לשן) הַלְשֵׁן (עַל) to slander; inform against

לתת (לָתַת, יִלְתֹּת) to malt, moisten grain

לֶתֶךְ ז. (*Bib.*) dry measure

לֶתֶת ז. malt

מ

מִ... מֵ... from, of; more than

מְאֻבָּן ז. fossil

מַאֲבָק ז. struggle

מַאֲגוֹר ז. store, storehouse

מְאֹד very; much; exceedingly; entirely

—מְאֹד מְאֹד, עַד מְאֹד, עַד לִמְאֹד very much; extremely

מְאֹד ז. (*rhet.*) power

מַאֲדִים ז. Mars (*astr.*)

מֵאָה נ. hundred; century

מְאַהֵב ז. lover

מַאֲהָל ז. encampment

מַאֲוַי ז. desire, wish

מְאוּם ז. something, anything

מְאוּמָה something, anything whatever

—לֹא מְאוּמָה, אֵין מְאוּמָה nothing

מֵאוּן ז. refusal

מָאוּס loathsome

מֵאוּס ז. loathsomeness

מָאוֹר ז. (ר. מְאוֹרוֹת, מְאוֹרִים) light; luminary

מְאוּרָה נ. hole, cave

מַאֲזָן ז. balance; balance-sheet

מְאֻזָּן horizontal; balanced

מֹאזְנַיִם ז״ר scales, balance

—כַּף מֹאזְנַיִם pan (of pair of scales)

מְאֻחֶה stitched together, joined

מְאֻחָר late, tardy

מַאי (*Ar.*) what?, how?, how is that?

—מַאי טַעֲמָא? (*Ar.*) what is the reason?

—מַאי מַשְׁמַע? (*Ar.*) how do you prove that?

–מַאי קָא מַשְׁמַע לָן? (*Tal.*) what does this imply?

מַאי* ז. May

–אֶחָד בְּמַאי May Day

מַאֲכָל ז. (ר. מַאֲכָלִים, מַאֲכָלוֹת) food

מְאֻכְזָב disappointed

מַאֲכֹלֶת נ. devouring

מַאֲכֶלֶת נ. knife

מְאַלֵּף ז. trainer

– ש״ת instructive

מַאֲמִין ז. believer

מַאֲמָץ ז. exertion, effort

מַאֲמָר ז. (ר. מַאֲמָרִים, מַאֲמָרוֹת) speech; decree; word; article

–מַאֲמָר רָאשִׁי editorial, leading article

(מאן) מָאֵן (מֵאֵן, יְמָאֵן) to refuse; be unwilling

מְאֻנָּךְ vertical

מאס (מָאַס, יִמְאַס) to abhor, to despise; to throw away; to reject

–הִמָּאֵס to be despised, abhorred

–הַמְאֵס to cause to be despised

מְאַסֵּף ז. collection; compilation; rearguard

מַאֲסָר ז. imprisoning; prison

מַאֲפֶה ז. baked goods

מַאֲפִיָּה נ. bakery

מַאֲפֵל ז. darkness

מַאְפֵּלְיָה נ. deep darkness (*rhet.*)

מַאֲפֵרָה נ. ashtray

(מאר) הַמְאֵר to prick; become malignant

מַאֲרָב ז. ambush; troops in ambush

מְאֻרְגָּן organized

מְאֵרָה נ. curse

מְאֹרָע ז. (ר. מְאֹרָעוֹת) event; incident

מְאֻשָּׁר authorized; happy

מֵאֵת from; by

מָאתַיִם two hundred

מְבֻגָּר ז. adult, grownup

מִבְדּוֹק ז. drydock

מֻבְהָק clear; tried, proven; shining

מָבוֹא ז. (ר. מְבוֹאוֹת) entrance; passage; introduction

–מְבוֹא הַשֶּׁמֶשׁ (*rhet.*) West

מָבוֹי ז. (ר. מְבוֹאוֹת) passage

–מָבוֹי סָתוּם a blind alley

מְבוּכָה נ. perplexity; confusion

מַבּוּל ז. flood; deluge

מְבוּסָה נ. treading down; defeat

מַבּוּעַ ז. well, fountain

מְבוּקָה נ. emptiness; desolation

מִבְחוֹר ז. (*Bib.*) choice

מִבְחָן ז. test, examination

–עָמוֹד בְּמִבְחָן to pass an examination

מַבְחֵנָה נ. test tube

מִבְחָר ז. selection; select, choice

מַבָּט ז. view; look

–נְקֻדַּת מַבָּט point of view

מִבְטָא ז. expression; accent; pronunciation

מִבְטָח ז. trust; security

מֻבְלַעַת נ. enclave

מִבְנֶה ז. building, structure, construction

מַבְעֶה ז. (*Tal.*) an animal that eats someone's crop

מִבְצָע ז. operation (war, etc.)

מִבְצָר ז. fortification, fort

מְבַקֵּר ז. reviewer, critic; censor; visitor

מִבְרָח ז. (*Bib.*) fugitive

מִבְרָק ז. telegram

מִבְרֶשֶׁת נ. brush

מְבַשֵּׁל ז. cook

מָג ז. magician

מַגֵּב ז. windshield wiper

מַגְבֵּהַּ ז. jack (lifting device)

מַגְבִּית נ. collecting, fund-raising; collection

מְגֻבָּל limited

מְגֻבָּלָה נ. cord; limitation
מִגְבַּעַת נ. hat; cap
מַגֶּבֶת נ. towel
מֶגֶד ז. choice fruit
מִגְדָּל ז. (ר. מִגְדָּלִים, מִגְדָּלוֹת) tower; fort
מִגְדַּלּוֹר ז. lighthouse
מִגְדָּנוֹת ז״ר precious things; sweets
מַגְהֵץ ז. pressing iron
מַגּוֹב ז. rake
מְגֻוָּן of various colors, multicolored; multifarious
מָגוֹר ז. מְגוֹרָה נ. terror; fear
מְגוּרִים ז״ר abode, dwelling
מְגוּרָה נ. storehouse
מַגְזֵרָה נ. cutting machine
מְגֻחָךְ ridiculous
מַגִּיד ז. preacher; (Bib.) announcer
מַגִּיהַּ ז. proofreader
מְגֻיָּס ז. recruit, conscript
מַגָּל ז. sickle, scythe
מַגְלֵב ז. whip

מְגִלָּה נ. parchment scroll; the Book of Esther
–מְגִלַּת יוֹחֲסִין genealogy
מֻגְלָה נ. pus
מִגְלָשַׁיִם ז״ר skis
מְגַמָּה נ. aim; tendency
מֻגְמָר (Tal.) incense
– ש״ת completed, accomplished
(מגן) מִגֵּן to deliver; to bestow
מָגֵן ז. (ר. מָגִנִּים) shield; protection
–מָגֵן דָּוִד shield of David
מְגִנָּה נ. sorrow
מְגֻנֶּה ugly; indecent
מִגְנֵט to magnetize
מַגְנֵט* ז. magnet
מַגָּע ז. (ר. מַגָּעִים) contact, touch
מִגְעֶרֶת נ. curse; impoverishment
מַגָּף ז. (ר. מַגָּפַיִם) boot
מַגֵּפָה נ. plague, pestilence; defeat

(מגר) מַגֵּר to cast down; to rout, to destroy
מַגְרֶדֶת נ. scouring brush; grater
מְגֵרָה נ. drawer; saw
מִגְרַעַת נ. niche; defect
מַגְרֵפָה נ. rake
מֶגְרָפָה נ. (*Bib.*) clod of earth (?); (*Bib.*) shovel (?); rake
מִגְרָרָה נ. sledge
מִגְרֶרֶת נ. grater
מִגְרָשׁ ז. building plot; (*Bib.*) pasture
מַגָּשׁ ז. tray
מַד ז. garment; measure
–מַד־ -meter (in compounds)
–מַדִּים uniform
מְדַבֵּר speaker; 1st person singular (*gram.*)
מִדְבָּר ז. (*rhet.*) speech
מִדְבָּר ז. (ר. מִדְבָּרוֹת, מִדְבָּרִיּוֹת) wilderness, desert
–בַּמִּדְבָּר Numbers (*Bib.*)
מִדְגָּם ז. sample; pattern

מַדְגֵּרָה נ. incubator
מדד (מַד, יָמֹד) to measure
–מַדֵּד to measure
–הִתְמוֹדֵד to stretch oneself; to vie with
מִדָּה נ. measure; dimension, quality; standard; manner; (*rhet.*) garment
–מִדַּת הַדִּין rigorous justice
–מִדַּת הָרַחֲמִים mild justice
–בְּמִדָּה שֶׁ־ to the extent that
–הַעֲבֵר עַל מִדּוֹתָיו to be lenient, mild
–אִישׁ מִדָּה giant
–בֵּית מִדּוֹת big house
–קְנֵה מִדָּה measuring rod, scale (for measuring); standard, criterion
מַדָּד ז. index
מַדְהֵבָה נ. (*Bib.*) oppression; of gold (?); tyranny (?)
מַדְוֶה נ. sickness, pain
מַדּוּחִים ז״ר seductions

מְדוֹכָה נ. mortar (for pounding); seat

–יָשַׁב עַל הַמְּדוֹכָה to ponder a problem

מָדוֹן ז. quarrel; strife

מַדּוּעַ? why?

מָדוֹר ז. (ר. מְדוֹרִים, מְדוֹרוֹת) dwelling; department; section

מְדוּרָה נ. pile of wood; bonfire

מִדְחֶה ז. overthrow, fall

מַדְחֹם ז. thermometer

מַדְחָן ז. parking meter

מַדְחֵס ז. compressor

מַדְחֵף ז. propeller

מַדְחֵפָה נ. push; downfall

מִדֵּי as often as, whenever

מְדִידָה נ. measuring

מַדִּיחַ ז. seducer

מִדִּין ז״ר judge's seat

מִדְיָן ז. (*Bib.*) quarrel; Midian (land, people)

מְדִינַאי ז. statesman

מְדִינָה נ. state, country; province

מְדִינִי political

מְדִינִיּוּת נ. politics

מְדֻיָּק exact, precise

מְדֻכָּא oppressed; depressed

מְדֻלְדָּל suspended, hanging down; poverty-stricken

מַדְלֶה ז. crane (hoisting machine)

מְדֻמֶּה apparent; delusive

–כִּמְדֻמֶּה as it seems

מַדְמֵנָה נ. dunghill; mud

מַדְמַעֲלוֹת ז. protractor

מְדָנִים ז״ר quarrels

מַדָּע ז. science; knowledge

מַדָּעִי scientific

מַדְּעָן ז. scientist; scholar

מַדָּף ז. plank; shelf; (*Tal.*) bird-trap

מַדְפִּיס ז. printer

מְדֻפְלָם certificated, certified, having diploma

מְדַקְדֵּק ז. precise; punctual; grammarian
מַדְקֵרָה נ. piercing
מַדְרֵגָה נ. step; stair; level, standard; degree
–בְּשֵׁפֶל הַמַּדְרֵגָה at the bottom of the scale
מִדְרוֹן ז. slope
מַדְרִיךְ ז. guide; instructor, guidebook
מִדְרָךְ נ. treading; step; ground
מִדְרָכָה נ. sidewalk
מִדְרָס ז. treading; place trodden upon; arch support
מִדְרָשׁ ז. (ר. מִדְרָשִׁים, מִדְרָשׁוֹת) interpretation; exegesis; Midrash, homilectical interpretation of Scripture
–בֵּית מִדְרָשׁ ז. school (for adults); college
מִדְרָשָׁה נ. high school; college
מַה, מָה, מֶה? what?; which?; why?; how?
–כ״ג whichever, whatever; anything; something
–מַה לִּי וָלוֹ? what have I to do with him?
–יְהִי מָה, יַעֲבוֹר עָלַי מָה come what may
–מִמַּה נַּפְשָׁךְ at all events
מְהֻגָּן proper; nice
מְהַגֵּר ז. migrant, emigrant, immigrant
מַהֲדוּרָה נ. edition
מְהַדֵּר ז. punctilious
מְהֻדָּר adorned, ornate
מָהוּל adulterated; circumcised
מְהוּמָה נ. confusion; tumult
מַהוּת נ. essence, being; nature, quality
מַהוּתִי essential
מְהֵימָן faithful; trustworthy
מָהִיר quick; skillful
–מְהִיר חֵמָה hot-tempered
מְהִירוּת נ. promptness, quickness; speed, velocity

מהל (מָהַל, יִמְהַל) to circumcise; to dilute

מֹהַל ז. sap, juice

מַהֲלָךְ ז. walk; way; distance

מַהְלְכִים ז״ר free access

מַהֲלָל ז. praise, fame

מַהֲלֻמָּה נ. blow

(מהמה) הִתְמַהְמֵהַּ to be late, tardy

מַהֲמוֹרָה נ. (*Bib.*) flood; ditch

מְהַנְדֵּס ז. engineer

מַהְפָּךְ ז. musical sign in trope

מַהְפֵּכָה נ. overthrow; revolution

–בֵּית הַמַּהְפֶּכֶת ז. (*Bib.*) prison

מַהְפְּכָן ז. revolutionary, revolutionist

(מהר) מִהֵר to hasten, hurry; to cause to hurry

–הַשָּׁעוֹן מְמַהֵר בְּחָמֵשׁ דַּקּוֹת the clock is five minutes fast

מַהֵר, מְהֵרָה quick, fast

–בִּמְהֵרָה quickly

מֹהַר ז. dowry

מַהֲתַלָּה נ. mockery; jest

מוּבָן ז. sense

– ש״ת understood

–מוּבָן מֵאֵלָיו self-understood

–כַּמּוּבָן of course

מוּבָאָה נ. quotation

מוֹבִיל ז. conductor; conduit

מוג (מָג, יָמוּג) to melt, dissolve

–הִמּוֹג (נָמֹג) to dissolve; to be afraid

–מוֹגֵג to dissolve

–הִתְמוֹגֵג to dissolve; to tremble

מוּג לֵב ז. coward

מוֹדִיעִין ז״ר information; intelligence (military, etc.)

מוֹדָע ז. friend; acquaintance

מוֹדָעָה נ. poster, notice; advertisement

מוֹדַעַת נ. (*Bib.*) friend; relation

מוּדֶרְנִי* modern
מוֹהֵל ז. circumciser
מוּז ז. banana
מוֹזֵג ז. bartender
מוּזָר strange, queer
מוֹחֵק ז. eraser
מוּחָשׁ, מוּחָשִׁי perceptible
מוּט (מָט, יָמוּט) to stagger; to waver; to tremble
–מָטָה יָדוֹ to become poor
–הִמּוֹט to stagger; to fall
–הֵמֵט to cause to stagger; to cast upon
מוֹט ז. (ר. מוֹטוֹת) rod, staff; yoke
מוּטָב good, better
–חָזַר לְמוּטָב to return to the straight path
מוֹטָה נ. staff, pole; yoke; oppression
מוֹטוֹר* ז. motor
מוּךְ (מָךְ, יָמוּךְ) to be impoverished

מוֹךְ ז. down (feathers); absorbent cotton
מוֹכִיחַ ז. reprover; preacher
מוֹכֵס, מוֹכְסָן ז. tax collector
מוֹכֵר ז. salesman, seller
מוּל (מָל, יָמוּל) to cut off; to circumcise
–הִמּוֹל (נִמֹּל, יִמּוֹל) to be circumcised
–הֵמַל to cut off, destroy
מוּל opposite (in position)
–מִמּוּל opposite
מוֹלָד ז. birth; appearance of the new moon
מוֹלֶדֶת נ. homeland; birth; descent; race
–אֶרֶץ מוֹלֶדֶת homeland
מוּם ז. spot, stain; blemish, defect
–בַּעַל־מוּם cripple
–הֵטִיל מוּם to mutilate
מוּמָר ז. apostate
מוֹנֶה ז. oppressor; meter; (*arith.*) numerator

עֲשֶׂרֶת מוֹנִים–	ten times
מוֹנוֹטוֹנִי*	monotonous
מוֹנוֹפּוֹל* ז.	monopoly
מוֹנַרְכְיָה* נ.	monarchy
מוֹנִיטִין ז"ר	coins
יָצְאוּ לוֹ מוֹנִיטִין–	to become famous
מוּסָד ז. (ר. מוּסָדוֹת)	foundation; basis; institute
מוּסָךְ ז.	garage; (*Bib.*) roofed passage
מוּסִיקָה* נ.	music
מוּסָף ז.	addition; supplement; additional sacrifice; prayer said in place of the additional sacrifice
– ש"ת	additional
מוּסָר ז.	reproof; chastisement; punishment; morality
מוּסַר הַשְׂכֵּל–	moral lesson
מוּסַר כְּלָיוֹת–	remorse
מוֹסֵר ז. מוֹסֵרָה נ.	rope; fetter
מוּסָרִי	moral
מוּסָרִיּוּת נ.	morality, ethics
מוֹעֵד ז. (ר. מוֹעֲדִים, מוֹעֲדוֹת)	appointed time; festival; festive sacrifice; meeting, gathering; place of meeting
מוֹעֲדִים לְשִׂמְחָה!–	a happy holiday!
אֹהֶל מוֹעֵד–	the Tabernacle
בְּעוֹד מוֹעֵד–	in good time
חוֹל הַמּוֹעֵד–	half-holiday (during religious holidays)
בֵּית מוֹעֵד לְכָל חַי–	cemetery
מוּעָד	responsible; warned
מוֹעֲדוֹן ז.	club
מוּעָט ז.	little; tiny
מוֹעִיל	useful
מוּעֲמָד ז.	candidate
מוֹעֵצָה נ.	counsel, advice
מוֹעָצָה נ.	council
מוּעָקָה נ.	pressure, distress
מוֹפָע ז.	appearance; phase
מוֹפֵת ז.	miracle; sign; model; proof

-בַּעַל מוֹפֵת miracle worker
-לְמוֹפֵת worthy of emulation
מוֹפְתִי wonderful; exemplary; classical
מוֹץ, מֹץ ז. chaff
מוֹצָא ז. exit; going out; way out; source
-מוֹצָא פֶה utterance
-מוֹצָאֵי יוֹם טוֹב the night following a holiday
-מוֹצָאֵי שַׁבָּת the night following the Sabbath
מוֹצִיא לְאוֹר ז. publisher
מוּצָק ז. solid; casting metal
מוֹקֵד ז. fire, conflagration; hearth; focus
מוּקְיוֹן ז. clown
מוֹקֵשׁ ז. snare; mine
(מוּר) הִמּוֹר to be changed
-הָמֵר to change; to convert
-הָמֵר דָּת to change one's faith
מוֹר ז. myrrh
מוֹרָא ז. awe, fear; respect
-מוֹרָא שָׁמַיִם fear of God
מוֹרַג ז. (ר. מוֹרִגִּים, מוֹרִיגִים) threshing-sledge
מוֹרָד ז. (ר. מוֹרָדוֹת) slope
מוֹרֵד ז. rebel
מוֹרֶה ז. teacher; (*Bib.*) archer
– ש״ת unruly
-מוֹרֵה־דֶרֶךְ guide
מוֹרָה נ. (*rhet.*) razor
מוּרָם raised; elevated
מוֹרָשׁ ז. מוֹרָשָׁה נ. possession; heritage
-מוֹרָשֵׁי לֵבָב (*rhet.*) intentions; feelings
מוֹרַת רוּחַ נ. v. מֹרָה
מוּשׁ (מָשׁ, יָמוּשׁ, יָמִישׁ) to move; to depart; to touch, to feel
מוֹשָׁב ז. (ר. מוֹשָׁבִים) seat; sitting, session; dwelling-place; lodging; small-holder's settlement
-מוֹשַׁב זְקֵנִים home for the aged

מוֹשָׁבָה נ. colony, settlement

מוֹשִׁיעַ ז. savior, helper

מוֹשְׁכוֹת נ״ר ropes; reins

מוֹשֵׁל ז. ruler, governor

מוֹשָׁעָה נ. salvation

מוּת (מֵת, יָמוּת) to die

–מוֹתֵת, הָמֵת to kill; to slay; to destroy

מָוֶת ז. death; pestilence

–סַם הַמָּוֶת deadly poison

מוֹתָר ז. abundance; advantage; remainder

–מוֹתָרוֹת luxuries

מִזְבֵּחַ ז. (ר. מִזְבְּחוֹת) altar

מִזְבָּלָה נ. manure-heap; refuse-heap

מזג (מָזַג, יִמְזֹג) to mix (liquid); to pour out

–הִמָּזֵג to be mixed

–מַזֵּג to mix, temper

–הִתְמַזֵּג to be mixed, fused; to be united

מֶזֶג ז. spiced wine; mixing liquors; mixed wine; character; temper

–מֶזֶג הָאֲוִיר weather

מַזְהִיר brilliant

מְזֵה־רָעָב exhausted by hunger

מִזְוָדָה נ. valise, suitcase

מְזָוֶה נ. pantry; cupboard

מְזוּזָה נ. doorpost; scroll fixed on the doorpost

מָזוֹן ז. (ר. מְזוֹנוֹת) food, nourishment

מָזוֹר ז. snare; bandage; remedy

מֵזַח ז. quay; girdle, belt

מַזְחִילָה נ. gutter

מִזְחֶלֶת נ. sledge

מְזִיגָה נ. mixture; pouring out; synthesis

מֵזִיד wilful, wanton

–בְּמֵזִיד mischievously, wilfully

מֵזִיחַ ז. (*Bib.*) girdle

מְזַיֵּף forged; false

מַזִּיק ז. one causing damage; evil spirit
– ש״ת harmful
מַזְכִּיר ז. secretary
מַזְכִּירוּת נ. secretariat
(מזל) הִתְמַזֵּל to be lucky
מַזָּל ז. (ר. מַזָּלוֹת) constellation; planet; fate; luck
–מַזָּל טוֹב! good luck!, congratulations!
–לְמַזָּלוֹ luckily
מַזְלֵג ז. (ר. מַזְלְגוֹת) fork
מְזִמָּה נ. (*Bib.*) plot-meditation, plotting; intelligence; purpose, plan
מִזְמוֹר ז. (ר. מִזְמוֹרִים) song, hymn, psalm
מַזְמֵז to soften; (*sl.*) to neck
מְזֻמָּן ז. cash
– ש״ת ready
–בִּמְזֻמָּן in cash
מַזְמֵרָה נ. pruning knife
מִזְנוֹן ז. cupboard; pantry; buffet

מִזְעָר ז. a little; minimum
–מְעַט מִזְעָר very little
מְזֻפָּת tarred; (*sl.*) very bad
מִזְרוֹן ז. mattress
מַזָּר ז. constellation
מִזְרֶה ז. winnowing fork
מִזְרָח ז. east; East, Orient; east wall (of synagogue)
מִזְרָחִי eastern, oriental
מִזְרָן ז. mattress
מִזְרָע ז. sown field; seed sown
מִזְרָק ז. bowl; sprinkler; watering can
מַזְרֵק ז. injector
מִזְרָקָה נ. fountain
מֹחַ ז. (ר. מֹחוֹת) marrow; brain
–אַל תְּבַלְבֵּל אֶת הַמֹּחַ! (*col.*) stop bothering me!
מֵחַ ז. fat
מחא (מָחָא, יִמְחָא) to clap hands
מְחָאָה נ. protest

מַחֲבֵא, מַחֲבוֹא ז. hiding place

מַחְבֵּט ז. tennis racket

מְחַבֵּל ז. destroyer; demon

מְחַבֵּר ז. author

מַחְבָּר ז. joint (carpentry, etc.)

מַחְבֶּרֶת נ. notebook; pamphlet; (*Bib.*) joint, junction

מַחֲבַת נ. frying pan

מַחֲגֹרֶת נ. belt

מְחֻדָּד pointed; sharp; clever

מְחַדֵּד ז. pencil sharpener

מֶחְדָּל ז. avoidance, omission

מְחֻדָּשׁ renewed, renovated

מחה (מָחָה, יִמְחֶה) to wipe, to rub off, to erase; to protest

–הִמָּחָה to be wiped out

–יִמַּח שְׁמוֹ! may his name be blotted out!

–הַמְחֵה to draft; to write an order for

–הִתְמַחֵה to specialize; to become expert in

מָחוֹג ז. hand of clock or watch

מְחוּגָה נ. compasses

מֶחֱוָה נ. gesture

מָחוֹז ז. (ר. מְחוֹזוֹת) border; district

–מְחוֹז חֶפְצוֹ one's destination

מְחוֹזִי district (*adj.*)

מָחוֹךְ ז. corset

מָחוֹל ז., מְחוֹלָה (ר. מְחוֹלוֹת) נ. (*Bib.*) dance

מְחוֹלֵל ז. generator (electricity); doer; dancer

מְחוֹקֵק ז. lawgiver

מְחֻוָּר obvious; clear

מֵחוּשׁ ז. suffering; pain, ache

מַחֲזֶה ז. (ר. מַחֲזוֹת) vision; performance; scene

מֶחֱזָה נ. (*Bib.*) aperture; window

מַחֲזוֹר ז. return, coming back; repetition; cycle; turnover; series; period; prayerbook for festivals

מְחֻזָּק accepted; supposed

מַחֲזֹרֶת נ. periodic sentence

מַחַט נ. (ר. מְחָטִים) needle

מְחִי ז. blow, stroke

–מְחִי קֹבֶל battering ram (*Bib.*)

–בִּמְחִי־יָד at a stroke

מְחִיאָה נ. clapping

–מְחִיאַת כַּפַּיִם handclapping

מְחֻיָּב obliged

–מְחֻיַּב הַמְּצִיאוּת necessary, inescapable

מִחְיָה נ. livelihood, sustenance; raw flesh

מְחִילָה נ. forgiveness

מְחִיקָה נ. erasing, rubbing out

מְחִיר ז. price; value; wage

מחל (מָחַל, יִמְחֹל) to forgive; to let off

מַחֲלֵבָה נ. dairy

מַחֲלָה נ. sickness, illness, disease

מְחִלָּה נ. cave; burrow

מֻחְלָט, מֻחְלָט certain; absolute

מַחֲלִיקַיִם ז״ר skates

מוֹחֵלָן ז. forgiver

מַחְלָפָה נ. plait of hair, tress

מַחֲלֵץ ז. corkscrew

מַחֲלָצָה נ. best dress

מַחְלָקָה נ. division; class; department; platoon

מַחֲלֹקֶת נ. division; quarrel, controversy

–סֶלַע הַמַּחֲלֹקֶת "bone of contention"

מֵחַם ז. samovar

מַחְמָאָה נ. soft words, compliment

מַחְמָד ז. (ר. מַחֲמַדִּים) desire, delight; something precious

מַחְמָל ז. favorite, beloved

מַחֲמֶצֶת נ. something fermented, leaven

מְחֻמָּשׁ ז. pentagon
מֵחֲמַת because of
מַחֲנֶה זו״נ (ר. מַחֲנוֹת) camp, encampment; host; army
מְחַנֵּךְ ז. educator
מַחֲנָק ז. strangling; suffocation
מַחֲסֶה ז. shelter
מַחְסוֹם ז. muzzle; roadblock
מַחְסוֹר ז. lack, want; poverty
מַחְסָן ז. storehouse; granary
מַחְסָנִית נ. magazine (in rifle)
מְחֻסְפָּס rough; scaled
מַחְפִּיר disgraceful
מחץ (מָחַץ, יִמְחַץ) to crush; to wound
מַחַץ ז. severe wound
מַחְצָב ז. mineral
מַחְצָבָה נ. quarry
–צוּר מַחְצַבְתּוֹ (*rhet.*) one's origin
מֶחֱצָה, מַחֲצִית נ. half
מַחְצֶלֶת נ. (ר. מַחְצָלוֹת) mat of reed

מחק (מָחַק, יִמְחַק) to crush; to pierce; to erase, wipe off
מַחַק ז. eraser
מֶחְקָר ז. study; research; (*Bib.*) depth
מָחָר tomorrow
מַחֲרָאָה נ. lavatory
מְחֻרְבָּן (*sl.*) inferior, very bad, "rotten"
מַחֲרֹזֶת נ. string (of beads, etc.), necklace
מַחֲרֵטָה נ. lathe
מַחֲרִיד terrifying
מַחֲרֵשָׁה נ. plough
מָחֳרָת tomorrow
מָחֳרָתַיִם the day after tomorrow
(מחש) הַמְחֵשׁ demonstrate; materialize
מַחְשֵׁב ז. computer
מַחֲשָׁבָה נ. idea; thought; purpose; plan; intention
מַחֲשֶׁבֶת נ. art; ingenuity

מַחְשָׁךְ ז. darkness
מַחְשֹׂף ז. bareness; décolletage
מַחְתָּה נ. coal pan; fire pan
מְחִתָּה נ. destruction; terror
מְחֻתָּן ז. relative by marriage
מַחְתֶּרֶת נ. underground; breach, break
מֵטֵאוֹר* ז. meteor
מֵטֵאוֹרוֹלוֹגְיָה* נ. meteorology
מַטְאֲטֵא ז. broom
מַטְבֵּחַ ז. (ר. מַטְבְּחוֹת) slaughter; place of execution
מִטְבָּח ז. kitchen
–בֵּית מִטְבָּחַיִם ז. slaughter-house
מַטְבֵּעַ ז״ונ (ר. מַטְבְּעוֹת) coin
–מַטְבֵּעַ חוּץ foreign currency
–מַטְבֵּעַ לָשׁוֹן cliché, stereotyped expression
מִטָּה נ. bed; couch;
מַטֶּה ז. (ר. מַטּוֹת, מַטִּים) stick, staff, rod; branch; stem; tribe; command

מַטָּה below, down
–לְמַטָּה down, below; further on
–מִלְּמַטָּה from below
מֻטֶּה נ. injustice
– ש״ת bowed; slanted
מֻטָּה נ. (ר. מֻטּוֹת) extent
מַטְוֶה ז. spinning; spun material
מַטְוִיָּה נ. spinning factory
מַטָּח ז. volley, salvo
מְטֻטֶּלֶת, מְטֻלְטֶלֶת נ. plummet; pendulum
מְטִיל ז. bar of metal
מַטִּיף ז. preacher
מִטַּלְטְלִים ז״ר movable goods
מַטָּלָה נ. task
מַטְלִית נ. strip; rag
מַטְמוֹן ז. hidden treasure; hiding place
מַטְמוֹרָה נ. hidden treasure
מְטֻמְטָם silly, stupid; (*Tal.*) shut up, blocked

מְטֻנָּף filthy

מַטָּע ז. plantation

מַטְעָם ז. (ר. מַטְעַמִּים) dainty, savory food

מִטְעָן ז. freight, load

מַטְפֶּה ז. fire extinguisher

מֵטָפוֹרָה* נ. metaphor

מִטְפַּחַת נ. kerchief, shawl

מְטֻפָּל (בְּ־) laden with

מְטַפֵּס ז. a creeper

(מטר) הֻמְטַר to be rained on

–הִמְטִיר to send rain, pour upon

מָטָר ז. (ר. מְטָרוֹת) rain

מֶטֶר* ז. meter (measure)

מַטָּרָה נ. aim, purpose; target; (*Bib.*) prison

מַטְרוֹנָה, מַטְרוֹנִית נ. matron

מֶטְרוֹפּוֹלִין capital, metropolis

מִטְרִיָּה נ. umbrella

מְטֻשְׁטָשׁ blurred; dazed

מִי who?; somebody, someone

–מִי הוּא? מִי הוּא זֶה? who is it?

מִיָּד immediately, at once

מִיָּדִי immediate

מְיֻדָּע ז. acquaintance

– ש״ת (*gr.*) determined (by the article)

מִיּוּן ז. sorting, classification

מְיֻחָד separate; special, particular

מְיֻחָס of good birth; eminent

מֵיטָב ז. the best

מִיכַל ז. brook; container

מִיכָלִית נ. tanker

מִיל ז. mile; milestone; mil (Palest. small coin)

מֵילָא be it so

מִילָה נ. circumcision; circumcised penis

מֵילַת נ. pure wool

מַיִם ז״ר water, waters

–מֵי חַטָּאת, מֵי נִדָּה (*Bib.*) water for purification

–מַיִם חַיִּים fresh water; spring water

–מֵי רֹאשׁ bitter water; poisonous water

–מֵי רַגְלַיִם urine

–מֵי שָׂחוּ (Bib.) water deep enough for swimming in

–מַיִם שֶׁלָּנוּ stale water; (Tal.) water kept overnight

מֵימִי watery

מֵימִיָּה נ. canteen, waterbottle

מְיֻמָּן dexterous; skilled

מֵימָן ז. hydrogen

מִין ז. kind; species; sex, gender; heretic

–מִין זָכָר (gram.) masculine gender

–מִין נְקֵבָה (gram.) feminine gender

–מִין סְתָמִי (gram.) neuter

–שִׁבְעַת הַמִּינִים "the seven kinds" (Deut. 8, 8)

מַיֵּן to sort, to classify

מִינוּת נ. heresy

מִינִי sexual

מִינִימוּם* ז. minimum

מֵינֶקֶת נ. wet nurse

מִיץ ז. juice

מִישׁוֹר ז. plain; (Bib.) justice

מְיֻשָּׁן out-of-date; sleepy

מֵישָׁרִים ז״ר (Bib.) justice, righteousness

בְּמֵישָׁרִים directly

מִיתָה, מִיתוּתָא נ. (Ar.) death

מֵיתָר ז. rope; string (of musical instrument); sinew

מְיֻתָּר superfluous

מָךְ impoverished, poor

מַכְאוֹב ז. (ר. מַכְאוֹבִים, מַכְאוֹבוֹת) pain; suffering

(מְכַבִּים), מְכַבֵּי־אֵשׁ ז״ר firemen

(מַכְבִּיר) לְמַכְבִּיר a great deal, plentifully

מַכְבֵּנָה נ. hairpin

מִכְבָּסָה נ. laundry

מִכְבָּר ז. latticework; net

מַכְבֵּשׁ ז. press

מַכָּה נ. blow; beating; plague; wound; defeat

מִכְוָה נ. burn

מָכוֹן ז. place; foundation; institution

מְכוֹנַאי ז. mechanic

מְכוֹנָה נ. machine, engine; (*Bib.*) stand

–מְכוֹנַת יְרִיָּה machinegun

–מְכוֹנַת כְּתִיבָה typewriter

–מְכוֹנַת תְּפִירָה sewing machine

מְכוֹנִית נ. automobile, motorcar

מְכוּרָה, מְכוֹרָה נ. descent; origin; homeland

מִכְוֶרֶת נ. apiary

מַכּוֹשׁ ז. hoe; hammer; stroke

מִכְחוֹל ז. artist's brush

מְכִינָה נ. preparatory class

מַכִּיר ז. acquaintance

מְכִירָה נ. sale

מכך (מָכַךְ, יָמֹךְ) to be bowed down; to sink

מִכְלָאָה, מִכְלָה נ. sheepfold; concentration camp

מִכְלוֹל ז. splendor; perfection; a complex, assembly

מִכְלָל ז. perfection; completeness

–מִכְלַל יֹפִי perfect beauty

מִכְלָלָה נ. university

מַכֹּלֶת נ. grocery, grocery shop; victuals

–חֲנוּת מַכֹּלֶת grocery store

מַכְמוֹר, מִכְמָר ז. מִכְמֹרֶת, מִכְמֶרֶת נ. (fishing) net

–סִירַת מִכְמֹרֶת trawler

מִכְמַנִּים ז״ר treasures

מְכַנֶּה ז. name given; (*arith.*) denominator

מְכֻנֶּה named; called

מִכְנָסַיִם ז״ר trousers

מֶכֶס ז. duty; tax

–בֵּית מֶכֶס customs house

מִכְסָה נ. amount; number; norm

מִכְסֶה נ. covering; ceiling; roof; deck

מַכְּסִימוּם* ז. maximum

מֹכְסָן ז. tax-collector

מְכֹעָר ugly

מַכְפֵּלָה נ. (*arith.*) product

–מְעָרַת הַמַּכְפֵּלָה The Cave of Machpelah (Gen. 23. 9)

מכר (מָכַר, יִמְכֹּר) to sell

–הִתְמַכֵּר to devote oneself; to give oneself to; to sell oneself

מֶכֶר ז. price; sale; what is sold

–רַב־מֶכֶר bestseller

מַכָּר ז. acquaintance

מִכְרֶה ז. (ר. מִכְרוֹת) pit; mine

מְכֵרָה נ. homeland (?); (*Bib.*) weapon (?)

מִכְרָז ז. invitation to bid (for)

מַכְרִיעַ decisive

מִכְשׁוֹל ז. stumbling-block; difficulty

–מִכְשׁוֹל לֵב (*Bib.*) penitence

מַכְשִׁיר ז. tool, instrument

מַכְשֵׁלָה נ. stumbling-block; difficulty

מְכַשֵּׁף ז. sorcerer, magician

מִכְתָּב ז. letter; note; writing

–מִכְתָּב חוֹזֵר circular

–מִכְתָּב עִתִּי periodical (*obs.*)

מַכְתֵּב ז. slate-pencil

מַכְתֵּבָה נ. writing desk

מְכִתָּה נ. crushing; fracture

מִכְתָּם ז. epigram; (*Bib.*) lyric

מֻכְתָּר ז. Mukhtar (village chief)

מַכְתֵּשׁ ז. mortar; cavity

מלא (מָלֵא, יִמְלָא) to be full; to become full; to be fulfilled

–מָלְאוֹ לִבּוֹ to dare

–מִלֵּא to fill; to fulfill, satisfy; to complete; to set

-מְמַלֵּא מָקוֹם substitute, replacement (person)

-מַלֵּא יָד to empower

-הִתְמַלֵּא to become full; to be fulfilled

מָלֵא full

מְלֹא, מְלוֹא ז. fullness; lot; multitude; host

מְלֵאָה נ. (*Bib.*) full fruit, ripe fruit

מְלַאי ז. stock of goods; (*Tal.*) husk

מַלְאָךְ ז. messenger; angel

-מַלְאַךְ הַמָּוֶת angel of death

-מַלְאֲכֵי הַשָּׁרֵת ministering angels

-מַלְאֲכֵי חַבָּלָה punishing angels

מְלָאכָה נ. work; handicraft; service

-מְלֶאכֶת יָד handicraft

-מְלֶאכֶת מַחְשֶׁבֶת work of art

-בֵּית־מְלָאכָה workshop

-בַּעַל־מְלָאכָה artisan

מַלְאָכוּת נ. message; mission; deputation

מְלָאכוּתִי artificial

מְלָאפוּם ז. (*Ar.*) vowel-sign (וּ)

מְלֵאת נ. (*rhet.*) filling; setting

מַלְבּוּשׁ ז. garment

מַלְבֵּן ז. rectangle; brick-shape; brick-kiln

מִלָּה נ. (ר. מִלִּים) word

-מִלַּת חִבּוּר conjunction

-מִלַּת יַחַס preposition

-מִלַּת קְרִיאָה interjection

-מִלַּת שְׁאֵלָה interrogative

מִלּוֹא ז. (*Bib.*) wall; fortress

מִלּוּאִים ז״ר additions; reserves; setting; consecration

מִלְוֶה ז., מִלְוָה נ. loan

מַלְוֶה ז. lender; creditor

-מַלְוֶה בְּרִבִּית usurer

מְלַוֶּה ז. accompanist; companion

-מְלַוֵּה מַלְכָּה hymns sung on the conclusion of the Sabbath; Sabbath-night supper

מִלּוּי ז. stuffing; filling; fulfillment

מְלוּכָה נ. kingdom; state; rule; royalty, monarchy

מִלּוּל ז. talk; verbalism

מָלוֹן ז. (ר. מְלוֹנוֹת) hotel; inn

מִלּוֹן ז. dictionary; lexicon

מִלּוֹנַאי ז. lexicographer

מְלוּנָה נ. watchman's hut; hut; kennel

מֶלַח ז. salt

-מֶלַח אַנְגְּלִי Epsom salts

-זָרָה מֶלַח עַל פְּצָעֵי ... "to add fuel to the fire"

מלח (מָלַח, יִמְלַח) to salt; to pickle

-הִמָּלֵחַ to be salted; to be pulverized

-הַמְלֵחַ to salt

מַלָּח ז. sailor, seaman

מֶלַח ז. rag

מְלֵחָה נ. salt steppe

מִלְחִי salty; saline

מִלְחָמָה נ. war, fight, strife; campaign

-מִלְחֶמֶת קִיּוּם struggle for survival

מַלְחֵם ז. welding iron

(מלט) הִמָּלֵט (נִמְלַט, יִמָּלֵט) to escape; to be saved

-מַלֵּט to deliver; to save

-הַמְלֵט to save; to bear, to give birth to (of animal)

מֶלֶט ז. cement, concrete

מַלְטֶשֶׁת נ. grinding wheel

מִלְיוֹן* ז. million

מָלִיחַ ז. herring

מְלִיחָה נ. salting

מְלִילָה נ. ripe ear of wheat

מֵלִיץ ז. interpreter; advocate; stylist; phrasemonger

מְלִיצָה נ. parable; poetry; phrase; empty talk

מְלִיצִי (merely) phraseological; high-flown (style), poetic, rhetorical

מִלְיַרְד* ז. milliard, a thousand million

מִלִּית נ. (gram.) particle

מלך (מָלַךְ, יִמְלֹךְ) to be king, to rule

–מָלַךְ בְּכִפָּה "to rule the world"

–הִמָּלֵךְ to take counsel; to reconsider

–הַמְלֵךְ to crown, to set on throne

–הָמְלֵךְ to be crowned

מֶלֶךְ ז. (ר. מְלָכִים) king

מַלְכָּה נ. queen

–מֶלֶךְ מַלְכֵי הַמְּלָכִים the King of Kings

–דֶּרֶךְ הַמֶּלֶךְ highway

מֹלֶךְ ז. Moloch (god of the Canaanites, worshipped with human sacrifices, especially of children)

מַלְכֹּדֶת נ. net, snare, trap

מַלְכוּת נ. (ר. מַלְכֻיּוֹת) kingdom; government

(מלל) מַלֵּל (rhet.) to speak, talk

–מוֹלֵל to be cut off; to wither

–הִתְמוֹלֵל to be crumbled

מַלְמָד ז. ox-goad

מְלֻמָּד ז. learned man, scholar; scholarly

מְלַמֵּד ז. teacher

מַלְמֵל to mumble; to chatter

מַלְמָלָה נ. muslin

מִלְּעֵיל (Ar.) penultimate (accent)

מְלָפְפוֹן ז. cucumber

(מלץ) הִמָּלֵץ to be pleasant, sweet

–הַמְלֵץ to speak for; to recommend

מֶלְצָר ז. waiter; steward; butler

מלק (מָלַק, יִמְלֹק) to nip off head of fowl

מַלְקוֹחַ ז. plunder, booty

מַלְקוֹחַיִם ז״ר (*Bib.*) the two jaws

מַלְקוֹשׁ ז. latter rain, spring rain

מַלְקוּת נ. corporal punishment

מֶלְקָחַיִם ז״ר tongs

מֶלְקַחַת נ. tongs; pliers

מִלְּרַע (*Ar.*) ultimate (accent), accent on final syllable

מַלְשִׁין ז. informer; slanderer

מַלְשִׁינוּת נ. slander

מִלְּתָא (*Ar.*) word; thing; affair

—מִלְּתָא זוּטַרְתָּא thing of no importance

מֶלְתָּחָה נ. wardrobe; cloak room

מַלְתָּעָה נ. molar tooth

מַמְאִיר stinging; malignant

מַמְגּוּרָה נ. store house

מֵמַד ז. (ר. מְמַדִּים) measure, dimension; extent

מָמוֹן ז. (ר. מָמוֹנוֹת) money; mammon

(מָמוֹת) מְמוֹתִים ז״ר (*Bib.*) death

מַמְזֵר ז. bastard, illegitimate child

מֻמְחֶה ז. expert, skilled

מִמְחָטָה נ. handkerchief

מִמְכָּר ז. מִמְכֶּרֶת נ. sale

מְמֻלָּח salted; clever

מִמְלָחָה נ. saltcellar

מַמְלָכָה נ. rule; kingdom

מַמְלָכוּת נ. (*Bib.*) reign, government

מַמְלַכְתִּי royal; governmental

מִמֵּן to finance

—מֻמַּן to be financed

מְמֻנֶּה superior

— ש״ת appointed

מִמֶּנּוּ v. etc. מִן

מְמֻנָּע motorized

מִמְסָךְ ז. mixed wine

מַמְצִיא ז. inventor
מְמֻצָּע ז. average
מֶמֶר ז. bitterness; sorrow
מַמְרֶה rebellious, recalcitrant
מִמְרָח ז. spread (on bread, etc.)
מְמֻרְמָר embittered
מַמְרֹר ז. sorrow, bitterness
מַמָּשׁ ז. essential thing; reality; concreteness
— ת״פ really
מַמָּשׁוּת נ. reality
מִמְשָׁח ז. anointing
מַמָּשִׁי actual; concrete
מְמֻשָּׁךְ delayed, retarded; long
מִמְשָׁל ז. rule; dominion; administration
מֶמְשָׁלָה נ. government; rule, dominion
מִמְשָׁק ז. (Bib.) rustle
מַמְתַּקִּים ז״ר sweets, candies
מָן ז. manna (name of a food, miraculously supplied in the wilderness)

מִן, מִנִּי (rhet.) , מִ..., מֵ... from; out of; of; since; more than
–מִמֶּנִּי etc. from me
–מִנֵּהּ וּבֵהּ (Ar.) of itself; immediately
–לֹא מִנֵּהּ וְלֹא מִקְצָתֵהּ not in the least
–לְמִן since
מְנֻגָּד opposed; contrary
מַנְגִּינָה נ. tune; melody; (Bib.) song
מְנַגֵּן ז. player (of music)
מַנְגָּנוֹן ז. mechanism; personnel
מִנְדָּה נ. (Bib.) land tax
מְנֻדֶּה banished, outlawed
מנה (מָנָה, יִמְנֶה) to count; to enumerate; to determine; to allot to
–הִמָּנֵה to be counted; to be regarded as; to take part in
–מַנֵּה to appoint
–הִתְמַנֵּה to be appointed

מָנֶה ז. a weight containing 50 silver shekels

מָנָה נ. part; portion

–מָנָה אַחַת אַפַּיִם double portion

–נָתַן מָנָה (*col.*) to reprimand

מִנְהָג ז. manner; conduct; custom, practice

מַנְהִיג ז. leader

מְנַהֵל ז. leader; manager, director

–מְנַהֵל חֶשְׁבּוֹנוֹת bookkeeper

מִנְהָל ז. administration

מִנְהָלָה נ. management

מִנְהָרָה נ. tunnel; (*Bib.*) cleft

מָנוֹד ז. shake of the head

מָנוֹחַ ז. rest

–הַמָּנוֹחַ the late, the departed

מְנוּחָה נ. rest; peace; quiet

מָנוּי counted; subscribed

–מָנוּי וְגָמוּר אִתּוֹ he is determined

מִנּוּי ז. appointment

מְנֻוָּל ז. ugly, dirty; wicked

מָנוֹס ז. escape; refuge

מְנוּסָה נ. flight

מָנוֹף ז. lever, crane

מָנוֹר ז. beam (in weaver's loom)

מְנוֹרָה נ. candlestick; lamp

מְנֻזָּל suffering from catarrh

מִנְזָר ז. convent; (*Bib.*) high official

מֻנָּח ז. term; expression

מֻנְחֶה guided

מִנְחָה נ. (ר. מְנָחוֹת) present, gift; offering (bread and drink); afternoon prayer

מְנַחֵם consoler

–מְנַחֵם אָב the month of Ab

מְנַחֵשׁ ז. magician; guesser

מְנָיָה נ. share; (*Bib.*) portion

מִנִּים ז״ר ancient string instrument

מִנַּיִן — where from?, whence?

מִנְיָן ז. — number; numbering; a group of ten adults necessary for the prayer-service

–רֹב מִנְיָן — majority

–שֶׁלֹּא מִן הַמִּנְיָן — extraordinary

מְנִיעָה, מְנִיעוֹת נ. — hindrance; prevention

מְנִיפָה נ. — fan

מְנֻמְנָם — drowsy, sleepy

מְנֻמָּס — well-behaved, polite

מְנֻמָּר — spotted, speckled

מִנֵּן — to dose

מְנֻסֶּה — experienced

מִנְסָרָה נ. — prism

מנע (מָנַע, יִמְנַע) — to hinder, prevent; to refuse

מֶנַע ז. — prevention

מַנְעוּל ז. — lock

מִנְעָל ז. (ר. מִנְעָלִים) — lock, bar; shoe, boot

מַנְעַמִּים ז״ר — dainties, sweets

מְנַעַנְעִים ז״ר — an ancient musical instrument; keys of piano

מְנֻפָּח — blown up, puffed up

מְנַפְּטָה נ. — carding machine

מְנַצֵּחַ ז. — conductor (of orchestra, etc.); winner

מְנַקִּיּוֹת נ״ר — (*Bib.*) sprinkling-vessels

מְנַקֵּר ז. — porger (one who makes slaughtered animal ceremonially clean)

מְנָת נ. — part, portion; lot

–עַל מְנָת שֶׁ — on condition that, in order that

מַס ז. (ר. מִסִּים) — tax, tribute

מְסֹאָב — soiled, filthy

מֵסַב ז. — circle; society; armchair; bearing (of machine)

מִסְבָּאָה נ. — saloon, bar

מְסִבָּה נ. — circle, society; roundabout way; party

מְסֻבִּים ז. — table companions

מְסֻבָּךְ — complicated; entangled

מִסְגָּד ז. mosque

מְסֻגָּל able; fit .

מַסְגֵּר ז. (ר. מַסְגְּרִים) locksmith; prison, jail

מִסְגֶּרֶת נ. (ר. מִסְגְּרוֹת) margin; frame; (*Bib.*) bulwark

–חָרַג מִן הַמִּסְגֶּרֶת to transcend the limits of, go beyond the bounds

מַסָּד, מַסַּד ז. foundation

–מִן הַמַּסָּד וְעַד הַטְּפָחוֹת from top to bottom

מִסְדָּר ז. parade; order, fraternity

מְסֻדָּר ordered; orderly; arranged

מִסְדְּרוֹן ז. (ר. מִסְדְּרוֹנוֹת) corridor; hall; colonnade

(מסה) הַמְסֵה to dissolve

מַסָּה נ. temptation, trial; distress; essay; mass (*physics*)

מִסָּה נ. tax, levy; measure (*Bib.*)

מַסְוֶה ז. veil, mask; disguise

מְסוּכָה, מְשׂוּכָה נ. hedge of thorns

מָסוֹרָה נ. Massorah

מַסֹּרֶת נ. tradition

מַסָּח (*Bib.*) alternating, by turns

מִסְחָר ז. commerce, trade

–בֵּית־מִסְחָר shop, store

מִסְחָרִי commercial

מְסֻיָּם certain, given; fixed

מָסִיק ז. olive harvest

מְסִירָה נ. handing over, delivering

מְסִירוּת נ. devotion

–מְסִירוּת נֶפֶשׁ sacrifice; devotion

מֵסִית, מַסִּית ז. instigator; missionary

מסך (מָסַךְ, יִמְסֹךְ) to pour; to mix

–הִמָּסֵךְ to be mixed

מֶסֶךְ ז. mixed drink

מָסָךְ ז. (ר. מָסַכִּים) curtain; screen

מְסַכָּה נ. covering

מַסֵּכָה נ. molten image; cast; veil, covering, mask

מְסֻכָּם agreed; conventional

מְסֻכָּן dangerous

מִסְכֵּן ז. poor; poor man

מִסְכֵּנוּת נ. poverty

מִסְכְּנוֹת נ״ר stores; storage (*Bib.*)

מַסֶּכֶת נ. (ר. מַסֶּכְתּוֹת) web on the weaver's beam; chapter tractate (of Talmud)

מְסִלָּה נ. road, highway

–מְסִלַּת בַּרְזֶל railroad

מַסְלוּל ז. road, way; track; orbit

מִסְמָךְ ז. document

מַסְמֵס to dissolve; to soften

מַסְמֵר ז. (ר. מַסְמְרִים) nail

–קָבַע מַסְמְרוֹת בַּדָּבָר to establish hard & fast rules

מְסֻמָּר nailed

מְסַנֶּנֶת נ. strainer

(מסס) הִמֹּס (נָמֵס, יִמַּס) to dissolve, to melt; to thaw; to perish

–הֵמֵס to cause to melt; to make faint, to discourage

מְסֹס ז. (*Bib.*) decomposition; perishing

מַסָּע ז. (ר. מַסָּעִים, מַסָּעוֹת) travel; journey

מִסְעָד ז. support; back (of a chair)

מִסְעָדָה נ. restaurant

מִסְעָף ז. road junction; branching

מַסְפֵּג ז. blotting paper

מִסְפֵּד ז. lament; eulogy

מִסְפּוֹא ז. fodder

מִסְפַּחַת נ. scab

מַסְפִּיק sufficient; passing mark (in examination)

מִסְפָּנָה נ. shipyard

מְסֻפָּק doubtful

–מְסֻפְּקַנִי I doubt

מִסְפָּר ז. number; count; a few; (*Bib.*) telling

–מִסְפָּר מוֹנֶה cardinal number

–מִסְפָּר סוֹדֵר ordinal number

–יָמִים מִסְפָּר a short time

–מְתֵי מִסְפָּר a few people

מִסְפָּרָה נ. barber shop

מִסְפָּרַיִם ז״ר scissors

מסק (מָסַק, יִמְסֹק) to pick olives

מִסְקָר ז. inspection (of troops); survey

מַסְקָנָה נ. result, conclusions

מסר (מָסַר, יִמְסֹר) to deliver; to transmit, hand over; to denounce, inform

–הִתְמַסֵּר to devote oneself

מְסֻרְבָּל cumbersome, clumsy

מַסְרֵגָה נ. knitting needle

מְסֻרְגָּל ruled, marked with lines

מְסָרֵךְ ז. (*Bib.*) relative

מַסְרֵק ז. (ר. מַסְרְקוֹת) comb

מָסֹרֶת נ. tradition; bond

מָסָרְתִּי traditional

מִסְתּוֹר ז. hiding place; refuge

מִסְתַּכֵּל ז. looker-on

מִסְתָּמָא (*Ar.*) probably

מִסְתַּנֵּן ז. infiltrator

מִסְתָּר ז. hiding-place

מַעְבָּד ז. work, doing

מַעְבָּדָה נ. laboratory

מַעְבַּדְתִּי (*adj.*) laboratory

מַעֲבֶה ז. density

מַעֲבָר ז. passage

–זְמַן הַמַּעֲבָר time of transition

מַעְבָּרָה נ. ferry; ford; transition camp for immigrants in Israel

מְעֻבֶּרֶת pregnant

–שָׁנָה מְעֻבֶּרֶת leap year

מַעְגִּילָה נ. roller; dough-roller; mangle

מַעְגָּל ז. (ר. מַעְגָּלִים, מַעְגָּלוֹת) circle; ring; (*rhet.*) path

מְעֻגָּל round, rounded
מַעֲגָן ז. anchorage, quay
מעד (מָעַד, יִמְעַד) to waver; to slip
מְעֻדְכָּן up-to-date
מְעֻדָּן delicate, refined
מַעֲדַנִּים ז"ר dainties, delicacies; choice food
מַעֲדַנּוֹת ת"פ with delight; (*Bib.*) in fetters
מַעְדֵּר ז. (ר. מַעְדְּרִים) (weeding) hoe
מָעָה נ. (ר. מָעוֹת) a small coin; a weight
מָעוֹג ז. (*Bib.*) cake
מָעוֹז ז. (ר. מָעוּזִים) protection; fortress
מָעוּט scanty, small
מִעוּט ז. lessening; minority
מָעוֹן ז. (ר. מְעוֹנוֹת) dwelling, lodging
מְעוֹנָה נ. (*rhet.*) habitation, dwelling; den

מָעוּף ז. flight; imagination; (*Bib.*) darkness
מָעוֹר ז. (*Bib.*) nakedness; shame
מְעוֹרֵר arousing, awaking
–שָׁעוֹן מְעוֹרֵר alarm clock
מָעֹזֶן ז. (ר. מָעֻזְנִים) (*Bib.*) fortress
מעט (מָעַט, יִמְעַט) to be lessened; to diminish
–מִעֵט to lessen; to exclude
–לְמַעֵט excluding
–הִמְעִיט to lessen; to do little
–הִתְמַעֵט to lessen
מְעַט little, few
–הַמְעַט? is it not enough?
–כִּמְעַט almost; a little
–מְתֵי מְעַט a few people
–עוֹד מְעַט shortly
מֻעָט few; little
מֹעָט (*Bib.*) burnished
מַעֲטֶה ז. covering; mantle

מַעֲטָפָה נ. envelope; tunic, mantle, cloak

מְעִי ז. intestine; rubbish-heap

מְעִיל ז. upper garment; robe; overcoat

מְעִילָה נ. deceit; embezzling; faithlessness

מֵעַיִם ז״ר intestines, bowels

–מְעִי עִוֵּר appendix (*anatomy*)

–מֵעַיִם גַּסִּים large intestine

–מֵעַיִם דַּקִּים small intestine

מַעְיָן ז. (ר. מַעְיָנוֹת) spring, fountain

מעך (מָעַךְ, יִמְעַךְ) to crush, to crumble

–מֵעֵךְ to squeeze; to squash

–הִתְמָעֵךְ to be crushed, crumbled

מעל (מָעַל, יִמְעַל) to be faithless, deceiving; to embezzle

מַעַל ז. faithlessness, deceit

(מַעַל) מִמַּעַל from above

מֹעַל ז. lifting, raising

מַעֲלֶה ז. ascent; platform

מַעֲלָה נ. degree; ascent; step, stage; preference; merit

–הוֹד מַעֲלָתוֹ His Excellency

מַעְלָה above; up; higher

–לְמַעְלָה up; on the top

–לְמַעְלָה מִן־ more than

–מִלְמַעְלָה from above

מְעֻלֶּה excellent

מַעֲלִית נ. elevator, lift

מַעֲלָל ז. deed; action; bad deed

–פְּרִי מַעֲלָלָיו the fruit of one's action

מְעֻמָּד standing

מַעֲמָד ז. (ר. מַעֲמָדוֹת) post, rank; position, status; class

–בְּמַעֲמַד־ in the presence of

–הֶחֱזִיק מַעֲמָד to hold one's ground

מָעֳמָד ז. (*Bib.*) firm ground (to stand on); candidate

מַעֲמָסָה נ. burden, weight

מַעֲמָק ז. (ר. מַעֲמַקִּים) depth

מַעַן ז. address; domicile

מַעֲנֶה ז. answer, reply

מַעֲנָה, מַעֲנִית נ. furrow

מְעַנְיֵן interesting

מְעֻנְיָן interested

מְעֻנָּן cloudy

מַעְפִּיל ז. blockade-runner (during the British mandate)

— ש״ת daring

מַעֲפֹרֶת נ. smock

מַעֲצֵבָה נ. grief

מְעֻצְבָּן nervous

מַעֲצָד ז. axe; drawknife, plane

מַעֲקָב ז. follow up

מְעֻקָּב cubic

מַעֲקֶה ז. railing; balcony

מַעֲקָשׁ ז. curve; crooked way

מַעַר ז. open space; nakedness

מְעֹרָב mixed, mingled

מַעֲרָב ז. West; sunset; (*Bib.*) merchandise; barter

מַעַרְבֹּלֶת נ. whirlpool

מַעֲרֶה ז. clearing, empty space, open place

מְעָרָה נ. cave

מַעֲרֶה ז. bare place

מַעֲרוֹךְ ז. dough board

מַעֲרִיב ז. evening prayer

מַעֲרִיץ ז. adorer, admirer

מַעֲרָךְ ז. plan; alignment; layout

—מַעַרְכֵי לֵב (*rhet.*) thoughts in one's heart, private plans

מַעֲרָכָה נ. order; battle array; battle, campaign; wood pile; act (of a play)

מַעֲרֶכֶת נ. row, line; set; editor's office

מַעֲרֻמִּים ז״ר nakedness

מַעֲרָצָה נ. sudden violence

מְעֻשֶּׂה affected; artificial

מַעֲשֶׂה ז. (ר. מַעֲשִׂים) deed, work, action; practice; conduct; happening; tale
–מַעֲשֵׂה בְרֵאשִׁית Creation
–לְמַעֲשֶׂה practically
מַעֲשִׂי practical
מַעֲשִׂיָּה נ. fairy tale, tale
מַעֲשֵׁנָה נ. chimney
מַעֲשַׁקָּה נ. extortion, oppression; robbery
מַעֲשֵׂר ז. (ר. מַעַשְׂרוֹת) tithe, tenth
מַעְתִּיק ז. copyist; translator
מְפֹאָר splendid
מִפְּאַת because of
מַפְגִּיעַ ז. assaulter; gnat
–בְּמַפְגִּיעַ categorically
מִפְגָּע ז. point of attack; hindrance; nuisance
מְפַגֵּר backward; retarded
–הַשָּׁעוֹן מְפַגֵּר the watch is slow
מַפָּה נ. tablecloth; map
מַפּוּחַ ז. bellows

מַפָּח ז. breath, expiration
–מַפַּח נֶפֶשׁ disappointment
מַפָּחָה נ. smithy
מֵפִיץ ז. distributor
מֵפִיק ז. producer
מַפִּיק ז. mappik (point in the final ה)
מַפִּית נ. table-napkin
מַפָּל ז. chaff; refuse; fall
–מַפַּל מַיִם waterfall
מֻפְלָא wonderful; mysterious; excellent
מִפְלָאוֹת נ״ר wonders
מֻפְלָג eminent; exaggerated
מִפְלָגָה נ. party; class
מִפְלַגְתִּי party (*adj.*); factional
מַפָּלָה נ. defeat; ruin; fall
מִפְלָט ז. refuge, shelter
מְפֻלָּם viscous
מִפְלָס ז. level
מְפֻלְפָּל witty; sophistical
מִפְלֶצֶת נ. horror; monster; monstrosity; freak

מְפֻלָּשׁ open
מַפֶּלֶת נ. fall, ruin; carcass
מַפֹּלֶת נ. ruin, debris
מִפְּנֵי before; because (of)
מְפֻנָּק coddled, spoiled
מַפְסֶלֶת נ. chisel
מַפְסֵק ז. electrical switch, circuit breaker
מִפְעָל ז., מִפְעָלָה נ. deed; action; enterprise; factory
מְפַעְפֵּעַ piercing; penetrating; bubbling
מַפָּץ ז. crushing
מַפֵּץ ז. stone breaker
מַפְצִיץ ז. bomber
מִפְקָד ז. census, numbering; roll call
מְפַקֵּד ז. commander
מְפֻקְפָּק dubious, questionable
מִפְקָדָה נ. command
מְפַקֵּחַ ז. inspector; superintendent
מְפֹרָט detailed
מְפֹרָךְ refuted
מְפֻרְסָם famous, well-known
(מַפְרֵעַ) לְמַפְרֵעַ retroactively, backwards; (*col.*) in advance
מִפְרָץ ז. bay; gulf
מַפְרֶקֶת נ. neck, nape
מִפְרָשׂ ז. sail
מִפְרָשִׂית נ. sailboat
מְפֹרָשׁ explained; explicit
מַפְתֵּחַ ז. key; index
מִפְתָּח ז. entrance, opening
(מַפְתִּיעַ) בְּמַפְתִּיעַ suddenly
מִפְתָּן ז. threshold
מֹץ ז. chaff
מֵץ ז. (*Bib.*) oppressor
מצא (מָצָא, יִמְצָא) to find, to find out; to discover; to obtain; to meet; to suffice
—מָצָא חֵן בְּעֵינֵי to find favor in the eyes of, to please

–הַמְצֵא (*Bib.*) to let attain; to provide, deliver; to invent

מַצָּב ז. position; situation; place; station

מַצָּב ז. post

מַצָּבָה נ. strength (of an army); (*Bib.*) garrison

מַצֵּבָה נ. monument; statue; tree trunk

מַצְבּוֹעַ ז. painter's brush

מַצְבִּיא ז. commander-in-chief

מַצְבִּיעַ ז. voter

מַצְבְּרָח (*col.*) moody

מַצֶּבֶת נ. tree trunk

מֻצָּג ז. exhibit; concept

מְצָד ז. castle, fortress

מצה (מָצָה, יִמְצֶה) to suck; to drain; to press out

–מִצָּה to drain; to squeeze; to exhaust (a subject)

–מֻצָּה to be squeezed, exhausted

מַצָּה נ. unleavened bread; (*rhet.*) quarrel

מִצְהָלָה נ. neighing; shouting for joy

מָצוֹד ז. net; catch, hunt; bulwark

מְצוּדָה, מְצָדָה נ. fortress

מְצוֹדָה נ. net; snare

מִצְוָה נ. precept, commandment, law; deed of charity or piety

–מִצְוַת עֲשֵׂה positive commandment

–מִצְוַת לֹא־תַעֲשֶׂה negative commandment

–בַּר־מִצְוָה bar mitzvah (boy attaining religious majority at age of thirteen)

מָצוּי common, usual

מְצוּלָה, מְצוֹלָה נ. depth of the sea

מָצוֹף ז. buoy; float (fishing)

מָצוּק ז. (*Bib.*) pillar, column

מָצוֹק ז. מְצוּקָה נ. distress

מָצוֹר ז. distress; siege; (*Bib.*) fortress

מְצוּרָה נ. (*Bib.*) fortress

מַצּוּת נ. quarrel, strife

מֵצַח ז. (ר. מְצָחוֹת) forehead; front

–הֵעֵז מֵצַח to be insolent

מִצְחָה נ. leg-armor; cap; visor of cap

מַצְחִיק funny, amusing

מְצַחְצֵחַ, מְצַחְצֵחַ נְעָלַיִם shoeshiner

מְצִיאָה נ. find; bargain

מְצִיאוּת נ. existence; reality

–יְקַר־מְצִיאוּת rare

מְצִיאוּתִי real, actual

מַצִּיל ז. rescuer; lifesaver

מְצֻיָּן excellent

מְצִיצָה נ. sucking out, suction

מֵצִיק ז. oppressor

מַצִּית ז. lighter (as for cigarettes)

מֵצַל shady

מְצִלָּה נ. bell

מַצְלִיחַ successful; fortunate, lucky

מַצְלֵמָה נ. camera

מְצֻלָּע ז. polygon

מְצִלְתַּיִם ז״ר cymbals

מַצְמֵד ז. clutch (as of automobile); coupling

מִצְמֵץ to wink

מַצְנֵחַ ז. parachute

מִצְנֶפֶת נ. turban; headdress; cap

מַצָּע ז. (ר. מַצָּעוֹת) spread; mattress; platform (of political party)

מִצְעָד ז. march; step, tread

מִצְעָר ז. a trifle; littleness

–לְמִצְעָר at least

מִצְפֶּה ז. watchtower; observatory

מַצְפּוּן ז. conscience; (*Bib.*) what is hidden

מַצְפֵּן ז. compass

מצץ (מָצַץ, יָמֹץ) to suck; to press out

מֵצַר ז. strait (*geography*); distress

מֶצֶר ז. border

–בַּר מֶצֶר neighbor having preference in buying land

מִצְרִי ז. Egyptian

מִצְרַיִם נ. Egypt

מִצְרָךְ ז. article, commodity

מְצֹרָע ז. leper

מַצְרֵף ז. melting pan

מַק, מָק ז. (*rhet.*) putrefaction, rottenness

מַקָּב, מַקֵּב ז. perforator

מַקְבִּיל parallel

מַקְבִּילִית נ. parallelogram

מְקֻבָּל Cabbalist

– ש״ת accepted, customary

מַקֶּבֶת נ. sharp-edged hammer; fissure

מַקְדֵּחַ ז. drill, borer

מֻקְדָּם early; premature

–בְּמֻקְדָּם early

–דֵּעָה מֻקְדֶּמֶת bias, prejudice

מְקַדֵּם ז. coefficient

מִקְדָּמָה נ. advance (commerce) payment

מִקְדָּשׁ ז. sanctuary, temple

מַקְהֵלָה נ. (ר. מַקְהֵלוֹת) choir

מִקְוֶה ז. (ר. מִקְווֹת, מִקְוָאוֹת)
accumulation (of water); ritual bath; hope

מִקְוָה נ. pool

מָקוֹם ז. (ר. מְקוֹמוֹת) place, spot

–הַמָּקוֹם the One Omnipresent, God

–אֵין מָקוֹם לְ– there is no need for

–מִכָּל מָקוֹם anyway

מָקוֹר ז. (ר. מְקוֹרִים, מְקוֹרוֹת)
spring; origin; (*gram.*) infinitive

מַקּוֹר ז. beak; trigger

מְקוֹרִי original

(מקח) הִתְמַקֵּחַ to bargain

מִקָּח ז. taking; purchase; price

trade; barter	–מִקָּח וּמִמְכָּר
reasonable price	–מִקָּח שָׁוֶה
to bargain	–עָמַד עַל הַמִּקָּח
burning incense	מִקְטָר ז.
jacket	מִקְטֹרֶן ז.
censer; pipe (for smoking)	מִקְטֶרֶת נ.
comprehensive, extensive, embracing	מַקִּיף
stick; walking stick, cane	מַקֵּל ז. (ר. מַקְלוֹת)
keyboard	מִקְלֶדֶת נ.
shower bath	מִקְלַחַת נ.
refuge, shelter	מִקְלָט ז.
radio receiver	מַקְלֵט ז.
light machine gun	מַקְלֵעַ ז.
plaited work; weaving	מִקְלַעַת נ.
spoiled, out of order	מְקֻלְקָל
to locate	מִקֵּם
purchase; possession; cattle	מִקְנֶה ז.
purchase, acquisition; price	מִקְנָה ז.
charming	מַקְסִים
maximum	מַקְסִימוּם* ז.
charm	מִקְסָם ז.
surrounded	מֻקָּף
hyphen (-)	מַקָּף ז.
folded	מְקֻפָּל
springboard	מַקְפֵּצָה נ.
rhythm	מִקְצָב ז.
set aside; not to be touched, forbidden to touch	מֻקְצֶה
corner; angle; branch; profession	מִקְצוֹעַ ז. (ר. מִקְצוֹעוֹת)
plane; chisel	מַקְצוּעָה נ.
professional	מִקְצוֹעִי
a little part; some	מִקְצָת נ.
to rot; to melt, to dissolve; to vanish; to languish	(מקק) הִמֹּק (נָמַק, יִמַּק)
to rot; to melt; to expire	–הָמֵק
clothes-moth; bookworm	מַקָּק ז.

מִקְרָא ז. (ר. מִקְרָאִים, מִקְרָאוֹת) reading; recital; calling; assembly; Bible

–בְּנֵי מִקְרָא Karaites

מִקְרָאִי Biblical

מִקְרֶה ז. accident; chance; happening, event

–בְּמִקְרֶה by chance

מְקָרֶה ז. (*rhet.*) framework; roof

מְקֵרָה נ. (*rhet.*) cool place

מַקֵּשׁ to mine

מִקְרִי accidental

מְקַרְקְעִים ז״ר real estate

מִקְשָׁה נ. cucumber field; hammered work

מִקְשֶׁה ז. twisted hair, curls

מַקְשֶׁה ז. questioner, objector; casuist

מַר sir, mister, Mr.

– ש״ת bitter; sad, sorrowful

מֹר, מוֹר ז. myrrh

(מרא) הַמְרֵא to soar, take off (of airplane); to fly high

מַרְאֶה ז. (ר. מַרְאוֹת) seeing, sight; appearance; vision

מַרְאָה נ. mirror; vision; revelation

מֻרְאָה נ. crop (of a bird)

מַרְאִית, מַרְאִית־עַיִן sight, appearance

מְרַאֲשׁוֹת נ״ר head of bed, headboard

מַרְבָד ז. carpet, rug

מִרְבָּה נ. amplitude, abundance

מַרְבֶּה ז. increase; abundance

–לְמַרְבֵּה הַצַּעַר to our sorrow, unfortunately

מַרְבִּית נ. multitude; greater number, majority; usury

מְרֻבָּע ז. quadrilateral; quatrain; having four letters (of grammatical roots)

– ש״ת square; quadripartite

מַרְבֵּץ, מִרְבָּץ ז. lair; resting place for cattle; stratum, deposit

מַרְבֵּק ז. manger; fattening stable

מַרְגּוֹעַ ז. rest

מְרַגֵּל ז. spy

מַרְגְּלוֹת נ״ר bottom part of the bed; pedestal

מַרְגָּלִית נ. pearl

מַרְגֵּמָה נ. mortar (artillery); (*Bib.*) sling (for casting stones)

מַרְגָּנִית נ. daisy

מַרְגֵּעָה נ. (*rhet.*) rest

מַרְגָּשׁ (*col.*) feeling

מרד (מָרַד, יִמְרֹד בְּ־) to be rebellious, obstinate; to rebel against

—הַמְרֵד to cause to rebel

—הִתְמָרֵד to revolt against

מֶרֶד ז. revolt, rebellion

מְרֻדָּד flattened

מַרְדֶּה ז. baker's shovel

מַרְדּוּת נ. rebellion; punishment

—מַכַּת מַרְדּוּת flogging for disobedience

מַרְדַּעַת נ. packsaddle

מרה (מָרָה, יִמְרֶה בְּ־) to rebel against; to disobey

—סוֹרֵר וּמוֹרֶה stubborn and rebellious

—הַמְרֵה to anger; to offend; to resist

מֹרָה, מֹרַת־רוּחַ נ. grief, sorrow; repugnancy

מָרָה נ. sorrow, bitterness; gall

—מָרָה שְׁחוֹרָה melancholy

—זָרוֹק מָרָה בְּ־ to terrify

מַרְהִיב spectacular

מָרוּד miserable; afflicted

מְרוֹחַ (*Bib.*) bruised

מִרְוָח ז. distance; clear space

מָרוֹם ז. height; sky

מָרוֹן ז. (*rhet.*) flock of sheep

מֵרוֹץ ז. running, race

—מֵרוֹץ שְׁלִיחִים relay race

מְרוּצָה נ. running; (*rhet.*) oppression

-בִּמְרוּצַת הַזְּמָן in the course of time

מְרוּקִים ז״ר anointing

מָרוֹר ז. bitter herbs; bitterness

מָרוּת נ. mastery; obedience; authority

מַרְזֵב ז. gutter

מַרְזֵחַ ז. (*Bib.*) banquet; feast

-בֵּית מַרְזֵחַ tavern, saloon

מרח (מָרַח, יִמְרַח אֶת, עַל) to rub in; to besmear, to spread (with, over)

-הִמָּרֵחַ to be smeared

מֶרְחָב ז. broad space; open country; region; freedom

מֶרְחַבְיָה spacious places; great relief

מֶרְחָץ ז. (ר. מֶרְחֲצָאוֹת) bath, bathing place

מֶרְחָק ז. distance, remoteness

מֻרְחָק remote

מַרְחֶשְׁוָן ז. name of the second Hebrew month (about October)

מַרְחֶשֶׁת נ. kettle; pan

מרט (מָרַט, יִמְרֹט) to polish; to tear out, pluck; to sharpen

-מָרַט עֲצַבֵּי פְּלוֹנִי to get on someone's nerves

-הִמָּרֵט to be plucked

מְרִי ז. bitterness; rebelliousness; rebellion

מְרִיא ז. fattened ox

מְרִיבָה נ. strife, quarrel

מְרִידָה נ. rebellion

מְרִיצָה נ. wheelbarrow

מָרִיר bitterish

מְרִירוּת נ. bitterness

מְרִירִי bitter; poisonous

מֹרֶךְ, מֹרֶךְ־לֵב ז. timidity, fear

מֵרְכָאוֹת נ״ר quotation marks

מֶרְכָּב ז. chariot; chassis of a car; saddle

מֶרְכָּב, מֻרְכָּב composite, compound
מֶרְכָּבָה נ. carriage; chariot
מֶרְכָּז ז. center; headquarters
מְרַכֵּז ז. organizer, assigner (of jobs, routes, etc.)
מֶרְכָּזִי central
מֶרְכָּזִיָּה, מִרְכֶּזֶת נ. telephone exchange
מַרְכִּיב ז. component
מַרְכֹּלֶת נ. commerce; market
מִרְמָה נ. fraud, falsehood
מִרְמָס ז. a treading down
(מרמר) הִתְמַרְמֵר to complain bitterly
מְרָע ז. (*Ar.*) sickness
–שְׁכִיב מְרָע (*Ar.*) dangerously ill person
מֵרֵעַ ז. companion, friend
מֵרַע ז. evildoer, villain
מִרְעֶה ז. pasture
מַרְעִית נ. pasturing; flock
מַרְפֵּא ז. cure, healing, remedy
מִרְפָּאָה נ. clinic
מְרֻפָּט shabby, ragged
מִרְפֶּסֶת נ. terrace, porch
מַרְפֵּק ז. elbow
מִרְפָּשׂ ז. muddy water
(מרץ) הִמָּרֵץ to be forcible; to be vehement
–הַמְרֵץ to energize, stir
מֶרֶץ ז. energy
מַרְצֶה ז. lecturer
מְרֻצֶּה satisfied
מְרַצֵּחַ ז. murderer, killer
מַרְצֵעַ ז. awl
–יָצָא הַמַּרְצֵעַ מִן הַשַּׂק! the secret is out!
מַרְצֶפֶת נ. pavement; floor tile; paving stone
מרק (מָרַק, יִמְרֹק) to polish; to rub
–מֵרֵק to polish; to remove, to rub off
–הִתְמָרֵק to be cleansed
מָרָק ז. broth, soup
מֶרֶק ז. putty

מֶרְקָחָה נ. spicing; kettle for brewing; ointment pot
–הָיָה כְּמֶרְקָחָה to seethe with excitement
מִרְקַחַת נ. spicing; mixture; jam; ointment; mixture; compounding (of drugs, etc.)
–בֵּית מִרְקַחַת drugstore, pharmacy
מִרְקָם ז. texture
מרר (מָרַר, יָמֹר) to be bitter; to be grieved
–הֵמֵר, מֵרֵר to embitter, to grieve
–מֵרֵר בִּבְכִי to cry bitterly
מְרֵרָה נ. gall
מְרֻשָּׁל negligent, careless
מִרְשָׁם ז. sketch; recipe
מְרֻשָּׁע wicked
מִרְשַׁעַת נ. wicked woman, shrew
מַרְתֵּף ז. cellar, basement

מְרַתֵּק engrossing, enthralling
מְרֻתָּק bound, tied, fettered
מַשָּׂא ז. (ר. מַשָּׂאוֹת) carrying; burden; load; tribute; utterance; prophecy; oracle
–מַשָּׂא וּמַתָּן negotiation; trade
–מַשָּׂא נֶפֶשׁ ז. מַשְׂאַת נֶפֶשׁ נ. ideal, desire
מַשָּׁא ז., מַשָּׁאָה נ. loan, debt (*Bib.*)
מַשְׁאָב ז. (ר. מַשְׁאַבִּים) well
מַשְׁאֵבָה נ. pump
מַשָּׂאָה נ. pillar of smoke
מֻשָּׂא ז. (*gram.*) object
מַשָּׂאִית נ. truck, lorry
מִשְׁאָל ז. referendum
מִשְׁאָלָה נ. request, desire
מַשְׁאֵף ז. inhaler
מִשְׁאֶרֶת נ. kneading-trough
מַשְׂאֵת נ. gift; tax; burden; lifting
מַשָּׁב ז. blast, gust

מְשֻׁבָּח — praiseworthy

מֻשְׁבָּע — adjured; sworn

–אוֹיֵב מֻשְׁבָּע — avowed enemy

מִשְׁבֶּצֶת נ. — design of squares; setting (of jewels)

מַשְׁבֵּר ז. — outbreak; obstetric chair; crisis

מִשְׁבָּר ז. — wave, breaker

מְשֻׁבָּשׁ — faulty, erroneous

מִשְׁבַּתִּים ז״ר — destruction, downfall

מֻשָּׂג ז. — conception; idea

מִשְׂגָּב ז. — refuge, fortress

מִשְׁגֶּה ז. — error

מַשְׁגִּיחַ ז. — supervisor, overseers

מִשְׁגָּל ז. — cohabitation

מְשֻׁגָּע — mad, crazy

מַשְׂדֵּדָה נ. — harrow

משה (מָשָׁה, יִמְשֶׁה) — to draw out (from water, pit, etc.)

מַשֶּׁה ז. (*Bib.*) — loan

מַשֶּׁהוּ — a little, a trifle

מַשּׂוֹא ז. (*rhet.*) — burden, load

–מַשּׂוֹא פָּנִים — preference, favoritism

מַשּׂוּאָה נ. — fire signal

מַשּׁוּאוֹת נ״ר (*rhet.*) — ruins

מְשׁוּבָה נ. — apostasy, backsliding

מְשׁוּגָה נ. — error

מָשׁוֹט ז. — oar

מְשׂוּכָה — hedge of thorns; hurdle

מָשׁוּל — compared, likened

מְשׂוּרָה נ. — measure for liquids

מְשׁוֹרֵר ז. — singer; poet

מָשׂוֹשׂ ז. — joy

מִשּׁוּשׁ ז. — touching, feeling (sense of) touch

מָשׁוֹשׁ ז. — feeler, antenna (of insect)

מְשׁוֹשָׁה נ. — aerial, antenna

משח (מָשַׁח, יִמְשַׁח) — to anoint; to besmear

–הִמָּשַׁח — to be anointed

מְשֻׁחָד — bribed; biased

מִשְׁחָה, מָשְׁחָה נ. anointing; ointment; cream; polish; paste; (*Bib.*) portion

מִשְׂחֶה ז. swimming contest

מַשְׁחֶזֶת נ. whetstone

מַשְׁחִית ז. destruction; destroyer

–אֳנִיַּת־מַשְׁחִית destroyer (navy)

מִשְׁחֶלֶת נ. pull-through (for cleaning gun)

מְשֻׁחָף consumptive, tubercular

מִשְׂחָק ז. play, game; object of laughter

מְשַׂחֵק ז. actor, player

מְשֻׁחְרָר freed

–חַיָּל מְשֻׁחְרָר demobilized soldier, ex-soldier

מַשְׁחֵת ז. (*rhet.*) destruction

מָשְׁחָת ז. (*Bib.*) corruption; defect

– ש״ת disfigured; corrupted

מַשְׁחֶתֶת נ. destroyer (navy)

מִשְׁטָח ז. lawn; expanse; plane; surface (area)

מַשְׂטֵמָה נ. hatred

מִשְׁטָר ז. regime; dominion

–מִשְׁטָר צְבָאִי martial law

מְשִׁיחָה, חוּט מְשִׁיחָה cord, string

מִשְׁטָרָה נ. police; police station

מֶשִׁי ז. silk

מָשִׁיחַ ז. the anointed; the Messiah

מְשִׁיכָה נ. drawing, pulling

–קָנָה בִּמְשִׁיכָה (*Tal.*) to take possession of by grasping; (*joc.*) to steal

מְשִׂימָה נ. assignment, task

מַשִּׁיק ז. (*geom.*) tangent

משך (מָשַׁךְ, יִמְשֹׁךְ) to draw; to pull; to attract; to draw out, prolong; to continue

–מָשׁוֹךְ חֶסֶד to grant favor

–הַמְשֵׁךְ to continue

מֶשֶׁךְ ז. duration; (*Bib.*) sack; (*Tal.*) measure
–בְּמֶשֶׁךְ during, in the course of
מִשְׁכָּב ז. (ר. מִשְׁכָּבִים) couch; bed; lying; lying with
מַשְׁכּוֹן ז. (ר. מַשְׁכּוֹנוֹת) pledge
מַשְׂכִּיל ז. enlightened person; intellectual; didactic; a psalm
מַשְׂכִּית נ. (*rhet.*) image, idol; picture; thought; imagination
מִשְׂכָּל ז. intelligence
–מְנַת מִשְׂכָּל intelligence quotient
מֻשְׂכָּל ז. concept
–מֻשְׂכָּל רִאשׁוֹן first principle, axiom
מֻשְׁכְלָל perfected, perfect; regular (*geometry*)
מִשְׁכָּן ז. (ר. מִשְׁכָּנִים, מִשְׁכְּנוֹת) dwelling; tabernacle
מַשְׁכֵּן to mortgage
מְשַׁכְנֵעַ convincing, plausible
מֻשְׁכְנָע convinced
מַשְׂכֹּרֶת נ. wages, salary
משל (מָשַׁל, יִמְשֹׁל) to rule, govern; to compare; to use similes
–הִמָּשֵׁל to be compared
–מַשֵּׁל to use similes
–הַמְשֵׁל to let rule; to compare
מָשָׁל ז. proverb, saying; example; allegory
דֶּרֶךְ מָשָׁל, לְמָשָׁל for example
מִשְׁלוֹחַ ז. sending away, sending off; transportation; a consignment, a shipment
מִשְׁלָח ז. sending
–מִשְׁלַח יָד trade; occupation
מֻשְׁלָח ז. discharged; abandoned; delegate
מִשְׁלַחַת נ. sending; delegation; mission

מֻשְׁלָם complete, perfect

מְשֻׁלָּם paid

—מִשְׁלַח־יָד profession, (kind of) work

מְשֻׁלָּשׁ ז. triangle

— ש״ת threefold; three years old

מְשֻׁמָּד ז. apostate

מְשַׁמָּה נ. (*Bib.*) desolation, wasting; horror

מַשְׁמֵט ז. disengaging gear

מַשְׁמִים appalling, dreary

מִשְׁמָן ז. fat; fatness

מַשְׁמָן ז. rich food

מִשְׁמָע ז. hearing

מַשְׁמָע ז., מַשְׁמָעוּת נ. meaning, sense

—פְּשׁוּטוֹ כְּמַשְׁמָעוֹ literally

מִשְׁמַעַת נ. discipline; obedience

מִשְׁמָר ז. (ר. מִשְׁמָרוֹת) watch, guard; guard post; prison

מִשְׁמֶרֶת נ. watch, guard; storing; keeping; shift (on duty); (*Bib.*) command; law

מְשַׁמֶּרֶת נ. strainer

מִשְׁמֵשׁ to touch, feel

—מְמַשְׁמֵשׁ וּבָא impending, approaching

מְשֻׁמָּשׁ used, second-hand

מִשְׁמֵשׁ ז. apricot

מִשְׁנֶה ז. double; repetition, substitute; deputy

מִשְׁנָה נ. (ר. מִשְׁנָיוֹת) Mishnah; study; opinion

מְשֻׁנֶּה strange; abnormal

—מִיתָה מְשֻׁנָּה unnatural death

מִשְׁנִי secondary

מְשִׁסָּה נ. loot, plunder

מְשֻׁעְבָּד subject; subjugated; pledged

מִשְׁעוֹל ז. path

מִשְׁעִי ז. cleaning

—לְמִשְׁעִי cleanly

מְשַׁעֲמֵם tedious; bore (person)

מִשְׁעָן, מַשְׁעֵן ז. מַשְׁעֵנָה נ. support

מִשְׁעֶנֶת נ. support; rest (to lean on); arm (of chair); crutch; staff

מִשְׁפָּח ז. scab; injustice

מִשְׁפָּחָה נ. family; clan; species

מִשְׁפַּחְתִּי familial; intimate

מִשְׁפָּט ז. right, justice; trial, judgment; verdict; cause; suit; law; punishment; sentence (*grammar*)

–מִשְׁפָּט מְחֻבָּר compound sentence (*grammar*)

–מִשְׁפָּט מֻרְכָּב complex sentence (*grammar*)

–מִשְׁפָּט קָדוּם prejudice

מִשְׁפָּטִי legal

מִשְׁפְּטָן ז. jurist

מַשְׁפֵּךְ ז. funnel (for pouring)

מִשְׁפְּתַיִם נ״ר cattle-pen

מֶשֶׁק ז. administration, management; farmstead; household; (*col.*) a Kibbutz

–מֶשֶׁק בַּיִת household

מַשָּׁק ז. flutter; noise, sound

מַשְׁקֶה ז. (ר. מַשְׁקִים) butler;

– (ר. מַשְׁקָאוֹת) drink

–מַשְׁקֶה חָרִיף alcoholic drink

מַשְׁקוֹף ז. upper beam of the doorway, lintel

מַשְׁקִיף ז. observer

מִשְׁקָל ז. (ר. מִשְׁקָלִים, מִשְׁקָלוֹת) weight; balance; rhythm; metrics

מִשְׁקֶלֶת, מִשְׁקֹלֶת נ. plummet

מִשְׁקָע ז. sediment; settling; a hollow, a depression

מִשְׁקָפַיִם ז״ר eyeglasses

מִשְׁקֶפֶת נ. field glasses

מִשְׂרָד ז. office; bureau; ministry

מִשְׁרָה נ. fruit juice

מִשְׂרָה נ. office; appointment

מַשְׁרוֹקִית נ. whistle; flute

מְשֻׁרְיָן armored

מִשְׂרָפָה, מִשְׂרֶפֶת נ. burning; crematorium, kiln

מַשְׂרֵת נ. pan

מְשָׁרֵת ז. servant

משש (מָשַׁשׁ, יָמֹשׁ) to touch, feel

–מִשֵּׁשׁ to touch; to grope

מְשֻׁשֶּׁה ז. hexagon

מִשְׁתֶּה ז. (ר. מִשְׁתָּאוֹת) drink; banquet, feast

מַשְׁתֵּלָה נ. tree nursery

מְשֻׁתָּף common, mutual

מֵת ז. dead man; corpse

– ש״ת dead

מָתָא נ. (Ar.) place, town

–הָרַב דְּמָתָא the local rabbi

מַתְאִים suitable, fit

מִתְאָר ז. outline, contour

מִתְבּוֹלֵל ז. (person who is) assimilationist

מַתְבֵּן ז. heap of straw

מֶתֶג ז. bridle; meteg (,) (reading sign); electric switch; bacillus

מֵתוֹדִיקָה* נ. methodology (especially of teaching)

מִתְוָה נ. sketch, draft

מָתוּחַ stretched, extended; tense, excited

מְתַוֵּךְ ז. mediator, go-between; broker

מָתוּן slow; considerate; moderate, mild

מָתוֹק sweet; lovely

מתח (מָתַח, יִמְתַּח) to stretch; to arouse curiosity; (*col.*) to pull someone's leg

–מָתַח בִּקֹּרֶת עַל־ to criticize

מֶתַח ז. tension; voltage

מַתְחִיל ז. beginner

מָתַי when?

מְתִיבְתָּא נ. (Ar.) Talmudical college

–רֵישׁ מְתִיבְתָּא dean of Talmudical college

מִתְיַהֵד ז. convert to Judaism

מִתְיַוֵּן Hellenist, Greek partisan

מְתִיחָה נ. stretching, extending; (*col.*) practical joke

מְתִים ז״ר (*rhet.*) people, men

–מְתֵי מִסְפָּר few people

מְתִינוּת נ. slowness; consideration; moderation

מְתִיקוּת נ. sweetness

מַתְכּוֹן ז. recipe

מַתְכֹּנֶת נ. measure; proportion; layout

מַתֶּכֶת נ. metal

מַתְּלָאָה נ. distress

מִתְלַמֵּד ז. student; self-taught person

מְתֻלָּע worm-eaten; red

מְתַלְּעָה נ. molar tooth

מְתֹם ז. (*rhet.*) soundness

מָתֵמָטִיקָה* נ. mathematics

(מתן) הַמְתֵּן to wait

מַתְמִיד ז. diligent student; persevering

מְתֻמָּן ז. octagon

מַתֵּן to slow down, moderate

מַתָּן ז. מַתָּנָה נ. gift, present; (*Bib.*) gift offering

מִתְנַגֵּד ז. opponent, adversary; opponent of Chassidism

מִתְנַדֵּב ז. volunteer

מָתְנַיִם ז״ר hips, loins

מַתְנֵעַ ז. starter (in machine)

מתק (מָתַק, יִמְתַּק) to be sweet; to be delightful

–הַמְתֵּק to sweeten; to desalinate (water)

–הַמְתֵּק סוֹד to take counsel

–הַמְתֵּק דִּין to lighten punishment

מֹתֶק, מֶתֶק ז. sweetness; (*col.*) sweetheart, "honey"

מְתֻקָּן improved; corrected

מִתְקָן ז. device; fixture; installation

מִתְקָפָה נ. offensive

מְתֻרְבָּת cultured

מֻתָּר released, free; permitted, allowed

מְתַרְגֵּם ז. translator

מְתֻרְגְּמָן ז. interpreter

מַתָּת נ. gift, present

נ

נָא	please!, do!
— ש״ת	half-cooked, undone
נֹאד ז. (ר. נֹאדוֹת)	leather bottle
נֶאְדָּר	magnificent
נָוָה נ. (ר. נָאוֹת)	meadow; lodging
—נְאוֹת מִדְבָּר	oasis
נָאֶה	beautiful, lovely; pleasant; fitting
נאה (נָאֲוָה, יִנְאֶה)	to be beautiful; to be pleasant; to befit, be appropriate
נָאוֶה	beautiful; pleasant
נְאוּם ז.	speech, utterance; sermon; address
נִאוּף, נַאֲפוּף ז.	adultery
נָאוֹר	enlightened
נָאוֹת	fit; proper
נֶאֱלָח	contaminated
נֶאֱלָץ	compelled, obliged
נאם (נָאַם, יִנְאַם)	to speak; to make a speech
נֶאֱמָן ז.	trustee
— ש״ת	trustworthy; reliable
נֶאֱמָנוּת נ.	trustworthiness; loyalty; trusteeship
נאף (נָאַף, יִנְאַף)	to commit adultery; (*Bib.*) to worship idols
נאץ (נָאַץ, יִנְאַץ)	to despise, deride; to be wrathful
—נִאֵץ	to abuse; to despise
נְאָצָה, נֶאָצָה נ.	abuse; contempt
נאק (נָאַק, יִנְאַק)	to groan

נְאָקָה נ. groaning, outcry

נָאקָה נ. female camel

(נאר) נָאֵר to curse

נֶאְשָׁם accused

(נבא) הִנָּבֵא to prophesy

–נַבֵּא(לְ־) to prophesy, predict

–הִתְנַבֵּא to prophesy; to behave as a prophet

נֶבֶג ז. spore

נִבְדָל different; separate; (*football*) offside

נְבוּאָה נ. prophecy

נָבוּב hollow, empty

נָבוֹךְ bewildered, confused

נִבּוּל ז., נִבּוּל פֶּה obscene language

נָבוֹן sensible, clever

נבח (נָבַח, יִנְבַּח) to bark

נִבְחָר elect; chosen

–בֵּית נִבְחָרִים parliament

נִבְחֶרֶת נ. select team

נבט (נָבַט, יִנְבַּט) to sprout

–הִנָּבֵט (נִבַּט, יִנָּבֵט) (*rhet.*) to look

–הַבֵּט to look, to see

נֶבֶט ז. sprout

נָבִיא נ. prophet

נְבִיחָה נ. barking

נְבִיטָה נ. sprouting

נֵבֶךְ ז. spring (of the sea); depth

נבל (נָבַל, יִבֹּל) to wither, fade; to grow weak; to be degraded

–נַבֵּל to make ugly; to blaspheme, disgrace; to make טְרֵף (q. v.)

–נַבֵּל פִּיו to speak obscenities

נָבָל ז. villain; wicked person

נֵבֶל ז. leather bottle; vessel; lyre; harp

נְבָלָה נ. wickedness; meanness

נְבֵלָה נ. carcass; corpse

נַבְלוּת נ. shame; disgrace

נבע (נָבַע, יִנְבַּע) to stream forth; to gush forth; to be derived from

עֵט נוֹבֵעַ–	fountain pen
הַבִּיעַ–	to express; to communicate
נִבְעָר	ignorant; senseless
נָבָר	honest; pure
נִבְרֶשֶׁת נ.	chandelier
(נגב) נִגֵּב	to dry, to wipe
נֶגֶב ז.	South; the Negev (southern region of Israel)
(נגד) הִגִּיד	to tell, to inform
הִתְנַגֵּד–	to oppose; to contradict
נֶגֶד	in front of; toward; opposite; against
לְנֶגֶד–	opposite, against
מִנֶּגֶד–	afar off
נגה (נָגַהּ, יִגַּהּ)	to shine; to light; to cause to shine
הִגִּיהַּ–	to correct, read proof
נֹגַהּ ז.	brightness; Venus (*astr.*); dawn
נְגֹהָה נ.	brightness
נִגּוּד ז.	opposition; contrast
נִגּוּן ז.	tune, melody
נגח (נָגַח, יִגַּח)	to butt; to gore
הִתְנַגֵּחַ–	to wrestle
נַגָּח	inclined to gore (of an ox)
נָגִיד ז.	prince; leader; director; rich man
נְגִידִים ז״ר	noble (*Bib.*) words
נְגִינָה נ.	music; singing; accent (*grammar*)
כְּלִי נְגִינָה–	musical instrument
נְגִיעָה נ.	touch
נְגִישָׂה נ.	oppression
(נגן) נִגֵּן	to play an instrument
נַגָּן ז.	player, musician
נגע (נָגַע, יִגַּע)	to touch; to arrive; to strike
נוֹגֵעַ בְּדָבָר–	interested party
הִנָּגַע–	to be beaten; be aflicted (with plague)

–נַגֵּעַ to smite with plague, inflict plague on

–הִגִּיעַ to reach, attain; to arrive; to touch

–הִגִּיעַ לְ־ to be due to someone

–הַגַּע (בְּ)עַצְמְךָ (*rhet.*) suppose!

–בְּנוֹגֵעַ לְ־ regarding, as regards

נֶגַע ז. punishment; plague

נגף (נָגַף, יִגֹּף) to beat, to inflict; to punish; to defeat; to stumble

נֶגֶף ז. plague; stumbling

(נגר) הִנָּגֵר to flow; to be spilled

–הִגִּיר to pour out; to thrust down; to emigrate

נַגָּר ז. carpenter

נַגָּרִיָּה נ. carpentry shop

נַגָּרוּת נ. carpentry

נִגְרָר attached; following after; pulled or dragged after

נגש (נָגַשׂ, יִגֹּשׂ) to press; to oppress

נגשׁ (נִגַּשׁ, יִגַּשׁ אֶל) to approach; to come near; to start to, set to

–גֶּשׁ הָלְאָה! (*rhet.*) off with you!

–הִגִּישׁ to bring near; to present, offer

–הִתְנַגֵּשׁ to meet; to encounter; to collide

נֵד ז. (*rhet.*) wall, mound

נָד moving

–נָע־וָנָד wanderer

נדב (נָדַב, יִדֹּב) to be willing; to give charity, to donate

–הִתְנַדֵּב to donate; to volunteer

נְדָבָה נ. donation; alms

נִדְבָּךְ ז. layer of stones

נדד (נָדַד; יִדֹּד, יִדַּד) to wander about, to ramble; to flee

–נָדְדָה שְׁנָתוֹ to lie awake, be sleepless

–הֵנֵד to chase away

–הִתְנוֹדֵד to move to and fro; to shake; to swing or rock

(נדה) נִדָּה to remove; to banish; to ostracize, to excommunicate

נֵדֶה ז. (*Bib.*) gift, dowry

נִדָּה נ. uncleanness, impurity; menstruation; menstruating woman

–מֵי נִדָּה (*Bib.*) cleansing water

נְדוּדִים שז״ר wanderings

–נְדוּדֵי שֵׁנָה sleeplessness

נִדּוּי ז. ban, ostracism

נָדוֹן, נִדּוֹן ז. sentenced person; subject discussed

נָדוֹשׁ threshed; hackneyed

נדח (נָדַח, יִדַּח) to thrust out, expel

–הִנָּדַח to be expelled; be seduced

–הִדִּיחַ to expel; to dismiss; to seduce

נִדָּח driven out, outlawed

נָדִיב ז. nobleman; philanthropist

–ש״ת generous; noble;

נְדִיבוּת נ. generosity; nobility

נָדִיר rare

נִדְמֶה לִי (v. דמה) it seems to me

נְדָן ז. sheath; gift; dowry

נִדְנֵד to shake, rock; (*sl.*) to nag

נַדְנֵדָה נ. swing

נִדְנוּד ז. shaking; rocking; (*sl.*) nagging

נְדוּנְיָה נ. dowry

נדף (נָדַף, יִדֹּף, יִנְדֹּף) to spread (odour); to smell; (*Bib.*) to drive away, to scatter

–הִנָּדֵף to be scattered

–הִתְנַדֵּף to evaporate; to be blown away

נִדָּף driven; scattered

נדר (נָדַר, יִדֹּר) to vow
נֶדֶר, נֵדֶר ז. vow; (*Bib.*) votive offering
נֹהַּ ז. lament
נהג (נָהַג, יִנְהַג) to drive; to lead; to drive (vehicle); to be used to
–נַהֵג to lead; to drive
–הַנְהֵג to lead; to introduce a custom
–הִתְנַהֵג to behave; to be in the habit
נֶהָג ז. driver, chauffeur
נֹהַג ז. usage; habit; procedure
–בְּנֹהַג שֶׁבָּעוֹלָם naturally, ordinarily
נהה (נָהָה, יִנְהֶה) to mourn; to yearn
נְהִי ז. נְהִיָה נ. lamentation
נְהִיָּה נ. longing, yearning
נְהִימָה נ. groaning
נָהִיר shining; clear, lucid
(נהל) נַהֵל to lead; to conduct; to manage
–הִתְנַהֵל to walk on; to be managed
נֹהַל ז. procedure
נַהֲלֹל ז. pasture
נהם (נָהַם, יִנְהֹם) to roar; to groan; to coo
נַהַם ז. נַהֲמָה נ. growling; roaring
נֶהֱנֶה beneficiary, one who derives pleasure or benefit
–בִּרְכוֹת הַנֶּהֱנִין benedictions pronounced over light refreshments
נהק (נָהַק, יִנְהַק) to bray
נהר (נָהַר, יִנְהַר) to shine; to rejoice; (אֶל־) to flow; to flock to
נָהָר ז. (ר. נְהָרִים, נְהָרוֹת) stream, river
נְהָרָה נ. light
(נוא) הָנֵא to hinder, hold back; to turn from
נוֹאֵם ז. speaker

נוֹאֵף ז. fornicator
נוֹאָשׁ desperate; hopeless
–אָמַר נוֹאָשׁ to lose hope
נוב (נָב, יָנוּב) to sprout, grow; to bear fruit; to bring forth; to utter
–הֵנֵב to bear fruit
–נוֹבֵב to make grow; to make eloquent
נוֹבֶמְבֶּר* ז. November
נוּגֶה sorry, grieved
נוֹגֵעַ touching
–נוֹגֵעַ בַּדָּבָר interested, partial
–בְּנוֹגֵעַ לְ־ concerning, as to
נוֹגֵשׂ ז. oppressor; tyrant
נוד (נָד, יָנוּד) to move to and fro; to flee; to nod
–הֵנֵד to move; to drive away; to nod (in compassion)
–הִתְנוֹדֵד to sway; to move to and fro
נוֹד ז. wandering; exile
נַוָּד ז. wanderer, vagrant

נוֹדָע well-known, famous
נוה (יִנְוֶה) to dwell; to be (*rhet.*) becoming, be attractive
–הַנְוֵה to adorn, to praise
נָוֶה ז. beautiful; dwelling; pasture
–נְוַת בַּיִת (*rhet.*) housewife
נִוּוּל ז. ugliness; shame, disgrace
נוֹזֵל ז. liquid
–*ש״ת* flowing
נוח (נָח, יָנוּחַ) to rest, to encamp; to settle; to be quiet
–נָחָה עָלָיו הָרוּחַ to receive inspiration
–נָחָה דַעְתּוֹ to be pleased
–הָנֵחַ to let rest; to quiet, to pacify; to comfort; to put down
–הַנֵּחַ to lay down; to place; to leave; to let; to admit; to presume

-הַנַּח לִי! leave me alone!

נוֹחַ agreeable; gentle; quiet, easy.

נוט (נָט, יָנוּט) (*Bib.*) to move; to quake

נַוֵּט to pilot; to navigate

נַוָּט ז. pilot; helmsman; navigator

נוֹטֵר ז. watchman; person bearing ill-will

נוֹטַרְיוֹן ז. notary public

נוֹטָרִיקוֹן ז. abbreviation, initials

נוֹי ז. beauty; decoration

נוֹכֵחַ ז. person present; 2nd person (*grammar*)

נוֹכְחוּת נ. presence

נוֹכֵל ז. swindler, impostor

(נול) נַוֵּל to disfigure; to disgrace

-הִתְנַוֵּל to be disfigured; be disgraced

נוֹל ז. loom

נוֹלָד ז. what has come to life; forthcoming event

נום (נָם, יָנוּם) to slumber

נוּמָה נ. slumber

(נון) הִנּוֹן to be highly thought of; to be propagated

-נַוֵּן to degenerate, to decline

-הִתְנַוֵּן to degenerate, decline

נוס (נָס, יָנוּס) to flee; to escape

-נָס לֵחוֹ he degenerated, weakened

-הֵנֵס to put to flight; (*Bib.*) to save by putting to flight

-הוּנַס to be put to flight

נוֹסֵעַ ז. passenger

נוֹסָף additional

-נוֹסָף עַל in addition to

נוע (נָע, יָנוּעַ) to move; to quake, to tremble; to sway to and fro; to wander

-נָע וָנָד wanderer

–הָנֵעַ to move, shake; to induce

–הִתְנוֹעֵעַ to move; to shake to and fro

נוֹעָז daring, bold

נוף (נָף, יָנוּף) to sprinkle, (*Bib.*) to water

–נוֹפֵף to swing, wave; to brandish

–הִתְנוֹפֵף to rise; to flutter

–הָנֵף to swing; to lift; to sift; (*Bib.*) to offer; to sprinkle

נוֹף ז. scenery, view, landscape; branches of a tree

נוֹצָה נ. feather; plumage

נוֹצִית נ. badminton

נוֹצֵץ glittering, shining

נוֹצְרִי ז. Christian

נוֹקֵד, נֹקֵד ז. shepherd

נוֹקֵם ז. avenger

נוּר, נוּרָא ז. (*Ar.*) fire

נוֹרָא feared; terrible; terribly; (*sl.*) very much, "awfully"

–הַיָּמִים הַנּוֹרָאִים the High Holidays

נוּרָה נ. electric bulb

נוֹרְמָלִי* normal

נוֹשֵׂא ז. subject, topic; one that carries

–נוֹשֵׂא מִכְתָּבִים mailman

נוֹשָׁן very old

נוֹתָר ז. remaining; rest, remainder

נזה (נָזָה, יִזֶּה, יֵז) to sprinkle

–הַזֵּה to sprinkle

נָזוּף reproved, rebuked

נָזִיד ז. dish, food; stew

נְזִיפָה נ. reproof, rebuke

נְזִיקִים ז״ר damages

נָזִיר ז. abstainer; consecrated person; monk

נזל (נָזַל, יִזַּל) to flow; to drip

-הַזֵּל to cause to flow; to drop, shed

נַזֶּלֶת נ. nasal catarrh, cold

נֶזֶם ז. nose ring; earring

נזף (נָזַף, יִנְזֹף) to reprove, to rebuke

(נזק) הִנָּזֵק to be damaged, to be injured

-הַזֵּק to damage; to injure, to hurt

נֶזֶק, נֵזֶק ז. damages, loss

-נְזִיקִים damages

נִזָּק ז. one who suffers damages

נִזְקָק ז. one in need

(נזר) הִנָּזֵר to abstain; to fall away from; to consecrate oneself

-הַזֵּר to separate; to consecrate; to abstain

-הִתְנַזֵּר (מִן) to abstain from

נֵזֶר ז. diadem, crown

נחה (נָחָה, יִנְחֶה) to lead

-הַנְחֵה to lead, to guide

נִחוּם,ז. נִחוּמִים ז״ר consolation, comfort

נָחוּץ hurried; urgent; required

נִחוּשׁ divination; guesswork

נָחוּשׁ made of copper, brazen

נָחוּת low; inferior

נָחִיל ז. swarm (of bees)

נְחִיצוּת נ. urgency, necessity

נְחִירַיִם ז״ר nostrils

נְחִיתָה נ. descent; landing

נְחִיתוּת נ. inferiority

נחל (נָחַל, יִנְחַל) to possess; to keep in possession; to inherit

-נָחַל אַכְזָבָה to suffer a disappointment

-נָחַל תְּבוּסָה to suffer defeat

-נַחֵל, הַנְחֵל to give into possession; to leave for inheritance; to allot

נַחַל ז. (ר. נְחָלִים) river; stream; ravine

–נַחַל אֵיתָן perennial stream

–נַחַל אַכְזָב stream that dries up in summer

נַחֲלָה נ. estate, possession; inheritance

נַחְלָה ז. (*Bib.*) stream

נַחֲלִיאֵלִי ז. wagtail (bird)

(נחם) הִנָּחֵם (עַל־) to console oneself; to pity; to repent; to take revenge

–נַחֵם to comfort, console

–נֻחַם to be consoled

–הִתְנַחֵם, הִנָּחֵם to be comforted; to repent; (*Bib.*) to take revenge

נֹחַם ז. repentance; compassion

נֶחְמָד pleasant; lovely

נֶחָמָה נ. consolation

נַחְנוּ (*rhet.*) we

נחר (נָחַר, יִנְחַר) to snore; to kill by a knife-thrust

נַחַר ז., נַחֲרָה נ. snoring

(נחש) נִחֵשׁ to guess; to practice sorcery; to prophesy

נַחַשׁ ז. sorcery, magic

נָחָשׁ ז. (ר. נְחָשִׁים) serpent, snake

–נָחָשׁ בָּרִיחַ ringed snake

–נָחָשׁ שָׂרָף poisonous snake

נַחְשׁוֹל ז. sea-wave; tempest

נַחְשָׁל backward person

נְחֹשֶׁת נ. copper; brass

נְחֻשְׁתַּיִם ז״ר brass fetters

נְחֻשְׁתָּן ז. the brass serpent erected by Moses in the wilderness

נחת (נָחַת, יִנְחַת) to come down; to descend upon; to land (of airplane, etc.)

–נַחֵת to bend; to level

–הַנְחֵת to cause to sink; to (cause to) land (of airplane, etc.)

–הִנְחִית מַהֲלֻמָּה עַל־ to bring down a blow upon

נַחַת נ. ease, rest; gentleness; pleasure; bringing down

—נַחַת־רוּחַ gratification

נַחְתּוֹם ז. baker

נטה (נָטָה, אֶטֶּה, אֵט, יִטֶּה, יֵט) to stretch, extend; to bend; to bow; to turn, incline; (*gram.*) to decline

—נָטָה אַחֲרֵי פל׳ to follow someone

—נָטָה לָמוּת to be on the point of death

—הַטֵּה to stretch out; to bow; to incline; to turn aside; to direct; (*gram.*) to decline

נֵטוֹ* net

נָטוּי stretched out, extended

נָטוּל lacking; deprived

נְטִיָּה נ. inclination; deviation; declension, conjugation

נָטִיל burdened, heavy

נְטִילָה נ. taking; receiving

—נְטִילַת יָדַיִם washing the hands

נָטִיעַ ז. plant

נְטִיעָה נ. planting; plantation; plant

נְטִיפָה נ. pendant (earring); dripping

נְטִישָׁה נ. tendril, twig; abandonment

נטל (נָטַל, יִטֹּל) to lift up; to lay; to take; to receive; to impose

—נָטַל יָדַיִם to wash one's hands

—נָטַל נַפְשׁוֹ שֶׁל־ to take someone's life

—הִנָּטֵל to be taken; to be removed

—הַטֵּל to lay down; to impose; to throw

—הִטִּיל אֵימָה עַל־ to cast dread upon

—הַטֵּל בֵּיצִים to lay eggs

נֵטֶל ז. load, burden

נטע (נָטַע, יִטַּע) to plant; to implant

נֶטַע ז. plantation; plant

נטף (נָטַף, יִטֹּף) to fall in drops; to drip

–הִטִּיף to let fall in drops; to preach

נֶטֶף ז. drop

נָטָף ז. aromatic resin

נטר (נָטַר, יִטֹּר) to guard, to watch; to retain anger; to bear ill-will

נטש (נָטַש, יִטֹּש) to leave, abandon,desert; to throw away; to let; to spread; to scatter

–הִנָּטֵש to spread over

נִיב ז. fruit, produce; incisor (tooth); idiom; dialect

–נִיב שְׂפָתַיִם speech; expression

נִיד ז. movement

נַיָּד mobile

נַיֶּדֶת נ. mobile patrol

נִיחָא (*Ar.*) well and good

נִיחוֹחַ, נִיחֹחַ ז. pleasantness, delight

נִימָה נ. (ר. נִימִים) thread; hair; string (of musical instrument)

נִין ז. descendant; great-grandson

נִיסָן ז. name of the seventh month

נִיצוֹץ ז. (ר. נִיצוֹצוֹת) spark

ניר (נָר, יָנִיר) (*rhet.*) to plow

נִיר ז. field recently plowed; cross-rod of the loom

נְיָר ז. (ר. נְיָרוֹת) paper

–נְיָרוֹת עֵרֶךְ securities (stocks, bonds)

נָכֵא depressed, afflicted

נְכָאִים ז״ר depression; affliction

נְכֹאת נ. kind of spices

–בֵּית נְכֹאת ז. museum; (*Bib.*) treasure-house

נִכְבָּד honored; respected
—אָדוֹן נִכְבָּד! Dear Sir!
נֶכֶד ז. grandson
(נכה) הֻכָּה to be slain
—נִכָּה to subtract; to discount
—הִכָּה to beat, to strike; to slay, to fell, to smite; to afflict
—הֻכָּה to be smitten
נָכֶה ז. invalid, cripple
— ש״ת smitten, afflicted
—נְכֵה רַגְלַיִם lame
נֵכֶה ז. (*rhet.*) wicked person
נִכּוּי ז. discount; deduction
נָכוֹן firm; ready; right, correct
נְכוֹנָה נ. correctness
נְכוֹנוּת נ. readiness; truth
נִכּוּשׁ ז. weeding
נְכוֹת v. נְכֹאת
נֹכַח before, opposite
נְכֹחָה נ. honest; honesty

נִכָּיוֹן ז. discount; deduction
(נכל) נִכֵּל to deceive; to plan evil
—הִתְנַכֵּל אֶל- to conspire against
נֶכֶל ז. deceit
נֶכֶס ז. (ר. נְכָסִים) property; treasure
—נִכְסֵי דְלָא נָיְדֵי (*Ar.*) immovable property, real estate
—יָרַד מִנְּכָסָיו to grow poor
נִכְסָף longed for; longing
נִכְפֶּה epileptic
(נכר) הֻכַּר (נִכַּר) to be recognized; to become known; to dissemble
—נִכֵּר to distinguish; to fail to know; (*Bib.*) to deliver, give up
—הִכִּיר to be acquainted with; to observe; to distinguish; to understand, to realize

הִתְנַכֵּר–	to dissemble; to alienate oneself; to be recognized
הַכֵּר טוֹבָה–	to be grateful
נִכָּר	recognizable, considerable
נֶכֶר ז.	strangeness; misfortune
נֵכָר ז.	strange land
בֶּן נֵכָר–	stranger; foreigner
נסה (נָסָה, יִסֶּה) (*Bib.*)	to raise, lift
נִסָּה–	to examine; to try, attempt
נֻסָּה–	to be tried; to be experienced, accustomed
הִתְנַסָּה–	to be tried, examined; to withstand trials
נִסּוּי ז.	experiment
נִסּוּךְ ז.	libation; pouring; outpouring
נסח (נָסַח, יִסַּח)	to tear away; to drive out
נִסֵּחַ–	to formulate, to word
הִסִּיחַ (דַּעַת)–	to divert, distract
נֹסַח ז.	copy; text; version
נֻסְחָה נ.	formula
נָכְרִי	non-Jewish, Gentile; stranger
ש״ת	strange; foreign,
פֵּאָה נָכְרִית–	wig
(נכשׁ) נִכֵּשׁ	to weed
הִכִּישׁ–	to beat, strike; to bite
נִמְהָר	hasty, rash
נָמוּךְ	low, humble
נִמּוּס ז.	politeness; manners; custom
נִמּוּק ז.	motive, reason
נִמּוֹשׁוֹת ז״ר	latecomers; the poor and weak
נְמִיָּה נ.	marten
(נמך) הִנְמִיךְ	to humble; to lower; to reduce
נָמָל, נָמֵל ז.	port, harbor
נְמָלָה נ. (ר. נְמָלִים)	ant

-נְמַל תְּעוּפָה airport

נִמְנוּם ז. slumber

נִמְנֵם to slumber, sleep

-הִתְנַמְנֵם to slumber

נִמְנָע ז. one who abstains (from voting etc.)

— ש״ת impossible

-מִן הַנִּמְנָע, מִן הַנִּמְנָעוֹת impossible

(נמק) נִמֵּק to give reason, to base upon

נָמֵר ז. (ר. נְמֵרִים) tiger; leopard

נִמְרָץ powerful

נַנָּס ז. dwarf

נֵס ז. (ר. נִסִּים) flag, signal; miracle

נְסִבָּה נ. cause; circumstance

נסג, (יִסַּג) to retreat

-הַסֵּג to remove; to drive away

-הַסֵּג גְּבוּל to compete with; to infringe on

נְסִיגָה נ. withdrawal, retreat; (political, cultural) reaction

נַסְיוּב ז. serum

נִסָּיוֹן ז. (ר. נִסְיוֹנוֹת) trial; examination; experience; experiment

-עָמוֹד בְּנִסָּיוֹן to pass an examination; to stand the test

נִסְיוֹנִי experiential; experimental

נָסִיךְ ז. prince

נְסִיכוּת נ. principality

נְסִיעָה נ. voyage; journey

נְסִירָה נ. sawing (wood)

נסך (נָסַךְ, יִסֹּךְ) to pour out; to anoint; to cast

-נַסֵּךְ, הַסֵּךְ to pour out (a libation)

נֶסֶךְ, נֵסֶךְ ז. libation; molten image

-יֵין נֶסֶךְ libation wine; wine forbidden by touch of heathen

נִסְמָךְ ז. (*gram.*) construct state

(נסס) נוֹסֵס to raise, to lift up

–הִתְנוֹסֵס to be raised (a flag)

נסע (נָסַע, יִסַּע) to depart; to travel, journey

–הִסִּיעַ to transport; to remove

–הֻסַּע to be transported

נִסְפָּח ז. attaché (diplomatic); appendix (of book, etc.)

נסק (נָסַק, יִסַּק) to ascend

–הִסִּיק to heat, to keep a fire; to draw a conclusion

נסר (נָסַר, יִסֹּר) to saw (wood)

–נִסֵּר to saw; to make the sound of sawing

נֶסֶר ז. (ר. נְסָרִים) board

נְסֹרֶת נ. sawdust

נִסְתָּר ז. 3rd person singular

– ש״ת hidden; secret

נֶעְדָּר missing; devoid of

נַעֲוֶה crooked, curved

נָעוּר empty; shaken off

נְעוּרִים ז״ר youth; childhood

–בְּנֵי־נְעוּרִים young people

נְעִילָה נ. locking; closing; putting on shoes; last prayer on the day of Atonement

נָעִים pleasant, lovely

–בִּלָּה בַּנְּעִימִים to have a pleasant time

נְעִימָה נ. tune, melody

נעל (נָעַל, יִנְעַל) to bolt; to lock; to conclude; to put on shoes

–הִנְעִיל to shoe, provide with shoes

נַעַל זו״נ. (ר. נַעֲלַיִם) shoe; boot

–נַעֲלֵי־בַיִת slippers

נַעֲלֶה elevated, eminent

נֶעְלָם hidden; missing; forgotten; unknown

נעם (נָעַם, יִנְעַם) to be pleasant

-הַנְעֵם to make pleasant

נֹעַם ז. pleasantness

נַעֲמָן ז. anemone

נִעְנוּעַ ז. shaking; nodding

נִעֲנַע to shake

-הִתְנַעֲנַע to sway to and fro

נעץ (נָעַץ, יִנְעַץ) to stick in; to insert

נַעַץ ז. thumbtack

נַעֲצוּץ ז. thorny bush

נער (נָעַר, יִנְעַר) to roar; to bray; to shake; to cast off

-נָעַר חָצְנוֹ מִן־ to wash one's hands of

-הִנָּעֵר to be shaken; to be cast out; to wake up

-נִעֵר to cast off; to shake

-הִתְנַעֵר to shake off; to wake up

נַעַר ז. (ר. נְעָרִים) boy; young man

נֹעַר ז. youth, boyhood

נְעָרָה נ. bray

נַעֲרָה נ. girl, maiden

נַעֲרוּת נ. youth, girlhood, boyhood

נְעֹרֶת נ. chips, scraps

נִפְגָּע ז. sufferer; casualty

(נפה) נִפָּה to sift, to sieve

נָפָה נ. sieve; sub-district

נָפוּחַ swollen; puffed; inflated; blown on (as fire); boiling, steaming

נפח (נָפַח, יִפַּח) to blow; to breathe

-נָפַח נַפְשׁוֹ to breathe one's last

-נִפֵּחַ to blow away; to inflate

-הִתְנַפֵּחַ to be puffed up; swell up

נַפָּח ז. smith

נֶפַח ז. volume; bulk

נֵפְט ז. oil, mineral oil; naphtha; kerosene

נִפְטָר deceased

נְפִיחָה נ. blowing; breath; fart
נָפִיל ז. giant
נְפִילָה נ. fall
נֹפֶךְ ז. turquoise
–הוֹסִיף נֹפֶךְ מִשֶּׁלּוֹ to add something of one's own
נפל (נָפַל, יִפֹּל) to fall; to sink; (*rhet.*) to happen
–נָפַל בִּידֵי to be captured
–נָפַל מִן־ to be of lower degree than, be inferior to
–הִפִּיל to cause to fall; to overthrow; to miscarry (fetus)
–הִתְנַפֵּל to throw oneself down; to fall upon one, to assault
נֵפֶל, נֶפֶל ז. (ר. נְפָלִים) untimely birth, miscarriage
נִפְלָא wonderful
–נִפְלָאוֹת wonders
נִפְסָד false; harmful
נִפְעַל ז. (*gram.*) niph'al (passive conjugation of kal)

נִפְנֵף to swing, to wave
–הִתְנַפְנֵף to be waved
נפץ (נָפַץ, יִפֹּץ) to disperse; to destroy; to break
–נִפֵּץ to shatter, smash to pieces; to beat (flax)
נֶפֶץ ז. explosion
נָפֵק, נָפְקָא (*Ar.*) going out
–לְמַאי נָפְקָא מִינָּהּ? what is the difference?
נִפְקָד ז. missing; person with whom something is deposited
נִפְרָד ז. (*gram.*) absolute state
– ש״ת separate
(נפש) הִנָּפֵשׁ to rest
נֶפֶשׁ נ. (ר. נְפָשׁוֹת) self, soul, spirit; breath, life; person; wish; tombstone; essence; innermost part
–נֶפֶשׁ חַיָּה living creature
–הַשְׁאָרַת הַנֶּפֶשׁ immortality

-מִמַּה נַפְשָׁךְ? however you wish it

-בֵּית הַנֶּפֶשׁ ז. (*Bib.*) amulet

-לְנַפְשׁוֹ to oneself

נֹפֶשׁ ז. peace, quiet; recreation

נַפְשִׁי of soul, psychic; cordial

נֹפֶת נ. (flowing) honey

נַפְתּוּלִים ז״ר wrestling(s), struggling(s)

נֵץ ז. (ר. נִצִּים) flower, blossom; bud; hawk (bird)

נצא (נָצָא, יִצָּא) (*Bib.*) to flee

נִצָּב ז. handle; perpendicular; governor; chief of police

נִצָּב firm, strong; upright; steadfast

נצה (נָצָה, יִצֶּה) to flee; to be ruined

-הִנָּצֵה to quarrel; to ruin

-הַצֵּה to quarrel; agitate against

-הִתְנַצֵּה to quarrel; to wrestle

נִצָּה נ. blossom, flower

נִצּוּחַ ז. argumentation; conducting (of orchestra)

נִצּוּל ז. exploitation

נִצּוֹל ז. rescued person, survivor

נָצוּר ז. hiding place

-ש״ת watched; besieged

נְצוּרוֹת נ״ר what is hidden; great news

נצח (נָצַח, יִנְצַח) to win, to vanquish

-נִצֵּחַ to win, to triumph over; to manage, direct

-הִתְנַצֵּחַ to wrestle; to argue

-הִנְצִחַ to perpetuate

נֵצַח ז. eternity; steadfastness; (*Bib.*) grape juice; blood, lifeblood

-לָנֶצַח forever

-לְנֵצַח נְצָחִים for ever and ever

נִצְחִי, נִצַּחַת perpetual; decisive

נִצָּחוֹן ז. (ר. נִצְחוֹנוֹת) victory

נִצְחִי eternal

נָצִיב ז. pillar

נְצִיב ז. governor; commissioner

נְצִיבוּת נ. commission; commissionership

נָצִיג ז. representative

(נצל) הִנָּצֵל to be saved, rescued

—נִצֵּל to exploit

—הִצִּיל to save, deliver; (*rhet.*) to separate

—הִתְנַצֵּל to justify oneself, to apologize; (*rhet.*) to strip off

נִצָּן ז. bud; blossom

נִצְנֵץ to shine; to sprout

נצץ (נָצַץ, יָנֹץ) to glitter; to sprout

—הֵנֵץ to sprout; to shine; to rise (sun)

—הִתְנוֹצֵץ to twinkle

נצר (נָצַר, יִצֹּר) to keep, guard, watch; to keep; to conceal

—הִתְנַצֵּר to be converted to Christianity

נֵצֶר ז. (ר. נְצָרִים) sprout; shoot; offspring

—סַל נְצָרִים ז. wicker basket

נְצָרָה נ. safety catch, safety latch (in rifle etc.)

נַצְרוּת נ. Christianity

נִצְרָךְ ז. needy person

נקב (נָקַב, יִנְקֹב, יִקֹּב) to pierce; to bore a hole; to curse; to specify

—הִנָּקֵב to be called by name; to be pierced

נֶקֶב ז. hole

—נְקָבִים ז״ר orifices; organs of urination and evacuation

נְקֵבָה נ. feminine; woman

—לְשׁוֹן נְקֵבָה feminine gender

נִקְבָּה נ. tunnel

(gram.) to vocalize; (נקד) נִקֵּד
to make points; to dot
spotted, speckled נָקֹד
sheep-raiser נֹקֵד, נוֹקֵד ז.
(gram.) point, vowel; נְקֻדָּה נ.
dot; settlement
semicolon(;) —נְקֻדָּה וּפְסִיק
colon(:) —נְקֻדָּתַיִם
point of view —נְקֻדַּת מַבָּט
dry bread נִקֻּדִּים ז״ר
to be clean, (נקה) הִנָּקֵה
innocent; to be empty
to clean, to cleanse; —נַקֵּה
to pronounce innocent;
(Bib.) to avenge
pierced, bored; named נָקוּב
spotted, speckled נָקוּד
vowel-pointing, נִקּוּד ז.
vocalization
drainage נִקּוּז ז.
cleaning נִקּוּי ז.
digging; excavating; נִקּוּר ז.
gnawing
to let blood (נקז) הַקֵּז דָּם

to drain —נַקֵּז
to grasp, נקט (נָקַט, יִקֹּט)
hold
be weary of —נָקְטָה נַפְשׁוֹ בְּ־
to take —נָקַט עֶמְדָּה מְסֻיֶּמֶת
up a certain stand
clean, pure; innocent נָקִי
incorruptible —נְקִי כַּפַּיִם
cleanness; innocence נִקָּיוֹן ז.
incorruptibility —נִקְיוֹן כַּפַּיִם
to wash —רָחַץ בְּנִקָּיוֹן כַּפָּיו
one's hands (of)
hunger (rhet.) —נִקְיוֹן שִׁנַּיִם
grasping; holding נְקִיטָה נ.
holding of —נְקִיטַת חֵפֶץ
object to validate oath
crevice; נָקִיק ז. (ר. נְקִיקִים)
ravine
easy נָקֵל
trivial; slighted נִקְלֶה
ease; trifle נְקַלָּה נ.
easily —עַל נְקַלָּה
to revenge; נקם (נָקַם, יִקֹּם)
to punish

-הִנָּקֵם, הִתְנַקֵּם to take vengeance

נָקָם ז., נְקָמָה נ. revenge; punishment

נַקְנִיק ז. sausage

נַקְנִיקִיָּה נ. sausage shop; frankfurter

נקע (נָקַע, יַקַּע) to be dislocated; to turn away, to be estranged

נקף (נָקַף, יִקֹּף, יִנְקֹף) to circle; to strike; to injure

-לֹא נָקַף בְּאֶצְבַּע not to lift a finger

-נִקֵּף to cut; to destroy

-הִקִּיף to surround; to include; to sell on credit

-הֻקַּף to be surrounded

נֹקֶף ז. shaking off of olives

נִקְפָּה נ. (*Bib.*) rope (around the waist)

נקר (נָקַר, יִקֹּר, יִנְקֹר) to bore, to pierce; to dig

-נִקֵּר to peck; to gnaw; to gouge out (eyes)

נִקְרָה נ. cleft; cave

(נקש) הִנָּקֵשׁ to be snared

-נִקֵּשׁ to lay a snare

-הִקִּישׁ to strike; to knock; to compare, to make analogy

-הִתְנַקֵּשׁ to make an attempt upon (someone's life)

נֵר ז. (ר. נֵרוֹת) candle; light; lamp

נִרְאֶה visible; acceptable

-כַּנִּרְאֶה, כְּפִי הַנִּרְאֶה apparently

נִרְגָּז angry; nervous

נִרְגָּן ז. mischief-maker; intriguer

נֵרְדְּ ז. nard (fragrant plant)

נִרְדָּף persecuted, hunted; synonymous

-שֵׁם נִרְדָּף synonym

נִרְפֶּה negligent; idler

נִרְפָּשׁ muddy

נִרְצָח murdered

נַרְתִּיק ז. box, case; sheath

נשׂא (נָשָׂא, יִשָּׂא) to lift up, raise; to carry, to bear; to take, accept; to endure; to sacrifice, offer; to forgive

–נָשָׂא וְנָתַן to trade; to negotiate

–נָשָׂא אִשָּׁה to take a wife

–נָשָׂא עָוֹן to suffer punishment

–הִנָּשֵׂא to be raised; to be respected; to be carried; to be married (woman)

–נִשֵּׂא to raise; to carry; to support, maintain

–הִשִּׂיא to put upon; to carry; to bestow; to give in marriage; to signal; to kindle

–הִתְנַשֵּׂא, הִנַּשֵּׂא to rise; to exalt oneself

–נָשָׂא חֵן בְּעֵינֵי to find favor in someone's eyes

–נָשָׂא רֹאשׁ to count (*Bib.*)

נָשִׂיא eminent, exalted

נשא (נָשָׁא, יִשָּׁא) to (*Bib.*) lend money

–הִנָּשֵׁא to be led astray

–הִשִּׁיא to seduce

נשב (נָשַׁב, יִשֹּׁב) to blow

–נִשֵּׁב to let blow

–הִשִּׁיב to cause to blow; to drive off

(נשג) הִשִּׂיג to attain, reach; to overtake; to be able; to understand, to comprehend; to object

–הִשִּׂיגָה יָדוֹ to afford

נִשְׂגָּב exalted; powerful

נשה (נָשָׁה, יִשֶּׁה) to forget; to remove; to drive away; to lend; to borrow; to demand return of debt, to exact payment of debt

–הִנָּשֵׁה to be forgotten
–נַשֵּׁה to cause to forget
–הַשֵּׁה to lend money; to cause to forget; to exact payment of debt
(נָשֶׁה) גִּיד הַנָּשֶׁה sciatic nerve
נֹשֶׁה ז. creditor; usurer
נָשׂוּא borne, carried; married; (*gram.*) predicate
–נְשׂוּא פָּנִים respected
נִשּׂוּאִים, נְשׂוּאִים ז״ר marriage; wedding
נָשׂוּי married
נִשּׁוֹם ז. person assessed
נְשִׁי ז. (*rhet.*) debt, loan
נָשִׂיא ז. (ר. נְשִׂיאִים) president; chairman; (*Bib.*) prince
נְשִׂיאִים ז״ר heavy clouds
נְשִׂיאָה נ. bearing, carrying; lifting
–נְשִׂיאַת כַּפַּיִם lifting of the hands (priest's blessing)

נְשִׂיאוּת נ. princedom; presidency; chairmanship; presidium
נְשִׁיָּה נ. forgetfulness
נְשִׁיכָה נ. biting; bite
נָשִׁים נ״ר v. אִשָּׁה
נְשִׁימָה נ. breathing, respiration; breath
נְשִׁיפָה נ. blowing; exhaling
נְשִׁיקָה נ. kissing; kiss
נָשִׁיר deciduous
נָשִׁית נ. sciatica
נשך (נָשַׁךְ, יִשֹּׁךְ) to bite; to sting; to lend on usury; to oppress
–נַשֵּׁךְ to bite; to sting
–הַשֵּׁךְ to lend on usury; to cause to bite
נֶשֶׁךְ ז. interest; usury
נִשְׁכָּה נ. (*Bib.*, v. לִשְׁכָּה) chamber
נשל (נָשַׁל, יִשַּׁל) to throw off; to fall off; to cast out
–נַשֵּׁל to drive out; to remove

נשם (נָשַׁם, יִנְשֹׁם) to breathe

–נַשֵּׁם to breathe heavily

–הִתְנַשֵּׁם to pant

–הַנְשֵׁם to breathe into

נְשָׁמָה נ. soul, breath of life, spirit; living being

–עֲלִיַּת־נְשָׁמָה exaltation of spirit

נשף (נָשַׁף, יִשֹּׁף) to blow, breathe

נֶשֶׁף ז. twilight; evening; darkness; party (at night)

–נֶשֶׁף רִקּוּדִים dancing party, dance, ball

נִשְׁפֶּה (*rhet.*) high

(נשק) הִנָּשֵׂק • to be kindled

–הַשֵּׂק to kindle; to heat

נשק (נָשַׁק, יִשַּׁק) to kiss; to touch; to arm oneself

–נַשֵּׁק to kiss

–הִתְנַשֵּׁק to kiss one another

–הַשֵּׁק to touch; to launch (a ship)

נֶשֶׁק, נֵשֶׁק ז. arms, weapons; armory

–נֶשֶׁק חַם firearms

–נֶשֶׁק קַר cold steel (as bayonet)

–שְׁבִיתַת נֶשֶׁק armistice

נשר (נָשַׁר, יִשֹּׁר) to fall out; to be shed

–הַשֵּׁר to let fall

נֶשֶׁר ז. eagle; vulture; fallen fruit

נשת (נָשַׁת, יִשֹּׁת) to be parched

נִשְׁתְּוָן ז. (*Ar.*) letter; decree

נִתּוּחַ ז. operation; analysis

(נתז) הִנָּתֵז to jump off; to be sprinkled

–הַתֵּז to cut off; to sprinkle; to stress

(נתח) נַתֵּחַ to cut, carve; to operate; to analyse

נֵתַח ז. (ר. נְתָחִים) slice; piece

נָתִיב ז. נְתִיבָה נ. (*rhet.*) path, way; course

נָתִין ז. subject (of a state); (*Bib.*) temple-servant

נְתִינוּת נ. citizenship

נתך (נָתַךְ, יִתַּךְ) to flow; to be poured out

–הִנָּתֵךְ to flow; to dissolve

–הַתֵּךְ to melt; to pour out

נֶתֶךְ ז. alloy

נתן (נָתַן, יִתֵּן) to give, to bestow; to put, to place, to set; to allow, to permit; to assign, to devote; to make; to treat as

–נָתַן קוֹל to raise one's voice, to shout

–נָתַן שָׁלוֹם (לְ־) to greet

–מִי יִתֵּן... oh that...

–הִנָּתֵן to be given, delivered; to be placed; to be permitted

(נתע) הִנָּתַע (נִתַּע) to be torn out

נִתְעָב despised, contemptible

נתץ (נָתַץ, יִתֹּץ) to destroy

–נַתֵּץ to smash, to break

נתק (נָתַק, יִתֹּק) to tear out; to cut off

–הִנָּתֵק (נִתַּק, יִנָּתֵק) to be cut off; to be torn from; to be drawn away

–נַתֵּק to tear asunder; to break off (contact, relation)

נֶתֶק ז. scab (over wound)

נתר (נָתַר, יִתַּר) to tremble; to leap, to hop

–נַתֵּר to leap, to hop

–הַתֵּר to loosen; to set free; to permit; to solve (a problem, etc.)

–הִתִּיר סָפֵק to remove a doubt

–הֻתַּר to be loosened; to be freed; to be permitted

–הֻתְּרָה הָרְצוּעָה the restriction has been removed

נֶתֶר ז. niter; carbonate of soda

נַתְרָן ז. sodium

נתש (נָתַשׁ, יִתּשׁ) to tear out; to uproot; to destroy, exterminate; to expel

–הִנָּתֵשׁ to be uprooted; to be expelled

ס

סְאֵב to defile

—הִסְתָּאֵב to defile oneself; to be contaminated

סְאָה נ. (ר. סְאִים) (*Bib.*) a dry measure (third part of an אֵיפָה)

—גָּדַשׁ אֶת הַסְּאָה to exaggerate

סְאוֹן ז. (*Bib.*) boot; noise

סָב, סָבָא ז. old man; grandfather

סבא (סָבָא, יִסְבָּא) to drink to excess

סֹבֶא ז. drink, spirits

סבב (סָבַב, סַב, יָסֹב) to turn; to turn about; to move round; to surround; to walk about; to cause

—הִסֹּב (נָסַב, יִסַּב) to turn aside; to be transmitted to others; to surround

—סַבֵּב, סוֹבֵב to turn; to surround; to cause

—הִסְתּוֹבֵב to turn round; to walk about

—הָסֵב to cause; to turn; to hand over; to surround; to sit at table; to lean (against the back of a chair); to change

סִבָּה נ. cause

סִבּוּךְ ז. complication

סַבּוֹן ז. soap

סָבוּר, כְּסָבוּר being of opinion (that), suppose, think (that)

—סְבוּרַנִי, סְבוּרְנִי I think

סָבִיב around

—מִסָּבִיב all around

סְבִיבָה נ. surroundings; neighborhood

סְבִיבוֹן ז. top (for spinning)

סַבְיוֹן ז. groundsel, ragwort

סָבִיל passive

סְבִין ז״ר bran

סבך (סָבַךְ, יִסְבֹּךְ) to interweave, to twist

–סִבֵּךְ to entangle; to complicate; to confuse

–הִסְתַּבֵּךְ to be entangled; to become complicated; to be mixed up, confused

סְבָךְ, סְבַךְ ז. thicket

סְבָכָה נ. lattice

סבל (סָבַל, יִסְבֹּל) to bear; to carry, to endure; to suffer

–הִסָּבֵל to be tolerated

–הִסְתַּבֵּל to become a burden

סַבָּל ז. porter; load, burden

–כֹּחַ הַסַּבָּל endurance (*Bib.*)

סֵבֶל ז. load, burden; suffering

סִבְלָה נ. burden; forced labor

סַבְלָן ז. tolerant person

סַבְלָנוּת נ. patience; tolerance

סַבֵּן to soap

–הִסְתַּבֵּן to soap oneself

סבר (סָבַר, יִסְבֹּר) to think, suppose

–הַסְבֵּר to explain

–הַסְבֵּר פָּנִים to be cordial

–הִסְתַּבֵּר to be made clear

סֵבֶר ז. hope

–סֵבֶר פָּנִים friendliness

סְבָרָה נ. conclusion by reason, rational inference; opinion, supposition

סַבְתָּא נ. grandmother

סגד (סָגַד, יִסְגֹּד) to bow

סִגּוּל ז. adjustment

סְגוֹל ז. Hebrew vocal sign (ֶ)

סֶגֶל ז. staff (of institution, etc.); cadre; corps (diplomatic, etc.); team; crew

סִגּוּף ז. castigation, torture

סְגוֹר ז. shutting up

סְגִיָּה נ. study; subject for study; problem

סְגִירָה נ. closing, locking in

(סגל) סַגֵּל to acquire; to adjust, to adopt

–הִסְתַּגֵּל to adjust oneself

סֶגֶל ז. violet (flower)

סָגֹל violet (color)

סְגַלְגַּל oval

סְגֻלָּה נ. possession; precious object; peculiarity; remedy; merit

סְגֻלִּי specific; best

סְגָן ז. (ר. סְגָנִים) deputy-, vice- (substitute or second-rank official); administrator; (*Bib.*) prefect; (*Tal.*) deputy to the High Priest

סֶגֶן ז. (ר. סְגָנִים) lieutenant

–סֶגֶן מִשְׁנֶה second lieutenant

סִגְנוֹן ז. literary style; sign, signal; flag

סִגְנֵן to put into good style; to formulate

(סגף) סַגֵּף to torture, to castigate

–הִסְתַּגֵּף to torture oneself

סַגְּפָן ז. ascetic

סגר (סָגַר, יִסְגֹּר) to close, shut; to enclose

–זָהָב סָגוּר (*Bib.*) solid gold

–הִסָּגֵר to be closed

–סַגֵּר to deliver, to give up

–הַסְגֵּר to close, enclose; to deliver, to give up

–הִסְתַּגֵּר to lock oneself in; to keep aloof

סַגְרִיר ז. heavy rain downpour

סַד ז. stocks (wooden frame in which the legs of criminals were confined)

סִדּוּר ז. arrangement, order; prayer book

סָדִין ז. (ר. סְדִינִים) bedsheet; (*Bib.*) linen garment

סַדָּן ז. tree-stump; anvil; axle; (*rhet.*) axis of the earth

סַדְנָה נ. workshop

סֶדֶק, סֶדֶק ז. cleft; crack

(סדק) הִסָּדֵק, הִסְתַּדֵּק to be cracked

(סדר) סַדֵּר to order, arrange; to organize; to set (type); (*col.*) to "fix," to have settled

–הַסְדֵּר to settle; to introduce order

–הִסְתַּדֵּר to organize oneself; to be settled; (*col.*) to "fix" things, settle difficulty, get along (well)

סֵדֶר ז. order; arrangement; section (of Mishna); religious ceremonies of Passover night

–אִי־סֵדֶר disorder

–בְּסֵדֶר in order; (*col.*) O.K.

–תַּרְגִּילֵי־סֵדֶר drill

סִדְרָה נ. order; series; Bible-portion

סַדְרָן ז. usher; steward, keeper of order; dispatcher (bus, etc.); organizer of work (as in kibbutz)

סַהַר ז. moon, crescent

–אַגַּן הַסַּהַר ז. (*Bib.*) bowl

סֹהַר, בֵּית הַסֹּהַר ז. prison

סַהֲרוּרִי moonsick; sleepwalker

סוג (סָג, יָסוּג,) הִסּוֹג to draw back; to retreat

–סַוֵּג to classify

סוּג fenced

סוּג ז. species, kind; category

סוּגְיָה נ. v. סֻגְיָה

סוּגַר ז. cage; muzzle

סוֹגֵר closing stanza

–סוֹגְרַיִם parentheses, brackets

סוֹד ז. (ר. סוֹדוֹת) advice, counsel; secret

סוֹדִי secret

(סוד) הִסְתּוֹדֵד to consult, in whisper
סוּדָר ז. shawl; cloak
סוּחָה נ. dung; dirt
סוֹחֵר ז. (ר. סוֹחֲרִים) merchant, businessman
סוֹחֵרָה נ. (*Bib.*) shield
(סוט) הֵסִיט to shift
סוֹטָה נ. woman suspected of adultery
סוּך (סָךְ, יָסוּךְ) to anoint; to oil
–הֵסֵךְ to anoint
סוֹכֵךְ ז. umbrella; shield
סוֹכֵן ז. agent; (*Bib.*) manager
–סוֹכֶנֶת housekeeper
סוֹכְנוּת נ. agency
סוֹלְלָה, סֹלְלָה נ. wall, rampart; battery (*electricity*, *artillery*)
סוֹלָן* ז. soloist
סוּמָא, סוּמֵא ז. blind man
סוּס ז. horse
–סוּסָה mare

סוּף ז. reed
–יַם סוּף Red Sea
סוּף (סָף, יָסוּף) to end, perish
–הֵסֵף to destroy
סוֹף ז. end, finish
–סוֹף סוֹף finally, after all
–סוֹפוֹ לְ־ he will finally...
–אֵין סוֹף eternity; God; infinity; infinite
–לְבַסּוֹף at last
סוּפָה נ. storm
סוֹפֵר ז. scribe; writer; (*Tal.*) teacher; Massorete
סוֹצְיָלִי* social
סוֹצְיָלִיזְם* ז. socialism
סוּר (סָר, יָסוּר) to turn aside; to turn from; to leave off; to turn in; to go in; to be removed
–הֵסֵר to remove; to put away; to turn away; to take off
–סוֹרֵר to pervert

סוּר ז. (*Bib.*) weed

סַוָּר ז. stevedore

סוֹר . original evil state

סוֹרֵר disobedient, rebellious

(סות) הֵסִית to persuade, entice; to incite; to provoke

סוּת נ. (*Bib.*) garment

סחב (סָחַב, יִסְחַב) to drag, to pull; (*col.*) to filch

—הִסָּחֵב to be dragged

סְחָבָה נ. rag

סַחֶבֶת נ. delay, putting off

(סחה) סֵחָה to wipe off

סְחוֹר roundabout

סְחוֹרָה נ. trade; merchandise

סחט (סָחַט, יִסְחַט) to squeeze; to extort

סַחְטָן ז. extorter; blackmailer

סְחִי ז. sweepings; dirt

סְחִיבָה נ. dragging; pulling; (*col.*) filching

סְחִיטָה נ. squeezing; blackmail

סָחִישׁ ז. aftergrowth

סחף (סָחַף, יִסְחַף) to carry away; to sweep away; to erode

סחר (סָחַר, יִסְחַר) to trade; to go about

סֹחֵרָה נ. (*Bib.*) shield

סְחַרְחַר dizzy

סְחַרְחֹרֶת נ. dizziness

סַחְרֵר to turn round; to cause dizziness

סֹחֶרֶת נ. black marble

סטה (סָטָה, יִסְטֶה) to be faithless (to husband); to turn aside

סְטָו, סְטָיו ז. pillared hall, colonnade

סְטָטִיסְטִיקָה* נ. statistics

סְטִירָה נ. slap

—סְטִירַת לֶחִי slap in the face

סטר (סָטַר, יִסְטֹר) to slap

סִטְרִי of one side, one direction

—חַד־סִטְרִי one-way (street)

סִיג ז. (ר. סִיגִים) dross; slag

סַיֵּג to hedge in

–הִסְתַּיֵּג מִן־ to dissociate oneself from

סְיָג ז. hedge, fence; protective measure

(סיד) סַיֵּד to whitewash

סִיד ז. lime; calcimine

סִיּוּט ז. fright; nightmare

סִיּוּם ז. end; finish; completion

סִיוָן ז. name of the 9th month

סִיּוּעַ ז. aid, help

סִיּוּר ז. round; visit; tour; reconnaissance; patrol

סִיחַ v. שִׂיחַ

סְיָח, ז. colt; pony; (*Tal.*) young ass

סִיטוֹנַאי ז. wholesale merchant

סִיטוֹנוּת נ. wholesale

סִיכָה נ. anointing; oiling

סִילוֹן ז. pipe; jet

–מְטוֹס סִילוֹן jet plane

סַיֵּם to conclude, to finish; to mark

–הִסְתַּיֵּם to be finished; to be marked

סִימָן ז. sign, mark

–סִימַן קְרִיאָה exclamation mark

–סִימַן שְׁאֵלָה question mark

סִיֹּמֶת נ. suffix

סִין נ. China (country)

סִינַי ז. Sinai (mount, desert)

סִיס ז. swallow

סִיסְמָה נ. slogan; password

(סיע) סַיֵּעַ to help, aid; to support

–הִסְתַּיֵּעַ to lean on, to be supported

סִיעָה נ. faction; group

סַיִף ז. sword

סַיֵּף to fence

סַיֵּר to view; to visit; to tour; to patrol; to reconnoiter

סִיר ז. (ר. סִירִים) kettle; pot; (*rhet.*) thorn; brushwood

– ר. סִירוֹת (*Bib.*) tub (for ashes)

סַיָּר ז. reconnoiter

סִירָה נ. (ר. סִירוֹת) boat

סַיֶּרֶת נ. cruiser

סָךְ ז. crowd

–בַּסָּךְ in procession

סַךְ ז. number, sum, amount

–סַךְ־הַכֹּל total

סֹךְ ז. thicket; booth; cover, screen

סֻכָּה נ. hut; cabin; tabernacle; thicket

–חַג הַסֻּכּוֹת the Feast of Tabernacles

סִכָּה נ. pin; brooch

–סִכַּת־בִּטָּחוֹן safety pin

סִכּוּי ז. hope, prospect

סְכוּם ז. number, sum, amount

סִכּוּן ז. risk, hazard

סַכִּין זו״נ. knife

סכך (סַךְ, יָסֹךְ) to shelter; to protect

–סַכֵּךְ to cover, to roof

–הָסֵךְ to cover

סְכָךְ ז. covering; covering material

סְכָכָה נ. awning, shed

(סכל) הִסָּכֵל to be dull, foolish; to act foolishly

–סַכֵּל to frustrate, fail

–הִסְכֵּל to act foolishly

–הִסְתַּכֵּל to observe, watch

סָכָל ז. (ר. סְכָלִים) fool

סֶכֶל ז. סִכְלוּת נ. folly

(סכם) סַכֵּם to sum up, to add up

–הַסְכֵּם to agree

סכן (סָכַן, יִסְכֹּן) to be useful; to bring advantage

–הִסָּכֵן (נִסְכַּן) to be in danger

–סַכֵּן to endanger

–סֻכַּן to be endangered

–הַסְכֵּן to be accustomed

–הִסְתַּכֵּן to get into danger

סַכָּנָה נ. danger

סִכְסוּךְ ז. conflict; quarrel, skirmish

סִכְסֵךְ to stir up, to incite

–הִסְתַּכְסֵךְ to become embroiled (in strife, etc.)

(סכר) הִסָּכֵר to be closed, stopped up

–סַכֵּר (*Bib.*) to deliver up

סֻכָּר ז. sugar

סֻכָּרִיָּה נ. candy

סָכָרִין* ז. saccharine

סַכֶּרֶת נ. diabetes

(סכת) הַסְכֵּת to listen attentively

סַל ז. basket

(סלא) סֻלּוֹא (*rhet.*) to be weighed, valued

סלד (סָלַד, יִסְלֹד) to start back; to jump up; to abhor

סָלָה, סִלֵּה (*rhet.*) to reject

–סֻלֵּה to be balanced

סֶלָה (*Bib.*) musical term (used in psalms and liturgy)

סָלוּל paved (road)

סַלּוֹן ז. (ר. סַלּוֹנִים), סִלּוֹן ז. (ר. סִלּוֹנוֹת) thorn, prickle

סָלוֹן* ז. salon

סִלּוּף ז. perverting (of facts)

סִלּוּק ז. removing; paying off; cantillation sign (,)

סלח (סָלַח, יִסְלַח) to forgive

סַלָּח, סַלְחָן ז. one who forgives

סְלִיחָה נ. forgiveness, pardon; penitential prayer

–סְלִיחָה! I beg your pardon!

סְלִיל ז. spool; coil (*electricity, etc.*)

סלל (סַל, סָלַל; יָסֹל) to heap up; to pave; (*rhet.*) to exalt

–הִסְתּוֹלֵל to be arrogant; to oppress

סֻלָּם ז. (ר. סֻלָּמוֹת) ladder; staircase; scale; grading;

סִלְסוּל ז. (*rhet.*) dignity; curling; trill

סִלְסֵל to curl hair; to exalt; to trill (voice)

–הִסְתַּלְסֵל to be curled; to be trilled (voice)

סַלְסִלָּה נ. little basket; vine-tendril

סַלְסָלָה נ. fine cloth

סֶלַע ז. (ר. סְלָעִים) rock; cliff; might; power; weight; (*Tal.*) a coin

–סֶלַע הַמַּחְלֹקֶת "bone of contention"

סָלְעָם ז. species of locust

(סלף) סִלֵּף to pervert

סֶלֶף ז. perverseness; viciousness

סִלֵּק to remove, put away; to pay off

–סֻלַּק to be removed

–הִסְתַּלֵּק to withdraw; to resign; to die, expire

–יָדָיו מְסֻלָּקוֹת מ... he has washed his hands of

סֶלֶק ז. beet

סֹלֶת נ. fine flour

–סָלְתּוֹ וְשַׁמְנוֹ שֶׁל – the choice of

סַלְתָּנִית נ. sardine

סַם ז. spice; drug; poison

–סַמִּים מְשַׁכְּרִים narcotics

סִמֵּא, סִמֵּה to blind

–סִמֵּא עֵינֵי to deceive

–הִסְתַּמֵּא to become blinded

סַמְבּוּק* ז. lilac

סַמְבַּטְיוֹן ז. Sambation, (legendary river)

סְמָדַר ז. blossom

סִמֵּה v. סִמֵּא

סָמוּי blind; blinded; invisible

סָמוּךְ firm; leaning; referring; near, close

–סְמוּכִין ז״ר references to support opinion

סָמוֹךְ ז. סְמוֹכָה נ. support, prop

סִמְטָה נ. (ר. סִמְטָאוֹת) alley, lane

סָמִיךְ thick, dense

סְמִיכָה נ. leaning; laying one's hand (upon the head of the sacrifice); ordination, authorization

סְמִיכוּת נ. Rabbinical ordination; (*gram.*) construct state; closeness; relation; density

סֵמִינָר* ז. seminar

סמך (סָמַךְ, יִסְמֹךְ) to support; to lay one's hand on the head of the sacrifice; to authorize, empower; to ordain;–עַל to lean upon;–אֶל to draw near, to approach

–סָמַךְ עַל פְּלוֹנִי to rely on someone

–הִסְמִיךְ to draw near; to thicken; to ordain; to confer a degree

–הִסְתַּמֵּךְ עַל to rely on

סֶמֶךְ ז. support, reliance

–בֶּן סֶמֶךְ, בַּר סַמְכָא reliable authority

–עַל־סֶמֶךְ, עַל־סְמַךְ on the basis of

סֵמֶל, סֶמֶל ז. image; symbol; badge; insignia, emblem

סִמֵּל to symbolize

סַמָּל ז. sergeant

סַמְמָן, סַמָּן ז. color, dye; spice; drug

(סמן) הִסָּמֵן to be marked

–סַמֵּן to mark, sign

סִמָּן, סִימָן ז. sign, mark

–סִמָּן מֻבְהָק sure sign

סִמְפוֹנְיָה* נ. symphony

סִמְפָּתִי* sympathetic

סִמְפַּתְיָה* נ. sympathy

(סמק) הַסְמֵק to grow red; to blush, flush

סֹמֶק ז. redness

סמר (סָמַר, יִסְמַר) to bristle up, stiffen

–סַמֵּר to bristle up, to stand up (hair); to nail

סְמַרְטוּט ז. rag

סְמַרְטוּטָר ז. rag-picker, old-clothes peddler

סְנָאִי ז. squirrel

סַנֵּגוֹר ז. defender, counsel for the defence

סַנֵּגוֹרְיָה נ. defence (*law*, *etc.*)

סַנְדָּל ז. (ר. סַנְדָּלִים) sandal; horseshoe

סַנְדְּלָר ז. shoemaker

סַנְדְּלָרִיָּה נ. shoemaker's shop

סַנְדָּק ז. godfather

סְנֶה ז. (ר. סְנָאִים) thornbush

סַנְהֶדְרִיָּה, סַנְהֶדְרִין נ. Sanhedrin, high court of law

סְנוּנִית נ. swallow (bird)

סַנְוֵרִים ז״ר blindness

סַנְטֵר ז. chin

סַנֵּיגוֹר ז. .v סַנֵּגוֹר

סַנֵּיגוֹרְיָה נ. .v סַנֵּגוֹרְיָה

סָנִיטָר* ז. hospital worker, hospital orderly

סְנִיף ז. branch (of business)

(סנן) סַנֵּן to filter, to strain; to purify

סֶנְסַצְיָה* נ. sensation

סַנְסָן ז. (ר. סַנְסִנִּים) fruit-stalk of date

סְנַפִּיר ז. fin

סְנֹקֶרֶת נ. a punch, a blow

סִנָּר ז. apron; (formerly) belt, girdle

סִנְתֶּזָה* נ. synthesis

סָס ז. moth

סַסְגּוֹנִי multicolored

סעד (סָעַד, יִסְעַד) to support; to dine

–סָעוֹד לֵב to strengthen; to refresh (by food), to dine

סַעַד ז. relief, support

סְעֻדָּה, סְעוּדָה נ. meal; banquet

סָעִיף ז. (ר. סְעִיפִים) cleft; paragraph; (*law*) clause; (*rhet.*) branch

סָעֵף to cut off; to divide into paragraphs

–הִסְתָּעֵף to branch off

סָעֵף ז. (ר. סְעִפִּים) twig

–פָּסַח עַל שְׁתֵּי הַסְּעִפִּים to be wavering, irresolute

סְעַפָּה נ. (*Bib.*) twig

סער (סָעַר, יִסְעַר) to storm; to rage

–הִסָּעֵר to be moved, excited

–סֵעֵר to blow, scatter

–הִסְתָּעֵר to storm

–הַסְעֵר to enrage

סַעַר ז., סְעָרָה נ. storm, gale

סַף ז. (ר. סִפִּים, סִפּוֹת) doorsill; threshold; basin; dish

–סַף הַהַכָּרָה threshold of awareness

ספג (סָפַג, יִסְפֹּג) to absorb; to blot up

–נְיָר סוֹפֵג blotting paper

–הִסְתַּפֵּג to dry oneself

סֻפְגָּנִית נ. sponge cake; doughnut

ספד (סָפַד, יִסְפֹּד) to mourn; to lament

–הַסְפֵּד to lament; to hold a funeral sermon

ספה (סָפָה, יִסְפֶּה) to destroy; (*Bib.*) to take off, to shave (a beard); to add

–הִסָּפֵה (נִסְפָּה, יִסָּפֵה) to be carried off; to be destroyed

–הַסְפֵּה to heap up

סַפָּה נ. sofa, couch

סְפוֹג ז. sponge

סָפוּן vaulted; stored; buried

סִפּוּן ז. ceiling; deck

סִפּוּק ז. satisfaction; support; daily bread; sufficiency

סָפוּר numbered

–סְפוּרִים few

סִפּוּר ז. telling; tale, story; hairdressing
סְפּוֹרְט* ז. sports
ספח (סָפַח, יִסְפַּח) to add; to attach
–הִסְפִּחַ to join
–הִסְתַּפֵּחַ (אֶל) to join
סַפַּחַת נ. scurf, scab
סֶפְּטֶמְבֶּר* ז. September
סְפִיגָה נ. sucking, suction
סָפִיחַ ז. aftergrowth; (*Bib.*) flood
סְפִינָה נ. ship
סַפִּיר ז. sapphire (gem)
סְפִירָה נ. counting, numbering; statistics; sphere (in the Kabbalah)
–סְפִירַת הָעֹמֶר count of the 49 days between פֶּסַח and שָׁבוּעוֹת (Lev. XXIII 16)
סְפֵירָה* נ. sphere
סֵפֶל ז. cup; bowl
ספן (סָפַן, יִסְפֹּן) to cover; to hide

סַפָּן ז. sailor, seaman
סַפָּנוּת נ. shipping
סַפְסָל ז. bench
סַפְסֵר to speculate
סַפְסָר ז. speculator; broker
סַפְסָרוּת נ. speculating; brokerage
(ספף) הִסְתּוֹפֵף to stand at the threshold
ספק (סָפַק, יִסְפֹּק) to strike; to clap one's hands (in sorrow)
סִפֵּק to provide, supply; to satisfy
–סֻפַּק to be supplied
–הִסְפִּיק to offer; to supply; to be sufficient
–הִסְתַּפֵּק to content oneself with; to be satisfied with
סִפֵּק, סֵפֶק ז. sufficiency; ability
סַפָּק ז. supplier
סָפֵק, סֶפֶק ז. (ר. סְפֵקוֹת) doubt

undoubtedly	–לְלֹא סָפֵק
doubtful	–מוּטָל בְּסָפֵק
scepticism	סַפְקָנוּת נ.
to count, number	ספר (סָפַר, יִסְפֹּר)
to tell, proclaim: to cut the hair	–סִפֵּר
to have one's hair cut	–הִסְתַּפֵּר
book; (*Bib.*) letter; writing; document	סֵפֶר ז. (ר. סְפָרִים)
not sufficiently clear or understood	–כַּסֵּפֶר הֶחָתוּם
border, frontier; (*Bib.*) numbering	סְפָר ז.
barber	סַפָּר ז.
Spain	סְפָרַד נ.
Spanish; Sephardic	סְפָרַדִּי ז.
numeral; (*Bib.*) book; literature	סִפְרָה נ.
booklet	סִפְרוֹן ז.
literature	סִפְרוּת נ.
belles-lettres	–סִפְרוּת יָפָה
literary	סִפְרוּתִי
library	סִפְרִיָּה נ.
librarian	סַפְרָן ז.
to number	סַפְרֵר
stoning, execution by stoning	סְקִילָה נ.
look, glance, review	סְקִירָה נ.
to stone, to put to death by stoning	סקל (סָקַל, יִסְקֹל)
to stone; to clear away stones	–סִקֵּל
to look, glance; to review; to paint (face)	סקר (סָקַר, יִסְקֹר)
to paint red; to review	–סִקֵּר
survey	סֶקֶר ז.
curiosity	סַקְרָנוּת נ.
angry, embittered; dejected	סַר, סָר
to refuse;	סָרֵב (לְ־)
to urge	–(בְּ־)

סְרָבִים ז״ר thorns

סַרְבָּל ז. overalls

סַרְבֵּל to wrap up; to make cumbersome

סַרְבָּן ז. stubborn person

סרג (סָרַג, יִסְרֹג) to plait; to knit

סִרְגּוּל ז. ruling (of lines)

סַרְגֵּל to draw (lines), rule

סַרְגֵּל ז. ruler

סָרָה נ. disobedience; slander; blasphemy

סֵרוּב ז. declining; refusal

סֵרוּג ז. lacing; netting

–לְסֵרוּגִין alternately

סָרוּחַ stretched out; hanging down

סֵרוּס ז. perversion; transposition, jumbling (of text); castration

סרח (סָרַח, יִסְרַח) to stretch oneself out; to overhang; to hang down; to be corrupt; (*rhet.*) to sin

–הַסְרֵחַ to stink

סֶרַח ז. train (of a dress); overhanging; superfluous part of cloth

סִרְחוֹן ז. bad odor; (*rhet.*) sin

סֶרֶט ז. strip, ribbon; film

סִרְטוּט ז. line drawing, sketch

סַרְטֵט draw (in lines), sketch

סַרְטָן ז. crab; cancer (*med.*)

סָרִיג ז. lattice, grid; knitwork

סְרִיגָה נ. knitting

סָרִיס ז. (ר. סָרִיסִים) eunuch; guard of a harem

סְרִיקָה נ. combing

(סרך) הִסְתָּרֵךְ to drag along

סֶרֶן ז. axle; axis; captain (army); (*Bib.*) Philistine ruler

–רַב־סֶרֶן major (army)

(סרס) סָרֵס to castrate; to reverse, jumble (text); to upset (order)

-הִסְתָּרֵס to be castrated; to be perverted

סַרְסוּר ז. agent; broker, jobber

סַרְסֵר to act as a middleman

סַרְעַפָּה נ. (*Bib.*) bough, twig

סִרְפָּד ז. nettle (prickly herb)

סרק (סָרַק, יִסְרֹק) to comb

סְרָק ז. emptiness; barrenness

-אִילַן סְרָק tree bearing no edible fruit

-רַעְיוֹן סְרָק futile idea

סרר (סָרַר, יָסֹר) to be rebellious, stubborn

סְתָו, סְתָיו ז. autumn; (*Bib.*) period of rains

סְתָוִי autumnal

סָתוּם stopped up, closed; secret; not understood

סִתּוּת ז. chiselling; stonecutting; chipping; smoothing of stones

סְתִימָה plugging, plug; filling (in tooth)

סְתִירָה נ. contradiction; destruction; (*chem.*) neutralization

סתם (סָתַם, יִסְתֹּם) to close up, stop up; to hide; to leave unexplained

-הִסְתַּתֵּם to be closed up, stopped

סְתָם ז. vagueness; generality

– ת״פ without special intention

-מִן הַסְּתָם, מִסְּתָמָא (*Ar.*) probably, possibly

סְתָמִי indefinite; vague; neutral; neuter (gender); general, abstract

סתר (סָתַר, יִסְתֹּר) to contradict; to destroy; to conceal

-הִסָּתֵר to hide oneself

-נִסְתָּר hidden; (*gram.*) 3rd person

to conceal, to hide –סַתֵּר, הַסְתֵּר

to hide oneself –הִסְתַּתֵּר

to become stupid –הִסְתַּתְּרָה בִּינָתוֹ

hiding place; secrecy; cover; shelter סֵתֶר ז.

code –כְּתָב־סְתָרִים

secretly –בְּסֵתֶר

protection; shelter סִתְרָה נ.

to chisel, to cut stones; to polish stones (סתת) סַתֵּת

stonecutter סַתָּת ז.

ע

עָב ז. נ. (ר. עָבִים, עָבוֹת) cloud; thicket; (*Bib.*) beam (of wood)

— ש״ת thick

עֹב ז. (ר. עֳבִים) (*obs.*) beam, thick plank

עבד (עָבַד, יַעֲבֹד) to work; to serve; to perform; to worship; to till, plow

–הֵעָבֵד (נֶעֱבַד, יֵעָבֵד) to be tilled, cultivated; to be a servant

–עַבֵּד to tan, dress; to prepare; to adapt; to work out

–הַעֲבֵד to cause to work; to enslave, oppress; to employ

עֲבָד ז. (*Ar.*) work, deed

–בְּדִיעֲבַד when it is over; post factum

עֶבֶד ז. (ר. עֲבָדִים) slave, servant

–עֶבֶד נִרְצָע a willing bondman (cf. Ex. XXI, 6)

עֲבֻדָּה נ. servants

עֻבְדָּה, עוּבְדָה נ. fact; action

עַבְדוּת נ. slavery

עבה (עָבָה, יַעֲבֶה) to grow thick, fat

–הִתְעַבֵּה to become thicker; to become dense

עָבֶה thick; dense

עִבּוּד dressing (of hides); adaptation; elaboration

עֲבוֹדָה נ. work; labor; service; cultivation

-עֲבוֹדַת־אֲדָמָה tillage, agriculture

-עֲבוֹדָה זָרָה idolatry

-עֲבוֹדַת פֶּרֶךְ hard labor

-הָעֲבוֹדָה (*Tal.*) I swear

עֲבוֹט ז. pledge, pawn

עָבוּר, עֲבוּר ז. grain

עֲבוּר, בַּעֲבוּר for; on account of; in order that

עִבּוּר ז. pregnancy; grain; (*rhet.*) outskirts

-עִבּוּר צוּרָה disfigurement

-שְׁנַת עִבּוּר leap year

עֲבוֹת, ז״נ (ר. עֲבוֹתִים, עֲבוֹתוֹת) thick rope, cable; overgrown branch; thicket

-מַעֲשֵׂה עֲבוֹת rope-work, plaited work

עבט (עָבַט, יַעֲבֹט) to pledge; to lend on pledge

-עַבֵּט (*Bib.*) to confuse

עַבְטִיט ז. (*rhet.*) burden

עֳבִי ז. denseness; thickness

עָבִיד workable

עָבִיט ז. chamber pot; saddle; trough for grapes

עָבִיר passable

עבר (עָבַר, יַעֲבֹר) to pass, cross; to go by; to transgress; to pass away; to be current

-לְשֶׁעָבַר formerly, in the past, ex-

-עוֹבֵר אֹרַח passer-by

-עוֹבֵר וּבָטֵל senile

-הֵעָבֵר to be crossed, passed over; to make go through

-עַבֵּר to impregnate

-שָׁנָה מְעֻבֶּרֶת leap year

-הַעֲבֵר to lead over, to take across; to put away; to pass; to transfer

-הִתְעַבֵּר to get angry; to conceive

-עוֹבֵר לַסּוֹחֵר marketable, salable

-עָבוֹר לִפְנֵי הַתֵּבָה — to lead in prayer

עָבָר ז. — over; past (time gone by)

עֵבֶר ז. (ר. עֲבָרִים) — opposite side; side; flank

-מֵעֵבֶר לְ- — beyond, across

עֻבָּר ז. — embryo

עֲבָרָה נ. — ferryboat

עֶבְרָה נ. — anger, wrath

עֲבֵרָה נ. — sin, transgression

עִבְרִי ז. (ר. עִבְרִים, עִבְרִיִּים) — Hebrew, Jew

– ש״ת — Hebrew

עֲבַרְיָן ז. — sinner, transgressor

עִבְרִית נ. — Hebrew language

עִבְרֵת — to Hebraize

עבש (עָבַשׁ, יֶעֱבַשׁ) — to rot

(עבת) עִבֵּת (*Bib.*) — to entangle

עָבֹת — entangled

עגב (עָגַב, יַעְגֹּב עַל-) — to love passionately; to lust; to flirt

עֻגָּב, עוּגָב ז. — flute; organ

עֲגָבָה נ. — sensual love

עֲגָבִים ז״ר — sensual love; flirtation

עַגְבָנִיָּה נ. — tomato

עַגֶּבֶת נ. — syphilis

עֻגָּה נ. — cake; (*Bib.*) small loaf

עִגּוּל ז. — circle; cake (of figs, etc.); ball; making round, rounding off

עָגוּם — sad

עִגּוּן ז. — tying; being tied; casting anchor

עֲגוּנָה נ. — woman deserted by her husband

עָגוּר ז. — crane (bird)

עֲגוּרָן ז. — crane (machine)

עָגִיל ז. (ר. עֲגִילִים) — earring; buckle

(עגל) עִגֵּל — to roll; to draw a circle; to make round

-הִתְעַגֵּל — to become round

עָגֹל — round

עֵגֶל ז. (נ. עֶגְלָה, ר. עֲגָלִים) — calf

soon (*Ar.*) (עֶגְלָא) בַּעֲגָלָא

cart; wagon עֲגָלָה נ.

the Great (Little) Bear —הָעֲגָלָה הַגְּדוֹלָה (הַקְּטַנָּה)

baby carriage —עֶגְלַת־יְלָדִים

carriages (*rhet.*) —עֶגְלוֹת צָב

driver, coachman עֶגְלוֹן ז.

to be sad עגם (עָגַם, יֶעְגַּם)

sorrow עָגְמָה, עָגְמַת נֶפֶשׁ נ.

sorrowful עַגְמוּמִי

to anchor עגן (עָגַן, יַעֲגֹן)

to anchor; to be prevented from remarrying —הֶעֱגִין

to anchor; to desert a wife —עִגֵּן

anchor עֹגֶן ז.

to; until; while (*rhet.*) עַד, עֲדֵי

unless —עַד אִם

until when?, how long? —עַד אָן?, עַד אָנָה?

to me, to you, etc. —עָדַי, עָדֶיךָ

inclusive —וְעַד בִּכְלָל

very much —עַד מְאֹד

before —עַד שֶׁלֹּא

because of; by; through —בְּעַד, בַּעַד

both small and great —מִקָּטֹן וְעַד גָּדוֹל

eternity; (*rhet.*) prey; booty עַד ז.

—לָעַד, לַעֲדֵי עַד, עֲדֵי עַד,

forever לְעוֹלָם וָעֶד

witness; proof עֵד ז. (ר. עֵדִים)

witness proved false —עֵד זוֹמֵם

eyewitness —עֵד רְאִיָּה

עֵד ז. (ר. עִדִּים) (*rhet.*)

soiled garment

to adorn oneself; (*Bib.*) to walk through עדה (עָדָה, יַעְדֶּה)

to adorn —הַעֲדֵה

congregation; assembly; swarm; law עֵדָה נ.

encouragement עִדּוּד ז.

hoeing עִדּוּר ז.

עֵדוּת נ. (ר. עֵדְיוֹת) testimonial, testimony; bearing witness; law; commandment

עֲדִי ז. (ר. עֲדָיִים) ornament

עֲדֵי (rhet.) to; until

–מִבַּלְעֲדֵי without; except

עָדִין tender, soft; delicate

עֲדַיִן still, yet

עָדִיף preferable, better; superior

עֲדִיפוּת נ. preference, priority; superiority

עִדִּית נ. best soil; best

עִדְכֵּן to render up-to-date

עֲדְלִידָע ז. Purim carnival

(עדן) הִתְעַדֵּן to take pleasure

עֵדֶן ז. (ר. עֲדָנִים) delight, pleasure; luxury

–גַּן־עֵדֶן Paradise

עֲדֶן, עֲדֶנָּה (rhet.) until now, so far

עִדָּן ז. time; period, epoch

עֶדְנָה נ. luxuriousness; pleasure

עדף (עָדַף, יַעֲדֹף) to be more than enough; to be extensive

–הֶעְדִּיף to prefer; to have a surplus; to do more, give more

עֹדֶף ז. surplus; rest; change (money)

עדר (עָדַר, יַעְדֹּר) to hoe; (*Bib.*) to arrange; to put in battle order

–הֶעְדֵּר to be hoed, weeded; to be missing; to be lacking; to stay away

–עִדֵּר to leave out; to hoe

עֵדֶר ז. (ר. עֲדָרִים, עֲדָרוֹת) herd, flock

עֲדָשָׁה נ. (ר. עֲדָשִׁים) lentil; lens

– (ר. עֲדָשׁוֹת) lens; eyeball

(עוב) הֵעִב to cloud, to darken

עוֹבֵד ז. worker

עוג (עָג, יָעוּג) to draw a circle; to bake cake

עוֹגֵב ז. a flirt, lover

(עוד) עִוֵּד (*Bib.*) to surround

-הֵעֵד to bear witness; (בְּ־) to warn

-עוֹדֵד to encourage

-הִתְעוֹדֵד to pull oneself together

עוֹד continually, yet, still; another; again; while yet

-אֵין עוֹד there is (are) no more

-לֹא עוֹד no longer

-עוֹדִי, עוֹדֶנִּי I am still

-עוֹדְךָ you are still

-בְּעוֹד while, during

-בְּעוֹד מוֹעֵד in time, early

-וְעוֹד and so on

-מֵעוֹדִי in my whole life

עוה (עָוָה, יַעֲוֶה) to transgress; to act crookedly

-הֵעָוֶה (נַעֲוָה) to be crooked, bent; to be a sinner

-עִוָּה, הֶעֱוָה to twist, contort; to pervert; to spoil

-הֶעֱוָה פָּנָיו to pull a face

-הִתְעַוָּה to be perverted

עַוָּה נ. (*Bib*) destruction, overthrow

עִוּוּת ז. bending, contorting; perverting, distorting

עוז (עָז, יָעוּז) to seek refuge

-הֵעֵז to gather; to bring into safety; to flee for safety

עוֹז, עֹז ז. courage; (*rhet.*) praise; fortress

עוֹזֵר ז. helper

-עוֹזֶרֶת בַּיִת maid

עוט (עָט, יָעוּט עַל) to rush upon

עֲוָיָה נ. grimace

עֲוִיל ז. sinner, villain; youngster

עוֹיֵן envious; hostile

עֲוִית נ. convulsion, spasm

(עול) עִוֵּל to do wrong

עֶוֶל ז. wrong; dishonesty

עַוָּל ז. wicked man
עוּל ז. baby, child
עוֹלֶה ז. immigrant to Israel
–עוֹלֵה־רֶגֶל pilgrim
עוֹלָה, עֹלָה נ. burnt offering
עַוָלָה, עַוְלָתָה, עוֹלָתָה נ. (*Bib.*) wrong; dishonesty
–בֶּן עַוָלָה wrongdoer
עוֹלֵל, עוֹלָל ז. (ר. עוֹלְלִים, עוֹלָלִים) child
עוֹלֵלוֹת נ״ר gleanings; miscellanea
עוֹלָם ז. (ר. עוֹלָמִים, עוֹלָמוֹת) lifelong; everlasting, eternity; distant past; world
–עוֹלַם הָאֱמֶת world to come
–הָעוֹלָם הַזֶּה this world
–בֵּית עוֹלָם graveyard
–הָעוֹלָם הַבָּא world to come
–לְעוֹלָם forever
–מֵעוֹלָם לֹא never

עוֹלָמִי universal, worldly; eternal
עוֹמֵד standing upright
–פֹּעַל עוֹמֵד intransitive verb
עוֹמֵם faintly burning; quenched (coal)
עָוֹן (ז. ר. עֲוֹנוֹת) sin; transgression
עוֹנָה נ. time; term; season; cohabitation
עוֹנֵן ז. soothsayer; magician
עוֹנָתִי periodic, seasonal
עוּף (עָף, יָעוּף) to fly
–עוֹפֵף to fly, soar; to swing
–הָעֵף to let fly, to throw
–הָעֵף עַיִן עַל – to glance at
–הִתְעוֹפֵף to soar, to fly away
עוֹף ז. (ר. עוֹפוֹת) fowl, bird
עוֹפֶרֶת, נ. lead (metal)
עוּץ (עָץ, יָעוּץ) to advise
עוֹצֵר ז. ruler, sovereign
(עוק) הָעֵק to press, to oppress
עָוָק ז. rung, step (of ladder)

עוּקָה נ. pit to collect water, sump

עוֹקְצָנִי stinging; sarcastic

עוּר (עָר, יָעוּר) to waken; to awake; to be awake

–הֵעוֹר to waken; to be roused; to be bared

–עוֹרֵר to stir up, to arouse; to awaken

–הָעֵר to awaken; to shake; to destroy; to remark

–הִתְעוֹרֵר to be excited, aroused; to waken, awake

עַוֵּר to blind

–הִתְעַוֵּר to become blind

עִוֵּר ז. blind man

– ש״ת blind

–מְעִי עִוֵּר appendix

עוֹר ז. (ר. עוֹרוֹת) skin; leather; fur

–הָפַךְ עוֹרוֹ to change one's skin

עוֹרֵב, ז. raven; crow

–עוֹרְבָא פָּרַח! (*Ar.*) nonsense!

עִוָּרוֹן ז., עַוֶּרֶת נ. blindness

עוֹרֵךְ ז. editor

עוֹרֵךְ־דִּין ז. lawyer

עוֹרֵק ז. vein

עוּשׁ (עָשׁ, יָעוּשׁ) (*rhet.*) to hurry

(עות) עַוֵּת to bend; to contort, to distort; to pervert, to make crooked; to spoil

–הִתְעַוֵּת to twist oneself, contort oneself; to bow; to be distorted, perverted

עַוָּתָה נ. (*Bib.*) oppression

עַז powerful, vigorous

–עַז פָּנִים impudent (person)

–עַז־רוּחַ bold (person)

עֹז ז. strength, vigor

עֵז נ. (ר. עִזִּים) goat

–גְּדִי עִזִּים kid

–צְפִיר עִזִּים, שְׂעִיר עִזִּים he-goat

עֲזָאזֵל Azazel (name of the place where the scapegoat was sent on the day of Atonement (cf. Levit. XVI); devil

–לֵךְ לַעֲזָאזֵל! (*col.*) go to hell!

–שְׂעִיר לַעֲזָאזֵל scapegoat

עזב (עָזַב, יַעֲזֹב) to leave; to desert; to let; to loosen; to set free; (*Bib.*) to help, aid; to fortify

עִזָּבוֹן ז. (ר. עִזְבוֹנִים) inheritance, legacy; (*Bib.*) goods, wares

עָזוּב abandoned

עֲזוּבָה נ. desolation; disorder; negligence

עִזּוּז ז. powerful; mighty

עֱזוּז ז. strength, power

עַזּוּת נ. hardness; rudeness

–עַזּוּת פָּנִים impudence

עזז (עַז, יָעֹז) to be strong, vigorous; to be impudent; to strengthen

–הֵעֵז פָּנִים to answer impertinently

עֲזִיבָה נ. deserting; leaving

עָזְמָה נ. (*rhet.*) courage, boldness

עָזְנִיָּה נ. sea eagle

עזק (עָזַק, יַעֲזֹק) (*rhet.*) to chop; to hoe; to dig; to till

–עִזֵּק to dig; to till

עִזְקָה נ. ring; shackle

עזר (עָזַר, יַעֲזֹר) to help, aid

עֵזֶר ז. עֶזְרָה, עֶזְרַת, עֶזְרָתָה נ. (*Bib.*) help, aid

–עֵזֶר כְּנֶגְדּוֹ (*joc.*) one's better half

עֲזָרָה נ. temple-court

–עֶזְרַת נָשִׁים women's balcony (in synagogue)

עֵט ז. (ר. עֵטִים) pen

–עֵט כַּדּוּרִי ball pen

–עֵט נוֹבֵעַ fountain pen

עטה (עָטָה, יַעֲטֶה) to cover, to wrap; to fold up

הֶעֱטָה to cover, to wrap

–הֶעֱטָה בּוּשָׁה עַל־ to put to shame

עָטוּף covered, wrapped; (*rhet.*) famished

עִטּוּף ז. covering, wrapping

עִטּוּר ז. adorning; wreathing, crowning; medal

עָטוּר adorned; crowned with flowers

עִטּוּשׁ ז. sneeze; sneezing

עָטִין ז. (ר. עֲטִינִים) teat; udder; breast

–עֲטִינִים (*Tal.*) olives ripening in container

עֲטִיפָה נ. wrapping, covering; jacket (of book) (*rhet.*) famishing

עֲטִישָׁה נ. sneezing

עֲטַלֵּף ז. bat

עטף (עָטַף, יַעְטֹף) to cover; to wrap oneself; (*rhet.*) to languish; to famish

–הֵעָטֵף (*rhet.*) to be exhausted, faint

–הַעֲטֵף (*rhet.*) to grow faint

–הִתְעַטֵּף to wrap oneself; (*rhet.*) to be grieved

עטר (עָטַר, יַעְטֹר) to surround, to encircle; to adorn; to crown

–עַטֵּר to encircle; to adorn; to crown

–הִתְעַטֵּר to adorn oneself; to crown oneself

עֲטָרָה נ. crown; cornice; ornament of the talith

(עטש) הִתְעַטֵּשׁ to sneeze

עִי ז. (ר. עִיִּים) heap of ruins

עִיּוּן ז. consideration, deliberation; theory

עִיּוּנִי theoretical; profound

עַיִט ז. (ר. עֵיטִים) vulture; bird of prey

(עלי) לְעֵיל (*Ar.*) up, above

-מִלְעֵיל penultimate (*gram.*)
עֱיָם ז. (*Bib.*) might, strength
עַיֵּן to read; to deliberate
עַיִן נ. (ר. עֵינַיִם) eye; (*rhet.*) appearance; sight; Ayin, name of 16th letter of Heb. alphabet
-עַיִן טוֹבָה, עַיִן יָפָה good-will; well-wishing
-עַיִן רָעָה evil eye; ill-will
-עַיִן צָרָה envy; ill-will
-עֵינֵי רוּחַ vision
-בְּעַיִן in reality
-כְּעֵין, מֵעֵין similar to, like
-בְּשֶׁבַע עֵינַיִם very carefully
עַיִן נ. (ר. עֲיָנוֹת) fountain
עִיף (עָיֵף, יִיעַף) to grow weary, tired
עֵיפָה, עֵיפָתָה נ. (*Bib.*) darkness
עֲיֵפוּת נ. weariness
עִיר נ. (ר. עָרִים) city; (*Bib.*) enemy
-עִיר הַבִּירָה, עִיר וָאֵם, עִיר מְלוּכָה, עִיר מַמְלָכָה capital city
עָרֵי הַשָּׂדֶה provincial towns
עַיִר ז. (ר. עֲיָרִים) young ass
עֲיָרָה נ. small town
עֵירֹם, עֵרֹם naked; nakedness; (a) nude (*art*)
-ש״ת
עִירִיָּה נ. municipality, city hall
עִירוֹנִי urban
עַיִשׁ, עָשׁ ז. the Great Bear (constellation)
עַכֵּב to delay; to detain, prevent; to keep from
-הִתְעַכֵּב to be delayed; to be prevented; to remain, stay
עַכָּבִישׁ ז. spider
-קוּרֵי עַכָּבִישׁ ז״ר spider's web
עַכְבָּר ז. (ר. עַכְבָּרִים) mouse

עִכּוּב ז. hindrance; delay

עִכּוּל ז. digestion

עָכוּר muddy, turbid

עִכֵּל to digest; to consume

עֶכֶס ז. (ר. עֲכָסִים) anklet, ankle-chain; fetter

(עכס) עִכֵּס to tinkle with anklets

עכר (עָכַר, יַעְכֹּר) to make muddy, turbid; (*Bib.*) to bring misfortune; to trouble

עַכְשָׁו, עַכְשָׁיו now

עַכְשׁוּב ז. type of spider

עָל ז. young (of cattle)

עַל, עָל ז. height

— ת״פ high up, above

–מֵעָל from above

עַל, עֲלֵי־ (*rhet.*) on, upon; above; over; for; at; by; about; because of; as regards; for the sake of

–עַל־אודות, עַל־דְּבַר about, of, regarding

–עַל־גַּב, עַל־גַּבֵּי on top of, on, above

–עַל־יַד beside; close by

–עַל־יְדֵי through

–עַל־כָּרְחוֹ perforce

–עַל לֹא־דָבָר! don't mention it!

–עַל־מְנָת שֶׁ– in order that; on condition that

–עַל־פִּי according to

–עַל־שׁוּם because of

עֹל ז. yoke

–מָשַׁךְ בְּעֹל to carry the burden

(עלב) הֶעֱלַב to be insulted

–הֶעֱלֵב to insult

עִלָּאִי supreme

עֶלְבּוֹן ז. insult; oppression

עִלֵּג stuttering

עלה (עָלָה, יַעֲלֶה) to ascend, go up, climb; to rise; to sprout; to advance; to come; to cost; to surpass; to immigrate to Israel

-עָלָה יָפֶה to succeed

-עָלָה לְרֶגֶל to go on a pilgrimage

-הֵעָלֵה to rise up; to depart

-הֶעֱלָה to bring up; to raise; to offer; to put on; to kindle light

-לֹא מַעֲלֶה וְלֹא מוֹרִיד it makes no difference

-הִתְעַלֵּה to rise

עֹלָה נ. (ר. עוֹלוֹת) burnt-offering

עָלֶה ז. (ר. עָלִים) leaf; (*rhet.*) page

עָלוּב unhappy; poor

עִלּוּי ז. elevation; gifted person; genius

עָלוּל liable; fit

עִלּוּם ז. concealment

-בְּעִלּוּם שֵׁם anonymously

עֲלוּמִים ז״ר youth

עָלוֹן ז. leaflet; pamphlet

עֲלוּקָה נ. vampire; leech

עלז (עָלַז, יַעֲלֹז) to rejoice, be merry

עָלֵז rejoicing, merry

עֲלָטָה נ. darkness

עֱלִי ז. pestle

עִלִּי upper; highest

עֲלִיָּה נ. going up, ascent; upper story, attic; elevation; excellence; being called to the Torah-reading; immigration to Israel

עֶלְיוֹן ז. The Most High, God

— ש״ת upper, higher; highest

-יָדוֹ עַל הָעֶלְיוֹנָה to have the upper hand

עֶלְיוֹנוּת נ. supremacy

עַלִּיז happy, joyful, merry

עֲלִיל נ. (*Bib.*) crucible, furnace

-בַּעֲלִיל clearly, evidently

עֲלִילָה נ. act, deed; plot; deceit, false accusation

עֲלִילִיָּה נ. (*rhet.*) deed; action

עֲלִיצוּת נ. joy, merriment

(עלל) עוֹלֵל to do, to act (evilly); to afflict; to thrust; to pluck

–הֶעֱלִיל to plan evil; to libel, to accuse falsely

–הִתְעַלֵּל, הִתְעוֹלֵל to maltreat; to abuse

(עלם) הֶעָלֵם to be hidden; to vanish

–הֶעֱלִים to hide, to conceal

–הִתְעַלֵּם to overlook, ignore; to hide oneself; to vanish; to escape

עֶלֶם ז. (נ. עַלְמָה, ר. עֲלָמִים) youth, young man

עָלְמָא ז. (*Ar.*) world

–בֵּית־עָלְמִין cemetery

עלס (עָלַס, יַעֲלֹס) to be merry

–הִתְעַלֵּס to enjoy oneself; to flirt

עִלְעֵל to turn pages, leaf through

(עלף) עֻלּוּף to famish; to faint; to be covered

–הִתְעַלֵּף to faint; (*Bib.*) to wrap oneself

עַלְפֶּה ז. (*Bib.*) sorrow, grief

עלץ (עָלַץ, יַעֲלֹץ) to rejoice

עִם with; by; beside, near; also; as well as

–עִמִּי, עִמָּדִי with me

–מֵעִם from

עַם ז. (ר. עַמִּים, עֲמָמִים) people, nation

–"עַמְּךָ" the common folk, ordinary folk

–עַם הָאָרֶץ (*Bib.*) inhabitants; ignorant person

–בֵּית־עָם community center

–נֶאֱסַף אֶל־עַמָּיו (*rhet.*) to die, be gathered to one's people

עָמַד to stand; to stand up; to stop; (–לְ) to support

-עָמַד בְּ־ to withstand
-עָמַד בְּדִבּוּרוֹ to keep one's word
-עָמַד לִבְחִינָה be candidate for examination
-עָמַד עַל דַּעְתּוֹ to insist
-הֶעֱמִיד to place; to establish; to erect; to halt, stop
עֶמְדָּה נ. position, stand; attitude; posture
(לְ)עֻמַּת by side; opposite
עַמּוּד ז. pillar; page
-עַמּוּד הַקָּלוֹן pillory
-עַמּוּד הַשַּׁחַר dawn
-עַמּוּד הַתָּוֶךְ central pillar
עַמּוּדָה נ. column
עָמוּם dim, obscure
עָמוּס laden; full
עֲמִידָה נ. standing; persistence; prayer of the Eighteen Benedictions
עֲמִילָן ז. starch
עָמִיר ז. small sheaf

עָמִית ז. friend; colleague
עמל (עָמֵל, יַעֲמֹל) to toil, labor
-הִתְעַמֵּל to exercise; make effort
עָמֵל ז. toiler, worker
עָמָל ז. toil, labor; (*rhet.*) injustice
עֲמָלָה נ. commission
עמם (עָמַם, יָעֹם), עִמֵּם to make dim, to obscure; to overtop
עֲמָמִי public, popular
עמס (עָמַס, יַעֲמֹס) to carry; to burden
-הֶעֱמִיס to burden
עִמְעוּם ז. dimming, darkening
עִמְעֵם to dim; to darken
עמק (עָמַק, יַעֲמֹק) to be deep, profound
-הֶעֱמִיק to deepen, to make deep
-הִתְעַמֵּק to think deeply
עָמֹק deep; profound; hidden
עֹמֶק ז. עֲמָקוֹת נ. depth

עֵמֶק ז. (ר. עֲמָקִים) depth; valley; lowland

–הִגִּיעוּ לְעֵמֶק הַשָּׁוֶה to arrive at an understanding, to compromise

(עמר) עִמֵּר to bind sheaves

–הִתְעַמֵּר to maltreat; to enslave

עֹמֶר ז. (ר. עֳמָרִים) sheaf; (*Bib.*) a dry measure

–סְפִירַת הָעֹמֶר counting of the Omer (49 days between second day of Passover and the feast of Pentecost; Lev. XXIII)

–לַ״ג בָּעֹמֶר 33rd day of the counting of the Omer, marking Bar-Kokhba's victories over the Romans

עִמֵּת to confront

עֵנָב ז. (ר. עֲנָבִים) grape; berry

עִנְבָּל ז. clapper of bell; uvula

עִנְבָּר ז. amber

(ענג) הִתְעַנֵּג to enjoy oneself; to be fastidious, pampered

עָנֹג delicate, tender; coddled, pampered

עֹנֶג ז. pleasure, delight

ענד (עָנַד, יַעֲנֹד) to tie; to lace; to wear jewels

ענה (עָנָה, יַעֲנֶה) to answer, to reply; (*rhet.*) to hearken (to a prayer); to raise a cry; to testify; to declare; to be depressed

–עָנָה אָמֵן to say Amen; to agree

–הֵעָנֵה to be answered; to be granted (a request); to be heard; to be afflicted; to humiliate oneself

–עִנָּה to torture; to oppress; to humble, humiliate; to violate

–הִתְעַנָּה to suffer, to be afflicted; to fast

עָנָו ז. (ר. עֲנָוִים) meek, humble

עֲנָוָה נ. humility

עִנּוּי ז. torture, torment; affliction; self-affliction; delay (of justice)

עֱנוּת נ. suffering, affliction

עַנְוְתָן ז. humble person

עַנְוְתָנוּת נ. humility

עָנִי ז. (ר. עֲנִיִּים) poor man

– ש״ת poor; (*Bib.*) humble; afflicted

עֳנִי , עֹנִי ז. poverty; suffering, affliction

עֲנִיבָה נ. knot; tie; necktie

עֲנִיּוּת נ. poverty

–דִּקְדּוּקֵי עֲנִיּוּת pedantry

עִנְיָן ז. (ר. עִנְיָנִים) affair; business, activity: interest; case (legal)

–בְּעִנְיַן regarding

–מָה הָעִנְיָנִים? (*col.*) what's the matter?, what's happened?

–עַנְיֵן to interest; to attract someone's interest

–הִתְעַנְיֵן to be interested

(ענן) עוֹנֵן to practice soothsaying (by reading clouds)

(ענן) עַנֵּן to cloud

–הִתְעַנֵּן to be clouded

עָנָן ז. (ר. עֲנָנִים) cloud

עֲנָנָה נ. dark cloud

עָנָף ז. (ר. עֲנָפִים) branch

עָנֵף full of branches; ramified, widespread

ענק (עָנַק, יַעֲנֹק) to tie round the neck

–הַעֲנֵק to present with, to bestow

עֲנָק ז. giant; necklace

עֲנָקִי gigantic

ענש (עָנַשׁ, יַעֲנֹשׁ) to punish; to fine

–הֵעָנֵשׁ to be punished, fined

–הַעֲנֵשׁ to punish; to fine

עֹנֶשׁ ז. punishment; fine

עִסָּה to knead; to massage

עִסָּה נ. dough

עִסּוּי ז. massage

עִסּוּק ז. engagement, occupation

עָסוּק occupied, busy

עָסִיס ז. juice

עסק (עָסַק, יַעֲסֹק) to occupy oneself; to deal in

–הֶעֱסֵק to engage, to occupy; to employ

–הִתְעַסֵּק to occupy oneself; to quarrel

עֵסֶק ז. (ר. עֲסָקִים) occupation; business; affair; dispute

–עֵסֶק בִּישׁ bad business; mishap

עַסְקָן ז. a public figure, socially active man

עִפּוּשׁ ז. mold; mustiness; becoming musty, malodorous

עֳפִי ז. (ר. עֳפָאִים) branch

עֲפִיפוֹן ז. kite

(עפל) עָפַל (*Bib.*) to be daring

–הַעְפֵּל to dare; to rise; climb (mountain); to enter Palestine illegally (of Jewish immigrant during the British Mandate)

עֹפֶל ז. hill; tower

עֳפָלִים, עֲפָלִים ז״ר boils; piles

עַפְעֵף to blink

עַפְעַפַּיִם ז״ר eyelashes

עָפָץ ז. gallnut

(עפר) עִפֵּר to throw dust

עָפָר ז. (ר. עֲפָרוֹת) dust; earth; sand; ashes

עֹפֶר ז. (ר. עֳפָרִים) young deer, roe

עַפְרָה נ. ore

עִפָּרוֹן ז. (ר. עֶפְרוֹנוֹת) pencil

עֶפְרוֹנִי ז. lark (bird)

עַפֵּשׁ to mold, decay

עצב (עָצַב, יַעֲצֹב) to grieve, to be sad, oppressed
-הֵעָצֵב to be grieved,
-הַעֲצֵב to grieve, sadden
-עַצֵּב to shape; to pain
-עֻצַּב to be shaped
-הִתְעַצֵּב to be grieved
עֵץ ז. tree; wood (material)
עֶצֶב ז. ר. (עֲצָבִים) grief, sadness; image
עָצָב ז. (ר. עֲצַבִּים) nerve; (*Bib.*) idol, image
עֹצֶב ז. labor; grief, sorrow; idol
עָצֵב sad, grieved
עִצָּבוֹן ז. pain, grief; toil
עַצְבוּת נ. sadness
עַצְבֵּן to make nervous
-הִתְעַצְבֵּן to become nervous
עַצְבָּנוּת נ. nervousness
עַצְבָּנִי nervous
עַצֶּבֶת נ. affliction; sorrow
עצה (עָצָה, יַעֲצֶה) to shut (*Bib.*) (eyes)

עָצֶה ז. backbone
עֵצָה נ. counsel, advice; plan; wood
-בְּעֵצָה אַחַת עִם in tune with
עָצוּב sorrowful, grieved
עָצוּם strong; numerous; (*col.*) great!, wonderful!
עָצִיץ ז. flowerpot
עֲצִירוּת נ. constipation
-עֲצִירָה נ. holding back; stopping
-עֲצִירַת גְּשָׁמִים lack of rain
(עצל) הֵעָצֵל, הִתְעַצֵּל to be lazy
עָצֵל ז. lazy person; lazy
עַצְלָה, עַצְלוּת נ. laziness; idleness
עֲצַלְתַּיִם ז״ר laziness, slowness
עצם (עָצַם, יֶעֱצַם) to be strong, numerous;
– (יַעֲצֹם) to shut one's eyes
-הַעֲצֵם, הִתְעַצֵּם to strengthen

עַצֵּם	to gnaw bones
עֶצֶם ז״נ (ר. עֲצָמִים, עֲצָמוֹת)	bone; essence; body; substance (*philosophy*)
–בְּעַצְמִי	myself
–בְּעֶצֶם	in reality, truly
–בְּעֶצֶם הַיּוֹם	at that very day; in broad daylight
–בֵּינֵינוּ לְבֵין עַצְמֵנוּ	between ourselves
–שֵׁם־עֶצֶם	noun, a substantive
עֹצֶם ז. עָצְמָה נ.	power
עַצְמָאוּת נ.	independence
עַצְמָאִי	independent
עַצְמִי	self
עצר (עָצַר, יַעֲצֹר)	to withhold; to stop; to detain; (–בְּ) to rule
–הֵעָצֵר	to be stopped; to be detained; to be shut in
עֶצֶר ז.	rule
–יוֹרֵשׁ עֶצֶר	heir to the ruler
עֹצֶר ז.	dominion; oppression; constraint; curfew
עֲצָרָה נ.	assembly; meeting; festival
עֲצֶרֶת נ.	assembly; last day of Passover or Succoth; (*Tal.*) Pentecost
–שְׁמִינִי עֲצֶרֶת	the eighth day of Tabernacles
עקב (עָקַב, יַעֲקֹב)	to deceive; to track, to follow closely; to grasp by the heel
עָקֵב ז. (ר. עֲקֵבוֹת, עֲקֵבִים)	heel (of foot or shoe)
עֲקֵבוֹת ר.	footprint, trace
–בְּעִקְבוֹת	in the traces of; after, following
עֵקֶב	because; on account of
עָקֹב	crooked; curved; deceitful

עָקְבָה נ. — deceit

עקד (עָקַד, יַעֲקֹד) — to bind

עָקֹד — striped

עֶקֶד ז. — assembly, meeting

–בֵּית עֶקֶד סְפָרִים (*rhet.*) — library

עֲקֵדָה נ. — tying up (for sacrifice), trussing

עָקָה, עָקָא, נ. (*Ar.*) — oppression

–דָּא עָקָא (*Ar.*) — that's where the trouble lies

עָקוּד — bound

עִקּוּל ז. — foreclosure, attachment (legal)

עֲקִימָה נ. — curve, bend

עָקִיב — consistent (in reasoning)

עָקִיף — indirect

–בַּעֲקִיפִין — indirectly, in a roundabout way; slyly

עֲקִיפָה, נ. — bypass

עֲקִיצָה נ. — sting

עֲקִירָה נ. — uprooting

(עקל) עִקֵּל — to attach (legally); to foreclose; to bend

עֲקַלְקַל — curved, crooked

עֲקַלָּתוֹן — crooked; deceitful

(עקם) עִקֵּם — to distort, bend

–הִתְעַקֵּם — to become bent, curved

עָקֹם — curved, crooked

עֲקֻמָּה נ. — curve (*geometry*, *etc.*)

עַקְמוּמִית נ. — crookedness

עקץ (עָקַץ, יַעֲקֹץ) — to sting, to prick

–הֵעָקֵץ — to be stung

עֹקֶץ ז. (ר. עֳקָצִים) — sting, prick; point; stalk (of fruit)

עקר (עָקַר, יַעֲקֹר) — to tear out; to uproot; to move

–עִקֵּר — to lame; to pluck out; to castrate; to sterilize

עָקָר ז. — barren man

– ש״ת — barren, infertile

עִקָּר ז. — stump; root; main point; dogma; principle

–עֲקֶרֶת הַבַּיִת, עֲקֶרֶת הַבַּיִת housewife

עֵקֶר ז. (Bib.) descendant

עַקְרָב ז. (ר. עַקְרַבִּים) scorpion; (Bib.) prick; (Bib.) thorn

עֲקָרָה נ. barren woman

עֶקְרוֹנִי fundamental, basic

עִקָּרִי principal, chief

(עקש) עִקֵּשׁ to pervert

–הִתְעַקֵּשׁ to remain obstinate

עִקֵּשׁ ז. crooked, perverse; obstinate person

עִקְשׁוּת נ. perverseness; obstinacy

עַקְשָׁן ז. stubborn person

עַקְשָׁנוּת נ. obstinacy

עַקְשָׁנִי stubborn

עָר ז. (Bib.) enemy

עֵר awake, watchful

עַרְאִי temporary, provisional

ערב (עָרַב, יַעֲרֹב) to pledge; to grow dark, to draw toward evening

– (יֶעֱרַב) to be sweet, to be pleasant

עֵרֵב to mix

–הֶעֱרִיב to let the evening come; to make sweet, pleasant

–הִתְעָרֵב to mix in a crowd; to be mixed, to be assimilated; to pledge oneself; to bet

עָרֵב guarantor; responsible

– ש"ת pleasant, sweet

עָרֹב ז. various animals (the fourth of the ten plagues in Egypt)

עֵרֶב ז. mixture; woof of a web

–עֵרֶב רַב rabble, mob, multitude

–שְׁתִי וָעֵרֶב warp and woof; cross

עֶרֶב ז. (ר. עֲרָבִים) evening, eve
–הָעֶרֶב this evening
–אֲרוּחַת־עֶרֶב supper
–לִפְנוֹת עֶרֶב towards evening
–בֵּין הָעַרְבַּיִם twilight
עֲרָב נ. Arabia
עִרְבֵּב to mix, to confuse
עֲרָבָה נ. (ר. עֲרָבוֹת) desert, wilderness; steppe; plain
עֲרָבָה נ. (ר. עֲרָבוֹת) willow; cloud; sky; heaven
עֲרֵבָה נ. kneading trough
עֲרֻבָּה נ. bail, pledge
עִרְבּוּבְיָה נ. mixture; confusion
עֵרָבוֹן ז. (ר. עֶרְבוֹנוֹת) pledge
–חֶבְרָה בְּעֵרָבוֹן מֻגְבָּל (בע״מ) a limited company (ltd.)
עַרְבִי, עֲרָבִי ז. (ר. עַרְבִיִּים, עַרְבִים, עַרְבִיאִים) Arab
– ש״ת Arabic
עַרְבִית נ. evening prayer
עַרְבָּל ז. mixer
ערג (עָרַג, יַעֲרֹג אֶל–) to yearn

עֶרְגָּה נ. longing, yearning
עַרְדָּל (ר. עַרְדָּלִים) galosh, overshoe, rubber
ערה (עָרָה, יַעְרֶה) to uncover, to bare
–עֵרָה to uncover, to bare; to exterminate; to empty, to pour out; to transfuse
–הֶעֱרָה to bare, to uncover; to pour out
–הִתְעָרָה to be laid bare; to take root
עֵרוּב ז. mixture; Erub (a symbolic act by which the legal fiction of community or continuity is established)
עֲרוּגָה נ. garden, bed
עָרוֹד ז. (ר. עֲרוֹדִים) wild ass
עֶרְוָה נ. (ר. עֲרָיוֹת) nakedness; pudenda; shame
–עֶרְוַת הָאָרֶץ (*Bib.*) undefended parts of the land

עֵרוּי ז. emptying, pouring out
–עֵרוּי דָם blood transfusion
עָרוּם cunning, sly
עֲרוֹעֵר ז. juniper
עָרוּץ ז. fissure, gap; ravine
עַרְטִילָאִי naked, bare; abstract; disembodied
עַרְטֵל to make naked, strip
עֶרְיָה נ. nakedness; shame
–גִּלּוּי עֲרָיוֹת adultery
עֲרִיכָה נ. arranging; editing
עֲרִיסָה נ. kneading trough; cradle
עֲרִיפִים ז״ר (*rhet.*) clouds
עָרִיץ ז. tyrant
עֲרִיצוּת נ. tyranny
עָרִיק ז. deserter
עֲרִירִי lonely, solitary; childless
ערך (עָרַךְ, יַעֲרֹךְ) to set in order; to arrange; to prepare; to value; to edit; to compare; to be like
–עָרַךְ מִלְחָמָה to wage war
–עָרַךְ שֻׁלְחָן to set the table
–הֵעָרֵךְ to be arranged; to be valued; to be edited
–הַעֲרֵךְ to value
עֵרֶךְ ז. (ר. עֲרָכִים) order, arrangement; valuation; worth, value; entry (in a lexicon)
–בְּעֵרֶךְ about, approximately
–בַּעַל עֵרֶךְ valuable
–חֲסַר עֵרֶךְ valueless
עַרְכָּה נ. legal instance
–עַרְכָּאוֹת (*Tal.*) authorities, non-Jewish court of justice
עָרֵל ז. uncircumcised man; Gentile
–עֲרַל שְׂפָתַיִם (*Bib.*) stammerer
עָרְלָה נ. (ר. עֲרָלוֹת) foreskin; the uncircumcised penis; fruit of a tree in the first three years

ערם (עָרַם, יַעֲרֹם) to heap up
—הֵעָרֵם to be heaped up
—הַעֲרֵם to act cunningly; (עַל—) to fool
עָרֹם ז. naked, bare, open
עָרְמָה נ. cunning, craftiness
עֲרֵמָה נ. (ר. עֲרֵמוֹת) heap, pile
עַרְמוּמִי cunning
עַרְמוּמִיּוּת, עַרְמוּמִית נ. cunning
עַרְמוֹן ז. maple tree; chestnut tree
עֵרָנוּת נ. alertness
עַרְסָל ז. hammock
עִרְעוּר ז. appeal (legal); contest, objection
עַרְעֵר to undermine; to contest, to lodge an appeal; to object
—הִתְעַרְעֵר to be undermined, sapped
עַרְעָר ז. juniper

ערף (עָרַף, יַעֲרֹף) to drip, drop; to break an animal's neck
עֹרֶף ז. nape, neck
—הָפַךְ עֹרֶף, פָּנָה עֹרֶף to flee, to run away
—נָתַן עֹרֶף, פָּנָה עֹרֶף to turn away; to flee
—קְשִׁי עֹרֶף stubbornness
עֲרָפָד ז. vampire (blood-sucking bat)
עָרְפִּי back, rear
עַרְפֵּל to make foggy
עֲרָפֶל ז. fog; mist; mistiness
ערץ (עָרַץ, יַעֲרֹץ) to terrify; to be afraid
—הֵעָרֵץ to be feared; to be admired
—הַעֲרֵץ to admire; to worship
ערק (עָרַק, יַעֲרֹק) to flee; to desert
עֲרָר ז. appeal
עֶרֶשׂ ז. (ר. עֲרָשׂוֹת) bed; sofa; cradle

-עֶרֶשׂ־דְּוַי sickbed
-שִׁיר־עֶרֶשׂ cradlesong
עָשׁ ז. moth; the Great Bear (constellation)
עֵשֶׂב ז. (ר. עֲשָׂבִים) grass; herb; weed
עִשְׂבִּיָּה נ. herbarium
עשה (עָשָׂה, יַעֲשֶׂה) to do, to make; to work; to create; to produce; to perform, to effect, to procure; to put; to set; to appoint; to deal; to act; to stay
-עָשָׂה עַצְמוֹ to pretend
-עָשָׂה צְרָכָיו to relieve oneself, to move the bowels
-מִצְוַת־עֲשֵׂה positive commandment
-מִצְוַת לֹא־תַעֲשֶׂה negative commandment, prohibition
עָשׂוּי done; accustomed; liable
עִשּׁוּן ז. smoking
עָשׁוּק extorted
עָשׂוֹר ז. tenth; tithe; ten days; tenth day; ten years, decade; harp of ten strings
עָשׁוֹת forged, hammered (*rhet.*)
עֲשִׂיָּה נ. doing, acting; action
עָשִׁיר ז. rich man
— ש״ת rich; plentiful
עֲשִׁירוּת נ. riches
עֲשִׂירִי tenth
עֲשִׂירִיָּה נ. tenth part; a group of ten
עשן (עָשַׁן, יֶעְשַׁן) to smoke
-עִשֵּׁן to smoke (cigarette); to use incense; to cure (meat)
עָשֵׁן smoking, smoky
עָשָׁן ז. smoke
עֹשֶׁף ז. sharp edge of axe
עשק (עָשַׁק, יַעֲשֹׁק) to rob; to oppress; to extort
(עשק) הִתְעַשֵּׁק to quarrel
עֹשֶׁק ז. robbery; oppression

עֹשֶׁק ז. quarrel

עָשְׁקָה נ. oppression

עשר (עָשַׁר, יֶעְשַׁר) to be rich

–הֶעֱשִׁר to enrich; to grow rich

–הִתְעַשֵּׁר to pretend to be rich; to grow rich

עֹשֶׁר ז. riches, wealth; abundance

עשׂר (עָשַׂר, יַעֲשׂר) to tithe; to take the tenth part

–עִשֵּׂר to give the tenth part

–הֶעֱשִׂר to give the tenth part

עֶשֶׂר נ., עֲשָׂרָה ז. ten

עִשָּׂרוֹן ז. (ר. עֶשְׂרוֹנִים) (*Bib.*) tenth part of the Epha (dry measure)

עֶשְׂרוֹנִי decimal

עֶשְׂרִים twenty

עשש (עָשֵׁשׁ, יַעֲשֹׁשׁ) (*rhet.*) to grow dark

עֲשָׁשִׁית נ. lamp, oil lamp; (*Tal.*) lantern

עשת (עָשַׁת, יֶעֱשַׁת) to be fat

–הִתְעַשֵּׁת to reconsider

עֶשֶׁת נ. plate; bar

עֶשְׁתּוֹנוֹת ז״ר thoughts

–אָבְדוּ עֶשְׁתּוֹנוֹתָיו be confused, lose one's head

עַשְׁתּוּת נ. (*Bib.*) thought

עַשְׁתֵּי עָשָׂר ז. עַשְׁתֵּי עֶשְׂרֵה נ. (*rhet.*) eleven

עַשְׁתְּרוֹת נ״ר (*Bib.*) offspring (of sheep)

עַשְׁתֹּרֶת נ. Astarte (goddess of love)

עֵת נ. (ר. עִתִּים, עִתּוֹת) time, period; fate

–בְּלֹא עֵת too early, prematurely

–כָּעֵת now, at this time

–כָּעֵת חַיָּה (*Bib.*) this time next year

–לְעֵת עַתָּה meanwhile

–מֵעֵת לְעֵת 24 hours, a day; from time to time

–לְעִתִּים at times

-לְעִתִּים קְרוֹבוֹת often
-לְעִתִּים רְחוֹקוֹת seldom
(עתד) עִתֵּד to prepare, to make ready
-הִתְעַתֵּד to prepare oneself
עַתָּה now, at present; then
-זֶה עַתָּה just now
עַתּוּד ז. (ר. עַתּוּדִים) he-goat
עֲתוּדָה נ. reserve
-עֲתוּדוֹת reserves; reserve duty
עִתּוּי ז. timing
עִתּוֹן ז. newspaper; journal
עִתּוֹנַאי ז. journalist
עִתּוֹנוּת נ. the press
עִתִּי timely, at appointed time; periodical
עָתִיד ז. future
– ש״ת prepared, ready; about to
-לֶעָתִיד לָבֹא in the days to come

-עֲתִידוֹת נ״ר the future; future events
עָתִיק (*rhet.*) grand, splendid
עַתִּיק ancient, antique
-עַתִּיקוֹת antiquities
עָתִיר ז. rich, wealthy
(עתם) הֵעָתֵם (*Bib.*) to be parched
עתק (עָתַק, יֶעְתַּק) to be moved; to be strong
-הַעְתֵּק to remove; to copy; (*obs.*) to translate
עָתָק ז. (*rhet.*) arrogance
עָתֵק (*rhet.*) lasting
עתר (עָתַר, יֶעְתַּר) to pray; to urge
-הֵעָתֵר to listen to prayer; to grant; to be superfluous
-הַעְתֵּר to heap, shower; to beg, pray
עָתָר ז. (*rhet.*) thickness, fulness
עֲתֶרֶת נ. abundance

פּ

פֵּאָה נ. (ר. פֵּאוֹת) corner; edge; side; earlock, point of the beard

-פֵּאָה נָכְרִית wig

-מִפְּאַת from the side of; because of

(פאר) פֵּאֵר to glorify, to adorn; (*Bib.*) to glean

-הִתְפָּאֵר to boast

פְּאֵר ז. glory; luxury; (*Bib.*) headdress

פֹּארָה נ. (ר. פֹּארוֹת) branch, twig

פֻּארָה נ. branch

פָּארוּר ז. (*Bib.*) redness, glow

פֶּבְּרוּאָר* ז. February

פַּג ז. (ר. פַּגִּים) unripe fig; premature baby

-פַּגָּה (*Tal.*) young girl

פִּגּוּל ז. abomination

פָּגוּם faulty, defective

פִּגּוּם ז. scaffolding (for building)

פִּגְיוֹן ז. dagger; bayonet

פְּגִימָה נ. defect; notch

פְּגִיעָה נ. harm, damage; wound; hit (on target); insult; contact

פְּגִישָׁה נ. convention; (chance) meeting

פִּגֵּל to make foul, unfit

פגם (פָּגַם, יִפְגֹּם) to spoil, to impair, to blemish, to injure; cut notch

פְּגָם ז. defect, blemish; injury

(פגן) הִפְגִּין to demonstrate

פגע (פָּגַע, יִפְגַּע בְּ־) to harm, injure; (*rhet.*) to meet, to come upon; to entreat, beg; to touch

to offend —פָּגַע בְּכָבוֹד
to hit the mark —פָּגַע בְּמַטָּרָה
to be injured; to be met; to be entreated —הִפָּגַע
to entreat; to intercede; to meet; to afflict —הַפְגֵּעַ
urgently —בְּמַפְגִּיעַ
ill-luck; occurrence פֶּגַע ז. (ר. פְּגָעִים)
to lag behind; to be in arrears (פגר) פִּגֵּר
corpse, carcass פֶּגֶר ז.
פַּגְרָה, יְמֵי פַּגְרָה
holiday; vacation; recess (of legislature, etc.)
to meet; to encounter פגש (פָּגַשׁ, יִפְגֹּשׁ)
to meet; to collide —הִפָּגֵשׁ
to cause to meet —הַפְגֵּשׁ
pedagogue פַּדְגּוֹג, פֶּדָגוֹג* ז.
pedagogy פֶּדָגוֹגְיָה* נ.
to release, to redeem, to deliver פדה (פָּדָה, יִפְדֶּה)

to be released —הִפָּדֵה
ransom (*Bib.*) פְּדוּיִם ז״ר
rescue; redemption; (*Bib.*) separation פְּדוּת נ.
forehead פַּדַּחַת נ.
ransom; redemption money; turnover פִּדְיוֹם, פִּדְיוֹן ז.
fat; diaphragm; omentum (*anatomy*) פֶּדֶר ז.
federation פֵּדֶרַצְיָה* נ.
פֶּה ז. (ר. פִּיּוֹת, פִּיפִיּוֹת)
mouth; jaws; beak; edge; opening; entrance; margin, border
unanimously —פֶּה אֶחָד
personally, face to face —פֶּה אֶל פֶּה
—פִּי שְׁנַיִם, פִּי שְׁלֹשָׁה
twofold, threefold, etc.
nevertheless —אַף־עַל־פִּי־כֵן
although —אַף עַל פִּי שֶׁ־
stammerer —כְּבַד פֶּה
according to —כְּפִי, לְפִי
seeing that —לְפִי שֶׁ־

עַל־פֶּה, בְּעַל־פֶּה– orally; by heart

פֹּה here

פֵּהוּק ז. yawning

(פהק) פִּהֵק to yawn

פוּג (פָּג, יָפוּג, יָפִיג) to become faint; to cease; to evaporate

–הִפּוֹג to grow weak, slack

–הֵפֵג to drive away (sleep, etc.); to cool off; to remove effect of

פּוּגָה נ. ceasing, stopping

פּוֹזֵל squinting

פּוּזְמָק ז. stocking, hose

פוּחַ (פָּח, יָפוּחַ) to breathe; to blow; to fan

–הֵפִחַ to blow; to puff at; to put in motion; to utter

פּוֹחֵז ז. hasty person

פּוֹטֶנְצְיָלִי* potential

פּוּךְ ז. kohl (blue eye-shadow)

–אַבְנֵי פוּךְ bright-colored stones

פּוֹל ז. bean

פּוֹלִיטִי* political

פּוֹלִיטִיקָה* נ. politics

פּוֹלְמוֹס ז. strife, polemic

פּוּן (פָּן, יָפוּן) (Bib.) to doubt

פּוּנְקְצְיָה* נ. function

פּוֹסֵק ז. arbiter; Rabbinic interpreter of Law

פּוֹעֵל ז. workman, laborer

פּוֹפּוּלָרִי* popular

פּוּץ (פָּץ, יָפוּץ) to be scattered

–הִפּוֹץ to be scattered

–הֵפֵץ to scatter, to distribute; drive off

פּוּק (פָּק, יָפִיק) to totter, to waver

–הֵפֵק to succeed; to obtain; to reach; to bring out; to yield

–הֵפִיק תּוֹעֶלֶת to derive benefit

פּוּקָה נ. (Bib.) stumbling block

(פּוּר) פּוֹרֵר to shatter; to cleave; to crumble

–הֵפֵר to break (a contract); to ruin; to dissolve

–הִתְפּוֹרֵר to be destroyed, shattered; crumbled

פּוּר ז. (*rhet.*) lot

פּוֹרֶה fertile; fruitful; prolific

פּוּרָה נ. (*Bib.*) vat, wine-press

פּוּרִים ז. Purim feast

פוֹרְמָלִי* formal

פּוֹרֵעַ rioter

פּוּרְעָנוּת נ. misfortune

פּוּרְתָּא נ. (*Ar.*) a little bit; fragment

פּוּשׁ (פָּשׁ, יָפוּשׁ) to rest; (*Bib.*) to increase, to be extended; to gallop

–הֻפּוּשׁ to be scattered

פּוֹשֵׁט stripping, taking off

–פּוֹשֵׁט־יָד beggar

–פּוֹשֵׁט־רֶגֶל bankrupt

פּוֹשֵׁעַ ז. criminal; sinner

פּוֹשְׁרִים ז״ר lukewarm water

פּוֹתְחָן ז. can opener

פָּז ז. pure gold

פָּזוּר scattered; dispersed

פִּזּוּר ז. dispersion

–פִּזּוּר הַנֶּפֶשׁ absent-mindedness

פְּזוּרָה נ. dispersion

פזז (פָּז, פָּזַז, יָפֹז) to be in a hurry; to be springy

–פִּזֵּז to hop, dance about

פָּזִיז hasty

פְּזִיזוּת נ. hastiness; impetuousness; light-mindedness, frivolity

פזל (פָּזַל, יִפְזַל) to squint, to be cross-eyed: to cast glances at

פִּזֵּם to hum (a tune)

פִּזְמוֹן ז. (ר. פִּזְמוֹנוֹת) popular song; refrain

פִּזְמָק ז״ר (פִּזְמְקָאוֹת) stocking; hose

(פזר) הִפָּזֵר to be scattered
–פִּזֵּר to scatter; to lavish
–פֻּזַּר to be scattered; to be disbanded
–הִתְפַּזֵּר to be scattered; to break ranks
פַּזְרָן ז. extravagant person
פַּח ז. trap; tin; sheet of metal
–פַּח אַשְׁפָּה garbage pail
–נָפַל בַּפַּח to fall into a trap
–בְּפַחֵי נֶפֶשׁ disappointed
פחד (פָּחַד, יִפְחַד) to be afraid; to tremble
–הַפְחֵד to frighten
פַּחַד ז. (ר. פְּחָדִים) fear, awe; object of fear
פַּחְדָן coward
פַּחְדָנוּת נ. cowardice, timidity
פֶּחָה ז. (ר. פַּחוֹת, פֶּחָווֹת) (*Bib.*) governor, prefect; pasha
פָּחוּת lesser; inferior

פָּחוּת less, minus
–פָּחוּת מִן־ less than
–לְפָחוּת, לְכָל הַפָּחוּת at least
פִּחוּת נ. reduction; devaluation (of currency)
פחז (פָּחַז, יִפְחַז) to be wanton
פַּחַז ז. פַּחֲזוּת נ. wantonness; frivolity
(פחח) הָפֵחַ (*rhet.*) to snare
פֶּחָח ז. tinsmith
פַּחִית נ. tin can
פְּחִיתוּת נ. degradation; lowliness
פִּחֵם to turn into charcoal
–הִתְפַּחֵם to be turned into charcoal; to be electrocuted
פֶּחָם ז. (ר. פֶּחָמִים) charcoal; coal
פַּחְמָה נ. carbonate
פֶּחָמִי ז. charcoal-burner; smith
פַּחְמֵימָה נ. carbohydrate
פַּחְמָן ז. carbon

פחת (פָּחַת, יִפְחַת) to decrease; to lessen

–הַפְחֵת to lessen; to wear out

פַּחַת ז. (ר. פְּחָתִים) pit; depreciation

פְּחָת ז. amortization

פְּחֶתֶת נ. decrease, decay

פִּטְדָה נ. topaz

פִּטּוּם ז. compounding spices; fattening (cattle); cramming

פָּטוּר exempt, free; guiltless

–גֵּט פִּטּוּרִים letter of divorce

פָּטוּר ז. (Bib.) stalk; flower stalks

–פְּטוּרֵי צִיצִים opened flowers

פְּטִירָה נ. departure; death; expiring

פַּטִּישׁ ז. hammer

פֶּטֶל ז. raspberry

(פטם) פַּטֵּם to fatten (cattle); to compound or mix spices

פִּטָּם ז. פִּטְמָה נ. fruit-stem; nipple

פִּטְפּוּט ז. chatter, empty talk

פַּטְפֵּט to chatter

פַּטְפְּטָן ז. chatterer

פטר (פָּטַר, יִפְטֹר) to set loose, to release; to dismiss; to permit; to declare exempt

–הִפָּטֵר (מִן) to depart; to be freed (from), to get rid (of); to die

–פַּטֵּר to dismiss

–הַפְטֵר to open one's lips; to read the Haftarah

–הִתְפַּטֵּר (מִן־) to resign; to get rid of

פֶּטֶר ז. פִּטְרָה נ. (Bib.) opening up; first birth; firstborn

פִּטְרִיָּה נ. mushroom

פַּטְרִיּוֹט* ז. patriot

פִּיגָ'מָה* נ. pajamas

פִּיד ז. (rhet.) misfortune; extinction

פִּיָה נ. edge of a sword

פֵיָה* נ. fairy

פִּיָה נ. mouthpiece

פִּיוּט ז. poetry; liturgic poetry

פִּיוּס ז. appeasing, pacifying

פִּיחַ ז. ashes; soot

פַּיְטָן ז. poet

פִּיל ז. elephant

פִּילֶגֶשׁ נ. concubine

פִילֶה* ז. fillet

פִילוֹלוֹגְיָה* נ. philology

פִילוֹסוֹף* philosopher

פִילוֹסוֹפְיָה* נ. philosophy

פִּים ז. (*Bib.*) an ancient weight

פִּימָה נ. (*Bib.*) double chin; fatness

פִּין ז. pin; penis

–פִּין בִּטָחוֹן safety pin

פִינִי Finn

פִּינְכָּא נ. plate; dish

(פיס) פַּיֵּס to appease; to beg pardon

–הָפֵס, פַּיֵּס to pacify

–הִתְפַּיֵּס to be pacified, appeased

פַּיִס ז. lottery

פִיסִי* physical

פִיסִיקָה* נ. physics

פִּיף ז. tassel

פִּיפִיּוֹת נ״ר double edge

פִּיק ז. shaking, tottering

–פִּיק בִּרְכַּיִם knocking of the knees

פַּךְ ז. (ר. פַּכִּים) small jug, bottle

(פכה) פִּכֵּה to bubble, flow

(פכח) הִתְפַּכֵּחַ to grow sober

פִּכֵּחַ ז. sober

פִּכָּחוֹן ז. sobriety

פִּכְפֵּךְ to bubble, flow

פָּכַר (*rhet.*) to break

–פָּכַר אֶת יָדָיו to clasp one's hands (in sorrow)

(פלא) הִפָּלֵא (נִפְלָא, יִפָּלֵא) to be wonderful; to be incomprehensible

-פַּלֵּא (*Bib.*) to consecrate

-הַפְלֵא to make wonderful; to do wonders; to arouse surprise

-לְהַפְלִיא! marvelously!

-הִתְפַּלֵּא to wonder; to be astonished

פֶּלֶא ז. (ר. פְּלָאִים, פְּלָאוֹת) wonder; miracle

פֶּלְאִי secret; wonderful

פלג (פָּלַג, יִפְלֹג) to separate; to halve; to differ

-הִפָּלֵג to be divided

-פַּלֵּג to divide, to part

-הַפְלֵג to sail; to depart; to exaggerate

-הִתְפַּלֵּג to be divided

פֶּלֶג ז. brook, stream; half

פְּלַגָּה נ. division, detachment; (*Bib.*) stream

-דּוֹר הַפְּלַגָּה the generation of the Tower of Babel

פְּלֻגָּה נ. company, troop; division, class

פִּלֶגֶשׁ, פִּילֶגֶשׁ נ. concubine

פְּלֻגְתָּא נ. (*Ar.*) division, controversy

-בַּר־פְּלֻגְתָּא opponent

פֶּלֶד ז. steel

פְּלָדָה נ. steel

(פלה) הִפָּלֵה to be separated, singled out; to be discriminated against

-פַּלֵּה to search into; to delouse

-הַפְלֵה to separate; to discriminate

פִּלּוּג ז. parting; division

פְּלוּמָה נ. down, feathers

פְּלוֹנִי ז. somebody (anonymous)

-פְּלוֹנִי אַלְמוֹנִי so and so

פְּלוּסִין ז. plush; velvet

פלח (פָּלַח, יִפְלַח) to split, cleave; to cultivate; to worship

-פַּלֵּחַ to cut; to slice (fruits); (*sl.*) to pilfer

פֶּלַח ז. half; part; piece; millstone

-פֶּלַח רֶכֶב upper millstone

-פֶּלַח שֶׁכֶב, פֶּלַח תַּחְתִּית lower millstone

פַּלָּח ז. field-laborer, peasant

פַּלְחָה נ. growing of crops

פֻּלְחָן ז cult; services; worship

פלט (פָּלַט, יִפְלֹט) to emit, to discharge; to escape

-פַּלֵּט to rescue; to bear, to bring forth

-הַפְלֵט to save, to rescue; to eject; to utter

פְּלִיטָה נ. emission, exhaust

-פְּלִיטַת־פֶּה slip of the tongue

פְּלֵיטָה נ. escape; rescue; remnant

פַּלְטִין, פַּלְטֵרִין ז. (*rhet.*) palace

פְּלָטִינָה* נ. platinum

פֶּלִי, פֶּלְאִי ז. secret, hidden; wonderful

פְּלִיאָה נ. miracle, wonder

פָּלִיט ז. refugee

פָּלִיל ז. (*Bib.*) (ר. פְּלִילִים) judge

פְּלִילָה נ. (*Bib.*) decision

פְּלִילִי criminal; judicial

פְּלִילִיָּה נ. (*Bib.*) judgment

פֶּלֶךְ ז. (ר. פְּלָכִים) district; circuit; spindle; crutch

(פלל) פִּלֵּל to hope; to pray; (*rhet.*) to judge

-הִתְפַּלֵּל to pray

פַּלְמוֹנִי ז. an anonymous person

פֻּלְמוּס ז. polemic, controversy; (*Tal.*) war

(פלמס) הִתְפַּלְמֵס to dispute

(פלס) פִּלֵּס to level; to weigh

פֶּלֶס ז. balance, weight

פַּלְסְתֵר ז. fraud; forgery

-כְּתָב פְּלַסְתֵּר libel, abusive pamphlet

פְּלַסְטִי* plastic

פִּלְפּוּל ז. disputation, debate; "hair-splitting", casuistry

פִּלְפֵּל to dispute, debate

-הִתְפַּלְפֵּל to dispute; "to split hairs"

פִּלְפֵּל ז. pepper

(פלץ) הִתְפַּלֵּץ to tremble; to be terrified

פַּלָּצוּת נ. trembling; terror; fright

פלש (פָּלַשׁ, יִפְלֹשׁ) to invade; (*col.*) to trespass

-הִתְפַּלֵּשׁ to wallow

פְּלֶשֶׁת Philistia

פְּלִשְׁתִּי ז. Philistine

פֻּמְבִּי נ. publicity

-בְּפֻמְבִּי publicly

פַּמַּלְיָה נ. escort; servants; family

פֶּן that not; lest; otherwise

פְּנַאי ז. spare time; leisure

פַּנַּג ז. (*Bib.*) sweet cakes

פַּנְדּוּרָה נ. (*Tal.*) the shepherd's pipe

פֻּנְדָּק ז. inn

פֻּנְדְּקִי ז. innkeeper

פנה (פָּנָה, יִפְנֶה) to turn; to approach; to go away, depart

-פָּנָה לְ- to appeal to

-הִפָּנֵה to turn; to have spare time

-פִּנֵּה to turn; to clear, evacuate

-הִתְפַּנֵּה to become free; to be cleared away

-הַפְנֵה to turn

פִּנָּה נ. corner; angle; top; cornerstone; pillar; (*rhet.*) chief

-אֶבֶן־פִּנָּה cornerstone

פָּנוּי vacant; free; unmarried

-זְמַן פָּנוּי spare time, leisure

פִּנּוּק ז. coddling, pampering

פְּנַי, פְּנַאי ז. spare time

פְּנִיָּה נ. turn; purpose; self-interest

פָּנִים ז״נ face; features; countenance; front; surface; appearance; manner, way

–הֵאִיר פָּנִים to be pleasant

–הִסְבִּיר פָּנִים to be kindly disposed

–הֶעֱמִיד פָּנִים to pretend

–הֵשִׁיב פָּנִים (רֵיקָם) to refuse, turn away

–לֶחֶם הַפָּנִים (*Bib.*) showbread

–לְפָנִים formerly

–נָפְלוּ פָנָיו to feel dejected

–נָשָׂא פָנִים to favor; (*rhet.*) to forgive

–קַבָּלַת פָּנִים welcome, reception

–קַבֵּל, קַדֵּם פָּנִים to receive, greet

–פְּנֵי הַיָּם sea level

–בִּפְנֵי against, opposite

–לִפְנֵי... before

–מִפְּנֵי before; because of

–שֶׁלֹּא בְּפָנָיו in one's absence

פְּנִים ז. innermost; text

–פְּנִימָה towards the inside

בִּפְנִים within, inside

–לִפְנִים inwards

–לִפְנַי וְלִפְנִים in the innermost, deep within; profoundly

–מִשְׂרַד הַפְּנִים ministry of the interior

פְּנִימִי inner

פְּנִינָה נ. (ר. פְּנִינִים) pearl

פִּנְכָּה נ. plate, dish

פָּנָס ז. (ר. פַּנָּסִים) lantern, lamp

(פנק) פִּנֵּק to coddle; to spoil

פִּנְקָס ז. (ר. פִּנְקָסִים) note-book; ledger

פַּס ז. strip, stripe; (*Bib.*) palm of the hand, sole of the foot; rail, bar

-כְּתֹנֶת פַּסִּים tunic reaching to the ankles; striped tunic

(פסג) פַּסֵּג (*Bib.*) to pass through

פִּסְגָּה נ. top, summit; (*Bib.*) mountain ridge in Moab

(פסד) הִפָּסֵד (נִפְסַד, יִפָּסֵד) to be spoiled; to suffer damage

-הַפְסֵד to suffer a loss; to damage

פִּסָּה נ. piece; palm of the hand; (*Bib.*) abundance

פִּסּוּל ז. sculpture, sculpturing

פָּסוּל ז. disqualified, unfit

פְּסוּל ז. disqualification; blemish

פָּסוּק ז. Bible verse; sentence

-סוֹף־פָּסוּק major cantillation sign; the end

פסח (פָּסַח, יִפְסַח) to pass over; to celebrate the Passover

-הִפָּסֵחַ to become lame

-פַּסֵּחַ to leap

-פָּסוֹחַ עַל שְׁתֵּי סְעִפִּים to be hesitant, undecided

פֶּסַח ז. Passover; Passover-sacrifice

פִּסֵּחַ ז. (ר. פִּסְחִים) limping, lame (man)

פַּסִּיבִי* passive

פְּסִיג ז. stem, stalk

פְּסִיכוֹלוֹגְיָה* psychology

פְּסִיכִי* psychic

פְּסִילִים ז״ר. , פֶּסֶל

פְּסֵיפָס ז. mosaic

פְּסִיעָה נ. step, walk

פְּסִיק ז. comma

-נְקֻדָּה־וּפְסִיק semicolon

פסל (פָּסַל, יִפְסֹל) to hew; to disqualify

-הִפָּסֵל to be hewn; to be disqualified

–פַּסֵּל to hew
פַּסָּל ז. sculptor
פֶּסֶל ז. (ר. פְּסִילִים) image; idol
פְּסֹלֶת נ. chips; worthless matter, refuse
פְּסַנְתֵּר ז. piano
פְּסַנְתְּרָן ז. pianist
פסס (פַּס, יָפֹס) to cease; to fail, disappear
פסע (פָּסַע, יִפְסַע) to step, walk;–עַל to pass over
–הַפְסֵעַ to step, to tread
פֶּסַע ז. step
פַּסְפּוֹרְט* נ. passport
פסק (פָּסַק, יִפְסֹק) to cease; to decide; to allocate (money); to split; to recite a Bible verse
–הִפָּסֵק to be ended; to be interrupted; to be separated; to be parted
–הַפְסֵק to cease; to interrupt; to separate
–פַּסֵּק to punctuate
פְּסָק, פְּסַק דִּין sentence; judgment
פִּסְקָה נ. paragraph; division
פַּסְקָנוּת נ. decisiveness, absoluteness
פעה (פָּעָה, יִפְעֶה) to pant, to bleat
פָּעוֹט ז. (ר. פָּעוֹטוֹת) baby
פָּעוּט small, little
פָּעִיל active
פְּעִילוּת נ. activity
פעל (פָּעַל, יִפְעַל, יִפְעֹל) to do; to act; to make; to work; to create
–הִתְפָּעֵל to be excited
פֹּעַל ז. deed, work; act; doing, creating; (*rhet.*) earnings; wages; (*gram.*) verb
–בְּפֹעַל really, in reality acting- (temporary occupant of position)
–הוֹצֵא אֶל הַפֹּעַל to realize, to execute

פְּעֻלָּה נ. deed; work; activity; operation; effect; (*rhet.*) wages

פְּעַלְתָּן ז. active person

פעם (פָּעַם, יִפְעַם) to beat, strike

–הִפָּעֵם to be moved, to be frightened

פַּעַם נ. (ר. פְּעָמִים) time; (*rhet.*) footstep

–(ר. פְּעָמוֹת) (*Bib.*) base

–פַּעַם אַחַת once; once upon a time

–הַפַּעַם this time

–כְּפַעַם בְּפַעַם as always

–פַּעֲמַיִם twice

–לִפְעָמִים sometimes

פַּעֲמוֹן ז. bell; gong

פִּעֲנֵחַ to decipher

פִּעְפֵּעַ to penetrate; to permeate, bubble

פער (פָּעַר, יִפְעַר) to open (the mouth)

פַּעַר ז. gap

פצה (פָּצָה, יִפְצֶה) to open (the mouth)

פִּצּוּי ז. compensation

פָּצוּעַ wounded

פצח (פָּצַח, יִפְצַח) to open (one's mouth)

–פִּצֵּחַ to break; to crack

פְּצִיעָה נ. wounding

פְּצִירָה נ. file

(פצל) פִּצֵּל to peel off (bark, skin); to split

–הִתְפַּצֵּל to be split up

פְּצָלָה נ. peeled spot

פצע (פָּצַע, יִפְצַע) to wound; to bruise; to crush

פֶּצַע ז. wound

(פצץ) פּוֹצֵץ to shatter; to explode; to disrupt

–הִתְפּוֹצֵץ to shatter, to burst; to explode

פְּצָצָה נ. bomb

פצר (פָּצַר, יִפְצֹר, הַפְצֵר) to urge, press

פקד (פָּקַד, יִפְקֹד) to inspect; to muster, to number; to appoint; to entrust; to think of; to remember; to visit; to ask after

–פָּקַד עַל־ to order, command; (*Bib.*) to punish

–הִפָּקֵד to be missed; to be punished; to be appointed; to be charged; to be ordered; to be thought of

–פַּקֵּד to command

–הַפְקֵד (עַל־) to appoint

–(בִּידֵי־) to deposit with

–הָפְקֵד to be entrusted with, to be appointed; to be punished

–הִתְפַּקֵּד, הָתְפַּקֵּד (*Bib.*) to be mustered, numbered

פְּקֻדָּה נ. order, command; (*Bib.*) numbering; keeping; storing; destiny; overseeing; punishment; care

–בֵּית פְּקֻדֹּת (*Bib.*) prison

פִּקָּדוֹן ז. (ר. פִּקְדוֹנוֹת) deposit; property given for keeping

–בַּעַל פִּקָּדוֹן depositor

פִּקָּה נ. percussion cap

פְּקוּדִים ז״ר (*Bib.*) numbering, mustering

פָּקוּחַ open (ear, eye)

פִּקּוּחַ ז. care; inspection

–פִּקּוּחַ נֶפֶשׁ saving of life

פקח (פָּקַח, יִפְקַח) to open (ears, eyes); to be watchful

–פַּקֵּחַ to inspect

פִּקֵּחַ ז. open-eyed; seeing; clever

פַּקָּח ז. inspector; warden

פִּקְחוּת נ. cleverness

פָּקִיד ז. clerk; official; overseer, inspector

פְּקִידוּת נ. administration; officialdom; office work

פקע (פָּקַע, יִפְקַע) to be split; to burst out

-הַפְקֵעַ to break open; to confiscate; to absolve
-הַפְקֵעַ שַׁעַר to raise prices, to profiteer
-הִתְפַּקֵּעַ to burst; to explode
פֶּקַע ז. (ר. פְּקָעִים) bud; cleft; knot (in wood)
פְּקַעַת נ. reel (of thread, cord, etc.;) bulb (*botany*)
פִּקְפּוּק ז. doubt
פִּקְפֵּק to doubt
פקק (פָּקַק, יִפְקֹק) to cork
-הִתְפַּקֵּק to be shaken
פְּקָק ז. stopper, cork
פקר (פָּקַר, יִפְקֹר) to be irreligious; to be sceptical; to be licentious
-הַפְקֵר to declare unclaimed; to renounce ownership, to abandon
-הִתְפַּקֵּר to become irreligious; to become licentious

פַּר, פָּר ז. bull, bullock; steer
-פַּר בֶּן בָּקָר young bull; steer
(פרא) הַפְרֵא to bear fruit; to be fruitful
פֶּרֶא wild man; (*Bib.*) wild ass
-ש״ת wild, savage, unruly
-פֶּרֶא אָדָם a wild man
פִּרְאוּת נ. wildness; savagery
פַּרְבָּר, פַּרְוָר ז. suburb; (*Bib.*) side court
פָּרָג ז. poppy
פַּרְגּוֹד ז. curtain
-מֵאֲחוֹרֵי הַפַּרְגּוֹד behind the scenes
פַּרְגִּית נ. chicken
(פרד) הִפָּרֵד to part; to be parted; to depart; to say goodbye; to be divorced
-הַפְרֵד to separate, divide
-הִתְפָּרֵד to part; to disperse
פֶּרֶד ז. odd number

פֶּרֶד ז. פִּרְדָּה נ. mule

פְּרָדָה נ. grain; molecule

פְּרֵדָה נ. departure, parting

פַּרְדֵּס ז. (ר. פַּרְדֵּסִים) orchard; citrus grove; "Garden of Knowledge"

פַּרְדְּסָן ז. orange-grower

פרה (פָּרָה, יִפְרֶה) to bear fruit

–פָּרָה וְרָבָה to be fruitful and multiply

–הִפְרָה to make fertile

פָּרָה נ. cow

פַּרְהֶסְיָא נ. (in) public (*Tal.*) (before) everyone's eyes

–בְּפַרְהֶסְיָא publicly

פְּרוֹ־* (תחלית) pro-

פְּרוֹבְּלֶמָה* נ. problem

פְּרוֹגְרֶסִיבִי* progressive

פֵּרוּד ז. division; discord

פַּרְוָה נ. fur; fur coat

פְּרוֹזְבּוּל ז. (*Tal.*) declaration that the law of the Sabbatical year shall not apply to a loan

פְּרוֹזְדוֹר ז. corridor; hall

פְּרוֹזָה* נ. prose

פְּרוּטָה נ. smallest coin; Pruta ($\frac{1}{1000}$ of Pound)

פְּרוֹטוֹקוֹל* ז. protocol

פְּרוֹטֶקְצְיָה* נ. favoritism, "pull," nepotism

פְּרוּטְרוּט ז. small change

–בִּפְרוּטְרוּט in detail

פְּרוּסָה נ. piece, slice (of bread)

פְּרוֹפּוֹרְצְיָה* נ. proportion

פְּרוֹפֶסוֹר* ז. professor

פָּרוּץ broken; licentious

פְּרוֹצֵדוּרָה* נ. procedure

פֵּרוּק ז. unloading; taking apart, dismantling

פָּרוּר ז. pot, kettle

פֵּרוּר ז. crumb; fragment

פֵּרוּשׁ ז. explanation; commentary

–בְּפֵרוּשׁ expressly, explicitly

פָּרוּשׁ Pharisee (member of a sect devoted to tradition); married man that left his family to devote himself to the study of the Talmud

—ש״ת abstemious; separated

פֵּרוֹת, פְּרִי fruit

(פרז) הַפְרֵז to exaggerate

—פֵּרַז to demilitarize

פְּרָזוֹת נ״ר open country; unfortified towns

פְּרָזוֹן ז. open, unfortified town

פרח (פָּרַח, יִפְרַח) to bloom, to flower; to fly

—הַפְרֵחַ to make to bloom; to let fly; to chase away

פֶּרַח ז. flower; blossom

—פֶּרַח כְּהֻנָּה young priest

—פֶּרַח קְצֻנָּה cadet

פִּרְחָח ז. urchin whippersnapper

פרט (פָּרַט, יִפְרֹט) to separate; to specify; to change money; (—עַל) to play (an instrument)

—פֵּרֵט to detail

פֶּרֶט ז. single berry dropped off; scattered grapes; uneven number; detailed list

פְּרָט ז. (ר. פְּרָטִים) individual; item, detail; explicit statement

—פְּרָט לְ־ except, apart from

—פְּרָטֵי־כֹּל protocol

—בִּפְרָט specially; particularly

פְּרָטוּת נ. detail

פְּרָטִי individual; private

—שֵׁם־עֶצֶם פְּרָטִי proper noun

פְּרִי ז. (ר. פֵּרוֹת) fruit; product

—עָשָׂה פְּרִי, נָשָׂא פְּרִי to produce fruit; to succeed

פְּרִידָה ,פְּרֵדָה נ. parting, leave-taking

פְּרִיָּה נ. fruitfulness

–פְּרִיָּה וּרְבִיָּה נ. natural increase; marital duty

פִּרְיוֹן ז. productivity

פְּרִיחָה נ. blooming; flight

פָּרִיךְ fragile, brittle

פְּרִינְצִיפּ* ז. principle

פְּרִיסָה נ. spreading; slicing

–פְּרִיסַת־שָׁלוֹם regard

פְּרִיפָה נ. fastening; buttoning; lacing; pin

פָּרִיץ ז. mighty man; tyrant; oppressor; unruly person; landowner (in Poland)

פְּרִיצָה נ. breach, breakthrough; burglary

פְּרִיצוּת נ. obscenity, licentiousness

פְּרִיקָה unloading; taking apart, dismantling

פָּרִיר crumbly

פְּרִישָׁה נ. retirement; withdrawal

פְּרִישׁוּת נ. isolation; abstinence

(פרך) הַפְרֵךְ to crack; to refute, repudiate

–פָּרֵךְ to crush; to crack; to refute

פֶּרֶךְ ז. crushing; oppression

–עֲבוֹדַת־פֶּרֶךְ hard labor

פִּרְכּוּס ז. fidgeting; painting; rouging; dressing up; paint, rouge

פִּרְכֵּס to fidget; to dress up; to rouge

פָּרֹכֶת נ. (ר. פָּרֹכוֹת, פָּרֹכִיּוֹת) curtain; (*Bib.*) curtain before the Ark of the Law

פַּרְלָמֶנְט* ז. parliament

פרם (פָּרַם, יִפְרֹם) to unstitch, to rip; to tear

פִּרְנֵס to nourish; to maintain; to support

–הִתְפַּרְנֵס to support oneself

פַּרְנָס ז. leader of a community; chief

פַּרְנָסָה נ. livelihood; living; income; need

פרס (פָּרַס, יִפְרֹס) to break (bread)

–פָּרַס בִּשְׁלוֹם־ to send regards to

–הִפְרִיס פַּרְסָה to have split hoofs

–הִתְפָּרֵס to spread out

פֶּרֶס ז. bearded vulture

–בֵּית־הַפֶּרֶס (*Tal.*) area near a tomb (which a priest may not enter)

פָּרַס נ. Persia

פְּרָס ז. prize; wages; fee; premium

פַּרְסָה נ. (ר. פְּרָסוֹת) split hoof; horseshoe; (*Tal.*) Persian mile

פִּרְסוּם ז. announcement; publication; publicity

פִּרְסֵם to announce, publish; to advertise

–הִתְפַּרְסֵם to become known, famous; to become popular

פִּרְסֹמֶת נ. advertising

פרע (פָּרַע, יִפְרַע) to make a pogrom; to riot; to bare, uncover (hair); to let grow (hair); to pay a debt; to punish; (*Bib.*) to neglect

–הִפָּרֵעַ to be unruly, unbridled; to be paid; to punish, revenge

–הַפְרֵעַ (לְ) to disturb, to interfere with

פֶּרַע ז. long hair; loose hair; (*Bib.*) leader

פֵּרָעוֹן ז. payment

פְּרָעוֹת נ״ר pogroms, riots

פַּרְעוֹשׁ ז. (ר. פַּרְעוֹשִׁים) flea

פֻּרְעָנוּת נ. (ר. פֻּרְעָנֻיּוֹת) punishment; accident; trouble

פרף (פָּרַף, יִפְרֹף) to clasp; to fix; to fasten; to button up

פִּרְפּוּר ז. quivering; struggling (in agony)

פִּרְפֵּר to quiver; to fly about

פַּרְפָּר ז. butterfly

פַּרְפֶּרֶת נ. (ר. פַּרְפְּרָאוֹת) hors d'oeuvre; dessert

פרץ (פָּרַץ, יִפְרֹץ) to break; to break through; to ruin; to spread, extend; to be abundant

–פָּרַץ בִּצְעָקוֹת to burst forth in shouting

–הִפָּרֵץ to be widespread, common; to be broken through

–הִתְפָּרֵץ to rush out; to break away; (*Bib.*) to rebel

פֶּרֶץ ז. (ר. פְּרָצִים, פְּרָצוֹת) gap; breach; burst; rush; opening; trouble, disaster

–עָמוֹד בַּפֶּרֶץ to protect

פִּרְצָה נ. breach; opening

פַּרְצוּף ז. face, visage; character

פַּרְצוּפִי faced, facial

–דּוּ־פַּרְצוּפִי two-faced, hypocritical

פרק (פָּרַק, יִפְרֹק) to break, break off; to unloose; to set free; to unload; to take apart

–פֵּרֵק to ruin; to tear off; to take apart; to unload; to dismantle

–הִתְפָּרֵק to tear off; to be torn off; to be taken apart, dismantled; (*col.*) to relax

פֶּרֶק ז. (ר. פְּרָקִים) joint; chapter; (*Bib.*) violence; (*Bib.*) crossroads

–הִגִּיעַ לְפִרְקוֹ to come of age

–עָמַד עַל הַפֶּרֶק to be on the agenda

-לִפְרָקִים sometimes

(פרקד) הִתְפַּרְקֵד to lie on the back

פְּרַקְדָּן person lying on his back

פְּרַקְלִיט ז. attorney; defender, counsellor

פְּרַקְמַטְיָה נ. merchandise; trade

(פרר) פֵּרֵר to crumble

-פּוֹרֵר to break; to crumb

-הֵפֵר to break, to violate

-הֵפֵר עֵצָה to frustrate the counsel of

-הֵפֵר שְׁבִיתָה to break a strike

פרשׂ (פָּרַשׂ, יִפְרֹשׂ) to spread; to spread out, to stretch out

-הִתְפּוֹרֵר to be crumbled

-פֵּרֵשׂ to spread; to stretch out; to disperse

פרשׁ (פָּרַשׁ, יִפְרֹשׁ) to explain; to specify; to depart; to keep off

-הִפָּרֵשׁ to be separated; to be withdrawn

-פֵּרֵשׁ to explain, comment

-שֵׁם הַמְּפֹרָשׁ Tetragrammaton

-הִפְרִישׁ to dedicate; to separate, to set apart

-הִתְפָּרֵשׁ to be explained, defined

פֶּרֶשׁ ז. excrement, dung

פָּרָשׁ ז. rider; horseman; (*Bib.*) riding horse

פַּרְשֶׁגֶן ז. (*Bib.*) copy

פַּרְשְׁדוֹן ז. (*Bib.*) bowels (?)

פָּרָשָׁה נ. (ר. פָּרָשׁוֹת, פָּרָשִׁיּוֹת) specification; passage; weekly Bible-reading; affair, case

-פָּרָשַׁת דְּרָכִים crossroads

פָּרָשַׁת הַשָּׁבוּעַ the weekly portion (from the Torah)

פַּרְשָׁן ז. commentator, interpreter

פַּרְשָׁנוּת נ. exegetics; commentary

פַּרְתְּמִים ז״ר (*Bib.*) noblemen

פשה (פָּשָׂה, יִפְשֶׂה) to spread, extend

פָּשׁוּט commonplace, common; simple; flat; level

–ת״פ simply

–פְּשׁוּטוֹ כְּמַשְׁמָעוֹ literally

פִּשּׁוּט ז. stretching out; simplification

(פשח) פִּשֵּׁחַ (*rhet.*) to split; to tear

פשט (פָּשַׁט, יִפְשֹׁט) to spread, disperse; to take off (dress); to stretch out, to extend; (–עַל) to raid

–פָּשַׁט יָד to stretch out the hand; to beg

–פָּשַׁט רֶגֶל to go bankrupt

–פִּשֵּׁט to strip; (*Bib.*) to plunder; to simplify

–הִפְשִׁיט to flay (skin); to take off; to abstract

–הִתְפַּשֵּׁט to undress; to stretch oneself; to expand, to spread

פְּשָׁט ז. plain meaning

פַּשְׁטוּת נ. simplicity

פַּשְׁטִידָה נ. pie; Sabbath-pudding

פַּשְׁטָנִי over-simple, superficial

פְּשִׁיטָה נ. stretching; undressing; raid

–פְּשִׁיטַת יָד beggary

–פְּשִׁיטַת רֶגֶל bankruptcy

פְּשִׁיעָה נ. offense, trespass

(פשל) הִפְשִׁיל to throw over the shoulder; to fold up

פשׂע (פָּשַׂע, יִפְשַׂע) to step, walk

פֶּשַׂע ז. step

פשׁע (פָּשַׁע, יִפְשַׁע) to sin; to transgress; (*Bib.*) to act faithlessly, to rebel

פֶּשַׁע ז. sin; transgression

פִּשְׁפּוּשׁ ז. search

פִּשְׁפֵּשׁ to search; to examine well

פִּשְׁפָּשׁ ז. small gate

פִּשְׁפֵּשׁ ז. bedbug

פשׂק (פָּשַׂק, יִפְשׂק) to open wide, to part

–פִּשֵּׂק to part, to spread (feet)

פשׁר (פָּשַׁר, יִפְשַׁר) to melt; to be lukewarm

–הִפְשִׁיר to melt; to make lukewarm

–פִּשֵּׁר to bring about a compromise; to arbitrate

–הִתְפַּשֵּׁר to enter a compromise

פֵּשֶׁר ז. meaning; interpretation

פְּשָׁרָה נ. compromise

פִּשְׁתָּה נ. (ר. פִּשְׁתִּים) flax

פִּשְׁתָּן ז. linen

פַּת נ. (ר. פִּתִּים) bread; slice of bread; crumb

–פַּת מִנְחָה afternoon meal

–פַּת עַרְבִית supper

–פַּת קֵבָר black-bread, coarse meal bread

–פַּת שַׁחֲרִית breakfast

–פִּתִּים crumbs; pieces of bread

פִּתְאֹם suddenly

פִּתְאֹמִי sudden

פַּתְבַּג ז. (*rhet.*) food

פִּתְגָּם ז. proverb, sentence; epigram; (Bib.) command, decree

פתה (פָּתָה, יִפְתֶּה) to be open to seduction, talked over; (*Bib.*) to open

–הִפָּתֵה to be persuaded, seduced

פִּתָּה נ. flat loaf

–הִתְפַּתֵּה to be seduced, to be persuaded

–פִּתָּה to persuade, to seduce

פָּתוּחַ open

פִּתּוּחַ ז. engraving; development; elaboration

פִּתּוּי ז. persuasion; seduction

פִּתּוּךְ ז. mixing, blending

פְּתוֹתִים ז"ר crumbs; pieces

פתח (פָּתַח, יִפְתַּח) to open; to loosen; to begin

–הִפָּתֵחַ to be opened; to be released

–פַּתֵּחַ to open; to loosen; to plough; to dig through; to cultivate, to develop

–הִתְפַּתֵּחַ to free oneself; to develop

פֶּתַח ז. doorway, opening, entrance

פֵּתַח ז. opening; commencement

פַּתָּח, פַּתַּח ז. patah (vowel sign)

פִּתָּחוֹן ז. opening

–פִּתְחוֹן פֶּה claim; pretension

פֶּתִי ז. (ר. פְּתָאִים, פְּתָיִים) silly, foolish, simpleton

פְּתִיגִיל ז. (*Bib.*) festive garment

פַּתְיוּת נ. foolishness

פְּתִיחָה נ. opening, beginning; introduction; (*Bib.*) drawn sword

פְּתִיל ז. thread, cord, string; fuse

פְּתִילָה נ. wick; suppository

פתך (פָּתַךְ, יִפְתַּךְ) to mix, blend

פְּתִילִיָּה נ. kerosene cooking-stove

(פתל) הִפָּתֵל be crooked; to wrestle; to be cunning

–הִתְפַּתֵּל to be crooked; to wrestle, struggle; to be cunning

פְּתַלְתֹּל cunning; perverse

פֶּתֶן ז. viper, adder

פֶּתַע, פֶּתַע פִּתְאֹם suddenly

(פתע) הַפְתֵּעַ to surprise

–בְּמַפְתִּיעַ suddenly

–הֻפְתַּע to be surprised

פְּתָק ז. פִּתְקָה נ. note; scrap of paper

פתר (פָּתַר, יִפְתֹּר) to interpret; to solve

–הִפָּתֵר to be interpreted; to be solved

פִּתְרוֹן ז. interpretation; explanation; solution

פַּתְשֶׁגֶן ז. (*Bib.*) copy, summary

פתת (פָּתַת, יָפֹת, יִפְתֹּת) to crumble (food, etc.)

צ

צֵאָה נ. excrement, dung

צְאֵל (ר. צֶאֱלִים) lotus shrub

צֹאן sheep, goats, etc.

–נִכְסֵי צֹאן בַּרְזֶל mortmain (wife's estate held by husband, which, in case of her death or divorce, he must restore in kind); assets of permanent value

צֶאֱצָא ז. descendant, person's offspring

צָב ז. (ר. צַבִּים) tortoise; (*Bib.*) thorn-tailed lizard

–עֶגְלוֹת צָב covered (*Bib.*) wagons

צבא (צָבָא, יִצְבָּא) to assemble for holy service; to assemble for military service

–הִצְבִּיא to muster; to levy

צָבָא ז. (ר. צְבָאוֹת) army; host, multitude; (*Bib.*) military service; time of service

–צְבָא הַשָּׁמַיִם host of stars

–אִישׁ צָבָא soldier

–שַׂר צָבָא captain; general

צְבָאִי military, martial

צבה (צָבָה, יִצְבֶּה) to swell

צָבֶה swollen

צָבוּעַ colored; hypocritical

צָבוֹעַ ז. hyena

צָבוּר ז. heaped up

צִבּוּר ז. community; heap

–יַחֲסֵי צִבּוּר public relations

–שְׁלִיחַ צִבּוּר cantor, leader of the prayer

תַּעֲנִית צִבּוּר public fast

צִבּוּרִי public, communal

צבט (צָבַט, יִצְבֹּט) to pinch; (*Bib.*) to seize; to hold

צְבִי ז׳ (ר. צְבָיִים, צְבָאִים) deer, stag, gazelle, antelope; (*rhet.*) glory, splendor

–אֶרֶץ הַצְּבִי The Land of Glory, Palestine

–צְבִיָּה (ר. צְבָאוֹת) she-gazelle; beautiful girl

צִבְיוֹן ז. form; character; (*Tal.*) desire

צְבִיטָה נ. pinch

צְבִיעָה נ. painting, dyeing

צְבִיעוּת נ. hypocrisy

צְבִירָה נ. accumulation

צבע (צָבַע, יִצְבַּע) to dye; to paint

–הִצְבִּיעַ to lift the finger; to vote

–הִצְבִּיעַ עַל to point to

צֶבַע ז. (ר. צְבָעִים) color, paint

צַבָּע ז. painter (of buildings, etc.)

צבר (צָבַר, יִצְבֹּר) to heap up, to accumulate; to collect

–הִצְטַבֵּר to be piled up, to accrue

צַבָּר ז. cactus; (*col.*) Israeli-born youth, Sabra

צֶבֶת ז. (ר. צְבָתִים) bundle; sheaf

צְבָת נ. (ר. צְבָתוֹת) tongs; pliers

צַד ז. (ר. צִדִּים, צְדָדִים) side; edge; margin; party; aspect; page

–הַצַּד הַשָּׁוֶה point of agreement

–הַצִּדָּה! step aside!

מִצַּד אֶחָד... וּמִצַּד שֵׁנִי on the one hand... and on the other hand

(צדד) צִדֵּד to side with; to turn sideways

–הִצְטַדֵּד to turn sideways

צְדָדִי lateral; incidental

צדה (צָדָה, יָצוּדֶה) to lie in wait; to lurk

–הִצָּדָה to be destroyed

צִדּוּק נ. justification

צִדִּי lateral

צָדִי ז. Zadi (the letter)

צְדִיָּה נ. evil design, evil intention

–בִּצְדִיָּה intentionally

צַדִּיק ז. (נ. צַדִּיקָה, צַדֶּקֶת) pious man

–ש״ת just, righteous

(צדע) הַצְדֵּעַ to salute

צֶדַע ז. (ר. צְדָעַיִם) temple (side of the head)

צֶדֶף ז. shell; mother-of-pearl

צִדְפָּה נ. oyster

צדק (צָדַק, יִצְדַּק) to be just; to be in the right

–הִצָּדֵק to be vindicated

–צַדֵּק to justify, to exonerate; to declare righteous

–הַצְדֵּק to approve of, to justify, to declare right

–הִצְטַדֵּק to justify oneself

צֶדֶק ז. justice; honesty

–בְּצֶדֶק with justice, rightly

–הֵן־צֶדֶק word of honor

צְדָקָה נ. benevolence; charity; truth; right; justice; honesty

(צהב) הַצְהֵב to be yellow; to become angry

צָהֹב gold-colored, yellow

צְהַבְהַב yellowish

צהל (צָהַל, יִצְהַל) to shout for joy; to neigh

–הַצְהֵל to cause to shine; to cause joy

צָהֳלָה נ. rejoicing; exulting; neighing

(צהר) הַצְהֵר to declare; (*Bib.*) to press out oil

צֹהַר ז. window, aperture

צָהֳרַיִם ז״ר noon

–אַחֲרֵי הַצָּהֳרַיִם afternoon

–אֲרוּחַת צָהֳרַיִם lunch

–לִפְנֵי הַצָּהֳרַיִם before noon, in the morning

–קַו הַצָּהֳרַיִם meridian

צַו ז. command, order

צוֹאָה נ. excrement

צַוָּאָה נ. testament, will

צַוָּאר, צַוָּר ז. neck

צַוָּארוֹן ז. collar

צוד (צָד, יָצוּד) to hunt; to catch

–הִצּוֹד to be caught

–צוֹדֵד to catch; to captivate

–צַיֵּד, צַיד

צוֹדֵק just, right

(צוה) צִוָּה to command; to give an order; to make a will; to institute

–הִצְטַוָּה to be ordered

צִוּוּי ז. command; (*gram.*) imperative

צוח (צָוַח, יִצְוַח) to shout; to shriek, to scream

צְוָחָה נ. shout, cry; screaming

צוּלָה נ. depth; abyss

צוֹלֵל diver

צוֹלֶלֶת נ. submarine

צוֹלֵעַ lame

צום (צָם, יָצוּם) to fast

צוֹם ז. (ר. צוֹמוֹת) fast-day

צוֹמֵחַ ז. flora, plants

–ש״ת growing

צוֹנֵן cold, cool

צוֹעֲנִי ז. gipsy

צוֹעֵר ז. cadet; (*Bib.*) shepherd's boy; singer (in the Temple)

צוף (צָף, יָצוּף) to flow; to float

–הֵצֵף to overflow, to flood; to float

צוּף ז. honeycomb; honeydew, nectar

צוֹפֶה ז. seer, prophet; watch; boy-scout

צוֹפָר ז. horn (of car); hooter; siren

צוק (צָק, יָצוּק) to pour

-הָצֵק (לְ-) to press; to oppress; to annoy

צוֹק ז. צוּקָה נ. distress, oppression,

צור (צָר, יָצוּר) (עַל-) to form; to enclose; to besiege; create, fashion

-עִיר נְצוּרָה besieged city

צוּר ז. rock; stone; flint

-צוּר יִשְׂרָאֵל the Rock of Israel, God

צוּרָה נ. form, shape; image

-בַּעַל צוּרָה distinguished-looking person

צַוָּרוֹן ז. collar

צוֹרָן ז. silicon

צוֹרֵף ז. silversmith; goldsmith

-צוֹרֵף נְחֹשֶׁת coppersmith

צוֹרֵר ז. oppressor; enemy

(צות) צַיֵּת to obey

צֶוֶת ז. crew, team

צַוְתָּא (*Ar.*) team

-בְּצַוְתָּא together

צַח fresh, bright, clear

-לָשׁוֹן צַחָה puristic language; florid language

צִחֶה (*rhet.*)s dry

צְחוֹק ז. laughter; jest

צָחוֹר white

צְחִיחַ ז. dryness

-צְחִיחַ סֶלַע ז. bare rock

צְחִיחָה נ. dry country

צַחֲנָה נ. stench

צִחְצֵחַ to polish; to shine

צַחְצָחוֹת נ״ר (*Bib.*) brightness (?); drought (?)

צחק (צָחַק, יִצְחַק) to laugh; to jest

-הַצְחֵק to make someone laugh; to cause laughter

-צַחֵק to sport, to jest; (*Bib.*) to toy with (woman); to laugh at

-הִצְטַחֵק to laugh, smile

צַחַר ז. whiteness

צִטֵּט to quote, cite

צִי ז. (ר. צִים, צִיִּים) fleet; (Bib.) ship

צִיבִילִיזַצְיָה* נ. civilization

צַיֵּד to equip; to supply

-הִצְטַיֵּד to equip oneself

צַיִד ז. hunt, chase; game; (Bib.) provisions

צַיָּד ז. hunter

צֵידָה, צֵדָה נ. food; provisions

צִיָּה נ. dryness; waste, desert

צִיּוּד ז. equipment; equipping

צָיוֹן ז. (rhet.) desert

צִיּוֹן נ. Zion

צִיּוּן ז. mark, sign; note; gravestone; way-mark

צִיּוֹנִי ז. Zionist

צִיּוֹנוּת נ. Zionism

צִיּוּר ז. drawing, painting; picture; conception; image; description; sketch

צִיּוּרִי picturesque, pictorial; figurative

צִיּוּת ז. obedience

צִיטָטָה* נ. citation

צִיִּים ז״ר (Bib.) animals of the desert

צַיְלָן ז. pilgrim

צַיֵּן to mark, sign; to remark; to point out

-הִצְטַיֵּן to excel; to distinguish oneself

צִינוֹק ז. prison; punishment-cell in prison

צִינִי* cynical

צִיפָה נ. pulp (of fruit)

צִיץ (צָץ, יָצִיץ) to bloom; to shine

-צַיֵּץ to squeak; to twitter

-הֵצֵץ to look, glance; to peep; to blossom; (Bib.) to shine

צִיץ ז. blossom, flower, bud; wing; diadem, plate

-פִּטּוּרֵי צִיצִים ז״ר (Bib.) opened flowers (architectural ornaments)

צִיצָה נ. flower; fringe

צִיצִית נ. (ר. צִיצִיּוֹת) fringe, tassel; lock, curl

צִיְּקָן ז. stingy, miser

צִיר ז. messenger, legate, delegate; hinge; pivot, axis; idol; juice, gravy

–צִירִים ז"ר pains of childbearing, birth pangs

–אֲחָזוּהָ צִירִים pangs have seized her

צִיֵּר to draw, to paint; to describe; to sketch; to imagine; to conceive

–צֻיַּר, הִצְטַיֵּר to be painted, described, imagined

צַיָּר ז. painter

צִיֵּת to obey

צֵל ז. (ר. צְלָלִים) shade, shadow; (*Bib.*) shelter

–צֵל קוֹרָה shelter

צלב (צָלַב, יִצְלֹב) to nail to the cross

–הַצְלֵב to cross-breed

–הִצְטַלֵּב to be nailed to a cross; to make the sign of the cross

–קַוִּים מִצְטַלְּבִים cross-lines

צְלָב ז. cross

–נוֹסְעֵי הַצְּלָב Crusaders

צַלְבָנִי Crusader

צלה (צָלָה, יִצְלֶה) to roast, grill

–הִצָּלֵה to be roasted

צִלָּה נ. shade, shadow

צְלוֹחִית, נ. small bottle, flask

צָלוּי roasted

צָלוּל clear; pure

צִלּוּם ז. photograph; photography

צְלוֹפָח ז. eel

צלח (צָלַח, יִצְלַח) to pass through; to succeed, prosper; to fit

–צְלַח וּרְכַב be successful!

–הַצְלֵחַ to prosper; to succeed

-לֹא יִצְלַח good-for-nothing
צַלַּחַת נ. dish; (*rhet.*) pocket
צְלִי, צָלִי, צְלִי אֵשׁ ז. roast, grill
צְלִיל ז. sound, ring; musical note; (*Bib.*) round loaf
צְלִילוּת נ. clearness
צַלְיָן ז. pilgrim
צְלִיפָה נ. whipping; sniping (with gun)
צלל (צָלַל, יָצֹל) to sink; to dive; to be shady; to ring, to sound
-הָצֵל to cast a shadow
צְלָלִית נ. silhouette
צֶלֶם ז. image; likeness; idol; cross
(צלם) צִלֵּם to photograph
-הִצְטַלֵּם to be photographed
צַלָּם ז. photographer
צַלְמָוֶת נ. (*rhet.*) deep darkness; shadow of death

צַלְמָנִיָּה נ. camera; photographer's studio
צלע (צָלַע, יִצְלַע) to limp
צֶלַע ז. (*rhet.*) stumbling; fall
צֵלָע נ. rib; side; wing of a building; leaf, fold of a door
-שְׁוֵה־צְלָעוֹת equilateral
צלף (צָלַף, יִצְלֹף) to snipe
-הַצְלֵף to whip; to slap
צַלָּף sniper
צִלְצוּל ז. ringing
צִלְצֵל to ring; (*col.*) to call, to ring up
צִלְצָל ז. harpoon
צְלָצַל ז. whirring insect, cricket
צֶלְצְלִים ז״ר cymbal
צַלֶּקֶת נ. scar; stigma
צמא (צָמֵא, יִצְמָא) to thirst
-הַצְמֵא to make thirsty
צָמֵא thirsty
צָמָא ז. thirst

שָׂבַר צְמָאוֹ– to quench one's thirst

צָמָאוֹן ז. thirst; (*Bib.*) dry land

(צמד) הִצָּמֵד to cling

–צָמוּד to be fastened

–הַצְמֵד to couple; to join; to tie up

צֶמֶד ז. pair; double yoke; (*Bib.*) a measure of land (as much as a pair of oxen can plough in a day)

צִמְדָּה נ. duet

צַמָּה נ. braid; (*Bib.*) veil

צִמּוּד ז. coupling

צָמוּק parched

צִמּוּק ז. raisin

צמח (צָמַח, יִצְמַח) to sprout; to grow

–צִמֵּחַ to grow (hair)

–הַצְמֵחַ to make grow, to bring forth,

צֶמַח ז. plant; sprout

צִמְחִי vegetal

צִמְחוֹנִי vegetarian

צִמְחִיָּה נ. flora, vegetation

צְמִיג ז. tire

צָמִיד ז. bracelet; lid; (*Bib.*) cover

צְמִידוּת נ. coupling, tie

צְמִיחָה נ. growing; growth

צַמִּים ז״ר (*Bib.*) noose, snare

צָמִית perpetual, everlasting

צְמִיתוּת נ. eternity

–לִצְמִיתוּת forever

צִמְצוּם ז. scarcity, frugality; retrenchment, reduction; restriction

–בְּצִמְצוּם scantily; frugally

צַמְצֵם to be economical, frugal; to retrench, reduce; to restrict

–הִצְטַמְצֵם to restrict oneself

צמק (צָמַק, יִצְמַק) to dry up; to shrink

-צַמֵּק to dry, to shrivel
-הִצְטַמֵּק to dry up; to shrink
צֶמֶר ז. wool; woolen garment
-צֶמֶר גֶּפֶן cotton
-צֶמֶר פְּלָדָה steel wool
צַמַּרְמֹרֶת נ. shivering-fit; fever
צַמֶּרֶת נ. treetop; upper class
צמת (צָמַת, יִצְמֹת) (*rhet.*) to destroy; to subdue
-הִצָּמֵת to be destroyed
-הַצְמֵת to destroy; to subdue
צֹמֶת ז. junction; joint
-צֹמֶת דְּרָכִים road-junction
צֵן ז. (צְנִים) (*rhet.*) thorn, hedge
צִנָּה נ. coolness, cold; hook; shield; basket; rowboat
צֹנֶה נ. (*Bib.*) sheep
צָנוּם parched; thin
צְנוֹן ז. radish
צְנוֹנִית נ. small radish
צָנוּעַ modest; pious

צִנּוֹר ז. (ר. צִנּוֹרִים, צִנּוֹרוֹת) tube, pipe; canal; (*Bib.*) current
צֶנְזוּרָה* נ. censorship
צִנְזֵר* to censor
צנח (צָנַח, יִצְנַח) to descend; to sink down; to parachute
-הַצְנֵחַ to parachute, drop by parachute
צַנְחָן parachutist
צָנִים ז. rusk; toast; biscuit
צְנִינִים ז״ר thorns
צְנִיעוּת נ. modesty; piety
צָנִיף ז. צְנִיפָה נ. turban, headdress
(צנן) צִנֵּן, הָצֵן to cool
-הִצְטַנֵּן to catch cold; to be cooled
(צנע) הַצְנֵעַ to be modest, humble; to act modestly; to hide
צִנְעָה נ. privacy; secrecy
-בְּצִנְעָה secretly

צנף (צָנַף, יִצְנֹף) to wrap; to roll; to neigh

–הִצְטַנֵּף to be wrapped up

צְנֵפָה נ. wrapping; rolling

צִנְצֶנֶת נ. flask, jar

צַנֶּרֶת נ. pipe-system

צַנְתָּר ז. (ר. צַנְתָּרוֹת) (*rhet.*) tube, pipe

צעד (צָעַד, יִצְעַד) to march, to step

–הַצְעֵד to cause to march; to advance

צַעַד ז. pace; step

–נָקַט צְעָדִים to take steps

צְעָדָה נ. pace; anklet; march

צעה (צָעָה, יִצְעֶה) (*Bib.*) to march; to incline, stoop

–צָעֵה (*Bib.*) to tip over, to pour out

צְעִידָה נ. marching, stepping

צָעִיף ז. veil; scarf

צָעִיר ז. young man; youth; (*Bib.*) shepherd's boy

–ש״ת young, younger

–צְעִירָה young woman

צְעִירוּת נ. youth

צען (צָעַן, יִצְעַן) to travel; (*Bib.*) to pack up

צַעֲצוּעַ ז. toy, plaything; (*Bib.*) image

צָעֵף to veil

צעק (צָעַק, יִצְעַק) to shout, to cry; to lament

–הִצָּעֵק to be called together

–הַצְעֵק to call together

צְעָקָה נ. cry, shout; call

צַעֲקָן ז. shouter

צַעֲקָנִי noisy

צער (צָעַר, יִצְעַר) to be small, inferior

–צַעֵר to cause to grieve

–הִצְטָעֵר to be worried; to be sorry for

צַעַר ז. pain; grief; worry

–צַעַר בַּעֲלֵי חַיִּים prevention of cruelty to animals

–לְצַעֲרִי to my regret

צפד (צָפַד, יִצְפֹּד) to dry; to cling

צַפֶּדֶת נ. tetanus

צפה (צָפָה, יִצְפֶּה) to look, watch; to prophesy; to cover

–צִפָּה to await; to expect; to hope; to cover, overlay

–צֻפָּה to be covered, overlaid, coated

צִפָּה נ. pillow case

צָפוּי imminent; expected; destined

צִפּוּי ז. covering; coating

צָפוֹן ז. North

צָפוּן – ש״ת treasure; hidden; stored

צְפוֹנִי northern

צָפוּף dense, crowded

צִפּוֹר נ. (ר. צִפֳּרִים) bird; sparrow

–צִפּוֹר הַנֶּפֶשׁ (*rhet.*) wind-pipe; most vital part

צַפַּחַת נ. jug (of flat or broad shape)

צִפִּיָּה נ. hope; expectation; pillowcase

צַפִּיחִית נ. flat cake

צָפִיעַ ז. dung, excrement (of cattle)

צְפִיעָה נ. (*Bib.*) child, babe

צְפִיפוּת נ. density; overcrowding

צָפִיר ז. goat, kid

–צְפִיר־עִזִּים he-goat

צְפִירָה נ. siren; (*Bib.*) dawn; change of fortune, turn of fate; crown, diadem

צָפִית נ. table cloth; (*Bib.*) carpet

צפן (צָפַן, יִצְפֹּן) to conceal; to treasure up; to lie in wait

–הִצָּפֵן to be hidden; to be laid up

–הַצְפֵּן to hide, conceal; to turn northward

צֹפֶן ז. code

צָפְנַת פַּעְנֵחַ "discoverer of secrets" (of Joseph, Gen. XLI, 45)

צֶפַע ז. viper

(צפף) צוֹפֵף to crowd; to press

–הִצְטוֹפֵף to crowd in; be pressed

צִפְעוֹנִי ז. viper

צִפְצוּף ז. whistling; chirp

צִפְצֵף to whistle; to chirp

–צִפְצֵף (עַל־) (*col.*) "not to give two hoots for," to despise

צַפְצָפָה נ. poplar (tree)

צַפְצֵפָה נ. whistle

צפר (צָפַר, יִצְפֹּר) to run; to turn; to circle; to sound a siren

צַפְרָא (*Ar.*) morning

–צַפְרָא טָבָא good morning

צְפַרְדֵּעַ נ. (ר. צְפַרְדְּעִים) frog

צַפְרִיר ז. morning; morning-breeze

צִפֹּרֶן ז. (ר. צִפָּרְנַיִם) fingernail; claw

–(ר. צִפָּרְנִים) nib, point of a pen; clove

–צִפָּרְנֵי־חָתוּל calendula

צֶפֶת נ. capital (of a pillar)

צָקוּן ז. (*Bib.*) pouring, gush

צִקְלוֹן ז. traveling-bag

צַר ז. enemy, oppressor; distress, trouble; (*Bib.*) rock, stone

–ש״ת narrow; tight, pressing

–צַר לִי I am sorry

–צַר עַיִן envious

צֹר, צוֹר ז. rock, flint, sharp flint

צרב (צָרַב, יִצְרַב) to burn, to scorch; to corrode

–הִצָּרֵב to be scorched

צָרֶבֶת נ. scorch, burn; heartburn

צְרֵדָה נ. middle finger

צָרָה נ. distress, misfortune, trouble; rival wife

צָרוּד husky, hoarse

צָרוּעַ leper; leprous

צָרוּף ז. purified, cleansed

צֵרוּף ז. joining; association, uniting; melting; purifying, changing (money)

–צֵרוּף לָשׁוֹן phrase

צְרוֹר ז. (ר. צְרוֹרוֹת) bundle, package; set; knot; bunch; bag, purse; (*Bib.*) pebble

צָרוּר bound, wrapped

צרח (צָרַח, יִצְרַח) to scream

–הַצְרֵחַ to scream

צֳרִי, צְרִי ז. balm, balsam

צְרִיבָה נ. burn, scald

צְרִיחַ ז. tower, castle

צְרִיחָה נ. screaming

צָרִיךְ necessary, wanted; being in need of; have to, should

צְרִיכָה נ. consumption

צְרִיף ז. barrack; hut

צרך (צָרַךְ, יִצְרֹךְ) to need, to want; to consume

–הִצָּרֵךְ to be in need of; to necessitate

–הַצְרֵךְ to cause to need

–הִצְטָרֵךְ to be obliged; to be in need; to want

צֹרֶךְ ז. (ר. צְרָכִים) need; necessity

–כָּל צָרְכּוֹ sufficiently

–עָשָׂה צְרָכָיו "to ease nature," to relieve oneself

–צָרְכֵי צִבּוּר public affairs; charity work

צַרְכָן ז. consumer

צַרְכָנִיָּה נ. cooperative store

צרם (צָרַם, יִצְרֹם) to hurt; to grate (on the ear)

(צרע) הִצְטָרֵעַ to become leprous

צִרְעָה נ. (ר. צְרָעִים, צְרָעוֹת) hornet (large wasp)

צָרַעַת נ. leprosy

צרף (צָרַף, יִצְרֹף) to purify, to refine; to smelt; to purge; to try

–הִצָּרֵף to be purified

–צָרֵף to join, attack; to purify; to change (money)

–הִצְטָרֵף to be joined, united; to be added; to join

צָרְפַת נ. France

צַרְצוּר ז. cricket; (*Tal.*) jug

צִרְצֵר to chirp

צְרָצַר ז. cricket

צרר (צָרַר, יָצֹר) to be hostile; to persecute, to oppress; to tie together; to wrap, to enclose; to roll up; to pack

–הֵצֵר to narrow; to oppress, to persecute

–הָצֵר צַעֲדֵי־ to obstruct someone's progress

ק

קָא ז. vomit

קָאָת נ. (ר. קָאָתוֹת) species of owl

קַב ז. (ר. קַבִּים) a dry measure (one sixth of a Seah, about 2 quarts)

–(ר. קַבַּיִם) wooden leg; crutch; stilt

–קַב וְנָקִי little but good

קבב (קַב, יִקֹּב) to curse (*rhet.*)

קֵבָה נ. stomach

קֳבָה נ. womb; pudenda

קֻבָּה נ. tent; hut; brothel

קִבּוּל ז. accepting; capacity

–בֵּית קִבּוּל receptacle; capacity

קָבוּעַ fixed, constant

קִבּוּץ ז. gathering; collection; group; large communal settlement, Kibbutz

קֻבּוּץ, קִבּוּץ ז. name of a vowel sign (ֻ)

קְבוּצָה נ. collection; group; team

קִבּוּצִי collective

קְבוּרָה נ. burial

–שְׂדֵה הַקְּבוּרָה graveyard

קֻבְיָה, קֻבִּיָּה נ. dice; cube

–מְשַׂחֵק בְּקֻבְיָה, קֻבְיוּסְטוּס dice-player, gambler

קְבִיעָה נ. fixing, deciding

קְבִיעוּת נ. constancy, permanence; regularity

–בִּקְבִיעוּת constantly, permanently; regularly

קבל (קָבַל, יִקְבֹּל) to complain; to accuse

–קִבֵּל to receive, to accept, to get; to adopt an opinion; to contain

–קִבֵּל עָלָיו אַחֲרָיוּת to assume responsibility
–קִבֵּל עַל עַצְמוֹ to undertake
–קִבֵּל פָּנִים, הִקְבִּיל פָּנִים to greet; to receive, to welcome
–הִקְבִּיל to be opposite; to be parallel; to meet
–הִתְקַבֵּל to be received; to be accepted
–הִתְקַבֵּל עַל הַדַּעַת to be acceptable, to be reasonable
קָבָל (*rhet.*) in front of
קֹבֶל ז. (*Bib.*) battering-ram
קַבָּלָה נ. accepting; reception; receipt; Kabbala (mysticism)
–קַבָּלַת־פָּנִים reception, welcome
קַבְּלָן ז. contractor
קְבִלָּה נ. complaint, accusation
קַבְּלָנוּת נ. work on contract

קבע (קָבַע, יִקְבַּע) to appoint, to fix, determine; to fit (in); to drive in (nails); (*Bib.*) to deceive, to rob, to spoil
–הִקָּבַע to be fixed
קֶבַע ז. permanence
–צְבָא קֶבַע regular army
קֻבַּעַת נ. (*rhet.*) dregs; cup
קבץ (קָבַץ, יִקְבֹּץ) to collect, to assemble
–קִבֵּץ to gather together; to collect
–הִתְקַבֵּץ to assemble
–קִבֵּץ פָּארוּר (*Bib.*) to blush
קֹבֶץ ז. compilation; anthology
קְבֻצָּה נ. v. קְבוּצָה
קַבְּצָן ז. beggar
קבר (קָבַר, יִקְבֹּר) to bury
–הִקָּבֵר to be buried
–קִבֵּר to bury
קֶבֶר ז. (ר. קְבָרִים, קְבָרוֹת) grave, tomb

-בֵּית הַקְּבָרוֹת cemetery
קֶבָר ז. coarse flour
-פַּת קֶבָר black bread
קַבְּרָן ז. undertaker; gravedigger
קַבַּרְנִיט ז. pilot; ship's captain; leader
קִבֹּרֶת נ. muscle of the upper arm, biceps
קדד (קַד, יִקֹּד) to bow down; to cut off
-קֹדֵד to bore through
קִדָּה נ. bow; cassia (plant)
קִדּוּחַ ז. drilling
קָדוּם ancient
-מִשְׁפָּט קָדוּם prejudice
קְדוּמִים ז״ר ancient times
קְדוֹרַנִּית, קְדֹרַנִּית gloomily
קָדוֹשׁ ז. saint; martyr
-ש״ת holy, sacred
-הַקָּדוֹשׁ־בָּרוּךְ־הוּא the Holy One
-קְהִלָּה־קְדוֹשָׁה a Jewish community

קִדּוּשׁ ז. consecrating; making holy; blessing to inaugurate the Sabbath and Holidays
-קִדּוּשׁ הַחֹדֶשׁ fixing the day of the new moon; prayer said on the day of the new moon
-קִדּוּשׁ לְבָנָה prayer on seeing the full moon
-קִדּוּשׁ הַשֵּׁם sanctifying the name of God; sacrificing oneself for a religious ideal, martyrdom
קִדּוּשִׁין, קִדּוּשִׁים ז״ר. marriage ceremony
קדח (קָדַח, יִקְדַּח) to glow; to kindle; to be feverish; to bore, drill
קֶדַח ז. bore; diameter
קַדַּחַת נ. fever, malaria
קָדִים ז. East; east wind
-קָדִימָה forward

קְדִימָה נ. precedence; advance

–דְּמֵי קְדִימָה advance payment

–זְכוּת קְדִימָה preference

קַדִּישׁ ז. holy; prayer for the dead, Kaddish

קדם (קָדַם, יִקְדַּם) to be in advance; to anticipate

–הַקְדֵּם to be in advance; to anticipate; to be early; to introduce

–בְּמֻקְדָּם early

–קַדֵּם to precede; to anticipate; to advance; to meet; to receive

–הִתְקַדֵּם to advance, to make progress

קֶדֶם ז. olden times; east, East; front

קֹדֶם before; beforehand

–קֹדֶם לָכֵן before that

–קֹדֶם כֹּל first of all

קַדְמָה נ. origin; antiquity

קִדְמָה נ. progress; east, East

קַדְמוֹן, קַדְמוֹנִי ancient, old

קַדְמוֹנִיּוֹת נ״ר antiquities

–חוֹקֵר קַדְמוֹנִיּוֹת archeologist

קִדְמִי front

קָדְקֹד ז. crown of the head, scalp; vertex

–מִכַּף רַגְלוֹ וְעַד קָדְקֳדוֹ from head to foot

קדר (קָדַר, יִקְדֹּר) to be dark, gloomy; to be obscured; to be sad

–הַקְדֵּר to darken

–הִתְקַדֵּר to grow dark

קַדָּר ז. potter

קְדֵרָה נ. pot, pan

–מַעֲשֵׂה קְדֵרָה cooked food

קַדָּרוּת נ. pottery, ceramics

קַדְרוּת נ. darkness, gloom

קדשׁ (קָדַשׁ, יִקְדַּשׁ) to be holy; to be consecrated

–הִקָּדֵשׁ to become holy; to be consecrated

–הַקְדֵּשׁ to dedicate, to devote; to consecrate; to regard as holy; to revere

–קַדֵּשׁ to dedicate, sanctify; to declare holy; to keep holy; to purify; to bless the new month; to pronounce the Kiddush

–קֻדּוֹשׁ to be sanctified, consecrated

–הִתְקַדֵּשׁ to purify oneself; to be sanctified

–קַדֵּשׁ אֶת הַשֵּׁם to sanctify the name of God (by noble deeds or martyrdom)

קֹדֶשׁ ז. holiness; sanctuary; shrine; something sacred

–קֹדֶשׁ לְ־ dedicated to

–קֹדֶשׁ־הַקֳּדָשִׁים the Holy of Holies

–אֶרֶץ הַקֹּדֶשׁ the Holy Land

–כִּתְבֵי הַקֹּדֶשׁ Holy Writ, the Bible

–מִקְרָא קֹדֶשׁ (*Bib.*) holiday

–עִיר הַקֹּדֶשׁ the Holy City, Jerusalem

קָדֵשׁ male temple-prostitute

–קְדֵשָׁה female temple-prostitute

קְדֻשָּׁה נ. sanctification; holiness; name of a prayer (to be said standing)

קָדָשִׁים ז״ר holy things; sacrifices

קהה (קָהָה, יִקְהֶה) to become blunt, dull; to be faint

–הַקְהֵה to make blunt, dull

–הִקְהָה אֶת שִׁנֵּי– to set one's teeth on edge; to make a devastating reply

קֵהֶה blunt, dull; set on edge; be sour

–זָוִית קֵהָה obtuse angle

קַהֲוָה* נ. black coffee

(קהל) הִקָּהֵל to be assembled

–הַקְהֵל to assemble
קָהָל ז. audience; public; crowd, assembly; community
–דַּעַת הַקָּהָל public opinion
קְהִלָּה נ. congregation, community
קֹהֶלֶת ז. the Book of Ecclesiastes; King Solomon
קָו, קַו ז. (ר. קַוִּים) line, measuring line; rule; ray; line of action
–קַו אֹרֶךְ longitude
–קַו הַמַּשְׁוֶה equator
–קַו רֹחַב latitude
–בְּקַו הַבְּרִיאוּת in good health
קוֹבַע ז. helmet
קוֹדֵם former
קוה (קָוָה, יִקְוֶה) (*Bib.*) to hope, expect; to collect
–הִקָּוֵה to be gathered together
–קַוֵּה to hope, expect
קוט (קָט, יָקוּט) (*rhet.*) to feel disgusted
–הִקּוֹט to feel a loathing, disgust
–הִתְקוֹטֵט to quarrel
קוֹל ז. (ר. קוֹלוֹת) voice; sound; vote; rumor; (*rhet.*) report
–קוֹל קוֹרֵא proclamation
–בַּת קוֹל voice from heaven; echo
–נָשָׂא קוֹלוֹ, נָתַן קוֹלוֹ to cry aloud
קוֹלִי vocal, acoustic
קוֹלִית*, נ. thighbone
קוֹלָן ז. tuning fork
קוֹלְנוֹעַ ז. motion picture
קוֹלֵעַ well-aimed, hitting the target; to the point
קוֹלָר ז. neck-iron (for prisoner)
–הַקּוֹלָר תָּלוּי בְּצַוַּאר... he is responsible for, guilty of

קוּם (קָם, יָקוּם) to arise; to stand; to stand up; to rise against; to be realized; to exist

–קָם לִתְחִיָּה to be revived

–הֵקֵם to put up, to establish; to fulfill; to raise

–קוֹמֵם to raise; to restore

–קַיֵּם to confirm; to fulfill to take upon oneself

–הִתְקוֹמֵם to revolt, to stand up against

קוֹמֶדְיָה* נ. comedy

קוֹמָה נ. height; stature; story, floor

–גְּבַהּ קוֹמָה tall

קוֹמְמִיּוּת independence

–ת״פ upright

(קון) קוֹנֵן to lament; to mourn

קַוָּן ז. linesman

קוֹנְדִיטוֹרְיָה* נ. pastry shop

קוֹנֶה ז. (ר. קוֹנִים) customer, buyer; (*rhet.*) Creator

קוֹנְיָק* ז. cognac

קוֹנָם (*Tal.*) form of oath

קוֹנְסוּל* ז. consul

קוֹנְסוּלְיָה* נ. consulate

קוֹנְצֶרְט* ז. concert

קוֹסֵם ז. magician

קוֹף ז. (ר. קוֹפִים) monkey

קוּף ז. hole for handle of axe; eye of the needle; 19th letter of the alphabet (ק)

קוֹפֵץ ז. jumper

–קוֹפְצִים applicants; buyers

קוּץ (קָץ, יָקוּץ בּ־) to feel disgust, to abhor; to spend the summer

–הֵקֵץ to awaken; to wake up; to destroy

קוֹץ ז. (ר. קוֹצִים) prickle, prick, thorn; point

קְוֻצָּה נ. lock, curl

קוֹקוֹס ז. coconut

קוּקִיָּה* נ. cuckoo (bird)

קוּר (קָר, יָקוּר) *(rhet.)* to dig (wells)
–הָקֵר to flow
(קוּר) ז. קוּרִים ז״ר spider's web
–קוּרֵי עַכָּבִישׁ spider's web
קוֹרֵא ז. partridge; reader
קוֹרָה נ. beam, rafter
קוֹרוֹת נ״ר happenings, history
קוּרְטוֹב ז. a small measure; a little bit
קוּרְיוֹז* ז. curiosity
קוּשׁ (קָשׁ, יָקוּשׁ) to lay snares
קוּשְׁיָה נ. difficulty; question
קוֹשֵׁר ז. rebel
קָט very little, tiny
–כִּמְעַט קָט very little; very soon
קֶטֶב ז. *(rhet.)* destruction; pestilence
קֹטֶב ז. pole
–הַקֹּטֶב הַדְּרוֹמִי the South Pole
–הַקֹּטֶב הַצְּפוֹנִי the North Pole
קַטֵּגוֹר ז. prosecutor; accuser
קַטֵּגוֹרְיָה נ. prosecution; accusation
קָטוּם lopped off
קָטוּעַ fragmentary; lopped off
קָטוּף plucked
קְטוֹרָה נ. incense
קְטָטָה נ. quarrel, strife
קָטִין ז. minor
קְטִינָא *(Ar.)* small, tiny
קָטִיף ז. fruit-picking
קְטִיפָה נ. plucking; velvet
קטל (קָטַל, יִקְטֹל) to kill
קֶטֶל ז. murder; killing
קַטְלָנִי murderous, deadly, fatal
קטן (קָטֹן, יִקְטַן) to be small; to be unworthy
–הַקְטֵן to belittle; to make small
–הִתְקַטֵּן to grow smaller; to grow less

קָטָן ז. small boy

קָטֹן, קָטָן small, little; unworthy

קֹטֶן ז. smallness; little finger

קַטְנוּנִי ז. petty

קַטְנוֹעַ ז. scooter

קַטְנוּת נ. smallness, pettiness

קְטַנְטַן tiny, wee

קִטְנִית נ. (ר. קִטְנִיּוֹת) legume

קטע (קָטַע, יִקְטַע) to cut off; to amputate

–קִטֵּעַ to cut off, to lop off; to divide into portions

קִטֵּעַ ז. cripple (with one leg or arm); lame man

קֶטַע ז. fragment; section

קטף (קָטַף, יִקְטֹף) to pick, to pluck

–הִקָּטֵף to be plucked off

(קטר) קִטֵּר, הִקְטִיר to burn incense; to burn as a sacrifice

קִטֵּר ז. the burning of incense

קַטָּר ז. steam-engine

קֹטֶר ז. axis; diameter

קִטְרֵג to denounce, accuse

קִטְרוּג ז. denunciation; accusation

קְטֹרֶת נ. incense

קיא (קָא, יָקִיא) to vomit

–הֵקִיא to vomit

קִיא ז. vomit

קֵיבָה נ. stomach

קִיּוּם ז. preservation; existence; duration; certification

–דּוּ־קִיּוּם coexistence

קְיוֹסְק* ז. kiosk

קַיִט ז. summer vacation

קִיטוֹן ז. bedroom

קִיטוֹר ז. steam; smoke

–אֳנִיַּת קִיטוֹר steamboat

–מְכוֹנַת קִיטוֹר steam engine

קַיְטָן ז. summer vacationist

קַיְטָנָה נ. summer resort

קִיכְלִי, קִכְלִי thrush (bird)
קִילוֹגְרָם* ז. kilogram
קִילוֹמֶטֶר* ז. kilometer
(קים) קַיֵּם to fulfill; to affirm; to sustain
–הִתְקַיֵּם to exist; to last; to be sustained, to endure; to be fulfilled; to take place
קַיָּם existing, lasting; valid
קִים ז. (Bib.) enemy, adversary
קְיָם ז. edict
קַיָּמָה נ. existence, duration
–בַּר־קַיָּמָה durable, lasting
קִימָה נ. rising; setting up, putting up
(קין) קוֹנֵן to lament
קַיִן ז. lance, spear
קִינָה נ. (ר. קִינִים, קִינוֹת) elegy, lament, dirge
קִיסָם ז. chip; toothpick
קֵיסָר ז. emperor
קֵיסָרוּת נ. empire

קִיפוֹן ז. mullet
קַיִץ ז. summer; harvest; (Bib.) dried fruit
קִיצוֹן the last, extreme
קִיצוֹנִי extreme; radical
קִיצוֹנִיּוּת נ. extremity, radicalism
קֵיצִי summery
קִיק ז. castor oil seed
–שֶׁמֶן קִיק ז. castor oil
קִיקָיוֹן ז. castor oil plant
קִיקָלוֹן ז. (Bib.) disgrace
קִיר ז. (ר. קִירוֹת) wall
(קיש) הֵקִישׁ to draw an analogy
קִיתוֹן ז. water jug
קַל light; easy; quick; little esteemed
–קַל דַּעַת frivolous
–קַל וָחֹמֶר all the more (if... then so much the more so), a forteriori
–קַל־עֵרֶךְ of little value
–הַבִּנְיָן הַקַּל simple conjugation

–נֶשֶׁק קַל small arms

קֹלֶב ז. peg, rack (for clothes)

קלה (קָלָה, יִקְלֶה) to roast

–הִקָּלֵה to be singed, scorched; to be esteemed lightly

–הָקֵל to despise

קַלָּה נ. relief; lenient rule

קִלּוּחַ ז. outlet; flow

קָלוּט absorbed; short-limbed

קָלוּי roasted

קָלוֹן ז. shame, disgrace, dishonor

–אוֹת קָלוֹן mark of shame

–בֵּית קָלוֹן brothel

קִלּוּס ז. praising

קִלּוּף ז. peeling

קָלוֹרְיָה* נ. calorie

קָלוּשׁ thin, weak

קַלּוּת נ. ease; lightness; swiftness

–קַלּוּת דַּעַת frivolity, thoughtlessness

–קַלּוּת רֹאשׁ frivolity, light-mindedness

קלח (קָלַח, יִקְלַח) to flow

–קִלֵּחַ to flow

–הִתְקַלֵּחַ to take a shower

קֶלַח ז. stalk; stalk of cabbage

קַלַּחַת נ. kettle; turmoil

קלט (קָלַט, יִקְלֹט) to receive; to take in; to absorb; to comprehend

–הִקָּלֵט to be absorbed; to take roots

–הַקְלֵט to record

קָלִי ז. (ר. קְלָיוֹת) roasted; grain, parched ears

קְלִיד ז. key of piano

קְלִיטָה נ. taking root; absorption; conception

קְלִיעַ ז. missile; bullet; shell

קלל (קַל, יֵקַל) to be light; to be easy; to be little esteemed; to be swift

–הִנָּקֵל to become light; to be little esteemed

-נָקֵל לְ- it is easy to
-קִלֵּל to curse; to swear
-הִתְקַלֵּל to be cursed
-קֻלּוֹל to be cursed
-הֵקֵל to make easy, light; to relieve; to adopt a lenient view; to despise
קָלָל ז. (rhet.) something shining
קְלָלָה נ. curse; reproach
קֻלְמוֹס ז. (rhet.) (ר. קֻלְמוֹסִים) writing-pen
-פְּלִיטַת־קֻלְמוֹס slip of the pen
קְלֶמֶנְטִינָה* נ. tangerine
קַלְמָר ז. pencilbox
(קלס) קִלֵּס (Bib.) to scorn, deride; to praise
-הִתְקַלֵּס to mock
קֶלֶס ז. קַלָּסָה נ. mockery, derision
קְלַסְתֵּר (־פָּנִים) ז. features; countenance

קלע (קָלַע, יִקְלַע) to swing, to sling; to hit the target; to plait
-קָלַע אֶל הַמַּטָּרָה to hit the target
-קִלֵּעַ to sling
קֶלַע ז. a sling; curtain; bullet, shell
-כַּף הַקֶּלַע hollow of the sling
קַלָּע ז. marksman
קלף (קָלַף, יִקְלֹף) to peel, skin
-קִלֵּף to peel
-הִקָּלֵף, הִתְקַלֵּף to be peeled, skinned
קְלָף ז. parchment; card, playing card
קְלִפָּה נ. (ר. קְלִפּוֹת) shell; skin, bark; female demon
-קְלִפַּת הַשּׁוּם garlic-skin, a worthless thing
קַלְפֵּי נ. (ר. קַלְפִּיּוֹת) urn for drawing lots; voting booth; ballot box

קִלְקוּל ז. degeneration; damage, spoiling

קְלֹקֵל meagre; of bad quality (food)

קִלְקֵל to spoil, damage; to sin; (*Bib.*) to throw

–אָדָם מְקֻלְקָל a corrupt person

–הִתְקַלְקֵל to be spoiled, damaged; to degenerate

קַלְקָלָה נ. disgrace; sin; degeneration

קִלֵּשׁ, הִקְלִישׁ to thin out

קִלְשׁוֹן ז. hay-fork

קֶלֶת נ. (*Tal.*) fruit-basket

קָם ז. (*rhet.*) enemy

קָמָה נ. grain standing in the stalk

קִמּוּם ז. rehabilitation; restoration

קִמּוּץ ז. thrift, saving

קָמוּר vaulted; arched

קִמּוֹשׂ ז. thorn, thistle

קִמַּח to sprinkle flour over

קֶמַח ז. flour, meal; food

קמט (קָמַט, יִקְמֹט) to wrinkle; to press together

–הִתְקַמֵּט to become wrinkled, be creased

קֶמֶט ז. wrinkle; fold

קָמִיעַ, קָמֵעַ ז. talisman, amulet

קְמִיצָה נ. third finger; taking a fistful of something

קמל (קָמַל, קָמֵל, יִקְמֹל) to wither, to pine away

קִמְעָא, קִמְעָה (*Ar.*) a little

–קִמְעָה קִמְעָה little by little

קִמְעוֹנַי ז. retailer

קמץ (קָמַץ, יִקְמֹץ) to take a handful; to shut (the hand, mouth)

–קִמֵּץ to save, to be thrifty

קֹמֶץ ז. a handful, a trifle

קָמַץ, קָמֵץ ז. name of a vowel sign (ָ)

קַמְצָן ז. miser
קֻמְקוּם ז. kettle, teapot
(קמר) הִקָּמֵר to be arched, vaulted
קִמְרוֹן ז. vaulted roof
קִמְּשׁוֹנִים ז״ר thorns
קֵן ז. (ר. קִנִּים) nest; (*Bib.*) cell; socket
(קנא) קִנֵּא (לְ־) to be zealous for
–(בְּ־, אֶת־) to be jealous of; to envy
–הִקְנִיא to make angry; to make jealous
–הִתְקַנֵּא (בְּ־) to be jealous of; to be envious of
קַנָּא ז. jealous
קִנְאָה נ. jealousy, envy; fanaticism; anger
קַנָּאוּת נ. jealousy; fanaticism
קַנַּאי נ. fanatic, jealous
קֻנְדָּס ז. (*Tal.*) pole
קֻנְדֵּס ז. frivolous, clownish fellow

–מַעֲשֵׂה קֻנְדֵּס a practical joke, prank
קנה (קָנָה, יִקְנֶה) to buy, purchase, procure; to possess, own; (*rhet.*) to create
–הִקָּנֵה to be bought, acquired
–הַקְנֵה to sell; to impart
קָנֶה ז. (ר. קָנִים) reed; stalk; cane; arm-bone; windpipe; branch (of a candlestick); barrel (of rifle)
–קְנֵה מִדָּה measure, criterion; scale; (*Bib.*) measuring-rod
–עָלוּ בְּקָנֶה אֶחָד (*rhet.*) to suit each other
קִנּוּחַ ז. wiping, cleaning
–קִנּוּחַ סְעוּדָה dessert
קְנוּנְיָה נ. conspiracy (to defraud)
קְנוֹקֶנֶת נ. tendril
קַנַּח to wipe

(קנט) הִקְנִט to make angry, to tease

קִנְטוּר ז. nagging; reproach

קַנְטֵר to reproach, to tease

קַנְטְרָן, קַנְתְּרָן ז. quarrelsome person

קֻנְטְרֵס ז. pamphlet

קְנִיָּה נ. purchase, buying

קִנְיָן ז. acquisition, possession; (*Tal.*) symbolic act affirming transfer of property

–כִּנּוּיֵי הַקִּנְיָן possessive suffixes

קִנָּמוֹן ז. cinnamon

(קנן) קִנֵּן to build a nest; to nest

קנס (קָנַס, יִקְנֹס) to punish; to fine

קְנָס ז. (ר. קְנָסוֹת) fine; penalty

קַנְקַן ז. jug, bottle; share of plough

קַנְתֵּר v קַנְטֵר

קַסְדָה נ. helmet

קסם (קָסַם, יִקְסֹם) to charm, to divine, to practice magic

–הִקְסִים to charm, to divine; to fascinate

קֶסֶם ז. charm, magic, sorcery

קִסָּם ז. splinter

קסס (קָסַס, יִקְסֹס) to turn; to soar; to be spoilt

–קוֹסֵס to pluck; to spoil

קְסַרְקְטִין ז. barracks for the army

קֶסֶת נ. inkwell, inkstand

קָעוּר concave

קַעֲקַע ז. tattooing

קַעֲקֵעַ to tear down; to exterminate; to tattoo

קַעֵר to make concave

קְעָרָה נ. plate; bowl

–הָפוֹךְ הַקְּעָרָה עַל פִּיהָ to upset everything

קַעֲרִית נ. small plate, saucer

קפא (קָפָא, יִקְפָּא) to freeze, to congeal
–הִקְפִּא to cause to congeal; to curdle; to freeze
קִפָּאוֹן ז. freezing, coldness; congelation
קֻפַּאי ז. cashier
(קפד) קִפֵּד to cut off
–הִקְפִּיד to be strict, to be pedantic; to be angry
קְפָדָה נ. (*Bib.*) anguish
קַפְּדָן ז. pedant; hot-tempered
קַפְּדָנוּת נ. pedantry; irritability; anger
קֻפָּה נ. money-box, box office; (*rhet.*) heap, basket
–קֻפַּת־חוֹלִים sick-fund
–קֻפַּת־מִלְוֶה cooperative loan-fund
קָפֶה* ז. coffee
קִפּוֹד ז. porcupine
קִפּוֹז ז. arrow-snake
קִפּוּחַ ז. impairing, curtailing; depriving (of rights)
קִפּוּל ז. folding up; fold
קפח (קָפַח, יִקְפַּח) to slap, to beat
–קִפֵּחַ to slap; to maim; to impair; to curtail; to violate; to deprive (of rights)
קְפִידָה נ. strictness
קְפִיץ ז. spring (elastic device)
קְפִיצָה נ. jumping, jump
קפל (קָפַל, יִקְפֹּל) to fold up
–קִפֵּל to fold up; to close
–הִתְקַפֵּל to be folded
קַפְלֵט ז. wig
קַפֶּנְדַּרְיָה נ. short cut
קֻפְסָה נ. box; can
קפץ (קָפַץ, יִקְפֹּץ) to draw together; to shut (hand, mouth); to jump, skip; to bounce; to rush in
–זִקְנָה קָפְצָה עָלָיו to grow old suddenly or prematurely
–הִקְפִּיץ to cause to jump; to bounce

-קִפֵּץ to jump; to bounce
קַפְּרִיזָה* נ. caprice
קֵץ ז. (ר. קִצִּים) end, finish
קצב (קָצַב, יִקְצֹב) to cut off; to shape; to fix, determine
-הַקְצֵב to fix, appoint; to allot; to ration
קֶצֶב ז. rhythm, metre; (*Bib.*) end, limit; (*Bib.*) shape, form
קַצָּב ז. butcher
קִצְבָה נ. definite scope; limit; tax; fixed support, allowance
קצה (קָצָה, יִקְצֶה) to cut off; to destroy
-קַצֵּה to cut off
-הַקְצֵה to scrape off; to separate; to allocate
-הֻקְצָה set apart for
קָצֶה ז. (ר. קָצוֹת, קְצָווֹת) end, edge; boundary
-אֶפֶס קָצֵהוּ שֶׁל (*rhet.*) a small portion of

-מִקְצֵה (*Bib.*) at the end of (a certain time, etc.)
קֵצֶה ז. end
קָצָה נ. end, edge
קָצוּב fixed
קָצוּץ chopped
קִצּוּר ז. shortening, excerpt
-בְּקִצּוּר in short
קֶצַח ז. black cumin
קָצִין ז. officer; leader; rich man
קְצִיעָה נ. aromatic bark; dried fig
קְצִיצָה נ. cutting; cutlet, chopped meat
קָצִיר ז. reaping, harvest; crop; cut grain; harvest-time
קְצִירָה נ. reaping, cutting
קְצֻנָּה נ. officer's rank; the cadre of officers
(קצע) הַקְצֵעַ to scrape off; to plane; smooth the surface

מְהֻקְצָע— planed; polished

קצף (קָצַף, יִקְצֹף) to be angry

—הַקְצֵף to provoke; to anger; to whip up

—הִתְקַצֵּף to become angry

קֶצֶף ז. anger; foam

—בְּשֶׁצֶף קֶצֶף in a burning rage

קְצָפָה (Bib.) stripping off, barking

קצץ (קָצַץ, יָקֹץ, יִקְצֹץ) to cut off

—קַצֵּץ to cut off, to curtail

קצר (קָצַר, יִקְצֹר) to cut, to reap; to be short

—קָצְרָה נַפְשׁוֹ, קָצְרָה רוּחוֹ to be impatient

—קַצֵּר to shorten; to do something briefly

—הִתְקַצֵּר to be shortened

קָצָר short

—קְצַר אַפַּיִם impatient

—קְצַר יָד powerless

קֹצֶר ז. shortness

—קֹצֶר רוּחַ impatience

—בִּקְצָרָה in short

קַצְרָן ז. shorthand writer

קַצְרָנוּת נ. shorthand, stenography

קַצֶּרֶת נ. asthma

קְצָת ז. few; a little; part

—מִקְצָת some of; a little

קָקָאוֹ* ז. cocoa

קַר cold

קַר־רוּחַ calm, self-possessed

קֹר cold, coldness

קרא (קָרָא, יִקְרָא) to cry; to call out, to call upon; to proclaim, to pray; to call together; to read; to call; to name; to invite; (*Bib.*) to come upon, to befall

הִקָּרֵא to be called; to be invited; to be read; (*Bib.*) to encounter, to happen

-הַקְרֵא to read aloud; to teach reading; to dictate; (*Bib.*) to cause to happen

-הִתְקָרֵא to be called, to be named

קֹרֵא ז. partridge

קָרָאִי ז. Karaite (member of a Jewish sect which did not accept the Talmudical interpretation of the Bible)

(לִ)קְרַאת towards, opposite, against

קרב (קָרַב, קָרֵב, יִקְרַב) to come near; (of time) to draw near; to approach

-קֵרֵב to bring near; to befriend

-הִקְרִיב to offer a sacrifice; to bring near; to come near, to approach

-הִתְקָרֵב to come close, near; (of time) to draw near

קְרָב ז. (קְרָבוֹת) encounter; war; battle, combat

-דּוּ־קְרָב duel

קֶרֶב ז. (ר. קְרָבַיִם) bowels; womb; center; middle

-בְּקֶרֶב among, amidst, in the middle of

-בְּקֶרֶב הַיָּמִים soon, presently

-מִקֶּרֶב לֵב from the bottom of one's heart

קִרְבָה נ. nearness; inclination; leaning; contact; relationship

-בְּקִרְבַת־ in the vicinity of

קְרָבִי combatant

קָרְבָּן ז. (ר. קָרְבָּנִים, קָרְבָּנוֹת) sacrifice; offering; present; gift

קֵרֵד to scrape

קַרְדֹּם ז. (ר. קַרְדֻּמִּים, קַרְדֻּמּוֹת) hatchet, axe

-קַרְדֹּם לַחְפֹּר בּוֹ source (*rhet.*) of livelihood

קרה (קָרָה, יִקְרֶה) to encounter, to meet; to happen, occur
–הִקָּרֵה to occur; to meet
–הַקְרֵה to cause to meet; to cause to happen
(קֹרָה נ.) קֹרַת רוּחַ satisfaction
קָרָה נ. cold, frost
קֵרָה to cover; to roof; to lay beams
קָרוּא invited, called
קָרוֹב ז. relative, kinsman
–ש״ת near, close by; near in time
–בְּקָרוֹב soon
–מִקָּרוֹב newly; from nearby
–קָרוֹב לְ־ near; about
קֵרוּב ז. bringing near; proximity
–בְּקֵרוּב approximately
קְרוּם ז. skin, crust; membrane
קָרוֹן ז. (ר. קְרוֹנוֹת) wagon; streetcar; railroad car

קָרוּעַ torn, tattered
קרח (קָרַח, יִקְרַח) to shear off the hair
–הִקָּרֵחַ to grow bald; to be bald
–הַקְרֵחַ to grow bald
קֵרֵחַ bald-headed
קֶרַח ז. ice; cold; frost
קָרְחָה נ. baldness
קַרְחוֹן ז. glacier; iceberg
קָרַחַת נ. baldness; bare patch
קֹרֶט ז. grain, particle
קָרְטוֹב a pinch of something
קַרְטוֹן* ז. carton; cardboard
קְרִי ז., קֶרִי nocturnal pollution; opposition; encounter
קְרֵי, ז. masoretic reading
קָרִיא legible; (*Bib.*) called, invited
קְרִיאָה נ. proclamation; call; reading
–קְרִיאַת־בֵּינַיִם interpolation, interruption

קְרִיאַת־שְׁמַע– the recitation of Shema (Deut. VI 4–9; XI 13–21; Num. XV 37–41)

קִרְיָה נ. town, city

קְרִיעָה נ. tearing

קָרִיר cool; indifferent

קרם (קָרַם, יִקְרֹם) to form a skin

קרן (קָרַן, יִקְרֹן) to radiate, to shine

–הִקְרִין to radiate; to have horns

קֶרֶן נ. (ר. קְרָנוֹת, קַרְנַיִם) horn; power; ray; point, corner; fund, capital; principal

–קֶרֶן הַיְסוֹד the Foundation Fund

–קֶרֶן קַיֶּמֶת לְיִשְׂרָאֵל The Jewish National Fund

–יוֹשְׁבֵי קְרָנוֹת idlers, people spending time at street corners

קֻרְנָס ז. hammer

קַרְנִית נ. cornea

קרס (קָרַס, יִקְרֹס) to bow down

קֶרֶס ז. hook

–צְלָב הַקֶּרֶס swastika

קַרְסֹל ז. (ר. קַרְסֻלַּיִם) ankle-joint

קַרְסֻלִּית נ. gaiter

קִרְסֵם to gnaw, to nibble

קרע (קָרַע, יִקְרַע) to tear; to cut; to split

–קוֹרֵעַ לֵב heart-rending

–הִקָּרֵעַ to be torn; to be split

קֶרַע ז. piece; fragment; split

קַרְפִּיוֹן ז. carp

קַרְפִּיף ז. fenced area

קרץ (קָרַץ, יִקְרֹץ) to wink; to open wide; to pinch off

–קֹרַץ to be pinched off; to be shaped

קֶרֶץ ז. (*rhet.*) destruction

קְרָצָה ז. (*Ar.*) loaf
–אָכַל קְרָצָה to slander (*rhet.*)
קַרְצִית נ. tick (insect)
קִרְצֵף to scrape, to scratch
קֻרְקְבָן ז. stomach; craw, crop (of a bird)
קִרְקוּר ז. crowing; croaking
קִרְקָס ז. circus
קַרְקַע ז. (ר. קַרְקָעוֹת) ground, soil; land; bottom
–קַרְקַע בְּתוּלָה virgin soil
קַרְקָעִית נ. bottom
קַרְקֶפֶת נ. skull
קִרְקֵר to croak; to crow (*rhet.*) to tear down
(קרר) קָרַר, הֵקֵר to cool
–הִתְקָרֵר to cool down; to catch cold
–נִתְקָרְרָה דַעְתּוֹ to calm down
קרשׁ (קָרַשׁ, יִקְרַשׁ), הִקְרִישׁ to congeal
–הִקְרִישׁ to cause to congeal
–הִתְקָרֵשׁ to congeal; to turn into a jelly

קֶרֶשׁ ז. board, plank
–קֶרֶשׁ קְפִיצָה springboard
קֶרֶת נ. (*rhet.*) town, city
קַרְתָּנִי provincial
קַשׁ ז. straw; stubble
–דָּחָה בְּקַשׁ to give a non-committal reply
קשב (קָשַׁב, יִקְשֹׁב) to listen
–הִקְשִׁיב (לְ–) to listen; to obey
קַשָּׁב attentive
קֶשֶׁב ז. hearing; attention, attentivenesss
–אֵין קוֹל וְאֵין קֶשֶׁב no sound is heard
קשה (קָשָׁה, יִקְשֶׁה) to be hard, difficult; to be severe
–קִשָּׁה to have hard labor (in childbearing)
–הִקְשָׁה to harden (the heart); to stiffen; to make hard; to put difficulties in the way of; to question

-הִתְקַשֵּׁה to find difficulty (in); to become hard
קָשֶׁה hard; difficult; harsh, cruel
-קְשֵׁה יוֹם unfortunate
-קְשֵׁה עֹרֶף stubborn
קִשּׁוּא ז. gourd; (*formerly*) cucumber
קַשּׁוּב attentive
קַשְׂוָה נ. a kind of jug
קָשׁוּחַ hard, stiff
קֹשׁוֹט ז. (*rhet.*) truth
קִשּׁוּט ז. adornment
קִשּׁוּר ז. tying together; joining
-קִשּׁוּרִים bands
קָשׁוּר bound; tied
(קשח) הַקְשֵׁחַ to harden one's heart
(קשט) קַשֵּׁט to adorn, decorate
-קֻשַּׁט to be adorned, decorated
-הִתְקַשֵּׁט to adorn oneself

קֹשֶׁט ז. (*rhet.*) truth
קְשִׁי, קֹשִׁי hardness; obduracy; difficulty; trouble
-בְּקֹשִׁי with difficulty; (*col.*) hardly
קֻשְׁיָא, קֻשְׁיָה נ. objection; question
-אַרְבַּע הַקֻּשְׁיוֹת the "four questions" put during the Passover "Seder"
קַשְׁיוּת נ. hardness; obduracy
קְשִׂיטָה (*Bib.*) old coin
קָשִׁישׁ, קַשִּׁישׁ ז. old man; elder
-ש״ת old
קִשְׁקוּשׁ ז. rattling; prattling
קִשְׁקֵשׁ to rattle; to prattle; to shake; (*Tal.*) to hoe
קַשְׂקֶשֶׂת נ. (ר. קַשְׂקְשׂוֹת, קַשְׂקַשִּׂים) scale (of fishes)
קשר (קָשַׁר, יִקְשֹׁר) to tie, bind, knot; to join; to conspire
-קַשֵּׁר to tie together; to wear

הִתְקַשֵּׁר– to be tied; to contact; to conspire

קֶשֶׁר ז. conspiracy; knot; union

(קשש) קוֹשֵׁשׁ to gather (wood, straw)

הִתְקוֹשֵׁשׁ– to assemble

קֶשֶׁת נ. (ר. קְשָׁתוֹת) bow (for shooting); rainbow; violin-bow

בֶּן־קֶשֶׁת– (*rhet.*) arrow

קַשָּׁת ז. archer

קַת, קַתָּה נ. handle

קַתֶּדְרָה נ. (ר. קַתֶּדְרָאוֹת) seat, chair; stage; professorial chair

קָתוֹלִי* catholic

קֹתֶל ז. wall; fat meat

קַתְרוֹס ז. lyre; guitar

ר

רָאָה נ. red kite (bird)

רֵאָה נ. lung

רַאֲוָה נ. looking, sight

–חַלּוֹן רַאֲוָה show-window

–לְרַאֲוָה on display

רָאוּי chosen; worthy

–כָּרָאוּי as fitting; proper

רְאוֹת, רְאוּת נ. sight, seeing

–רְאוּת עֵינַיִם opinion, judgement

–נְקֻדַּת רְאוּת point of view

–קְצַר־רְאוּת short-sighted

רֹאִי ז. sight; vision, look

רְאִי ז. mirror; (*rhet.*) appearance

רְאָיָה נ. proof, evidence

רְאִיָּה נ. seeing; sight; appearing

רֵאָיוֹן ז. interview; (*Tal.*) appearance in the Temple

רְאִיּוּת נ. visibility

רְאִינֹעַ ז. motion picture

רֵאָלִי* real; realistic

רְאֵם ז. buffalo

רָאמָה נ. (ר. רָאמוֹת) (*Bib.*) black coral (?), sea-shell(?)

רֵאַקְצְיָה* נ. reaction

רֹאשׁ (ר. רָאשִׁים) head; top; principal, chief; beginning; division; (*Bib.*) total number, sum; poisonous herb

–ש״ת head, main, chief; the highest

–רֹאשׁ חֹדֶשׁ new moon

–רֹאשׁ הַשָּׁנָה New Year's Day

–רֹאשׁ עִיר mayor

–רָאשֵׁי פְּרָקִים summary, outline

–רָאשֵׁי תֵבוֹת initials, abbreviation

–בָּרֹאשׁ וְרִאשׁוֹנָה first and foremost

–יוֹשֵׁב רֹאשׁ chairman

–כֹּבֶד רֹאשׁ earnestness

–לְמַעְלָה רֹאשׁ "up to ones eyes in," "up to one's neck in," submerged in

–מֵרֹאשׁ in advance

–נָשָׂא אֶת רֹאשׁ to count (*Bib.*)

רִאשׁוֹן first, foremost; former

–יוֹם רִאשׁוֹן Sunday

רִאשׁוֹנָה at first; before

–בָּרִאשׁוֹנָה primarily; formerly

–לָרִאשׁוֹנָה, בָּרִאשׁוֹנָה at first

רִאשׁוֹנִי primary

רָאשׁוּת נ. headship

רָאשִׁי first in rank, chief

–מַאֲמָר רָאשִׁי editorial, leading article

רֵאשִׁית נ. beginning; best; first fruit

–רֵאשִׁית כֹּל in the first place

–בְּרֵאשִׁית in the beginning

–מַעֲשֵׂה בְרֵאשִׁית creation

–שֵׁשֶׁת יְמֵי בְרֵאשִׁית the six days of creation

רַב ז. lord; master; teacher; scholar; rabbi; (*Tal.*) title given to Amora

–ש״ת much, many; great; strong; multi-

–ת״פ (*rhet.*) enough

–רַב־אַלּוּף major-general (in Israel Army)

–רַב־חוֹבֵל ship's captain

–רַב־טוּרָאִי corporal

–רַב־מֶכֶר bestselling

–בַּר־בֵּי־רַב (*Ar.*) pupil

–רַבִּים many; public

–רַב־סַמָּל sergeant-major

–רַב־סֶרֶן major

–בָּרַבִּים publicly

–לְשׁוֹן רַבִּים plural

–רַבּוֹת ז״ר (כנ. רַבּוֹתַי, רַבּוֹתֵינוּ) gentlemen; teachers

רֹב, רוֹב ז. multitude; majority, greatness; much

–רֹב דֵּעוֹת majority of votes

–רֻבּוֹ כְּכֻלּוֹ for the greater part

–לָרוֹב, עַל הָרוֹב, עַל פִּי רוֹב mostly, generally

רַבָּא (*Ar.*) great, grand

רבב (רַב, יָרֹב) to be numerous; to increase; (*Bib.*) to shoot (arrows)

–רֻבַּב (*Bib.*) to be multiplied

רְבָב ז. grease; stain

רְבָבָה נ. myriad, ten thousand

רבד (רָבַד, יִרְבֹּד) to make a bed

רֹבֶד ז. layer, stratum

רבה (רָבָה, יִרְבֶּה) to increase; to multiply; to grow great; to be enlarged; (*Bib.*) to shoot (arrows)

–הִרְבָּה to increase; to enlarge; to do much

–רִבָּה to increase; to bring up; to include

–לְרַבּוֹת including

–הִתְרַבָּה to increase

רִבָּה נ. jam

רִבּוֹ, רִבּוֹא נ. (ר. רִבּוֹת, רִבֹּאוֹת) ten thousand, myriad

רִבּוּי ז. breeding; increase; plurality, state of being plural or numerous

רִבּוֹן ז. master

–רִבּוֹנוֹ שֶׁל עוֹלָם the Lord

–רִבּוֹנִי sovereign

רָבוּעַ square

רִבּוּעַ ז. square

רְבוּתָה נ. a great thing; greatness

רַבִּי ז. title given to rabbi, teacher, or master

רְבִיבִים ז״ר showers (rain)

רָבִיד ז. necklace

רְבִיָּה נ. natural increase; shooting

רְבִיעַ ז. quarter

רְבִיעָה נ. rainfall, rainy season; (sexual) coupling

רְבִיעִי ז. the fourth

–יוֹם רְבִיעִי Wednesday

רְבִיעִית נ. the fourth; the fourth part

רִבִּית נ. interest on a loan

רָבַךְ (רָבַךְ, יִרְבַּךְ) to thicken

רַבָּן ז. Rabban (a title of honor of first Tannaim); teacher, master; champion

–רַבָּנָן the Talmudic scholars

רַבָּנוּת נ. mastery; rabbinate

רבע (רָבַע, יִרְבַּע) to lie; to mate; to copulate (of beasts); to encamp

–הִרְבִּיעַ to cause to mate (of beasts)

רֶבַע ז. quarter, fourth part; (Bib.) side (of a four-sided object)

–אָרְחוֹ וְרִבְעוֹ (rhet.) one's manners

רֹבַע ז. quarter (of a town); (Bib.) quarter; (Bib.) dust

רִבֵּעַ ז. great-grandchild

רִבְעוֹן ז. quarterly (publication)

רבץ (רָבַץ, יִרְבַּץ) to lie down (of beasts)

–רִבֵּץ to water; to sprinkle

–הִרְבִּיץ to cause to lie down; (col.) to lay (stones); to sprinkle

–הִרְבִּיץ לְ־ to strike, beat

רֵבֶץ ז. resting-place

(רברב) הִתְרַבְרֵב to boast

רַבְרְבָה (rhet.) great

רַבָּתִי נ. (rhet.) great, mighty

רֶגֶב ז. clod; lump of clay

רִגּוּל ז. spying

רגז (רָגַז, יִרְגַּז) to tremble, quake; to rage; to be excited; to be angry

–הַרְגֵּז to excite, to provoke; to make angry

–הִתְרַגֵּז to rage; to fly into a temper

רַגָּז trembling

רֹגֶז ז. רְגָזָה נ. rage, anger; disquiet; trembling

–בְּרֹגֶז (*col.*) not on speaking terms

רַגְזָן ז. irritable person

רָגִיל ordinary, common; used to

–כָּרָגִיל as usual

רְגִילוּת נ. wont, habit

רגל (רָגַל, יִרְגַּל) (*rhet.*) to slander

–רַגֵּל to spy out

–הַרְגֵּל to accustom; to train

–הִתְרַגֵּל to get used to

רֶגֶל נ. (ר. רַגְלַיִם) foot, leg; step, pace

–(ר. רְגָלִים) turn, time; holiday of pilgrimage to Jerusalem

–רַגְלַיִם לְדָבָר there is some basis for it

–לְרֶגֶל (*Bib.*) according to the pace of, in the wake of; for the sake of; in consequence of, because of; on the occasion of

–לְרַגְלֵי at the feet of

–מֵי רַגְלַיִם urine

–נְכֵה רַגְלַיִם lame

–עוֹלֵה־רֶגֶל pilgrim

–עַל רֶגֶל אַחַת hurriedly

רַגְלִי ז. on foot; pedestrian; footman

רגם (רָגַם, יִרְגֹּם) to stone

רִגְמָה נ. (*Bib.*) beautiful cloth (?)

רגן (רָגַן, יִרְגַּן), הֶרְגֵּן to murmur, to slander

רגע (רָגַע, יִרְגַּע) to calm; to rest; (*Bib.*) to stir; (*Bib.*) to harden

–הֵרָגַע to calm oneself

–הַרְגֵּעַ to calm, quiet; to find rest

רָגֵעַ quiet, restful
רֶגַע ז. moment; instant, minute
–כְּבְן־רֶגַע in a moment
–לִרְגָעִים every moment; at times
רִגְעִי momentary
רגש (רָגַשׁ, יִרְגַּשׁ) to tremble, shake; to rage
–הִרְגִּישׁ to feel, to sense
–הִתְרַגֵּשׁ to be excited; to be moved
רֶגֶשׁ ז. feeling, emotion; (*Bib.*) tumult
רִגְשָׁה נ. noise, turbulence
רִגְשִׁי emotional
רַגְשָׁנִי sentimental
רדד (רָדַד, יָרֹד) to tread down
–רִדֵּד, הֵרֵד to beat down, to flatten
רדה (רָדָה, יִרְדֶּה) to tread down; to subdue; to dominate; to take bread out of the oven; to take honey from the hive

רָדוּד flattened; shallow
רְדִיד ז. large veil
רַדְיוֹ* ז. radio
רְדִיפָה נ. chase; persecution
(רדם) הֵרָדֵם to fall asleep
רדף (רָדַף, יִרְדֹּף) to drive, chase; to pursue; to drive away; to persecute
–רִדֵּף to pursue; to run after
רהב (רָהַב, יִרְהַב) (*rhet.*) to boast; to urge
–הִרְהִיב to dare; to excite
רָהָב (*Bib.*) proud, bold
רַהַב ז. pride; a sea-monster
רֹהַב ז. (*Bib.*) pride
רהה (רָהָה, יִרְהֶה) (*rhet.*) to fear
רָהוּט fluent
–כְּתָב רָהוּט cursive writing
(רהט) רִהֵט to furnish (a house)
רַהַט ז. (ר. רְהָטִים) water-trough; gutter
רָהִיט ז. (ר. רָהִיטִים) a piece of furniture

רְהִיטוּת נ. fluency
רוֹאֶה ז. seer, prophet
–רוֹאֵה־חֶשְׁבּוֹן auditor
רוֹבֶה ז. rifle, gun; (*Bib.*) shooter, archer
רוֹדָן ז. dictator
רוה (רָוָה, יִרְוֶה) to be sated (with drink)
–רָוָה נַחַת to gain pleasure
–רִוָּה, הִרְוָה to water; to satiate
–רִוָּה אֶת צִמְאוֹנוֹ to quench one's thirst
רָוֶה satiated, well-watered
רוֹזֵן ז. count; ruler
רוח (רָוַח, יִרְוַח) to feel relieved, easy; to be widespread
–הִרְוִיחַ to profit, gain, earn
–רִוֵּחַ to space out
(רוח) הֵרִיחַ to smell; to scent; to fill with the spirit of
רוּחַ זו״נ. (ר. רוּחוֹת) wind, breeze; air, breath; spirit, soul; thought, disposition; courage; side
–רוּחַ פְּרָצִים draft
–רוּחַ קָדִים east wind
–רוּחַ הַקֹּדֶשׁ divine spirit; prophecy
–רוּחַ רָעָה evil spirit, hatred
–אֹרֶךְ רוּחַ patience
–דִּבְרֵי רוּחַ empty talk
–הֲלָךְ־רוּחַ state of mind
–מַדָּעֵי הָרוּחַ humanities
–מַחֲלַת רוּחַ insanity
–מַצַּב־רוּחַ mood
–מֹרַת רוּחַ grief, sorrow
–נְכֵה רוּחַ (*rhet.*) sad, oppressed
–קְצַר רוּחַ impatient
–קֹצֶר רוּחַ impatience
–קַר רוּחַ calm, composed; indifferent
–שְׁפַל רוּחַ humble
רֶוַח ז. space; wide space; relief; profit

רְוָחִים– profits, dividends; interest

רְוָחָה נ. relief

–פָּתוּחַ לִרְוָחָה wide open

רוּחָנִי spiritual; moral

רוּחָנִיּוּת נ. spirituality

רְוָיָה נ. abundance; saturation

רוֹכֵב ז. horseman, rider; shoot (for grafting)

רוֹכֵל ז. peddler; (*Bib.*) trader

רוֹכְסָן ז. zipper

רום (רָם, יָרוּם) to rise; to be raised; to be high; to be proud; to be tall

–רוֹמֵם to raise, to lift up; to bring up; to praise; to extol

–הֵרֵם to raise, lift; to lift up, elevate; to take off, to remove; (*Bib.*) to contribute, offer ; to set apart

–הֵרֵם יָד to strike; (*Bib.*) to revolt

–הֵרֵם קוֹל to raise the voice

–הִתְרוֹמֵם to rise up; to boast

–הוּרַם, רוֹמַם to be lifted up

רוֹם, רוּם ז. height; haughtiness

רוֹמָאִי Roman

רוֹמִית נ. Latin (language)

רוֹמָה (*Bib.*) haughtily

רוֹמָם ז.רוֹמֵמָה נ. (*Bib.*) song of praise

רוֹמֵמוּת נ. highness; exaltation

רוֹמָן* ז. novel

רוֹמַנְטִי* romantic

(רוע) הֵרֵעַ to shout; to shout for joy; to sound an alarm

–הִתְרוֹעֵעַ to shout for joy; to associate with

רוֹעֶה ז. shepherd; leader

רוֹעֵץ ז. impediment

רוֹפֵא ז. physician, surgeon

רוֹפֵף tottering; weak

רוץ (רָץ, יָרוּץ) to run; to hurry

-הָרֵץ to bring hurriedly; to chase away; to hasten
-רוֹצֵץ (*Bib.*) to run to and fro
-הִתְרוֹצֵץ to run to and fro
רוֹצֵחַ ז. murderer
רַוָּק ז. bachelor, unmarried man
רוֹק ז. spittle, saliva
רוֹקֵחַ ז. druggist, apothecary
רוֹקֵם ז. embroiderer
רוֹקֵן to pour out; to empty
-הִתְרוֹקֵן to be empty
רוֹשׁ ז. poisonous herb
רוֹתְחִים ז״ר boiling water
רָז ז. secret
רזה (רָזָה, יִרְזֶה) to make lean; to become lean
-הֵרָזֵה to grow lean
-הַרְזֵה to make lean
רָזֶה thin, lean
רָזוֹן ז. leanness
רָזִי ז. (*Bib.*) leanness; wasting away

-רָזִי לִי! (*Bib.*) I am wasting away!; my secret is mine alone!
רזם (רָזַם, יִרְזֹם) (*rhet.*) to wink
רחב (רָחַב, יִרְחַב), הֵרָחֵב to be wide, roomy
-הַרְחֵב to make wide, large; to expand; to be enlarged
-הִתְרַחֵב to extend, spread
רֹחַב ז. breadth, extent
-הָרֹחַב הַדְּרוֹמִי (הַצְּפוֹנִי) the southern (northern) lattitude
-רֹחַב לֵב broad-mindedness
רָחָב wide, spacious
-רְחַב יָדַיִם very wide, spacious
-רְחַב נֶפֶשׁ greedy; insatiable
רַחַב ז. breadth; wide space
רְחָבָה נ. open place; square; platform
-בִּרְוָחָה at liberty

רַחֲבוּת נ. width; generosity

רַחְבִּי broadside

רְחוֹב זו״נ (ר. רחובות) street; (*Bib.*) open place

רַחוּם merciful

רָחוֹק far, distant; improbable

–מֵרָחוֹק from afar

–לְמֵרָחוֹק, עַד לְמֵרָחוֹק to a great distance

–לְעִתִּים רְחוֹקוֹת seldom

רִחוּק ז. distance; separation

רֵחַיִם ז״ר mill; millstone

רְחִיצָה נ. washing, bathing

רָחֵל נ. (ר. רְחֵלִים) lamb (female)

רחם (רָחַם, יִרְחַם) (*rhet.*) to love

–רִחֵם to have compassion, pity; to be merciful

רֶחֶם נ. (ר. רְחָמִים) mother's womb

–פֶּטֶר רֶחֶם (*Bib.*) first-born child

רַחַם נ. (*Bib.*) womb; woman slave

–רַחַם רַחֲמָתַיִם (*Bib.*) a woman, two women

רָחָם ז. Egyptian vulture

רַחֵם ז. רַחֲמִים ז״ר compassion; pity; love

–נִכְמְרוּ רַחֲמָיו אֶל־ (עַל־) (*rhet.*) to take pity on

רַחֲמָן merciful

–הָרַחֲמָן God the merciful

–אָחוֹת רַחֲמָנִיָּה nurse

רַחֲמָנָא ז. (*Ar.*) God the merciful

–רַחֲמָנָא לִיצְלַן God forbid!

רַחֲמָנוּת נ. compassion, mercy

רחף (רָחַף, יִרְחַף) (*rhet.*) to tremble

–רִחֵף to fly; to hover

רחץ (רָחַץ, יִרְחַץ) to wash; to bathe

–הִתְרַחֵץ to wash oneself; to bathe

רַחַץ ז. washing

רַחֲצָה נ. washing; bath; bathing-place

רחק (רָחַק, יִרְחַק) to be away, to be far, remote; to depart

–הַרְחֵק, רַחֵק to remove, keep off; to go far

–הִתְרַחֵק to get away; to withdraw, retire; to alienate oneself

רֹחַק ז. distance

רחש (רָחַשׁ, יִרְחַשׁ) to flow; to stir; to creep; to feel

–הִתְרַחֵשׁ to happen

רַחַשׁ ז. stir; whisper; feeling

רַחַת נ. winnowing-shovel

רטב (רָטַב, יִרְטַב) to be wet, damp

–הֵרָטֵב to become wet

–הַרְטֵב to moisten; (*col.*) to urinate

–הִתְרַטֵּב to become wet

רֹטֶב ז. gravy, sauce

רָטֹב (ר. רְטֻבִּים) wet; moist; fresh

רֵטוֹרִיקָה* rhetoric

רֶטֶט ז. trembling

רְטִיבוּת נ. moisture; dampness

רְטִיָּה נ. bandage; plaster

רטן (רָטַן, יִרְטַן), רַטֵּן to grumble

רֻטֲפַשׁ (*Bib.*) to be fat, greasy

(רטש) רַטֵּשׁ to dash to pieces, to cleave

רֵיאָה נ. lung

ריב (רָב, יָרִיב) to quarrel

–רָב לְ־ (*Bib.*) to fight, to defend somebody, to plead for

–הָרֵב (*Bib.*) to strive with

רִיב ז. strife, quarrel; pleading

רִיבָה נ. (*Tal.*) girl, maiden

ריד (רָד, יָרִיד) (*Bib.*) to wander about; to subdue

רֵיחַ ז. (ר. רֵיחוֹת) smell, odor

–רֵיחַ נִיחוֹחַ	sweet smell
–הַבְאֵשׁ רֵיחַ	to make someone odious, to slander
רֵיחָנִי	odorous, fragrant
רִיס ז.	eyelash; (*Tal.*) measure of distance (300 m.)
רִיפוֹת נ״ר	barley-groats
רִיצָה נ.	running; run
(ריק) הָרֵק	to empty, pour out; (*rhet.*) to draw (sword)
–וַיָּרֶק אֶת חֲנִיכָיו (*Bib.*)	he armed his trained servants
רִיק ז.	vanity; emptiness; futility
–רִיק, לָרִיק, בְּדֵי רִיק (*rhet.*)	in vain
רֵיק, רֵק	empty; vain; idle, worthless (person)
רֵיקָא ז.	worthless person
רֵיקָם	empty; empty-handed
–ת״פ	in vain
רֵיקָנוּת, רֵיקָנִיּוּת נ.	emptiness; vanity
ריר (רָר, יָרִיר)	to spit, to discharge spittle
רִיר ז.	spittle, slime
(ריש) רוֹשֵׁשׁ	to impoverish
–הִתְרוֹשֵׁשׁ	to become impoverished
רֵישׁ, רִישׁ ז.	poverty
רֵישׁ נ.	20th letter of the Heb. alphabet
רֵישָׁה נ.	beginning; (*Tal.*) beginning of Mishna
רֹךְ ז.	softness
רַךְ	soft, tender, gentle; weak; young
–רַךְ לֵבָב	faint-hearted, cowardly
–רַכּוֹת	soft words
רכב (רָכַב, יִרְכַּב)	to ride
–הִרְכִּיב	to let ride; to lift up; to put upon; to combine, to assemble; to compound; to graft (plants); to inoculate
–הֻרְכַּב	to be mounted (on an animal); to be composed
–הִתְרַכֵּב	to be compounded

רֶכֶב ז. chariot; team of horses; branch for grafting; upper millstone; transport

-כְּלִי־רֶכֶב vehicle

רַכָּב ז. rider; horseman; driver

רִכְבָּה נ. riding

רַכֶּבֶת נ. railway train

-תַּחֲנַת הָרַכֶּבֶת railway station

רְכוּב ז. (*rhet.*) chariot

רִכּוּז ז. concentrating; concentration

-מַחֲנֵה רִכּוּז concentration camp

רִכּוּךְ ז. softening

רָכוּן (עַל־) bending over

רְכוּשׁ ז. property; capital

רְכוּשָׁן ז. capitalist

(רכז) רִכֵּז to concentrate;

-רֻכַּז to be concentrated

רַכָּז ז. organizer

רְכִיבָה נ. riding

רָכִיל ז. slander, tale-bearing

-הוֹלֵךְ רָכִיל slanderer; gossiper

רְכִילוּת נ. slander; gossip

רְכִישָׁה נ. acquisition

רכך (רַךְ, יֵרַךְ) to be soft, frail; to be timid

-הֵרֵךְ to make faint; to make soft

-רִכֵּךְ to soften

-רֻכּוּךְ to be softened

-הִתְרַכֵּךְ to grow soft

רַכֶּכֶת נ. rickets

רְכֻלָּה נ. commerce, trade

רַכְלָן ז. gossiper

רכן (רָכַן, יִרְכַּן) to bend, incline (*v.i.*)

-הִרְכִּין to bend, bow (*vt*)

רכס (רָכַס, יִרְכֹּס) to fasten, tie; to button up

רֶכֶס, רֹכֶס ז. mountain range

-רִכְסֵי־אִישׁ (*Bib.*) human conspiracies

רכשׁ (רָכַשׁ, יִרְכֹּשׁ) to acquire, to purchase

רֶכֶשׁ ז. acquisition; (*Bib.*) saddle horse

רָם high, raised; exalted; proud
–זְרוֹעַ רָמָה highhandedness, force
–בְּיָד רָמָה intentionally; mightily, powerfully
–עַיִן רָמָה pride
רַמָּאוּת נ. fraud; deceit
רַמַּאי ז. swindler, deceiver
רמה (רָמָה, יִרְמֶה) (*rhet.*) to throw; to shoot
–רִמָּה to deceive; to betray
רָמָה נ. height, highlands
רִמָּה נ. worms
רִמּוֹן נ. pomegranate; grenade
–רִמּוֹן יָד hand grenade
רָמוּת נ. (*Bib.*) heap! (?); height(?)
רמז (רָמַז, יִרְמֹז), רִמֵּז to wink; to hint at; to imply
–הֻרְמַז to be hinted at
רֶמֶז ז. hint; wink; sign
רַמְזוֹר ז. traffic light

רֹמַח ז. (ר. רְמָחִים) lance, spear
רְמִיָּה נ. deceit, fraud; treachery
רְמִיזָה נ. hint; wink; sign; winking
רַמָּךְ ז. (*Bib.*) a fast-running mare
רמם (רָמַם, יֵרֹם) to rise
–(רַם, יָרֹם) (*Bib.*) to be wormy
–רֹם to rise
–רוֹמֵם to raise, lift up; to erect
רמס (רָמַס, יִרְמֹס) to tread down, trample
–הֻרְמַס to be trampled
רֶמֶץ ז. hot ashes
רַמְקוֹל ז. loudspeaker
רמש (רָמַשׂ, יִרְמֹשׂ) to creep, crawl; to swarm
רֶמֶשׂ ז. reptile
רֹן ז. shout of joy; song
רנה (רָנָה, יִרְנֶה) (*Bib.*) to rattle

רִנָּה נ. shout of joy; singing

רִנּוּן ז. singing; rumor

רנן (רָנַן, רַן, יָרֹן) to rejoice, to shout for joy; to sing; (*Bib.*) to cry aloud

–הִרְנִין to cause to sing; to sing

–רִנֵּן to rejoice; to sing; to speak evil of

–הִתְרוֹנֵן to rejoice; to shout for joy; to be sung

רְנָנָה נ. rejoicing; song; singing

–רְנָנִים (*Bib.*) singing birds, ostriches

רִסּוּס ז. spraying (of crops, etc.)

רִסּוּק ז. cutting to pieces; crushing; mashing

רָסִיס ז. splinter; (*rhet.*) drop

–רְסִיסֵי טַל (*rhet.*) dewdrops

רֶסֶן ז. bridle, halter

רִסֵּן to bridle; to harness, to restrain

רִסֵּס to spray (crops, etc.)

(רסק) רִסֵּק to mince, to crush, to mash

רֶסֶק ז. puree, mash

רַע ז. evil, distress; injury

–ש״ת bad; inferior; evil, infamous; unpleasant; sad

–רַע בְּעֵינֵי to displease

–רַע עַיִן envious; evil-eyed

–יֵצֶר רַע evil inclination

רֹעַ ז. badness; inferiority; evil, wickedness

–לְרֹעַ מַזָּלוֹ to one's misfortune

–רֹעַ פָּנִים sad look

רֵעַ ז. friend, companion, fellow; (*Bib.*) noise; (*rhet.*) thought

–אִישׁ אֶל רֵעֵהוּ, אִישׁ לְרֵעֵהוּ to each other

–אִישׁ אֶת רֵעֵהוּ one another, each other

(רע) מִלְּרָע (*Ar.*) accent on last syllable

רעב (רָעַב, יִרְעַב) to be hungry; to starve
–רָעֵב לְ־ to yearn for
–הַרְעֵב to starve; to let famish
רָעֵב hungry
רָעָב, רְעָבוֹן ז. hunger; famine
רַעַבְתָן ז. greedy person, gluttonous person
רעד (רָעַד, יִרְעַד) to tremble, to shudder; to fear
–הַרְעֵד to tremble; to cause to tremble
רַעַד ז. trembling; fear
רְעָדָה נ. trembling; fear
רעה (רָעָה, יִרְעֶה) to feed, graze; to shepherd, to lead, guide; (*rhet.*) to follow; (*rhet.*) to associate with
–הִתְרָעֵה to become friends with
רֵעֶה ז. (ר. רֵעִים) (*Bib.*) friend
רָעָה נ. evil; wickedness, injury; misfortune

רָעוּל veiled
רָעוּעַ tottering; weak
רְעוּת נ. friend (*fem.*); (*rhet.*) desire
–רְעוּת רוּחַ vain aspiration; vanity
–אִשָּׁה אֶת רְעוּתָהּ one another
–אִשָּׁה לִרְעוּתָהּ, אִשָּׁה אֶל רְעוּתָהּ to one another
רֵעוּת נ. friendship
רְעִי ז. pasture; excrement
–גְּרַף שֶׁל רְעִי (*rhet.*) chamber pot
רְעִידָה נ. trembling
–רְעִידַת אֲדָמָה earthquake
רַעְיָה friend (*fem.*); wife; (*Bib.*) bride
רַעְיוֹן ז. (ר. רַעְיוֹנוֹת, רַעְיוֹנִים) thought, idea
–רַעְיוֹן רוּחַ vain striving; foolish thought
רַעְיוֹנִי pertaining to ideas
רָעִיל toxic

(רעל) הַרְעֵל to poison

–הָרְעַל to be shaken; to be poisoned

רַעַל ז. poison

רְעָלָה נ. veil

רעם (רָעַם, יִרְעַם) to thunder; to rage, roar; to look angrily

–הַרְעֵם to thunder; to make angry, to enrage

–הִרְעִים בְּקוֹלוֹ עַל־ to roar at

–הִתְרָעֵם to grumble, to complain

רַעַם ז. thunder; roaring; anger

רַעְמָה נ. mane, crest

רַעֲנֵן to refresh, to freshen

–הִתְרַעֲנֵן to become refreshed

רַעֲנָן fresh, green

רַעֲנַנּוּת נ. freshness

רעע (רַע, יֵרַע) to be bad; to be wicked

–רַע בְּעֵינָיו שֶׁל פְּל׳ to be displeased

–(רַע, יָרֹעַ) to break to pieces, to rage

–הָרֵעַ to do evil; to harm; to behave evilly; to make worse

–הוּרַע to grow bad; to be worse, to deteriorate

–הִתְרוֹעֵעַ to be broken, shattered; to be ruined; to make friends with

רעף (רָעַף, יִרְעַף) to drip, drizzle

–הַרְעֵף to let drip

רָעָף ז. roof-tile; tile

רעץ (רָעַץ, יִרְעַץ) to crush; to destroy

רעשׁ (רָעַשׁ, יִרְעַשׁ) to quake, tremble; to make noise; to storm; to rage

–הַרְעֵשׁ to make noise; to shake; to cause to tremble; to bombard

רַעַשׁ ז. storm; trembling; quaking; noise; earthquake

רַעֲשָׁן ז. rattle (toy)

רַעֲשָׁנִי noisy

רפא (רָפָא, יִרְפָּא), רִפֵּא to heal, cure

–הֵרָפֵא to be healed, cured

–הִתְרַפֵּא to get well; to undergo a cure

רְפָאוּת נ. healing

רְפָאִים ז״ר Rephaim (name of giants); the dead

רפד (רָפַד, יִרְפַּד) to spread; to cover

–רַפֵּד to make a bed; to upholster; to line, put lining into; (*Bib.*) to refresh

רֶפֶד ז. padding

רַפָּד ז. upholsterer

רפה (רָפָה, יִרְפֶּה) to be weak, feeble; to sink

–הֵרָפֵה, הִתְרַפֵּה to be relaxed; to be lazy

–רַפֵּה to weaken; to slacken

–הַרְפֵּה to let go; to stop, cease; to let alone; to leave, abandon

רָפֶה weak, feeble; (*gram.*) a letter without "dagesh", e.g.: (דָּגֵשׁ) ב, ת, פ, כ,

רְפוּאָה נ. remedy; medicine

–הִקְדִּים רְפוּאָה לְמַכָּה to forestall trouble

רְפוּאִי medical

רֶפּוּבְּלִיקָה* נ. republic

רִפּוּי ז. healing, cure, therapy

רַפֵּט to tear, to wear out

רְפִידָה נ. covering, spread (of cloth), rug

רִפְיוֹן ז. slackness; feebleness

רָפַס (רָפַס, יִרְפֹּס) to tread, stamp; dirty by trampling; to be weak

–הִתְרַפֵּס to humble oneself

רַפְסוֹדָה נ. raft

רפף (רָפַף, יִרְפַּף) to be weak, frail

הִתְרוֹפֵף– to become weak, loose

(רפק) הִתְרַפֵּק (עַל–) to lean on; to embrace; to endear oneself

רִפְרוּף ז. fluttering; flightiness; glancing over

רִפְרֵף to float; to flutter; to be flighty; to glance over

רפשׂ, רפס

רֶפֶשׂ ז. mud, mire

רֶפֶת נ. cattle-shed, cow-barn

רַפְתָּן ז. man who tends cattle, cowman

רַץ ז. (*rhet.*) piece, bar

רָץ ז. runner; courier; bishop (in game of chess)

(רצד) רַצֵּד to jump; to dance

רצה (רָצָה, יִרְצֶה) to want, wish; to be pleased; to accept favorably; to consent; (*rhet.*) to love, be fond of; to repay

–רוֹצֶה לוֹמַר that is to say

–רָצָה אֶת עֲוֹנוֹ to suffer punishment

–הֵרָצֵה to find favor; to be accepted; to be forgiven; to be paid off

–אִם יִרְצֶה ה׳ God willing

–רַצֵּה to conciliate, appease; to atone

–הַרְצֵה to pay off; to appease; to atone; to count coins; to lecture

–הִתְרַצֵּה to be willing, agreeable; to be conciliated; to agree

רָצוּי pleasing; desirable

רִצּוּי ז. conciliation

רָצוֹן ז. will, wish; favor, grace; desire

–בְּרָצוֹן willingly

–שְׂבַע־רָצוֹן pleased, contented

רְצוּעָה נ. strap; ribbon, strip

–הַתּוֹרָה הָרְצוּעָה the law is transgressed with impunity, anarchy prevails

רָצוּף inlaid; paved; close; enclosed (document, etc.); successive, consecutive

–רָצוּף בָּזֶה enclosed (is, are)

רָצוּץ oppressed; broken

רצח (רָצַח, יִרְצַח) to murder, to assassinate

רֶצַח ז. murder, assassination

רְצִיָּה נ. volition

רַצְיוֹנָלִי* rational

רְצִיחָה נ. murder, assassination

רְצִינִי serious, earnest; solemn; (*col.*) important, considerable

רְצִינוּת נ. seriousness, earnestness

רָצִיף ז. quay; platform

רְצִיפוּת נ. continuity, succession

(רצן) הַרְצִין to become serious

רצע (רָצַע, יִרְצַע) to pierce, to bore (with awl); to lash

–הֵרָצַע to be pierced

רַצְעָן ז. shoemaker; saddler

רצף (רָצַף, יִרְצֹף) to lay out, to inlay; to pave; to enclose

–רִצֵּף to pave; to cover with tiles

רִצְפָּה נ. (ר. רְצָפִים) (*rhet.*) glowing coal

–(ר. רְצָפוֹת) floor, tiled floor

–עֻגַת רְצָפִים a cake baked on coal

רצץ, (רָצַץ, יָרֹץ) to shatter; to oppress

–רִצֵּץ, רוֹצֵץ to shatter, to crush; to oppress

–הֵרֵץ to dash to pieces, to crush

–הִתְרוֹצֵץ be squeezed against; (*col.*) run about

רַק only, merely; save, except, but

רַק (־דַּק) (*Bib.*) thin

רֹק ז. spittle, saliva

רקב (רָקַב, יִרְקַב) to rot, to decay

–הֵרָקֵב to be rotted, decayed

–הִרְקִיב to rot; to cause to rot

רָקָב ז. rot, putrefaction

רַקְבּוּבִית נ. humus

רִקָּבוֹן ז. rottenness, putrescence

רקד (רָקַד, יִרְקֹד) to dance; to jump, leap

–רִקֵּד to dance; to leap

–הִרְקִיד to cause to skip; to shake; to sift

רַקְדָן ז. dancer

רַקָּה נ. temple (of the head)

רָקוּב rotten, decayed

רִקּוּד ז. dance

רִקּוּחַ ז. ointment; spice

רִקּוּם ז. embroidering; weaving

רִקּוּעַ ז. flattening; tin-sheet

רקח (רָקַח, יִרְקַח) to mix, compound; to make fruit-jelly

רֶקַח, רֹקַח ז. spices; mixing of spices

רַקָּח ז. apothecary; perfumer

רָקֶטָה* נ. rocket; (*col.*) racket (for tennis, etc.)

רְקִידָה נ. dancing; dance

רָקִיעַ ז. firmament, sky; (*Bib.*) vault

רָקִיק ז. thin cake; wafer

רְקִיקָה נ. spitting

רקם (רָקַם, יִרְקֹם) to embroider

–הֻרְקַם, רֻקּוֹם to be embroidered; to be formed, shaped

–הִתְרַקֵּם to be formed

רִקְמָה נ. embroidery; many-colored stuff; texture; tissue

רקע (רָקַע, יִרְקַע) to spread, stretch; to stamp, tread down

–רַקֵּעַ to beat out thin; to flatten by hammering; to put a layer over

–הַרְקֵעַ to spread out; to fly high, to soar

רֶקַע ז. background; setting

רַקֶּפֶת נ. cyclamen

רקק (רָקַק, יָרֹק) to spit

רֶקֶק, רְקָק ז. puddle, small pool; mud

–דְּגֵי רְקָק small fry

רָשׁ poor

רַשַּׁאי permitted; entitled

(רשה) הַרְשֵׁה to permit, allow; to authorize

–הֻרְשֵׁה to be permitted; to be authorized

רִשּׁוּי ז. licensing

רִשּׁוּל ז. neglect

רִשּׁוּם ז. trace; drawing; registration

רְשׁוּת נ. (ר. רְשֻׁיּוֹת) permission; authorization; territory; property; freedom of action; option

–רְשׁוּת הַיָּחִיד private property

–רְשׁוּת הָרַבִּים public property

רָשׁוּת נ. authority; government

רִשְׁיוֹן ז. permission; grant; license

רְשִׁימָה נ. list; register; note; article

(רשל) הִתְרַשֵּׁל to be negligent; to be slack

רַשְׁלָן ז. negligent person; slack person

רשם (רָשַׁם, יִרְשֹׁם) to write, record; to make a note of; to register; to draw, to sketch

–הֵרָשֵׁם to be written down; to be registered

–הַרְשֵׁם to impress

–הִתְרַשֵּׁם to be impressed

רֹשֶׁם ז. mark; impression
–עָשָׂה רֹשֶׁם to make an impression
–קִבֵּל רֹשֶׁם to get the impression
רִשְׁמִי official; formal
רִשְׁמִית officially
רַשְׁמְקוֹל ז. recorder
רשע (רָשַׁע, יִרְשַׁע) to sin; to do evil
–הִרְשִׁיעַ to convict; to act wickedly
רֶשַׁע ז. רִשְׁעָה, רִשְׁעוּת נ.
wickedness, guilt
רָשָׁע ז. sinner
–ש״ת wicked; godless, evil; guilty of sin
רֶשֶׁף ז. spark, flame; flash
רִשְׁרוּשׁ ז. rustle
(רשש) רוֹשֵׁשׁ to impoverish; to ruin
–רֻשַּׁשׁ to be impoverished; to be ruined

רֶשֶׁת נ. (ר. רְשָׁתוֹת) net; network; trap
רִתּוּךְ ז. welding
רַתּוֹק ז. (*rhet.*) chain, cable
רתח (רָתַח, יִרְתַּח) to boil
–רִתֵּחַ to boil; to be angry
–נִתְרַתֵּחַ to be enraged
–רֻתּוֹחַ to boil; to be agitated
–הִרְתִּיחַ to make boil; to enrage
רֶתַח ז. boiled meat; seething
רִתְחָה נ. boiling; anger
רַתְחָן ז. hot-tempered person
רְתִיחָה נ. boiling; foaming, effervescence; anger
רתם (רָתַם, יִרְתֹּם) to harness
רֹתֶם ז. broom bush
רִתְמוּס* ז. rhythm
(רתע) הֵרָתֵעַ to be startled; to recoil

–הַרְתֵּעַ to startle; to recoil

(רתק) הֵרָתֵק to be joined

רִתֵּק to fasten, join fast; (*Bib.*) to be unchained; to be held spellbound

–רֻתּוֹק to be chained

(רתת) הַרְתֵּת to shake, tremble

רְתֵת ז. trembling, fright

שׁ, שׂ

שֶׁ... (שָׁ... שַׁ...) who, which, that; (*rhet.*) because

-כְּשֶׁ- when, as

-לִכְשֶׁ- when; after which

-מִשֶּׁ- from the time that; than

שאב (שָׁאַב, יִשְׁאַב) to draw (water)

-אֶבֶן שׁוֹאֶבֶת נ. (*rhet.*) lodestone, magnet

שאג (שָׁאַג, יִשְׁאַג) to roar (of lion); to groan

שְׁאָגָה נ. roaring; groaning

שאה (שָׁאָה, יִשְׁאֶה) to be laid waste

-הִשָּׁאֵה to be laid waste; (*Bib.*) to be in uproar

-הַשְׁאֵה to lay waste

-הִשְׁתָּאֵה to be astonished; to wonder

שְׁאוֹל זו״נ underworld; hell; (*Bib.*) grave; depth

שְׂאוֹר ז. sour-dough, leaven

שָׁאוֹן ז. noise; tumult; ruin

שְׁאָט, ז. שְׁאָט נֶפֶשׁ contempt

שְׁאִיבָה נ. drawing (water)

שְׁאִיָּה נ. desolation, destruction

שְׁאִילָה נ. borrowing; asking

שְׁאִיפָה נ. aspiration, striving; yearning

שאל (שָׁאַל, יִשְׁאַל) to borrow; to inquire, ask, beg; to urge; to desire

-שָׁאַל בִּשְׁלוֹם פּל׳ to greet

-שָׁאַל לִשְׁלוֹם פְּל׳ to inquire about the health of

-הִשָּׁאֵל to be asked, to be inquired of

-שָׁאֵל (*rhet.*) to ask; to beg (alms)

-הַשְׁאֵל to lend
שְׁאֵלָה נ. request; question; inquiry; loan
שְׁאֵלוֹן ז. questionnaire
שְׁאִלְתָּה נ. question (in parliament)
שָׁאנֵי (*Ar.*) different
שַׁאֲנָן tranquil; secure
שַׁאֲנַנּוּת נ. tranquillity
שאף (שָׁאַף, יִשְׁאַף) to breathe in; to long for; to strive; (*Bib.*) to trample
-שָׁאַף רוּחַ to breathe
שְׁאַפְתָּן ז. ambitious
שְׂאֹר ז. sour-dough, leaven
שאר (שָׁאַר, יִשְׁאַר), הִשָּׁאֵר to remain, to be left
-הַשְׁאֵר to leave; to spare
שְׁאָר ז. remnant, rest; remainder
-שְׁאָר רוּחַ spirituality; inspiration
-בֵּין הַשְּׁאָר inter alia

שְׁאֵר ז. (*rhet.*) flesh; body; nourishment, food
-שְׁאֵר בָּשָׂר blood-relation, kinsman
שַׁאֲרָה נ. (*Bib.*) blood-relationship
שְׁאֵרִית נ. rest; remainder
-שְׁאֵרִית הַפְּלֵיטָה survivors
שְׂאֵת נ. vigor; exaltation; majesty; forgiveness; scab
שֵׁאת נ. (*Bib.*) destruction
שָׁב grandfather
-ש״ת grey, old
שָׁב ז. one who returns
-עוֹבֵר וָשָׁב passer-by; current (account)
שַׁבַּאי ז. captor; guard of captives
שְׁבָב ז. chip, splinter
שבה (שָׁבָה, יִשְׁבֶּה) to capture, carry off
-הִשָּׁבֵה to be taken captive, dragged off

שְׁבוֹ ז. agate (gem)

שִׁבּוּט, שִׁבּוּטָא ז. carp (fish)

שָׁבוּי ז. prisoner, captive

שָׁבוּעַ ז. (ר. שָׁבוּעוֹת, שָׁבוּעִים) week; (Bib.) seven years

–שְׁבוּעַיִם fortnight

–חַג הַשָּׁבוּעוֹת, שָׁבוּעוֹת Shevuoth, Feast of Weeks, Pentecost

שְׁבוּעָה נ. oath

שָׁבוּעִי ש״ת weekly

שָׁבוּעוֹן ז. weekly paper

–דּוּ־שָׁבוּעוֹן bi-weekly

שָׁבוּר broken

–שָׁבוּר וְרָצוּץ exhausted

שִׁבּוּשׁ ז. error, mistake; confusion; disruption

שְׁבוּת נ. return; captivity; rest; (Tal.) an act forbidden on Sabbath by rabbinical law

–שָׁב שְׁבוּת פְּל׳ (Bib.) restore captivity of

(שבח) שִׁבֵּחַ to praise; (Bib.) to calm

–הִשְׁבִּחַ to improve; to rise in value; (Bib.) to calm

–הִשְׁתַּבֵּחַ to be improved; to boast

שֶׁבַח ז. praise; improvement; rise in value

–שֶׁבַח לָאֵל! Thank God!

שֵׁבֶט ז. rod, stick; scepter; tribe

–לְשֵׁבֶט אוֹ לְחֶסֶד for evil or for good

–שֵׁבֶט סוֹפֵר writing-pen

שְׁבָט ז. name of the 5th month

–ט״ו בִּשְׁבָט 15th of שְׁבָט (Arbor Day)

שְׁבִי, שֶׁבִי ז. שִׁבְיָה נ. captivity; captives

–הָלַךְ בַּשֶּׁבִי to go into captivity

שַׁבַּי ז. captor; guard of captives

שְׁבִיב ז. spark; flame

–כּוֹכַב שָׁבִיט ז. comet

שְׁבִיל ז. path, way; parting (of hair)

–בִּשְׁבִיל for; for the sake of

–בִּשְׁבִיל שֶׁ־ in order that; because

שָׁבִיס ז. hairnet; bonnet

שְׂבִיעָה, שְׂבִיעוּת נ. being sated; satiety

–שְׂבִיעַת רָצוֹן contentment

שְׁבִיעִי seventh

שְׁבִיעִיָּה נ. septet

שְׁבִיעִית נ. (*Tal.*) sabbatical year; fruit of the sabbatical year

שָׁבִיר breakable

שְׁבִירָה נ. breaking; breakage

שְׁבִית נ. (*Bib.*) captivity

שְׁבִיתָה נ. strike; resting, rest; Sabbath rest

–שְׁבִיתַת נֶשֶׁק armistice

–שְׁבִיתַת־רָעָב hunger strike

–שְׁבִיתַת־שֶׁבֶת sit-down strike

שׁוֹבָךְ ז. dovecote, pigeon-house

שְׂבָכָה נ. lattice; net

שֹׁבֶל ז. train (of a robe); wake, trail

שַׁבְּלוּל ז. snail

שִׁבֹּלֶת נ. (ר. שִׁבֳּלִים) ear of corn

–(ר. שִׁבּוֹלוֹת .*rhet*) flood; current

–שִׁבֹּלֶת שׁוּעָל oats

שׂבע (שָׂבֵעַ, שָׂבַע, יִשְׂבַּע) to be full, satisfied, sated

–שַׂבֵּעַ, הַשְׂבֵּעַ to satisfy, sate (with food)

–הַשְׂבֵּעַ רָצוֹן to satisfy, content

שָׂבֵעַ satiated; satisfied

–שְׂבַע רָצוֹן satisfied, contented

שֹׂבַע, שָׂבָע ז., שָׂבְעָה, שִׂבְעָה נ. satiety; fullness

–אָכַל לָשֹׂבַע to eat one's fill

(שבע)הִשָּׁבֵעַ, (נִשְׁבַּע, יִשָּׁבַע) to swear; to take one's oath

–הַשְׁבֵּעַ to make swear, vow; to cause to take one's oath

–הִשָּׁבֵעַ to be sworn in

שֶׁבַע נ., שִׁבְעָה ז. seven

–שְׁבַע עֶשְׂרֵה נ. שִׁבְעָה עָשָׂר ז. seventeen

–יָשַׁב שִׁבְעָה to observe the seven days of mourning (for a relative)

שִׁבְעִים seventy

שִׁבְעָתַיִם sevenfold, seven times

(שבץ) שַׁבֵּץ to checker; to weave patterns; to set (jewels); to rank

–שֻׁבַּץ, הִשְׁתַּבֵּץ to be set (into); to make a checkered pattern; to be ranked

שָׁבָץ ז. cramps; apoplexy

–שְׁבַץ הַלֵּב heart failure

שבק (שָׁבַק, יִשְׁבֹּק) (rhet.) to leave

–שָׁבַק חַיִּים לְכָל חַי (rhet.) to expire, die

(שבר) שַׂבֵּר (rhet.) to wait, hope

–שַׂבֵּר אֶת הָאֹזֶן (rhet.) to clarify

שֵׂבֶר ז. (rhet.) hope

שבר (שָׁבַר, יִשְׁבֹּר) to break; to tear; (rhet.) to buy grain; to quench (thirst)

–הִשָּׁבֵר to be broken; to be wrecked

–שַׁבֵּר to break; to smash

–הַשְׁבֵּר (rhet.) to sell corn; to aid in childbirth

–הִשְׁתַּבֵּר, נִשְׁתַּבֵּר to be broken; to be refracted

שֶׁבֶר ז. breaking; break; fracture; hernia; fraction; (rhet.) grain, corn; (rhet.) purchase of corn

שִׁבָּרוֹן ז. rupture; breaking; destruction

שַׁבֵּשׁ to confuse, entangle; to disrupt

שׂגב (שָׂגַב, יִשְׂגַּב) to be great; to be strong

–הִשָּׂגֵב to be elevated; to be strong; to be fortified, safe; to be incomprehensible

–שַׂגֵּב to strengthen; to exalt

–שֻׂגּוֹב to be strong, safe; to be exalted

–הַשְׂגֵּב to exalt; to strengthen

שׁגג (שָׁגַג, יָשֹׁג, יִשְׁגֹּג) to err; (*Bib.*) to sin ignorantly

שְׁגָגָה נ. error, mistake; (*Bib.*) sin due to error

שׁגה (שָׁגָה, יִשְׁגֶּה) to err; (*Bib.*) to sin ignorantly; to wander; to be absorbed

–הַשְׁגֵּה to lead astray

שׂגה (שָׂגָה, יִשְׂגֶּה) to grow; to flourish

–הַשְׂגֵּה to make great, to increase

שָׁגוּר fluent; usual

–הִשְׁתַּבֵּשׁ to be entangled; to err

שׁבת (שָׁבַת, יִשְׁבֹּת, יִשְׁבַּת) to cease; to strike; to rest; to rest on the Sabbath

–הִשָּׁבֵת to stop, cease

–הַשְׁבֵּת to interrupt; to lock out (workers); to let rest; to destroy

שֶׁבֶת נ. sitting; dwelling; resting; stopping; cessation

שַׁבָּת זו״נ. day of rest; (*Bib.*) week; Sabbatical year

–שַׁבַּת שָׁלוֹם! Good Sabbath !

–אֶחָד בְּשַׁבָּת (*rhet.*) Sunday

–שֵׁנִי בְּשַׁבָּת (*rhet.*) Monday

–מוֹצָאֵי שַׁבָּת Sabbath night

–עֶרֶב שַׁבָּת Sabbath eve, Friday evening

שַׁבָּתוֹן ז. rest; stoppage of work

(שׂגא) הַשְׂגֵּא to magnify, to elevate; to praise

(שגח) הַשְׁגֵּחַ (עַל–) to supervise, take charge of;

–הַשְׁגֵּחַ בְּ־ to consider; to regard

שַׂגִּיא great, mighty

שְׁגִיאָה נ. error, mistake

שִׁגָּיוֹן ז. (ר. שִׁגְיוֹנוֹת) idée fixe; caprice; (*Bib.*) hymn, song

שגל (שָׁגַל, יִשְׁגַּל) to lie with; to ravish

–הִשָּׁגֵל, שֻׁגֹּל to be ravished

שֵׁגָל נ. king's wife; concubine

(שגע) הִשְׁתַּגֵּעַ to be mad; to play the madman

שִׁגָּעוֹן ז. madness, mania

שִׁגְעוֹנִי mad, insane

שֶׁגֶר ז. birth, increase of cattle

שַׁגֵּר to send; to dispatch

–שֻׁגַּר to be sent; to be dispatched

שִׁגְרָה נ. fluency; routine

שִׁגָּרוֹן ז. rheumatism

שַׁגְרִיר ז. ambassador

שַׁגְרִירוּת נ. embassy

שִׂגְשֵׂג to thrive; to grow

שַׁד ז. (ר. שָׁדַיִם) breast, teat

שֹׁד ז. pillage; robbery; violence; (*rhet.*) destruction; (*Bib.*) breast

שֵׁד ז. demon; devil

(שדד) שִׂדֵּד to harrow

שדד (שָׁדַד, שַׁד, יָשֹׁד) to rob; (*Bib.*) to devastate, to destroy

–הִשַּׁד, הִשָּׁדֵד (*Bib.*) to be robbed; to be laid waste

–שׁוֹדֵד (*Bib.*) to lay waste; destroy

–שִׁדֵּד to plunder, rob; (*Bib.*) to ruin

–שֻׁדּוֹד to be plundered, robbed; (*Bib.*) to be laid waste

שָׂדֶה, (ר. שָׂדוֹת) field, open country; territory; sphere, field (of activity, interest, etc.)

שִׁדָּה נ. chest of drawers; (Bib.) mistress

שִׁדּוּד ז. harrowing

—שִׁדּוּד מַעֲרָכוֹת radical change

שִׁדּוּךְ ז. marriage negotiated by parents, etc.; proposed marriage

שִׁדּוּל ז. persuasion

שַׁדּוֹן ז. (Bib.) the Almighty

שָׁדוּף parched (corn)

שִׁדּוּר ז. broadcast

שָׂדַי ז. (Bib.) field

שַׁדַּי ז. God Almighty

שִׁדֵּךְ to negotiate a marriage

—הִשְׁתַּדֵּךְ to become engaged; to marry

שַׁדְּכָן ז. marriage-broker

(שדל) שִׁדֵּל to persuade; to appease

—הִשְׁתַּדֵּל to try, to make an effort

שְׁדֵמָה נ. (rhet.) field of grain

שְׁדֵפָה נ. שִׁדָּפוֹן ז. blasting of crops (by hot wind)

שִׁדֵּר to broadcast

שְׂדֵרָה נ. row; avenue; (social) class

שִׁדְרָה נ. spinal column; stalk (of plant)

—חוּט הַשִּׁדְרָה spinal cord

—עַמּוּד הַשִּׁדְרָה spinal column

שִׁדְרִית נ. keel (of ship)

שֶׂה זו״נ. (ר. שֵׂיוֹת) lamb, sheep

שָׂהֵד ז. (Ar.) witness

שָׂהֲדוּתָא נ. (Ar.) testimony

שהה (שָׁהָה, יִשְׁהֶה) to stay; to pause; to delay, to tarry

—הַשְׁהֵה to detain; to cause delay

—הִשְׁתַּהֵה to tarry, be delayed

שָׁהוּת נ. time; leisure; delay

שְׁהִיָּה נ. delay

שֹׁהַם ז. onyx

שִׁהֵק to hiccup

שַׂהֲרוֹן ז. moon-shaped ornament

שׁוֹא ז. (*Bib.*) destruction

שָׁוְא ז. falsehood, deceit; a nothingness, vanity

–שָׁוְא, לַשָּׁוְא in vain

שְׁוָא ז. shewa (the sign of silent consonant or half-vowel) (בְ)

–שְׁוָא נָח quiescent shewa

–שְׁוָא נָע mobile shewa

שׁוֹא ז. (*rhet.*) lifting

שׁוֹאֵבָה נ.(*Tal.*) drawing water

–בֵּית הַשּׁוֹאֵבָה the fountain-head in the Temple

–שִׂמְחַת בֵּית הַשּׁוֹאֵבָה the ceremony of drawing water from the well at the Temple on Succoth

שׁוֹאָה נ. destruction; catastrophe

שׁוּב (שָׁב, יָשׁוּב) to go back, to come back, to return; (*rhet.*) to repeat; to turn from, to deviate; (*rhet.*) to repent

–שָׁב לְאֵיתָנוֹ to recover

–הֵשֵׁב to bring back, return; to turn back; to recall; to repay; to restore; to answer; (*rhet.*) to reverse (edict)

–הֵשֵׁב פְּנֵי... to refuse

שׁוֹבֵב to return; to (*rhet.*) restore

–שׁוֹבֵב נֶפֶשׁ (*rhet.*), הֵשֵׁב נֶפֶשׁ to refresh

–הִשְׁתּוֹבֵב to act wildly; to be playful

שׁוּב again, once more

–שׁוּב פַּעַם once more

שׁוֹבָב misbehaved, naughty; (*Bib.*) backturning

שׁוֹבָךְ ז. dovecote, pigeon-house

שׁוֹבֵר ז. receipt, voucher

(שׁוּג) הִשּׂוֹג to retreat

שׁוֹגֵג, בְּשׁוֹגֵג erring; unintentional

שׁוּד (שָׁד, יָשׁוּד) (*Bib.*) to waste; to rob

שׁוֹדֵד ז. robber, bandit

שׁוה (שָׁוָה, יִשְׁוֶה) to be equal; to be compared; to be worth; to be worthy

–שַׁוֵּה to make even, to level; to compare; to arrange; to place; to imagine

–הַשְׁוֵה to liken, compare; to equalize

–קַו הַמַּשְׁוֶה equator

–הִשְׁתַּוֵּה to equal; to compromise

שָׁוֶה ז.(Bib.) plain, level

שָׁוֶה like, alike; equal, equivalent; fit, worth

–שָׁוֶה בְּשָׁוֶה equally

–שָׁוֶה לְכָל נֶפֶשׁ satisfactory to all parties; popular

–בִּמְקָח הַשָּׁוֶה at a reasonable price

שׁוֹוֶה becoming; worth

שִׁוּוּי ז. equality; imparting value

שִׁוְיוֹן ז. equality

–שִׁוְיוֹן זְכֻיּוֹת equality of rights

–שִׁוְיוֹן נֶפֶשׁ indifference

שׁוּחַ (שָׁח, יָשׁוּחַ) to go for a walk

שׁוּחַ (שָׁח, יָשׁוּחַ) to bow down; to be depressed

–הִשְׁתּוֹחֵחַ to be depressed

שׁוּחָה נ. pit, ditch

שׁוֹחֵט ז. person authorized to slaughter fowl and cattle according to Jewish ritual; slaughterer

שׁוֹחֵר ז. seeker; friend

שׁוּט (שָׁט, יָשׁוּט) (Bib.) to deviate

שׁוּט (שָׁט, יָשׁוּט) to wander; to rove, to move; to row; to sail

–שׁוֹטֵט to rove, to move to and fro

–הָשֵׁט to let sail, to float

–הִתְשׁוֹטֵט (rhet.) to rove; to ramble

שׁוֹט ז. whip; scourge

–שׁוֹט לָשׁוֹן (*rhet.*) sharp tongue

שׁוֹטֶה ז. fool

–כֶּלֶב שׁוֹטֶה mad dog

שׁוֹטֵר ז. policeman; (*Bib.*) official, overseer

–שׁוֹטֵר חֶרֶשׁ detective

שׁוִי ז. worth; value

שׂוּךְ (שָׂךְ, יָשׂוּךְ) to fence in; to hedge

שׂוֹךְ ז. שׂוֹכָה נ. (thorny) twig, bough

שׁוּלַיִם ז״ר margin; brim, hedge, hem; train (of a robe); (*Tal.*) bottom

שׁוּלְחָנִי ז. banker; money-changer

שׁוּלְיָה ז. apprentice

שׁוֹלָל ז. stripped; barefoot

–הוֹלִיךְ שׁוֹלָל to lead astray, to mislead

שׁוֹלֵל ז. opponent; negator

שׁוּם ז. valuation, appraisal; (*rhet.*) name, title; something; any; garlic

–שׁוּם דָּבָר nothing; (*Tal.*) something

–בְּשׁוּם אֹפֶן in no way

–לְשׁוּם v. לְשֵׁם

–מִשּׁוּם because of; (*Tal.*); in the name of

–מִשּׁוּם מַה? why?; what for?

–מִשּׁוּם מַה for some reason or other

–מִשּׁוּם כָּךְ that is why, so, therefore

–מִשּׁוּם שֶׁ־, עַל שׁוּם שֶׁ־ because

שׁוּם (שָׁם, יָשׁוּם) to appraise, value

שׁוּמָה נ. valuation, assessment; mole (on skin)

(שׁוּמָה), שׁוּמָה עָלָיו it is incumbent upon him

שׁוּמָן ז. fat, grease

שׁוֹמֵעַ ז. hearer, listener

שׁוֹמֵר ז. watchman, guard

שׁוֹמְרוֹנִי Samaritan

שׁוֹנֵא ז. enemy

שׁוֹנֶה different

שׁוּנִית נ. cliff

(שׁוע) שִׁוֵּעַ to call for help; to cry

שׁוֹעַ ז. noble; nobleman

שֶׁוַע, שׁוּעַ (rhet.) ז. שַׁוְעָה נ. call for help

שׁוּעָל ז. fox

–שִׁבֹּלֶת־שׁוּעָל oats

שׁוֹעֵר ז. doorkeeper, porter; goal-keeper (*sports*)

שׁוּף (שַׁף, יָשׁוּף) to crush, bruise

שׁוֹפֵט ז. judge; referee

–שׁוֹפֵט שָׁלוֹם magistrate

–שׁוֹפְטִים the Book of Judges

שׁוֹפְכִים, שְׁפָכִים ז״ר dirty water

שׁוֹפָר ז. (ר. שׁוֹפָרוֹת) horn; (*Bib.*) trumpet; mouthpiece

(שׁוק) שׁוֹקֵק to desire; to flow over

–הָשֵׁק to flow over, to run over

–הִשְׁתּוֹקֵק (אֶל־) to desire, to yearn (for, to)

–שִׁוֵּק to market

שׁוֹק נ. (ר. שׁוֹקַיִם) leg, thigh

שׁוּק ז. (ר. שְׁוָקִים) market, (*Bib.*) street

שׁוֹקוֹלָד* ז. שׁוֹקוֹלָדָה נ. chocolate.

שׂוּר (שָׂר, יָשׂוּר) to wrestle; to rule; to turn from

–הֵשֵׂר (*Bib.*) to enthrone a ruler

שׁוּר (שָׁר, יָשׁוּר) (*rhet.*) to look; to see; to lie in wait; to lurk; to journey

שׁוֹר ז. (ר. שְׁוָרִים) ox, steer, bull

–שׁוֹר אָבוּס fattened ox

–שׁוֹר הַבָּר wild bull; buffalo

שׁוּר ז. (*rhet.*) looking, regarding; lurking; wall

שׁוּרָה נ. row; line; (*Bib.*) avenue; series

-שׁוּרַת הַדִּין the strict law

-לִפְנִים מִשּׁוּרַת הַדִּין leniently

-כַּשּׁוּרָה according to rule; in order

שׁוּרֻק ז. vowel sign (וּ)

שׂוֹרֵק ז. bright red vine

שׂוֹרֵקָה נ. bright red vine

שׁוֹרֵר ז. (*Bib.*) enemy, foe

שׁוֹשְׁבִין ז. best man (at the marriage ceremony)

שׁוֹשֶׁלֶת נ. dynasty; lineage; chain

שׁוֹשַׁן, שׁוֹשָׁן ז., שׁוֹשַׁנָּה נ. (ר. שׁוֹשַׁנִּים) rose; (*Bib.*) lily; (*Tal.*) flower

שׁוֹשֶׁנֶת נ. rosette

שְׁזִיף ז. plum

שְׁזִירָה נ. interweaving

שׁזף (שָׁזַף, יִשְׁזֹף) to burn; to singe; to blacken; (*rhet.*) to see

-הִשְׁתַּזֵּף to become sunburnt

שׁזר (שָׁזַר, יִשְׁזֹר) to interweave; to twine; to twist

-הִשָּׁזֵר to be twined

-הָשְׁזַר to be interwoven

שַׁח bowed; bent

שֵׂחַ ז. (*Bib.*) meditation

שִׁחֵד to bribe

שֹׁחַד ז. bribe

שׂחה (שָׂחָה, יִשְׂחֶה) to swim

-הַשְׂחֵה to cause to swim; (*Bib.*) to melt

שׁחה (שָׁחָה, יִשְׁחֶה) to bend, bow down

-הַשְׁחֵה to bend; to depress

-הִשְׁתַּחֲוָה to bow down

שָׂחוּ ז. (*Bib.*) swimming, floating

שְׁחוֹחַ bowed down; depressed

שָׁחוּט slaughtered; (*Bib.*) beaten (metal); (Bib.) sharpened

שָׁחוּם dark brown

שָׁחוּן hot, parched (soil)

שָׁחוּף consumptive

שְׂחוֹק, ז. laughing, laughter; mocking; derision; play

שָׁחוּק powdered, grated

שָׁחוֹר black; dark

–פּוֹעֵל שָׁחוֹר unskilled laborer

שְׁחוֹר ז. blackness

שְׁחוּת נ. (*Bib.*) pit

(שחז) הַשְׁחֵז to sharpen, grind

שחח (שַׁח, שָׁחַח, יָשֹׁחַ) to bow down; to be depressed

–הִשּׁוֹחַ to be bowed down; to be degraded, humiliated

–הָשֵׁחַ to humiliate

–הִשְׁתּוֹחֵחַ to be bowed down; to be depressed

שחט (שָׂחַט, יִשְׂחַט) (*Bib.*) to press out

שחט (שָׁחַט, יִשְׁחַט) to slaughter, kill; to massacre

–הִשָּׁחֵט to be slaughtered, killed

שְׁחִי, שֶׁחִי ז. armpit

–בֵּית הַשֶּׁחִי armpit

שְׂחִיָּה נ. swimming

שְׁחִיטָה נ. slaughter

שְׁחִין ז. boil, inflamed spot

שָׁחִיס ז. (*Bib.*) aftergrowth

שָׁחִיף ז. thin board, plank

שְׁחִיקָה נ. grating, pounding

שְׁחִית נ. (*Bib.*) pit

שְׁחִיתוּת נ. corruption

(שחל) הַשְׁחֵל to thread; to pass through (a hole)

שַׁחַל ז. lion

שַׁחֲלָה נ. ovary

שְׁחֵלֶת נ. onycha (shell that omits a pungent odor when burned)

שַׁחַם ז. granite

שַׁחְמָט* chess

שַׁחַף ז. gull

שַׁחֶפֶת נ. consumption, tuberculosis

שַׁחַץ ז. pride, conceit

שַׁחֲצָן ז. conceited person

שַׁחֲצָנוּת נ. conceit

שחק (שָׂחַק, יִשְׂחַק) to laugh; to laugh at; to sneer; to play

–שִׂחֵק to play; to be merry; to jest

–שִׂחֵק לוֹ הַמַּזָּל to be fortunate

–הַשָּׁעָה מְשַׂחֶקֶת לְ.. fortune is smiling on...

שַׁחַק ז. (ר. שְׁחָקִים) heaven; (*Bib.*) dust

שחק (שָׁחַק, יִשְׁחַק) to grate, to pound; to rub off

–הִשָּׁחֵק to be pounded; to be rubbed off

–הִשְׁתַּחֵק, נִשְׁתַּחֵק to be pounded; to be worn out

שַׂחְקָן ז. actor; player (in game, etc.)

שחר (שָׁחַר, יִשְׁחַר) to be black; to search; to strive

–שִׁחֵר to beg; to look for

–שִׁחֵר לְ־ to search

–הִשְׁחִיר to grow black; to blacken

שַׁחַר ז. daybreak; dawn; meaning; reason

–אַיֶּלֶת הַשַּׁחַר, הֵילֵל בֶּן שַׁחַר (*rhet.*) morning star

–אֵין לוֹ שַׁחַר it is absurd

–תְּפִלַּת הַשַּׁחַר morning prayer

–עַמּוּד הַשַּׁחַר dawn

שִׁחְרוּר ז. setting free, release; liberation

שַׁחֲרוּת נ. youth

שְׁחַרְחַר blackish, dark

שַׁחֲרוּת נ. youth; blackness

שַׁחֲרִית נ. morning; morning prayer

–פַּת שַׁחֲרִית breakfast

שִׁחְרֵר to set free, to release, to liberate

–הִשְׁתַּחְרֵר to be set free; to free oneself

(שחת) הִשָּׁחֵת to be spoiled, to be corrupted, to be destroyed; to be damaged, hurt

–שִׁחֵת to destroy; to spoil; to act corruptly

–הִשְׁחִית to ruin, destroy; to spoil, to corrupt; to hurt

שַׁחַת נ. destruction; pit, pitfall; grave; fodder.

–שֵׁד מִשַּׁחַת (*col.*) "a little devil," a rascal

שֵׂט ז. (*Bib.*) rebel

שׂטה (שָׂטָה, יִשְׂטֶה) to turn aside; to deviate; to be faithless

(שטה) שִׁטָּה, הִשְׁטָה to fool, jest

–הִשְׁתַּטֵּה to be mad; to act foolishly

שִׁטָּה נ. (ר. שִׁטִּים) acacia (tree)

שָׁטוּחַ stretched out; flat

שָׁטוּף rinsed; overflown (by water, etc.); overwhelmed by; addicted to

שְׁטוּת נ. foolishness; madness

–שְׁטֻיּוֹת! nonsense!

שטח (שָׁטַח, יִשְׁטַח) to spread; to stretch out

–הִשְׁתַּטֵּחַ to stretch oneself out; to fall

שֶׁטַח ז. flat surface; space; field, sphere

שִׁטְחִי superficial

שִׁטְחִיּוּת נ. superficiality

שָׁטִיחַ ז. carpet, rug

שְׁטִיפָה נ. rinsing, washing

שׂטם (שָׂטַם, יִשְׂטֹם) to hate

שׂטן (שָׂטַן, יִשְׂטֹן), הִשְׂטִין to hate; to persecute; to accuse

שָׂטָן ז. Satan; enemy; accuser; hindrance

–הָיָה לְשָׂטָן לִפְלוֹ׳ to act the adversary, to hinder someone, to hamper

-פָּתַח פֶּה לַשָּׂטָן to invite the devil

שִׂטְנָה נ. accusation

-כְּתַב שִׂטְנָה indictment

שְׂטָנִי satanic

שטף (שָׁטַף, יִשְׁטֹף) to flow; to overflow, to flood; to rinse; to wash away

-הִשָּׁטֵף to be overflown; to be washed away; to be rinsed

שֶׁטֶף, שֵׁטֶף ז. flowing; flood; tide; shower; gush of rain; gushing; fluency

שְׁטָר ז. (ר. שְׁטָרוֹת) banknote; (*Tal.*) document

-שְׁטָר חוֹב promissory note

-שְׁטָר כֶּסֶף banknote

-שְׁטָר עֵרֶךְ bond, security

שַׁי ז. gift, present

שִׂיא ז. height, climax; (sports) record

שׂיב (שָׂב, יָשִׂיב) to grow old; to grow grey

שֵׂיב ז. (*rhet.*) old age

שֵׂיבָה נ. gray hair; old age

-שֵׂיבָה טוֹבָה good old age

-אִישׁ שֵׂיבָה old man

שִׁיבָה נ. return

שִׂיג ז. (*rhet.*) need; business

-שִׂיג־וָשִׂיחַ (*rhet.*) business, negotiation.

שִׂיד ז. (*Bib.*) lime, plaster

שִׁיּוּר ז. remnant; remainder

שֵׁיזָף ז. jujube

שִׂיח, שׂוּח (שָׂח, יָשִׂיחַ) to speak; to tell; (*rhet.*) to meditate

-שׂוֹחֵחַ to speak, converse

-הֵשִׂחַ to converse; to tell;

שִׂיחַ ז. bush; shrub; conversation; (*rhet.*) meditation

-דּוּ־שִׂיחַ dialogue

שִׂיחָה נ. conversation, talk

שִׁיחָה נ. (*Bib.*) pit; ditch

שִׁיחוֹר ז. (*Bib.*) Nile

שַׁיִט ז. boating, rowing, sailing

שַׁיָּט ז. rower

שִׁיטָה נ. system; method; row; line

שַׁיֶּטֶת נ. flotilla

שִׁיטָתִי systematic; methodical

שַׁיֵּךְ (לְ־) to ascribe to; to belong to

–הִשְׁתַּיֵּךְ (לְ־) to belong to

שַׁיָּךְ belonging to; related; relevant

שַׁיָּכוּת נ. (state of) possession, belonging; connection; relation; relevance

שִׂים (שָׂם, יָשִׂים, יָשׂוּם) to set, put; to place; to lay; to erect; to set up; to appoint; to make, to cause to be

–שָׂם יָד לְפֶה, שָׂם יָד עַל פֶּה to be silent

–שָׂם לְאַל to turn to nought

–שָׂם לֵב אֶל... to pay attention to

–שָׂם נַפְשׁוֹ בְּכַפּוֹ to risk one's life

–מִבְּלִי מֵשִׂים unnoticed; unintentionally

שִׂימָה נ. putting, placing

–שִׂימַת לֵב close attention

(שַׁיִן) שֵׁינַיִם ז״ר (*Bib.*) urine

שִׁין, שִׂין 21st letter of the alphabet, שׁ, שׂ

שַׁיֵּף to file

שִׁיר (שָׁר, יָשִׁיר), שׁוֹרֵר to sing; to compose poetry

–שָׁר לְ־ to praise

–הוּשַׁר to be sung

–שַׁיֵּר to leave

–הִשְׁתַּיֵּר to remain

שִׁיר ז. song; poem

–שִׁיר לֶכֶת march

–שִׁיר עֶרֶשׂ lullaby

שְׁיָר ז. (ר. שְׁיָרִים, שִׁירַיִם) remnant

שִׁרָאִים ז״ר (.Tal) silk
שַׁיָּרָה נ. caravan; convoy
שִׁירָה נ. song; singing; poetry
–בַּת הַשִּׁירָה the Muse
שִׁירִי poetical
שִׁיֶּרֶת נ. residue
שַׁיִשׁ ז. marble
שִׂישׂ, שׂוּשׂ (שָׂשׂ, יָשִׂישׂ) to rejoice
שִׁית (שָׁת, יָשִׁית (.rhet) to place; to set, put up; to erect; to appoint
–הֵשִׁית to place
–הוּשַׁת to be placed
שַׁיִת ז. thorn
שִׁית ז. (.Bib) dress, garment; (*Tal.*) foundation; (*Tal.*) a pit by the side of the altar
שֵׂךְ ז. (ר. שִׂכִּים) thorn, prickle
שֹׂךְ ז. (.Bib) enclosure, booth

שכב (שָׁכַב, יִשְׁכַּב) to lie down; to sleep; to lie with
–הִשְׁכִּיב to lay; to place
–הָשְׁכַּב, הֻשְׁכַּב to be laid
–שָׁכַב עִם אֲבוֹתָיו (.Bib) to lie with one's ancestors, to die
שֶׁכֶב ז. lower millstone
שְׁכָבָה, שִׁכְבָה נ. layer, stratum; class
–שִׁכְבַת זֶרַע emission of semen
שְׁכֹבֶת נ. (.Bib) cohabitation
שׂכה (שָׂכָה, יִשְׂכֶּה) (.rhet) to look; to hope
שָׁכוּב lying (down)
שֶׂכְוִי ז. (.rhet) rooster
שְׁכוֹל ז. childlessness
שָׁכוּל, שַׁכּוּל bereaved of children
שִׁכּוּן ז. housing; housing project
שְׁכוּנָה נ. housing quarter; neighborhood

שִׁכּוֹר ז. drunkard; drunk

שָׂכוּר rented; hired

שכח (שָׁכַח, יִשְׁכַּח) to forget; to leave

–הִשָּׁכֵחַ to be forgotten

–הַשְׁכֵּחַ, שַׁכֵּחַ to cause to forget

–הִשְׁתַּכֵּחַ to be forgotten

שָׁכֵחַ forgetting, forgetful

שִׁכְחָה נ. forgetting; forgetfulness; what has been forgotten; (*Bib.*) the forgotten sheaf (in the field)

שַׁכְחָן ז. forgetful person

שְׁכִיב־מְרַע (*Ar.*) dangerously ill

שְׁכִיבָה lying down

שְׂכִיָּה נ. vision; treasure

שָׁכִיחַ frequent, common

שְׁכִיחוּת נ. frequency

שְׁכִינָה נ. Divine presence; holy inspiration

שָׂכִיר ז. hired man, hireling

–שְׂכִיר יוֹם day laborer

–חַיָּל שָׂכִיר mercenary

שְׂכִירוּת נ. rent, hire

שכך (שָׁכַךְ, שַׁךְ; יָשֹׁךְ) to calm down; to subside

–שַׁכֵּךְ to appease; to calm

(שכל) שִׂכֵּל (יָדַיִם) to cross one's hands, to lay one's hands crosswise

–הַשְׂכֵּל to become wise; to acquire wisdom; to act sensibly; (*Bib.*) to be successful, to instruct

–הִשְׂכִּיל בְּ־ to look at, to consider

שֵׂכֶל, שֶׂכֶל ז. understanding; intelligence

–שֵׂכֶל יָשָׁר common sense

שכל (שָׁכַל, יִשְׁכַּל) to lose one's children

–שַׁכֵּל to make childless, to bereave of children; to miscarry

to miscarry; to bear dead children	-הַשְׂכֵּל
perfection.	שִׂכְלוּל ז.
mental, intellectual	שִׂכְלִי
to perfect	שַׁכְלֵל
to be perfected	-שֻׁכְלַל
to perfect oneself; to become perfect	-הִשְׁתַּכְלֵל
rationalism	שִׂכְלְתָנוּת נ.
to rise early; to do early	(שכם) הַשְׁכֵּם
shoulder; back	שְׁכֶם, שֶׁכֶם ז.
shoulder to shoulder; like-minded	-שְׁכֶם אֶחָד
cape	שִׁכְמִיָּה נ.
to settle down; to dwell; to be settled, inhabited	שכן (שָׁכַן, יִשְׁכֹּן)
to cause to dwell; to house	-שַׁכֵּן
to cause to dwell; to place	-הַשְׁכֵּן
dwelling	שֶׁכֶן ז.
neighbor	שָׁכֵן ז.
neighborhood	שְׁכֵנוּת נ.
to stencil	שַׁכְפֵּל
to convince	שַׁכְנֵעַ
to be convinced	-שֻׁכְנַע, הִשְׁתַּכְנֵעַ
to let, to rent, to hire	שכר (שָׂכַר, יִשְׂכֹּר)
to be hired; to gain; to be rewarded	-הִשָּׂכֵר
to rent, hire out	-הַשְׂכֵּר
to earn	-הִשְׂתַּכֵּר
wages; reward	שָׂכָר ז.
rent	-שְׂכַר דִּירָה
royalties	-שְׂכַר סוֹפְרִים
to get one's reward	-בָּא עַל שְׂכָרוֹ
the profit is greater than the loss	-יָצָא הֶפְסֵדוֹ בִּשְׂכָרוֹ
the loss is greater than the profit	-יָצָא שְׂכָרוֹ בְּהֶפְסֵדוֹ
charter; (*Bib.*) reward, hire	שֶׂכֶר ז.
to be drunk, to get drunk	שכר, (שָׁכַר, יִשְׁכֹּר)

-שַׁכֵּר, הַשְׁכֵּר to make drunk

שֵׁכָר ז. beer; (*Bib.*) intoxicating drink

שִׁכָּרוֹן ז. שִׁכְרוּת נ. drunkenness

שִׁכְשׁוּךְ ז. shaking; dabbling (with feet, etc.)

שִׁכְשֵׁךְ to shake; to dabble (with feet, etc.)

הִשְׁתַּכְשֵׁךְ to dabble, to roll about

שֶׁל of; made of

-שֶׁלִּי; שֶׁלְּךָ my, your, etc.

בְּשֶׁל because of

שַׁל ז. (*Bib.*) error

שַׁלְאֲנָן (*rhet.*) quiet, tranquil

(שלב) שִׁלֵּב to fit together; to attach; to fold (the arms)

-שֻׁלַּב to be fitted; to be attached

שָׁלָב ז. (ר. שְׁלַבִּים) rung of the ladder; ledge; phase, stage

שֶׁלֶג ז. snow

(שלג) הַשְׁלֵג to snow

שֶׁלֶד ז. skeleton

שִׁלְדָּה נ. framework; keel

שלה (שָׁלָה, יִשְׁלֶה) to be at peace, safe; to cast forth; to draw out

-הִשָּׁלֵה to be negligent; to be drawn out

-הַשְׁלֵה to mislead; to deceive

שַׁלְהֶבֶת נ. flame

שְׂלָו, שְׂלָיו ז. quail

שָׁלֵו, שָׁלֵיו peaceful, secure

שלו (שָׁלֵו, יִשְׁלַו) to be peaceful; to be secure

שָׁלֵו ז. (*Bib.*), שַׁלְוָה נ. peace; security

שִׁלּוּחַ ז. dismissal; sending away; launching (missile)

שְׁלוּחָה נ. tendril; range of mountains; line-extension

שִׁלּוּחִים ז״ר dismissal; dowry

שְׁלוּלִית נ. pool, puddle

שָׁלוֹם ז. peace; security; rest; well-being, welfare; health

–שָׁלוֹם! שָׁלוֹם וּבְרָכָה! hello!, goodby!

–אִישׁ שְׁלוֹמוֹ one's close friend

–דָּרַשׁ בִּשְׁלוֹמוֹ שֶׁל־ to send kind regards to

–חַס וְשָׁלוֹם! God forbid!

–מַה־שְּׁלוֹמְךָ? How are you?

–שָׁאַל לְשָׁלוֹם to ask after one's welfare

–שְׁלוּמֵי אֱמוּנֵי־ (*rhet.*) faithful followers

שִׁלּוּם ז., שִׁלּוּמִים ז״ר reward, recompense; bribe

שְׁלוּמִיאֵל ז. good-for-nothing

שָׁלוּק cooked, boiled

שלח (שָׁלַח, יִשְׁלַח) to send; to send away; to stretch out, extend

–שָׁלַח יָד בְּ־ to steal; to embezzle

–שָׁלַח יָד בְּנַפְשׁוֹ to commit suicide

–הִשָּׁלֵחַ to be sent

–שִׁלֵּחַ to send; to send away; to stretch out; to accompany; to set free; to throw, launch (missile)

–שִׁלַּח בָּאֵשׁ to set fire to

–שֻׁלּוֹחַ to be sent; to be abandoned; to be divorced

–הִשְׁלִיחַ to send (plague)

–הִשְׁתַּלֵּחַ to be sent away

שֶׁלַח ז. missile; javelin; shoot; plant; hide (of animal)

–שְׂדֵה שְׁלָחִים irrigated field

שֻׁלְחָן ז. (ר. שֻׁלְחָנוֹת) table; board; meal

–שֻׁלְחַן הַמַּעֲרֶכֶת, שֻׁלְחַן הַפָּנִים table of the show-bread

–שֻׁלְחָן עָרוּךְ table set for a meal

–עָרַךְ שֻׁלְחָן to set the table

שֻׁלְחָנִי ז. banker; money-changer

שלט (שָׁלַט, יִשְׁלֹט, בְּ– עַל־) to rule; to control

–הִשְׁלִיט to let rule, to put in command

–שִׁלֵּט to set up signboards

–הִשְׁתַּלֵּט (עַל) to have dominion over; (Bib.) to overpower

שֶׁלֶט ז. signboard; (Bib.) shield

שִׁלְטוֹן ז. rule; power

שַׁלֶּטֶת נ. mistress, (feminine) ruler

שְׁלִי, שֶׁלִי ז. (Bib.) guilt, error; quietness

–בַּשֶּׁלִי guilty; secretly

שִׁלְיָה נ. placenta

שָׁלִיחַ ז. delegate; messenger

–שְׁלִיחַ צִבּוּר leader of prayer; community representative

–מֵרוֹץ שְׁלִיחִים relay race

שְׁלִיחוּת נ. mission; commission, message

שַׁלִּיט ז. ruler, master

שְׁלִיטָה נ. dominion, rule; control

שְׁלִילָה נ. negation; denial

שָׁלִישׁ ז. adjutant; (Bib.) a dry measure; (Bib.) a musical instrument; (Bib.) chariot-warrior

–שְׁלִישִׁים (Bib.) third-floor rooms; third story

שְׁלִישׁ ז. one-third, third part

שְׁלִישִׁי ז. שְׁלִישִׁית נ. third

שְׁלִישִׁיָּה נ. trio; triplets

שְׁלִישִׁית נ. third; third part

–בַּשְּׁלִישִׁית for the third time

(שלך) הִשְׁלִיךְ to throw, hurl, cast; to throw away

–הִשְׁלִיךְ גּוֹרָל to cast lots

–הִשְׁלִיךְ נַפְשׁוֹ מִנֶּגֶד to risk one's life

–הָשְׁלַךְ, הֻשְׁלַךְ to be thrown down

שָׁלָךְ ז. cormorant

שַׁלֶּכֶת נ. fall of the leaves

שלל (שָׁלַל, יָשֹׁל, יִשְׁלֹל) to draw out; to plunder; to negate

–שָׁלַל מִן to deny of, deprive of, deprive

–הִשְׁתּוֹלֵל to go wild; (*Bib.*) to become a prey

שָׁלָל ז. spoil; prey

שלם (שָׁלַם, יִשְׁלַם) to be whole, unhurt; to be well; to be at peace; to be completed

–הִשָּׁלֵם to be completed

–שִׁלֵּם to pay, repay; to reward

–שֻׁלַּם to be payed

–הִשְׁלִים to accomplish, to complete

–הִשְׁלִים עִם־ to make peace, to put up with

–הָשְׁלַם to be perfected, to be reconciled

–הִשְׁתַּלֵּם to be paid; (*col.*) to be worthwhile; to be perfect, to perfect oneself

שַׁלָּם ז. paymaster

שֶׁלֶם ז. (ר. שְׁלָמִים) thanks-offering; peace-offering

שָׁלֵם whole, entire; unhurt; perfect; finished; accomplished; faithful

–גִּזְרַת הַשְּׁלֵמִים (*gram.*) the strong verbs

שַׂלְמָה נ. (*Bib.*) dress; garment

שַׁלְמוֹן ז. bribe

שְׁלֵמוּת נ. totality; integrity; perfection

–בִּשְׁלֵמוּת perfect; finished perfectly

שלף (שָׁלַף, יִשְׁלֹף) to draw (a sword, etc.); (*Bib.*) to take off (shoes)

שֶׁלֶף ז. field of stubble

שַׁלְפּוּחִית נ. womb; bladder

שֶׁלֶק ז. (ר. שְׁלָקִים, שְׁלָקוֹת) boiled vegetables or fruit; preserves

שָׁלֹשׁ נ. שְׁלֹשָׁה ז. three

–שְׁלֹשׁ עֶשְׂרֵה נ. שְׁלֹשָׁה עָשָׂר ז. thirteen

(שלש) הִשְׁלִישׁ to deposit with a third person

–שִׁלֵּשׁ to divide in three parts; to do thrice; to stay three days

–שֻׁלַּשׁ to be divided in three

–אֶצְבַּע מְשֻׁלֶּשֶׁת fig. (a gesture of contempt)

שִׁלֵּשׁ ז. great-grandchild (of third generation)

שִׁלְשׁוּל ז. lowering; letting down; diarrhea; earthworm

שִׁלְשׁוֹם, שִׁלְשֹׁם the day before yesterday

–תְּמוֹל שִׁלְשׁוֹם formerly; ago

שְׁלֹשִׁים thirty

שִׁלְשֵׁל to let down; to hang down; to loosen (bowels)

–הִשְׁתַּלְשֵׁל to be let down; to link; to develop

–שַׁלְשֶׁלֶת נ. (ר. שַׁלְשָׁלוֹת, שַׁלְשְׁלָאוֹת) chain; evolution

–שַׁלְשֶׁלֶת יֻחֲסִין, שַׁלְשֶׁלֶת הַיַּחַס genealogy

שָׁם there; (*Bib.*) then, at that time

–אֵי־שָׁם somewhere

שֵׁם ז. (ר. שֵׁמוֹת) name; noun; title; reputation

–כִּנּוּי גוּף, שֵׁם גּוּף pronoun

–שֵׁם דָּבָר noun; something well-known, a proverbial or representative example

–שֵׁם הַמְפֹרָשׁ the explicit name of God

–שֵׁם מִשְׁפָּחָה surname

–שֵׁם־עֶצֶם noun

–שֵׁם פְּרָטִי first name; proper noun

-שֵׁם תֹּאַר adjective

-לְשֵׁם for the purpose of, for

-אַנְשֵׁי שֵׁם famous men

-בַּעַל שֵׁם miracle worker

-בָּרוּךְ הַשֵּׁם thank God

-חִלּוּל הַשֵּׁם sacrilege

-לְשֵׁם שָׁמַיִם in honor of God; for a religious ideal

-עַל־שֵׁם in the name of; on account of

שֵׁם שפ״ז Shem (son of Noah)

-בְּנֵי שֵׁם, שֵׁמִיִּים Semites

שֶׁמָּא perhaps, lest

שַׁמַּאי ז. appraiser

שְׂמֹאל ז. the left; the left hand; left wing (in politics)

(שמאל) הַשְׂמֵאל to turn to the left; to use the left hand

(שמד) הִשָּׁמֵד to be destroyed, to be devastated

-הַשְׁמֵד to destroy, to annihilate; to devastate

-הִשָּׁמֵד to be destroyed; to be devastated

-הִשְׁתַּמֵּד to be baptized, converted

שְׁמָד ז. baptism; religious persecution; forced conversion

שַׁמָּה נ. horror; object of amazement; ruin; desolation

-עָשָׂה שַׁמּוֹת בְּ־ to make havoc of

שָׁמָּה there; to that place

שְׁמוֹנָה ז. שְׁמוֹנֶה נ. eight

שְׁמוֹנִים eighty

שְׁמוּעָה נ. rumor, report; news; tradition

שְׁמוּרָה נ. eyelash; reserve

שִׁמּוּרִים ז״ר guarding; watching; preserves

-לֵיל שִׁמּוּרִים night of vigil

שִׁמּוּשׁ ז. use; service; ministration

-שִׁמּוּשׁ הַלָּשׁוֹן syntax

-בֵּית־שִׁמּוּשׁ W.C., toilet

–יָצָא מִכְּלָל שִׁמּוּשׁ to go out of use

שִׁמּוּשִׁי useful, practical

שׂמח (שָׂמַח, שָׂמֵחַ, יִשְׂמַח) to rejoice; to be glad, cheerful

–שִׂמַּח, הִשְׂמִיחַ to gladden; to cheer

שָׂמֵחַ glad, cheerful

שִׂמְחָה נ. (ר. שְׂמָחוֹת) joy, gladness; cheerfulness; feast

–שִׂמְחָה לְאֵיד gladness at another's calamity

–שִׂמְחַת תּוֹרָה festival of the Torah

שמט (שָׁמַט, יִשְׁמֹט) to cast down; to throw off; to slip off; to forsake

–הִשָּׁמֵט to be cast off; to slip off; to be left out; to be dislocated

–הַשְׁמֵט to miss (word, line); to leave out; to let slip down

–שַׁמֵּט to release from debt

–הִשְׁתַּמֵּט to shirk one's duty; to evade

שְׁמִטָּה נ. cancellation of debt; Sabbatical year, leaving of soil fallow every 7th year; bankruptcy

–מָה עִנְיַן שְׁמִטָּה אֵצֶל הַר־סִינַי? what has this to do with that?

שֵׁמִי nominal; Semitic

שְׂמִיכָה נ. blanket

שָׁמַיִם ז״ר sky; heaven; God

–חֲצִי הַשָּׁמַיִם, לֵב הַשָּׁמַיִם zenith

–מוֹרָא שָׁמַיִם, יִרְאַת שָׁמַיִם fear of God

–יְרֵא שָׁמַיִם God-fearing man

–שְׁמֵי הַשָּׁמַיִם highest heaven

–תַּחַת כִּפַּת הַשָּׁמַיִם in the open air

שְׁמֵימִי, שְׁמֵימִי heavenly

שְׁמִינִי eight

-שְׁמִינִי עֲצֶרֶת eighth day of the Feast of Tabernacles

שְׁמִינִית נ. eighth; eighth part; eight-stringed musical instrument

שְׁמִיעָה נ. hearing

שָׁמִיר ז. thorn; diamond; emery

שְׁמִירָה נ. watching; guarding, protecting; keeping, storing

שִׂמְלָה נ. dress; (*rhet.*) garment

שִׂמְלָנִית נ. skirt

שמם (שָׁמַם, יָשֹׁם, יִשֹּׁם) to be astonished, to be stunned; to be laid waste; to lay waste

-הִשּׁוֹם to be astonished; to be laid waste

-הָשֵׁם to amaze; to lay waste

-הִשְׁתּוֹמֵם to be astonished, amazed; to be laid waste

שָׁמֵם desolate, waste

שְׁמָמָה, שִׁמְמָה נ. waste, desolation; (*rhet.*) amazement

שִׁמָּמוֹן ז. astonishment; depression

שְׂמָמִית, שְׂמָמִית נ. lizard; spider

שמן (שָׁמַן, יִשְׁמַן) to be fat, stout

-הַשְׁמֵן to grow fat, stout; to fatten

שַׁמֵּן to oil

-הִשְׁתַּמֵּן to grow fat

שָׁמֵן fat; fertile

שֶׁמֶן ז. (ר. שְׁמָנִים) fat, grease; oil

שֹׁמָן ז. fat, grease

שְׁמֹנֶה נ., שְׁמֹנָה ז. eight

-שְׁמֹנֶה עֶשְׂרֵה נ. eighteen

-שְׁמֹנָה עָשָׂר ז. eighteen

שַׁמְנוּנִית נ. fatness; fat, grease

שֵׁמָנִי nominal

שְׁמֹנִים eighty

שְׁמַנְמַן fattish

שַׁמֶּנֶת נ. cream

שמע (שָׁמַע, יִשְׁמַע) to hear; to listen; to obey; to understand

–קְרִיאַת שְׁמַע recitation of the Shema (Deut. VI 4–9; XI 13–21; Num. XV 37–41)

–שָׁמַע בְּקוֹל..., שָׁמַע לְקוֹל.. to obey

–הִשָּׁמַע to be heard; to be understood; to obey

–מַה נִּשְׁמָע? What's new?; How are things?

–הַשְׁמֵעַ to let hear; to announce, proclaim; to call out

–שַׁמֵּעַ to call together; to imply

–הִשְׁתַּמֵּעַ to be interpreted

–לְהִשְׁתַּמֵּעַ! Let's hear each other again! (i.e., Let's talk again!)

–מִשְׁתַּמֵּעַ לִשְׁתֵּי פָּנִים ambiguous

שֵׁמַע ז. hearing; rumor

–חוּשׁ הַשֵּׁמַע sense of hearing

שֶׁמַע ז. sound; tone

שֹׁמַע fame; report

שֶׁמֶץ ז. a little a bit; (*Bib.*) a sound

(שמץ) הַשְׁמֵץ to defame, calumniate

–הִשָּׁמֵץ to be defamed

שִׁמְצָה נ. disgrace

שמר (שָׁמַר, יִשְׁמֹר אֶת, עַל) to watch, to guard; to keep, to store; to observe; to take care; to attend; (*rhet.*) to await

–הִשָּׁמֵר to be guarded; to beware, to take heed

–הִשְׁתַּמֵּר to take heed, to be careful; to remain kept, stored; to be preserved

שְׁמָרִים ז״ר yeast; sediment of wine

שְׁמְרוֹנִי Samaritan

שַׁמְרָן נ. conservative person

שַׁמְרָנוּת ז. conservatism

(שמש) שִׁמֵּשׁ to serve, to wait on; to do service; to officiate

–שִׁמֵּשׁ כְּ־ to act as

־הִשְׁתַּמֵּשׁ, שִׁמֵּשׁ to use; to make use of

–שִׁמֵּשׁ הַמִּטָּה to lie with

–שִׁמֵּשׁ תַּלְמִיד חָכָם to study with a scholar

שַׁמָּשׁ ז. attendant, janitor; auxiliary candle (for lighting the Hanukkah candelabrum)

שֶׁמֶשׁ זו״נ (ר. שְׁמָשׁוֹת) sun

–בֵּין הַשְּׁמָשׁוֹת twilight, dusk

–לְעֵינֵי הַשֶּׁמֶשׁ, נֶגֶד הַשֶּׁמֶשׁ (*rhet.*) openly

שִׁמְשָׁה נ. (ר. שְׁמָשׁוֹת) window-pane

שִׁמְשִׁיָּה נ. umbrella

שֻׁמְשׁוּם, שֻׁמְשׁוֹם ז. sesame

שַׁמְתָּא (*Ar.*) שַׁמְתָּה excommunication, ban

שֵׁן נ. (ר. שִׁנַּיִם) tooth; ivory; peak

–שֵׁן סֶלַע crag, cliff

–שֵׁן תּוֹתֶבֶת artificial tooth

–שִׁנַּיִם חוֹתְכוֹת incisors

–שִׁנַּיִם טוֹחֲנוֹת molars

–גַּלְגַּל שִׁנַּיִם cogwheel

–חֵרוּק שִׁנַּיִם grinding of teeth

–נִקְיוֹן שִׁנַּיִם (*rhet.*) hunger

–רוֹפֵא שִׁנַּיִם dentist

שׂנא (שָׂנֵא, יִשְׂנָא) to hate

–הִשָּׂנֵא to be hated

שִׂנְאָה נ. hatred, hate

שִׁנְאָן ז. (*rhet.*) angel

שנה (שָׁנָה, יִשְׁנֶה) to repeat, reiterate; to be different; to study, learn

–הִשָּׁנֶה to be repeated; to be taught

–שַׁנֵּה to alter, change; to remove

—שַׁנֵּה טַעְמוֹ to change one's demeanor
—הִשְׁתַּנֵּה to alter, change; to be changed; (*Bib.*) to disguise oneself
שָׁנָה נ. (ר. שָׁנִים, שָׁנוֹת) year
—שָׁנָה מְעֻבֶּרֶת leap year
—הַשָּׁנָה this year
—יוֹם הַשָּׁנָה anniversary
—שָׁנָה שָׁנָה, שָׁנָה בְּשָׁנָה, מִדֵּי שָׁנָה בְשָׁנָה every year
—בֶּן־שָׁנָה one year old
שֵׁנָה נ. sleep, slumber
שֶׁנְהָב ז. (ר. שֶׁנְהַבִּים) ivory; enamel (of teeth)
שִׁנּוּי ז. change, alteration
שָׁנוּי repeated; studied (in the מִשְׁנָה)
—שָׁנוּי בְּמַחֲלֹקֶת in dispute
שָׁנוּן sharp, keen; clever
שִׁנּוּן ז. to study by repetition
שָׁנִי, שְׁנִי תוֹלַעַת ז. תּוֹלַעַת שָׁנִי נ. crimson, scarlet
שֵׁנִי second
—יוֹם שֵׁנִי Monday
—שְׁנִיִּים (*Bib.*) rooms on second floor
שָׂנִיא hateful, hated
שְׁנִיָּה נ. second (1/60 of a minute)
שְׁנִיּוּת נ. dualism
שְׁנַיִם ז., שְׁתַּיִם נ. two
—שְׁנֵים עָשָׂר ז., שְׁתֵּים עֶשְׂרֵה נ. twelve
שְׁנִינָה נ. byword, scorn, mockery
שֵׁנִית for the second time; again
שנן (שָׁנַן, יָשֹׁן) to sharpen
—שִׁנֵּן to sharpen; to repeat; to teach, inculcate
—שֻׁנַּן to be sharpened; to be repeated; to be taught; to have cogs or teeth (of gear)
—הִשְׁתּוֹנֵן (*Bib.*) to be hurt, pricked

(שנס) שַׁנֵּס	to gird
–שַׁנֵּס מָתְנָיו	to gird up one's loins
שנק (שָׁנַק, יִשְׁנֹק)	to strangle
שֻׁנְרָא ז. (*Ar.*)	cat; lynx
שְׁנָת נ. (*Bib.*)	sleep
שֶׁנֶת נ.	notch
שְׁנָתוֹן ז.	yearbook; age-group
שְׁנָתִי	yearly, annual
שסה (שָׁסָה, יִשְׁסֶה)	to plunder, rob
–שִׁסָּה	to entice; to set (a dog) on
שִׁסּוּי ז.	enticement
שָׁסוּעַ	cleft, split
–שְׁסוּעַ פַּרְסָה	cloven-hoofed
שסס (שָׁסַס, יָשֹׁס)	to plunder, rob
–הִשּׁוֹס	to be robbed
שסע (שָׁסַע, יִשְׁסַע)	to split, cleave
–שִׁסַּע	to split, cleave; to interrupt (speech)
שֶׁסַע ז.	cleft; split
(שסף) שִׁסֵּף	to cut to pieces
שֶׁסֶק ז.	loquat, medlar (fruit)
שַׁסְתּוֹם ז.	valve
שִׁעְבֵּד	to subdue, subjugate; to mortgage
–שֻׁעְבַּד, הִשְׁתַּעְבֵּד	to be subjected; to be subjugated; to be mortgaged
שִׁעְבּוּד ז.	subjection; mortgaging
שעה (שָׁעָה, יִשְׁעֶה)	to look around
–שָׁעָה אֶל־	to turn to; to notice, regard
–הִשְׁעָה	to turn aside; to suspend
–הִשְׁתָּעָה	to look around
שָׁעָה נ.	hour; time
–שְׁעַת הַכֹּשֶׁר	the right moment, opportune time
–שָׁעָה קַלָּה	a short while
–בְּשָׁעָה שֶׁ־, בִּשְׁעַת...	while, at the time

בְּשָׁעָה טוֹבָה!	Good luck!
–הוֹרָאַת שָׁעָה נ.	special legislation, emergency rule
–לְפִי שָׁעָה	for the time being
–מַה הַשָּׁעָה?, כַּמָּה הַשָּׁעָה?	what time is it?
–שִׂחֲקָה לוֹ הַשָּׁעָה	fortune smiled on him
שַׁעֲוָה נ.	wax
שִׁעוּל ז.	cough
שָׁעוֹן ז.	clock; watch; (*col.*) meter
–שְׁעוֹן יָד	wrist watch
–שְׁעוֹן כִּיס	pocket watch
–שְׁעוֹן קִיר	wall clock
–שְׁעוֹן שֶׁמֶשׁ	sundial
שְׁעוּעִית נ.	bean
שִׁעוּר, שֵׁעוּר ז.	measure; proportion; lesson
–שִׁעוּר בַּיִת	homework
–לְשֵׁעוּרִין	by installments
שְׂעוֹרָה נ.	barley
שְׁעָטָה נ.	stamping (of hoofs)
שַׁעַטְנֵז ז.	mixed fabric of wool and linen
שָׂעִיף ז. (*Bib.*)	thought
שָׂעִיר ז. (ר. שְׂעִירִים)	he-goat; hairy demon; satyr; shower
–ש״ת	hairy
–שָׂעִיר לַעֲזָאזֵל	scapegoat
(שעל) הִשְׁתָּעֵל	to cough
שַׁעַל ז.	step
–עַל כָּל צַעַד וָשַׁעַל	everywhere
שַׁעֶלֶת נ.	whooping cough
(שעם) שִׁעֲמֵם	to bore, to be tedious
–הִשְׁתַּעֲמֵם	to be bored
שַׁעַם ז.	cork
שִׁעֲמוּם ז.	dullness, boredom; (*Tal.*) madness
(שען) הִשָּׁעֵן	to lean, rely on
שָׁעָן ז.	watchmaker
שָׂעֵף ז. (ר. שְׂעִפִּים) (*rhet.*)	thought
שער (שָׂעַר, יִשְׂעַר)	to shudder; to be afraid; to carry off in a wind

to storm; to be agitated	הִשָּׂעֵר–
to carry before the wind	שָׂעֵר–
to rush at; to storm against	הִשְׂתָּעֵר (עַל־)–
hair; fibres	שֵׂעָר ז.
fur coat	אַדֶּרֶת שֵׂעָר–
fright; storm	שַׂעַר ז.
to imagine; to appraise, estimate	שער (שָׁעַר, יִשְׁעַר) (rhet.)
to guess, to suppose; to estimate	שָׁעֵר–
gate; place of meeting; market price; chapter; title page; goal (*sports*)	שַׁעַר ז. (ר. שְׁעָרִים)
to make a goal (*sports*)	הִבְקִיעַ שַׁעַר–
profiteers	מַפְקִיעֵי שְׁעָרִים–
storm	שְׂעָרָה נ. (*Bib.*)
single hair	שַׂעֲרָה נ. (ר. שְׂעָרוֹת)
barley	שְׂעֹרָה נ. (ר. שְׂעוֹרִים)
scandal; (*Bib.*) horrible things	שַׁעֲרוּרָה (*Bib.*), שַׁעֲרוּרִיָּה נ.
delight, pleasure; play	שַׁעֲשׁוּעַ ז.
to rejoice; to amuse	שַׁעֲשֵׁעַ
to make merry, amuse oneself; to play; (*Bib.*) to be stunned	הִשְׁתַּעֲשֵׁעַ–
to smooth	שַׁפֵּה
lip language; edge, border; bank of river	שָׂפָה נ. (זוגי שְׂפָתַיִם) (–ר. שָׂפוֹת)
mother tongue	שְׂפַת אֵם–
clear speech	שָׂפָה בְרוּרָה–
Hebrew language	שְׂפַת עֵבֶר (*rhet.*)–
flattering words	שִׂפְתֵי חֲלָקוֹת–
fluent speaker	אִישׁ שְׂפָתַיִם–
slander	לְזוּת שְׂפָתַיִם–
insincerely	מִן הַשָּׂפָה וְלַחוּץ–
expression; speech	נִיב שְׂפָתַיִם–

heavy of speech (Bib.) עֲרַל שְׂפָתַיִם–

spit, skewer שַׁפּוּד ז.

clear-minded, sane שָׁפוּי

judging, (power of) judgment; jurisdiction שִׁפּוּט ז.

lower part שִׁפּוּלִים ז״ר

covered, hidden (Bib) שָׂפוּן

rye שִׁפּוֹן ז.

slope; slanting שִׁפּוּעַ ז.

tube; pipe; (Tal.) eggshell שְׁפוֹפֶרֶת נ.

repair; overhaul שִׁפּוּץ ז.

improvement; renovation; adoring שִׁפּוּר ז.

to cover with leprosy (שפח) שִׂפַּח

maidservant; female slave שִׁפְחָה נ.

a maid servant who does hard, menial work; (Bib.) a maid servant given in marriage by her master to one of the slaves שִׁפְחָה חֲרוּפָה–

to judge, to sentence; to rule שפט (שָׁפַט, יִשְׁפֹּט)

to be judged; to plead הִשָּׁפֵט–

judgment; punishment שְׁפָטִים ז״ר

(Bib.) (ר. שְׁפָיִם) שְׁפִי, שֶׁפִי ז. bare hill; (Tal.) ease

pouring out, spilling שְׁפִיכָה נ.

shedding of blood שְׁפִיכוּת דָּם–

horned viper שְׁפִיפוֹן ז.

beautiful, good שַׁפִּיר

amnion שָׁפִיר ז.

dragon fly שַׁפִּירִית נ.

to pour out, to spill (שפך) – (שָׁפַךְ, יִשְׁפֹּךְ)

to shed blood שָׁפַךְ דָּם–

שָׁפַךְ לֵב, שָׁפַךְ נֶפֶשׁ, שָׁפַךְ שִׂיחַ–
to pray; to open one's heart

to throw up a mound שָׁפַךְ סוֹלְלָה–

to be poured out to be spilled, shed הִשָּׁפֵךְ–

–הִשְׁתַּפֵּךְ to be poured out

שֶׁפֶךְ ז. outpouring; mouth of river

–שֶׁפֶךְ־דָּם bleeding, hemorrhage

שָׁפְכָה נ. urethra; (*Bib.*) penis

שָׁפֹל, שָׁפֵל, (שָׁפַל, יִשְׁפַּל) to be low; to be brought down

–הִשְׁפִּיל to lay low, to humiliate

–הָשְׁפַּל to be lowered; to be humiliated

שָׁפָל low; humble

–שְׁפַל בֶּרֶךְ, שְׁפַל רוּחַ humble, meek

שֵׁפֶל ז. lowness; ebb

שְׁפֵלָה נ. plain, lowland

–הַשְּׁפֵלָה the Coastal plain of Israel

שִׁפְלָה, שִׁפְלוּת נ. lowering; meekness; meanness

–שִׁפְלוּת יָדַיִם negligence

שָׂפָם ז. mustache

שָׁפָן ז. (ר. שְׁפַנִּים) rabbit

שׁפע (שָׁפַע, יִשְׁפַּע) to stream, flow; to abound; to slope, slant

–הִשְׁפֵּעַ to cause to slope

–הִשְׁפִּיעַ עַל־ to give freely, abundantly; to influence

–שִׁפֵּעַ to slope, slant

שֶׁפַע ז. abundance; plenty

שִׁפְעָה abundance, plenty

שַׁפַּעַת נ. influenza

שׂפק (שָׂפַק, יִשְׂפֹּק) (*Bib.*) to clap one's hands; to suffice

–הִשְׂפִּיק (*Bib.*) to abound; to satisfy oneself

שֵׂפֶק ז. (*Bib.*) abundance

שׁפר (שָׁפַר, יִשְׁפַּר) to be pleasant, beautiful

–שִׁפֵּר to adorn; to improve

–הִשְׁתַּפֵּר to improve, become better

שֶׁפֶר ז. שְׁפְרָא נ. (*Ar.*) beauty; the very best

–שְׁפְרָא דִשְׁפְרָא finest of the fine

שַׁפְרִיר ז. (*rhet.*) canopy
שִׁפְשׁוּף ז. rubbing
שִׁפְשֵׁף to rub, polish; (*col.*) to "put through the mill"
–הִשְׁתַּפְשֵׁף to be rubbed
שַׁפְשֶׁפֶת נ. doormat
שפת (שָׁפַת, יִשְׁפֹּת) to put a pot over fire; to cause
שְׂפָתוֹן ז. lipstick
שְׁפַתַּיִם ז״ר (*Bib.*) folds; stalls; hooks
שֶׁצֶף ז. gush; overflowing
–בְּשֶׁצֶף־קֶצֶף violently, in great anger
שֶׁק* ז. (bank) check
שַׂק ז. sack, bag; sackcloth
שקד (שָׁקַד, יִשְׁקֹד) to be diligent, eager; to be watchful; to persevere, take pains
–שֻׁקַּד to be almond-shaped
שָׁקֵד ז. almond; almond tree; tonsil

שְׁקֵדִיָּה נ. almond tree
שַׁקְדָן diligent person
(שקה) הַשְׁקֵה to give to drink; to water (cattle); to irrigate
–הֻשְׁקָה, שֻׁקָּה to be watered
שָׁקוּד industrious
שִׁקּוּי ז. drink; refreshment
שָׁקוּל evenly balanced
שִׁקּוּל ז. weighing, balancing; consideration
–שִׁקּוּל הַדַּעַת consideration, weighing of opinion
שִׁקּוּם ז. rehabilitation
שָׁקוּעַ submerged; concave; deep in thought
שָׁקוּף transparent, translucent
שִׁקּוּף ז. transparence; transillumination
שִׁקּוּץ ז. abomination; idol
שִׁקּוּר ז. making eyes, winking
שקט (שָׁקַט, יִשְׁקֹט) to be still; to rest; to be peaceful

–הַשְׁקֵט to quiet; to calm

שֶׁקֶט ז. silence, quiet; peace

שָׁקֵט quiet; calm

שְׁקִידָה נ. diligence, industry

שְׁקִיעָה נ. sinking; decline; setting of the sun

שַׂקִּיק ז., שַׂקִּיּוֹת נ. small paper bag

שקל (שָׁקַל, יִשְׁקֹל) to weigh; to consider; to pay

שֶׁקֶל ז. Shekel (ancient coin & weight)

שַׁקְלָא וְטַרְיָא (*Ar.*) negotiations; Talmudic discussion

שַׁקֵּם to rehabilitate

שִׁקְמָה נ. (ר. שִׁקְמִים, שִׁקְמוֹת) sycamore tree

שַׂקְנַאי ז. pelican

שקע (שָׁקַע, יִשְׁקַע) to sink, to decline; to be engrossed

–שָׁקְעָה הַחַמָּה the sun has set

–הַשְׁקֵעַ to let sink; to press down; to invest

–הִשְׁתַּקֵּעַ to be sunk in; to settle

שֶׁקַע ז. depression; (*elec.*) socket

שְׁקַעֲרוּרָה, שְׁקַעֲרוּרִית נ. depression, sunken place

שְׁקַעֲרוּרִי concave

(שקף) הִשָּׁקֵף to be seen; to look out

–הַשְׁקֵף to look, to observe; to look down

–שַׁקֵּף to cause to be seen; to reflect; to make transparent

–הִשְׁתַּקֵּף to be reflected, mirrored; to be seen

(שקץ) שַׁקֵּץ to defile, make abominable

שֶׁקֶץ ז. abomination; abominable thing; unclean creature

שקק (שָׁקַק, יָשֹׁק) to desire; to rush, to run about; to growl (of bear)

–הִשְׁתּוֹקֵק (לְ־) to yearn for

(שׂקר) שִׂקֵּר to paint the eyes; to wink

שקר (שָׁקַר, יִשְׁקֹר) (*Bib.*) to lie

–שִׁקֵּר to lie; to deceive; to deal falsely

שֶׁקֶר ז. lie, falsehood; deceit

–לַשֶּׁקֶר in vain

–נְבִיא שֶׁקֶר false prophet

–עֵד שֶׁקֶר false witness

שַׁקְרָן ז. liar

שִׁקְשֵׁק to rattle, to rumble

–הִשְׁתַּקְשֵׁק to rattle, to rumble; (*Bib.*) to run about

שֹׁקֶת נ. drinking trough; basin

שֹׁר ז. navel

שָׁר ז. singer

שַׂר ז. minister of state; (*Bib.*) ruler; (*Bib.*) leader, head; captain

שָׁרָב ז. heat; heat wave

שִׁרְבֵּב to hang down; to prolong

–הִשְׁתַּרְבֵּב to be prolonged; to hang down; to be transposed

שִׁרְבֵּט to scribble

שַׁרְבִיט ז. scepter; rod

שְׁרַבְרַב plumber

(שׂרג) שָׂרַג to twist, entangle

–הִשְׂתָּרֵג to entangle oneself

שׂרד (שָׂרַד, יִשְׂרֹד) to escape; to remain

שְׂרָד ז. service, office

–בִּגְדֵי שְׂרָד official dress, uniform

שֶׂרֶד ז. stylus

שׂרה (שָׂרָה, יִשְׂרֶה) to wrestle; to defeat, conquer

שׁרה (שָׁרָה, יִשְׁרֶה) to soak; to dwell; to free, send forth

–הִשָּׁרֵה to be soaked

–הִשְׁרָה to soak, immerse; to cause to rest, dwell

שָׂרָה נ. (*Bib.*) avenue, row

שֵׁרָה נ. (*Bib.*) bracelet or chain

שָׂרוּי soaking; living, dwelling; permitted; being in

שְׂרוֹךְ ז. shoelace; sandal-strap

שַׁרְווּל ז. sleeve

שַׁרְוּוּלִית נ. cuff

שָׂרוּעַ long-limbed

—ש״ת stretched out

שָׁרוּק reddish

שֵׁרוּת ז. service; employ

שׂרט (שָׂרַט, יִשְׂרֹט) to make incisions; to cut; to scratch

—הִשָּׂרֵט to be scratched

שֶׂרֶט ז., שָׂרֶטֶת נ. incision, cut; scratch

שִׂרְטוּט ז. drawing of lines, lining, ruling; sketch

שִׂרְטוֹן ז. sandbank; sands

—עָלָה עַל שִׂרְטוֹן to run aground

שִׂרְטֵט to line, rule

שָׂרִיג ז. vine-tendril; branch

שָׂרִיד ז. fugitive, one who has escaped a massacre; remnant

שִׁרְיָה נ. (Bib.) armor

שִׁרְיוֹן. mail, armor; armored vehicle

שִׁרְיוֹנִית נ. armored car

שְׂרִיטָה נ. cut; scratch

שִׁרְיֵן to armor; to secure

—שֻׁרְיַן to be armored; to be secured

שָׂרִיק beaten flax

שְׁרִיקָה נ. whistling

שָׁרִיר ז. muscle

—ש״ת firm, fixed

שְׁרִירוּת נ. obduracy; arbitrariness; despotism; whim

(שׂרךְ) שָׂרֵךְ (דְּרָכָיו) to swerve; to traverse

—הִשְׂתָּרֵךְ to plod along

שָׂרָךְ ז. fern

(שׂרע) הִשְׂתָּרֵעַ to stretch oneself out; to extend

שַׂרְעַף ז. (ר. שַׂרְעַפִּים) (*rhet.*) thought
שרף (שָׂרַף, יִשְׂרֹף) to burn
–הִשָּׂרֵף to be burned
שָׂרָף ז. poisonous snake; angel, seraph
שְׂרָף ז. resin; juice of plants
שְׂרֵפָה נ. burning; fire, conflagration
שְׁרַפְרַף ז. footstool
שרץ (שָׁרַץ, יִשְׁרֹץ) to creep; to swarm; to bring forth reptiles
–הַשְׁרֵץ to swarm
שֶׁרֶץ ז. reptile(s), creeping thing(s)
–שֶׁרֶץ הָעוֹף (*Bib.*) insects
שָׁרֹק rouge, red, pink
שרק (שָׁרַק, יִשְׁרֹק) to whistle; to hiss
שָׂרָק ז. rouge; paint
שֹׂרֵק ז., שֹׂרֵקָה נ. red vine
שְׁרֵקָה נ. whistling; scorn

שְׂרַקְרַק ז. bee-eater (animal)
שׂרר (שָׂרַר, יָשֹׂר) to rule; to prevail
–הִשְׂתָּרֵר to make oneself ruler; to rule
שֹׁרֶר ז. navel
שְׂרָרָה נ. rule; administration; ruler
(שרש) שָׁרֵשׁ to root out, to eradicate
–שֹׁרֵשׁ to be rooted out; (*Bib.*) to take root
–הַשְׁרֵשׁ to take root; to implant
–הָשְׁרֵשׁ to be implanted
–הִשְׁתָּרֵשׁ to take root
שֹׁרֶשׁ ז. (ר. שָׁרָשִׁים) root; origin; foundation; radical of verb
–שֹׁרֶשׁ הַיָּד wrist
–הִכָּה שֹׁרֶשׁ to strike roots
–עָקַר מִן הַשֹּׁרֶשׁ to uproot
שַׁרְשָׁה נ. (*Bib.*) chain
שַׁרְשׁוּר ז. tapeworm

belonging to the root; radical	שָׁרְשִׁי
chain	שַׁרְשְׁרָה נ. (*Bib.*)
chain; cordon	שַׁרְשֶׁרֶת נ.
to serve, to minister	(שרת) שֵׁרֵת
service, employ	שָׁרֵת ז. (*rhet.*)
official robe	–בֶּגֶד שָׁרֵת
utensil of religious service; (mere) instrument, catspaw	–כְּלִי שָׁרֵת
ministering angel	–מַלְאַךְ שָׁרֵת
six	שֵׁשׁ נ. שִׁשָּׁה ז.
sixteen	שֵׁשׁ עֶשְׂרֵה נ. שִׁשָּׁה עָשָׂר ז.
fine linen; marble	שֵׁשׁ ז.
to give the sixth part	(ששה) שִׁשָּׁה
joy, rejoicing	שָׂשׂוֹן ז.
sixth	שִׁשִּׁי
Friday	–יוֹם שִׁשִּׁי
sixty	שִׁשִּׁים
sixth; sixth part	שִׁשִּׁית נ.
Babylon	שֵׁשַׁךְ נ. (*Bib.*)
red paint, minium	שָׁשַׁר, ז.
foundation	שָׁת ז. (ר. שָׁתוֹת) (*Bib.*)
buttocks	שֵׁת ז.
year	שַׁתָּא (*Ar.*)
this year	–הַשַּׁתָּא
intercessor	שְׁתַדְּלָן ז.
intercession	שְׁתַדְּלָנוּת נ.
to drink	שתה (שָׁתָה, יִשְׁתֶּה)
to be drunk	–הִשָּׁתֵה
drunk	שָׁתוּי
open; opened	שָׁתוּם (*Bib.*)
participation; partnership	שִׁתּוּף ז.
cooperation	–שִׁתּוּף פְּעֻלָּה
cooperative, collective	שִׁתּוּפִי
paralysis; silencing	שִׁתּוּק ז.
(child) of unknown father	שְׁתוּקִי (*Tal.*)
warp (the threads that run the long way of a fabric)	שְׁתִי ז.

שְׁתִי וָעֵרֶב– warp and woof; crosswise

שְׁתִיָּה נ. drinking; (*col.*) drink; foundation

שָׁתִיל, שְׁתִיל ז. shoot, sapling

שְׁתַּיִם נ. two

–שְׁתֵּים־עֶשְׂרֵה נ. twelve

שַׁתְיָן ז. drinker; drunkard

שְׁתִיקָה נ. silence

שתל (שָׁתַל, יִשְׁתֹּל) to plant

(a cask)

שָׁתַם (*Tal.*) to open; to tap

שָׁתַם (*Bib.*) to stop up

(שתן) הַשְׁתִּין urinate

–לֹא הִשְׁאִיר מַשְׁתִּין בְּקִיר(*Bib.*) to leave no trace

שֶׁתֶן ז. urine

(שתף) שִׁתֵּף to let share; to get the cooperation of

–שִׁתֵּף פְּעֻלָּה to collaborate

–הִשְׁתַּתֵּף to participate, to share

שֻׁתָּף ז. associate; partner

שֻׁתָּפוּת נ. association; partnership

שתק (שָׁתַק, יִשְׁתֹּק) to be silent; to be quiet

–שִׁתֵּק to paralyze; to cause to be silent

–הִשְׁתַּתֵּק to become silent

–הַשְׁתֵּק to silence

–הֻשְׁתַּק to be silenced

שַׁתְקָן silent person

(שתר) הִשָּׁתֵר (*Bib.*) to break out; to be hidden

שתת (שַׁת, שָׁתַת, יָשֹׁת) to flow; to drip; (*rhet.*) to set, put, lay

–שָׁתַת דָּם to bleed

–הֻשְׁתַּת to be founded

–הַשְׁתֵּת to found

ת

תָּא ז. (ר. תָּאִים) booth; room, compartment; cell

תאב (תָּאַב, יִתְאַב) to desire, to long for

–תֵּאֵב to abhor, detest

תְּאַבְדֵּעַ curious

תַּאֲבָה נ. (*rhet.*) longing, desire

תֵּאָבוֹן ז. appetite; desire

בְּתֵאָבוֹן, לְתֵאָבוֹן! bon appetit!, “with good appetite!”

(תאה) תָּאֵה (*Bib.*) to mark a line

תְּאוֹ, תּוֹא ז. bison, buffalo

תַּאֲוָה נ. desire, passion, lust; (*Bib.*) bound, limit

–מַאֲכַל תַּאֲוָה delicious food

תֵּאוֹלוֹגְיָה* נ. theology

תֵּאוּם ז. coordination

תְּאוֹם ז. twin

תְּאוּנָה נ. accident

תְּאוּצָה נ. acceleration

תֵּאוּר ז. description

תְּאוּרָה נ. lighting, illumination

תֵּאוּרִי descriptive

תֵּאוֹרֵטִי* theoretical

תֵּאוֹרְיָה* נ. theory

תַּאַוְתָן ז. lascivious person

תֵּאַטְרוֹן ז. theatre

תָּאִית נ. cellulose

תַּאֲלָה נ. (*rhet.*) curse

(תאם) הַתְאֵם to fit; to adopt

–תָּאֵם to coordinate

תַּאֲנָה נ. (*rhet.*) lust

תְּאֵנָה נ. (ר. תְּאֵנִים) fig; fig tree

–תְּאֵנַת חַוָּה banana

תְּאוּנָה נ. accident

תַּאֲנִיָּה נ. mourning, sorrow

תְּאֻנִים ז״ר (*Bib.*) labor, toil

תאר (תָּאַר, יִתְאַר) to mark the boundary

–תֵּאֵר to describe; to outline; circumscribe

–תֹּאַר to be described; to be outlined, circumscribed

תֹּאַר ז. figure, shape; title; (*gram.*) adjective

–תֹּאַר הַפֹּעַל (*gram.*) adverb

–טוֹב תֹּאַר, יְפֵה תֹאַר of beautiful form, handsome

תַּאֲרִיךְ ז. date

תְּאַשּׁוּר ז. box tree

תֵּבָה נ. box; chest; chest containing the scrolls of Law in synagogue; word (in writing)

–תֵּבַת דֹּאַר postoffice box

–תֵּבַת נֹחַ Noah's ark

–רָאשֵׁי תֵבוֹת abbreviation, initials

תְּבוּאָה נ. grain; produce; income

תְּבוּנָה נ. understanding, intelligence

תְּבוּסָה נ. downfall, defeat; ruin

תְּבוּסָן ז. defeatist

תְּבִיעָה נ. demand; prosecution

תֵּבֵל נ. globe, world

תַּבֵּל to season, to spice

תֶּבֶל ז. pollution, profanation

תֶּבֶל, תַּבְלִין ז. spice, seasoning

תְּבַלּוּל ז. cataract, spot in the eye

תַּבְלִיט ז. relief (sculpture)

תַּבְלִית נ. (*Bib.*) destruction

תֶּבֶן ז. straw, stubble

תַּבְנִית נ. form, model

תבע (תָּבַע, יִתְבַּע) to demand; to demand payment; to sue

–תָּבַע לְדִין to sue

–הִתָּבַע to be requested; to be sued

תַּבְעֵרָה נ. fire, conflagration
תַּבְרוּאָה נ. sanitation
תַּבְשִׁיל ז. cooked food
תָּג ז. crown; crownlet on Hebrew letters; apostrophe
תִּגְבֵּר to reinforce
–תִּגְבֵּר to be reinforced
–תִּגְבֹּרֶת נ. reinforcement
תִּגְלַחַת נ. shave
תַּגְלִית נ. discovery
תַּגְמוּל ז. reward; recompense; retaliation
תַּגָּר ז. trader, merchant
תִּגָּר ז., תִּגְרָה נ. quarrel, strife against
–קָרָא תִּגָּר עַל־ to protest
תַּגְרָן ז. small merchant
תָּדִיר constant, regular; constantly
תְּדִירוּת נ. constancy; regularity
תִּדְלוּק ז. fuelling
תַּדְפִּיס ז. offprint
תַּדְרֵךְ to brief

תֵּה* ז. tea
תהה (תָּהָה, יִתְהֶה) to wonder, to be amazed
–תָּהָה עַל קַנְקַנּוֹ שֶׁל־ to examine someone, take someone's measure
תֹּהוּ ז. emptiness, waste
–תֹּהוּ וָבֹהוּ chaos
תְּהוֹם זו״נ (ר. תְּהוֹמוֹת) depth, deep; bottom of the sea
תָּהֳלָה נ. (*Bib.*) error
תְּהִלָּה נ. praise; song of praise
תַּהֲלוּכָה נ. procession
תַּהֲלִיךְ ז. process
תְּהִלִּים ז״ר Book of Psalms
תַּהְפּוּכָה נ. topsy-turviness
תָּו ז. sign, mark; 22nd Hebrew letter (ת)
תּוֹאֲנָה נ. pretext
תּוֹבָלָה נ. transport
תּוֹבֵעַ ז. claimant; accuser; prosecutor
תּוּגָה נ. grief, sorrow

תּוֹדָה נ. thanks; (*Bib.*) thanks-offering; (*Bib.*) song of praise; (*Bib.*) confession

–תּוֹדָה, תּוֹדָה רַבָּה! thank you!, many thanks!

תּוֹדָעָה נ. consciousness

(תוה) תָּוָה to mark; to scribble

–הַתְוֵה to mark; to design

תּוֹהֶה wondering, astonished; repentant

תִּוּוּךְ ז. intervention; mediation

תּוֹחֶלֶת נ. hope, expectation

–תּוֹחֶלֶת נִכְזָבָה vain hope

תָּוִית נ. label

תּוֹךְ, תָּוֶךְ ז. middle, center; inner part

–מ״י within

–תּוֹךְ כְּדֵי in the course of, while

–בְּתוֹךְ in the midst of

–מִתּוֹךְ out of; in consequence of; through, by

(תוך) תִּוֵּךְ to mediate, intervene

תּוֹכֵחָה נ. chastisement, punishment

תּוֹכַחַת נ. reproof, warning; correction; punishment; (*Bib.*) argument

תּוֹכֵן ז. astronomer

תּוֹלָדָה נ. offspring; product; consequence; (*rhet.*) nature

(תּוֹלֵדָה), תּוֹלֵדוֹת נ״ר (ס. תּוֹלְדוֹת) descendants, successive generations; genealogy; history

תּוֹלָל ז. (*Bib.*) captor

תּוֹלָע ז. worm; crimson

תּוֹלַעַת, תּוֹלֵעָה (*rhet.*) נ. (ר. תּוֹלָעִים) worm, maggot

–תּוֹלַעַת מֶשִׁי silkworm

–תּוֹלַעַת שָׁנִי coccus worm (yielding cochineal, a crimson color); crimson cloth

תּוֹמֵךְ ז. supporter

תּוֹסֶפֶת נ. addition; supplement

–תּוֹסֶפֶת יֹקֶר high-cost-of-living allowance

תּוֹסֶפְתָּא נ. (*Ar.*) Tosefta (supplement to Mishna)

תּוֹסֶפְתָּן ז. appendix

תּוֹעֵבָה נ. abomination

תּוֹעֶה astray, straying

תּוֹעָה נ. confusion; error; perversity

תּוֹעֶלֶת נ. use, benefit; gain

תּוֹעַלְתִּי useful, beneficial

תּוֹעָפוֹת נ״ר heights; strength

–הוֹן תּוֹעָפוֹת great wealth

תּוּפִין ז. cake; biscuit

תּוֹפָעָה נ. appearance; phenomenon; effect

תּוֹפֶרֶת נ. dressmaker, seamstress

תּוֹצָאָה נ. result, consequence; (*Bib.*) outskirts

–תּוֹצָאוֹת score (*sports*)

תּוֹצָר ז. product

תּוֹצֶרֶת נ. production

תּוֹקֵעַ ז. blower of a horn

תּוֹקְפָן ז. aggressor

תּוֹקְפָנוּת נ. aggression

תור (תָּר, יָתוּר) to travel, to tour; to spy out, to explore

תּוֹר ז. order, rank; queue; turn; era, epoch; turtle-dove

–בְּתוֹר as; by way of

תּוֹרָה נ. instruction; the Pentateuch, Torah; Torah-scroll; Bible; theory; doctrine

–תּוֹרָה, נְבִיאִים וּכְתוּבִים the Bible

–תּוֹרָה שֶׁבִּכְתָב written law, Pentateuch

–תּוֹרָה שֶׁבְּעַל פֶּה traditional law, Talmud

–בְּתוֹרַת as, in the capacity of

תּוֹרֵם נ. donor, contributor

תּוֹרָנִי ז. Talmud-scholar

תּוֹרָשָׁה נ. heredity

תּוֹשָׁב ז. inhabitant, native

תּוּשִׁיָּה נ. resourcefulness; help, support; wisdom, understanding

תּוּת ז. mulberry; mulberry tree

–תּוּת גִּנָּה, תּוּת שָׂדֶה strawberry

תּוֹתָב inserted, fixed

–שֵׁן תּוֹתֶבֶת artificial tooth

תּוֹתָח ז. gun, cannon; (*Bib.*) club

תּוֹתְחָן ז. gunner

תְּזוּזָה נ. movement, shift

תְּזוּנָה נ. nutrition

(תזז) הָתֵז to cut off

תַּזְכִּיר ז. memorandum

תִּזְכֹּרֶת נ. reminder

תִּזְמֹרֶת נ. band, orchestra

תַּזְנוּת נ. whoredom; (*Bib.*) idolatory

תחב (תָּחַב, יִתְחַב) to stick (something) into

תַּחְבּוּלָה נ. cunning, trick; (*Bib.*) thought; guidance, counsel

תַּחְבִּיב ז. hobby

תַּחְבִּיר נ. syntax

תַּחְבֹּשֶׁת נ. bandage, dressing

תָּחוּחַ loose (earth)

תְּחוּלָה נ. incidence (of law); date of coming into force

תְּחוּם ז. boundary; limits; area; district; domain, realm

–תְּחוּם מוֹשָׁב pale of residence allowed to Jews (in Czarist Russia)

–תְּחוּם שַׁבָּת the area within which it is permitted to move on Sabbath (2000 cubits in every direction)

תְּחוּשָׁה נ. sensation, feeling

תַּחֲזִית נ. forecast; spectrum

תְּחִיָּה נ. revival

–תְּחִיַּת הַמֵּתִים resurrection of the dead

(תחל) הַתְחֵל to begin, start

תְּחִלָּה נ. beginning, start
–ת״פ at first
–לְכַתְּחִלָּה from the start
תַּחֲלוּאָה נ. morbidity
תַּחֲלוּאִים ז״ר sicknesses, illnesses
תַּחֲלִיף ז. substitute
תְּחִלִּית נ. prefix
תִּחֵם to mark the limits, delimit
תַּחְמָס ז. nightjar (bird)
תַּחְמֹשֶׁת נ. ammunition
תְּחִנָּה נ. prayer
תַּחֲנָה נ. station; post
–תַּחֲנַת נִסְיוֹנוֹת experimental station
–תַּחֲנַת הָרַכֶּבֶת railway station
תַּחֲנוּן ז. supplication, prayer
תְּחִקָּה נ. legislation, constitution
תִּחֵר to compete, contest
תַּחֲרָא נ. mail, armor (*Bib*).
תַּחֲרֵה (תַּחֲרָה, יְתַחֲרֶה) to compete, contest

תַּחֲרוּת נ. rivalry; competition; strife
תַּחַשׁ ז. badger; dolphin
תַּחַת under; below; instead of; (*rhet.*) because of
–מִתַּחַת (לְ־) below; from below
תַּחְתּוֹן ז. lower, lowest
–יָדוֹ עַל הַתַּחְתּוֹנָה he is defeated
תַּחְתּוֹנִים ז״ר underwear
תַּחְתִּי lower, lowest
–שְׁאוֹל תַּחְתִּיָּה the lowest hell
–בּוֹר תַּחְתִּיּוֹת lowest pit
תַּחְתִּיִּים ז״ר (*Bib.*) ground-floor rooms
תַּחְתִּית נ. (ר. תַּחְתִּיּוֹת) bottom, lower, lowest part; saucer; nether millstone
תֵּיוֹן* ז. teapot
תִּיּוּק ז. filing (documents)
תִּיּוּר ז. journey, tour
תִּיכוֹן, תִּיכוֹנִי middle, middle one

–בֵּית סֵפֶר תִּיכוֹנִי high school, secondary school

–הַיָּם הַתִּיכוֹן Mediterranean

תֵּיכֶף immediately

תַּיִל ז. wire

תֵּימָן ז. south, south wind; Yemen

תֵּימָנִי ז. Yemenite

תִּימָרָה נ. pillar, column

–תִּימְרוֹת עָשָׁן pillars of smoke

תִּינוֹק ז. (נ. תִּינוֹקֶת, ר. תִּינוֹקוֹת)
baby (boy); (*Tal.*) boy, child

–תִּינוֹקוֹת שֶׁל בֵּית רַבָּן school-children

תַּיֵּק to file (documents)

תִּיק ז. case; briefcase; satchel; portfolio

–תִּיק הַתְּפִלִּין a box or bag in which the T'fillin are kept

תִּיקָן ז. roach

תֵּיקוּ stalemate; draw; (*Tal.*) the question remains unanswered

תַּיָּר ז. traveler, tourist

תִּיר (*Ar.*) awake

תִּירוֹשׁ ז. new wine, must

תַּיָּרוּת נ. tourism

תִּירָס ז. Indian corn, maize

תַּיִשׁ ז. (ר. תְּיָשִׁים) he-goat

תֹּךְ, תּוֹךְ ז. (ר. תְּכָכִים)
oppression, injury; intrigue, strife

–אִישׁ תְּכָכִים intriguer; (*Bib.*) oppressor

תַּךְ ז. stitch

תִּכְבֹּסֶת נ. washing, laundry

(תכה) תֻּכָּה (*Bib.*) to be prostrated

תְּכוּנָה נ. arrangement, preparation; quality, character; astronomy; (*Bib.*) treasure

תָּכוּף succeeding each other; frequent

תֻּכִּי ז. parrot; (*Bib.*) peacock

תְּכִיפוּת נ. succession; frequency

תָּכֹל blue, sky-blue

תִּכְלָה נ. (rhet.) end, limit; perfection

תַּכְלִית נ. end; purpose, aim; completeness; (col.) secure position

–בְּתַכְלִית completely; definitely

תְּכֵלֶת נ. sky-blue; purple

תכן (תָּכַן, יִתְכֹּן) to weigh, to measure, to examine; to plan

–הִתָּכֵן (נִתְכַּן, יִתָּכֵן) to be weighed; to be correct, right; to be possible

–יִתָּכֵן! maybe!

–הֲיִתָּכֵן? is it possible?, is it right?

–תִּכֵּן to measure, weigh; to establish; to plan

–תֻּכּוֹן to be weighed

תֹּכֶן ז. measure; fixed amount; contents

–תֹּכֶן הָעִנְיָנִים table of contents

תִּכְנוּן ז. planning

תָּכְנִית נ. program; plan; sketch; (Bib.) proportion

–תָּכְנִית לִמּוּדִים curriculum, syllabus

תִּכְנֵן to plan

–תֻּכְנַן to be planned

תַּכְסִיס ז. strategy

תֵּכֶף, תֵּכֶף וּמִיָּד immediately

תַּכְרִיךְ ז. shroud; (Bib.) covering, mantle; (Tal.) bundle

תַּכְשִׁיט ז. ornament; jewel; (col., iron.) fine fellow

תַּכְשִׁיר ז. preparation

תִּכְתֹּבֶת נ. correspondence

תֵּל ז. (ר. תִּלִּים) heap; mound, hill

–תִּלֵּי תִלִּים heaps upon heaps

תְּלָאָה נ. hardship; trouble

תַּלְאוּבָה נ. (rhet.) drought

תִּלְבֹּשֶׁת נ. clothing, dress; uniform

תלה (תָּלָה, יִתְלֶה) to hang; to suspend; (בְּ־) to ascribe to

–הִתָּלֵה to be hanged; to be suspended

–תַּלֵּה to hang; to delay

תָּלוּי hanging; doubtful, dependent on

–תָּלוּי וְעוֹמֵד undecided, pending, doubtful

תָּלוּל steep; hilly

תְּלוּלִית נ. mound, hillock

תְּלוּנָה נ. complaint

תָּלוּשׁ, תְּלוּשׁ ז. coupon

–ש״ת torn off, loose

תְּלִי ז. quiver

תְּלִיָּה נ. hanging; gallows

תַּלְיָן ז. hangman

(תלל) הָתֵל to mock, to joke; (*Bib.*) to mislead, to deceive

–הוּתַל to be mocked; (*Bib.*) to be misled, to be deceived

–תַּלֵּל to mound, make mounds

תֶּלֶם ז. furrow; garden-bed

–הָלַךְ בַּתֶּלֶם to toe the line to stay in line, to follow the set path

תַּלְמוּד ז. teaching; study; Talmud (the Oral Law)

–תַּלְמוּד תּוֹרָה study of the Torah; Hebrew religious school

תַּלְמִיד ז. pupil, student; disciple

–תַּלְמִיד חָכָם learned man, scholar

תְּלֻנָּה נ. complaint

(תלע) הַתְלֵעַ to become worm-eaten

תַּלְפִּיּוֹת נ״ר (*Bib.*) arsenal, armory

–בָּנוּי לְתַלְפִּיּוֹת built magnificently

תלש (תָּלַשׁ, יִתְלֹשׁ) to tear off, to pluck; to displace

–הִתָּלֵשׁ to be plucked out; to be displaced

תְּלָת (*Ar.*) three

תְּלַת־אוֹפַן tricycle

תַּלְתַּל ז. (ר. תַּלְתַּלִּים) curl

תַּלְתֵּל to curl

תִּלְתָּן ז. clover

תָּם (ר. תַּמִּים) pious; sincere; naive; whole, perfect; (*Tal.*) innocuous (animal)

תֹּם ז. integrity; completeness; innocence; piety; simplicity; end

–בְּתָם־לֵב bona fide, in good faith

–לְתֻמּוֹ innocently; unintentionally

(תמד) הַתְמֵד to be diligent, to keep on

תמה (תָּמַה, יִתְמַהּ) to wonder; to be astonished

–הַתְמֵהַּ to cause astonishment

–הִתַּמֵּהַּ to be astonished

תָּמֵהַּ astonished

–תָּמֵהְנִי, תְּמֵהַנִי I wonder

תֵּמַהּ ז. astonishment, wonder

תֻּמָּה נ. innocence

תִּמָּהוֹן ז. astonishment

תָּמוּהַּ astonishing, queer

תַּמּוּז ז. name of the fourth month; Babylonian deity

–י״ז בְּתַמּוּז 17th of Tammuz (fast day)

תְּמוּטָה נ. collapse

תְּמוּכָה נ. support, prop

תְּמוֹל yesterday; (*rhet.*) the past

–תְּמוֹל שִׁלְשׁוֹם formerly

–כִּתְמוֹל שִׁלְשׁוֹם as heretofore

תְּמוּנָה נ. form, image; picture

תְּמוּרָה נ. exchange; counter–value; substitution; (*gram.*) apposition

תְּמוּתָה נ. mortality; death

-בֶּן־תְּמוּתָה mortal

תַּמְחוּי ז. tray; soup-kitchen

תָּמִיד ז. the daily offering in the Temple

-ת״פ always; constantly

תְּמִידוּת נ. constancy

-בִּתְמִידוּת continually; without break

תְּמִידִי steady, constant

תְּמִיהָה נ. astonishment, amazement

תְּמִיכָה נ. support; relief

תָּמִים whole; perfect; honest; innocent; faultless; pious; naive

-תְּמִים דֵּעוֹת עִם holding the same opinion as

תָּמִיר erect, tall

תְּמִימוּת נ. honesty; simplicity; integrity; sincerity; naiveness, naiveté

תֻּמִּים v. אוּרִים

תמך (תָּמַךְ, יִתְמֹךְ) to support, (*Bib.*) to maintain; (*Bib.*) to hold

-הִתָּמֵךְ to be supported;

תַּמְלוּג ז. stipend, grant

תמם (תַּם, יִתֹּם), הִתֹּם to be finished, completed; to be complete; to be perfect; to be consumed

-תַּם וְנִשְׁלַם over and done with

-הֵתֵם to end; to finish, cease; exterminate; to improve; to complete

-הִתַּמֵּם to pretend being naive; (*Bib.*) to act honestly

תְּמָנוּן ז. octopod

תֶּמֶס ז. (*Bib.*) melting, dissolving

-הָלַךְ תֶּמֶס (*Bib.*) to melt; to degenerate

תְּמִסָּה נ. solution

תְּמֹסֶרֶת נ. transmission

תַּמְצִית נ. essence, juice; summary, précis

תָּמָר ז. — date; palm tree, date-palm

תֹּמֶר ז. — palm tree; pillar

–תַּמֵּר — to rise straight

תִּמֹּרָה נ. (ר. תִּמֹּרִים, תִּמֹּרוֹת) — palm-shaped ornament (in architecture)

תִּמְרוֹן ז. — manoeuvre

תַּמְרוּק ז. — ointment; (*Bib.*) remedy

תַּמְרוּר ז. — pillar; signpost; milestone

תַּמְרוּרִים ז״ר — bitterness

תִּמְרֵן — to manoeuvre

תַּן ז. (ר. תַּנִּים) — jackal

תַּנָּא ז. — Talmud-scholar living before the completion of the Mishnah

תְּנַאי ז. — condition, stipulation; term; circumstance

–תְּנָאִים — engagement; engagement-document

(תנה) תַּנֵּה — to recite; to teach; to repeat

–הַתְנֵה — to make conditions, to stipulate

–הַתְנֵה אֲהָבִים עִם — to make love to

תְּנָא (*Ar.*) — he taught

–תְּנוּ רַבָּנָן — the Rabbis taught

תְּנוּאָה נ. — opposition, enmity; (*Bib.*) pretence

תְּנוּבָה נ. — fruit; produce

תְּנוּדָה נ. — vibration; fluctuation; movement

תְּנוּחָה נ. — rest; position

תְּנוּךְ (אֹזֶן) ז. — lobe of the ear

תְּנוּמָה נ. — slumber, sleep

תְּנוּעָה נ. — movement, motion; traffic; vowel

–תְּנוּעַת נֹעַר — youth movement

תְּנוּפָה נ. — lifting up; swinging, waving; drive; amplitude; (*Bib.*) offering

–גַּלְגַּל־תְּנוּפָה — flywheel

–מִלְחֶמֶת תְּנוּפָה — offensive war

תַּנּוּר ז. — oven, stove

תַּנְחוּמִים ז״ר consolation, comfort

תַּנִּין ז. crocodile; (*Bib.*) seamonster

(תנע) הַתְנֵעַ to start (engine)

תִּנְשֶׁמֶת נ. barn owl

תַּסְבִּיךְ ז. complex

תִּסְבֹּכֶת נ. complexity

תְּסִיסָה נ. fermentation; agitation, excitement

תַּסְכִּית ז. radio play, skit

תסס (תָּסַס, יִתְסֹס) to ferment; to boil; to be excited

–הַתְסֵס to cause to ferment; to agitate

תִּסְפֹּרֶת נ. haircut

תַּסְרִיט ז. scenario

תִּסְרֹקֶת נ. hairdressing, coiffure

(תעב) הִתָּעֵב to be abominable, repulsive

–תִּעֵב to abhor, detest; to make abominable

–הִתְעִב to make abominable

תעה (תָּעָה, יִתְעֶה) to wander; to wander away, to go astray; (*Bib.*) to reel, stagger

תַּעֲבוּרָה נ. traffic

–הִתָּעָה to wander; to go astray; (*Bib.*) to reel, stagger

–הַתְעֵה to lead astray; to mislead, to deceive; (*Bib.*) to cause to stagger

תְּעוּדָה נ. diploma; certificate mission, object; (*Bib.*) law; attestation; fixed usage

–תְּעוּדַת בַּגְרוּת matriculation certificate

–תְּעוּדַת זֶהוּת identity card

תִּעוּל ז. canalization

תְּעוּפָה נ. flight; (*Bib.*) darkness

–חֵיל תְּעוּפָה air force

–שְׂדֵה תְּעוּפָה airfield

תְּעִיָּה נ. straying, wandering

תְּעָלָה נ. channel, aqueduct; drain; (*rhet.*) reconvalescence

תַּעֲלוּל ז. prank; (*Bib.*) mischievous deed, mischief

תַּעֲלוּמָה, תַּעֲלֻמָּה נ. secret, hidden thing; puzzle

תַּעֲמוּלָה נ. propaganda

תַּעַמְלָן ז. propagandist

תַּעֲנוּג ז. (ר. תַּעֲנוּגִים, תַּעֲנוּגוֹת) pleasure, delight

תַּעֲנִית נ. (ר. תַּעֲנִיּוֹת) self-affliction; fasting

תַּעֲצוּמָה נ. force, power

תַּעַר ז. razor; sheath (of a sword)

תַּעֲרֹבֶת נ. mixture; mixing

–בֶּן־תַּעֲרוּבוֹת mulatto, half-breed

תַּעֲרוּבָה נ. surety; pledge

–בֶּן־תַּעֲרוּבוֹת hostage

תַּעֲרוּכָה נ. exhibition

תַּעֲרִיף נ. tariff

תַּעֵשׂ to industrialize

תַּעֲשִׂיָּה נ. industry, production; trade

תַּעֲשִׂיָּן ז. industrialist

תַּעְתּוּעִים ז״ר mocking; deception

תַּעְתִּיק ז. transcription

תַּעְתֵּעַ (בְּ־) to mock; to deceive

תֹּף ז. (ר. תֻּפִּים) drum; timbrel

תִּפְזֹרֶת נ. bulk (not packaged)

תפח (תָּפַח, יִתְפַּח) to swell

תְּפִיחָה נ. swelling

תְּפִיסָה, תְּפִישָׂה נ. seizing; taking hold; prison; power of apprehension; outlook

–תְּפִיסַת־עוֹלָם Weltanschauung, world-view, general outlook

תְּפִירָה נ. sewing, stitching

–מְכוֹנַת תְּפִירָה sewing machine

תפל (תָּפַל, יִתְפֹּל) to pester; to slander

to desalinate (water) –הִתְפֵּל

to slander; to show oneself subtle –הִתַּפֵּל

whitewash; plaster (*Bib.*) תָּפֵל ז.

unsalted, tasteless –ש״ת

superstition –אֱמוּנָה תְּפֵלָה

unseemliness; insult תִּפְלָה נ.

prayer תְּפִלָּה נ.

I pray –אֲנִי תְּפִלָּה

prayer-house, synagogue –בֵּית תְּפִלָּה

reader (in synagogue) –בַּעַל־תְּפִלָּה

unseemliness תִּפְלוּת נ.

phylacteries תְּפִלִּין ז״ר

horror תִּפְלֶצֶת נ.

pleasure; luxuriousness; coddling תַּפְנוּק ז.

turn תַּפְנִית נ.

to seize, to take hold; to take into possession; to catch; to arrest; to contain; to understand תפס (תָּפַס, יִתְפֹּס)

to be seized, grasped; to be caught; to be arrested –הִתָּפֵס

to handle; to activate תִּפְעֵל

to drum; sound the timbrel תפף (תָּפַף, יִתְפֹּף)

to drum; sound the timbrel –תּוֹפֵף

to function תִּפְקֵד

command; duty, function; role, part, task; actor's part תַּפְקִיד ז.

to sew, to stitch תפר (תָּפַר, יִתְפֹּר)

seam תֶּפֶר ז.

menu תַּפְרִיט ז.

תפש (תָּפַשׂ, יִתְפֹּשׂ) v. תפס

to catch, seize –תַּפֵּשׂ

Tophet, place in valley of Hinnom; altar of Molech; hell, inferno; (*Bib.*) spitting תֹּפֶת ז.

infernal machine –מְכוֹנַת תֹּפֶת

תָּפְתֶּה ז. place of burning corpses

תַּצְפִּית נ. observation; forecast

תִּקְוָה נ. hope; (*rhet.*) cord

תְּקוּמָה נ. existence; preservation; restoration

תְּקוֹמֵם ז. (*Bib.*) enemy

תִּקּוּן ז. improvement; correction; repair; arrangement; reform

–תִּקּוּן חֲצוֹת midnight prayers for the restoration of Israel

–כְּתִקּוּנוֹ as should be

תָּקוֹעַ ז. (*Bib.*) trumpet

תְּקוּפָה נ. cycle, circuit; season of the year; epoch, period

תַּקִּין right, normal

תְּקִיעָה נ. sticking into, projecting into; blowing of horn

–תְּקִיעַת כַּף handshake (to seal an agreement)

תַּקִּיף mighty, powerful; firm (in resolution)

תַּקִּיפוּת נ. firmness, might

(תקל) הִתָּקֵל (בְּ־) to stumble (against)

תַּקָּלָה נ. stumbling block, hindrance; snare, seduction; fault, breakdown; accident

תַּקְלִיט ז. (phonograph) record

(תקן) הִתָּקֵן to be made straight; to be repaired

–תַּקֵּן to straighten, to set in order; to repair; to correct; to prepare; to reform; to regulate

–הַתְקֵן to prepare; to install; to institute

–הָתְקֵן to be prepared; to be installed

תַּקָּנָה נ. improvement; reparation; repair; restoration, restoring; reform; regulation

constitution, code תַּקָּנוֹן ז.

to stick תקע (תָּקַע, יִתְקַע) into; to drive; to thrust; to blow (a horn); to pitch (tents)

to be stuck into, -הִתָּקֵעַ put into; to be blown (a horn); to pledge oneself

to promise by -תָּקַע כַּף handshake; to clap hands

blowing (of a horn) תֶּקַע ז.

plug (*elect.*) תֶּקַע ז.

to attack; תקף (תָּקַף, יִתְקֹף) to overpower; to compel

to attack -הַתְקֵף

to be attacked -הִתָּקֵף

strength; authority; תֹּקֶף ז. validity

budget תַּקְצִיב ז.

précis, תַּקְצִיר ז. synopsis, summary

puncture (of tire) תֶּקֶר ז.

refreshments תִּקְרֹבֶת נ.

ceiling תִּקְרָה נ.

decor, תַּפְאוּרָה נ. scenery (in theater)

splendor, תִּפְאָרָה, תִּפְאֶרֶת נ. glory; beauty

orange תַּפּוּז ז.

apple; apple tree תַּפּוּחַ ז.

potato -תַּפּוּחַ אֲדָמָה

orange -תַּפּוּחַ זָהָב

swollen תָּפוּחַ

doubt (*rhet.*) תְּפוּנָה נ.

seized; held; תָּפוּס occupied

tonnage; space; תְּפוּסָה נ. occupation

dispersion, תְּפוּצָה נ. Diaspora (the lands outside Palestine, where Jews live); distribution

output תְּפוּקָה נ.

to tap; to tick; תִּקְתֵּק (*col.*) to type

taming; culture, תַּרְבּוּת נ. civilization; breeding; increase

—צִמְחֵי תַרְבּוּת cultured plants

תַּרְבּוּתִי tamed; cultured, civilized

תַּרְבִּית נ. interest, usury; increase, culture (of microbes, etc.)

תַּרְבֵּת to cultivate; to domesticate

תַּרְגּוּם ז. translation

תַּרְגִּיל ז. exercise, drill

—תַּרְגִּילֵי סֵדֶר drilling exercises

תַּרְגִּימָא ז. dessert

תַּרְגֵּל to drill, exercise; (*Bib.*) to teach to walk

תַּרְגֵּם to translate

—תֻּרְגַּם, הִתַּרְגֵּם to be translated

תֻּרְגְּמָן ז. translator; interpreter

תֶּרֶד ז. spinach

תַּרְדֵּמָה נ. sound sleep; lethargy

(תרה) הַתְרֵה to warn

—הֻתְרֵה to be warned

תַּרְוָד ז. ladle

תָּרוּט narrow, oval (eye)

תְּרוּמָה נ. contribution, gift; offering; oblation; priest's oblation (taken in grain); best part

תְּרוּמִי (*rhet.*) high; sublime

תְּרוּמִיָּה נ. (*Bib.*) consecration

תְּרוּעָה נ. joyful shout; blast (of horn)

תְּרוּפָה נ. healing; medicine

תֵּרוּץ ז. excuse; answer

תִּרְזָה נ. linden tree

תֶּרַח (*col.*) an old imbecile

תַּרְחִיף ז. suspension

תְּרֵי ז. תַּרְתֵּי נ. (*Ar.*) two

—תְּרֵי עֲשָׂר, תְּרֵי עָשָׂר twelve; the Minor Prophets

תְּרִיס ז. shutter, blind; (*rhet.*) shield

—בַּעֲלֵי תְרִיסִין (*rhet.*) scholars

תְּרֵיסָר ז. twelve, a dozen

תִּרְכֹּבֶת נ. composition; compound

תַּרְכִּיב ז. serum

תרם (תָּרַם, יִתְרֹם) to offer oblation; to donate, give for charity; to contribute

–הַתְרֵם to make someone contribute

תֶּרְמוֹמֶטֶר* ז. thermometer

תֶּרְמוֹס* ז. thermos bottle

תַּרְמִיל ז. satchel; pod (of peas, etc.); capsule

תַּרְמִית נ. deception; fraud

תֹּרֶן ז. mast; flagpole

תַּרְנְגוֹל ז. cock, rooster

–תַּרְנְגוֹל הוֹדוּ, תַּרְנְהוֹד turkey

–תַּרְנְגֹלֶת נ. hen

(תרס) הַתְרֵס (נֶגֶד־) to quarrel; to defy

(תרע) הַתְרֵעַ to sound an alarm

–אִתְרַע מַזָּלוֹ to be unlucky

תַּרְעֵלָה נ. poison

תַּרְעֹמֶת נ. complaint, murmuring (against); resentment

תִּרְפָּה נ. weak spot; weakness

–נְקֻדַּת תֻּרְפָּה weak spot

תְּרָפִים ז״ר penates, household gods

(תרץ) תָּרֵץ to find excuses; to set right; to answer

תַּרְשִׁים ז. sketch; outline

תַּרְשִׁישׁ ז. chrysolite (semi-precious stone); (*Bib.*) Tartessus (in Spain)

תִּשְׁבָּחָה נ. praise

תַּשְׁבֵּץ ז. checkered pattern; crossword puzzle

תִּשְׁבֹּרֶת נ. fractions (*math.*)

תִּשְׁדֹּרֶת נ. message; broadcast message

תְּשׁוּאָה נ. noise, tumult; applause

–תְּשׁוּאוֹת חֵן thanks; applause

תְּשׁוּבָה נ. answer, reply; return; repentance

–תְּשׁוּבָה חִיּוּבִית positive answer

–תְּשׁוּבָה שְׁלִילִית negative answer

–בַּעַל־תְּשׁוּבָה penitent person

–עֲשֶׂרֶת יְמֵי תְשׁוּבָה the Ten Days of Penitence (between the New Year and the Day of Atonement)

תְּשׂוּמָה נ. putting, placing; task

–תְּשׂוּמֶת יָד נ. (*Bib.*) deposit

–תְּשׂוּמֶת לֵב attention

תְּשׁוּעָה נ. help, salvation

תְּשׁוּקָה נ. desire, longing

תְּשׁוּרָה נ. present, gift

תָּשׁוּשׁ weak; old

תִּשְׁחֹרֶת נ. (*rhet.*) youth

תְּשִׁיעִי ninth

תָּשִׁישׁ weak

תְּשִׁישׁוּת נ. weakness

תַּשְׁלוּם ז. payment; completion

–תַּשְׁלוּמִים reparations, recompense

תַּשְׁלִיךְ ז. Tashlich (prayer recited by the waterside on the first day of the New Year)

תַּשְׁמִישׁ ז. use, using; object of daily use

–תַּשְׁמִישׁ הַמִּטָּה cohabitation

–תַּשְׁמִישֵׁי קְדוּשָּׁה sacred objects for religious use

תֵּשַׁע נ. תִּשְׁעָה ז. nine

–תְּשַׁע עֶשְׂרֵה נ. תִּשְׁעָה עָשָׂר ז. nineteen

תִּשְׁעִים ninety

תַּשְׁקִיף ז. forecast; overlay

תִּשְׁרֵי נ. name of the first month

תשש (תָּשַׁשׁ, יִתְשַׁשׁ) to become weak

–הָתֵשׁ, הַתֵּשׁ to weaken

תַּשְׁתִּית נ. subsoil; road-base, roadbed

תַּת־ sub-

תַּת־הַכָּרָה נ. the subconscious

תִּתּוֹרָה נ. brim (of a hat, etc.)

תַּת־יַמִּי submarine

תַּת־מַקְלֵעַ ז. submachine gun

תַּת־קַרְקָעִי underground

תַּתְרָן ז. person lacking sense of smell

Abbreviations רָאשֵׁי תֵבוֹת

א

א׳, אָלֶף aleph (letter)
אֶחָד, אַחַת one
אֶלֶף one thousand
א״א, אִי־אֶפְשָׁר impossible
אא״כ, אֶלָּא אִם כֵּן unless, except
א״ב, אָלֶף־בֵּית alphabet; *abbr*. A.B.C.
אב״ד, אַב־בֵּית־דִּין President of the Court
אג׳, אֲגוֹרָה agorah
אַדְמוֹ״ר, אֲדוֹנֵנוּ מוֹרֵנוּ וְרַבֵּנוּ Our Master and Teacher (title of Hassidic Rabbi)
אה״ק, אֶרֶץ הַקֹּדֶשׁ the Holy Land
או״ם, אֻמּוֹת מְאֻחָדוֹת the United Nations; *abbr*. U.N.

אחב״י, אַחֵינוּ בְּנֵי־יִשְׂרָאֵל our brethren the children of Israel
אחה״צ, אַחֲרֵי הַצָּהֳרַיִם in the afternoon; *abbr*. P.M.
אח״כ, אַחַר־כָּךְ, אַחֲרֵי־כֵן later on, afterwards
א״י, אֶרֶץ־יִשְׂרָאֵל Eretz Israel (Palestine)
אי״ה, אִם יִרְצֶה הַשֵּׁם God willing; *abbr*. D.V.
א״כ, אִם־כֵּן if that is the case
א״נ, אָדוֹן נִכְבָּד Dear Sir
אנ״מ, אָדוֹן נִכְבָּד מְאֹד Dear Sir
אַנַ״ש, אַנְשֵׁי שְׁלוֹמֵנוּ members of our party; our friends
אעפ״י, אַף־עַל־פִּי though
אעפ״כ, אַף־עַל־פִּי כֵן nevertheless

אֵצֶ״ל, אִרְגּוּן צְבָאִי לְאֻמִּי the underground military organization (in Mandatory Palestine)

ארה״ב, אַרְצוֹת הַבְּרִית the United States (of America); *abbr.* U.S.A.

אֵשֶׁ״ל, אֲכִילָה, שְׁתִיָּה, לִינָה food and lodging

ב

ב׳, בֵּית beth (letter)

שְׁנַיִם, שְׁתַּיִם two

אַלְפַּיִם two thousand

ב״ב, בְּנֵי בַּיִת members of the family

בב״ח, בְּבִרְכַּת חֲבֵרִים with comradely greetings

ב״ה, בָּרוּךְ הַשֵּׁם! blessed be the Lord!

בח״ל, בְּחִיר לִבָּהּ, בְּחִיר לִבּוֹ her (his) fiance(e)

ב״י, בְּנֵי־יִשְׂרָאֵל the Children of Israel

ביהכ״נ, בֵּית־הַכְּנֶסֶת the synagogue

ביהמ״ד, בֵּית־הַמִּדְרָשׁ the house of study

ביהמ״ק, בֵּית־הַמִּקְדָּשׁ the Temple

ביהמ״ש, בֵּית־הַמִּשְׁפָּט the Court of Justice

ביה״נ, בֵּית־הַנִּבְחָרִים parliament

בי״ח, בֵּית־חוֹלִים hospital

ביח״ר, בֵּית־חֲרֹשֶׁת factory

בּיל״וּ, בֵּית־יַעֲקֹב לְכוּ וְנֵלְכָה (f. Isa. II 5) BILU organization, first group of pioneers that settled in Palestine (1882)

בימ״ס, בֵּית־מִסְחָר business, store

בי״ס, בֵּית־סֵפֶר school

בֵּיתָ״ר, בְּרִית יוֹסֵף תְּרוּמְפֶּלְדוֹר Betar youth organization

ב״כ, בָּא־כֹּחַ representative

בל״ל, בַּנְק לְאֻמִּי לְיִשְׂרָאֵל Israel National Bank

במז״ט, בְּמַזָּל טוֹב good luck!

בנ״י, בְּנֵי יִשְׂרָאֵל the Children of Israel

בס״ה, בסה״כ, בְּסַךְ־הַכֹּל in all

בע׳, בְּעֵרֶךְ about, circa; *abbr.* c., ca., cir.

בע״ב, בַּעַל־בַּיִת landlord

בע״ה(י), בְּעֶזְרַת הַשֵּׁם (יִתְבָּרֵךְ) with God's help (blessed be He)

בעה״ק, בְּעִיר הַקֹּדֶשׁ in the Holy City of Jerusalem

בעה״ש, בְּעֶזְרַת הַשֵּׁם with God's help

בע״ח, בַּעַל חוֹב debtor; creditor

בַּעַל־חַיִּים animal

בע״מ, בְּעֵרָבוֹן מֻגְבָּל Limited, Ltd. (of company)

בע״פ, בְּעַל־פֶּה orally

בְּר׳, בְּרַבִּי the son of Rabbi. .

ברה״מ, בְּרִית הַמּוֹעָצוֹת the U.S.S.R.

ג

ג׳, גִּימֶל gimel (the letter)

שְׁלֹשָׁה, שָׁלֹשׁ three

שְׁלֹשֶׁת אֲלָפִים three thousand

גְּרַם gram

גב׳, גְּבֶרֶת madam, lady; *abbr.* Mrs.

גַּדְנָ״ע, גְּדוּדֵי נֹעַר Gadna, para-military Youth Battalions

ג״ח, גְּמִילוּת חֶסֶד loving-kindness; lending of money (without interest)

גח״ט, גְּמַר חֲתִימָה טוֹבָה a happy new year!

גחש״א, גְּמִילוּת חֶסֶד שֶׁל אֱמֶת act of piety towards the dead

ג״כ, גַּם כֵּן also, as well

ג״נ, גְּבֶרֶת נִכְבָּדָה Dear Madam

ג״ע, גַּן־עֵדֶן the Garden of Eden

ד

ד׳, דָּלֶת daleth (letter)

אַרְבָּעָה, אַרְבַּע four

אַרְבַּעַת אֲלָפִים four thousand

דוּנָם dunam

דַּף page

אֲדֹנָי God

ד״א, דָּבָר אַחֵר another thing; another version; (*col.*)pig

דֶּרֶךְ אֶרֶץ good manners

דבה״י, דה״י, דִּבְרֵי הַיָּמִים the Book of Chronicles

דו״חַ, דִּין־וְחֶשְׁבּוֹן report

דמ״ז, דְּרוֹמִית מִזְרָחִית south-east

דמ״ע, דְּרוֹמִית מַעֲרָבִית south-west

ד״ר, דּוֹקְטוֹר Dr.

ד״ש, דַּ״ש (*col.*), דְּרִישַׁת שָׁלוֹם regards

ה

ה׳, הֵא he (letter)

חֲמִשָּׁה, חָמֵשׁ five

חֲמֵשֶׁת אֲלָפִים five thousand

אֲדֹנָי God

הָאָדוֹן Mr.

הא׳, הָאָדוֹן Mr.

הבעל״ט, הַבָּא עָלֵינוּ לְטוֹבָה the coming (feast) for good luck

הַבֶּעשְׁ״ט, הַבַּעַל שֵׁם טוֹב the Ba'al-Shem-Tov (founder of the Hassidic movement) *abbr.* The Besht.

הָגָ״א, הִתְגּוֹנְנוּת אֶזְרָחִית Civil Defence; (UK) Air Raid Protection; *abbr.* A.R.P.

הגב׳, הַגְּבֶרֶת Mrs.

הַגְּרָ״א, הַגָּאוֹן רַבִּי אֵלִיָּהוּ the Gaon Rabbi Elijahu (of Wilna)

ה״ה, הָאֲדוֹנִים Messrs.

הוצל״פ, הוֹצָאָה לְפֹעַל administrative office

הח׳, הֶחָבֵר comrade

הח״מ, הֶחָתוּם מַטָּה the undersigned

הי״ד, הַשֵּׁם יִקֹּם דָּמוֹ may the Lord revenge his blood

ה״מ, הוֹד מַלְכוּתוֹ; הוֹד מַעֲלָתוֹ His Majesty; His Excellency

הַמּוֹכַ״ז, הַמּוֹסֵר כְּתָב זֶה the bearer

המלבה״ד, הַמֵּבִיא לְבֵית הַדְּפוּס the publisher, the editor

הַנַּ״ל, הַנִּזְכָּר לְמַעְלָה the above-mentioned

הצה״כ, הַצִּיּוֹנִים הַכְּלָלִיִּים the General Zionists

הקב״ה, הַקָּדוֹשׁ בָּרוּךְ הוּא the Holy One, blessed be He

הקהק״ל, הַקֶּרֶן הַקַּיֶּמֶת לְיִשְׂרָאֵל the Jewish National Fund; *abbr.* J.N.F.

השוה״צ, הַשּׁוֹמֵר הַצָּעִיר Hashomer Hatzair movement

השי״ת, הַשֵּׁם יִתְבָּרֵךְ God, blessed be He

הש׳, הַשְׁוֵה compare (passage); *abbr.* cf.

ו

ו׳, וָו wav, vav (letter)

שִׁשָּׁה, שֵׁשׁ six

וגו׳, וְגוֹמֵר and so forth, et cetera; *abbr.* etc.

וד״ל, וְדַי לֶחָכָם, וְדַי לַמֵּבִין a word is enough for the wise

וכד׳, וְכַדוֹמֶה and the like

וכו׳, וְכָלֵּהּ (*Ar.*) and so on, et cetera; *abbr.* etc.

וכיו״ב, וְכַיּוֹצֵא בָּזֶה similarly, and the like

ושות׳, וְשֻׁתָּפוֹ, וְשֻׁתָּפָיו and Co.

ז

ז׳, זַיִן zayin (letter)

שִׁבְעָה, שֶׁבַע seven

זָכָר masculine; *abbr.* masc., m.

זַבְל״א, זֶה בּוֹרֵר לוֹ אֶחָד (וְזֶה בּוֹרֵר לוֹ אֶחָד) each party chooses one arbitrator (hence, settlement by arbitration)

ז״א, זֹאת אוֹמֶרֶת that is to say; *abbr.* i.e., viz.

זו״נ, זָכָר וּנְקֵבָה masculine and feminine

זַ״ל, זִכְרוֹנוֹ לִבְרָכָה of blessed memory

זַצַ״ל, זֵכֶר צַדִּיק לִבְרָכָה of blessed and saintly memory

ז״ר, זָכָר רַבִּים masculine plural; *abbr.* masc. pl.

ח

ח׳, חֵית heth (letter)

שְׁמוֹנָה, שְׁמוֹנֶה eight

חָבֵר comrade

חֵיל־אֲוִיר air force; *abbr.* A.F.

ח״א, חֵלֶק א׳ part I; *abbr.* p.I

ח״ב, חֵלֶק ב׳ part II; *abbr.* p. II

חב׳, חֶבְרָה Company; *abbr.* Co

חַבַּ״ד, חָכְמָה, בִּינָה, דַּעַת Habad (Hassidic sect)

ח״ו, חַס וְשָׁלוֹם, חַס וְחָלִילָה Heaven forbid!

חוה״מ, חֹל הַמּוֹעֵד the intermediate days of a feast

חו״ל, חוּץ־לָאָרֶץ abroad

חו״צ, חוֹבְבֵי צִיּוֹן Hovevei Zion movement

חֲזָ״ל, חֲכָמֵינוּ זִכְרוֹנָם לִבְרָכָה our Sages of blessed memory

ח״ח, חֲבֵרִים comrades

חי״ר, חֵיל־רַגְלִים infantry

ח״כ, חֲבֵר־כְּנֶסֶת member of the Knesseth; *abbr.* M.K.

חֵ״ן, חֵיל־נָשִׁים women's corps

חָכְמָה נִסְתָּרָה the Kabbalah

ח״נ, חָבֵר נִכְבָּד Dear Comrade

ט

ט׳, טֵית teth (letter)

תִּשְׁעָה, תֵּשַׁע nine

ט״ו, חֲמֵשׁ־עֶשְׂרֵה 15

ט״ז, שֵׁשׁ־עֶשְׂרֵה 16

טל׳, טֶלֶפוֹן telephone; *abbr.* tel., t.

טל״ח, טָעוּת לְעוֹלָם חוֹזֵר errors and omissions expected; *abbr.* E.O.E.

טר״ש, טוּרַאי רִאשׁוֹן Private 1st class; Lance-Corporal (UK); *abbr.* Pfc, L.-Cpl.

י

י', יוֹד — yod (letter)

עֲשָׂרָה, עֶשֶׂר — ten

י"א, יֵשׁ אוֹמְרִים — some say

יבל"ח, יִבָּדֵל לְחַיִּים — may he live

יוה"כ, יוֹם הַכִּפּוּרִים — the Day of Atonement

יו"ט, יוֹם טוֹב — feast, holiday

יו"ר, יוֹשֵׁב רֹאשׁ — chairman

יי"ש, יַיִן שָׂרוּף — brandy, whisky

ימ"ש, יִמַּח שְׁמוֹ — may his name be blotted out

יצה"ט, יֵצֶר הַטּוֹב — the good inclination (in man)

יצה"ר, יֵצֶר הָרָע — the bad inclination (in man)

יצ"ו, יִשְׁמְרֵהוּ צוּרוֹ וִיחַיֵּהוּ — may God protect him and keep him alive

ית', יִתְבָּרַךְ — may He be blessed

כ

כ', כַּף — kaph (letter)

עֶשְׂרִים — twenty

כ"א, כָּל אֶחָד — each; every one

כִּי־אִם — but

כב', כְּבוֹד — the Honorable; *abbr*. the Hon.

כה"ק, כִּתְבֵי הַקֹּדֶשׁ — the Holy Scriptures

כיו"ב, כַּיּוֹצֵא בוֹ, כַּיּוֹצֵא בָּזֶה — similarly

כִּי"חַ, כָּל יִשְׂרָאֵל חֲבֵרִים — Alliance Israelite Universelle

כ"כ, כָּל כַּךְ — so much

כְּמוֹ־כֵן — likewise

כל', כְּלוֹמַר — that is to say; *abbr*. i.e., viz.

כמוהר״ר, כְּבוֹד מוֹרֵנוּ הָרַב רַבִּי Our Master and Teacher, Rabbi

כמו״כ, כְּמוֹ־כֵן likewise

כַּנַ״ל, כַּנִּזְכָּר לְעֵיל as mentioned above

כ״ע, כְּתַב־עֵת journal

כצ״ל, כֵּן צָרִיךְ לִהְיוֹת it should be like this

ל

ל׳, לָמֶד lamed

שְׁלֹשִׁים thirty

לבה״ע, לִבְרִיאַת הָעוֹלָם Anno Mundi; *abbr.* A.M.

לַהֲדַ״ם, לֹא הָיוּ דְבָרִים מֵעוֹלָם nothing of the kind, it is completely untrue

לה״ק, לָשׁוֹן הַקֹּדֶשׁ Hebrew

לחב״ש, לְחֻרְבַּן בַּיִת שֵׁנִי after the destruction of the 2nd Temple

לח״ז, לְחֹדֶשׁ זֶה in the present month; *abbr.* inst.

לֶחִ״י, לוֹחֲמֵי חֵרוּת יִשְׂרָאֵל Israel Freedom Fighters (underground organization)

לַ״י, לִירָה יִשְׂרְאֵלִית Israel pound; *abbr.* IL

לי״ש, לִירָה שְׁטֶרְלִינְג pound sterling; *symbol:* £

לכ׳, לכב׳, לִכְבוֹד to Mr. (in addressing a letter)

לכה״פ, לְכָל הַפָּחוֹת at least

לסה״נ, לִסְפִירַת הַנּוֹצְרִים of the Christian Era; *abbr.* A.D.

לע״ע לְעֵת עַתָּה for the time being

לפ״ג, לִפְרָט גָּדוֹל by the full era (e.g. the year ה׳תשכ״ה – 5725, A.M.)

לפה״צ, לִפְנֵי הַצָּהֳרַיִם before noon; *abbr.* A.M.

לפה״ס, לִפְנֵי הַסְּפִירָה
לפסה״נ, לִפְנֵי סְפִירַת הַנּוֹצְרִים
Before the Christian Era; *abbr*. B.C.

לפ״ק, לִפְרָט קָטָן by the abbreviated era (e.g. the year – 5725 A.M. תשכ״ה)

ל״ר, לְשׁוֹן רַבִּים plural; *abbr*. pl

מ

מ׳, מֵם mem (letter)
forty אַרְבָּעִים

meter; *abbr*. M., m. מֶטֶר

מא״ז, מְפַקֵּד אֵזוֹר regional commander (of the army)

מגּ״ד, מְפַקֵּד גְּדוּד battalion commander

מגד״א, מד״א מָגֵן דָּוִד אָדֹם the Red Shield of David, Israel equivalent of Red Cross

מוכּ״ז, מוֹסֵר כְּתָב זֶה the bearer

מו״ל, מוֹצִיא לָאוֹר publisher

מו״מ, מַשָּׂא וּמַתָּן negotiations

מו״ס, מוֹכֵר סְפָרִים bookseller

מוצ״ש, מוֹצָאֵי שַׁבָּת Saturday night

מו״ר, מוֹרִי וְרַבִּי My Master and Teacher

מז״ט, מַזָּל טוֹב good luck

מח׳, מַחְלָקָה (מַחְלֶקֶת־) department; *abbr*. dept. dep.

מטכּ״ל, מַטֶּה כְּלָלִי general staff; *abbr*. G.S.

מ״י, מִלַּת יַחַס preposition; *abbr*. pr.

מ״כ, מְפַקֵּד כִּתָּה squad, section commander (in the army)

מ״מ, מִילִימֶטֶר millimeter; *abbr*. mm.

מְמַלֵּא מָקוֹם substitute, deputy, acting

מְפַקֵּד מַחְלָקָה platoon commander

מס׳, מִסְפָּר number; *abbr.* No.

מַסֶּכֶת tractate (in the Talmud)

מַפַּא״י, מִפְלֶגֶת פּוֹעֲלֵי אֶרֶץ־יִשְׂרָאֵל Mapai, Israel Labor Party

מַפְכָּ״ל, מְפַקֵּחַ־כְּלָלִי Inspector General (of Police); *abbr.* I.G.

מַפַּ״ם, מִפְלֶגֶת הַפּוֹעֲלִים הַמְאֻחֶדֶת Mapam (United Worker's Party)

מ״צ, מִשְׁטָרָה צְבָאִית military police; *abbr.* M.P.

מ״ק, מֶטֶר מְעֻקָּב cubic meter

מִלַּת־קְרִיאָה interjection; *abbr.* interj.

מ״ר, מִסְפָּר רַבִּים plural; *abbr.* pl.

מֶטֶר מְרֻבָּע square meter; *abbr.* sq. m.

מש״ק, מְפַקֵּד שֶׁאֵינוֹ קָצִין nonco-mmissioned officer; *abbr.* n.c.o.

נ

נ׳, נוּן nun (letter)

חֲמִשִּׁים fifty

נְקֵבָה feminine; *abbr.* f., fem.

ן׳, אִבְּן, בֶּן־ ibn (son of)

נ״א, נֹסַח אַחֵר another version

נ״ב, נִכְתַּב בַּצַּד postscript; *abbr.* P.S.

נגה״פ, נגה״ש, נֵס גָּדוֹל הָיָה פֹּה (שָׁם) a great miracle took place here (there; referring to Hannukah)

נו״ע, נוּחוֹ עֵדֶן May he rest in peace, requiescat in pace; *abbr.* R.I.P.

נַחַ״ל, נֹעַר חֲלוּצִי לוֹחֵם Pioneer Youth Corps (in Israel Army)

נ״י, נֵרוֹ יָאִיר may his light shine

נַ״ךְ, נְבִיאִים וּכְתוּבִים Prophets & Hagiographa

ס

ס׳, סָמֶךְ samech (letter)

שִׁשִּׁים sixty

סֵפֶר book

ס״א, סְפָרִים אֲחֵרִים other books

סה״כ, סַךְ־הַכֹּל total

סו״ס, סוֹף סוֹף at last

סי׳, סִימָן mark, section

סַכּוּ״ם, סַכִּין, כַּף וּמַזְלֵג knife, fork, spoon

ס״מ, סַנְטִימֶטֶר centimeter; *abbr.* cmc., C., cent.

ססס״ר* USSR

ס״ת, סֵפֶר תּוֹרָה Scroll of the Law

סְתָ״ם, סְפָרִים, תְּפִלִּין, מְזוּזוֹת Holy Books, phylacteries, mezuzoth (holy articles)

ע

ע׳, עַיִן ayin (letter)

שִׁבְעִים seventy

עַיֵּן vide, see; *abbr.* v., s.

עַמּוּד page; *abbr.* p.

ע״א, עַל אוֹדוֹת concerning, about

עַמּוּד א׳ page one

עאכו״כ, עַל אַחַת כַּמָּה וְכַמָּה so much the more

page two ע״ב, עַמּוּד ב׳

Trans-jordan עבה״י, עֵבֶר הַיַּרְדֵּן

with her fiance עב״ל, עִם בְּחִיר לִבָּהּ

with his fiancee עִם בְּחִירַת לִבּוֹ

concerning ע״ד, עַל־דְּבַר

may he rest in peace!, requiescat in pace; *abbr.* R.I.P. ע״ה, עָלָיו הַשָּׁלוֹם

the Holy City (of Jerusalem) עה״ק, עִיר הַקֹּדֶשׁ

lawyer, attorney עו״ד, עוֹרֵךְ־דִּין

the world to come עוה״ב, עוֹלָם הַבָּא

this world עוה״ז, עוֹלָם הַזֶּה

current (account) עו״ש, עוֹבֵר וָשָׁב

on account ע״ח, עַל חֶשְׁבּוֹן

vide, see; *abbr.* v., s. ע׳, עַיֵּן

at, near (by) ע״י, עַל־יַד

through, by means of עַל־יְדֵי

see there ע״ש, עַיֵּן שָׁם

thus far, so far ע״כ, עַד כָּאן

therefore עַל־כֵּן

עכו״ם, עוֹבְדֵי כּוֹכָבִים וּמַזָּלוֹת idolaters

anyway, at any rate עכ״פ, עַל־כָּל־פָּנִים

page; *abbr.* p. עמ׳, עַמּוּד

on condition ע״מ, עַל מְנָת

on the river ע״נ, עַל נְהַר

according to עפ״י, עַל־פִּי

mostly, generally עפי״ר, עַל־פִּי־רֹב

Sabbath eve ע״ש, עֶרֶב שַׁבָּת

after the name of עַל־שֵׁם

the ten days of Penitence (1–10 Tishri) עשי״ת, עֲשֶׂרֶת יְמֵי תְשׁוּבָה

the Tel-Aviv Municipality עת״א, עִירִיַּת תֵּל־אָבִיב

עתי״ם, עִתּוֹנוּת יִשְׂרְאֵלִית מְאֻגֶּדֶת Israeli news service

פ

פ', פא — pe (letter)

שְׁמוֹנִים — eighty

פָּסוּק — verse; *abbr.* v.

פַּעַם — time

פֶּרֶק — chapter; *abbr.* ch., chap.

פַּאג״י, פּוֹעֲלֵי אֲגֻדַּת־יִשְׂרָאֵל — Agudat Israel Labor Party

פא״פ, פָּנִים אֶל פָּנִים — face to face

פוע״צ, פּוֹעֲלֵי־צִיּוֹן — Poalei-Zion Party

פ״י, פֹּעַל יוֹצֵא — transitive verb; *abbr.* v.t.

פַּלְמַ״ח, פְּלֻגּוֹת מַחַץ — commando squads (of Haganah)

פ״נ, פֹּה נִטְמַן, פֹּה נִקְבַּר — here is buried

פס״ד, פְּסַק־דִּין — judgement

פ״ע, פֹּעַל עוֹמֵד — intransitive verb; *abbr.* v.i.

פר', פְּרוּטָה, פְּרוּטוֹת — prutah

פרד״ס, פְּשָׁט, רֶמֶז, דְּרוּשׁ, סוֹד — plain, symbolic, homiletic and esoteric (four methods of Biblical interpretation)

פר', פרוֹפֶסוֹר — professor; *abbr.* Prof.

פ״ת, פֶּתַח תִּקְוָה — Petach Tikvah (the town)

צ

צ', צָדִי — zadi

תִּשְׁעִים — ninety

צַד — side

צַהַ״ל, צְבָא־הֲגַנָּה־לְיִשְׂרָאֵל — Israel Defence Army

צי״ם, צִי יַמִּי מִסְחָרִי — Israel Merchant Marine

צ״ל, צָרִיךְ לִהְיוֹת — it should be

צָרִיךְ לוֹמַר — one should say, say instead

צמ״ז, צְפוֹנִית־מִזְרָחִית northeast; *abbr*. N.E.

צמ״ע, צְפוֹנִית־מַעֲרָבִית northwest; *abbr*. N.W.

צ״ע, צָרִיךְ עִיּוּן it requires further examination

צעב״ח, צַעַר בַּעֲלֵי־חַיִּים prevention of cruelty to animals

ק

ק׳, קוֹף, קוּף koph, kooph (letter)

100 מֵאָה

קב׳, קְבוּצָה (קבוּצַת־); קִבּוּץ kevutzah; kibbutz

ק״ג, קִילוֹגְרָם kilogram; *abbr*. k., kilo., kilog.

קהי״ס, קֶרֶן הַיְסוֹד Jewish Foundation Fund

קהק״ל, קֶרֶן הַקַּיֶּמֶת לְיִשְׂרָאֵל Jewish National Fund; *abbr*. J.N.F.

קו״ח, קֻפַּת־חוֹלִים sick fund

ק״מ, קִילוֹמֶטֶר kilometer; *abbr*. kil., km.

קמ״ר, קִילוֹמֶטֶר מְרֻבָּע square kilometer; *abbr*. sq.km.

קמ״ש, קִילוֹמֶטֶר שָׁעָה kilometer per hour

ק״ק, קְהִלָּה קְדוֹשָׁה the Holy Community

קק״ל קהק״ל Jewish National Fund

ק״ש, קְרִיאַת שְׁמַע the reading of the Shema

קַבָּלַת שַׁבָּת inauguration of the Sabbath

קַדִּישׁ שָׁלֵם full Kaddish

ר

ר׳, רֵישׁ resh (letter)

מָאתַיִם 200

רְאֵה vide, see; *abbr.* v., s.

רַב, רַבִּי Rab, Rabbi

רְחוֹב street; *abbr.* St.

ר׳, רַבִּים plural; *abbr.* pl.

ראב״ד, רֹאשׁ־אַב־בֵּית־דִּין
Senior President of Court

ראל״צ, רִאשׁוֹן־לְצִיּוֹן Rishon Le Zion (town)

רב״ט, רַב־טוּרָאי Corporal; *abbr.* Cpl.

רבש״ע, רִבּוֹנוֹ שֶׁל עוֹלָם God, Lord of the Universe

ר״ג, רָמַת־גַּן Ramat Gan (town)

רה״ש, רֹאשׁ הַשָּׁנָה New Year

רז״ל, רַבּוֹתֵינוּ זִכְרוֹנָם לִבְרָכָה
the Sages of blessed memory

ר״ח, רֹאשׁ חֹדֶשׁ the New Moon

רח׳, רְחוֹב street; *abbr.* st.

ר״ל, רַחֲמָנָא לִצְלָן Heaven forbid!

רוֹצֶה לוֹמַר that is; *abbr.* i.e.

רַמְבַּ״ם, רַבִּי משֶׁה בֶּן־מַיְמוֹן
Maimonides

רַמְבַּ״ן, רַבִּי משֶׁה בֶּן־נַחְמָן
Nahmanides

רַמְטְכַּ״ל, רֹאשׁ מַטֶּה כְּלָלִי
Chief of the General Staff; *abbr.* C. of S., G.T.S. (Brit)

רַסַ״ג, רַב־סַמָּל גְּדוּדִי
regimental sergeant major (UK); *abbr.* R.S.M.

רַסַ״פּ, רַב־סַמָּל פְּלֻגְתִּי
company sergeant major; *abbr.* C.S.M.

רַסַ״ר, רַב סַמָּל רִאשׁוֹן master-sergant

ר״פ, רָצוּף פֹּה enclosed herewith

רַשִׁ״י, רַבִּי שְׁלֹמֹה יִצְחָקִי Rabbi Solomon Yitzhaki; *abbr.* Rashi

ר״ת, רָאשֵׁי־תֵבוֹת initials; abbreviations; *abbr.* init.,

ש

abbr.

ש׳, שִׁין shin (letter)

שְׁלֹשׁ מֵאוֹת 300

שבע״פ, שֶׁבְּעַל־פֶּה oral

שד׳, שְׂדֵרוֹת boulevard, avenue; *abbr*. Blvd., Ave.

שַׁדָּ״ר, שְׁלוּחָא דְרַבָּנָן *Ar*.) emissary for Rabbinic institutions

שה״ש, שִׁיר־הַשִּׁירִים Song of Songs

שו״ב, שׁוֹחֵט וּבוֹדֵק slaughterer and examiner (of ritual slaughter)

שו״ע, שֻׁלְחָן עָרוּךְ Shulhan Arukh (code of Jewish laws)

שו״ת, שְׁאֵלוֹת וּתְשׁוּבוֹת the Rabbinic responsa

ש״ז, שָׁנָה זוֹ this year

שַׁ״י, שֵׁרוּת יְדִיעוֹת (Israel) Intelligence Service

שכ׳, שְׁכוּנָה (שְׁכוּנַת־) quarter (of city)

שכ״ד, שְׂכַר־דִּירָה rent

שַׁלִּיטָ״א, שֶׁיִּחְיֶה לְאֹרֶךְ יָמִים טוֹבִים, אָמֵן May he live long!

שַׁ״ס, שִׁשָּׁה סְדָרִים the Six Orders (of Mishnah & Talmud)

שַׁ״ץ, שְׁלִיחַ צִבּוּר cantor, reader

שֶׁקֶ״ם, שֵׁרוּת קַנְטִינוֹת וּמִזְנוֹנִים Canteen Service (of Israel Army)

ש״ת, שֵׁם־תֹּאַר adjective; *abbr*. adj

ת

ת׳, תָּו tav (letter)

אַרְבַּע מֵאוֹת 400

ת״א, תֵּל־אָבִיב Tel-Aviv

תַּרְגּוּם אוּנְקְלוֹס Targum of Onkelos

ת״ד, תֵּבַת־דֹּאַר, תָּא־דֹּאַר Post Office Box; *abbr.* P.O.B.

ת״ו, תִּבָּנֶה וְתִכּוֹנֵן may it be rebuilt and reestablished (Jerusalem)

תַּם וְנִשְׁלַם finished and completed

תובב״א, תִּבָּנֶה וְתִכּוֹנֵן בִּמְהֵרָה בְּיָמֵינוּ, אָמֵן may it be rebuilt and reestablished speedily in our own days, Amen!

תוס׳, תּוֹסֶפְתָּא Tosephta (supplement to Mishnah) (annotations to the Talmud)

תּוֹסָפוֹת Tosaphot

תושבע״פ, תּוֹרָה שֶׁבְּעַל־פֶּה Oral Law

ת״ל, תּוֹדָה לָאֵל thank God!

תַּלְמוּד לוֹמַר the text reads..., it says

תַּנַ״ךְ, תּוֹרָה נְבִיאִים וּכְתוּבִים the Bible

תַּנְצְבָ״ה, תְּהִי נַפְשׁוֹ צְרוּרָה בִּצְרוֹר הַחַיִּים may his soul be bound up in the bond of life (epitaph)

ת״פ, תֹּאַר־פֹּעַל adverb; *abbr.* adv.

תַּפּוּ״ד, תַּפּוּחַ־אֲדָמָה potato

תַּפּוּ״ז, תַּפּוּחַ־זָהָב orange

ת״ר, תָּנוּ רַבָּנָן (*Ar.*) the Rabbis have taught

תַּ״ת, תַּלְמוּד־תּוֹרָה Talmud Torah (religious school)